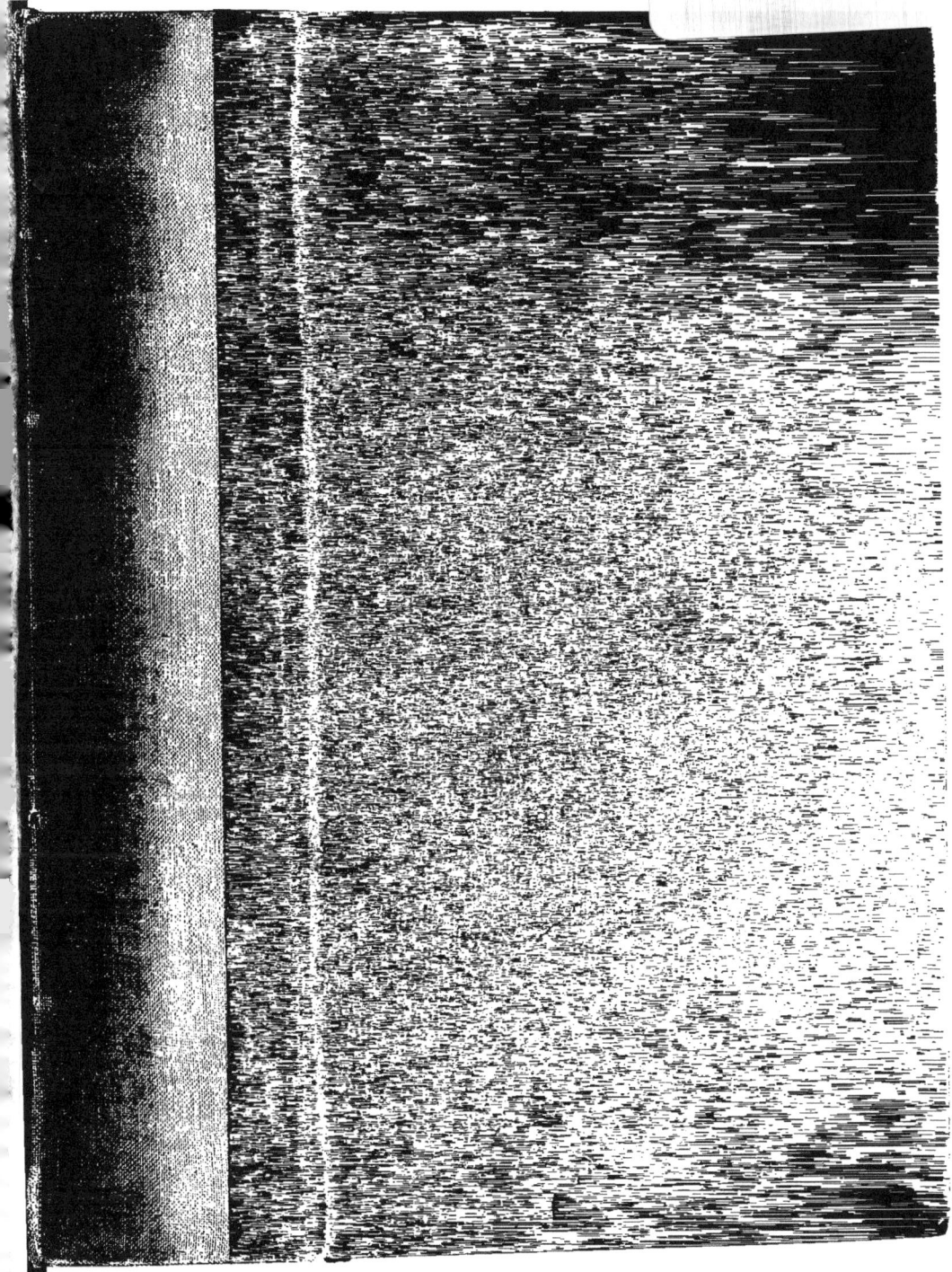

F

18396.

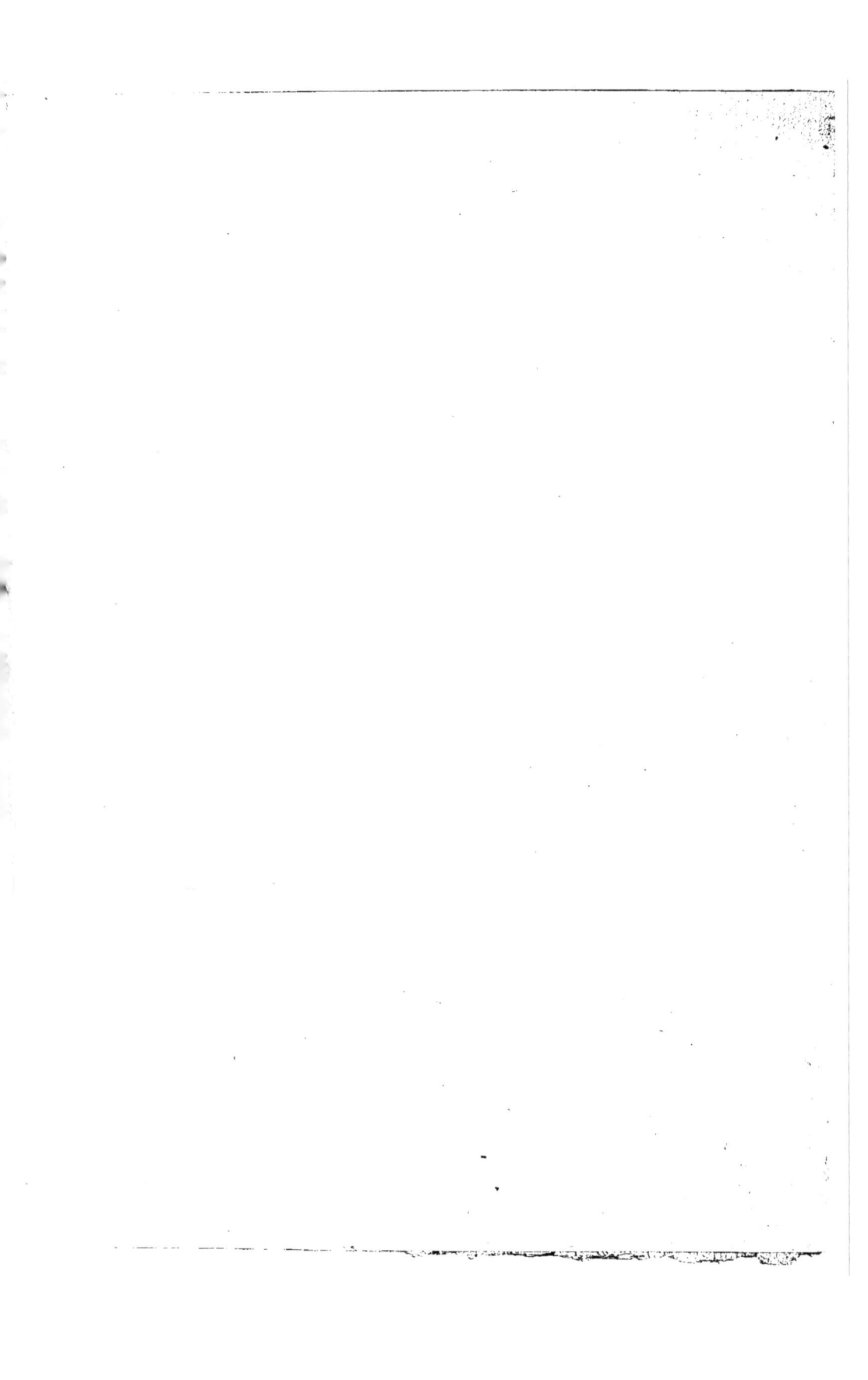

CODE CIVIL

DES FRANÇAIS,

Avec des Notes indicatives des Lois Romaines, Coutumes, Ordonnances, Edits et Déclarations, qui ont rapport à chaque article.

Cet Ouvrage se trouve pareillement chez les Libraires
ci-après nommés :

CODE CIVIL

DES FRANÇAIS,

AVEC DES NOTES INDICATIVES

DES LOIS ROMAINES,

COUTUMES, ORDONNANCES,

ÉDITS ET DÉCLARATIONS,

QUI ONT RAPPORT A CHAQUE ARTICLE;

OU

CONFÉRENCE DU CODE CIVIL

AVEC LES LOIS ANCIENNES;

Par HENRI-JEAN-BAPTISTE DARD (de l'Isère), Avocat au Barreau de Paris, et Professeur de Droit Romain à l'Académie de Législation;

SUIVI

D'UNE TABLE GÉNÉRALE DES MATIÈRES PAR ORDRE ALPHABÉTIQUE,

Par J. A. C........, ancien Jurisconsulte.

Priores leges ad posteriores trahuntur.
Leg. 26, *ff. de Legibus.*

NOUVELLE ÉDITION.

A PARIS,

Chez J. A. COMMAILLE, Éditeur, rue Bailleul-Saint-Honoré, nº 5.

1807.

DE L'IMPRIMERIE D'A. ÉGRON,

RUE DES NOYERS, N° 49.

AVERTISSEMENT.

LE succès de l'ouvrage dont nous donnons au Public une seconde Edition, le jugement que les plus célèbres Jurisconsultes en ont porté, et l'accueil distingué qu'il a reçu dans toutes les Ecoles de Droit de France et dans les Universités d'Allemagne, nous dispensent de parler de l'utilité dont il est, tant aux Avocats qu'aux Etudians en Droit, pour bien entendre l'esprit du CODE NAPOLÉON.

Cette seconde Edition est conforme à la première. Quelques desirs qu'aient montré plusieurs personnes, que l'on transcrivît au-dessous de chaque article les passages entiers du Digeste et du Code qui s'y rapportent, l'Auteur n'a pas cru devoir s'écarter du plan qu'il n'avait d'abord adopté qu'après de mûres réflexions, soit parce que c'eût été inutilement augmenter le prix de l'ouvrage, soit parce que les Jeunes Gens qui se livrent à l'étude du Droit, et pour lesquels l'Auteur a principalement publié ses Notes, auraient pu négliger de recourir aux sources indiquées, et auraient perdu par-là le plus précieux avantage qu'ils peuvent retirer de l'ouvrage ; car, pour bien entendre une loi, il ne suffit pas d'en connaître une partie, un paragraphe, il faut en étudier toutes les dispositions, et les comparer entr'elles. *In civile est, nisi totâ lege perspectâ, una aliqua particula ejus proposita, judicare vel respondere.* LEG. 24, ff. *de Legibus.*

De tous les journaux du temps qui se sont accordés à faire l'éloge du livre que nous publions, nous ne rapporterons ici que le compte qu'en a rendu le Sénateur LANJUINAIS, dans le *Moniteur* du 5 frimaire an 13, et le Discours du Tribun GRENIER, prononcé au Tribunat, dans la séance du 3 mars 1806, en faisant hommage de l'ouvrage (1).

Extrait du Moniteur *du 5 frimaire an 13.*

JURISPRUDENCE.

« CODE CIVIL DES FRANÇAIS, etc.

» Les citations, autrement les renvois qui composent cet ouvrage utile, n'ont pas seulement pour but d'éclairer nos Lois nouvelles, et d'en faciliter l'intelligence par le tableau de celles qui les ont précédées ; souvent le fruit de cette *Conférence* sera de suppléer même aux dispositions que le CODE suppose, et qu'on n'a pas cru devoir énoncer, et à celles que les Rédacteurs ont pu oublier dans le propre système de leur travail.

» Pour toutes les Questions relatives au Régime de la *Communauté*, par Exemple, il faut indispensablement recourir aux Coutumes de Paris et d'Orléans, qui font, sur cette matière, la base du CODE CIVIL ; et l'on serait fort embarrassé sur ce qui concerne le *Régime Dotal*, si on ne consultait pas les Lois du Digeste et du Code, dont cette partie du CODE CIVIL n'est qu'un extrait. La même remarque s'appliquera à la plupart des matières.

» Il est une autre considération qui donne du prix à cette *Conférence*. Peu de Jurisconsultes ont tout-à-la-fois approfondi le Droit Romain et les Coutumes : les uns ont étudié particulièrement le Droit Romain dans ses sources, tel qu'il se pratiquait, et ceux-là d'ordinaire ont négligé les Coutumes ; les autres, Coutumiers habiles, sont peu versés dans le Droit Romain ; peu familiers avec les énormes volumes qui les contiennent les uns et les autres, ont besoin qu'on leur facilite des rapprochemens nécessaires.

» Les Jeunes Gens, sur-tout, rechercheront un pareil secours, et il sera commode aux plus savans; il leur épargnera des momens précieux.

» L'Auteur est un de ces Jeunes Gens studieux et infatigables, qui, depuis la Révolution, se font remarquer en bien plus grand nombre qu'auparavant, dans tous les genres de science et d'étude, et qui, par leurs efforts autant que par leurs succès, étonnent les observateurs.

---

(1) Voyez le *Moniteur* du 4 mars 1806.

» L'Éditeur a dit de l'Ouvrage, dans l'Avertissement (1), qu'*il est plus ample qu'une simple édition, plus simple que tous les commentaires qui ont paru, plus sûr dans sa marche, et plus intéressant dans son objet.* Beaucoup de personnes seront de cet avis ; au moins il est vrai que l'Auteur remplit ce qu'il promet par son titre, et que ce livre, en général, est bien exécuté.

» Servons-nous des Conférences de nos Codes, puisque nous ne pouvons guère nous en passer ; ayons de l'estime et de la gratitude pour ceux qui, avec les connaissances et le talent nécessaires pour ces sortes d'ouvrages, ont le courage de les entreprendre, et la patience de les finir. Mais il nous est permis de faire des vœux pour que nos Codes ne supposent que la raison naturelle, pour qu'une bonne logique suffise à toutes les applications, à tous les commentaires, pour qu'enfin toutes les Lois antérieures à quelque peuple, à quelque langue, à quelque temps qu'elles appartiennent, soient reléguées dans le domaine, il est vrai, trop peu cultivé de l'histoire, de la littérature et de la philosophie. »

LANJUINAIS.

Discours prononcé au Tribunat, par M. GRENIER, *l'un de ses Membres, pour la présentation et l'hommage de l'Ouvrage de M.* DARD.

Séance du 5 mars 1806.

« MESSIEURS,

» J'AI été invité par M. DARD (de l'Isère), Avocat au Barreau de Paris, et Professeur de Droit Romain à l'Académie de Législation, de présenter, en son nom, l'hommage qu'il fait au Tribunat, d'un Ouvrage qu'il a composé sur le CODE CIVIL. Cet Ouvrage est intitulé : *CODE CIVIL DES FRANÇAIS, avec des Notes indicatives des Lois Romaines, Coutumes, Ordonnances, Édits et Déclarations qui ont rapport à chaque article ; ou Conférences du Code Civil avec les Lois anciennes.*

» Je me suis rendu avec d'autant plus d'empressement au desir de l'Auteur, qu'il m'a paru que son ouvrage était en effet digne d'être offert au Tribunat.

» On sent aisément combien est utile un Exemplaire du CODE NAPOLÉON, dont l'impression a été très-soignée, qui présente au bas de la très-grande majorité des articles, les Lois Romaines, les anciennes Ordonnances ou autres Lois Françaises, dans lesquelles se trouvent les idées primitives qui ont été conservées ou modifiées par le Législateur. L'ouvrage est plus précieux précisément, parce que ces citations se trouvent sans être accompagnées de raisonne-

---

(1) *NOTA.* Cet Avertissement était au commencement de la première Édition.

mens et de discussions. L'auteur y a seulement ajouté sur quelques articles les passages des savans Jurisconsultes, où l'on voit les anciennes maximes du Droit français qui avoient acquis force de lois; mais il l'a toujours fait avec la brièveté qu'exige un ouvrage de cette nature, dont l'unique but est d'indiquer des sources pures, en se contentant de les livrer à la méditation de ceux qui doivent se pénétrer de notre Législation actuelle. Il y a joint une Table de matières qui, par son étendue et son exactitude, peut être regardée comme une espèce de Dictionnaire raisonné des dispositions du CODE CIVIL.

» Autant qu'il m'a été possible de vérifier les citations, elles m'ont paru justes. L'ouvrage a exigé beaucoup de recherches et d'application, et il fait supposer des connaissances peu communes, et de la justesse dans l'esprit; en un mot, c'est un ouvrage utile.

» La jeunesse de l'Auteur ne peut que le rendre plus intéressant aux yeux des hommes qui ne se préviennent pas sans raison. On ne lui en doit que plus d'encouragement.

» Il a surtout bien mérité en ce qu'après avoir su profiter des instructions données aux Jeunes Gens qui se destinaient à la carrière du Barreau, dans cet établissement dont l'existence a excité l'intérêt de tous les bons Citoyens, et connu sous le titre d'*Académie de Législation*, il a été jugé digne depuis quelques années d'y être *Professeur de Droit Romain*. Dans cette carrière, il a obtenu des titres à la reconnaissance de ses camarades dont il avait auparavant toute l'affection.

» Vous le savez, Messieurs, dans ces temps où l'instruction avait été interrompue, qui semblent déjà être si loin de nous par l'effet des heureux changemens opérés par le génie du Héros qui a su si promptement relever et vivifier toutes les institutions nécessaires ou utiles, des Jurisconsultes dont plusieurs étoient membres du Sénat, du Conseil d'Etat, du Tribunat et de la Cour de Cassation, se sont fait un devoir de maintenir dans cet établissement la science des Lois. Je ne vous parlerai point des résultats de leurs travaux; leurs succès vous sont connus; et ces hommes zélés pour le bien public n'auront qu'à se féliciter d'avoir concouru à soutenir un établissement que le Gouvernement lui-même a jugé digne de son attention, par la faveur qu'il a accordée aux études qui y avoient été faites.

» Je demande l'acceptation de l'hommage, la mention au procès-verbal, et le dépôt de l'ouvrage à la bibliothèque du Tribunat.»

Nota. La *Table des Matières* qui est à la fin de l'Ouvrage est une Analyse raisonnée des dispositions du Code Civil.

LIVRE PREMIER.

CODE CIVIL

DES FRANÇAIS.

TITRE PRÉLIMINAIRE.

De la Publication, des Effets et de l'Application des Lois en général.

[Décrété le 14 Ventôse an XI. Promulgué le 24 du même mois.]

ARTICLE PREMIER.

LES lois sont exécutoires dans tout le territoire français, en vertu de la promulgation qui en est faite par le PREMIER CONSUL.

Elles seront exécutées dans chaque partie de la République, du moment où la promulgation en pourra être connue.

La promulgation faite par le PREMIER CONSUL sera réputée connue dans le département où siégera le Gouvernement, un jour après celui de la promulgation ; et dans chacun des autres départemens, après l'expiration du même délai, augmenté d'autant de jours qu'il y aura de fois dix myriamètres [environ vingt lieues anciennes] entre la ville où la promulgation en aura été faite, et le chef-lieu de chaque département.

Novell. 66, *cap.* 1.

Article 2. La loi dispose que pour l'avenir ; elle n'a point d'effet rétroactif.

Leg. 7, *cod. de Legib.* = *Novell.* 115, *cap.* 1. = *Leg.* 27, *cod. de usuris.*

Article 3. Les lois de police et de sûreté obligent tous ceux qui habitent le territoire.

Les immeubles, même ceux possédés par des étrangers, sont régis par la loi française.

1

Les lois concernant l'état et la capacité des personnes, régissent les Français, même résidant en pays étranger.

Article 4. Le juge qui refusera de juger sous prétexte du silence, de l'obscurité ou de l'insuffisance de la loi, pourra être poursuivi comme coupable de déni de justice.

Argum. ex novella 115, *cap.* 1.

Article 5. Il est défendu aux juges de prononcer par voie de disposition générale et réglémentaire sur les causes qui leur sont soumises.

Loi du 24 août 1790, tit. 2, art. 12. = *Argum. ex leg.* 12, §. 1, *cod. de legibus.*

Article 6. On ne peut déroger par des conventions particulières aux lois qui intéressent l'ordre public et les bonnes mœurs.

Leg. 28, *in pr. leg.* 38, *ff. de pactis. Leg.* 20, *in pr. de religiosis et sumptibus funerum. Leg.* 1, §. 9, *ff. de magistratibus conveniendis. Leg.* 15, §. 1, *ff. ad legem falcidiam. Leg.* 45, §. 1, *ff. de diversis regulis juris.*

LIVRE PREMIER.

DES PERSONNES.

TITRE PREMIER.

De la Jouissance et de la Privation des Droits civils.

[Décrété le 17 Ventôse an XI. Promulgué le 27 du même mois.]

CHAPITRE PREMIER.

De la Jouissance des Droits civils.

Article 7. L'ᴇxᴇʀᴄɪᴄᴇ des droits civils est indépendant de la qualité de *Citoyen*, laquelle ne s'acquiert et ne se conserve que conformément à la loi constitutionnelle.

Article 8. Tout Français jouira des droits civils.

Leg. 17, *ff. de statu hominum.*

Article 9. Tout individu né en France d'un étranger, pourra, dans l'année qui suivra l'époque de sa majorité, réclamer la qualité de *Français ;* pourvu que, dans le cas où il résiderait en France, il déclare que son intention est d'y fixer son domicile, et que, dans le cas où il résiderait en pays étranger, il fasse sa soumission de fixer en France son domicile, et qu'il l'y établisse dans l'année, à compter de l'acte de soumission.

Bᴀᴄǫᴜᴇᴛ, du droit d'aubaine, chap. 37, 38 et 39. = Sᴏᴇғᴠᴇ, tom. 1, art. 2, chap. 72 et 87. = Journal des audiens, arrêts des 28 août 1650, 25 février 1647, 9 mars 1468.

Article 10. Tout enfant né d'un Français en pays étranger, est Français.

Tout enfant né en pays étranger, d'un Français qui aurait perdu la qualité de

Français , pourra toujours recouvrer cette qualité , en remplissant les formalités prescrites par l'article 9.

Argum. ex leg. 19 , *ff. de statu hominum. Et leg.* 24 , *eod.*

Article 11. L'étranger jouira en France des mêmes droits civils que ceux qui sont
ou seront accordés aux Français par les traités de la nation à laquelle cet étranger appartiendra.

BACQUET , du droit d'aubaine , chap. 7 , n°s. 2 et 4. = Ordonnance des 2 mars 1431 et 1493 ,
art. 88. = Edit de Henri II , d'octobre 1554. = Ordonnance de Blois , art. 357. (1)

Article 12. L'étrangère qui aura épousé un Français , suivra la condition de son
mari.

Anc. cout. de Bourgogne, tit. 9 , art. 7.

Article 13. L'étranger qui aura été admis par le Gouvernement à établir son domicile en France , y jouira de tous les droits civils, tant qu'il continuera d'y résider. (2)

Article 14. L'étranger, même non résidant en France , pourra être cité devant les
tribunaux français , pour l'exécution des obligations par lui contractées en France

---

(1) La faculté de disposer et de recevoir par testament est du droit civil ; c'est pourquoi , à
Rome , l'étranger en était incapable. *Leg.* 1 , *in pr.* , *ff. ad leg. falcid. Leg.* , §. 2 , *ff. de hæredib.
inst. Leg.* 1 , *cod. eod.* = ULPIAN , *fragment* , tit. 22 , § 2.

Il faut remarquer que l'authentique *Omnes cod. comm. de succession* , n'a pas dérogé à ce
droit , comme que'ques auteurs paraissent le penser. Cette authentique n'est point tirée des Novelles
de Justinien , mais d'une constitution de Frédéric II , *De statut. et consuudinib.* , §. 10 , qui ne
fait point partie du corps de droit.

La plupart de nos coutumes déclaraient les étrangers incapables de recevoir par testamens. Châlons , art. 14 ; Laon , art. 9 ; Rheims , art. 34.

Mais ils pouvaient donner et recevoir entre-vifs. Rheims , art. 340 ; aon , art. 8 ; Châlons ,
art. 14.

La succession de l'étranger appartenait au roi. Rheims , art. 342 ; Vitry art. 72 ; Laon , art. 10 ;
Châlons , art. 14.

Droit d'aub ine aboli par l'Assemblée Nationale , décret du 6 août 1790.

(2) L'autorisation du Gouvernement a le même effet que les lettres d naturalisation que le roi
accordait aux étrangers dans l'ancienne monarchie.

avec un Français ; il pourra être traduit devant les tribunaux de France, pour les obligations par lui contractées en pays étranger envers des Français.

Cet article est contraire à la maxime reçue dans la procédure civile. Vid. *Leg.* 2 , *cod. de juris-dictione omnium judicum et de foro competenti. Lege* 3, *cod. ubi in rem actio exerceri debeat.*
Comment les étrangers doivent être cités en jugement. *Voy.* Ordonnance de 1667, tit. 2, art. 7.

Article 15. Un Français pourra être traduit devant un tribunal de France, pour des obligations par lui contractées en pays étranger, même avec un étranger.

Article 16. En toutes matières, autres que celles de commerce, l'étranger qui sera demandeur, sera tenu de donner caution pour le paiement des frais et dommages-intérêts résultant du procès, à moins qu'il ne possède en France des immeubles d'une valeur suffisante pour assurer ce paiement.

Institut. de satisdationibus. Leg. unic., *cod. eodem titulo. Leg.* 46, §. 2, *ff. de procuratoribus. Toto titulo*, *ff. judicatum solvi.*
Coutume d'Abbeville, locale de Ponthieu, art. 37. Bacquet, du droit d'aubaine, chap. 17, n°. 1, 3 et 4.

CHAPITRE II.

De la Privation des Droits civils.

SECTION PREMIERE.

De la Privation des Droits civils par la perte de la qualité de Français.

Article 17. La qualité de Français se perdra, 1°. par la naturalisation acquise en pays étranger ; 2°. par l'acceptation non autorisée par le Gouvernement, de fonctions publiques conférées par un gouvernement étranger; 3°. par l'affiliation à toute corporation étrangère qui exigera des distinctions de naissance; 4°. enfin, par tout établissement fait en pays étranger, sans esprit de retour.

Les établissemens de commerce ne pourront jamais être considérés comme ayant été faits sans esprit de retour.

Argum, ex leg. 17 et 19, §. 4 , *ff. de captivis et postliminio reversis.* = Bacquet, du droit d'aubaine, chap. 2.

Article 18. Le Français qui aura perdu sa qualité de Français, pourra toujours la recouvrer en rentrant en France avec l'autorisation du Gouvernement, et en déclarant qu'il veut s'y fixer, et qu'il renonce à toute distinction contraire à la loi française.

Article 19. Une femme française qui épousera un étranger, suivra la condition de son mari.

Si elle devient veuve, elle recouvrera la qualité de Française, pourvu qu'elle réside en France, ou qu'elle y rentre avec l'autorisation du Gouvernement, et en déclarant qu'elle veut s'y fixer.

Anc. cout. de Bourgogne, tit. 9, art. 7.

Article 20. Les individus qui recouvreront la qualité de Français, dans les cas prévus par les articles 10, 18 et 19, ne pourront s'en prévaloir qu'après avoir rempli les conditions qui leur sont imposées par ces articles, et seulement pour l'exercice des droits ouverts à leur profit depuis cette époque.

Article 21. Le Français qui, sans autorisation du Gouvernement, prendrait du service militaire chez l'étranger, ou s'affilierait à une corporation militaire étrangère, perdra sa qualité de Français.

Il ne pourra rentrer en France qu'avec la permission du Gouvernement, et recouvrer la qualité de Français qu'en remplissant les conditions imposées à l'étranger pour devenir citoyen ; le tout sans préjudice des peines prononcées par la loi criminelle contre les Français qui ont porté ou porteront les armes contre leur patrie.

Argum. ex leg. 19, §. 4, *ff. de captivis et postliminio reversis.*

SECTION II.

De la Privation des Droits civils par suite des Condamnations judiciaires.

Article 22. Les condamnations à des peines dont l'effet est de priver celui qui est condamné, de toute participation aux droits civils ci-après exprimés, emporteront la mort civile.

Leg. 2, *ff. de pœnis* Ulpian. Fragment, tit. 10, §. 3.

Article 23. La condamnation à la mort naturelle emportera la mort civile.

Leg. 29, *ff. de pœnis.*

Article 24. Les autres peines afflictives perpétuelles n'emporteront la mort civile qu'autant que la loi y aurait attaché cet effet.

Article 25. Par la mort civile, le condamné perd la propriété de tous les biens qu'il possédait ; sa succession est ouverte au profit de ses héritiers, auxquels ses biens sont dévolus, de la même manière que s'il étoit mort naturellement et sans testament.

Il ne peut plus ni recueillir aucune succession, ni transmettre, à ce titre, les biens qu'il a acquis par la suite.

Il ne peut ni disposer de ses biens, en tout ou en partie, soit par donations entre-vifs, soit par testament, ni recevoir à ce titre, si ce n'est pour cause d'alimens.

Il ne peut être nommé tuteur, ni concourir aux opérations relatives à la tutelle.

Il ne peut être témoin dans un acte solennel ou authentique, ni être admis à porter témoignage en justice.

Il ne peut procéder en justice, ni en défendant, ni en demandant, que sous le nom et par le ministère d'un curateur spécial, qui lui est nommé par le tribunal où l'action est portée.

Il est incapable de contracter un mariage qui produise aucun effet civil.

Le mariage qu'il avoit contracté précédemment est dissous, quant à tous ses effets civils.

Son époux et ses héritiers peuvent exercer respectivement les droits et les actions auxquels sa mort naturelle donneroit ouverture.

Leg. 10, *cod. de bonis proscriptorum.* = *Novell.* 17, *cap.* 12. *Novell.* 134, *cap. ultim.* = *Authentic. bona damnatorum.* = *Cod. de bonis proscriptorum.*

Leg. 13, *ff. de bonorum possessione. Leg.* 1, *cod. de hæredibus instituendis. Leg.* 17, *ff. de pœnis. Leg.* 12, *ff. de jure fisci Leg.* 15. *Leg.* 31, *§.* 4, *ff. de donationibus. Leg.* 15, *ff. de interdictis et relegatis.*

Leg. 8, *§.* 1, 2, 4, *ff. qui testamenta facere possunt. Leg.* 1, *§.* 2, *ff. de legatis* 3°. *Leg.* 3, *ff. de his quæ pro non scriptis habentur. Leg.* 16, *ff. de interdictis et relegatis. Leg.* 10, *ff. de capite minutis. Leg.* 8, *ff. de annuis legatis. Leg.* 22, *§.* 5, *ff. mandati.* = *Argum. ex lege* 2, *cod. de legitimis tutoribus.*

Leg. 3, *§.* 5, *ff. de testibus.* = *Institut. de testamentis ordinandis, §.* 6.

Ordonnance de Moulins, art. 28, Déclaration de 1639, art. 6.

Leg. 1, *cod. de repudiis et judicio de moribus sublato. Leg.* 5, *§.* 1, *ff. de bonis damnatorum.* = *Argument. ex lege* 22, *§.* 7, *ff. soluto matrimonio.* = *Leg* 13, *§.* 1, *ff. de donationibus inter virum et uxorem.*

Article 26. Les condamnations contradictoires n'emportent la mort civile qu'à compter du jour de leur exécution, soit réelle, soit par effigie.

Les lois romaines regardaient le condamné comme mort civilement dès l'instant de la condamnation. = *Leg.* 10, *§.* 1. *Leg.* 29, *ff. de pœnis. Leg.* 6, *§.* 6, *ff. de injusto, rupto, et irrito facto testamento.*

Article 27. Les condamnations par contumace n'emporteront la mort civile qu'après les cinq années qui suivront l'exécution du jugement par effigie, et pendant lesquelles le condamné peut se représenter.

Ordonnance de Moulins de 1560, art. 28. Ordonnance de 1670, tit. 17, art. 28 et 29.

Article 28. Les condamnés par contumace seront, pendant les cinq ans, ou jusqu'à ce qu'ils se représentent, ou qu'ils soient arrêtés pendant ce délai, privés de l'exercice des droits civils.

Leurs biens seront administrés, et leurs droits exercés de même que ceux des absens.

Article 29. Lorsque le condamné par contumace se présentera volontairement dans les cinq années, à compter du jour de l'exécution, ou lorsqu'il aura été saisi et constitué prisonnier dans ce délai, le jugement sera anéanti de plein droit; l'accusé sera remis en possession de ses biens, il sera jugé de nouveau; et si, par ce nouveau jugement, il est condamné à la même peine, ou à une peine différente, emportant également la mort civile, elle n'aura lieu qu'à compter du jour de l'exécution du second jugement.

Ordonnance de 1670, tit. 17, art. 18 et 26.

Article 30. Lorsque le condamné par contumace, qui ne se sera représenté ou qui n'aura été constitué prisonnier qu'après les cinq ans, sera absous par le nouveau jugement, ou n'aura été condamné qu'à une peine qui n'emportera pas la mort civile, il rentrera dans la plénitude de ses droits civils, pour l'avenir, et à compter du jour où il aura reparu en justice; mais le premier jugement conservera, pour le passé, les effets que la mort civile avait produits dans l'intervalle écoulé depuis l'époque de l'expiration des cinq ans jusqu'au jour de sa comparution en justice.

Argum. ex leg. 4, *ff. de requirendis vel absentibus, et leg.* 2, *cod. de requirendis reis.* = Ordonnance de Moulins, art. 28. Ordonnance de 1670, tit. 17, art. 28. (1)

Article 31. Si le condamné par contumace meurt dans le délai de grâce des cinq

_____

(1) Les lois romaines défendoient de prononcer des peines capitales ou afflictives contre les absens. *Leg.* 1, §. *ff. de requirend. vel absentibus. Leg.* 15, *ff. de pœn.* C'est aussi ce qui était anciennement observé en France. *Capitul. de Charlemagne, lib.* 7, *cap.* 146.

Les premières lois françaises qui ont établi la condamnation par contumace et ses effets, sont l'ordonnance du mois d'août 1536, art. 29; l'ordonnance de 1556, art. 17, art. 25; l'ordonnance de 1559, art. 7; l'ordonnance de 1670, tit. 17, art. 16.

années sans s'être représenté, ou sans avoir été saisi ou arrêté, il sera réputé mort dans l'intégrité de ses droits. Le jugement de contumace sera anéanti de plein droit, sans préjudice néanmoins de l'action de la partie civile, laquelle ne pourra être intentée contre les héritiers du condamné que par la voie civile.

Ordonnance de 1670, tit. 17, art. 29. = *Argum. ex leg,* 13, §. 1 , *ff. qui testamenta facere possunt , et leg.* 13, §. 4, *ff. de requirendis vel absentibus reis.*

Article 32. En aucun cas, la prescription de la peine ne réintégrera le condamné dans ses droits civils pour l'avenir.

Cet article est conforme au dernier état de la jurisprudence du parlement de Paris, qui, long-temps incertaine sur ce point, fut enfin fixée par l'arrêt du parlement, de 1738, rendu contre le sieur d'Ascheux. Mais il est contraire à la jurisprudence des parlemens de droit écrit, attestée par LAPEY-REYRE, lettre S, nº, 212, et par SERRES, Instit. p. 593. (1)

Article 33. Les biens acquis par le condamné, depuis la mort civile encourue, et dont il se trouvera en possession au jour de sa mort naturelle, appartiendront à la nation par droit de déshérence.

Néanmoins, le Gouvernement en pourra faire, au profit de la veuve, des enfans ou parens du condamné, telles dispositions que l'humanité lui suggérera.

TITRE II.

Des Actes de l'état civil.

[Décrété le 20 Ventôse an XI. Promulgué le 30 du même mois.]

CHAPITRE PREMIER.

Dispositions générales.

Article 34. LES actes de l'état civil énonceront l'année, le jour et l'heure où ils seront reçus, les prénoms, noms, âge, profession et domicile de tous ceux qui y seront dénommés.

Ordonnance de 1539, art. 51. Ordon. de 1667, tit. 20, art. 9. = Déclaration d'avril 1736.

(1) Dans notre ancienne jurisprudence, le crime, qui n'avait pas été poursuivi pendant vingt ans, était prescrit. (IMBERT, liv. 3, ch. 10, nos. 8 et 9); ce qui était fondé sur les lois romaines. *Leg.* 13, *cod. ad leg. Cornel. de falsis.*

2

Article 35. Les officiers de l'état civil ne pourront rien insérer dans les actes qu'ils recevront , soit par note , soit par énonciation quelconque , que ce qui doit être déclaré par les comparans.

Cette disposition est nouvelle.

Article 36. Dans les cas où les parties intéressées ne seront point obligées de comparaître en personne , elles pourront se faire représenter par un fondé de pro-curation spéciale et authentique.

Article 37. Les témoins produits aux actes de l'état civil ne pourront être que du sexe masculin , âgés de vingt - un ans au moins , parens ou autres ; et ils seront choisis par les personnes intéressées.

Cet article rend générale une disposition des Coutumes et des Ordonnances, qui était particulière aux mariages et aux décès.

Article 38. L'officier de l'état civil donnera lecture des actes aux parties com-parantes, ou à leurs fondés de procuration , et aux témoins.
Il y sera fait mention de l'accomplissement de cette formalité.

Cette disposition était observée dans l'usage , mais aucune Ordon. n'en prescrivait l'observation.

Article 39. Ces actes seront signés par l'officier de l'état civil , par les comparans et les témoins; ou mention sera faite de la cause qui empêchera les comparans et les témoins de signer.

Déclaration d'avril 1736.

Article 40. Les actes de l'état civil seront inscrits , dans chaque commune , sur un ou plusieurs registres tenus doubles.

Ordon. de 1667 , tit. 20 , art. 8. = Déclarat. de 1736. = Décret du 20 septemb. 1792 , tit. 2.

Article 41. Les registres seront cotés par première et dernière , et paraphés sur chaque feuille , par le président du tribunal de première instance , ou par le juge qui le remplacera.

Ordon. de 1667 , tit. 10 , art. 8. = Déclarat. d'avril 1736, art. 2. = Décret du 20 septemb. 1792 , tit. 2 , art. 2.

Article 42. Les actes seront inscrits sur les registres , de suite , sans aucun blanc.

Les ratures et les renvois seront approuvés et signés de la même manière que le corps de l'acte. Il n'y sera rien écrit par abréviation, et aucune date ne sera mise en chiffres.

Ordonnance de 1667, tit. 20, art. 10.

Article 43. Les registres seront clos et arrêtés par l'officier de l'état civil, à la fin de chaque année ; et dans le mois, l'un des doubles sera déposé aux archives de la commune, l'autre au greffe du tribunal de première instance.

Ordonnance de 1667, tit. 20, art. 11. = Déclaration d'avril 1736, art. 7 et 18. = Décret du 20 septembre 1792, tit. 2, art. 12 et 15.

Article 44. Les procurations et les autres pièces qui doivent demeurer annexées aux actes de l'état civil, seront déposées, après qu'elles auront été paraphées par la personne qui les aura produites, et par l'officier de l'état civil, au greffe du tribunal, avec le double des registres dont le dépôt doit avoir lieu audit greffe.

Nos anciennes Ordonnances ne prescrivaient rien sur le dépôt de ces pièces.

Article 45. Toute personne pourra se faire délivrer par les dépositaires des registres de l'état civil, des extraits de ces registres. Les extraits délivrés conformes aux registres, et légalisés par le président du tribunal de première instance, ou par le juge qui le remplacera, feront foi jusqu'à inscription de faux.

Ordon. de 1667, tit. 20, art. 18. = Déclaration de 1736, art. 33. = Décret du 20 septem. 1792, tit. 2, art. 18.
Argum. ex lege 4. et lege 6. ff. de edendo.

Article 46. Lorsqu'il n'aura pas existé de registres, ou qu'ils seront perdus, la preuve en sera reçue tant par titres que par témoins; et dans ces cas, les mariages, naissances et décès, pourront être prouvés tant par les registres et papiers émanés des pères et mères décédés, que par témoins.

Ordonnance de 1667, tit. 20, art. 7.

Article 47. Tout acte de l'état civil des Français et des étrangers, fait en pays étranger, fera foi, s'il a été rédigé dans les formes usitées dans ledit pays.

Cette disposition est une conséquence du principe que l'on doit suivre pour les formalités d'un acte, la loi du lieu où il est passé.
Voy. LE PRÊTRE, cent. 3, chap. 24. = BASSET, tom. 1, liv. 4, chap. 2. = LOYSEL, des testamens, régl. 3 et 4. = LOUET et BRODEAU, lett. c. chap. 42.

Article 48. Tout acte de l'état civil des Français en pays étranger sera valable, s'il a été reçu, conformément aux lois françaises, par les agens diplomatiques, ou par les commissaires des relations commerciales de la République.

Cet article est conforme à l'ancienne jurisprudence : seulement il étend aux agens commerciaux la faculté de recevoir les actes de l'état civil, qui n'était attribuée qu'aux ambassadeurs et aux chargés d'affaires.

Article 49. Dans tous les cas où la mention d'un acte relatif à l'état civil devra avoir lieu en marge d'un autre acte déjà inscrit, elle sera faite à la requête des parties intéressées, par l'officier de l'état civil, sur les registres courans ou sur ceux qui auront été déposés aux archives de la commune, et par le greffier du tribunal de première instance, sur les registres déposés au greffe ; à l'effet de quoi l'officier de l'état civil en donnera avis dans les trois jours au commissaire du Gouvernement près ledit tribunal, qui veillera à ce que la mention soit faite d'une manière uniforme sur les deux registres.

Déclaration de 1736, art. 30.

Article 50. Toute contravention aux articles précédens de la part des fonctionnaires y dénommés, sera poursuivie devant le tribunal de première instance, et punie d'une amende qui ne pourra excéder cent francs.

Ordon. de 1667, tit. 20, art. 12, 13 et 18. = Déclaration de 1736, art. 19, 35 et 39.

Article 51. Tout dépositaire des registres sera civilement responsable des altérations qui y surviendront, sauf son recours, s'il y a lieu, contre les auteurs desdites altérations.

La disposition de cet article n'est qu'une application des lois sur les obligations du dépositaire. *Vid. argum. ex leg.* 1, §. 16, *ff. deposit. vel. contr. ; leg.* 42, *ff. ad leg. Aquil. ; leg.* 18, §. 1, *ff. commodat.*

Article 52. Toute altération, tout faux dans les actes de l'état civil, toute inscription de ces actes faite sur une feuille volante et autrement que sur les registres à ce destinés, donneront lieu aux dommages - intérêts des parties, sans préjudice des peines portées au Code pénal.

Décret du 20 septembre 1790, tit. 2, art. 3 et 4. (1)

_____

(1) La demande en dommages - intérêts pouvait, dans l'ancienne jurisprudence française, être formée contre les héritiers du coupable. Arrêt du parlement de Paris, du 29 juillet 1628, rapporté par BARDET, tom. 1, liv. 3, chap. 12.

Article 53. Le commissaire du Gouvernement près le tribunal de première instance sera tenu de vérifier l'état des registres lors du dépôt qui en sera fait au greffe ; il dressera un procès-verbal sommaire de la vérification, dénoncera les contraventions ou délits commis par les officiers de l'état civil, et requerra contre eux la condamnation aux amendes.

Ordonnance de 1667, tit. 20, art. 11. = Déclaration de 1736, art. 18.

Article 54. Dans tous les cas où un tribunal de première instance connaîtra des actes relatifs à l'état civil, les parties intéressées pourront se pourvoir contre le jugement.

CHAPITRE II.

Des Actes de naissance.

Article 55. Les déclarations de naissance seront faites, dans les trois jours de l'accouchement, à l'officier de l'état civil du lieu : l'enfant lui sera présenté.

Décret du 20 septembre 1792, tit. 3, art. 1 et 5.

Article 56. La naissance de l'enfant sera déclarée par le père, ou à défaut du père, par les docteurs en médecine ou en chirurgie, sages-femmes, officiers de santé ou autres personnes qui auront assisté à l'accouchement ; et lorsque la mère sera accouchée hors de son domicile, par la personne chez qui elle sera accouchée.

L'acte de naissance sera rédigé de suite, en présence de deux témoins.

Loi du 20 septembre 1792, tit. 3, art. 2, 3 et 4.

Article 57. L'acte de naissance énoncera le jour, l'heure et le lieu de la naissance, le sexe de l'enfant, et les prénoms qui lui seront donnés, les prénoms, noms, profession et domicile des père et mère, et ceux des témoins.

Ordonnance de 1667, tit. 20, art. 9. = Déclaration de 1736, art. 4. = Décret du 20 sept. 1792, tit. 3, art. 7.

Article 58. Toute personne qui aura trouvé un enfant nouveau-né, sera tenue de le remettre à l'officier de l'état civil, ainsi que les vêtemens et autres effets trouvés avec l'enfant, et de déclarer toutes les circonstances du temps et du lieu où il aura été trouvé.

Il en sera dressé un procès-verbal détaillé qui énoncera en outre l'âge apparent de l'enfant, son sexe, les noms qui lui seront donnés, l'autorité civile à laquelle il sera remis. Ce procès-verbal sera inscrit sur les registres.

Loi du 20 septembre 1792, tit. 3, art. 9.

Article 59. S'il naît un enfant pendant un voyage de mer, l'acte de naissance sera dressé dans les vingt-quatre heures en présence du père, s'il est présent, et de deux témoins pris parmi les officiers du bâtiment, ou, à leur défaut, parmi les hommes de l'équipage. Cet acte sera rédigé, savoir, sur les bâtimens de l'Etat, par l'officier d'administration de la marine ; et sur les bâtimens appartenant à un armateur ou négociant, par le capitaine, maître ou patron du navire. L'acte de naissance sera inscrit à la suite du rôle d'équipage.

Ordonnance de 1681, tit. 3, art. 2.

Article 60. Au premier port où le bâtiment abordera, soit de relâche, soit pour toute autre cause que celle de son désarmement, les officiers de l'administration de la marine, capitaine, maître ou patron, seront tenus de déposer deux expéditions authentiques des actes de naissance qu'ils auront rédigés, savoir, dans un port français, au bureau du préposé à l'inscription maritime ; et dans un port étranger, entre les mains du commissaire des relations commerciales.

L'une de ces expéditions restera déposée au bureau de l'inscription maritime, ou à la chancellerie du commissariat : l'autre sera envoyée au Ministre de la marine, qui fera parvenir une copie, de lui certifiée, de chacun desdits actes, à l'officier de l'état civil du domicile du père de l'enfant, ou de la mère, si le père est inconnu : cette copie sera inscrite de suite sur les registres.

Article 61. A l'arrivée du bâtiment dans le port du désarmement, le rôle d'équipage sera déposé au bureau du préposé à l'inscription maritime, qui enverra une expédition de l'acte de naissance, de lui signée, à l'officier de l'état civil du domicile du père de l'enfant, ou de la mère, si le père est inconnu : cette expédition sera inscrite de suite sur les registres.

Article 62. L'acte de reconnaissance d'un enfant sera inscrit sur les registres, à sa date ; et il en sera fait mention en marge de l'acte de naissance, s'il en existe un.

CHAPITRE III.

Des Actes de mariage.

Article 63. AVANT la célébration du mariage, l'officier de l'état civil fera deux publications, à huit jours d'intervalle, un jour de dimanche, devant la porte de la maison commune. Ces publications, et l'acte qui en sera dressé, énonceront les prénoms, noms, professions et domiciles des futurs époux, leur qualité de majeurs ou de mineurs, et les prénoms, noms, professions et domiciles de leurs pères et mères. Cet acte énoncera, en outre, les jours, lieux et heures où les publications auront été faites : il sera inscrit sur un seul registre, qui sera coté et paraphé comme il est dit en l'article 41, et déposé, à la fin de chaque année, au greffe du tribunal de l'arrondissement.

Ordon. de Blois, art. 40. = Loi du 20 septembre 1792, tit. 4, sect. 2.

Article 64. Un extrait de l'acte de publication sera et restera affiché à la porte de la maison commune, pendant les huit jours d'intervalle de l'une à l'autre publication. Le mariage ne pourra être célébré avant le troisième jour, depuis et non compris celui de la seconde publication.

Loi du 20 septembre 1792, tit. 4, sect. 2.

Article 65. Si le mariage n'a pas été célébré dans l'année, à compter de l'expiration du délai des publications, il ne pourra plus être célébré qu'après que de nouvelles publications auront été faites dans la forme ci-dessus prescrite.

Article 66. Les actes d'opposition au mariage seront signés sur l'original et sur la copie par les opposans ou par leurs fondés de procuration spéciale et authentique ; ils seront signifiés, avec la copie de la procuration, à la personne ou au domicile des parties, et à l'officier de l'état civil, qui mettra son *visa* sur l'original.

Article 67. L'officier de l'état civil fera, sans délai, une mention sommaire des oppositions sur le registre des publications ; il fera aussi mention, en marge de l'inscription desdites oppositions, des jugemens ou des actes de main-levée dont expédition lui aura été remise.

Réglement du 15 juin 1691.

Article 68. En cas d'opposition, l'officier de l'état civil ne pourra célébrer le mariage, avant qu'on lui en ait remis la main-levée, sous peine de trois cents francs d'amende, et de tous dommages-intérêts.

Article 69. S'il n'y a point d'opposition, il en sera fait mention dans l'acte de mariage ; et si les publications ont été faites dans plusieurs communes, les parties remettront un certificat délivré par l'officier de l'état civil de chaque commune, constatant qu'il n'existe point d'opposition.

Article 70. L'officier de l'état civil se fera remettre l'acte de naissance de chacun des futurs époux. Celui des époux qui serait dans l'impossibilité de se le procurer, pourra le suppléer en rapportant un acte de notoriété délivré par le juge de paix du lieu de sa naissance, ou par celui de son domicile.

Article 71. L'acte de notoriété contiendra la déclaration faite par sept témoins de l'un ou de l'autre sexe, parens ou non parens, des prénoms, nom, profession et domicile du futur époux, et de ceux de ses père et mère, s'ils sont connus ; le lieu. et, autant que possible, l'époque de sa naissance, et les causes qui empêchent d'en rapporter l'acte. Les témoins signeront l'acte de notoriété avec le juge de paix ; et s'il en est qui ne puissent ou ne sachent signer, il en sera fait mention.

Article 72. L'acte de notoriété sera présenté au tribunal de première instance du lieu où doit se célébrer le mariage. Le tribunal, après avoir entendu le commissaire du Gouvernement, donnera ou refusera son homologation, selon qu'il trouvera suffisantes ou insuffisantes les déclarations des témoins, et les causes qui empêchent de rapporter l'acte de naissance.

Article 73. L'acte authentique du consentement des pères et mères ou aïeuls et aïeules, ou, à leur défaut, celui de la famille, contiendra les prénoms, noms, professions et domiciles du futur époux, et de tous ceux qui auront concouru à l'acte, ainsi que leur degré de parenté.

Article 74. Le mariage sera célébré dans la commune où l'un des deux époux aura son domicile. Ce domicile, quant au mariage, s'établira par six mois d'habitation continue dans la même commune.

Edit de 1667, et Déclaration de 1639.

Article 75. Le jour désigné par les parties après les délais des publications, l'officier de l'état civil, dans la maison commune, en présence de quatre témoins parens ou non parens, fera lecture aux parties, des pièces ci-dessus mentionnées, relatives à leur état et aux formalités du mariage, et du chapitre VI du titre *du Mariage,* sur *les droits et les devoirs respectifs des époux.* Il recevra de chaque partie, l'une après l'autre, la déclaration qu'elles veulent se prendre pour mari et femme ; il prononcera, au nom de la loi, qu'elles sont unies par le mariage, et il en dressera acte sur-le-champ.

Loi du 20 septembre 1790, tit. 4, sect. 4, art. 4, 5 et 6.

Article 76. On énoncera dans l'acte de mariage,

1°. Les prénoms, noms, professions, âge, lieux de naissance et domiciles des époux ;

2°. S'ils sont majeurs ou mineurs ;

3°. Les prénoms, noms, professions et domiciles des pères et mères ;

4°. Le consentement des pères et mères, aïeuls et aïeules, et celui de la famille, dans les cas où ils sont requis ;

5°. Les actes respectueux, s'il en a été fait ;

6°. Les publications dans les divers domiciles ;

7°. Les oppositions, s'il y en a eu ; leur main-levée, ou la mention qu'il n'y a point eu d'opposition ;

8°. La déclaration des contractans de se prendre pour époux, et le prononcé de leur union par l'officier public ;

9°. Les prénoms, noms, âge, professions et domiciles des témoins, et leur déclaration s'ils sont parens ou alliés des parties, de quel côté et à quel degré.

Loi du 20 septemb. 1792, tit. 4, sect. 4, art. 7. = Déclaration de 1736, art. 7.

CHAPITRE IV.

Des Actes de décès.

Article 77. Aucune inhumation ne sera faite sans une autorisation, sur papier libre et sans frais, de l'officier de l'état civil, qui ne pourra la délivrer qu'après s'être transporté auprès de la personne décédée, pour s'assurer du décès, et que vingt-quatre heures après le décès, hors les cas prévus par les réglemens de police.

Loi du 20 septembre 1792, tit. 5, art. 2.

Article 78. L'acte de décès sera dressé par l'officier de l'état civil, sur la déclaration de deux témoins. Ces témoins seront, s'il est possible, les deux plus proches

3

parens ou voisins, ou, lorsqu'une personne sera décédée hors de son domicile, la personne chez laquelle elle sera décédée, et un parent ou autre.

Ordon. de 1667, tit. 20, art. 9. = Déclarat. de 1736, art. 10. = Loi du 20 septem. 1792, tit. 5.

Article 79. L'acte de décès contiendra les prénoms, nom, âge, profession et domicile de la personne décédée; les prénoms et nom de l'autre époux, si la personne décédée était mariée ou veuve; les prénoms, noms, âge, professions et domiciles des déclarans; et, s'ils sont parens, leur degré de parenté.

Le même acte contiendra de plus, autant qu'on pourra le savoir, les prénoms, noms, profession et domicile des père et mère du décédé, et le lieu de sa naissance.

Ordon. de 1667, tit. 20, art. 9. = Déclarat. de 1736, art. 10. = Loi du 20 septem. 1792, tit. 5.

Article 80. En cas de décès dans les hôpitaux militaires, civils ou autres maisons publiques, les supérieurs, directeurs, administrateurs et maîtres de ces maisons, seront tenus d'en donner avis, dans les vingt-quatre heures, à l'officier de l'état civil, qui s'y transportera pour s'assurer du décès, et en dressera l'acte, conformément à l'article précédent, sur les déclarations qui lui auront été faites, et sur les renseignemens qu'il aura pris.

Il sera tenu en outre, dans lesdits hôpitaux et maisons, des registres destinés à inscrire ces déclarations et ces renseignemens.

L'officier de l'état civil enverra l'acte de décès à celui du dernier domicile de la personne décédée, qui l'inscrira sur les registres.

Ordonnance de 1667, tit. 20, art. 13. = Déclaration de 1736, art. 15. = Loi du 20 septem. 1792, tit. 5, art. 5.

Article 81. Lorsqu'il y aura des signes ou indices de mort violente, ou d'autres circonstances qui donneront lieu de le soupçonner, on ne pourra faire l'inhumation, qu'après qu'un officier de police, assisté d'un docteur en médecine ou en chirurgie, aura dressé procès-verbal de l'état du cadavre, et des circonstances y relatives, ainsi que des renseignemens qu'il aura pu recueillir sur les prénoms, nom, âge, profession, lieu de naissance et domicile de la personne décédée.

Déclaration du 20 septembre 1712. = Loi du 20 septembre 1792, tit. 5, art. 7, 8 et 9.

Article 82. L'officier de police sera tenu de transmettre de suite à l'officier de l'état civil du lieu où la personne sera décédée, tous les renseignemens énoncés dans son procès-verbal, d'après lesquels l'acte de décès sera rédigé.

L'officier de l'état civil en enverra une expédition à celui du domicile de la personne décédée, s'il est connu : cette expédition sera inscrite sur les registres.

Déclaration du 5 septembre 1712. = Loi du 20 septembre 1792, tit. 5, art. 7, 8 et 9.

Article 83. Les greffiers criminels seront tenus d'envoyer, dans les vingt-quatre heures de l'exécution des jugemens portant peine de mort, à l'officier de l'état civil du lieu où le condamné aura été exécuté, tous les renseignemens énoncés en l'article 79, d'après lesquels l'acte de décès sera rédigé.

Cette disposition est absolument nouvelle.

Article 84. En cas de décès dans les prisons ou maisons de réclusion et de détention, il en sera donné avis sur-le-champ, par les concierges ou gardiens, à l'officier de l'état civil, qui s'y transportera comme il est dit en l'article 80, et rédigera l'acte de décès.

Loi du 20 septembre 1792, tit. 5, art. 5.

Article 85. Dans tous les cas de mort violente, ou dans les prisons et maisons de réclusion, ou d'exécution à mort, il ne sera fait sur les registres aucune mention de ces circonstances, et les actes de décès seront simplement rédigés dans les formes prescrites par l'article 79.

Décret du 20 janvier 1790, et Loi du 20 septembre 1792.

Article 86. En cas de décès pendant un voyage de mer, il en sera dressé acte dans les vingt-quatre heures, en présence de deux témoins pris parmi les officiers du bâtiment, ou, à leur défaut, parmi les hommes de l'équipage. Cet acte sera rédigé, savoir, sur les bâtimens de l'Etat, par l'officier d'administration de la marine ; et, sur les bâtimens appartenant à un négociant ou armateur, par le capitaine, maître ou patron du navire. L'acte de décès sera inscrit à la suite du rôle de l'équipage.

Ordonnance de 1681, liv. 1, tit. 3, art. 2 et 6.

Article 87. Au premier port où le bâtiment abordera, soit de relâche, soit pour toute autre cause que celle de son désarmement, les officiers de l'administration de la marine, capitaine, maître ou patron, qui auront rédigé des actes de décès, seront tenus d'en déposer deux expéditions, conformément à l'article 60.

A l'arrivée du bâtiment dans le port du désarmement, le rôle d'équipage sera déposé au bureau du préposé à l'inscription maritime ; il enverra une expédition de l'acte de décès, de lui signée, à l'officier de l'état civil du domicile de la personne décédée, cette expédition sera inscrite de suite sur les registres.

Ordonnance de 1681, liv. 1, tit. 3, art. 2 et 6.

CHAPITRE V.

Des Actes de l'état civil concernant les Militaires hors du territoire de la République.

Article 88. L e s actes de l'état civil faits hors du territoire de la République, concernant des militaires ou autres personnes employées à la suite des armées, seront rédigés dans les formes prescrites par les dispositions précédentes ; sauf les exceptions contenues dans les articles suivans.

Déclarations du 2 juillet 1716, et 22 novembre 1728.

Article 89. Le quartier-maître dans chaque corps d'un ou plusieurs bataillons ou escadrons, et le capitaine commandant dans les autres corps, rempliront les fonctions d'officiers de l'état civil : ces mêmes fonctions seront remplies, pour les officiers sans troupes et pour les employés de l'armée, par l'inspecteur aux revues attaché à l'armée ou au corps d'armée.

Déclarations du 2 juillet 1716, et 22 novembre 1728.

Article 90. Il sera tenu, dans chaque corps de troupes, un registre pour les actes de l'état civil relatifs aux individus de ce corps, et un autre à l'état-major de l'armée ou d'un corps d'armée, pour les actes civils relatifs aux officiers sans troupes et aux employés : ces registres seront conservés de la même manière que les autres registres des corps et états-majors, et déposés aux archives de la guerre, à la rentrée des corps ou armées sur le territoire de la République.

Déclarations du 2 juillet 1716, et 22 novembre 1728.

Article 91. Les registres seront cotés et paraphés, dans chaque corps, par l'officier qui le commande ; et à l'état-major, par le chef de l'état-major général.

Déclarations du 2 juillet 1716, et 22 novembre 1728.

Article 92. Les déclarations de naissance à l'armée seront faites dans les dix jours qui suivront l'accouchement.

Déclarations du 2 juillet 1716, et 22 novembre 1728.

Article 93. L'officier chargé de la tenue du registre de l'état civil devra, dans les dix jours qui suivront l'inscription d'un acte de naissance audit registre, en adresser un extrait à l'officier de l'état civil du dernier domicile du père de l'enfant, ou de la mère si le père est inconnu.

Déclarations du 2 juillet 1716, et 22 novembre 1728.

Article 94. Les publications de mariage des militaires et employés à la suite des armées, seront faites au lieu de leur dernier domicile ; elles seront mises en outre, vingt-cinq jours avant la célébration du mariage, à l'ordre du jour du corps, pour les individus qui tiennent à un corps ; et à celui de l'armée ou du corps d'armée, pour les officiers sans troupes, et pour les employés qui en font partie.

Déclarations du 2 juillet 1716, et 22 novembre 1728.

Article 95. Immédiatement après l'inscription sur le registre, de l'acte de célébration du mariage, l'officier chargé de la tenue du registre en enverra une expédition à l'officier de l'état civil du dernier domicile des époux.

Déclarations du 2 juillet 1716, et 22 novembre 1728.

Article 96. Les actes de décès seront dressés, dans chaque corps, par le quartier-maître ; et pour les officiers sans troupes et les employés, par l'inspecteur aux revues de l'armée, sur l'attestation de trois témoins ; et l'extrait de ces registres sera envoyé, dans les dix jours, à l'officier de l'état civil du dernier domicile du décédé.

Déclarations du 2 juillet 1716, et 22 novembre 1728.

Article 97. En cas de décès dans les hôpitaux militaires ambulans ou sédentaires, l'acte en sera rédigé par le directeur desdits hôpitaux, et envoyé au quartier-maître du corps, ou à l'inspecteur aux revues de l'armée ou du corps d'armée dont le décédé faisait partie : ces officiers en feront parvenir une expédition à l'officier de l'état civil du dernier domicile du décédé.

Déclarations du 2 juillet 1716, et 22 novembre 1728.

Article 98. L'officier de l'état civil du domicile des parties auquel il aura été envoyé de l'armée expédition d'un acte de l'état civil , sera tenu de l'inscrire de suite sur les registres.

Déclarations du 2 juillet 1716 , et 22 novembre 1728.

CHAPITRE VI.

De la rectification des Actes de l'état civil.

Article 99. Lorsque la rectification d'un acte de l'état civil sera demandée , il y sera statué , sauf l'appel , par le tribunal compétent , et sur les conclusions du commissaire du Gouvernement. Les parties intéressées seront appelées , s'il y a lieu.

Article 100. Le jugement de rectification ne pourra , dans aucun temps , être opposé aux parties intéressées qui ne l'auraient point requis , ou qui n'y auraient pas été appelées.

Argum. ex leg. 1, *cod. inter alios facta vel judicata. Leg.* 27 , §. 4 , *ff. de pactis.*

Article 101. Les jugemens de rectification seront inscrits sur les registres par l'officier de l'état civil , aussitôt qu'ils lui auront été remis ; et mention en sera faite en marge de l'acte réformé.

Déclaration du 9 avril 1736 , art. 30.

TITRE III,

Du Domicile.

[Décrété le 23 Ventôse an XI. Promulgué le 3 Germinal suivant.]

Article 102. Le domicile de tout Français ; quant à l'exercice de ses droits civils , est au lieu où il a son principal établissement.

Leg. 7 , *cod. de incolis.* = Coutume de Bretagne , art. 449.
Dans le droit romain la même personne pouvait avoir deux domiciles. *Leg.* 51 , *leg.* 27 , §. 1 ; *leg.* 5 , *leg.* 6 , §. 2 , *leg.* 27 , §. 2 , *leg.* 23 , *ff. ad municipalem et de incolis.*

Article 103. Le changement de domicile s'opérera par le fait d'une habitation réelle dans un autre lieu, joint à l'intention d'y fixer son principal établissement.

Leg. 4 et leg. 20, ff. ad municipalem et de incolis.

Article 104. La preuve de l'intention résultera d'une déclaration expresse, faite tant à la municipalité du lieu que l'on quittera, qu'à celle du lieu où on aura transféré son domicile.

Article 105. A défaut de déclaration expresse, la preuve de l'intention dépendra des circonstances.

Leg. 27, §. 1, leg. 35, leg. 6, §. 2, et leg. 2, §. 2, ff. ad municipalem et de incolis.

Article 106. Le citoyen appelé à une fonction publique temporaire ou révocable, conservera le domicile qu'il avait auparavant, s'il n'a pas manifesté d'intention contraire.

Leg. 2, cod. de incolis.

Article 107. L'acceptation de fonctions conférées à vie, emportera translation immédiate du domicile du fonctionnaire dans le lieu où il doit exercer ces fonctions.

Leg. 22, §. 6, ff. ad municipalem et de incolis. Leg. 8, cod. de incolis.

Article 108. La femme mariée n'a point d'autre domicile que celui de son mari. Le mineur non émancipé aura son domicile chez ses père et mère ou tuteur : le majeur interdit aura le sien chez son curateur.

Leg. 38, §. 3, ff. ad municipalem et de incolis. Leg. 37, §. 2, eod. Leg. unic. cod. de mulieribus in quo loco. Leg. 13, cod. de dignitatibus. = Arrêtés de LAMOIGNON, tit. 5, art. 4.

Article 109. Les majeurs qui servent ou travaillent habituellement chez autrui, auront le même domicile que la personne qu'ils servent ou chez laquelle ils travaillent, lorsqu'ils demeureront avec elle dans la même maison.

Leg. 6, §. 3, et leg. 22, in pr., ff. ad municipalem et de incolis.

Article 110. Le lieu où la succession s'ouvrira, sera déterminé par le domicile.

Leg. unic. cod. ubi de hæreditate agatur.

Article 1 1 1. Lorsqu'un acte contiendra , de la part des parties ou de l'une d'elles , élection de domicile pour l'exécution de ce même acte dans un autre lieu que celui du domicile réel , les significations , demandes et poursuites relatives à cet acte , pourront être faites au domicile convenu , et devant le juge de ce domicile.

Vid. *Argum. ex leg.* 1 , *ff. de judiciis et ubi quisque agere debet. Leg.* 29 , *cod. de pactis.*
Voy. Loyseau , traité des Seigneuries, chap. 14 et 15. = Bacquet, des droits de justice , chap. 8 , n°. 16.
Arrêts du parlement de Dijon. Raviot , quest. 297 , n°. 21.

TITRE IV.

Des Absens.

[Décrété le 24 Ventôse an XI. Promulgué le 4 Germinal suivant.]

CHAPITRE PREMIER.

De la Présomption d'Absence.

Article 1 1 2. S'il y a nécessité de pourvoir à l'administration de tout ou partie des biens laissés par une personne présumée absente , et qui n'a point de procureur fondé , il y sera statué par le tribunal de première instance , sur la demande des parties intéressées.

Article 1 1 3. Le tribunal , à la requête de la partie la plus diligente , commettra un notaire pour représenter les présumés absens , dans les inventaires , comptes , partages et liquidations dans lesquels ils seront intéressés.

Loi du 11 février 1791.

Article 1 1 4. Le ministère public est spécialement chargé de veiller aux intérêts des personnes présumées absentes ; et il sera entendu sur toutes les demandes qui les concernent.

Loi du 24 août 1792 , tit. 5 , art. 3.

CHAPITRE II.

De la Déclaration d'Absence.

Article 115. Lorsqu'une personne aura cessé de paraître au lieu de son domicile, ou de sa résidence, et que depuis quatre ans on n'en aura point eu de nouvelles, les parties intéressées pourront se pourvoir devant le tribunal de première instance, afin que l'absence soit déclarée.

Article 116. Pour constater l'absence, le tribunal, d'après les pièces et documens produits, ordonnera qu'une enquête soit faite contradictoirement avec le commissaire du Gouvernement, dans l'arrondissement du domicile, et dans celui de la résidence, s'ils sont distincts l'un de l'autre.

Article 117. Le tribunal, en statuant sur la demande, aura d'ailleurs égard aux motifs de l'absence, et aux causes qui ont pu empêcher d'avoir des nouvelles de l'individu présumé absent.

Article 118. Le commissaire du Gouvernement enverra, aussitôt qu'ils seront rendus, les jugemens tant préparatoires que définitifs, au Grand - Juge, Ministre de la justice, qui les rendra publics.

Article 119. Le jugement de déclaration d'absence ne sera rendu qu'un an après le jugement qui aura ordonné l'enquête.

CHAPITRE III.

Des Effets de l'Absence.

SECTION PREMIÈRE.

Des effets de l'Absence, relativement aux Biens que l'Absent possédait au jour de sa disparition.

Article 120. Dans les cas où l'absent n'aurait point laissé de procuration pour l'administration de ses biens, ses héritiers présomptifs au jour de sa disparition ou de ses dernières nouvelles, pourront, en vertu du jugement définitif qui aura déclaré l'absence, se faire envoyer en possession provisoire des biens qui appartenaient à

4

l'absent au jour de son départ ou de ses dernières nouvelles, à la charge de donner caution pour la sûreté de leur administration.

BRETONNIER, sur Henrys, tom. 2, liv. 4, quest. 46. = Anjou, art. 269; Maine art. 287.=Arrêtés de LAMOIGNON, tit. 6, art. 1.

Article 121. Si l'absent a laissé une procuration, ses héritiers présomptifs ne pourront poursuivre la déclaration d'absence et l'envoi en possession provisoire, qu'après dix années révolues depuis sa disparition ou depuis ses dernières nouvelles.

LEBRUN, des Successions, liv. 1, chap. 1, sect. 1, n°. 6. = BRETONNIER, sur Henrys, tom. 2, liv. 4, quest. 46.

Article 122. Il en sera de même si la procuration vient à cesser; et, dans ce cas, il sera pourvu à l'administration des biens de l'absent, comme il est dit au chapitre Ier. du présent titre.

Ordonnance de 1667, tit. 2, art. 8.

Article 123. Lorsque les héritiers présomptifs auront obtenu l'envoi en possession provisoire, le testament, s'il en existe un, sera ouvert à la réquisition des parties intéressées, ou du commissaire du Gouvernement près le tribunal; et les légataires, les donataires, ainsi que tous ceux qui avaient sur les biens de l'absent, des droits subordonnés à la condition de son décès, pourront les exercer provisoirement, à la charge de donner caution.

Leg. 2, §. 4, *ff. quemadmodum testam. aperiant. Leg.* 1, §. 5, *ff. ad leg. Corneliam de falsis.*

Article 124. L'époux commun en biens, s'il opte pour la continuation de la communauté, pourra empêcher l'envoi provisoire, et l'exercice provisoire de tous les droits subordonnés à la condition du décès de l'absent, et prendre ou conserver par préférence l'administration des biens de l'absent. Si l'époux demande la dissolution provisoire de la communauté, il exercera ses reprises et tous ses droits légaux et conventionnels, à la charge de donner caution pour les choses susceptibles de restitution.

La femme, en optant pour la continuation de la communauté, conservera le droit d'y renoncer ensuite.

Article 125. La possession provisoire ne sera qu'un dépôt, qui donnera à ceux qui l'obtiendront, l'administration des biens de l'absent, et qui les rendra comptables envers lui, en cas qu'il reparaisse ou qu'on ait de ses nouvelles.

Arrêtés de LAMOIGNON, tit. 6, art. 2 et 5.

Article 126. Ceux qui auront obtenu l'envoi provisoire, ou l'époux qui aura opté pour la continuation de la communauté, devront faire procéder à l'inventaire du mobilier et des titres de l'absent, en présence du commissaire du Gouvernement près le tribunal de première instance, ou d'un juge de paix requis par ledit commissaire.

Le tribunal ordonnera, s'il y a lieu, de vendre tout ou partie du mobilier. Dans le cas de vente, il sera fait emploi du prix, ainsi que des fruits échus.

Ceux qui auront obtenu l'envoi provisoire, pourront requérir, pour leur sûreté, qu'il soit procédé par un expert nommé par le tribunal, à la visite des immeubles, à l'effet d'en constater l'état. Son rapport sera homologué en présence du commissaire du Gouvernement ; les frais en seront pris sur les biens de l'absent.

Article 127. Ceux qui, par suite de l'envoi provisoire, ou de l'administration légale, auront joui des biens de l'absent, ne seront tenus de lui rendre que le cinquième des revenus, s'il reparaît avant quinze ans révolus depuis le jour de sa disparition ; et le dixième, s'il ne reparaît qu'après les quinze ans.

Après trente ans d'absence, la totalité des revenus leur appartiendra.

Argum. ex leg. 54, *ff. de diversis regulis juris.*

Article 128. Tous ceux qui ne jouiront qu'en vertu de l'envoi provisoire, ne pourront aliéner ni hypothéquer les immeubles de l'absent.

Article 129. Si l'absence a continué pendant trente ans depuis l'envoi provisoire, ou depuis l'époque à laquelle l'époux commun aura pris l'administration des biens de l'absent, ou s'il s'est écoulé cent ans révolus depuis la naissance de l'absent, les cautions seront déchargées ; tous les ayant-droit pourront demander le partage des biens de l'absent, et faire prononcer l'envoi en possession définitif par le tribunal de première instance.

Leg. 8, *ff. de usufructu et usu et reditu legato. Leg.* 56, *ff. de usufructu et quemadmodum. Leg.* 23, *cod. de sacrosanctis ecclesiis.* = Arrêtés de LAMOIGNON, tit. 6, art. 4. = BOURJON, *droit commun de la France*, liv. 1, tit. 8, art. 5.

Article 130. La succession de l'absent sera ouverte du jour de son décès prouvé, au profit des héritiers les plus proches à cette époque ; et ceux qui auraient joui des biens de l'absent, seront tenus de les restituer, sous la réserve des fruits par eux acquis en vertu de l'article 127.

Article 131. Si l'absent reparaît, ou si son existence est prouvée pendant l'envoi provisoire, les effets du jugement qui aura déclaré l'absence, cesseront; sans préjudice, s'il y a lieu, des mesures conservatoires prescrites au chap. Ier. du présent titre, pour l'administration de ses biens.

Article 132. Si l'absent reparaît, ou si son existence est prouvée, même après l'envoi définitif, il recouvrera ses biens dans l'état où ils se trouveront, le prix de ceux qui auraient été aliénés, ou les biens provenant de l'emploi qui aurait été fait du prix de ses biens vendus.

Article 133. Les enfans et descendans directs de l'absent pourront également, dans les trente ans, à compter de l'envoi définitif, demander la restitution de ses biens, comme il est dit en l'article précédent.

Article 134. Après le jugement de déclaration d'absence, toute personne qui aurait des droits à exercer contre l'absent, ne pourra les poursuivre que contre ceux qui auront été envoyés en possession des biens, ou qui en auront l'administration légale.

CATELAN, liv. 2, chap. 57.

SECTION II.

Des Effets de l'Absence, relativement aux Droits éventuels qui peuvent compéter à l'Absent.

Article 135. Quiconque réclamera un droit échu à un individu dont l'existence ne sera pas reconnue, devra prouver que ledit individu existait quand le droit a été ouvert : jusqu'à cette preuve, il sera déclaré non-recevable dans sa demande.

LEBRUN, des Successions, liv. 1.=*Argum. ex leg.* 2 ,*ff. de probationibus, et leg.* 4,*cod. de edendo.*

Article 136. S'il s'ouvre une succession à laquelle soit appelé un individu dont l'existence n'est pas reconnue, elle sera dévolue exclusivement à ceux avec lesquels il aurait eu le droit de concourir, ou à ceux qui l'auraient recueillie à son défaut.

Article 137. Les dispositions des deux articles précédens auront lieu sans préjudice des actions en pétition d'hérédité et d'autres droits, lesquels compéteront à l'absent ou à ses représentans ou ayant-cause, et ne s'éteindront que par le laps de temps établi pour la prescription.

Article 138. Tant que l'absent ne se représentera pas, ou que les actions ne seront point exercées de son chef, ceux qui auront recueilli la succession, gagneront les fruits par eux perçus de bonne foi.

Vid. *Leg.* 25, §. 11 *et* 15 ; *leg.* 23 , *ff. de hæreditat. petit.*

SECTION III.

Des Effets de l'Absence, relativement au Mariage.

Article 139. L'époux absent dont le conjoint a contracté une nouvelle union, sera seul recevable à attaquer ce mariage par lui-même, ou par son fondé de pouvoir, muni de la preuve de son existence.

Quand la femme dont le mari était absent pouvait se remarier suivant le droit romain. *Vid. Novell.* 117 , *cap.* 4. = *Authentica quod hodie , cod. de repudiis.*

Article 140. Si l'époux absent n'a point laissé de parens habiles à lui succéder, l'autre époux pourra demander l'envoi en possession provisoire des biens.

Argum. ex leg. unic., ff. unde vir et uxor.

CHAPITRE IV.

De la Surveillance des Enfans mineurs du Père qui a disparu.

Article 141. Si le père a disparu laissant des enfans mineurs issus d'un commun mariage, la mère en aura la surveillance, et elle exercera tous les droits du mari, quant à leur éducation et à l'administration de leurs biens.

Argum. ex leg. 1, *cod. ubi pupilli educari debeant.*

Article 142. Six mois après la disparition du père, si la mère était décédée lors de cette disparition, ou si elle vient à décéder avant que l'absence du père ait été déclarée, la surveillance des enfans sera déférée, par le conseil de famille, aux ascendans les plus proches, et, à leur défaut, à un tuteur provisoire.

Article 143. Il en sera de même dans le cas où l'un des époux qui aura disparu, laissera des enfans mineurs issus d'un mariage précédent.

TITRE V.

Du Mariage.

[Décrété le 26 Ventôse an XI. Promulgué le 6 Germinal suivant.]

CHAPITRE PREMIER.

Des Qualités et Conditions requises pour pouvoir contracter Mariage.

Article 144. L'HOMME avant dix - huit ans révolus, la femme avant quinze ans révolus, ne peuvent contracter mariage.

Instit. in pr. de nuptiis. Leg. 3 *, cod. quando tutores vel curatores esse desinant. Leg.* 4 *, ff. de ritu nuptiarum.*

Article 145. Le Gouvernement pourra néanmoins ; pour des motifs graves, accorder des dispenses d'âge.

Article 146. Il n'y a pas de mariage lorsqu'il n'y a point de consentement.

Leg. 2 *, leg.* 16 *, §.* 2 *, ff. de ritu nuptiarum. Leg.* 50 *, ff. de regulis juris. Leg.* 116 *,ff. §.* 2 *, eodem titulo.*

Article 147. On ne peut contracter un second mariage avant la dissolution du premier.

Leg. 1 *, in fine , ff. de his qui notantur infamia. Leg.* 2 *, cod. de incestis et inutilibus nuptiis. Leg.* 18 *, cod. ad legem Juliam de adulteriis.* = Loi du 20 septembre 1792 , tit. 4 , sect. 1 , art. 10.

Article 148. Le fils qui n'a pas atteint l'âge de vingt-cinq ans accomplis , la fille qui n'a pas atteint l'âge de vingt-un ans accomplis , ne peuvent contracter mariage sans le consentement de leurs père et mère : en cas de dissentiment , le consentement du père suffit.

Leg. 2 *, leg.* 34 *, ff. de ritu nuptiarum. Leg.* 2 *, leg.* 5 *, cod. de nuptiis.*

Article 149. Si l'un des deux est mort, ou s'il est dans l'impossibilité de manifester sa volonté, le consentement de l'autre suffit.

Leg. 25 *, cod. de nuptiis.* = Loi du 20 septembre 1792 , tit. 4 , sect. 1 , art. 3 et 4.

Article 150. Si le père et la mère sont morts, ou s'ils sont dans l'impossibilité de manifester leur volonté, les aïeuls et aïeules les remplacent : s'il y a dissentiment entre l'aïeul et l'aïeule de la même ligne, il suffit du consentement de l'aïeul.

S'il y a dissentiment entre les deux lignes, ce partage emportera consentement.

Article 151. Les enfans de famille ayant atteint la majorité fixée par l'article 148, sont tenus, avant de contracter mariage, de demander, par un acte respectueux et formel, le conseil de leur père et de leur mère, ou celui de leurs aïeuls et aïeules, lorsque leur père et leur mère sont décédés, ou dans l'impossibilité de manifester leur volonté.

Déclaration de 1639, art. 2. = Edit de mars 1697. = Arrêt de règlement, du 17 août 1692.

[Articles 152, 153, 154, 155, 156 et 157, décrétés le 24 Ventôse an XII. Promulgués le 1er. Germinal suivant.]

Article 152. Depuis la majorité fixée par l'article 148, jusqu'à l'âge de trente ans accomplis pour les fils, et jusqu'à l'âge de vingt-cinq ans accomplis pour les filles, l'acte respectueux prescrit par l'article précédent, et sur lequel il n'y aurait pas de consentement au mariage, sera renouvelé deux autres fois, de mois en mois; et un mois après le troisième acte, il pourra être passé outre à la célébration du mariage.

Article 153. Après l'âge de trente ans, il pourra être, à défaut de consentement sur un acte respectueux, passé outre, un mois après, à la célébration du mariage.

Article 154. L'acte respectueux sera notifié à celui ou ceux des ascendans désignés en l'article 151, par deux notaires, ou par un notaire et deux témoins; et, dans le procès-verbal qui doit en être dressé, il sera fait mention de la réponse.

Article 155. En cas d'absence de l'ascendant auquel eût dû être fait l'acte respectueux, il sera passé outre à la célébration du mariage, en représentant le jugement qui aurait été rendu pour déclarer l'absence, ou, à défaut de ce jugement, celui qui aurait ordonné l'enquête, ou, s'il n'y a point encore eu de jugement, un acte de notoriété délivré par le juge de paix du lieu où l'ascendant a eu son dernier domicile connu. Cet acte contiendra la déclaration de quatre témoins appelés d'office par ce juge de paix.

Argum. ex leg. 9, §. 1. *Leg.* 10, *leg.* 11, *ff. de ritu nuptiarum. Leg.* 12, §. 3, *ff. de captivis et postliminio reversis. Leg.* 25, *cod. de nuptiis.*

Article 156. Les officiers de l'état civil qui auraient procédé à la célébration des mariages contractés par des fils n'ayant pas atteint l'âge de vingt-cinq ans accomplis, ou par des filles n'ayant pas atteint l'âge de vingt-un ans accomplis, sans que le consentement des pères et mères, celui des aïeuls et aïeules, et celui de la famille, dans le cas où ils sont requis, soient énoncés dans l'acte de mariage, seront, à la diligence des parties intéressées et du commissaire du Gouvernement près le tribunal de première instance du lieu où le mariage aura été célébré, condamnés à l'amende portée par l'article 192, et, en outre, à un emprisonnement dont la durée ne pourra être moindre de six mois.

Article 157. Lorsqu'il n'y aura pas eu d'actes respectueux, dans les cas où ils sont prescrits, l'officier de l'état civil qui aurait célébré le mariage, sera condamné à la même amende, et à un emprisonnement qui ne pourra être moindre d'un mois.

Article 158. Les dispositions contenues aux articles 148 et 149, et les dispositions des articles 151, 152, 153, 154 et 155, relatives à l'acte respectueux qui doit être fait aux père et mère dans le cas prévu par ces articles, sont applicables aux enfans naturels légalement reconnus.

Article 159. L'enfant naturel qui n'a point été reconnu, et celui qui, après l'avoir été, a perdu ses père et mère, ou dont les père et mère ne peuvent manifester leur volonté, ne pourra, avant l'âge de vingt-un ans révolus, se marier qu'après avoir obtenu le consentement d'un tuteur *ad hoc* qui lui sera nommé.

Leg. 25, *cod. de nuptiis.* = Loi du 20 septembre 1792, sect. 4, art. 1, tit. 4.

Article 160. S'il n'y a ni père ni mère, ni aïeuls ni aïeules, ou s'ils se trouvent tous dans l'impossibilité de manifester leur volonté, les fils ou filles mineurs de vingt-un ans ne peuvent contracter mariage sans le consentement du conseil de famille.

Ordonnance de Blois, art. 40. = Déclaration du 15 décembre 1721, art. 5 ; déclaration du 1ᵉʳ février 1743, art. 12. (1)

---

(1) Les mineurs, selon le droit romain, n'avaient besoin pour se marier du consentemen' de leur curateur, ni de celui de leurs parens. = *Leg.* 20, *ff. de ritu nuptiarum. Leg.* 8, *cod. de nuptiis.* Loi du 20 septembre 1792, tit. 4, sect. 1, art. 17 et 8.

Article 161. En ligne directe, le mariage est prohibé entre tous les ascendans et descendans légitimes ou naturels, et les alliés dans la même ligne.

Leg. 53, *ff. de ritu nuptiarum.* = *Paul. sentent.*, *lib.* 2, *tit.* 19, §. 10 *et* 11. = *Instit. lib.* 1, *de nuptiis.* = Loi du 20 septembre 1792, tit. 4, sect. 1, art. 11.

Article 162. En ligne collatérale, le mariage est prohibé entre le frère et la sœur légitimes ou naturels, et les alliés au même degré.

Institut. de nupt. = *Leg.* 2, *cod. Theodos. de incest. nupt. Leg.* 5. = *Cod. de incest. nupt.* = Loi du 20 septembre 1792, tit. 4, sect. 1, art. 11.

Article 163. Le mariage est encore prohibé entre l'oncle et la nièce, la tante et le neveu.

Instit. de nuptiis. = *Leg.* 39, *ff. de ritu nupt. Leg.* 1, *cod. Theodos. de incestis. nuptiis.* = ULPIAN., *Fragment, tit.* 5, §. 6.

Article 164. Néanmoins, le Gouvernement pourra, pour des causes graves, lever les prohibitions portées au précédent article.

CHAPITRE II.

Des Formalités relatives à la Célébration du Mariage.

Article 165. Le mariage sera célébré publiquement, devant l'officier civil du domicile de l'une des deux parties.

Loi du 20 septembre 1792, tit. 4, sect. 4.

Article 166. Les deux publications ordonnées par l'article 63, au titre *des Actes de l'Etat civil*, seront faites à la municipalité du lieu où chacune des parties contractantes aura son domicile.

Loi du 20 septembre 1792, tit. 4, sect. 2, art. 1 et 2.

Article 167. Néanmoins, si le domicile actuel n'est établi que par six mois de résidence, les publications seront faites en outre à la municipalité du dernier domicile.

Loi du 20 septembre 1792, sect. 2, art. 1 et 2.

5

Article 168. Si les parties contractantes , ou l'une d'elles , sont, relativement au mariage , sous la puissance d'autrui , les publications seront encore faites à la municipalité du domicile de ceux sous la puissance desquels elles se trouvent.

Loi du 20 septembre 1792, sect. 2 , art. 1 et 2.

Article 169. Le Gouvernement, ou ceux qu'il préposera à cet effet, pourront, pour des causes graves, dispenser de la seconde publication.

Article 170. Le mariage contracté en pays étranger entre Français , et entre Français et étranger , sera valable, s'il a été célébré dans les formes usitées dans le pays, pourvu qu'il ait été précédé des publications prescrites par l'art. 63 , au titre *des Actes de l'Etat civil* , et que le Français n'ait point contrevenu aux dispositions contenues au chapitre précédent.

Article 171. Dans les trois mois après le retour du Français sur le territoire de la République , l'acte de célébration du mariage contracté en pays étranger , sera transcrit sur le registre public des mariages du lieu de son domicile.

CHAPITRE III.

Des Oppositions au Mariage.

Article 172. Le droit de former opposition à la célébration du mariage , appartient à la personne engagée par mariage avec l'une des deux parties contractantes.

Loi du 20 septembre 1792 , sect. 3 , tit. 4, art. 2.

Article 173. Le père, et à défaut du père, la mère, et à défaut de père et mère , les aïeuls et aïeules , peuvent former opposition au mariage de leurs enfans et descendans, encore que ceux-ci aient vingt-cinq ans accomplis.

Loi du 20 septembre 1792, tit. 4 , sect. 3 , art. 3.

Article 174. A défaut d'aucun ascendant, le frère ou la sœur , l'oncle ou la tante , le cousin ou la cousine germains , majeurs , ne peuvent former aucune opposition que dans les deux cas suivans :

1°. Lorsque le consentement du conseil de famille , requis par l'article 160 , n'a pas été obtenu ; .

2°. Lorsque l'opposition est fondée sur l'état de démence du futur époux : cette opposition , dont le tribunal pourra prononcer main - levée pure et simple, ne sera jamais reçue qu'à la charge , par l'opposant, de provoquer l'interdiction , et d'y faire statuer dans le délai qui sera fixé par le jugement.

Article 175. Dans les deux cas prévus par le précédent article, le tuteur ou curateur ne pourra , pendant la durée de la tutelle ou curatelle, former opposition qu'autant qu'il y aura été autorisé par un conseil de famille, qu'il pourra convoquer.

Article 176. Tout acte d'opposition énoncera la qualité qui donne à l'opposant le droit de la former ; il contiendra élection de domicile dans le lieu où le mariage devra être célébré ; il devra également, à moins qu'il ne soit fait à la requête d'un ascendant , contenir les motifs de l'opposition : le tout à peine de nullité , et de l'interdiction de l'officier ministériel qui aurait signé l'acte contenant opposition.

Loi du 20 septembre 1792 , tit. 4, sect. 5, art. 4 et 5.

Article 177. Le tribunal de première instance prononcera dans les dix jours sur la demande en main-levée.

Article 178. S'il y a appel , il y sera statué dans les dix jours de la citation.

Article 179. Si l'opposition est rejetée, les opposans , autres néanmoins que les ascendans, pourront être condamnés à des dommages-intérêts.

CHAPITRE IV.

Des Demandes en nullité de Mariage.

Article 180. Le mariage qui a été contracté sans le consentement libre des deux époux, ou de l'un d'eux, ne peut être attaqué que par les époux , ou par celui des deux dont le consentement n'a pas été libre.

Lorsqu'il y a eu erreur dans la personne, le mariage ne peut être attaqué que par celui des deux époux qui a été induit en erreur.

Article 181. Dans le cas de l'article précédent, la demande en nullité n'est plus recevable, toutes les fois qu'il y a eu cohabitation continuée pendant six mois depuis que l'époux a acquis sa pleine liberté ou que l'erreur a été par lui reconnue.

Article 182. Le mariage contracté sans le consentement des père et mère, des ascendans, ou du conseil de famille, dans les cas où ce consentement était nécessaire, ne peut être attaqué que par ceux dont le consentement était requis, ou par celui des deux époux qui avait besoin de ce consentement.

Article 183. L'action en nullité ne peut plus être intentée ni par les époux, ni par les parens dont le consentement était requis, toutes les fois que le mariage a été approuvé expressément ou tacitement par ceux dont le consentement était nécessaire, ou lorsqu'il s'est écoulé une année sans réclamation de leur part, depuis qu'ils ont eu connaissance du mariage. Elle ne peut être intentée non plus par l'époux, lorsqu'il s'est écoulé une année sans réclamation de sa part, depuis qu'il a atteint l'âge compétent pour consentir par lui-même au mariage.

Argum. ex leg. 2 *et* 5, *cod. de nupt.* =, Arrêt du mois de décembre 1672, rapporté au 3e. tome du *Journal des Audiences.*

Article 184. Tout mariage contracté en contravention aux dispositions contenues aux articles 144, 147, 161, 162 et 163, peut être attaqué soit par les époux eux-mêmes, soit par tous ceux qui y ont intérêt, soit par le ministère public.

Leg. 4, *ff. de ritu nuptiarum.* = FEVRET, traité de l'abus, liv. 5, chap. 1, n°. 7.; MORNAC *ad leg.* 4, *ff. de rit. nupt.*

Article 185. Néanmoins le mariage contracté par des époux qui n'avaient point encore l'âge requis, ou dont l'un des deux n'avait point atteint cet âge, ne peut plus être attaqué, 1°. lorsqu'il s'est écoulé six mois depuis que cet époux ou les époux ont atteint l'âge compétent; 2°. lorsque la femme qui n'avait point cet âge, a conçu avant l'échéance de six mois.

Article 186. Le père, la mère, les ascendans et la famille qui ont consenti au mariage contracté dans le cas de l'article précédent, ne sont point recevables à en demander la nullité.

Article 187. Dans tous les cas où, conformément à l'art. 184, l'action en nullité peut être intentée par tous ceux qui y ont un intérêt, elle ne peut l'être par les parens collatéraux , ou par les enfans nés d'un autre mariage , du vivant des deux époux , mais seulement lorsqu'ils y ont un intérêt né et actuel.

Article 188. L'époux au préjudice duquel a été contracté un second mariage, peut en demander la nullité , du vivant même de l'époux qui était engagé avec lui.

Article 189. Si les nouveaux époux opposent la nullité du premier mariage , la validité ou la nullité de ce mariage doit être jugée préalablement.

Article 190. Le commissaire du Gouvernement , dans tous les cas auxquels s'applique l'article 184, et sous les modifications portées en l'article 185 , peut et doit demander la nullité du mariage , du vivant des deux époux , et les faire condamner à se séparer.

Article 191. Tout mariage qui n'a point été contracté publiquement , et qui n'a point été célébré devant l'officier public compétent , peut être attaqué par les époux eux - mêmes , par les père et mère , par les ascendans , et par tous ceux qui y ont un intérêt né et actuel , ainsi que par le ministère public.

Dans l'ancienne jurisprudence le mariage célébré par un prêtre incompétent était nul. *Voy.* Edit de mars 1697.

Article 192. Si le mariage n'a point été précédé des deux publications requises , ou s'il n'a pas été obtenu des dispenses permises par la loi , ou si les intervalles prescrits dans les publications et célébrations n'ont point été observés , le commissaire fera prononcer contre l'officier public une amende qui ne pourra excéder trois cents francs; et, contre les parties contractantes , ou ceux sous la puissance desquels elles ont agi , une amende proportionnée à leur fortune.

Article 193. Les peines prononcées par l'article précédent , seront encourues par les personnes qui y sont désignées , pour toute contravention aux règles prescrites par l'article 165 , lors même que ces contraventions ne seraient pas jugées suffisantes pour faire prononcer la nullité du mariage.

Article 194. Nul ne peut réclamer le titre d'époux et les effets civils du mariage , s'il ne représente un acte de célébration inscrit sur le registre de l'état civil ; sauf les cas prévus par l'article 46 , au titre *des Actes de l'état civil.*

Conf. leg. 9 et leg. 13 , cod. de nuptiis.

Article 195. La possession d'état ne pourra dispenser les prétendus époux qui l'invoqueront respectivement , de représenter l'acte de célébration de mariage devant l'officier de l'état civil.

Contr. leg. 9 et 13 , cod. de nuptiis.

Article 196. Lorsqu'il y a possession d'état, et que l'acte de célébration du mariage devant l'officier de l'état civil est représenté , les époux sont respectivement non recevables à demander la nullité de cet acte.

Article 197. Si néanmoins, dans le cas des articles 194 et 195, il existe des enfans issus de deux individus qui ont vécu publiquement comme mari et femme , et qui soient tous deux décédés , la légitimité des enfans ne peut être contestée sous le seul prétexte du défaut de représentation de l'acte de célébration , toutes les fois que cette légitimité est prouvée par une possession d'état qui n'est point contredite par l'acte de naissance.

Cochin . tom. 1 , plaidoyer Bourgelas, édition in -4°.

Article 198. Lorsque la preuve d'une célébration légale du mariage se trouve acquise par le résultat d'une procédure criminelle, l'inscription du jugement sur les registres de l'état civil assure au mariage , à compter du jour de sa célébration, tous les effets civils , tant à l'égard des époux , qu'à l'égard des enfans issus de ce mariage.

Article 199. Si les époux ou l'un d'eux sont décédés sans avoir découvert la fraude , l'action criminelle peut être intentée par tous ceux qui ont intérêt de faire déclarer le mariage valable , et par le commissaire du Gouvernement.

Article 200. Si l'officier public est décédé lors de la découverte de la fraude , l'action sera dirigée au civil contre ses héritiers par le commissaire du Gouvernement, en présence des parties intéressées et sur leur dénonciation.

Article 201. Le mariage qui a été déclaré nul , produit néanmoins les effets civils, tant à l'égard des époux qu'à l'égard des enfans, lorsqu'il a été contracté de bonne foi.

POTHIER, traité du contrat de mariage, 5e part., chap. 2, art. 4.

Article 202. Si la bonne foi n'existe que de la part de l'un des deux époux, le mariage ne produit les effets civils qu'en faveur de cet époux, et des enfans issus du mariage.

La disposition de cet article est conforme à celle du droit canonique adoptée par la jurisprudence des arrêts.

Vid. *cap. ex tenore* 14, *ext. qui filii sint legitimi.*

Arrêt du 4 février 1689, rapporté au cinquième tome du *Journal des Audiences.*

Arrêt du 22 janvier 1693, rapporté au même tome.

Arrêt du 15 mars 1674, rapporté au troisième tome du *Journal des Audiences.*

CHAPITRE V.

Des Obligations qui naissent du mariage.

Article 203. Les époux contractent ensemble, par le fait seul du mariage, l'obligation de nourrir, entretenir et élever leurs enfans.

POTHIER, traité du contrat de mariage, 5e part., chap. 1, n°. 184.

Article 204. L'enfant n'a pas d'action contre ses père et mère pour un établissement par mariage ou autrement.

Contr. leg. 19, *ff. de ritu nuptiarum. Leg.* 7, *cod. de dotis promissione.* (1)

___

(1) A Rome, les pères qui ne voulaient pas marier leurs enfans, ou donner de dot à leurs filles, y étaient contraints par les magistrats. *Leg.* 19, *ff. de rit. nupt.* Cette disposition était un des chefs des célèbres lois Juliennes et Papiennes qui, comme on le sait, furent faites par Auguste, dans la vue de porter les citoyens au mariage par tous les moyens possibles. On en trouve des morceaux dispersés dans les précieux Fragmens d'Ulpien, dans les lois du Digeste, tirées des auteurs qui ont écrit sur les lois Papiennes; dans les historiens et les autres auteurs qui les ont citées, dans 'e code Théodosien qui les a abrogées; dans les Pères de l'Eglise, qui les ont censurées sans doute avec un zèle louable pour les choses de l'autre vie, mais avec très-peu de connaissance des affaires de celle-ci.

En France, dans les pays de droit écrit, non-seulement le père était obligé de doter sa fille, mais encore l'aieul, lorsque le père était pauvre, était tenu de cette obligation. Vid. *Not. in disput. de dot.*, *cap.* 3, *numer.* 23. GOTHOFRED *ad leg.* 19, *ff de rit. nupt.* La mère pouvait aussi être contrainte de doter sa fille lorsque les parens paternels étaient pauvres. Vid. MASUER, tit. *de dot.* 14, *num.* 39. = PAPON, not. 1, liv. 4, tit. du contrat de mariage.

Dans les pays coutumiers, au contraire, les filles n'avaient aucune action contre leurs parens pour les contraindre à les doter. C'était une maxime reçue dans ces pays, que « *ne dote qui ne veut.* »

Article 205. Les enfans doivent des alimens à leurs père et mère, et autres ascendans qui sont dans le besoin.

Leg. 5, §. 6, *leg.* 5, §. 2, *leg.* 5, §. 4, *ff. de agnoscendis et alendis liberis.* = *Leg.* 2, *cod. de alendis liberis ac parentibus.* = *Dictâ leg.* 5, §. 13, *ff. de agnoscendis et alendis liberis.* (1)

Article 206. Les gendres et belles-filles doivent également, et dans les mêmes circonstances, des alimens à leurs beau-père et belle-mère ; mais cette obligation cesse, 1°. lorsque la belle-mère a convolé en secondes noces, 2°. lorsque celui des époux qui produisait l'affinité, et les enfans issus de son union avec l'autre époux, sont décédés.

Article 207. Les obligations résultant de ces dispositions sont réciproques.

Tot. titul., ff. de agnoscendis et alendis liberis, et cod. de alendis liberis ac parentibus.

Article 208. Les alimens ne sont accordés que dans la proportion du besoin de celui qui les réclame, et de la fortune de celui qui les doit.

Leg. 5, §. 10, *ff. de agnoscendis et alendis liberis.* = *Leg.* 2, *cod. de alendis liberis ac parentibus.*

Article 209. Lorsque celui qui fournit ou celui qui reçoit des alimens est replacé dans un état tel, que l'un ne puisse plus en donner, ou que l'autre n'en ait plus besoin en tout ou en partie, la décharge ou réduction peut en être demandée.

Argum. ex leg. 5, §. 10, *ff. de agnoscendis et alendis, et leg.* 2, *cod. de alendis liberis ac parentibus.*

Article 210. Si la personne qui doit fournir les alimens justifie qu'elle ne peut payer la pension alimentaire, le tribunal pourra, en connaissance de cause, ordonner qu'elle recevra dans sa demeure, qu'elle nourrira et entretiendra celui auquel elle devra des alimens.

POTHIER, traité du contrat de mariage, 5ᵉ part., chap. 1, art. 2, n°. 391.

Article 211. Le tribunal prononcera également si le père ou la mère qui offrira recevoir, nourrir et entretenir dans sa demeure, l'enfant à qui il devra des alimens, devra dans ce cas être dispensé de payer la pension alimentaire.

---

(1) Une loi d'Athènes obligeait les enfans de nourrir leurs pères tombés dans l'indigence ; elle exceptait ceux qui étaient nés d'une courtisane ; ceux dont le père avait exposé la pudicité par un trafic infâme ; ceux à qui il n'avait point donné de métier pour gagner leur vie. *Voy.* PLUTARQUE, Vie de Solon.

CHAPITRE VI.

Des Droits et des Devoirs respectifs des Epoux.

Article 212. Les époux se doivent mutuellement fidélité, secours, assistance.

Article 213. Le mari doit protection à sa femme, la femme obéissance à son mari.

Article 214. La femme est obligée d'habiter avec le mari, et de le suivre partout où il juge à propos de résider : le mari est obligé de la recevoir, et de lui fournir tout ce qui est nécessaire pour les besoins de la vie, selon ses facultés et son état.

POTHIER, Traité du contrat de mariage, 5ᵉ part., chap. 1, art. 1.

Article 215. La femme ne peut ester en jugement sans l'autorisation de son mari, quand même elle serait marchande publique, ou non commune, ou séparée de biens.

Paris, art. 224 et 234; Sedan, art. 16; Blois, chap. 1, art. 3; Troyes, tit. 5, art. 80.

Article 216. L'autorisation du mari n'est pas nécessaire lorsque la femme est poursuivie en matière criminelle ou de police.

Orléans, art. 200; Berry, tit. 1, art. 11 et 12; Poitou, tit. 3, art. 26; Bourbonnais, art. 169, chap. 15.

Article 217. La femme, même non commune ou séparée de biens, ne peut donner, aliéner, hypothéquer, acquérir, à titre gratuit ou onéreux, sans le concours du mari dans l'acte, ou son consentement par écrit.

Paris, art. 223; Orléans, art. 194; Sedan, art. 14 et 15; Blois, chap. 1, art. 3; Troyes, tit. 8, art. 139; Bourbonnais, chap. 15, art. 171.

Article 218. Si le mari refuse d'autoriser sa femme à ester en jugement, le juge peut donner l'autorisation.

Bourbonnais, art. 237; Sedan, art. 16; Nivernais, ch. 23, art. 5; Montargis, chap. 8, art. 15.

Article 219. Si le mari refuse d'autoriser sa femme à passer un acte, la femme peut faire citer son mari directement devant le tribunal de première instance de l'arrondissement du domicile commun, qui peut donner ou refuser son autorisation, après que le mari aura été entendu ou dûment appelé en la chambre du conseil.

6

Article 220. La femme, si elle est marchande publique, peut, sans l'autorisation de son mari, s'obliger pour ce qui concerne son négoce ; et, audit cas, elle oblige aussi son mari, s'il y a communauté entre eux.

Elle n'est pas réputée marchande publique, si elle ne fait que détailler les marchandises du commerce de son mari ; mais seulement quand elle fait un commerce séparé.

Paris, art. 235 et 236 ; Berry, tit. 1, art. 7 ; Bourbonnais, chap. 15 , art. 168 ; Vermandois, art. 19 ; Orléans, art. 196 et 197. = Arrêtés de Lamoignon, tit. 32, art. 82.

Article 221. Lorsque le mari est frappé d'une condamnation emportant peine afflictive ou infamante, encore qu'elle n'ait été prononcée que par contumace, la femme, même majeure, ne peut, pendant la durée de la peine, ester en jugement, ni contracter, qu'après s'être fait autoriser par le juge, qui peut, en ce cas, donner l'autorisation, sans que le mari ait été entendu ou appelé.

Article 222. Si le mari est interdit ou absent, le juge peut, en connaissance de cause, autoriser la femme, soit pour ester en jugement, soit pour contracter.

Anjou, art. 446.

Article 223. Toute autorisation générale, même stipulée par contrat de mariage, n'est valable que quant à l'administration des biens de la femme.

Voy. Bourjon, droit commun de la France, liv. 5, chap. 3, art. 31.

Article 224. Si le mari est mineur, l'autorisation du juge est nécessaire à la femme, soit pour ester en jugement, soit pour contracter.

Article 225. La nullité fondée sur le défaut d'autorisation ne peut être opposée que par la femme, par le mari, ou par leurs héritiers.

Voy. Bourjon, droit commun de la France, liv. 3, chap. 3, art. 45.

Article 226. La femme peut tester sans l'autorisation de son mari.

Dans quelques-unes de nos Coutumes, l'autorisation du mari était nécessaire à la femme pour tester valablement ; Normandie, art. 417 ; Bourgogne, chap. 4, sect. 1 ; Berry ; Nivernais, art. 108.

CHAPITRE VII.

De la Dissolution du Mariage.

Article 227. Le mariage se dissout,
1°. Par la mort de l'un des époux ;

2°. Par le divorce légalement prononcé ;

3°. Par la condamnation devenue définitive de l'un des époux , à une peine empor-tant mort civile.

Leg. 1 , *ff. de divortiis et repudiis.* = *Novell.* 22 , *cap.* 13. = *Leg.* 5 , §. 1 , *ff. de bonis dam-natorum. Leg.* 13 , §. 1 , *ff. de donationibus inter virum et uxorem. Leg.* 1 , *cod de repudiis.*

CHAPITRE VIII.

Des seconds Mariages.

Article 228. La femme ne peut contracter un nouveau mariage qu'après dix mois révolus depuis la dissolution du mariage précédent.

Leg. 8 *et* 11 , *ff. de his qui notantur infamia. Leg.* 2 , *cod. de secundis nuptiis.*

TITRE VI.

Du Divorce.

[Décrété le 30 Ventôse an XI. Promulgué le 10 Germinal suivant.]

CHAPITRE PREMIER.

Des Causes du Divorce.

Article 229. Le mari pourra demander le divorce pour cause d'adultère de sa femme.

Leg. 8 , §. 3 , *cod. de repudiis et judicio de moribus sublato.* = *Novell.* 22 , *cap.* 15 , § 2. *Novell.* 117 , *cap.* 8 , §. 2.

Article 230. La femme pourra demander le divorce pour cause d'adultère de son mari , lorsqu'il aura tenu sa concubine dans la maison commune.

Leg. 8 , §. 3 , *cod. de repudiis et judicio de moribus sublato.* = *Novell.* 22 , *cap.* 15 , §. 1. *Novell.* 117 , *cap.* 9 , §. 5.

Article 231. Les époux pourront réciproquement demander le divorce pour excès, sévices ou injures graves, de l'un d'eux envers l'autre.

Leg. 8, §. 5, *cod. de repudiis et judicio de moribus sublato.* = *Novell.* 22, *cap.* 15, §. 1. *Novell.* 117, *cap.* 8 *et* 9. = Loi du 20 septembre 1792, tit. 6, art. 13, §. 1, n°. 1.

Nota. La démence ou fureur de l'un des époux était à Rome une cause légitime de divorce pour l'autre époux. = *Leg.* 22, §. 7. et 8, *ff. soluto matrimonio.* = La loi du 20 septemb. 1792 admettait aussi cette cause de divorce, tit. 6, art. 13, § 1, n°. 4.

Article 232. La condamnation de l'un des époux à une peine infamante, sera pour l'autre époux une cause de divorce.

Leg. 8, §. 5, *cod. de repudiis et judicio de moribus sublato.* = *Novell.* 22, *cap.* 15, §. 1. = *Novell.* 117, *cap.* 8 *et* 9. = Loi du 20 septembre 1792, tit. 6, art. 13, §. 1, n°. 1.

Article 233. Le consentement mutuel et persévérant des époux, exprimé de la manière prescrite par la loi, sous les conditions et après les épreuves qu'elle détermine, prouvera suffisamment que la vie commune leur est insupportable, et qu'il existe, par rapport à eux, une cause péremptoire de divorce.

CHAPITRE II.

Du Divorce pour Cause déterminée.

SECTION PREMIÈRE.

Des Formes du Divorce pour cause déterminée.

Article 234. QUELLE que soit la nature des faits ou des délits qui donneront lieu à la demande en divorce pour cause déterminée, cette demande ne pourra être formée qu'au tribunal de l'arrondissement dans lequel les époux auront leur domicile.

Article 235. Si quelques-uns des faits allégués par l'époux demandeur, donnent lieu à une poursuite criminelle de la part du ministère public, l'action en divorce restera suspendue jusqu'après le jugement du tribunal criminel; alors elle pourra être reprise, sans qu'il soit permis d'inférer du jugement criminel aucune fin de non-recevoir ou exception préjudicielle contre l'époux demandeur.

Article 236. Toute demande en divorce détaillera les faits : elle sera remise, avec les pièces à l'appui, s'il y en a, au président du tribunal ou au juge qui en fera les fonctions, par l'époux demandeur en personne, à moins qu'il n'en soit empêché par maladie; auquel cas, sur sa réquisition et le certificat de deux docteurs en médecine ou en chirurgie, ou de deux officiers de santé, le magistrat se transportera au domicile du demandeur pour y recevoir sa demande.

Article 237. Le juge, après avoir entendu le demandeur, et lui avoir fait les observations qu'il croira convenables, paraphera la demande et les pièces, et dressera procès-verbal de la remise du tout en ses mains. Ce procès-verbal sera signé par le juge et par le demandeur, à moins que celui-ci ne sache ou ne puisse signer; auquel cas il en sera fait mention.

Article 238. Le juge ordonnera, au bas de son procès-verbal, que les parties comparaîtront en personne devant lui, au jour et à l'heure qu'il indiquera; et qu'à cet effet, copie de son ordonnance sera par lui adressée à la partie contre laquelle le divorce est demandé.

Article 239. Au jour indiqué, le juge fera aux deux époux, s'ils se présentent, ou au demandeur, s'il est seul comparant, les représentations qu'il croira propres à opérer un rapprochement : s'il ne peut y parvenir, il en dressera procès-verbal, et ordonnera la communication de la demande et des pièces au commissaire du Gouvernement, et le référé du tout au tribunal.

Article 240. Dans les trois jours qui suivront, le tribunal, sur le rapport du président ou du juge qui en aura fait les fonctions, et sur les conclusions du commissaire du Gouvernement, accordera ou suspendra la permission de citer. La suspension ne pourra excéder le terme de vingt jours.

Article 241. Le demandeur, en vertu de la permission du tribunal, fera citer le défendeur, dans la forme ordinaire, à comparaître en personne à l'audience à huis clos, dans le délai de la loi; il fera donner copie, en tête de la citation, de la demande en divorce et des pièces produites à l'appui.

Article 242. A l'échéance du délai, soit que le défendeur comparaisse ou non, le

demandeur en personne, assisté d'un conseil s'il le juge à propos, exposera ou fera
exposer les motifs de sa demande; il représentera les pièces qui l'appuient, et nommera
les témoins qu'il se propose de faire entendre.

Article 243. Si le défendeur comparaît en personne ou par un fondé de pouvoir, il pourra proposer ou faire proposer ses observations, tant sur les motifs de
la demande que sur les pièces produites par le demandeur et sur les témoins par
lui nommés. Le défendeur nommera, de son côté, les témoins qu'il se propose de
faire entendre, et sur lesquels le demandeur fera réciproquement ses observations.

Article 244. Il sera dressé procès-verbal des comparutions, dires et observations
des parties, ainsi que des aveux que l'une ou l'autre pourra faire. Lecture de ce procès-
verbal sera donnée auxdites parties, qui seront requises de le signer; et il sera fait
mention expresse de leur signature, ou de leur déclaration de ne pouvoir ou ne vouloir
signer.

Article 245. Le tribunal renverra les parties à l'audience publique, dont il fixera
le jour et l'heure; il ordonnera la communication de la procédure au commissaire du
Gouvernement, et commettra un rapporteur. Dans le cas où le défendeur n'aurait pas
comparu, le demandeur sera tenu de lui faire signifier l'ordonnance du tribunal, dans
le délai qu'elle aura déterminé.

Article 246. Au jour et à l'heure indiqués, sur le rapport du juge commis, le
commissaire du Gouvernement entendu, le tribunal statuera d'abord sur les fins de
non-recevoir, s'il en a été proposé. En cas qu'elles soient trouvées concluantes, la
demande en divorce sera rejetée : dans le cas contraire, ou s'il n'a pas été proposé de
fins de non-recevoir, la demande en divorce sera admise.

Article 247. Immédiatement après l'admission de la demande en divorce, sur le
rapport du juge commis, le commissaire du Gouvernement entendu, le tribunal statuera au fond. Il fera droit à la demande, si elle lui paraît en état d'être jugée; sinon,
il admettra le demandeur à la preuve des faits pertinens par lui allégués, et le défendeur à la preuve contraire.

Article 248. A chaque acte de la cause, les parties pourront, après le rapport du juge, et avant que le commissaire du Gouvernement ait pris la parole, proposer ou faire proposer leurs moyens respectifs, d'abord sur les fins de non-recevoir, et ensuite sur le fond; mais en aucun cas le conseil du demandeur ne sera admis, si le demandeur n'est pas comparant en personne.

Article 249. Aussitôt après la prononciation du jugement qui ordonnera les enquêtes, le greffier du tribunal donnera lecture de la partie du procès-verbal qui contient la nomination déjà faite des témoins que les parties se proposent de faire entendre. Elles seront averties par le président, qu'elles peuvent encore en désigner d'autres, mais qu'après ce moment elles n'y seront plus reçues.

Article 250. Les parties proposeront de suite leurs reproches respectifs contre les témoins qu'elles voudront écarter. Le tribunal statuera sur ces reproches, après avoir entendu le commissaire du Gouvernement.

Article 251. Les parens des parties, à l'exception de leurs enfans et descendans, ne sont pas reprochables du chef de la parenté, non plus que les domestiques des époux, en raison de cette qualité; mais le tribunal aura tel égard que de raison aux dépositions des parens et des domestiques.

Article 252. Tout jugement qui admettra une preuve testimoniale, dénommera les témoins qui seront entendus, et déterminera le jour et l'heure auxquels les parties devront les présenter.

Article 253. Les dépositions des témoins seront reçues par le tribunal séant à huis clos, en présence du commissaire du Gouvernement, des parties, et de leurs conseils ou amis, jusqu'au nombre de trois de chaque côté.

Article 254. Les parties, par elles ou par leurs conseils, pourront faire aux témoins telles observations et interpellations qu'elles jugeront à propos, sans pouvoir néanmoins les interrompre dans le cours de leurs dépositions.

Article 255. Chaque déposition sera rédigée par écrit, ainsi que les dires et observations auxquels elle aura donné lieu. Le procès-verbal d'enquête sera lu tant aux témoins qu'aux parties : les uns et les autres seront requis de le signer ; et il sera fait mention de leur signature , ou de leur déclaration qu'ils ne peuvent ou ne veulent signer.

Article 256. Après la clôture des deux enquêtes ou de celle du demandeur , si le défendeur n'a pas produit de témoins , le tribunal renverra les parties à l'audience publique , dont il indiquera le jour et l'heure; il ordonnera la communication de la procédure au commissaire du Gouvernement , et commettra un rapporteur. Cette ordonnance sera signifiée au défendeur , à la requête du demandeur , dans le délai qu'elle aura déterminé.

Article 257. Au jour fixé pour le jugement définitif , le rapport sera fait par le juge commis : les parties pourront ensuite faire , par elles-mêmes ou par l'organe de leurs conseils , telles observations qu'elles jugeront utiles à leur cause ; après quoi le commissaire du Gouvernement donnera ses conclusions.

Article 258. Le jugement définitif sera prononcé publiquement : lorsqu'il admettra le divorce , le demandeur sera autorisé à se retirer devant l'officier de l'état civil pour le faire prononcer.

Article 259. Lorsque la demande en divorce aura été formée pour cause d'excès , de sévices ou d'injures graves , encore qu'elle soit bien établie , les juges pourront ne pas admettre immédiatement le divorce. Dans ce cas , avant de faire droit , ils autoriseront la femme à quitter la compagnie de son mari , sans être tenue de le recevoir , si elle ne le juge à propos ; et ils condamneront le mari à lui payer une pension alimentaire proportionnée à ses facultés , si la femme n'a pas elle-même des revenus suffisans pour fournir à ses besoins.

Article 260. Après une année d'épreuve , si les parties ne se sont pas réunies , l'époux demandeur pourra faire citer l'autre époux à comparaître au tribunal , dans les délais de la loi , pour y entendre prononcer le jugement définitif , qui pour lors admettra le divorce.

Article 261. Lorsque le divorce sera demandé par la raison qu'un des époux est condamné à une peine infamante , les seules formalités à observer consisteront à présenter au tribunal civil une expédition en bonne forme du jugement de condamnation, avec un certificat du tribunal criminel, portant que ce même jugement n'est plus susceptible d'être réformé par aucune voie légale.

Article 262. En cas d'appel du jugement d'admission ou du jugement définitif rendu par le tribunal de première instance en matière de divorce, la cause sera instruite et jugée par le tribunal d'appel, comme affaire urgente.

Article 263. L'appel ne sera recevable qu'autant qu'il aura été interjeté dans les trois mois à compter du jour de la signification du jugement rendu contradictoirement ou par défaut. Le délai pour se pourvoir au tribunal de cassation contre un jugement en dernier ressort, sera aussi de trois mois à compter de la signification. Le pourvoi sera suspensif.

Article 264. En vertu de tout jugement rendu en dernier ressort ou passé en force de chose jugée, qui autorisera le divorce, l'époux qui l'aura obtenu, sera obligé de se présenter, dans le délai de deux mois, devant l'officier de l'état civil, l'autre partie dûment appelée, pour faire prononcer le divorce.

Article 265. Ces deux mois ne commenceront à courir, à l'égard des jugemens de première instance, qu'après l'expiration du délai d'appel; à l'égard des jugemens rendus par défaut en cause d'appel, qu'après l'expiration du délai d'opposition; et à l'égard des jugemens contradictoires en dernier ressort, qu'après l'expiration du délai du pourvoi en cassation.

Article 266. L'époux demandeur qui aura laissé passer le délai de deux mois ci-dessus déterminé, sans appeler l'autre époux devant l'officier de l'état civil, sera déchu du bénéfice du jugement qu'il avait obtenu, et ne pourra reprendre son action en divorce, sinon pour cause nouvelle; auquel cas il pourra néanmoins faire valoir les anciennes causes.

SECTION II.

Des Mesures provisoires auxquelles peut donner lieu la Demande en divorce pour cause déterminée.

Article 267. L'administration provisoire des enfans restera au mari demandeur ou

7

défendeur en divorce, à moins qu'il n'en soit autrement ordonné par le tribunal, sur la demande soit de la mère, soit de la famille, ou du commissaire du Gouvernement, pour le plus grand avantage des enfans.

Article 268. La femme demanderesse ou défenderesse en divorce, pourra quitter le domicile du mari pendant la poursuite, et demander une pension alimentaire proportionnée aux facultés du mari. Le tribunal indiquera la maison dans laquelle la femme sera tenue de résider, et fixera, s'il y a lieu, la provision alimentaire que le mari sera obligé de lui payer.

Article 269. La femme sera tenue de justifier de sa résidence dans la maison indiquée, toutes les fois qu'elle en sera requise : à défaut de cette justification, le mari pourra refuser la provision alimentaire, et, si la femme est demanderesse en divorce, la faire déclarer non recevable à continuer ses poursuites.

Article 270. La femme commune en biens, demanderesse ou défenderesse en divorce, pourra, en tout état de cause, à partir de la date de l'ordonnance dont il est fait mention en l'article 238, requérir, pour la conservation de ses droits, l'apposition des scellés sur les effets mobiliers de la communauté. Ces scellés ne seront levés qu'en faisant inventaire avec prisée, et à la charge par le mari de représenter les choses inventoriées, ou de répondre de leur valeur comme gardien judiciaire.

Article 271. Toute obligation contractée par le mari à la charge de la communauté, toute aliénation par lui faite des immeubles qui en dépendent, postérieurement à la date de l'ordonnance dont il est fait mention en l'article 238, sera déclarée nulle, s'il est prouvé d'ailleurs qu'elle ait été faite ou contractée en fraude des droits de la femme.

SECTION III.

Des Fins de non-recevoir contre l'Action en Divorce pour cause déterminée.

Article 272. L'action en divorce sera éteinte par la réconciliation des époux, survenue soit depuis les faits qui auraient pu autoriser cette action, soit depuis la demande en divorce.

Argum. ex leg. 3, *et leg.* 7, *ff. de divortiis et repudiis.*

Article 273. Dans l'un et l'autre cas, le demandeur sera déclaré non recevable dans son action ; il pourra néanmoins en intenter une nouvelle pour cause survenue depuis la réconciliation , et alors faire usage des anciennes causes pour appuyer sa nouvelle demande.

Article 274. Si le demandeur en divorce nie qu'il y ait eu réconciliation , le défendeur en fera preuve, soit par écrit , soit par témoins , dans la forme prescrite en la première section du présent chapitre.

CHAPITRE III.

Du Divorce par Consentement mutuel.

Article 275. Le consentement mutuel des époux ne sera point admis , si le mari a moins de vingt-cinq ans , ou si la femme est mineure de vingt-un ans.

Article 276. Le consentement mutuel ne sera admis qu'après deux ans de mariage.

Article 277. Il ne pourra plus l'être après vingt ans de mariage , ni lorsque la femme aura quarante-cinq ans.

Article 278. Dans aucun cas , le consentement mutuel des époux ne suffira , s'il n'est autorisé par leurs pères et mères, ou par leurs autres ascendans vivans , suivant les règles prescrites par l'article 150 , au titre *du Mariage.*

Article 279. Les époux déterminés à opérer le divorce par consentement mutuel , seront tenus de faire préalablement inventaire et estimation de tous leurs biens meubles et immeubles , et de régler leurs droits respectifs , sur lesquels il leur sera néanmoins libre de transiger.

Article 280. Ils seront pareillement tenus de constater par écrit leur convention sur les trois points qui suivent :

1°. A qui les enfans nés de leur union seront confiés, soit pendant le temps des épreuves , soit après le divorce prononcé ;

2°. Dans quelle maison la femme devra se retirer et résider pendant le temps des épreuves;

5°. Quelle somme le mari devra payer à sa femme pendant le même temps, si elle n'a pas des revenus suffisans pour fournir à ses besoins.

Article 281. Les époux se présenteront ensemble, et en personne, devant le président du tribunal civil de leur arrondissement, ou devant le juge qui en fera les fonctions, et lui feront la déclaration de leur volonté, en présence de deux notaires amenés par eux.

Article 282. Le juge fera aux deux époux réunis, et à chacun d'eux en particulier, en présence des deux notaires, telles représentations et exhortations qu'il croira convenables; il leur donnera lecture du chapitre IV du présent titre, qui règle *les effets du Divorce*, et leur développera toutes les conséquences de leur démarche.

Article 283. Si les époux persistent dans leur résolution, il leur sera donné acte, par le juge, de ce qu'ils demandent le divorce et y consentent mutuellement; et ils seront tenus de produire et déposer à l'instant, entre les mains des notaires, outre les actes mentionnés aux articles 279 et 280,

1°. Les actes de leur naissance, et celui de leur mariage;

2°. Les actes de naissance et de décès de tous les enfans nés de leur union;

3°. La déclaration authentique de leurs père et mère ou autres ascendans vivans, portant que, pour les causes à eux connues, ils autorisent tel *ou* telle, leur fils *ou* fille, petit-fils *ou* petite-fille, marié *ou* mariée à tel *ou* telle, à demander le divorce et à y consentir. Les pères, mères, aïeuls et aïeules des époux, seront présumés vivans jusqu'à la représentation des actes constatant leur décès.

Article 284. Les notaires dresseront procès-verbal détaillé de tout ce qui aura été dit et fait en exécution des articles précédens; la minute en restera au plus âgé des deux notaires, ainsi que les pièces produites, qui demeureront annexées au procès-verbal, dans lequel il sera fait mention de l'avertissement qui sera donné à la femme de se retirer, dans les vingt-quatre heures, dans la maison convenue entre elle et son mari, et d'y résider jusqu'au divorce prononcé.

Article 285. La déclaration ainsi faite sera renouvelée dans la première quinzaine de chacun des quatrième, septième et dixième mois qui suivront, en observant les mêmes formalités. Les parties seront obligées à rapporter chaque fois la preuve, par acte public, que leurs pères, mères, ou autres ascendans vivans, persistent dans leur première détermination ; mais elles ne seront tenues à répéter la production d'aucun autre acte.

Article 286. Dans la quinzaine du jour où sera révolue l'année, à compter de la première déclaration, les époux, assistés chacun de deux amis, personnes notables dans l'arrondissement, âgés de cinquante ans au moins, se présenteront ensemble et en personne devant le président du tribunal ou le juge qui en fera les fonctions ; ils lui remettront les expéditions en bonne forme, des quatre procès-verbaux contenant leur consentement mutuel, et de tous les actes qui y auront été annexés, et requerront du magistrat, chacun séparément, en présence néanmoins l'un de l'autre et des quatre notables, l'admission du divorce.

Article 287. Après que le juge et les assistans auront fait leurs observations aux époux, s'ils persévèrent, il leur sera donné acte de leur réquisition, et de la remise par eux faite des pièces à l'appui : le greffier du tribunal dressera procès-verbal, qui sera signé tant par les parties (à moins qu'elles ne déclarent ne savoir ou ne pouvoir signer, auquel cas il en sera fait mention), que par les quatre assistans, le juge et le greffier.

Article 288. Le juge mettra de suite, au bas de ce procès-verbal, son ordonnance portant que, dans les trois jours, il sera par lui référé du tout au tribunal en la chambre du conseil, sur les conclusions par écrit du commissaire du Gouvernement, auquel les pièces seront, à cet effet, communiquées par le greffier.

Article 289. Si le commissaire du Gouvernement trouve dans les pièces la preuve que les deux époux étaient âgés, le mari de vingt-cinq ans, la femme de vingt-un ans, lorsqu'ils ont fait leur première déclaration ; qu'à cette époque ils étaient mariés depuis deux ans, que le mariage ne remontait pas à plus de vingt, que la femme avait moins de quarante-cinq ans, que le consentement mutuel a été exprimé quatre fois dans le cours de l'année, après les préalables ci-dessus prescrits et avec toutes les formalités requises par le présent chapitre, notamment avec l'autorisation des pères et mères des époux, ou avec celle de leurs autres ascendans vivans en cas de prédécès des pères et mères, il donnera ses conclusions en ces termes, *La loi permet ;* dans le cas contraire, ces conclusions seront en ces termes, *La loi empêche.*

Article 290. Le tribunal, sur le référé, ne pourra faire d'autres vérifications que celles indiquées par l'article précédent. S'il en résulte que, dans l'opinion du tribunal, les parties ont satisfait aux conditions et rempli les formalités déterminées par la loi, il admettra le divorce, et renverra les parties devant l'officier de l'état civil, pour le faire prononcer : dans le cas contraire, le tribunal déclarera qu'il n'y a pas lieu à admettre le divorce, et déduira les motifs de la décision.

Article 291. L'appel du jugement qui aurait déclaré ne pas y avoir lieu à admettre le divorce, ne sera recevable qu'autant qu'il sera interjeté par les deux parties, et néanmoins par actes séparés, dans les dix jours au plutôt, et au plus tard dans les vingt jours de la date du jugement de première instance.

Article 292. Les actes d'appel seront réciproquement signifiés tant à l'autre époux qu'au commissaire du Gouvernement près du tribunal de première instance.

Article 293. Dans les dix jours à compter de la signification qui lui aura été faite du second acte d'appel, le commissaire du Gouvernement près le tribunal de première instance fera passer au commissaire du Gouvernement près du tribunal d'appel, l'expédition du jugement, et les pièces sur lesquelles il est intervenu. Le commissaire près du tribunal d'appel donnera ses conclusions par écrit, dans les dix jours qui suivront la réception des pièces ; le président, ou le juge qui le suppléera, fera son rapport au tribunal d'appel, en la chambre du conseil, et il sera statué définitivement dans les dix jours qui suivront la remise des conclusions du commissaire.

Article 294. En vertu du jugement qui admettra le divorce, et dans les vingt jours de sa date, les parties se présenteront ensemble et en personne devant l'officier de l'état civil, pour faire prononcer le divorce. Ce délai passé, le jugement demeurera comme non avenu.

CHAPITRE IV.

Des Effets du Divorce.

Article 295. LES époux qui divorceront pour quelque cause que ce soit , ne pourront plus se réunir.

Oppos. = Loi du 20 septembre 1792 , art. 2, §. 3.

Article 296. Dans le cas de divorce prononcé pour cause déterminée , la femme divorcée ne pourra se remarier que dix mois après le divorce prononcé.

Leg. 1 , *in pr. Leg.* 9. *Leg.* 1 , §. 1 , *ff de his qui notantur infamiá. Leg.* 2 , *cod. de secundis nuptiis.* = Loi du 20 septembre 1792, §. 3, art. 2.

Article 297. Dans le cas de divorce par consentement mutuel , aucun des deux époux ne pourra contracter un nouveau mariage que trois ans après la prononciation du divorce.

Article 298. Dans le cas de divorce admis en justice pour cause d'adultère, l'époux coupable ne pourra jamais se remarier avec son complice. La femme adultère sera condamnée par le même jugement, et sur la réquisition du ministère public, à la réclusion dans une maison de correction, pour un temps déterminé , qui ne pourra être moindre de trois mois, ni excéder deux années.

Leg. 13, *ff. de his quæ ut indignis aufferuntur. Leg.* 27 , *cod. ad legem Juliam de adulteriis.* = *Novell.* 117., *cap.* 8 , §. 2. *Novell.* 134, *cap.* 19. = *Authenticâ sed hodie, cod. ud legem Juliam de adulteriis.*

Article 299. Pour quelque cause que le divorce ait lieu , hors le cas du consentement mutuel , l'époux contre lequel le divorce aura été admis , perdra tous les avantages que l'autre époux lui avait faits, soit par leur contrat de mariage , soit depuis le mariage contracté.

Argum. ex leg. 8 , §. 4 *et* 5 , *cod. de repudiis et judicio de moribus sublato.* = *Novell.* 117 , *cap.* 8 *et* 9.

Article 300. L'époux qui aura obtenu le divorce , conservera les avantages à lui faits par l'autre époux, encore qu'ils aient été stipulés réciproques et que la réciprocité n'ait pas lieu.

Argum. ex leg. 8, §. 4 *et* 5, *cod, de repudiis et judiciis de moribus sublato.* = Novell. 117, *cap.* 8 *et* 9.

Article 301. Si les époux ne s'étaient fait aucun avantage, ou si ceux stipulés ne paraissaient pas suffisans pour assurer la subsistance de l'époux qui a obtenu le divorce, le tribunal pourra lui accorder, sur les biens de l'autre époux, une pension alimentaire, qui ne pourra excéder le tiers des revenus de cet autre époux. Cette pension sera révocable dans le cas où elle cesserait d'être nécessaire.

Article 302. Les enfans seront confiés à l'époux qui a obtenu le divorce, à moins que le tribunal, sur la demande de la famille, ou du commissaire du Gouvernement, n'ordonne, pour le plus grand avantage des enfans, que tous ou quelques-uns d'eux seront confiés aux soins soit de l'autre époux, soit d'une tierce personne.

Leg. unic., cod. *divortio facto apud quem.* = *Authentic. si pater,* cod eod. = Novell. 117, *cap* 8, § 1. = Loi du 20 septembre 1792, art. 6, §. 4.

Article 303. Quelle que soit la personne à laquelle les enfans seront confiés, les père et mère conserveront respectivement le droit de surveiller l'entretien et l'éducation de leurs enfans, et seront tenus d'y contribuer à proportion de leurs facultés.

Novell. 117, *cap.* 7.

Article 304. La dissolution du mariage par le divorce admis en justice, ne privera les enfans nés de ce mariage, d'aucun des avantages qui leur étaient assurés par les lois, ou par les conventions matrimoniales de leurs père et mère; mais il n'y aura d'ouverture aux droits des enfans que de la même manière et dans les mêmes circonstances où ils se seraient ouverts s'il n'y avait pas eu de divorce.

Nove l. 117, *cap.* 7.

Article 305. Dans le cas de divorce par consentement mutuel, la propriété de la moitié des biens de chacun des deux époux sera acquise de plein droit, du jour de leur première déclaration, aux enfans nés de leur mariage : les père et mère conserveront néanmoins la jouissance de cette moitié jusqu'à la majorité de leurs enfans, à la charge de pourvoir à leur nourriture, entretien et éducation, conformément à leur fortune et à leur état : le tout sans préjudice des autres avantages qui pourraient avoir été assurés auxdits enfans par les conventions matrimoniales de leurs père et mère.

CHAPITRE V.

De la Séparation de Corps.

Article 306. DANS les cas où il y a lieu à la demande en divorce pour cause déterminée, il sera libre aux époux de former demande en séparation de corps.

Oppos. = Loi du 20 septembre 1792, tit. 13, art. 7, §. 1.

Article 307. Elle sera intentée, instruite et jugée de la même manière que toute autre action civile : elle ne pourra avoir lieu par le consentement mutuel des époux.

Orléans, art. 198.

Article 308. La femme contre laquelle la séparation de corps sera prononcée pour cause d'adultère, sera condamnée par le même jugement, et sur la réquisition du ministère public, à la reclusion dans une maison de correction pendant un temps déterminé, qui ne pourra être moindre de trois mois, ni excéder deux années.

Novell. 117, *cap.* 8, §. 1. = *Authentic. sed hodie, cod. ad legem Juliam de adulteriis.*

Article 309. Le mari restera le maître d'arrêter l'effet de cette condamnation, en consentant à reprendre sa femme.

Novell. 134, *cap.* 10.

Article 310. Lorsque la séparation de corps prononcée pour toute autre cause que l'adultère de la femme, aura duré trois ans, l'époux qui était originairement défendeur, pourra demander le divorce au tribunal, qui l'admettra, si le demandeur originaire, présent ou dûment appelé, ne consent pas immédiatement à faire cesser la séparation.

Article 311. La séparation de corps emportera toujours séparation de biens.

~~~~~~

TITRE VII.

De la Paternité et de la Filiation.

{ Décrété le 2 Germinal an XI. Promulgué le 12 du même mois. }

CHAPITRE PREMIER.

De la Filiation des Enfans légitimes ou nés dans le Mariage.

Article 312. L'enfant conçu pendant le mariage, a pour père le mari.

Néanmoins celui-ci pourra désavouer l'enfant, s'il prouve que, pendant le temps qui a couru depuis le trois-centième jusqu'au cent-quatre-vingtième jour avant la naissance de cet enfant, il était, soit par cause d'éloignement, soit par l'effet de quelque accident, dans l'impossibilité physique de cohabiter avec sa femme.

Leg. 5, *ff. de in jus vocando. Leg.* 6, *ff. de his qui sunt sui vel alieni juris. Leg.* 12, *ff. de statu hominum. Leg.* 4, *cod. de posthumis hæredibus instit.*

Article 313. Le mari ne pourra, en alléguant son impuissance naturelle, désavouer l'enfant : il ne pourra le désavouer même pour cause d'adultère, à moins que la naissance ne lui ait été cachée, auquel cas il sera admis à proposer tous les faits propres à justifier qu'il n'en est pas le père.

Leg. 6, *ff. de his qui sunt sui vel alieni juris. Leg,* 11, §. 9, *ff. ad legem Juliam de adulteriis.* Lebrun, *des Successions, sect.* 5, n°. 6. ═ Arrêt du 10 juin 1650. ═ *Leg.* 29, §. 1, *ff. de probationibus.*

Article 314. L'enfant né avant le cent-quatre-vingtième jour du mariage, ne pourra être désavoué par le mari, dans les cas suivans : 1°. s'il a eu connoissance de la grossesse avant le mariage ; 2°. s'il a assisté à l'acte de naissance, et si cet acte est signé de lui , ou contient sa déclaration qu'il ne sait signer; 3°. si l'enfant n'est pas déclaré viable.

Leg. 12 , ff. de statu hominum. = Novell. 39 , cap. ultim. = Leg. 3, §. 12 , ff. de suis et legitimis hæredibus. = Aulugelle, lib. 3 . cap. 16. = Plin. , natural. histor. , lib. 7 , cap. 3.
Argum. ex leg. 1 , § 1 , ff. de agnoscendis et alendis liberis.

Article 315. La légitimité de l'enfant né trois cents jours après la dissolution du mariage , pourra être contestée.

Leg. 4 , cod. de posthumis hæredibus instit. Leg. 3 , §. 11 , ff. de suis et legitimis hæredibus.

Article 316. Dans les divers cas où le mari est autorisé à réclamer , il devra le faire , dans le mois , s'il se trouve sur les lieux de la naissance de l'enfant ;

Dans les deux mois après son retour, si , à la même époque , il est absent ;

Dans les deux mois après la découverte de la fraude, si on lui avait caché la naissance de l'enfant.

Article 317. Si le mari est mort avant d'avoir fait sa réclamation, mais étant encore dans le délai utile pour la faire , les héritiers auront deux mois pour contester la légitimité de l'enfant, à compter de l'époque où cet enfant se serait mis en possession des biens du mari, ou de l'époque où les héritiers seraient troublés par l'enfant dans cette possession.

Article 318. Tout acte extrajudiciaire contenant le désaveu de la part du mari ou de ses héritiers, sera comme non avenu , s'il n'est suivi , dans le délai d'un mois , d'une action en justice, dirigée contre un tuteur *ad hoc* donné à l'enfant , et en présence de sa mère.

Le jugement de toute question d'état , intentée contre un impubère , était à Rome différé jusqu'à la puberté de celui dont on contestait l'état. *Leg. 1 , in pr. Leg. 3 , §. 5 , ff. de Carboniano edicto.*

CHAPITRE II.

Des Preuves de la Filiation des Enfans légitimes.

Article 319. La filiation des enfans légitimes se prouve par les actes de naissance inscrits sur le registre de l'état civil.

Argum. ex leg. 2 , cod. de testibus. Leg. 29 , ff. de probationibus , et leg. 4 , cod. eod.

Article 320. A défaut de ce titre , la possession constante de l'état d'enfant légitime suffit.

Argum. ex leg. 9 et 13 , cod. de nupt.

Article 321. La possession d'état s'établit par une réunion suffisante de faits qui indiquent le rapport de filiation et de parenté entre un individu et la famille à laquelle il prétend appartenir.

Les principaux de ces faits sont ,

Que l'individu a toujours porté le nom du père auquel il prétend appartenir ;

Que le père l'a traité comme son enfant , et a pourvu , en cette qualité, à son éducation , à son entretien et à son établissement ;

Qu'il a été reconnu constamment pour tel dans la société ;

Qu'il a été reconnu pour tel par la famille.

Cochin , plaidoyer Bourgelas , tom. 1 , édit. *in-*4°.

Article 322. Nul ne peut réclamer un état contraire à celui que lui donnent son titre de naissance et la possession conforme à ce titre;

Et réciproquement, nul ne peut contester l'état de celui qui a une possession conforme à son titre de naissance.

Cochin , plaidoyer Bourgelas , tom. 1 , édit. *in-*4°.

Article 323. A défaut de titre et de possession constante, ou si l'enfant a été inscrit , soit sous de faux noms, soit comme né de père et mère inconnus , la preuve de filiation peut se faire par témoins.

Néanmoins cette preuve ne peut être admise que lorsqu'il y a commencement de preuve par écrit , ou lorsque les présomptions ou indices résultant de faits dès - lors constans , sont assez graves pour déterminer l'admission.

Argum. ex leg 2 , cod. de testibus.

Article 324. Le commencement de preuve par écrit résulte des titres de famille , des registres et papiers domestiques du père ou de la mère , des actes publics et même privés émanés d'une partie engagée dans la contestation, ou qui y aurait intérêt si elle était vivante.

Leg. 29 , *ff. de probationibus:* = Ordonnance de 1667 , tit. 20 , art. 14.

Article 325. La preuve contraire pourra se faire par tous les moyens propres à établir que le réclamant n'est pas l'enfant de la mère qu'il prétend avoir, ou même, la maternité prouvée, qu'il n'est pas l'enfant du mari de la mère.

Ordonnance de 1667, tit. 22, art. 1.

Article 326. Les tribunaux civils seront seuls compétens pour statuer sur les réclamations d'état.

Leg. 52, §. 6 et 7, *ff. de receptis qui arbitrium.*

Article 327. L'action criminelle contre un délit de suppression d'état, ne pourra commencer qu'après le jugement définitif sur la question d'état.

Leg. 1, *cod. de ordine cognitionum.*

Article 328. L'action en réclamation d'état est imprescriptible à l'égard de l'enfant.

Article 329. L'action ne peut être intentée par les héritiers de l'enfant qui n'a pas réclamé, qu'autant qu'il est décédé mineur, ou dans les cinq années après sa majorité.

Article 330. Les héritiers peuvent suivre cette action lorsqu'elle a été commencée par l'enfant, à moins qu'il ne s'en fût désisté formellement, ou qu'il n'eût laissé passer trois années sans poursuites, à compter du dernier acte de la procédure.

CHAPITRE III.

Des Enfans naturels.

SECTION PREMIERE.

De la Légitimation des Enfans naturels.

Article 331. Les enfans nés hors mariage, autres que ceux nés d'un commerce incestueux ou adultérin, pourront être légitimés par le mariage subséquent de leurs père et mère, lorsque ceux-ci les auront légalement reconnus avant leur mariage, ou qu'ils les reconnaîtront dans l'acte même de célébration.

*Novell.*91, *cap.* 15.= *Leg.*5, *leg.* 10, *leg.* 11, *cod. de naturalibus liber.* = *Novell.* 118, *cap. ultim.*

Article 332. La légitimation peut avoir lieu, même en faveur des enfans décédés qui ont laissé des descendans; et, dans ce cas, elle profite à ses descendans.

Instituit. de hœreditatibus quæ ab intestate deferuntur, §. 2 = FACHINENS, *controvers.*, *lib.* 3, *cap.* 56.

Article 333. Les enfans légitimés par le mariage subséquent, auront les mêmes droits que s'ils étaient nés de ce mariage.

Droit canon. *Cap. tanta vis extrà qui filii sint legitimi.* = Troyes, art. 108. Sens, art. 92.

SECTION II.

De la Reconnaissance des Enfans naturels.

Article 334. La reconnaissance d'un enfant naturel sera faite par un acte authentique, lorsqu'elle ne l'aura pas été dans son acte de naissance.

Article 335. Cette reconnaissance ne pourra avoir lieu au profit des enfans nés d'un commerce incestueux ou adultérin.

Article 336. La reconnaissance du père, sans l'indication et l'aveu de la mère, n'a d'effet qu'à l'égard du père.

Article 337. La reconnaissance faite pendant le mariage, par l'un des époux, au profit d'un enfant naturel qu'il aurait eu, avant son mariage, d'un autre que de son époux, ne pourra nuire ni à celui-ci, ni aux enfans nés de ce mariage.

Néanmoins elle produira son effet après la dissolution de ce mariage, s'il n'en reste pas d'enfans.

Article 338. L'enfant naturel reconnu ne pourra réclamer les droits d'enfant légitime. Les droits des enfans naturels seront réglés au titre *des Successions.*

Article 339. Toute reconnaissance de la part du père ou de la mère, de même que toute réclamation de la part de l'enfant, pourra être contestée par tous ceux qui y auront intérêt.

Article 340. La recherche de la paternité est interdite. Dans le cas d'enlèvement, lorsque l'époque de cet enlèvement se rapportera à celle de la conception, le ravisseur pourra être, sur la demande des parties intéressées, déclaré père de l'enfant.

Article 341. La recherche de la maternité est admise.

L'enfant qui réclamera sa mère, sera tenu de prouver qu'il est identiquement le même que l'enfant dont elle est accouchée.

Il ne sera reçu à faire cette preuve par témoins, que lorsqu'il aura déjà un commencement de preuve par écrit.

Argum. ex leg. 4, *ff. de in jus vocando.*

Article 342. Un enfant ne sera jamais admis à la recherche soit de la paternité, soit de la maternité, dans les cas où, suivant l'art. 335, la reconnaissance n'est pas admise.

TITRE VIII.
De l'Adoption et de la Tutelle officieuse.
[Décrété le 2 Germinal an XI. Promulgué le 12 du même mois.]

CHAPITRE PREMIER.
De l'Adoption.

SECTION PREMIERE.
De l'Adoption et de ses effets.

Article 343. L'ADOPTION n'est permise qu'aux personnes de l'un ou de l'autre sexe, âgées de plus de cinquante ans, qui n'auront à l'époque de l'adoption, ni enfans, ni descendans légitimes, et qui auront au moins quinze ans de plus que les individus qu'elles se proposent d'adopter.

Leg. 15, § 2; *leg.* 16, 17, §. 3; *leg.* 40, §. 1, *ff. de adoptionibus et emancipationibus. Leg.* 5, *cod. de adoptionibus.*

Article 344. Nul ne peut être adopté par plusieurs, si ce n'est par deux époux.
Hors le cas de l'article 366, nul époux ne peut adopter qu'avec le consentement de
l'autre conjoint.

Article 345. La faculté d'adopter ne pourra être exercée qu'envers l'individu à
qui l'on aura, dans sa minorité et pendant six ans au moins, fourni des secours et
donné des soins non interrompus, ou envers celui qui aurait sauvé la vie à l'adoptant,
soit dans un combat, soit en le retirant des flammes ou des flots.

Il suffira, dans ce deuxième cas, que l'adoptant soit majeur, plus âgé que l'adopté,
sans enfans ni descendans légitimes; et s'il est marié, que son conjoint consente à
l'adoption.

Quelles étaient à Rome les causes pour lesquelles l'adoption était permise. = *Vid. Leg.* 17, *ff. de
adoptionibus et emancipationibus.*

Article 346. L'adoption ne pourra, en aucun cas, avoir lieu avant la majorité de
l'adopté. Si l'adopté, ayant encore ses père et mère, ou l'un des deux, n'a point
accompli sa vingt-cinquième année, il sera tenu de rapporter le consentement donné à
l'adoption par ses père et mère, ou par le survivant; et s'il est majeur de vingt-cinq
ans, de requérir leur conseil.

Les lois romaines permettaient l'adoption avant la majorité de l'adopté. = *Vid.* ULPIAN, *Fragment*, tit. 8, §. 5. = *Argum. ex leg.* 17, 18 *et* 19, *ff. de adoptionibus et emancipationibus.* =
Leg. 2, *cod. de adoptionibus.*

Article 347. L'adoption conférera le nom de l'adoptant à l'adopté, en l'ajoutant
au nom propre de ce dernier.

Argem. ex leg. 1, *ff. de adoptionibus et emancipationibus.*

Article 348. L'adopté restera dans sa famille naturelle, et y conservera tous ses
droits; néanmoins le mariage est prohibé
Entre l'adoptant, l'adopté et ses descendans;
Entre les enfans adoptifs du même individu;
Entre l'adopté et les enfans qui pourraient survenir à l'adoptant;
Entre l'adopté et le conjoint de l'adoptant, et réciproquement entre l'adoptant et le
conjoint de l'adopté.

Leg. 23 *et* 44, *ff. de adoptionibus et emancipationibus.* = *Institut. de nuptiis.*

Article 349. L'obligation naturelle, qui continuera d'exister entre l'adopté et ses père et mère, de se fournir des alimens dans les cas déterminés par la loi, sera considérée comme commune à l'adoptant et à l'adopté, l'un envers l'autre.

Argum. ex totâ leg. 5, ff. de agnoscendis et alendis liberis, et toto tit., cod. de alendis liberis.

Article 350. L'adopté n'acquerra aucun droit de successibilité sur les biens des parens de l'adoptant; mais il aura sur la succession de l'adoptant les mêmes droits que ceux qu'y aurait l'enfant né en mariage, même quand il y aurait d'autres enfans de cette dernière qualité nés depuis l'adoption.

Leg. 23, ff. de adoptionibus et emancipat.

Article 351. Si l'adopté meurt sans descendans légitimes, les choses données par l'adoptant, ou recueillies dans sa succession, et qui existeront en nature lors du décès de l'adopté, retourneront à l'adoptant ou à ses descendans, à la charge de contribuer aux dettes, et sans préjudice des droits des tiers.

Le surplus des biens de l'adopté appartiendra à ses propres parens; et ceux-ci excluront toujours, pour les objets même spécifiés au présent article, tous héritiers de l'adoptant autres que ses descendans.

Argum. ex leg. 6, ff. de jure dotium, et leg. 2, cod. de bonis quæ liberis.

Article 352. Si du vivant de l'adoptant, et après le décès de l'adopté, les enfans ou descendans laissés par celui-ci mouraient eux-mêmes sans postérité, l'adoptant succédera aux choses par lui données, comme il est dit en l'article précédent; mais ce droit sera inhérent à la personne de l'adoptant, et non transmissible à ses héritiers, même en ligne descendante.

Argum ex leg. 6, ff. de jure dotium, et leg. 2, cod. de bonis quæ liberis.

SECTION II.

Des Formes de l'Adoption.

Article 353. La personne qui se proposera d'adopter, et celle qui voudra être adoptée, se présenteront devant le juge de paix du domicile de l'adoptant, pour y passer acte de leurs consentemens respectifs.

Leg. 11, cod. de adoptionibus.

9

Article 354. Une expédition de cet acte sera remise, dans les dix jours suivans, par la partie la plus diligente, au commissaire du Gouvernement près le tribunal de première instance dans le ressort duquel se trouvera le domicile de l'adoptant, pour être soumis à l'homologation de ce tribunal.

Article 355. Le tribunal, réuni en la chambre du conseil, et après s'être procuré les renseignemens convenables, vérifiera, 1°. si toutes les conditions de la loi sont remplies ; 2°. si la personne qui se propose d'adopter, jouit d'une bonne réputation.

Totd leg. 17, *ff. de adoptionibus et emancipat.*

Article 356. Après avoir entendu le commissaire du Gouvernement, et sans aucune autre forme de procédure, le tribunal prononcera, sans énoncer de motifs, en ces termes : *Il y a lieu, ou il n'y a pas lieu à l'adoption.*

Article 357. Dans le mois qui suivra le jugement du tribunal de première instance, ce jugement sera, sur les poursuites de la partie la plus diligente, soumis au tribunal d'appel, qui instruira dans les mêmes formes que le tribunal de première instance, et prononcera, sans énoncer de motifs : *Le jugement est confirmé, ou Le jugement est réformé ; en conséquence, il y a lieu, ou il n'y a pas lieu à l'adoption.*

Article 358. Tout jugement du tribunal d'appel qui admettra une adoption, sera prononcé à l'audience, et affiché en tels lieux et en tel nombre d'exemplaires que le tribunal jugera convenables.

Article 359. Dans les trois mois qui suivront ce jugement, l'adoption sera inscrite, à la réquisition de l'une ou de l'autre des parties, sur le registre de l'état civil du lieu où l'adoptant sera domicilié.

Cette inscription n'aura lieu que sur le vu d'une expédition, en forme, du jugement du tribunal d'appel ; et l'adoption restera sans effet si elle n'a été inscrite dans ce délai.

Article 360. Si l'adoptant venait à mourir après que l'acte constatant la volonté de former le contrat d'adoption a été reçu par le juge de paix et porté devant les tribunaux , et avant que ceux-ci eussent définitivement prononcé , l'instruction sera continuée et l'adoption admise s'il y a lieu.

Les héritiers de l'adoptant pourront, s'ils croient l'adoption inadmissible, remettre au commissaire du Gouvernement tous mémoires et observations à ce sujet.

CHAPITRE II.

De la Tutelle officieuse.

Article 361. Tout individu âgé de plus de cinquante ans , et sans enfans ni descendans légitimes, qui voudra , durant la minorité d'un individu , se l'attacher par un titre légal, pourra devenir son tuteur officieux , en obtenant le consentement des père et mère de l'enfant, ou du survivant d'entre eux , ou , à leur défaut , d'un conseil de famille , ou enfin , si l'enfant n'a point de parens connus , en obtenant le consentement des administrateurs de l'hospice où il aura été recueilli , ou de la municipalité du lieu de sa résidence.

Article 362. Un époux ne peut devenir tuteur officieux qu'avec le consentement de l'autre conjoint.

Article 363. Le juge de paix du domicile de l'enfant dressera procès - verbal des demandes et consentemens relatifs à la tutelle officieuse.

Article 364. Cette tutelle ne pourra avoir lieu qu'au profit d'enfans âgés de moins de quinze ans.

Elle emportera avec soi , sans préjudice de toutes stipulations particulières, l'obligation de nourrir le pupille , de l'élever , de le mettre en état de gagner sa vie.

Article 365. Si le pupille a quelque bien , et s'il était antérieurement en tutelle, l'administration de ses biens , comme celle de sa personne, passera au tuteur officieux, qui ne pourra néanmoins imputer les dépenses de l'éducation sur les revenus du pupille.

Article 366. Si le tuteur officieux , après cinq ans révolus depuis la tutelle , et dans la prévoyance de son décès avant la majorité du pupille, lui confère l'adoption par acte testamentaire, cette disposition sera valable, pourvu que le tuteur officieux ne laisse point d'enfans légitimes.

Article 367. Dans le cas où le tuteur officieux mourrait soit avant les cinq ans, soit après ce temps, sans avoir adopté son pupille, il sera fourni à celui-ci, durant sa minorité, des moyens de subsister, dont la quotité et l'espèce, s'il n'y a été antérieurement pourvu par une convention formelle, seront réglées soit amiablement entre les représentans respectifs du tuteur et du pupille, soit judiciairement en cas de contestation.

Article 368. Si, à la majorité du pupille, son tuteur officieux veut l'adopter, et que le premier y consente, il sera procédé à l'adoption selon les formes prescrites au chapitre précédent, et les effets en seront, en tous points, les mêmes.

Article 369. Si, dans les trois mois qui suivront la majorité du pupille, les réquisitions par lui faites à son tuteur officieux, à fin d'adoption, sont restées sans effet, et que le pupille ne se trouve point en état de gagner sa vie, le tuteur officieux pourra être condamné à indemniser le pupille de l'incapacité où celui-ci pourrait se trouver de pourvoir à sa subsistance.

Cette indemnité se résoudra en secours propres à lui procurer un métier ; le tout sans préjudice des stipulations qui auraient pu avoir lieu dans la prévoyance de ce cas.

Article 370. Le tuteur officieux qui aurait eu l'administration de quelques biens pupillaires, en devra rendre compte dans tous les cas.

~~~~~~

TITRE IX.

De la Puissance paternelle.

[Décrété le 5 Germinal an XI. Promulgué le 13 du même mois.]

Article 371. L'ENFANT, à tout âge, doit honneur et respect à ses père et mère.

Leg. 6, *ff. de in jus vocando.* = *Novell.* 12, *cap.* 2.

Article 372. Il reste sous leur autorité jusqu'à sa majorité ou son émancipation.

Vid. *Institut quibus modis jus patriæ potestatis solvit.*, §. 6. = ULPIAN. *fragm.*, tit. 10, §. 1.
= *Leg.* 3, *cod. de emancipationibus.*

Article 373. Le père seul exerce cette autorité durant le mariage.

Article 374. L'enfant ne peut quitter la maison paternelle sans la permission de son père, si ce n'est pour enrôlement volontaire, après l'âge de dix - huit ans révolus.

Article 375. Le père qui aura des sujets de mécontentement très - graves sur la conduite d'un enfant, aura les moyens de correction suivans.

Loi du 24 août 1790.

Article 376. Si l'enfant est âgé de moins de seize ans commencés, le père pourra le faire détenir pendant un temps qui ne pourra excéder un mois; et, à cet effet, le président du tribunal d'arrondissement devra, sur sa demande, délivrer l'ordre d'arrestation.

Argum. ex leg. 3, *cod. de patriâ potestate.*

Article 377. Depuis l'âge de seize ans commencés jusqu'à la majorité ou l'émanci-pation, le père pourra seulement requérir la détention de son enfant pendant six mois au plus; il s'adressera au président dudit tribunal, qui, après en avoir conféré avec le commissaire du Gouvernement, délivrera l'ordre d'arrestation ou le refusera, et pourra, dans le premier cas, abréger le temps de la détention requis par le père.

Article 378. Il n'y aura, dans l'un et l'autre cas, aucune écriture ni formalité judiciaire, si ce n'est l'ordre même d'arrestation, dans lequel les motifs n'en seront pas énoncés.

Le père sera seulement tenu de souscrire une soumission de payer tous les frais, et de fournir les alimens convenables.

Article 379. Le père est toujours maître d'abréger la durée de la détention par lui ordonnée ou requise. Si après sa sortie l'enfant tombe dans de nouveaux écarts, la détention pourra être de nouveau ordonnée de la manière prescrite aux articles précédens.

Article 380. Si le père est remarié, il sera tenu, pour faire détenir son enfant du premier lit, lors même qu'il serait âgé de moins de seize ans, de se conformer à l'article 377.

Article 381. La mère survivante et non remariée ne pourra faire détenir un enfant qu'avec le concours des deux plus proches parens paternels, et par voie de réquisition, conformément à l'article 377.

Article 382. Lorsque l'enfant aura des biens personnels, ou lorsqu'il exercera un état, sa détention ne pourra, même au-dessous de seize ans, avoir lieu que par voie de réquisition, en la forme prescrite par l'article 377.

L'enfant détenu pourra adresser un mémoire au commissaire du Gouvernement près le tribunal d'appel. Ce commissaire se fera rendre compte par celui près le tribunal de première instance, et fera son rapport au président du tribunal d'appel, qui, après en avoir donné avis au père, et après avoir recueilli tous les renseignemens, pourra révoquer ou modifier l'ordre délivré par le président du tribunal de première instance.

Article 383. Les articles 376, 377, 378 et 379 seront communs aux pères et mères des enfans naturels légalement reconnus.

Article 384. Le père durant le mariage, et, après la dissolution du mariage, le survivant des père et mère, auront la jouissance des biens de leurs enfans jusqu'à l'âge de dix-huit ans accomplis, ou jusqu'à l'émancipation qui pourrait avoir lieu avant l'âge de dix-huit ans.

Leg. 1 et 4, *cod. de bonis maternis. Leg.* 6, *cod. de bonis quæ liberis.* = Paris, art. 266 et 267; Berry, tit. 1, art. 22 ; Bourbonnais, chap. 16, art. 174; Rheims, art. 330, 334 et 335. Arrêtés de LAMOIGNON, tit. 3, art. 9 et 17.

Article 385. Les charges de cette jouissance seront,
1°. Celles auxquelles sont tenus les usufruitiers;

2°. La nourriture , l'entretien et l'éducation des enfans selon leur fortune ;

5°. Le paiement des arrérages ou intérêts des capitaux;

4°. Les frais funéraires et ceux de dernière maladie.

Paris, art. 267 ; Amiens, art. 130; Orléans , art. 25; Berry, tit. 1 , art. 23 et 29; Blois , art. 5; Meaux, art. 149. = Arrêtés de LAMOIGNON , tit. 3 , art. 9.

Article 386. Cette jouissance n'aura pas lieu au profit de celui des père et mere contre lequel le divorce aurait été prononcé ; et elle cessera à l'égard de la mère dans le cas d'un second mariage.

Paris , art. 268; Anjou , art. 84 ; Bar , art. 69; Chartres , art. 106; Beauvoisis , art. 172 ; Laon , art. 61 ; Maine, art. 98; Mantes, art. 180 ; Meaux , art. 152 ; Montfort , art. 116 ; Reims, art. 332; Sedan , art. 151 ; Troyes, art. 17 , etc. = Arrêtés de LAMOIGNON, tit. 3 , art. 18.

Article 387. Elle ne s'étendra pas aux biens que les enfans pourront acquérir par un travail et une industrie séparés , ni à ceux qui leur seront donnés ou légués sous la condition expresse que les père et mère n'en jouiront pas.

Leg. 6 , *cod. de bonis quæ liberis.* = *Novell.* 117 , *cap.* 1 , *in pr.* = *Leg.* 7 *et* 8 , *ff. de peculio;* *leg.* 4 , §. 1 ; *leg.* 5 *et* 7 ; *leg.* 18, §. 2, 3 , 4 *et* 5 ; *leg.* 4 *et* 11 , *ff. de castrensi peculio. Leg.* 1 , *cod. eod. Leg.* 5 , *cod. familiæ erciscundæ.*

TITRE X.

De la Minorité , de la Tutelle et de l'Émancipation.

[Décrété le 5 Germinal an XI. Promulgué le 15 du même mois.]

CHAPITRE PREMIER.

De la Minorité.

Article 388. LE mineur est l'individu de l'un ou de l'autre sexe qui n'a point encore l'âge de vingt-un ans accomplis.

Dans le pays de droit écrit la minorité durait jusqu'à l'âge de 25 ans. *Institut. lib.* 1 , *de curatoribus in princ.*

Dans les pays coutumiers il régnait une grande diversité sur l'âge auquel cessait la minorité. La plupart de nos Coutumes fixaient la majorité à 21 ans. Anjou, art. 144; Maine, art. 455; Lille, tit. 1; Douai, chap. 7, art. 1; Boulonnais, art. 119; Ponthieu, art. 158; Normandie, placités de 1666, art. 58.

La loi du 20 septembre 1792, tit. 4, sect. 1, §. 2, fixa pour toute la France la majorité à 21 ans

CHAPITRE II.

De la Tutelle.

SECTION PREMIERE.

De la Tutelle des Père et Mère.

Article 389. LE père est, durant le mariage, administrateur des biens personnels de ses enfans mineurs.

Il est comptable, quant à la propriété et aux revenus, des biens dont il n'a pas la jouissance; et, quant à la propriété seulement, de ceux des biens dont la loi lui donne l'usufruit.

Bourbonnais, art. 174, chap. 16; la Marche, art. 226; Berry, art. 22, tit. 1; Auvergne, tit. 14, art. 49.

Article 390. Après la dissolution du mariage arrivée par la mort naturelle ou civile de l'un des époux, la tutelle des enfans mineurs et non émancipés appartient de plein droit au survivant des père et mère.

Leg. 18, *ff. de tutelis.* Leg. 2, cod. quando mulier tutelæ officio. = Bourbonnais, art. 174; Auvergne, chap. 11, art. 1; Nivernais, chap. 50, art. 1; Reims, art. 329; Bretagne, art. 502; Auxerre, art. 259; Poitou, art. 305; Maine, art. 98 et 101; Anjou, art. 88; Tours, art. 346; Blois, art. 9. = Arrêtés de LAMOIGNON, tit. 4, art. 24.

Article 391. Pourra néanmoins le père nommer à la mère survivante et tutrice, un conseil spécial, sans l'avis duquel elle ne pourra faire aucun acte relatif à la tutelle.

Si le père spécifie les actes pour lesquels le conseil sera nommé, la tutrice sera habile à faire les autres sans son assistance.

Article 392. Cette nomination de conseil ne pourra être faite que de l'une des manières suivantes :

1°. Par acte de dernière volonté ;

2°. Par une déclaration faite ou devant le juge de paix assisté de son greffier , ou devant notaires.

ULPIAN. *Fragm.*, tit. 11 , §. 14. = *Leg.* 1, 3 et 4 , *ff. de testamentariá tuteld.*

Article 393. Si, lors du décès du mari , la femme est enceinte , il sera nommé un curateur au ventre par le conseil de famille.

A la naissance de l'enfant , la mère en deviendra tutrice , et le curateur en sera de plein droit le subrogé tuteur.

Leg. 8 , *ff. de curatoribus furioso dandis. Leg.* 20 , *ff. de tutoribus et curatoribus datis. Leg.* 48 , *de administratione et periculo.*

Article 394. La mère n'est point tenue d'accepter la tutelle ; néanmoins, et en cas qu'elle la refuse, elle devra en remplir les devoirs jusqu'à ce qu'elle ait fait nommer un tuteur.

Leg. 2 , §. 1 et 2 ,*ff. qui petant tutores. Leg.* 3 *et leg.* 11, *cod. eod.*

Coutume de Bretagne , art. 486.

Nota. Dans le droit romain , la mère qui n'avait pas fait nommer des tuteurs à ses enfans , était exclue de leur succession , *ab intestat. Leg.* 2 , §. 23 , *ad senatus-consultum Tertyllianum.*

Article 395. Si la mère tutrice veut se remarier , elle devra , avant l'acte de mariage , convoquer le conseil de famille, qui décidera si la tutelle doit lui être conservée.

A défaut de cette convocation , elle perdra la tutelle de plein droit ; et son nouveau mari sera solidairement responsable de toutes les suites de la tutelle qu'elle aura indûment conservée.

Leg. 2, *cod. quando mulier tutelæ officio. Leg.* 6 , *cod. in quibus causis pignus vel hypotheca tacite contrahitur.* = *Novell.* 22 , *cap.* 40 ; *novell.* 94 , *cap.* 2 ; *novell.* 118 , *cap.* 5.

Bourbonnais , chap. 16 , art. 176 ; Bourbonnais , art. 176 , chap. 16 ; Anjou, art. 88 ; Maine , art. 100 ; Auvergne, tit. 11 ; Nivernais , chap. 30 , art. 7 ; Lamarche , art. 88 ; Berry , tit. 1 , art. 31. = Arrêtés de LAMOIGNON, tit. 4 , art. 29 , 30 et 32.

Article 396. Lorsque le conseil de famille , dûment convoqué , conservera la tutelle à la mère , il lui donnera nécessairement pour cotuteur le second mari, qui deviendra solidairement responsable , avec sa femme , de la gestion postérieure au mariage.

Leg. 6 , *cod. in quibus causis pignus vel hypotheca tacite contrahitur.*

SECTION II.

De la Tutelle déférée par le Père ou la Mère.

Article 397. Le droit individuel de choisir un tuteur parent, ou même étranger, n'appartient qu'au dernier mourant des père et mère.

ULPIAN. *Fragm.* tit. 11, §. 14. = *Leg.* 1, 3 et 4, *de testamentariâ tutelâ. Leg.* 4, *cod. eod. Leg.* 2, *ff. de confirmandis tutoribus. Leg.* 1, *cod. eod.* = Bretagne, art. 501.

Nota. Le père seul pouvait donner des tuteurs à ses enfans, quand ils étaient sous sa puissance ; la mère n'avait pas ce pouvoir, mais elle était obligée de les instituer héritiers, sinon la dation de tutelle ne valait. = *Leg.* 4, *cod. de testament. tutel.*

Article 398. Ce droit ne peut être exercé que dans les formes prescrites par l'article 392, et sous les exceptions et modifications ci-après.

Leg. 1, 3 et 9, *ff. de testamentariâ tutelâ.* = *Institut.* §. 5, *qui testamento tutores dari possunt.* = *Leg.* 3, *ff. de confirmandis tutoribus. Leg.* 2, *cod. de confirmandis tutoribus.*

Article 399. La mère remariée et non maintenue dans la tutelle des enfans de son premier mariage, ne peut leur choisir un tuteur.

Argum. ex leg. 2, *cod. quando mulier tutelæ officio fungi potest.*

Article 400. Lorsque la mère remariée, et maintenue dans la tutelle, aura fait choix d'un tuteur aux enfans de son premier mariage, ce choix ne sera valable qu'autant qu'il sera confirmé par le conseil de famille.

Article 401. Le tuteur élu par le père ou la mère, n'est pas tenu d'accepter la tutelle, s'il n'est d'ailleurs dans la classe des personnes qu'à défaut de cette élection spéciale le conseil de famille eût pu en charger.

Leg. 27, *leg.* 28, §. 1 ; *leg.* 32, 33 *et* 36, *ff. de excusationibus tutorum.*

Nota. Le tuteur est tenu d'accepter la tutelle, ou de renoncer au legs qui lui aurait été fait par le père ou la mère, dans la vue de le dédommager de ses peines et soins. *Leg.* 28, *de testam. tutel.*

SECTION III.

De la Tutelle des ascendans.

Article 402. Lorsqu'il n'a pas été choisi au mineur un tuteur par le dernier mourant de ses père et mère, la tutelle appartient de droit à son aïeul paternel ; à défaut de celui-ci, à son aïeul maternel, et ainsi en remontant, de manière que l'ascendant paternel soit toujours préféré à l'ascendant maternel du même degré.

Leg. 12 *tabularum, tabula* 5. *Leg.* 1 , 7 , 9 *et* 10 , *ff. de legitimis tutoribus.* **Leg.** 2 , *cod. eod.* Réglement du parlement de Rouen de 1673, art. 1. = Bretagne , art. 504.

Article 403. Si, à défaut de l'aïeul paternel et de l'aïeul maternel du mineur, la concurrence se trouvait établie entre deux ascendans du degré supérieur qui appartinssent tous deux à la ligne paternelle du mineur, la tutelle passera de droit à celui des deux qui se trouvera être l'aïeul paternel du père du mineur.

Bretagne , art. 504.

Article 404. Si la même concurrence a lieu entre deux bisaïeuls de la ligne maternelle, la nomination sera faite par le conseil de famille, qui ne pourra néanmoins que choisir l'un de ces deux ascendans.

SECTION IV.

De la Tutelle déférée par le Conseil de famille.

Article 405. Lorsqu'un enfant mineur et non émancipé restera sans père ni mère, ni tuteur élu par ses père ou mère, ni ascendans mâles, comme aussi lorsque le tuteur de l'une des qualités ci-dessus exprimées se trouvera ou dans le cas des exclusions dont il sera parlé ci-après, ou valablement excusé, il sera pourvu, par un conseil de famille, à la nomination d'un tuteur.

Article 406. Ce conseil sera convoqué soit sur la réquisition et à la diligence des parens du mineur, de ses créanciers ou d'autres parties intéressées, soit même d'office et à la poursuite du juge de paix du domicile du mineur. Toute personne pourra dénoncer à ce juge de paix le fait qui donnera lieu à la nomination d'un tuteur.

Leg. 2 , *in pr. et* §. 3 , *ff. qui petant tutores. Leg.* 4 , *cod. eod.* = Bourbonnais, art. 181 ; Poitou art. 504 et 509 ; Bretagne . art. 502. = Arrêtés de LAMOIGNON, tit. 4 , art. 3.

Article 407. Le conseil de famille sera composé , non compris le juge de paix , de six parens ou alliés, pris tant dans la commune où la tutelle sera ouverte que dans la distance de deux myriamètres, moitié du côté paternel, moitié du côté maternel, et en suivant l'ordre de proximité dans chaque ligne.

Le parent sera préféré à l'allié du même degré ; et, parmi les parens de même degré, le plus âgé à celui qui le sera le moins.

Orléans, art. 183 et 184. = Arrêtés de LAMOIGNON, tit. 4, art. 4.

Article 408. Les frères germains du mineur et les maris des sœurs germaines sont seuls exceptés de la limitation de nombre posée en l'article précédent.

S'ils sont six, ou au-delà, ils seront tous membres du conseil de famille, qu'ils composeront seuls, avec les veuves d'ascendans et les ascendans valablement excusés, s'il y en a.

S'ils sont en nombre inférieur, les autres parens ne seront appelés que pour compléter le conseil.

Article 409. Lorsque les parens ou alliés de l'une ou de l'autre ligne se trouveront en nombre insuffisant sur les lieux, ou dans la distance désignée par l'article 407, le juge de paix appellera, soit des parens ou alliés domiciliés à de plus grandes distances, soit, dans la commune même, des citoyens connus pour avoir eu des relations habituelles d'amitié avec le père ou la mère du mineur.

Article 410. Le juge de paix pourra, lors même qu'il y aurait sur les lieux un nombre suffisant de parens ou alliés, permettre de citer, à quelque distance qu'ils soient domiciliés, des parens ou alliés plus proches en degrés ou de mêmes degrés que les parens ou alliés présens ; de manière toutefois que cela s'opère en retranchant quelques-uns de ces derniers, et sans excéder le nombre réglé par les précédens articles.

Article 411. Le délai pour comparaître sera réglé par le juge de paix à jour fixe ; mais de manière qu'il y ait toujours, entre la citation notifiée et le jour indiqué pour la réunion du conseil, un intervalle de trois jours au moins, quand toutes les parties citées résideront dans la commune, ou dans la distance de deux myriamètres.

Toutes les fois que, parmi les parties citées, il s'en trouvera de domiciliées au-delà de cette distance, le délai sera augmenté d'un jour par trois myriamètres.

Article 412. Les parens, alliés ou amis, ainsi convoqués, seront tenus de se rendre en personne, ou de se faire représenter par un mandataire spécial.

Le fondé de pouvoir ne peut représenter plus d'une personne.

Article 413. Tout parent, allié ou ami, convoqué, et qui, sans excuse légitime, ne comparaîtra point, encourra une amende qui ne pourra excéder cinquante francs, et sera prononcée sans appel par le juge de paix.

Article 414. S'il y a excuse suffisante, et qu'il convienne, soit d'attendre le membre absent, soit de le remplacer ; en ce cas, comme en tout autre où l'intérêt du mineur semblera l'exiger, le juge de paix pourra ajourner l'assemblée ou la proroger.

Article 415. Cette assemblée se tiendra de plein droit chez le juge de paix, à moins qu'il ne désigne lui-même un autre local. La présence des trois quarts au moins de ses membres convoqués, sera nécessaire pour qu'elle délibère.

Article 416. Le conseil de famille sera présidé par le juge de paix, qui y aura voix délibérative, et prépondérante en cas de partage.

Arrêtés de LAMOIGNON, tit. 4, art. 14.

Article 417. Quand le mineur, domicilié en France, possédera des biens dans les colonies, ou réciproquement, l'administration spéciale de ses biens sera donnée à un protuteur.

En ce cas, le tuteur et le protuteur seront indépendans, et non responsables l'un envers l'autre pour leur gestion respective.

Leg. 4 , *ff. de administratione et periculo tutorum. Leg.* 2 , *cod. si ex pluribus tutoribus. Leg.* 2 , *cod. de periculo tutorum. Leg.* 2 , *cod. de dividendâ tutelâ.* = Réglement du parlement de Rouen, de 1673, art. 17. = Déclaration du premier février 1743 , art. 1 et 2. = Arrêtés de LAMOIGNON, tit. 4 , art. 15 et 16.

Article 418. Le tuteur agira et administrera, en cette qualité, du jour de sa nomination, si elle a lieu en sa présence ; sinon, du jour qu'elle lui aura été notifiée.

Leg. 1 , §. 1 , *ff. de administratione et periculo tutorum. Leg.* 5 , §. *ultim, , ff. eod. Leg.* 19 , *cod. eod.*

Article 419. La tutelle est une charge personnelle qui ne passe point aux héritiers du tuteur. Ceux - ci seront seulement responsables de la gestion de leur auteur ; et s'ils sont majeurs, ils seront tenus de la continuer jusqu'à la nomination d'un nouveau tuteur.

Leg. 16, §. 1, *ff. de tutelis. Leg.* 1, *ff. de fidejussoribus et nominatoribus tutorum. Leg. ultim, ff. de administratione et periculo tutorum.*

SECTION V.

Du subrogé Tuteur.

Article 420. Dans toute tutelle il y aura un subrogé tuteur, nommé par le conseil de famille.

Ses fonctions consisteront à agir pour les intérêts du mineur, lorsqu'ils seront en opposition avec ceux du tuteur.

Arrêtés de LAMOIGNON, tit. 4, art. 11.

Article 421. Lorsque les fonctions du tuteur seront dévolues à une personne de l'une des qualités exprimées aux sections I, II et III du présent chapitre, ce tuteur devra, avant d'entrer en fonctions, faire convoquer, pour la nomination du subrogé tuteur, un conseil de famille composé comme il est dit en la section IV.

S'il s'est ingéré dans la gestion avant d'avoir rempli cette formalité, le conseil de famille, convoqué soit sur la réquisition des parens, créanciers ou autres parties intéressées, soit d'office par le juge de paix, pourra, s'il y a eu dol de la part du tuteur, lui retirer la tutelle, sans préjudice des indemnités dues au mineur.

Article 422. Dans les autres tutelles, la nomination du subrogé tuteur aura lieu immédiatement après celle du tuteur.

Arrêtés de LAMOIGNON, tit. 4, art. 11.

Article 423. En aucun cas le tuteur ne votera pour la nomination du subrogé tuteur, lequel sera pris, hors le cas de frères germains, dans celle des deux lignes à laquelle le tuteur n'appartiendra point.

Article 424. Le subrogé tuteur ne remplacera pas de plein droit le tuteur, lorsque la tutelle deviendra vacante, ou qu'elle sera abandonnée par absence ; mais il devra , en ce cas , sous peine des dommages-intérêts qui pourraient en résulter pour le mineur , provoquer la nomination d'un nouveau tuteur.

Article 425. Les fonctions du subrogé tuteur cesseront à la même époque que la tutelle.

Article 426. Les dispositions contenues dans les sections VI et VII du présent chapitre , s'appliqueront aux subrogés tuteurs.

Néanmoins le tuteur ne pourra provoquer la destitution du subrogé tuteur , ni voter dans les conseils de famille qui seront convoqués pour cet objet.

SECTION VI.

Des causes qui dispensent de la Tutelle.

Article 427. Sont dispensés de la tutelle ,

Les membres des autorités établies par les titres II , III et IV de l'acte constitutionnel ;

Les juges au tribunal de cassation , commissaire et substituts près le même tribunal ;

Les commissaires de la comptabilité nationale ;

Les préfets ;

Tous citoyens exerçant une fonction publique dans un département autre que celui où la tutelle s'établit.

Leg. 6 , §. 16 ; *leg.* 17 , §. 5 , *ff. de excusationibus tutorum.*

Article 428. Sont également dispensés de la tutelle ,

Les militaires en activité de service , et tous autres citoyens qui remplissent , hors du territoire de la République , une mission du Gouvernement.

Leg. 1 et 2 , *cod. si tutor vel curator reipublicæ causâ aberit. Leg.* 52 et 56 ; *leg.* 58 , §. 1 ; *leg.* 10 , §. 2 ; *leg.* 3 ; *leg.* 22 , §. 11 , *ff. ex quibus causis majores. Leg.* 4 , *cod. qui dare tutores vel curatores possunt.*

Article 429. Si la mission est non authentique , et contestée ; la dispense ne sera prononcée qu'après que le Gouvernement se sera expliqué par la voie du Ministre dans le département duquel se placera la mission articulée comme excuse.

Article 430. Les citoyens de la qualité exprimée aux articles précédens , qui ont accepté la tutelle postérieurement aux fonctions , services ou missions qui en dispensent , ne seront plus admis à s'en faire décharger pour cette cause.

Leg. 17 , §. 5 , *ff. de excusationibus tutorum.*

Article 431. Ceux , au contraire , à qui lesdites fonctions , services ou missions , auront été conférés postérieurement à l'acceptation et gestion d'une tutelle , pourront , s'ils ne veulent la conserver , faire convoquer , dans le mois , un conseil de famille , pour y être procédé à leur remplacement.

Si , à l'expiration de ces fonctions , services ou missions , le nouveau tuteur réclame sa décharge , ou que l'ancien redemande la tutelle , elle pourra lui être rendue par le conseil de famille.

Article 432. Tout citoyen non parent ni allié ne peut être forcé d'accepter la tutelle , que dans le cas où il n'existerait pas , dans la distance de quatre myriamètres , des parens ou alliés en état de gérer la tutelle.

Institut. de excusationibus tutorum, §. 10. = Réglem. du parlement de Rouen , de 1673 , art. 18.

Article 433. Tout individu âgé de soixante-cinq ans accomplis , peut refuser d'être tuteur. Celui qui aura été nommé avant cet âge , pourra , à soixante-dix ans , se faire décharger de la tutelle.

Leg. 2 , *ff. de excusationibus tutorum. Leg. unicâ cod. qui ætate se excusant.*

Article 434. Tout individu atteint d'une infirmité grave et dûment justifiée , est dispensé de la tutelle.

Il pourra même s'en faire décharger , si cette infirmité est survenue depuis sa nomination.

Leg. 10 , §. 8 ; *leg.* 11 et 40, *ff. de excusationibus tutor. Leg. unicâ cod. qui morbo se excusant.* = Arrêtés de LAMOIGNON , tit. 4 , art. 37.

Article 435. Deux tutelles sont , pour toutes personnes , une juste dispense d'en accepter une troisième.

Celui qui , époux ou père , sera déjà chargé d'une tutelle , ne pourra être tenu d'en accepter une seconde , excepté celle de ses enfans.

Leg. 2 , §. 9 ; *leg.* 3 , *ff. de excusation. tutorum. Leg.* 4 , §. 1 ; *leg.* 5 et 31 , *in pr.* §. 2. *Leg.* 4 , *ff. eod.*

Article 456. Ceux qui ont cinq enfans légitimes, sont dispensés de toute tutelle autre que celle desdits enfans.

Les enfans morts en activité de service dans les armées de la République, seront toujours comptés pour opérer cette dispense.

Les autres enfans morts ne seront comptés qu'autant qu'ils auront eux-mêmes laissé des enfans actuellement existans.

Institut. in pr. de excusationib. tutorum vel curat. Leg. 2, §. 2, 4, 6, 7 et 8, ff. de excusationibus tutor. Leg. 1, cod. qui numero liberorum se excusant. Leg. 18, ff. de excusat. tut. Leg. 2, §. 7, ff. de excusationibus tut. Leg. 2, cod. qui numero liberorum se excusant. Leg. 7, ff. de statu hominum. Leg. 231, ff. de verborum significatione. Leg. 129, ff. eod.

Article 457. La survenance d'enfans pendant la tutelle ne pourra autoriser à l'abdiquer.

Leg. 2, §. 4, 6 et 8. ff. de excusationib. tutorum.

Article 458. Si le tuteur nommé est présent à la délibération qui lui défère la tutelle, il devra sur-le-champ, et sous peine d'être déclaré non recevable dans toute réclamation ultérieure, proposer ses excuses, sur lesquelles le conseil de famille délibérera.

Arrêtés de LAMOIGNON, tit. 4, art. 56.

Article 459. Si le tuteur nommé n'a pas assisté à la délibération qui lui a déféré la tutelle, il pourra faire convoquer le conseil de famille pour délibérer sur ses excuses.

Ses diligences à ce sujet devront avoir lieu dans le délai de trois jours, à partir de la notification qui lui aura été faite de sa nomination; lequel délai sera augmenté d'un jour par trois myriamètres de distance du lieu de son domicile à celui de l'ouverture de la tutelle; passé ce délai, il sera non recevable.

Argum. ex leg. 1, §. 1, ff. de administrat. et periculo tutor. = Arrêtés de LAMOIGNON, tit. 4, art. 56.

Article 440. Si ses excuses sont rejetées, il pourra se pourvoir devant les tribunaux pour les faire admettre; mais il sera, pendant le litige, tenu d'administrer provisoirement.

Article 441. S'il parvient à se faire exempter de la tutelle, ceux qui auront rejeté l'excuse, pourront être condamnés aux frais de l'instance.

S'il succombe, il y sera condamné lui-même.

11

SECTION VII.

De l'Incapacité, des Exclusions et Destitutions de la Tutelle.

Article 442. Ne peuvent être tuteurs, ni membres des conseils de famille;

1°. Les mineurs, excepté le père ou la mère;

2°. Les interdits;

3°. Les femmes, autres que la mère et les ascendantes;

4°. Tous ceux qui ont ou dont les père ou mère ont avec le mineur un procès dans lequel l'état de ce mineur, sa fortune, ou une partie notable de ses biens, sont compromis.

Leg. 5, cod. de legitimis tutoribus. Leg. 11, leg. 13, §. 1; leg. 17, ff. de tutelis; leg. 2, ff. de regulis juris; leg. 1, 2 et 3, cod. quando mulier tutelæ officio; leg. 10, §. 8; leg. 11 et 40, ff. de excusationib. tutor.; leg. 26, in pr.; leg. 27, §. 1, ff. de testamentariâ tuteld. = Novell. 94, cap. 2; novell. 118, cap. 5. = Leg. 6, §. 18; leg. 20 et 21, ff. de excusationib. tut. = Novell. 72, cap. 2 et 5. = Leg. 3, §. 12, ff. de suspectis tutoribus. = Arrêtés de Lamoignon, tit. 4, art. 56 et 42.

Article 443. La condamnation à une peine afflictive ou infamante emporte de plein droit l'exclusion de la tutelle. Elle emporte de même la destitution, dans le cas où il s'agirait d'une tutelle antérieurement déférée.

Article 444. Sont aussi exclus de la tutelle, et même destituables, s'ils sont en exercice,

1°. Les gens d'une inconduite notoire;

2°. Ceux dont la gestion attesterait l'incapacité ou l'infidélité.

Leg. 3, §. 5, ff. de suspectis tutoribus. Dictâ leg. 3, §. 17; leg. 4, §. 4, ff. eod. tit.; leg. 6, ff. ubi pupillus educari.

Article 445. Tout individu qui aura été exclu ou destitué d'une tutelle, ne pourra être membre d'un conseil de famille.

Article 446. Toutes les fois qu'il y aura lieu à une destitution de tuteur, elle sera prononcée par le conseil de famille, convoqué à la diligence du subrogé tuteur, ou d'office par le juge de paix.

Celui-ci ne pourra se dispenser de faire cette convocation, quand elle sera formellement requise par un ou plusieurs parens ou alliés du mineur, au degré de cousin germain ou à des degrés plus proches.

Argum. ex leg. 1, §. 3 et 4, ff. de suspectis tutoribus. Leg. 6, §. 1, cod. eod. Leg. 1, § 7, ff. de officio præfect. urb.

Article 447. Toute délibération du conseil de famille qui prononcera l'exclusion ou la destitution du tuteur, sera motivée, et ne pourra être prise qu'après avoir entendu ou appelé le tuteur.

Article 448. Si le tuteur adhère à la délibération, il en sera fait mention, et le nouveau tuteur entrera aussitôt en fonctions.

S'il y a réclamation, le subrogé tuteur poursuivra l'homologation de la délibération devant le tribunal de première instance, qui prononcera sauf l'appel.

Le tuteur exclu ou destitué, peut lui-même, en ce cas, assigner le subrogé tuteur pour se faire déclarer maintenu en la tutelle.

Article 449. Le sparens ou alliés qui auront requis la convocation, pourront intervenir dans la cause, qui sera instruite et jugée comme affaire urgente.

SECTION VIII.

De l'Administration du Tuteur.

Article 450. Le tuteur prendra soin de la personne du mineur, et le représentera dans tous les actes civils.

Il administrera ses biens en bon père de famille, et répondra des dommages-intérêts qui pourraient résulter d'une mauvaise gestion.

Il ne peut ni acheter les biens du mineur, ni les prendre à ferme, à moins que le conseil de famille n'ait autorisé le subrogé tuteur à lui en passer bail, ni accepter la cession d'aucun droit ou créance contre son pupille.

Leg. 12 , §. 3 , *ff. de administratione et periculo tutorum. Leg.* 33 , *leg.* 5 , §. 7 ; *leg.* 10 , *ff. eod. tit. Leg.* 7 , *cod. arbitrium tutelæ. Leg.* 1 , *in pr.*, *ff. de tutelæ et rationibus distrahendis. Leg.* 34 , §. 7 ; *leg.* 46 , *ff. de contrahenda emptione.* = *Novell.* 72 , *cap.* 5 ; *leg.* 5 , *cod. de contrahenda emptione.*

Article 451. Dans les dix jours qui suivront celui de sa nomination, dûment connue de lui, le tuteur requerra la levée des scellés, s'ils ont été apposés, et fera procéder immédiatement à l'inventaire des biens du mineur, en présence du subrogé tuteur.

S'il lui est dû quelque chose par le mineur, il devra le déclarer dans l'inventaire, à peine de déchéance, et ce sur la réquisition que l'officier public sera tenu de lui en faire, et dont mention sera faite au procès-verbal.

Leg. 7 , *in pr.*, *ff. de administratione et periculo tutorum. Leg.* 22 et 24 , *cod. de administra*

tione tut. vel. curat. Leg. 27, cod. de episcopali audientiâ. Leg. 13, §. 1, *cod. arbitrium tutelæ.*
Poitou, art. 506; Sens, art. 159; Berry, chap. 1, art. 42 et 44; Bourbonnais, art. 182; Auvergne, chap. 11, art. 7; Melun, art. 295; Tours, art. 548. = *Argum. ex novellâ* 72, *cap.* 5. = *Authentica minoris cod. qui dare tutores vel curatores.* = Arrêtés de LAMOIGNON, tit. 4, art. 68.

Article 452. Dans le mois qui suivra la clôture de l'inventaire, le tuteur fera vendre, en présence du subrogé tuteur, aux enchères reçues par un officier public, et après des affiches ou publications dont le procès-verbal de vente fera mention, tous les meubles autres que ceux que le conseil de famille l'aurait autorisé à conserver en nature.

Leg. 22 *et* 24, *cod. de administratione tut. vel curat. Leg.* 5, §. 9; *leg.* 7, §. 1, *ff. de administratione et periculo tutor. Leg.* 3, *cod. de periculo tutor.* = Ordonn. d'Orléans, de 1560, art. 102. = Berry, chap. 1, art. 42, 44 et 45; Bourbonnais, art. 182; Auvergne, ch. 11, art. 7; Melun, art. 295; Tours, art. 548; Bretagne, art. 451. = Arrêtés de LAMOIGNON, tit. 4, art. 70.

Nota. C'est encore une obligation du tuteur de poursuivre le paiement de ce qui peut être dû au mineur, sous peine d'être comptable envers le mineur de l'insolvabilité survenue des débiteurs. = *Leg.* 15, *ff. de administratione et periculo tutorum. Leg.* 2, *cod. arbitrium tutelæ.*

Article 453 Les père et mère, tant qu'ils ont la jouissance propre et légale des biens du mineur, sont dispensés de vendre les meubles, s'ils préfèrent de les garder pour les remettre en nature.

Dans ce cas, ils en feront faire, à leurs frais, une estimation à juste valeur, par un expert qui sera nommé par le subrogé tuteur, et prêtera serment devant le juge de paix. Ils rendront la valeur estimative de ceux des meubles qu'ils ne pourraient représenter en nature.

Arrêtés de LAMOIGNON, tit. 3, art. 20.

Article 454. Lors de l'entrée en exercice de toute tutelle, autre que celle des père et mère, le conseil de famille réglera par aperçu, et selon l'importance des biens régis, la somme à laquelle pourra s'élever la dépense annuelle du mineur, ainsi que celle d'administration de ses biens.

Le même acte spécifiera si le tuteur est autorisé à s'aider, dans sa gestion, d'un ou plusieurs administrateurs particuliers, salariés, et gérant sous sa responsabilité.

Leg. 1, §. 1; *leg.* 2, § 1; *leg* 3 §. 1, 2, 3, 4 et 5, *ff. ubi pupillus morari vel educari debeat. Leg.* 47, §. 1, *ff. de administratione et periculo tutorum.* = Réglement du parlement de Normandie, de l'année 1673, art. 31 et 40. = *Argum. ex leg.* 13, §. 1, *ff. de tutelis. Leg.* 24, *in pr., ff. de administ. et periculo tutorum.*

Article 455. Ce conseil déterminera positivement la somme à laquelle commencera, pour le tuteur, l'obligation d'employer l'excédant des revenus sur la dépense : cet emploi devra être fait dans le délai de six mois, passé lequel le tuteur devra les intérêts à défaut d'emploi.

Leg. 5, *in pr.* ; *leg.* 7, §. 3 *et* 11; *leg.* 12, §. 4 ; *leg.* 13, §. 1 ; *leg.* 15; *leg.* 50, *ff. de administratione et pericul. tut.* = Réglement du parlement de Rouen, de 1673, art. 42, 43 et 44. (1)

Article 456. Si le tuteur n'a pas fait déterminer par le conseil de famille la somme à laquelle doit commencer l'emploi, il devra, après le délai exprimé dans l'article précédent, les intérêts de toute somme non employée, quelque modique qu'elle soit,

Les lois romaines accordaient au tuteur un délai de six mois pour faire emploi des fonds du pupille pendant la première année de la tutelle ; pour les années suivantes, il n'avait que deux mois. = *Vid. Leg.* 13 *et leg.* 7, §. 11, *ff. de administratione et periculo tutorum.*

Article 457. Le tuteur, même le père ou la mère, ne peut emprunter pour le mineur, ni aliéner ou hypothéquer ses biens immeubles, sans y être autorisé par un conseil de famille.

Cette autorisation ne devra être accordée que pour cause d'une nécessité absolue, ou d'un avantage évident.

Dans le premier cas, le conseil de famille n'accordera son autorisation qu'après qu'il aura été constaté, par un compte sommaire présenté par le tuteur, que les deniers, effets mobiliers et revenus du mineur sont insuffisans.

Le conseil de famille indiquera, dans tous les cas, les immeubles qui devront être vendus de préférence, et toutes les conditions qu'il jugera utiles.

Leg. 1, §. 2 ; *leg.* 3, §. 5 ; *leg.* 5, §. 4, 9, 10, 11 et 13, *ff. de rebus eorum qui sub tutel. Leg.* 4, 12 et 18, *cod. de prœdiis et aliis rebus minorum.*
Réglement du parlement de Rouen, de 1673, art. 51 et 52.

Article 458. Les délibérations du conseil de famille relatives à cet objet, ne seront exécutées qu'après que le tuteur en aura demandé et obtenu l'homologation

---

(1) Il est à remarquer que le tuteur ne devrait pas les intérêts, si l'emploi avait été impossible par le défaut d'emprunteurs solvables. *Vid. Leg.* 7, §. 3 ; *leg.* 12, §. 4 ; *leg.* 13, §. 1, *ff. de administrat. et pericul. tut. Leg.* 3, *cod. de usuris pupillaribus.*

devant le tribunal civil de première instance, qui y statuera en la chambre du conseil ; et après avoir entendu le commissaire du Gouvernement.

Leg. 1 , §. 2 ; leg. 11 , ff. de rebus eorum qui sub tuteld vel curat. Leg. 2 ; 12 et 18 , cod. de prædiis et aliis rebus minorum.

Article 459. La vente se fera publiquement, en présence du subrogé tuteur ; aux enchères qui seront reçues par un membre du tribunal civil, ou par un notaire à ce commis, et à la suite de trois affiches apposées, par trois dimanches consécutifs, aux lieux accoutumés dans le canton.

Chacune de ces affiches sera visée et certifiée par le maire des communes où elles auront été apposées.

Réglement du parlement de Rouen, de 1673 , art. 53, 54 et 55.

Article 460. Les formalités exigées par les articles 457 et 458 pour l'aliénation des biens du mineur, ne s'appliquent point au cas où un jugement aurait ordonné la licitation sur la provocation d'un copropriétaire par indivis.

Seulement, et en ce cas, la licitation ne pourra se faire que dans la forme prescrite par l'article précédent : les étrangers y seront nécessairement admis.

Leg. 1 , §. 2 , in fin. , ff. de rebus eorum qui sub tutel. Leg. 17 , cod. de prædiis et aliis rebus minorum. (1)

Article 461. Le tuteur ne pourra accepter ni répudier une succession échue au mineur , sans une autorisation préalable du conseil de famille. L'acceptation n'aura lieu que sous bénéfice d'inventaire.

Argum. ex leg. 8 . ff de acquirendâ vel omittenda hæreditate. Leg. 8 , ff. de bonorum pos-sessione. Leg. 1., §. 1 , ff. de successorio edicto. Leg. 7 , cod. qui admitti ad bonorum possess. possunt. Leg. 9, §. 3, ff. de auctoritate et consensu tutorum.

Article 462. Dans le cas où la succession répudiée au nom du mineur n'aurait pas été acceptée par un autre, elle pourra être reprise soit par le tuteur, autorisé à cet effet par une nouvelle délibération du conseil de famille, soit par le mineur devenu majeur,

(1) L'exception que renferme cet article est fondée sur le principe incontestable que personne ne peut être contraint de rester malgré lui dans l'indivision. *Vid. Leg 5 , cod comm. divid. Argum. ex leg. 21 , cod. mandati.*

mais dans l'état où elle se trouvera lors de la reprise, et sans pouvoir attaquer les ventes et autres actes qui auraient été légalement faits durant la vacance.

Argum. ex leg. 8, §. 6, cod. de bonis quæ liberis.

Article 463. La donation faite au mineur ne pourra être acceptée par le tuteur qu'avec l'autorisation du conseil de famille.

Elle aura, à l'égard du mineur, le même effet qu'à l'égard du majeur.

Leg. 26, cod. de donationibus. = Ordonnance de 1731, art. 7.

Article 464. Aucun tuteur ne pourra introduire en justice une action relative aux droits immobiliers du mineur, ni acquiescer à une demande relative aux mêmes droits, sans l'autoristion du conseil de famille.

Argum. ex leg. 9, §. 6, ff. de administratione et pericul. tutor. Leg. 78, §. 2, ff. de legatis, 2°. Leg. 6, cod. de administratione tutorum. Leg. 55, ff. de evictionibus. Leg. 7, §. 3, ff. pro emptore.

Nota. Si le tuteur avait soutenu ou intenté un procès sans cause légitime, il ne serait pas admis à répéter ses frais. = *Leg. 6, §. 1, cod. und. vi. Leg. 6, cod. de administ. tut. Leg. 15, cod. de judic.*

Article 465. La même autorisation sera nécessaire au tuteur pour provoquer un partage; mais il pourra, sans cette autorisation, répondre à une demande en partage dirigée contre le mineur.

Leg. 1, §. 2, in fin.; leg. 7, in pr. et §. 1, ff. de rebus eorum qui sub tutelā vel curat. Leg. 17, cod. de prædiis et aliis rebus minorum.

Article 466. Pour obtenir à l'égard du mineur tout l'effet qu'il aurait entre majeurs, le partage devra être fait en justice, et précédé d'une estimation faite par experts nommés par le tribunal civil du lieu de l'ouverture de la succession.

Les experts, après avoir prêté, devant le président du même tribunal ou autre juge par lui délégué, le serment de bien et fidèlement remplir leur mission, procéderont à la division des héritages et à la formation des lots, qui seront tirés au sort, et en présence soit d'un membre du tribunal, soit d'un notaire par lui commis, lequel fera la délivrance des lots.

Tout autre partage ne sera considéré que comme provisionnel.

Leg. 20, ff. de autoritate et consensu tutorum.

Article 467. Le tuteur ne pourra transiger au nom du mineur, qu'après y avoir été autorisé par le conseil de famille, et de l'avis de trois jurisconsultes désignés par le commissaire du Gouvernement près le tribunal civil.

· La transaction ne sera valable qu'autant qu'elle aura été homologuée par le tribunal civil, après avoir entendu le commissaire du Gouvernement.

Leg. 46, §. *ultim. ff. de administ. et pericul. tut* Leg 28, §. 1 , *ff. de pactis. Leg.* 22, *cod. eod. Leg.* 7 , §. 3 , *ff. pro emptore.* Leg. 56i, §. 4 , *ff. de furtis.* ══ Bretagne, art. 39. ══ Arrêtés de LAMOIGNON , tit. 4 , art. 89.

Article 468. Le tuteur qui aura des sujets de mécontentement graves sur la conduite du mineur, pourra porter ses plaintes à un conseil de famille, et s'il y est autorisé par ce conseil, provoquer la réclusion du mineur, conformément à ce qui est statué à ce sujet au titre *de la Puissance paternelle.*

SECTION IX.

Des Comptes de la Tutelle.

Article 469. Tout tuteur est comptable de sa gestion lorsqu'elle finit.

Leg. 1 , §. 5, *ff. de tutelis et rationibus distrahendis.* ══ *Novell.* 72, *cap. ultim.* ══ *Authentic. quod nunc generale* Cod. *de curatore furiosi, vel prodigi.* ══ *Instit. de Atiliano tutore ,* §. 7. ══ Ordonnance de 1677 , tit. 29, art. 1.

Nota. Le tuteur doit rendre compte dans le lieu où il a géré la tutelle. ══ *Leg.* 1 , *cod. ub. de ratiocin. tam public. quam privat.*

Article 470. Tout tuteur, autre que le père et la mère, peut être tenu, même durant la tutelle, de remettre au subrogé tuteur des états de situation de sa gestion, aux époques que le conseil de famille aurait jugé à propos de fixer, sans néanmoins que le tuteur puisse être astreint à en fournir plus d'un chaque année.

Ces états de situation seront rédigés et remis, sans frais, sur papier non timbré, et sans aucune formalité de justice.

Réglement du parlement de Rouen, de 1673 , art. 26.

Article 471. Le compte définitif de tutelle sera rendu aux dépens du mineur, lorsqu'il aura atteint sa majorité ou obtenu son émancipation. Le tuteur en avancera les frais.

On y allouera au tuteur toutes dépenses suffisamment justifiées, et dont l'objet sera utile.

Ordonnance de 1667, tit. 29, art. 2. = Réglement du parlement de Rouen, de 1673, art. 65. *Leg.* 1, *in pr., ff. de contrariâ tutelæ, et utili actione. Leg.* 2, *in pr.,* et §. 1, 2 et 3, *ff. ubi pupillus educari debeat. Leg.* 1, §. 8 et 9, *ff. de tutelis et rationibus distrahendis. Leg.* 3, §. 7 et 8, *ff. eod. Leg.* 3 et 6, *cod. de administratione tutorum.*

Article 472. Tout traité qui pourra intervenir entre le tuteur et le mineur devenu majeur, sera nul, s'il n'a été précédé de la reddition d'un compte détaillé, et de la remise des pièces justificatives ; le tout constaté par un récépissé de l'oyant-compte, dix jours au moins avant le traité.

Réglement du parlement de Rouen, de 1673, art. 78 et 79. = Arrêtés de LAMOIGNON, tit. 4, art. 129.

Article 473. Si le compte donne lieu à des contestations, elles seront poursuivies et jugées comme les autres contestations en matière civile.

Article 474. La somme à laquelle s'élevera le reliquat dû par le tuteur, portera intérêt, sans demande, à compter de la clôture du compte.

Les intérêts de ce qui sera dû au tuteur par le mineur, ne courront que du jour de la sommation de payer qui aura suivi la clôture du compte.

Argum. ex leg. 46, §. 3, *ff. de administratione et periculo tutorum. Leg.* 7, §. 15 ; *leg.* 28, §. 1, *ff. eod. Leg.* 41, *ff. de usuris. Leg.* 24, *ff. de appellationibus et relationibus.* = Arrêtés de LAMOIGNON, tit. 4, art. 127 et 128.

Article 475. Toute action du mineur contre son tuteur, relativement aux frais de la tutelle, se prescrit par dix ans, à compter de la majorité.

Leg. 8, *cod. arbitrium tutelæ. Leg.* 3, *cod. de præscriptione* 30, *vel* 40 *annorum, argum.* De l'ordonnance de Villers-Cotterets, de 1539, art. 134.

CHAPITRE III.

De l'Émancipation.

Article 476. LE mineur est émancipé de plein droit par le mariage.

Paris, art. 239; Blois, art. 2, chap. 1; Sedan, art. 146; Bourbonnais, art. 66; La Rochelle, art. 124. = Arrêtés de LAMOIGNON, tit. 2, art. 2.

Article 477. Le mineur, même non marié, pourra être émancipé par son père, ou, à défaut de père, par sa mère, lorsqu'il aura atteint l'âge de quinze ans révolus.

Cette émancipation s'opérera par la seule déclaration du père ou de la mère, reçue par le juge de paix assisté de son greffier.

Arrêtés de LAMOIGNON, tit. 2, art. 4.

Article 478. Le mineur resté sans père ni mère pourra aussi, mais seulement à l'âge de dix-huit ans accomplis, être émancipé, si le conseil de famille l'en juge capable.

En ce cas, l'émancipation résultera de la délibération qui l'aura autorisée, et de la déclaration que le juge de paix, comme président du conseil de famille, aura faite dans le même acte, *que le mineur est émancipé*.

Article 479. Lorsque le tuteur n'aura fait aucune diligence pour l'émancipation du mineur dont il est parlé dans l'article précédent, et qu'un ou plusieurs parens ou alliés de ce mineur, au degré de cousin germain ou à des degrés plus proches, le jugeront capable d'être émancipé, ils pourront requérir le juge de paix de convoquer le conseil de famille pour délibérer à ce sujet.

Le juge de paix devra déférer à cette réquisition.

Article 480. Le compte de tutelle sera rendu au mineur émancipé, assisté d'un curateur qui lui sera nommé par le conseil de famille.

Article 481. Le mineur émancipé passera les baux dont la durée n'excédera point neuf ans; il recevra ses revenus, en donnera décharge, et fera tous les actes qui ne sont que de pure administration, sans être restituable contre ces actes dans tous les cas où le majeur ne le serait pas lui-même.

Article 482. Il ne pourra intenter une action immobilière, ni y défendre, même recevoir et donner décharge d'un capital mobilier, sans l'assistance de son curateur, qui, au dernier cas, surveillera l'emploi du capital reçu.

Article 483. Le mineur émancipé ne pourra faire d'emprunts, sous aucun prétexte, sans une délibération du conseil de famille, homologuée par le tribunal civil, après avoir entendu le commissaire du Gouvernement.

*Leg.*3, *cod. de his qui veniam ætatis impetraverunt.*

Article 484. Il ne pourra non plus vendre ni aliéner ses immeubles, ni faire aucun acte autre que ceux de pure administration, sans observer les formes prescrites au mineur non émancipé.

A l'égard des obligations qu'il aurait contractées par voie d'achats ou autrement, elles seront réductibles en cas d'excès : les tribunaux prendront, à ce sujet, en considération, la fortune du mineur, la bonne ou mauvaise foi des personnes qui auront contracté avec lui, l'utilité ou l'inutilité des dépenses.

*Leg.*3, *cod. de his qui veniam ætatis impetraverunt.* = Berry, tit. 1, art. 3.

Article 485. Tout mineur émancipé, dont les engagemens auraient été réduits en vertu de l'article précédent, pourra être privé du bénéfice de l'émancipation, laquelle lui sera retirée en suivant les mêmes formes que celles qui auront eu lieu pour la lui conférer.

Article 486. Dès le jour où l'émancipation aura été révoquée, le mineur rentrera en tutelle, et y restera jusqu'à sa majorité accomplie.

Article 487. Le mineur émancipé qui fait un commerce, est réputé majeur pour les faits relatifs à ce commerce.

Ordonnance de 1673, tit. 1, art. 6.

TITRE XI.

De la Majorité, de l'Interdiction, et du Conseil judiciaire.

[Décrété le 8 Germinal an XI. Promulgué le 18 du même mois.]

CHAPITRE PREMIER.

De la Majorité.

Article 488. LA majorité est fixée à vingt-un ans accomplis ; à cet âge on est capable de tous les actes de la vie civile, sauf la restriction portée au titre *du Mariage.*

Loi du 20 septembre 1792, tit. 4, sect. 1, art. 2. (1)

CHAPITRE II.

De l'Interdicion.

Article 489. LE majeur qui est dans un état habituel d'imbécillité, de démence ou de fureur, doit être interdit, même lorsque cet état présente des intervalles lucides.

Institut. de curatoribus, §.3 ; *leg.* 1, *in pr.*, *ff. de curatoribus furioso et aliis. Leg.* 1 *et* 6, *cod. de curatore furiosi vel prodigi.*

Article 490. Tout parent est recevable à provoquer l'interdiction de son parent. Il en est de même de l'un des époux à l'égard de l'autre.

---

(1) La majorité, dans les pays de droit écrit, était fixée à vingt-cinq ans. = *Institut. de curator. in pr.* = Nos coutumes avaient, à cet égard, des dispositions fort différentes. Paris, art. 272 ; Normandie, art. 223 ; Artois, art. 154 ; Ponthieu, art. 58 ; Bretagne, art. 483.

Article 491. Dans le cas de fureur , si l'interdiction n'est provoquée ni par l'époux ni par les parens, elle doit l'être par le commissaire du Gouvernement , qui , dans les cas d'imbécillité ou de démence , peut aussi la provoquer contre un individu qui n'a ni époux , ni épouse , ni parens connus.

Article 492. Toute demande en interdiction sera portée devant le tribunal de première instance.

Article 493. Les faits d'imbécillité , de démence, ou de fureur , seront articulés par écrit. Ceux qui poursuivront l'interdiction, présenteront les témoins et les pièces.

Article 494. Le tribunal ordonnera que le conseil de famille , formé selon le mode déterminé à la section IV du chapitre II du titre *de la Minorité , de la Tutelle et de l'Émancipation ,* donne son avis sur l'état de la personne dont l'interdiction est demandée.

Article 495. Ceux qui auront provoqué l'interdiction , ne pourront faire partie du conseil de famille : cependant l'époux , ou l'épouse , et les enfans de la personne dont l'interdiction sera provoquée , pourront y être admis sans y avoir voix délibérative.

Article 496. Après avoir reçu l'avis du conseil de famille , le tribunal interrogera le défendeur à la chambre du conseil : s'il ne peut s'y présenter , il sera interrogé dans sa demeure , par l'un des juges à ce commis , assisté du greffier. Dans tous les cas , le commissaire du Gouvernement sera présent à l'interrogatoire.

Bourjon, droit commun de la France, liv. 1 , chap. 4 , art. 13. = Arrêt du 10 juin 1793, rapp. par Bardet, tom. 2 , liv. 2 , chap. 42. = *Argum. ex leg.* 6, *ff. de curatoribus furioso et aliis.*

Article 497. Après le premier interrogatoire , le tribunal commettra , s'il y a lieu, un administrateur provisoire pour prendre soin de la personne et des biens du défendeur.

Article 498. Le jugement sur une demande en interdiction , ne pourra être rendu qu'à l'audience publique , les parties entendues ou appelées.

Article 499. En rejetant la demande en interdiction , le tribunal pourra néanmoins , si les circonstances l'exigent , ordonner que le défendeur ne pourra désormais plaider , transiger , emprunter , recevoir un capital mobilier , ni en donner décharge , aliéner , ni grever ses biens d'hypothèques , sans l'assistance d'un conseil qui lui sera nommé par le même jugement.

Article 500. En cas d'appel du jugement rendu en première instance, le tribunal d'appel pourra, s'il le juge nécessaire, interroger de nouveau , ou faire interroger par un commissaire , la personne dont l'interdiction est demandée.

Article 501. Tout jugement portant interdiction , ou nomination d'un conseil , sera, à la diligence des demandeurs , levé, signifié à partie, et inscrit, dans les dix jours , sur les tableaux qui doivent être affichés dans la salle de l'auditoire , et dans les études des notaires de l'arrondissement.

Bourjon , droit commun de la France , liv. 1, chap. 4, art. 36.

Article 502. L'interdiction ou la nomination d'un conseil aura son effet du jour du jugement. Tous actes passés postérieurement par l'interdit , ou sans l'assistance du conseil , seront nuls de droit.

Bourjon , droit commun de la France , liv. 1 , chap. 4, art. 52, 38 et 39.

Article 503. Les actes antérieurs à l'interdiction pourront être annullés , si la cause de l'interdiction existait notoirement à l'époque où ces actes ont été faits.

Bourjon , Droit commun de la France , liv. 1 , chap. 4, art. 8 et 9. Ricard , Traité des Donations, part. 1 , ch. 3, sect. 3, n°. 146. ⸗ Arrêt du 2 avril 1708, rapp. par Augeard, tom. 3 , ch. 87.

Article 504. Après la mort d'un individu , les actes par lui faits ne pourront être attaqués pour cause de démence, qu'autant que son interdiction aurait été prononcée ou provoquée avant son décès ; à moins que la preuve de la démence ne résulte de l'acte même qui est attaqué.

Bourjon , Droit commun de la France , liv. 1 , chap. 4, art. 12. ⸗ Jurisprudence du Châtelet, conforme à l'arrêt du 12 avril 1654, rapporté par Soefve , tom. 1 , cent. 4 , chap. 65.

Article 505. S'il n'y a pas d'appel du jugement d'interdiction rendu en première instance, ou s'il est confirmé sur l'appel, il sera pourvu à la nomination d'un tuteur et d'un subrogé tuteur à l'interdit, suivant les règles prescrites au titre *de la Minorité, de la Tutelle et de l'Émancipation.* L'administrateur provisoire cessera ses fonctions, et rendra compte au tuteur, s'il ne l'est pas lui-même.

Article 506. Le mari est, de droit, le tuteur de sa femme interdite.

Contrar. *Leg.* 2, *cod. qui dare tutores vel curatores possunt. Leg.* 14, *de curatoribus furioso et aliis.*

Article 507. La femme pourra être nommée tutrice de son mari. En ce cas, le conseil de famille réglera la forme et les conditions de l'administration; sauf le recours devant les tribunaux de la part de la femme qui se croirait lésée par l'arrêté de la famille.

La disposition de cet article est contraire à la jurisprudence du Châtelet, rapportée par BOURJON, Droit commun de la France, liv. 1, chap. 4, art. 28.

Article 508. Nul, à l'exception des époux, des ascendans et descendans, ne sera tenu de conserver la tutelle d'un interdit au-delà de dix ans. A l'expiration de ce délai, le tuteur pourra demander et devra obtenir son remplacement.

Article 509. L'interdit est assimilé au mineur, pour sa personne et pour ses biens; les lois sur la tutelle des mineurs s'appliqueront à la tutelle des interdits.

Leg. 2, *cod. de curatoribus furiosis vel prodigis. Leg.* 7, *ff. de curatoribus furioso et aliis.*

Article 510. Les revenus d'un interdit doivent être essentiellement employés à adoucir son sort et à accélérer sa guérison. Selon les caractères de sa maladie et l'état de sa fortune, le conseil de famille pourra arrêter qu'il sera traité dans son domicile, ou qu'il sera placé dans une maison de santé, et même dans un hospice.

Argum. ex leg. 22, §. 8, *ff. soluto matrimonio.*

Article 511. Lorsqu'il sera question du mariage de l'enfant d'un interdit, la dot, ou l'avancement d'hoirie, et les autres conventions matrimoniales, seront réglés par un avis du conseil de famille, homologué par le tribunal, sur les conclusions du commissaire du Gouvernement.

Leg. 25, *cod. de nuptiis. Leg.* 28, *cod. de episcopali audientiâ.*

Article 512. L'interdiction cesse avec les causes qui l'ont déterminée : néanmoins la main-levée ne sera prononcée qu'en observant les formalités prescrites pour parvenir à l'interdiction, et l'interdit ne pourra reprendre l'exercice de ses droits qu'après le jugement de main-levée.

· *Leg.* 1 , *ff. de curatoribus furioso et aliis. Leg.* 6 , *cod. de curatoribus furiosis et prodigis.*

CHAPITRE III.

Du Conseil judiciaire.

Article 513. Il peut être défendu aux prodigues de plaider , de transiger , d'emprunter , de recevoir un capital mobilier et d'en donner décharge , d'aliéner , ni de grever leurs biens d'hypothèques , sans l'assistance d'un conseil qui leur est nommé par le tribunal.

Leg. 1 *et* 15 , *ff. de curatoribus furioso et aliis. Leg.* 1 , *cod. de curatoribus furiosis vel prodigis.* = Paul., Sentent, liv. 5 , tit. 5 , §. 9. = Ulpian., Fragment ; tit. 12 , §. 2.

Article 514. La défense de procéder sans l'assistance d'un conseil , peut être provoquée par ceux qui ont droit de demander l'interdiction ; leur demande doit être instruite et jugée de la même manière.

Cette défense ne peut être levée qu'en observant les mêmes formalités.

Bourjon, Droit commun de la France, liv. 1 , chap. 4 , art. 43. Ricard, des Donations, part. 1 , chap. 3 , sect. 3 , n°. 148. Bardet , tom. 1 , liv. 2 , chap. 71. Lapeyrere , lett. D , décision 159.

Article 515. Aucun jugement, en matière d'interdiction , ou de nomination de conseil , ne pourra être rendu , soit en première instance , soit en cause d'appel , que sur les conclusions du commissaire du Gouvernement.

LIVRE II.

DES BIENS, ET DES DIFFÉRENTES MODIFICATIONS DE LA PROPRIÉTÉ.

~~~~~~

TITRE PREMIER.

De la Distinction des Biens.

[Décrété le 4 Pluviôse an XII. Promulgué le 14 du même mois.]

Article 516. T o u s les biens sont meubles ou immeubles.

Paris, art. 88.

CHAPITRE PREMIER.

Des Immeubles.

Article 517. L e s biens sont immeubles, ou par leur nature, ou par leur destination, ou par l'objet auquel ils s'appliquent.

Article 518. Les fonds de terre et les bâtimens sont immeubles par leur nature.

Instit. de rerum divisione, §. 31.

Article 519. Les moulins à vent ou à eau, fixes sur piliers et faisant partie du bâtiment, sont aussi immeubles par leur nature.

Paris, art. 90 ; Orléans, art. 352 ; Berry, tit. 4, art. 1.

Article 520. Les récoltes pendantes par les racines, et les fruits des arbres non encore recueillis, sont pareillement immeubles.

13

Dès que les grains sont coupés et les fruits détachés, quoique non enlevés, ils sont meubles.

Si une partie seulement de la récolte est coupée, cette partie seule est meuble.

Leg. 44, ff. de rei vindicatione. Leg. 24, §. 6, ff. quæ in fraudem creditorum. Leg. 22, cod. de rei vindicatione. Leg. 17, §. 1, ff. de actionibus empti et venditi.

Paris, art. 92; Orléans, art. 354; Vermandois, art. 103, 104 et 105; Chaulny, art. 5; Blois, art. 184; Berry, tit. 8, art. 23; Bourbonnais, art. 284.

Arrêtés de Lamoignon, tit. 8, art. 19. (1)

Article 521. Les coupes ordinaires des bois taillis ou de futaies mises en coupes réglées, ne deviennent meubles qu'au fur et à mesure que les arbres sont abattus.

Argum. ex leg. 44, ff. de rei vindicatione, et leg. 17, §. 1, ff. de actionibus empti et vendit.

Article 522. Les animaux que le propriétaire du fonds livre au fermier ou au métayer pour la culture, estimés ou non, sont censés immeubles tant qu'ils demeurent attachés au fonds par l'effet de la convention.

Ceux qu'il donne à cheptel à d'autres qu'au fermier ou métayer, sont meubles.

Contrar. leg. 14, ff. de suppellectile legata. Leg. 2, §. 1, ff. de instructo vel instrumento legato. (2)

Article 523. Les tuyaux servant à la conduite des eaux dans une maison ou autre héritage, sont immeubles et font partie du fonds auquel ils sont attachés.

Leg. 15, ff. de actionibus empti et vendit.

---

(1) Plusieurs coutumes mettaient au nombre des meubles les fruits naturels ou industriels, lorsque l'époque de leur maturité et le temps de les cueillir étaient arrivés, quoiqu'ils ne fussent point encore coupés et séparés du fonds. = Normandie, art. 505; Rheims, tit. 2, art. 17 et 18; Bourbonnais, art. 284.

(2) Selon le droit romain, les animaux placés par le propriétaire pour l'exploitation d'un fonds ne faisaient point partie de ce fonds. *Leg. 14, ff. suppellect. legat. et leg. 2, §. 1, ff. de instruct. vel instrument. legat.* C'était le droit commun de la France. Les coutumes ne contenaient aucunes dispositions sur cet objet. Le code civil a introduit un droit nouveau dont l'utilité avait déjà été reconnue par l'ordonnance de 1747, art. 6, qui dispose que les bestiaux servant à l'exploitation d'une terre, seraient censés compris dans la substitution de la terre, quoique le testateur ne s'en fût pas expliqué.

Article 524. Les objets que le propriétaire d'un fonds y a placés pour le service et l'exploitation de ce fonds, sont immeubles par destination.

Ainsi, sont immeubles par destination, quand ils ont été placés par le propriétaire pour le service et l'exploitation du fonds,

Les animaux attachés à la culture;

Les ustensiles aratoires;

Les semences données aux fermiers ou colons partiaires;

Les pigeons des colombiers;

Les lapins des garennes;

Les ruches à miel;

Les poissons des étangs;

Les pressoirs, chaudières, alambics, cuves et tonnes;

Les ustensiles nécessaires à l'exploitation des forges, papeteries et autres usines;

Les pailles et engrais.

Sont aussi immeubles par destination, tous effets mobiliers que le propriétaire a attachés au fonds à perpétuelle demeure.

Leg. 17 *et* 18, *ff. de actionibus empti et venditi.*
Leg. 2, §. 1 ; *leg.* 12, § 23 ; *leg.* 26, *ff. de instructo vel instrumento legato.*
Leg. 41, §. 9, 10, 11 *et* 12, *ff. de legatis et fideicommissis* 1°.
Leg. 242, §. 2 *et* 3 ; *leg.* 244 *in pr. de verborum significatione.*
Leg. 15 *et* 16, *ff. de actionib. empti et venditi. Leg.* 3, §. 14, *ff. de acquirenda vel amittenda possessione. Leg.* 14, *ff. de suppellectile legata.*
Paris, art. 91; Orléans, art. 355; Bourbonnais, art. 287, tit. 23 ; Berry, tit. 4, art. 6, ch. 26, art. 5 et 6.
Arrêtés de LAMOIGNON, tit. 8, art. 6, 7, 8 et 18.

Article 525. Le propriétaire est censé avoir attaché à son fonds des effets mobiliers à perpétuelle demeure, quand ils y sont scellés en plâtre ou à chaux ou à ciment, ou lorsqu'ils ne peuvent être détachés sans être fracturés et détériorés, ou sans briser ou détériorer la partie du fonds à laquelle ils sont attachés.

Les glaces d'un appartement sont censées mises à perpétuelle demeure lorsque le parquet sur lequel elles sont attachées fait corps avec la boiserie.

Il en est de même des tableaux et autres ornemens.

Quant aux statues, elles sont immeubles lorsqu'elles sont placées dans une niche pratiquée exprès pour les recevoir, encore qu'elles puissent être enlevées sans fracture ou détérioration.

Leg. 17, §. 3 *et* 7, *ff. de actionibus empti et venditi. Leg.* 12, §. 25 ; *leg.* 21, *ff. de instructo vel instrumento legato.*

Paris, art. 90; Melun, art. 283 ; Normandie, art. 515 ; Tours, art. 224 ; Orléans, art. 356 ; Calais, art. 5 ; Châlons, art. 108; Berry, tit. 4 , art. 5 ; Bourbonnais, art. 287 , tit. 23 ; Chaulny, art. 3; Nivernais, chap. 26, art. 10.

Arrêtés de LAMOIGNON , tit. 8 , art. 6.

Article 526. Sont immeubles, par l'objet auquel ils s'appliquent,
L'usufruit des choses immobilières ;
Les servitudes ou services fonciers ;
Les actions qui tendent à revendiquer un immeuble.

Normandie , art. 508 = *Argum. ex leg.* 4 , *ff. de usufructu et quemadmodum.*
BARTOLE, *in leg.* 93 , *ff. de verborum significatione.* = Normandie, art. 504. = Arrêtés de LAMOIGNON , tit. 8, art. 26.

CHAPITRE II.

Des Meubles.

Article 527. LES biens sont meubles par leur nature, ou par la détermination de la loi.

Article 528. Sont meubles par leur nature , les corps qui peuvent se transporter d'un lieu à un autre, soit qu'ils se meuvent par eux - mêmes , comme les animaux , soit qu'ils ne puissent changer de place que par l'effet d'une force étrangère , comme les choses inanimées.

Leg. 93 , *ff de verborum significatione.*

Article 529 Sont meubles par la détermination de la loi les obligations et actions qui ont pour objet des sommes exigibles ou des effets mobiliers , les actions ou intérêts dans les compagnies de finance , de commerce ou d'industrie, encore que des immeubles dépendans de ces entreprises appartiennent aux compagnies. Ces actions ou intérêts sont réputés meubles à l'égard de chaque associé seulement , tant que dure la société.

Sont aussi meubles par la détermination de la loi , les rentes perpétuelles ou viagères , soit sur la République , soit sur des particuliers.

BARTOLE , *in leg.* 93 , *ff de verbor. signif.* Paris , art, 89 ; Berry , tit. 4 , art. 1 ; Normandie , art. 504 ; la Marche, art. 113 ; Nivernais, chap. 26, art. 7. = Arrêtés de LAMOIGNON , tit. 8 art. 1 et 2. = Cambrai, tit. 16, art. 1 et 4.

[Art. 53o décrété le 3o Vent. an XII. Promulgué le 10 Germinal suivant.]

Article 53o. Toute rente établie à perpétuité pour le prix de la vente d'un immeuble, ou comme condition de la cession à titre onéreux ou gratuit d'un fonds immobilier, est essentiellement rachetable.

Il est néanmoins permis au créancier de régler les clauses et conditions du rachat.

Il lui est aussi permis de stipuler que la rente ne pourra lui être remboursée qu'après un certain terme, lequel ne peut jamais excéder trente ans : toute stipulation contraire est nulle.

Décret du 29 octobre 1790.

Article 531. Les bateaux, bacs, navires, moulins et bains sur bateaux, et généralement toutes usines non fixées par des piliers, et ne faisant point partie de la maison, sont meubles : la saisie de quelques-uns de ces objets peut cependant, à cause de leur importance, être soumise à des formes particulières, ainsi qu'il sera expliqué dans le Code de la procédure civile.

Calais, tit. 1, art. 3 ; Normandie, art. 519 ; Orléans, art. 352 ; Bourbonnais, chap. 23, art. 282. = Ordonnance de 1681, liv. 2, tit. 10, art. 1 ; Nivernais, chap. 24, art. 8 ; Montargis, ch. 15, art. 22.

Article 532. Les matériaux provenant de la démolition d'un édifice, ceux assemblés pour en construire un nouveau, sont meubles jusqu'à ce qu'ils soient employés par l'ouvrier dans une construction.

Leg. 17, §. 10 et 11 ; leg. 18, §. 1, ff. de actionib. empti et venditi.

Article 533. Le mot *meuble*, employé seul dans les dispositions de la loi ou de l'homme, sans autre addition ni désignation, ne comprend pas l'argent comptant, les pierreries, les dettes actives, les livres, les médailles, les instrumens des sciences, des arts et métiers, le linge de corps, les chevaux, équipages, armes, grains, vins, foins et autres denrées ; il ne comprend pas aussi ce qui fait l'objet d'un commerce.

Bourjon, droit commun de la France, liv. 1, chap. 4, sect. 1. = *Toto titulo, ff. de suppellectile legata.*

Article 534. Les mots *meubles meublans* ne comprennent que les meubles destinés à l'usage et à l'ornement des appartemens, comme tapisseries, lits, siéges, glaces, pendules, tables, porcelaines et autres objets de cette nature.

Les tableaux et les statues qui font partie du meuble d'un appartement y sont aussi compris, mais non les collections de tableaux qui peuvent être dans les galeries ou pièces particulières.

Il en est de même des porcelaines : celles seulement qui font partie de la décoration d'un appartement, sont comprises sous la dénomination de *meubles meublans.*

BOURJON, droit commun de la France, liv. 1, chap. 4, sect. 2.

Article 535 L'expression *biens meubles*, celle de *mobilier* ou d'*effets mobiliers*, comprennent généralement tout ce qui est censé meuble d'après les règles ci-dessus établies.

La vente ou le don d'une maison meublée ne comprend que les meubles meublans.

BOURJON, droit commun de la France, liv. 1, chap. 4, sect. 3.

Article 536. La vente ou le don d'une maison, avec tout ce qui s'y trouve, ne comprend pas l'argent comptant, ni les dettes actives et autres droits dont les titres peuvent être déposés dans la maison; tous les autres effets mobiliers y sont compris.

Leg. 79, §. 1, *ff. de legatis et fideicommissis* 3°. *Leg.* 92, *ff. eod ; leg.* 86, *ff. de legatis* 2°. *Leg.* 12, §. 45, *ff. de instructo et instrumento legato.*

CHAPITRE III.

Des Biens dans leur rapport avec ceux qui les possèdent.

Article 537. LES particuliers ont la libre disposition des biens qui leur appartiennent, sous les modifications établies par les lois.

Les biens qui n'appartiennent pas à des particuliers, sont administrés et ne peuvent être aliénés que dans les formes et suivant les règles qui leur sont particulières.

Leg. 21, *cod. mandati. Leg.* 1, §. 11, *ff. de aquâ et aquæ pluviæ arcendæ.* (1)

---

(1) Suivant le droit romain, les immeubles qui appartiennent aux villes ne peuvent être aliénés sans décret. = *Leg.* 3, *cod. de præd. decurion. sine decret. non alienand.*

Article 538. Les chemins, routes et rues à la charge de la nation, les fleuves et rivières navigables ou flottables, les rivages, lais et relais de la mer, les ports, les havres, les rades, et généralement toutes les portions du territoire national qui ne sont pas susceptibles d'une propriété privée, sont considérés comme des dépendances du domaine public.

Tot. titul. ff. de divisione rerum ; de fluminibus ; de ripâ muniendâ. = BOUTEILLER, somme rurale, liv. 1, tit. 72 et 73. = Ordonn. de 1669, tit. 41. = LOISEL, instit. cout., tit. 2, art. 5 et 6. = SALVAING, de l'usage des fiefs, liv. 1, chap. 37 et 60. = LEBREF, traité de la souveraineté, liv. 2, chap. 15. = CHOPIN, traité du domaine, tit. 15, n°. 3. = LOISEAU, des seigneuries, ch. 12, n°. 120. = LEGRAND, sur Troyes, art. 179, glos. 4, n°. 10.

Article 539. Tous les biens vacans et sans maître, et ceux des personnes qui décèdent sans héritiers, ou dont les successions sont abandonnées, appartiennent à la nation.

Tot. titul. cod. de bonis vacantibus.

Article 540. Les portes, murs, fossés, remparts des places de guerre et des forteresses, font aussi partie du domaine public.

Leg. 8, §. 2 ; leg. 9, §. 4, ff. de divisione rerum. Leg. 3, ff. ne quid in loco sacro fiat.

Article 541. Il en est de même des terrains, des fortifications et remparts des places qui ne sont plus places de guerre : ils appartiennent à la nation, s'ils n'ont été valablement aliénés, ou si la propriété n'en a pas été prescrite contre elle.

Article 542. Les biens communaux sont ceux à la propriété ou au produit desquels les habitans d'une ou plusieurs communes ont un droit acquis.

Leg. 6, §. 1, ff. de divisione rerum.

Article 543. On peut avoir sur les biens, ou un droit de propriété, ou un simple droit de jouissance, ou seulement des services fonciers à prétendre.

TITRE II.

De la Propriété.

[Décrété le 6 Pluviôse an XII. Promulgué le 16 du même mois.]

Article 544. La propriété est le droit de jouir et disposer des choses de la manière la plus absolue, pourvu qu'on n'en fasse pas un usage prohibé par les lois ou par les réglemens.

Leg. 21 , *cod. mandati. Leg.* 1 , §. 4 *et* 13 , *ff. de aquâ et aquæ pluviæ arcendœ.*

Article 545. Nul ne peut être contraint de céder sa propriété, si ce n'est pour cause d'utilité publique, et moyennant une juste et préalable indemnité.

Esprit des lois , liv. 26 , chap. 15.

Article 546. La propriété d'une chose , soit mobilière, soit immobilière, donne droit sur tout ce qu'elle produit, et sur ce qui s'y unit accessoirement, soit naturellement, soit artificiellement.

Ce droit s'appelle *droit d'accession.*

Leg. 6 , *ff. de adquirendo rerum dominio. Leg.* 5 , §. 2 , *ff. de rei vindicatione.*

CHAPITRE PREMIER.

Du Droit d'accession sur ce qui est produit par la chose.

Article 547. Les fruits naturels ou industriels de la terre ,
Les fruits civils ,
Le croît des animaux , appartiennent au propriétaire par droit d'accession.

Leg. 9 , *ff. de adquirendo rerum dominio. Leg.* 5 , §. 2 *et* 3 , *ff. de rei vindicatione. Leg.* 6 , *ff. de adquirendo rerum dominio.*

Article 548. Les fruits produits par la chose n'appartiennent au propriétaire qu'à la charge de rembourser les frais des labours, travaux et semences faits par des tiers.

Leg. 36, §. 5, ff. de hæreditatis petitione.

Article 549. Le simple possesseur ne fait les fruits siens que dans les cas où il possède de bonne foi : dans le cas contraire, il est tenu de rendre les produits avec la chose au propriétaire qui la revendique.

Leg. 48, in pr. ff. de adquirend. rer. dominio. Leg. 12, cod. de rei vindicatione. = *Leg. 25, §. 2, ff. de usuris et fructibus.*

Article 550. Le possesseur est de bonne foi quand il possède comme proprié-taire, en vertu d'un titre translatif de propriété dont il ignore les vices.

Il cesse d'être de bonne foi du moment où ces vices lui sont connus.

Leg. 109, ff. de verborum significatione. (1)

CHAPITRE II.

Du Droit d'accession sur ce qui s'unit et s'incorpore à la chose.

Article 551. Tout ce qui s'unit et s'incorpore à la chose appartient au proprié-taire, suivant les règles qui seront ci-après établies.

SECTION PREMIERE.

Du Droit d'accession relativement aux Choses immobilières.

Article 552. La propriété du sol emporte la propriété du dessus et du dessous.

Le propriétaire peut faire au-dessus toutes les plantations et constructions qu'il juge à propos, sauf les exceptions établies au titre *des Servitudes ou Services fonciers.*

Il peut faire au-dessous toutes les constructions et fouilles qu'il jugera à propos,

---

(1) Dans la jurisprudence française, le possesseur était présumé de bonne foi jusqu'à l'interpel-lation, et il ne pouvait être obligé de restituer les fruits que depuis cette époque. *Vid. Leg. 25,* §. 2, *ff. de hæreditat. petit.* = *Leg. 22, cod. de rei vindicat.* = Ordonnance de 1629, art. 94. = FURGOLE, sur l'art. 41 de l'ordonnance de 1731. = ARGOU, liv. 4, chap. 17.

et tirer de ces fouilles tous les produits qu'elles peuvent fournir, sauf les modifications résultant des lois et réglemens relatifs aux mines, et des lois et réglemens de police.

Leg. 24, *ff. de servitutibus. Leg.* 8 *et* 9, *cod. de servitutibus et aquâ. Leg.* 21, §. 4, *ff quod vi aut clam.* = Normandie, art. 608, Paris, art. 187 et 191 ; Laon, art. 269 et 146 ; Châlons, art. 142 et 143 ; Rheims, art. 306 et 307. = Arrêtés de LAMOIGNON, tit. 20, art. 13. (1)

Article 553. Toutes constructions, plantations et ouvrages sur un terrain ou dans l'intérieur, sont présumés faits par le propriétaire à ses frais et lui appartenir, si le contraire n'est prouvé; sans préjudice de la propriété qu'un tiers pourrait avoir acquise ou pourrait acquérir par prescription, soit d'un souterrain sous le bâtiment d'autrui, soit de toute autre partie du bâtiment.

Argum. ex leg. 7, §. 10, *ff. de adquirendo rerum dominio.*

Article 554. Le propriétaire du sol qui a fait des constructions, plantations et ouvrages avec des matériaux qui ne lui appartenaient pas, doit en payer la valeur ; il peut aussi être condamné à des dommages et intérêts, s'il y a lieu : mais le propriétaire des matériaux n'a pas le droit de les enlever.

Leg. 23, §. 7, *ff. de rei vindicatione. Leg.* 1 *et* 2, *ff. de tigno juncto.*

Article 555. Lorsque les plantations, constructions et ouvrages ont été faits par un tiers et avec ses matériaux, le propriétaire du fonds a droit ou de les retenir, ou d'obliger ce tiers à les enlever.

Si le propriétaire du fonds demande la suppression des plantations et constructions, elle est aux frais de celui qui les a faites, sans aucune indemnité pour lui ; il peut même être condamné à des dommages et intérêts, s'il y a lieu, pour le préjudice que peut avoir éprouvé le propriétaire du fonds.

Si le propriétaire préfère conserver ces plantations et constructions, il doit le remboursement de la valeur des matériaux et du prix de la main-d'œuvre, sans égard à la

---

(1) Pour les réglemens relatifs aux mines, *vid. Leg.* 3, *cod. de metallor. et metall. et procur. metall. ;* Lettres-patentes données par Charles VI, le 15 mai 1413 ; Edits de Charles VIII, des mois de février et novembre 1483 ; Lettres-patentes de François Ier., des 29 décembre 1519 et 18 octobre 1521 ; Lettres-patentes de François II, du 29 juillet 1560 ; Déclaration de Charles IX, du 26 mai 1563 ; Edits d'Henri IV, du mois de juin 1601, et de Louis XIII, du mois de février 1626 ; Ordonnance des aides, de 1688 ; Loi du 27 mai 1791.

plus ou moins grande augmentation de valeur que le fonds a pu recevoir Néanmoins, si les plantations, constructions et ouvrages ont été faits par un tiers évincé, qui n'aurait pas été condamné à la restitution des fruits, attendu sa bonne foi, le propriétaire ne pourra demander la suppression desdits ouvrages, plantations et constructions; mais il aura le choix, ou de rembourser la valeur des matériaux et du prix de la main-d'œuvre, ou de rembourser une somme égale à celle dont le fonds a augmenté de valeur.

Leg. 37 et 38, ff. de rei vindicatione. Leg. 7, §. 10, 11 et 12, ff. de adquirend. rerum dominio.

Article 556. Les attérissemens et accroissemens qui se forment successivement et imperceptiblement aux fonds riverains d'un fleuve ou d'une rivière, s'appellent *alluvion.*

L'alluvion profite au propriétaire riverain, soit qu'il s'agisse d'un fleuve ou d'une rivière navigable, flottable ou non; à la charge, dans le premier cas, de laisser le marchepied ou chemin de halage, conformément aux réglemens.

Leg. 7, §. 1, ff. de adquirend. rer. dominio.

Article 557. Il en est de même des relais que forme l'eau courante qui se retire insensiblement de l'une de ses rives en se portant sur l'autre : le propriétaire de la rive découverte profite de l'alluvion, sans que le riverain du côté opposé y puisse venir réclamer le terrain qu'il a perdu.

Ce droit n'a pas lieu à l'égard des relais de la mer.

Leg. 7, §. 1, ff. de adquirend. rer. dominio. = Ordonnance de 1681, liv. 4, tit. 7. = LEBRET, de la Souveraineté, liv. 2, chap. 14.

Article 558. L'alluvion n'a pas lieu à l'égard des lacs et étangs, dont le propriétaire conserve toujours le terrain que l'eau couvre quand elle est à la hauteur de la décharge de l'étang, encore que le volume d'eau vienne à diminuer.

Réciproquement le propriétaire de l'étang n'acquiert aucun droit sur les terres riveraines que son eau vient à couvrir dans des crues extraordinaires.

Leg. 7, §. 6, et leg. 12, in pr., ff. de adquirend. rerum dominio.

Article 559. Si un fleuve ou une rivière, navigable ou non, enlève par une force subite une partie considérable et reconnaissable d'un champ riverain, et la porte vers un champ inférieur ou sur la rive opposée, le propriétaire de la partie enlevée peut réclamer sa propriété ; mais il est tenu de former sa demande dans l'année : après ce délai, il n'y sera plus recevable, à moins que le propriétaire du champ auquel la partie enlevée a été unie, n'eût pas encore pris possession de celle-ci.

Leg. 7', §. 2, ff. de adquirend. rer. dominio.

Article 560. Les îles, îlots, attérissemens qui se forment dans le lit des fleuves ou des rivières navigables ou flottables, appartiennent à la nation, s'il n'y a titre ou prescription contraire.

Contr. leg. 7, §. 3; leg. 29, 56 et 65, §. 2 et 3, ff. de adquirend. rer. dominio. = Loisel, instit. coutum., liv. 2, tit. 2, art. 12. = Bacquet, des Droits de justice, chap. 20. Salvaing, Traité des Fiefs, chap. 60.

Article 561. Les îles et attérissemens qui se forment dans les rivières non navigables et non flottables, appartiennent aux propriétaires riverains du côté où l'île s'est formée : si l'île n'est pas formée d'un seul côté, elle appartient aux propriétaires riverains des deux côtés, à partir de la ligne qu'on suppose tracée au milieu de la rivière.

Leg. 7, §. 3 ; leg. 29, 56 et 65, §. 2 et 3, ff. de adquirend. rer. dominio.

Article 562. Si une rivière ou un fleuve, en se formant un bras nouveau, coupe et embrasse le champ d'un propriétaire riverain, et en fait une île, ce propriétaire conserve la propriété de son champ, encore que l'île se soit formée dans un fleuve ou dans une rivière navigable ou flottable.

Leg. 7, §. 4, ff. de adquirend. rer. dominio.

Article 563. Si un fleuve ou une rivière navigable, flottable ou non, se forme un nouveau cours en abandonnant son ancien lit, les propriétaires des fonds nouvellement occupés prennent, à titre d'indemnité, l'ancien lit abandonné, chacun dans la proportion du terrain qui lui a été enlevé.

Contr. leg. 7, §. 5, ff. de adquirend. rer. dominio. = Henris, tom. 2, liv. 3, quest. 30.

Article 564. Les pigeons, lapins, poissons, qui passent dans un autre colombier, garenne ou étang , appartiennent au propriétaire desdits objets , pourvu qu'ils n'y aient point été attirés par fraude et artifice.

Leg. 3 , §. 2 ; *leg.* 5 , §. 5 , *ff. de adquirend. rer. dominio.*

SECTION II.

Du Droit d'accession relativement aux Choses mobilières.

Article 565. Le droit d'accession , quand il a pour objet deux choses mobilières appartenant à deux maîtres différens , est entièrement subordonné aux principes de l'équité naturelle.

Les règles suivantes serviront d'exemple au juge pour se déterminer , dans les cas non prévus , suivant les circonstances particulières.

Article 566. Lorsque deux choses appartenant à différens maîtres , qui ont été unies de manière à former un tout , sont néanmoins séparables , en sorte que l'une puisse subsister sans l'autre , le tout appartient au maître de la chose qui forme la partie principale , à la charge de payer à l'autre la valeur de la chose qui a été unie.

Leg. 26 , §. 1 , *ff. de adquirend. rer. dominio.*

Article 567. Est réputée partie principale celle à laquelle l'autre n'a été unie que pour l'usage , l'ornement ou le complément de la première.

Leg. 26 , §. 1 , *ff. de adquirend. rer. dominio.*

Article 568. Néanmoins , quand la chose unie est beaucoup plus précieuse que la chose principale , et quand elle a été employée à l'insu du propriétaire , celui - ci peut demander que la chose unie soit séparée pour lui être rendue, même quand il pourrait en résulter quelque dégradation de la chose à laquelle elle a été jointe.

Instilut., *liv.* 2 , *de rerum divisione* , §. 25. *Leg.* 9 , §. 2 , *ff. de adquirend. rer. dominio.*

Article 569. Si de deux choses unies pour former un seul tout , l'une ne peut point être regardée comme l'accessoire de l'autre, celle-là est réputée principale qui est la plus considérable en valeur , ou en volume , si les valeurs sont à peu près égales.

Leg. 27 , §. 2 , *ff de adquirend. rer. dominio.*

Article 570. Si un artisan ou une personne quelconque a employé une matière qui ne lui appartenait pas, à former une chose d'une nouvelle espèce, soit que la matière puisse ou non reprendre sa première forme, celui qui en était le propriétaire a le droit de réclamer la chose qui en a été formée, en remboursant le prix de la main-d'œuvre.

Leg. 7, §. 7 ; *leg.* 26 , *in pr.*, *et* §. 3 , *ff. de adquirend. rer. dominio.*

Article 571. Si cependant la main-d'œuvre était tellement importante, qu'elle surpassât de beaucoup la valeur de la matière employée, l'industrie serait alors réputée la partie principale, et l'ouvrier aurait le droit de retenir la chose travaillée, en remboursant le prix de la matière au propriétaire.

Leg. 9, §. 1 et 2 , *ff. de adquirend. rer. dominio.*

Article 572. Lorsqu'une personne a employé en partie la matière qui lui appartenait, et en partie celle qui ne lui appartenait pas, à former une chose d'une espèce nouvelle, sans que ni l'une ni l'autre des deux matières soit entièrement détruite, mais de manière qu'elles ne puissent pas se séparer sans inconvénient, la chose est commune aux deux propriétaires, en raison, quant à l'un, de la matière qui lui appartenait ; quant à l'autre, en raison à la fois et de la matière qui lui appartenait, et du prix de sa main-d'œuvre.

Leg. 7, §. 8 et 9 ; *leg.* 12, §. 1 , *ff. de adquirend. rer. dominio.*

Article 573. Lorsqu'une chose a été formée par le mélange de plusieurs matières appartenant à différens propriétaires, mais dont aucune ne peut être regardée comme la matière principale ; si les matières peuvent être séparées, celui à l'insu duquel les matières ont été mélangées, peut en demander la division.

Si les matières ne peuvent plus être séparées sans inconvénient, ils en acquièrent en commun la propriété dans la proportion de la quantité, de la qualité et de la valeur des matières appartenant à chacun d'eux.

Leg. 12, §. 1 , *ff. de adquirend. rer. dominio. Leg* 5 , *ff. de rei vindicatione.*

Article 574. Si la matière appartenant à l'un des propriétaires était de beaucoup supérieure à l'autre par la quantité et le prix, en ce cas le propriétaire de la matière

supérieure en valeur pourrait réclamer la chose provenue du mélange, en remboursant à l'autre la valeur de sa matière.

Argum. ex leg. 27 , §. 2 , *ff. de adquirend. rer. dominio.*

Article 575. Lorsque la chose reste en commun entre les propriétaires des matières dont elle a été formée, elle doit être licitée au profit commun.

Leg. 5 , ff. de rei vindicatione.

Article 576. Dans tous les cas où le propriétaire dont la matière a été employée,
à son insu, à former une chose d'une autre espèce, peut réclamer la propriété de cette
chose, il a le choix de demander la restitution de sa matière en même nature, quantité,
poids, mesure et bonté, ou sa valeur.

Article 577. Ceux qui auront employé des matières appartenant à d'autres, et à
leur insu, pourront aussi être condamnés à des dommages et intérêts, s'il y a lieu, sans
préjudice des poursuites par voie extraordinaire, si le cas y échet.

~~~~~~

TITRE III.

De l'Usufruit, de l'Usage et de l'Habitation.

[Décrété le 9 Pluviôse an XII. Promulgué le 19 du même mois.]

CHAPITRE PREMIER.

De l'Usufruit.

Article 578. L'USUFRUIT est le droit de jouir des choses dont un autre a la propriété, comme le propriétaire lui-même, mais à la charge d'en conserver la substance.

Leg. 1 *et* 2 , *ff. de usufructu et quemadmodum quis utatur.* = *Institut. lib.* 2 , *tit.* 4 , *in pr.* =
Leg. 25 , *ff. de verborum significatione. Leg.* 4 , *ff. de usufructu et quemadmodum.*

Article 579. L'usufruit est établi par la loi, ou par la volonté de l'homme.

Leg. 3, *in pr. et leg.* 6, §. 1, *ff. de usufructu et quemadmodum quis utatur.* = PAUL, *sentent.*, *lib.* 3, *tit.* 6, §. 17.

Article 580. L'usufruit peut être établi, ou purèment, ou à certain jour, ou à condition.

Leg. 4, *ff. de usufructu et quemadmodum quis utatur.*

Article 581. Il peut être établi sur toute espèce de biens meubles ou immeubles.

Leg. 3, §. 1, *et leg.* 7, *ff. de usufructu et quemadmod. quis utatur.*

SECTION PREMIÈRE.

Des Droits de l'Usufruitier.

Article 582. L'usufruitier a le droit de jouir de toute espèce de fruits, soit naturels, soit industriels, soit civils, que peut produire l'objet dont il a l'usufruit.

Leg. 1, *leg.* 7, *in pr.*, §. 1 ; *leg.* 9 et 15, §. 6 ; *leg.* 59, §. 1, *et leg.* 68, §. 1, *ff. de usufructu et quemadm. quis ut.* = *Institut.*, *lib.* 2, *tit.* 1, §. 57.

Article 583. Les fruits naturels sont ceux qui sont le produit spontané de la terre. Le produit et le croît des animaux sont aussi des fruits naturels.

Les fruits industriels d'un fonds sont ceux qu'on obtient par la culture.

Article 584. Les fruits civils sont les loyers des maisons, les intérêts des sommes exigibles, les arrérages des rentes.

Les prix des baux à ferme sont aussi rangés dans la classe des fruits civils.

Article 585. Les fruits naturels et industriels, pendans par branches ou par racines au moment où l'usufruit est ouvert, appartiennent à l'usufruitier.

Ceux qui sont dans le même état au moment où finit l'usufruit, appartiennent au propriétaire, sans récompense de part ni d'autre des labours et des semences, mais aussi sans préjudice de la portion des fruits qui pourrait être acquise au colon partiaire, s'il en existait un au commencement ou à la cessation de l'usufruit.

Leg. 27, *in pr.* ; *leg.* 48, §. 1 ; *leg.* 58, *in pr.* ; *leg.* 59, §. 1, *ff. de usufructu et quemadmodum quis ut. Leg.* 13, *ff. quibus ususfructus et usus amittitur. Leg.* 32, §. 7 ; *leg.* 42, *ff. de usu et usufructu et reditu legato.*

Article 586. Les fruits civils sont réputés s'acquérir jour par jour, et appartiennent à l'usufruitier, à proportion de la durée de son usufruit. Cette règle s'applique au prix des baux à ferme, comme aux loyers des maisons et aux autres fruits civils.

Article 587. Si l'usufruit comprend des choses dont on ne peut faire usage sans les consommer, comme l'argent, les grains, les liqueurs, l'usufruitier a le droit de s'en servir, mais à la charge d'en rendre de pareille quantité, qualité et valeur, ou leur estimation, à la fin de l'usufruit.

Leg. 7, *ff. de usufructu earum rerum quæ usu consummuntur.*

Article 588. L'usufruit d'une rente viagère donne aussi à l'usufruitier, pendant la durée de son usufruit, le droit d'en percevoir les arrérages, sans être tenu à aucune restitution.

Article 589. Si l'usufruit comprend des choses qui, sans se sonsommer de suite, se détériorent peu à peu par l'usage, comme du linge, des meubles meublans, l'usufruitier a le droit de s'en servir pour l'usage auquel elles sont destinées, et n'est obligé de les rendre, à la fin de l'usufruit, que dans l'état où elles se trouvent, non détériorées par son dol ou par sa faute.

Leg. 15, §. 1, 2, 3 et 4, *ff. de usufruct. et quemadmodum quis utatur. Leg.* 9, §. 3, *ff. usufruct. quemadmodum caveat.*

Article 590 Si l'usufruit comprend des bois taillis, l'usufruitier est tenu d'observer l'ordre et la quotité des coupes, conformément à l'aménagement ou à l'usage constant des propriétaires; sans indemnité toutefois en faveur de l'usufruitier ou de ses héritiers, pour les coupes ordinaires, soit de taillis, soit de baliveaux, soit de futaie, qu'il n'aurait pas faites pendant sa jouissance.

Les arbres qu'on peut tirer d'une pépinière sans la dégrader, ne font aussi partie de l'usufruit qu'à la charge par l'usufruitier de se conformer aux usages des lieux pour le remplacement.

Leg. 9, §. 6 et 7, *ff. de usufruct. et quemadm. quis utat. Leg.* 40, §. 4, *ff. de contrahenda emptione.* = Coutume de Normandie, art. 516 et 517.

Article 591. L'usufruitier profite encore, toujours en se conformant aux époques

15

et à l'usage des anciens propriétaires, des parties de bois de haute futaie qui ont été mises en coupes réglées, soit que ces coupes se fassent périodiquement sur une certaine étendue de terrain, soit qu'elles se fassent d'une certaine quantité d'arbres pris indistinctement sur toute la surface du domaine.

Leg. 9 , §. 6 et 7 , ff. de usufruct. et quemadm. quis utatur.

Article 592. Dans tous les autres cas, l'usufruitier ne peut toucher aux arbres de haute futaie : il peut seulement employer, pour faire les réparations dont il est tenu, les arbres arrachés ou brisés par accident; il peut même, pour cet objet, en faire abattre s'il est nécessaire, mais à la charge d'en faire constater la nécessité avec le propriétaire.

Leg. 11, et leg. 12 , in pr. , ff. de usufruct. et quemadm. quis utatur.

Article 593. Il peut prendre, dans les bois, des échalas pour les vignes; il peut aussi prendre, sur les arbres, des produits annuels ou périodiques ; le tout suivant l'usage du pays ou la coutume des propriétaires.

Leg. 10 , ff. de usufruct. et quemadm. quis utatur.

Article 594. Les arbres fruitiers qui meurent, ceux même qui sont arrachés ou brisés par accident, appartiennent à l'usufruitier, à la charge de les remplacer par d'autres.

Leg. 12 , in vr. , de usufruct. quemadm. quis utatur.

Article 595. L'usufruitier peut jouir par lui-même, donner à ferme à un autre, ou même vendre ou céder son droit à titre gratuit. S'il donne à ferme, il doit se conformer, pour les époques où les baux doivent être renouvelés, et pour leur durée, aux règles établies pour le mari à l'égard des biens de la femme, au titre *du Contrat de Mariage et des Droits respectifs des Epoux.*

Leg. 12 , §. 2 ; leg. 67 , ff. de usufruct. et quemadm. quis utatur. Leg. 9 , §. 1 , ff. locati conducti. Leg. 25 , §. 4 , ff. soluto matrimonio.

Article 596. L'usufruitier jouit de l'augmentation survenue par alluvion à l'objet dont il a l'usufruit.

Leg. 9 , §. 4 , ff. de usufruct. et quemadm. quis utatur.

Article 597. Il jouit des droits de servitude, de passage, et généralement de tous les droits dont le propriétaire peut jouir, et il en jouit comme le propriétaire lui-même.

Cet article est une conséquence du principe que les servitudes suivent toujours le fonds en faveur duquel elles sont établies. *Vid. Leg.* 12, *ff. communia prædiorum. Leg.* 20, §. 1, *ff. si servitus vindicetur. Leg.* 25, *ff. de servitutibus prædiorum rusticorum. Leg. ff.* 2, *ff. si ususfructus petatur.*

Article 598. Il jouit aussi, de la même manière que le propriétaire, des mines et carrières qui sont en exploitation à l'ouverture de l'usufruit; et néanmoins, s'il s'agit d'une exploitation qui ne puisse être faite sans une concession, l'usufruitier ne pourra en jouir qu'après en avoir obtenu la permission du Gouvernement.

Il n'a aucun droit aux mines et carrières non encore ouvertes, ni aux tourbières dont l'exploitation n'est point encore commencée, ni au trésor qui pourrait être découvert pendant la durée de l'usufruit.

Leg. 9, §. 2 et 5; *leg.* 13, §. 5 et 6, *ff. de usufruct. et quemadm. quis utatur.*

Article 599. Le propriétaire ne peut, par son fait, ni de quelque manière que ce soit, nuire aux droits de l'usufruitier.

De son côté, l'usufruitier ne peut, à la cessation de l'usufruit, réclamer aucune indemnité pour les améliorations qu'il prétendrait avoir faites, encore que la valeur de la chose en fût augmentée.

Il peut cependant, ou ses héritiers, enlever les glaces, tableaux et autres ornemens qu'il aurait fait placer, mais à la charge de rétablir les lieux dans leur premier état.

Leg. 15, §. 6 et 7; *leg.* 16, *ff. de usufruct. et quemadmod. quis utat. Leg.* 12, *ff. de usu et usufructu et reditu legato.*

SECTION II.

Des Obligations de l'usufruitier.

Article 600. L'usufruitier prend les choses dans l'état où elles sont; mais il ne peut entrer en jouissance qu'après avoir fait dresser, en présence du propriétaire, ou lui dûment appelé, un inventaire des meubles et un état des immeubles sujets à l'usufruit.

Leg. 65, §. 1, *ff. de usufructu et quemadmodum. Leg.* 12, *ff. de usu et usufructu et reditu legato. Leg.* 1, *in pr. et* §. 4, *ff. usufructuarius quemadmod. caveat.* Leg. 13, *in pr. de usu et fruct. quemadmodum.* Leg. 4, §. 1, *cod. de usufructu et habitatione.*

Article 601. Il donne caution de jouir en bon père de famille, s'il n'en est dispensé par l'acte constitutif de l'usufruit : cependant, les père et mère ayant l'usufruit légal du bien de leurs enfans, le vendeur ou le donateur sous réserve d'usufruit, ne sont pas tenus de donner caution.

Leg. 2, *leg.* 7; *leg.* 9, §. 1, *ff. usufructuarius quemad. caveat.* Leg. 1, *cod. de usufruct. et habitatione.* Leg. 7, *cod. ut in possessionem legatorum vel fideicomm.* Leg. 50, *ff. ad senatusconsult. Trebellianum.* Leg. 8, §. 4, *in fin. cod. de bonis quæ liberis.*

Article 602. Si l'usufruitier ne trouve pas de caution, les immeubles sont donnés à ferme ou mis en séquestre ;

Les sommes comprises dans l'usufruit sont placées ;

Les denrées sont vendues, et le prix en provenant est pareillement placé ;

Les intérêts de ces sommes et les prix des fermes appartiennent, dans ce cas, à l'usufruitier.

Leg. 5, §. 1, *ff. ut legatorum seu fideicommissorum servand.* = Sens, art. 112 ; grand Perche, art. 94.

Mornac, *ad leg.* 1, *cod. de usufructu et habitat.* Legrand, sur Troyes, art. 85, n°. 10; Auroux, sur Bourbonnais, art. 230, n°. 7 ; Carondas, sur Paris, art. 285.

Article 603. A défaut d'une caution de la part de l'usufruitier, le propriétaire peut exiger que les meubles qui dépérissent par l'usage soient vendus, pour le prix en être placé comme celui des denrées ; et alors l'usufruitier jouit de l'intérêt pendant son usufruit : cependant l'usufruitier pourra demander et les juges pourront ordonner, suivant les circonstances, qu'une partie des meubles nécessaires pour son usage lui soit délaissée, sous sa simple caution juratoire, et à la charge de les représenter à l'extinction de l'usufruit.

Leg. 5, §. 1, *ff. ut legatorum seu fideicommissorum servand.* = Sens, art. 112; grand Perche, art. 94.

Article 604. Le retard de donner caution ne prive pas l'usufruitier des fruits auxquels il peut avoir droit ; ils lui sont dus du moment où l'usufruit a été ouvert.

Argum. ex leg. 13, *ff. de usufruct. et quemadmod.* Leg. 4, §. 8, *ff. de damno infecto.*

Article 605. L'usufruitier n'est tenu qu'aux réparations d'entretien.

Les grosses réparations demeurent à la charge du propriétaire, à moins qu'elles n'aient été occasionnées par le défaut de réparations d'entretien, depuis l'ouverture de l'usufruit, auquel cas l'usufruitier en est aussi tenu.

Leg. 7 , §. 2 , *ff. de usufruct. et quemadm. Leg.* 7 , *cod. de servitutibus et aquâ. Leg.* 10 , *ff. de damno infecto. Leg.* 32 , §. 5 , *ff. de usu et usufruct. legato.*

Article 606. Les grosses réparations sont celles des gros murs et des voûtes, le rétablissement des poutres et des couvertures entières ;

Celui des digues et des murs de soutenement et de clôture aussi en entier.

Toutes les autres réparations sont d'entretien.

Paris, art. 262 ; Amiens, art. 120 ; Artois, art. 179.

Article 607. Ni le propriétaire, ni l'usufruitier, ne sont tenus de rebâtir ce qui est tombé de vétusté, ou ce qui a été détruit par cas fortuit.

Leg. 6 , §. 1 ; *leg.* 8, 65 , §. 1 ; *leg.* 46 , §. 1 ; *leg.* 47 , 49 , §. 1 , *ff. de usufructu et quemad. Leg.* 20 , *ff. de damnato infecto.*

Article 608. L'usufruitier est tenu, pendant sa jouissance, de toutes les charges annuelles de l'héritage, telles que les contributions et autres qui dans l'usage sont censées charges des fruits.

Leg. 7 , §. 2 ; *leg.* 27 , §. 4 ; *leg.* 52 , *ff. de usufruct. et quemadmodum. Leg.* 28 , *ff. de usu et usufructu. legato.*

Article 609. A l'égard des charges qui peuvent être imposées sur la propriété pendant la durée de l'usufruit, l'usufruitier et le propriétaire y contribuent ainsi qu'il suit :

Le propriétaire est obligé de les payer, et l'usufruitier doit lui tenir compte des intérêts.

Si elles sont avancées par l'usufruitier, il a la répétition du capital à la fin de l'usufruit.

Article 610. Le legs fait par un testateur, d'une rente viagère ou pension alimentaire, doit être acquitté par le légataire universel de l'usufruit dans son intégrité, et par le légataire à titre universel de l'usufruit dans la proportion de sa jouissance, sans aucune répétition de leur part.

Argum. ex leg. 8 , §. 4, *cod. de bonis quæ liberis.*

Article 611. L'usufruitier à titre particulier n'est pas tenu des dettes auxquelles le fonds est hypothéqué : s'il est forcé de les payer , il a son recours contre le propriétaire , sauf ce qui est dit à l'article 1020 , au titre *des Donations entre-vifs et des Testamens.*

Argum. ex leg. 43, *ff. de usu et usufructu et reditu legato.*

Article 612. L'usufruitier, ou universel , ou à titre universel, doit contribuer avec le propriétaire au paiement des dettes , ainsi qu'il suit :

On estime la valeur du fonds sujet à usufruit ; on fixe ensuite la contribution aux dettes à raison de cette valeur.

Si l'usufruitier veut avancer la somme pour laquelle le fonds doit contribuer , le capital lui en est restitué à la fin de l'usufruit, sans aucun intérêt.

Si l'usufruitier ne veut pas faire cette avance , le propriétaire a le choix , ou de payer cette somme , et dans ce cas l'usufruitier lui tient compte des intérêts pendant la durée de l'usufruit , ou de faire vendre jusqu'à due concurrence une portion de biens soumis à l'usufruit.

Article 613. L'usufruitier n'est tenu que des frais des procès qui concernent la jouissance , et des autres condamnations auxquelles ces procès pourraient donner lieu.

Article 614. Si , pendant la durée de l'usufruit, un tiers commet quelque usurpation sur le fonds , ou attente autrement aux droits du propriétaire , l'usufruitier est tenu de le dénoncer à celui-ci : faute de ce , il est responsable de tout le dommage qui peut en résulter pour le propriétaire , comme il le serait de dégradations commises par lui-même.

Leg. 15, §. 7, *ff. de usufruct. et quemadmod. Leg.* 1, §. 7 ; *leg.* 2, *ff. usufructuarius quemad. caveat.*

Article 615. Si l'usufruit n'est établi que sur un animal qui vient à périr sans la faute de l'usufruitier, celui-ci n'est pas tenu d'en rendre un autre, ni d'en payer l'estimation.

Leg. 70, §. 3, ff. de usufructu et quemadmodum.

Article 616. Si le troupeau sur lequel un usufruit a été établi, périt entièrement par accident ou par maladie, et sans la faute de l'usufruitier, celui-ci n'est tenu envers le propriétaire que de lui rendre compte des cuirs ou de leur valeur.

Si le troupeau ne périt pas entièrement, l'usufruitier est tenu de remplacer, jusqu'à concurrence du croît, les têtes des animaux qui ont péri.

Leg. 68, §. 2; leg. 69, 70, §. 1, 2, 3, 4 et 5, ff. de usufruct. et quemadmodum. = Instítut. de rerum divisione, §. 38.

SECTION III.

Comment l'Usufruit prend fin.

Article 617. L'usufruit s'éteint,

Par la mort naturelle et par la mort civile de l'usufruitier;

Par l'expiration du temps pour lequel il a été accordé;

Par la consolidation ou la réunion sur la même tête, des deux qualités d'usufruitier et de propriétaire;

Par le non-usage du droit pendant trente ans;

Par la perte totale de la chose sur laquelle l'usufruit est établi.

Leg. 1 et 3, §. 3; leg. 23, ff. quibus modis ususfructus vel usus amittitur. Leg. 24, §. 1, ff de legatis 1°. = Institut. de usufructu, §. 3. = Leg. 3, 12, 14 et 16, cod. de usufructu et habitatione. Leg. 8, ff. de annuis legatis Leg. 10, ff. de capite minutis. Leg. 5, ff. de usu et usufructu et reditu legato.

Leg. 17 et 27, ff. quibus modis ususfructus vel usus amittitur.

Paul. sentent. lib. 3, tit. 6, §. 33, leg. 10, ff. de vi et viarmatá.

Leg. 15, cod. de servitutibus et aquâ. Leg. 3, ff. si ususfructus petatur. Leg. 3, cod. de præscriptione 30, vel 40 annorum. Leg. 2, 34, §. 2; leg. 56, ff. de usufructu et quemadmodum. Leg. 5, §. 2; leg. 10, §. 1 et 7, ff. quibus modis ususfructus vel usus amittitur.

Article 618. L'usufruit peut aussi cesser par l'abus que l'usufruitier fait de sa jouissance, soit en commettant des dégradations sur le fonds, soit en le laissant dépérir faute d'entretien.

Les créanciers de l'usufruitier peuvent intervenir dans les contestations, pour la

conservation de leurs droits ; ils peuvent offrir la réparation des dégradations commises, et des garanties pour l'avenir.

Les juges peuvent, suivant la gravité des circonstances, ou prononcer l'extinction
absolue de l'usufruit, ou n'ordonner la rentrée du propriétaire dans la jouissance
de l'objet qui en est grevé, que sous la charge de payer annuellement à l'usufruitier, ou à ses ayant-cause, une somme déterminée, jusqu'à l'instant où l'usufruit
aurait dû cesser.

Institut. de usufructu, §. 3. Leg. 58, ff. de rei vindicatione.

Article 619. L'usufruit qui n'est pas accordé à des particuliers, ne dure que
trente ans.

*L'usufruit légué aux communes durait cent ans dans le droit romain. Vid. leg. 56 , ff. de
usufructu et quemadmodum. Leg. 8 , de usu et usufructu et reditu legato. Leg. 19, cod. de sacrosanctis ecclesiis. Leg. 68, ff. ad legem Falcidiam.*

Article 620. L'usufruit accordé jusqu'à ce qu'un tiers ait atteint un âge fixe,
dure jusqu'à cette époque, encore que le tiers soit mort avant l'âge fixé.

Leg. 12, cod. de usufructu et habitatione.

Article 621. La vente de la chose sujette à usufruit ne fait aucun changement
dans le droit de l'usufruitier ; il continue de jouir de son usufruit s'il n'y a pas formellement renoncé.

*Leg. 19, ff. quibus modis ususfructus vel usus amittitur. Leg. 17 , §. 2 , ff. de usufructu et que-
madmodum. Argum. ex leg. 34, ff. de regulis juris.*

Article 622. Les créanciers de l'usufruitier peuvent faire annuller la renonciation
qu'il aurait faite à leur préjudice.

Leg. 1 et 3 , §. 1 , ff. quæ in fraudem creditorum.

Article 623. Si une partie seulement de la chose soumise à l'usufruit est détruite,
l'usufruit se conserve sur ce qui reste.

Leg. 34 , ff. 2 ; leg. 53 , ff. de usufructu et quemadmodum.

Article 624. Si l'usufruit n'est établi que sur un bâtiment, et que ce bâtiment soit détruit par un incendie ou autre accident, ou qu'il s'écroule de vétusté, l'usufruitier n'aura le droit de jouir ni du sol ni des matériaux.

Si l'usufruit était établi sur un domaine dont le bâtiment faisait partie, l'usufruitier jouirait du sol et des matériaux.

Leg. 5 , §. 2 ; *leg.* 9 , 10 , *ff. quibus modis ususfructus vel usus amittitur.* = *Institut., de usufr*, §. 3 , *in fin.*

CHAPITRE II.

De l'Usage et de l'Habitation.

Article 625. Les droits d'usage et d'habitation s'établissent et se perdent de la même manière que l'usufruit.

Leg. 1 , *ff. de usu et habitatione.* Leg. 3 , §. 3 , *ff. de usufructu et quemadmodum.* Leg. 10 , *ff. de capite minutis.* Leg. 11 , *ff. de alimentis vel cibariis legatis.* Leg. 3 , *ff. de his quæ pro non scriptis habentur.*

Article 626. On ne peut en jouir, comme dans le cas de l'usufruit, sans donner préalablement caution, et sans faire des états et inventaires.

Leg. 13 , *in pr.; leg.* 65 , §. 1 , *ff. de usufructu et quemadmodum.* Leg. 12 , *ff. de usufructu et reditu legato.* Leg. 1 , *in pr.*, §. 1 et 4 , *ff. ususfructuarius quemadmodum caveat.* Leg. 4 , *cod. de usufructu et habitatione.*

Article 627. L'usager, et celui qui a un droit d'habitation, doivent jouir en bons pères de famille.

Argum. ex leg. 65 , *ff. de usufructu et quemadmodum.*

Article 628. Les droits d'usage et d'habitation se règlent par le titre qui les a établis, et reçoivent, d'après ses dispositions, plus ou moins d'étendue.

Article 629. Si le titre ne s'explique pas sur l'étendue de ces droits, ils sont réglés ainsi qu'il suit.

Article 630. Celui qui a l'usage des fruits d'un fonds, ne peut en exiger qu'autant qu'il lui en faut pour ses besoins et ceux de sa famille.

16

Il peut en exiger pour les besoins même des enfans qui lui sont survenus depuis la concession de l'usage.

Leg. 12 *et* 19, *ff. de usu et habitatione.*

Article 631. L'usager ne peut céder ni louer son droit à un autre.

Leg. 2, 8 *et* 11, *ff. de usu et habitatione.*

Article 632. Celui qui a un droit d'habitation dans une maison, peut y demeurer avec sa famille, quand même il n'aurait pas été marié à l'époque où ce droit lui a été donné.

Leg. 2, 3, 4, 5, 6, 7 *et* 8, *ff. de usu et habitatione.*

Article 633. Le droit d'habitation se restreint à ce qui est nécessaire pour l'habitation de celui à qui ce droit est concédé, et de sa famille.

Leg. 2, 3, 4, 5, 6, 7 *et* 8, *ff. de usu et habitatione.*

Article 634. Le droit d'habitation ne peut être ni cédé ni loué.

Leg. 8, *ff. de usu et habitatione, contrar. Leg.* 13, *cod. de usufructu et habitatione.* = *Institut.*, §. 5, *de usu et habitatione.*

Article 635. Si l'usager absorbe tous les fruits du fonds, ou s'il occupe la totalité de la maison, il est assujetti aux frais de culture, aux réparations d'entretien, et au paiement des contributions, comme l'usufruitier.

S'il ne prend qu'une partie des fruits, ou s'il n'occupe qu'une partie de la maison, il contribue au prorata de ce dont il jouit.

Leg. 18, *ff. de usu et habitatione.*

Article 636. L'usage des bois et forêts est réglé par des lois particulières.

TITRE IV.

Des Servitudes ou Services fonciers.

[Décrété le 10 Pluviôse an XII. Promulgué le 20 du même mois.]

Article 637. U n e servitude est une charge imposée sur un héritage pour l'usage et l'utilité d'un héritage appartenant à un autre propriétaire.

Article 638. La servitude n'établit aucune prééminence d'un héritage sur l'autre.

Article 639. Elle dérive ou de la situation naturelle des lieux, ou des obligations imposées par la loi, ou des conventions entre les propriétaires.

Leg 2, *in pr.*, *ff. de aquá et aquæ pluviæ arcendæ.*

CHAPITRE PREMIER.

Des Servitudes qui dérivent de la situation des lieux.

Article 640. L e s fonds inférieurs sont assujettis envers ceux qui sont plus élevés, à recevoir les eaux qui en découlent naturellement sans que la main de l'homme y ait contribué.

Le propriétaire inférieur ne peut point élever de digue qui empêche cet écoulement;

Le propriétaire supérieur ne peut rien faire qui aggrave la servitude du fonds inférieur.

Leg. 1, §. 13, 23 ; *leg.* 2, *in pr. et* §. 1 ; *leg.* 1, §. 1, *ff. de aquá et aquæ pluviæ arcendæ. Leg.* 1, §. 13, *ff. eod. titulo. Leg.* 1, §. 10, *eod. titulo.* = Arrêtés de LAMOIGNON, tit. 20, art. 7.

Article 641. Celui qui a une source dans son fonds, peut en user à sa volonté, sauf le droit que le propriétaire du fonds inférieur pourrait avoir acquis par titre ou par prescription.

Leg. 1, §. 12 ; *leg.* 21 *et* 26, *ff. de aquá et aquæ pluviæ arcendæ.*

Article 642. La prescription, dans ce cas, ne peut s'acquérir que par une jouissance non interrompue pendant l'espace de trente années, à compter du moment où le propriétaire du fonds inférieur a fait et terminé des ouvrages apparens destinés à faciliter la chute et le cours de l'eau dans sa propriété.

Leg. 10, *ff. si servitus vindicetur. Leg.* 1, *cod. de servitutibus et aquâ.* = Arrêtés de LAMOI-GNON, tit. 20, art. 4 et 7.

Article 643. Le propriétaire de la source ne peut en changer le cours lorsqu'il fournit aux habitans d'une commune, village ou hameau, l'eau qui leur est nécessaire : mais si les habitans n'en ont pas acquis ou prescrit l'usage, le propriétaire peut réclamer une indemnité, laquelle est réglée par experts.

Article 644. Celui dont la propriété borde une eau courante, autre que celle qui est déclarée dépendance du domaine public par l'art. 538, au titre *de la Distinction des Biens*, peut s'en servir à son passage pour l'irrigation de ses propriétés.

Celui dont cette eau traverse l'héritage, peut même en user dans l'intervalle qu'elle y parcourt, mais à la charge de la rendre, à la sortie de ses fonds, à son cours ordinaire.

Leg. 3, *in pr., de aquâ et aquæ pluviæ arcendæ.*

Article 645. S'il s'élève une contestation entre les propriétaires auxquels ces eaux peuvent être utiles, les tribunaux, en prononçant, doivent concilier l'intérêt de l'agriculture avec le respect dû à la propriété ; et dans tous les cas les réglemens particuliers et locaux sur le cours et l'usage des eaux doivent être observés.

Article 646. Tout propriétaire peut obliger son voisin au bornage de leurs propriétés contiguës. Le bornage se fait à frais communs.

Argum. ex leg. 5, *cod. communi dividundo. Leg.* 12 *tabul., tabula.* 7. = Décret du 2 septembre 1791, tit. 1, sect. 1, art. 3.

Article 647. Tout propriétaire peut clorre son héritage, sauf l'exception portée en l'article 682.

Argum. ex leg. 21, *cod. mandati.* = Décret du 20 septembre 1791, tit. 1, sect. 4, art. 4. (1)

---

(1) Plusieurs coutumes prohibaient la clôture des terres. Boulonais, art. 52 ; Xaintonge, tit. 4, art. 16 ; Maine, Anjou, Bourbonnais, Nivernais, Champagne, Melun, Amiens.

Article 648. Le propriétaire qui veut se clorre, perd son droit au parcours et vaine pâture, en proportion du terrain qu'il y soustrait.

Coutume de Bretagne, art. 408. = Décret du 21 sept. 1791, sect. 4, art. 7.

CHAPITRE II.

Des Servitudes établies par la loi.

Article 649. LES servitudes établies par la loi ont pour objet l'utilité publique ou communale, ou l'utilité des particuliers.

Article 650. Celles établies pour l'utilité publique ou communale ont pour objet le marchepied le long des rivières navigables ou flottables, la construction ou réparation des chemins et autres ouvrages publics ou communaux.

Tout ce qui concerne cette espèce de servitude, est déterminé par des lois ou des réglemens particuliers.

Article 651. La loi assujettit les propriétaires à différentes obligations l'un à l'égard de l'autre, indépendamment de toute convention.

Leg. 1, §. 23 ; *leg.* 2, *in pr. ff: de aquâ et aquæ pluviæ arcendæ.*

Article 652. Partie de ces obligations est réglée par les lois sur la police rurale ;

Les autres sont relatives au mur et au fossé mitoyens, au cas où il y a lieu à contre-mur, aux vues sur la propriété du voisin, à l'égout des toits, au droit de passage.

SECTION PREMIERE.

Du Mur et du Fossé mitoyens.

Article 653. Dans les villes et les campagnes, tout mur servant de séparation entre bâtimens jusqu'à l'héberge, ou entre cours et jardins, et même entre enclos dans les champs, est présumé mitoyen, s'il n'y a titre ou marque du contraire.

Paris, art. 211 et 214; Orléans, art. 234; Rheims, art. 555; Laon, art. 271 ; Châlons, art. 155. = Arrêtés de LAMOIGNON, tit. 20, art. 30.

Article 654. Il y a marque de non-mitoyenneté lorsque la sommité du mur est droite et à plomb de son parement, d'un côté, et présente de l'autre un plan incliné;

Lors encore qu'il n'y a que d'un côté ou un chaperon ou des filets et corbeaux de pierre qui y auraient été mis en bâtissant le mur.

Dans ces cas, le mur est censé appartenir exclusivement au propriétaire du côté duquel sont l'égout ou les corbeaux et filets de pierre.

Paris, art. 214; Normandie, art. 610; Sens, art. 101, tit. 10; Orléans, art. 241 et 242.

Article 655. La réparation et la reconstruction du mur mitoyen sont à la charge de tous ceux qui y ont droit, et proportionnellement au droit de chacun.

PAUL. *sentent.*, *lib.* 5, tit. 10, §. 2 *Leg.* 28, §. 1; *leg.* 59, *ff. de damno infecto.* = Paris, art. 205; Bourbonnais, art. 112, chap. 31; Rheims, art. 560; Laon, art. 272; Châlons, art. 134.

Article 656. Cependant tout copropriétaire d'un mur mitoyen peut se dispenser de contribuer aux réparations et reconstructions en abandonnant le droit de mitoyenneté, pourvu que le mur mitoyen ne soutienne pas un bâtiment qui lui appartienne.

Paris, art. 210; Orléans, art. 234; Troyes, art. 73, tit. 4; Sens, art. 100, tit. 10; Bourbonnais, art. 114, chap. 51; Rheims, art. 560; Laon, art. 272; Châlons, art. 134.

Article 657. Tout copropriétaire peut faire bâtir contre un mur mitoyen, et y faire placer des poutres ou solives dans toute l'épaisseur du mur, à cinquante-quatre millimètres [deux pouces] près, sans préjudice du droit qu'a le voisin de faire réduire à l'ébauchoir la poutre jusqu'à la moitié du mur, dans le cas où il voudrait lui-même asseoir des poutres dans le même lieu, ou y adosser une cheminée.

Leg. 12, *ff. communi dividund.* = Paris, art. 208 et 194; Orléans, art. 232; Normandie, art 611; Blois, art. 232 et 233; Bourbonnais, art. 105 et 108; Rheims, art. 305. = Arrêtés de LAMOIGNON, tit. 20, art. 37.

Article 658. Tout copropriétaire peut faire exhausser le mur mitoyen; mais il doit payer seul la dépense de l'exhaussement, les réparations d'entretien au-dessus de la hauteur de la clôture commune, et en outre l'indemnité de la charge en raison de l'exhaussement et suivant la valeur.

Paris, art. 195; Berry, tit. 11, art. 5; Rheims, art. 562; Châlons, art. 138. = *Leg.* 1, *cod. de ædificiis privatis.* = Arrêtés de LAMOIGNON, tit. 20, art. 29.

Article 659. Si le mur mitoyen n'est pas en état de supporter l'exhaussement, celui qui veut l'exhausser doit le faire reconstruire en entier à ses frais, et l'excédant d'épaisseur doit se prendre de son côté.

Paris, art. 196.

Article 660. Le voisin qui n'a pas contribué à l'exhaussement, peut en acquérir la mitoyenneté en payant la moitié de la dépense qu'il a coûté, et la valeur de la moitié du sol fourni pour l'excédant d'épaisseur, s'il y en a.

Orléans, art. 237; Paris, art. 195; Berry, tit. 11, art. 5; Sens, tit. 10, art. 103; Bourbonnais, chap. 31, art. 104.

Article 661. Tout propriétaire joignant un mur, a de même la faculté de le rendre mitoyen en tout ou en partie, en remboursant au maître du mur la moitié de sa valeur, ou la moitié de la valeur de la portion qu'il veut rendre mitoyenne, et moitié de la valeur du sol sur lequel le mur est bâti.

Paris, art. 184; Sens, tit. 10, art. 103. = *Contr. argum. ex leg* 11, *cod. de contrahendâ emptione.*

Article 662. L'un des voisins ne peut pratiquer dans le corps d'un mur mitoyen aucun enfoncement, ni y appliquer ou appuyer aucun ouvrage sans le consentement de l'autre, ou sans avoir, à son refus, fait régler par experts les moyens nécessaires pour que le nouvel ouvrage ne soit pas nuisible aux droits de l'autre.

Leg. 11, *ff. si servitus vindicetur. Leg.* 28, *ff. communi dividundo.* = Normandie, art. 612.

Article 663. Chacun peut contraindre son voisin, dans les villes et faubourgs, à contribuer aux constructions et réparations de la clôture faisant séparation de leurs maisons, cours et jardins assis èsdites villes et faubourgs : la hauteur de la clôture sera fixée suivant les réglemens particuliers ou les usages constans et reconnus ; et, à défaut d'usages et de réglemens, tout mur de séparation entre voisins, qui sera construit ou rétabli à l'avenir, doit avoir au moins trente-deux décimètres [dix pieds] de hauteur, compris le chaperon, dans les villes de cinquante mille ames et au-dessus, et vingt-six décimètres [huit pieds] dans les autres.

Leg. 35, 36, 37 et 39, *ff. de damno infecto.* = Paris, art. 205. = Orléans, art. 236.

Article 664. Lorsque les différens étages d'une maison appartiennent à divers propriétaires, si les titres de propriété ne règlent pas le mode de réparations et reconstructions, elles doivent être faites ainsi qu'il suit :

Les gros murs et le toit sont à la charge de tous les propriétaires, chacun en proportion de la valeur de l'étage qui lui appartient.

Le propriétaire de chaque étage fait le plancher sur lequel il marche ;

Le propriétaire du premier étage fait l'escalier qui y conduit ; le propriétaire du second étage fait, à partir du premier, l'escalier qui conduit chez lui ; et ainsi de suite.

Orléans, art. 257; Montargis, chap. 10, art. 13; Berry, tit. 11, art. 15 et 16; Bourbonnais, art. 117 et 118, chap. 51. = Arrêtés de LAMOIGNON, tit. 20, art. 32.

Article 665. Lorsqu'on reconstruit un mur mitoyen ou une maison, les servitudes actives et passives se continuent à l'égard du nouveau mur ou de la nouvelle maison, sans toutefois qu'elles puissent être aggravées, et pourvu que la reconstruction se fasse avant que la prescription soit acquise.

Leg. 4, §. 29, *ff. de usurpationibus et usucapionibus.*

Article 666. Tous fossés entre deux héritages sont présumés mitoyens s'il n'y a titre ou marque du contraire.

Berry, tit. 11, art. 14.

Article 667. Il y a marque de non - mitoyenneté lorsque la levée ou le rejet de la terre se trouve d'un côté seulement du fossé.

Berry, tit. 11, art. 14 ; Orléans, art. 252.

Article 668. Le fossé est censé appartenir exclusivement à celui du côté duquel le rejet se trouve.

Berry, tit. 11, art. 14; Orléans, art. 252; Rheims, art. 368.

Article 669. Le fossé mitoyen doit être entretenu à frais communs.

Article 670. Toute haie qui sépare des héritages est réputée mitoyenne, à moins

qu'il n'y ait qu'un seul des héritages en état de clôture, ou s'il n'y a titre ou possession suffisante au contraire.

Article 671. Il n'est permis de planter des arbres de haute tige qu'à la distance
prescrite par les réglemens particuliers actuellement existans, ou par les usages
constans et reconnus ; et, à défaut de réglemens et usages, qu'à la distance de deux
mètres de la ligne séparative des deux héritages pour les arbres à haute tige, et à la
distance d'un demi-mètre pour les autres arbres et haies vives.

Leg. 13, *in fin.*, *ff. finium regundorum.* = Arrêtés de LAMOIGNON, tit. 20, art. 40 et 41.

Article 672. Le voisin peut exiger que les arbres et haies plantés à une moindre
distance soient arrachés.

Celui sur la propriété duquel avancent les branches des arbres du voisin, peut
contraindre celui-ci à couper ces branches.

Si ce sont les racines qui avancent sur son héritage, il a droit de les y couper lui-
même.

Article 673. Les arbres qui se trouvent dans la haie mitoyenne, sont mitoyens
comme la haie; et chacun des deux propriétaires a droit de requérir qu'ils soient
abattus.

Leg. 13, *ff. finium regundorum. Leg.* 2, *ff. de arboribus cæsis.* = Orléans, art. 259.

SECTION II.

De la Distance et des Ouvrages intermédiaires requis pour certaines
Constructions.

Article 674. Celui qui fait creuser un puits ou une fosse d'aisance près d'un
mur mitoyen ou non ;

Celui qui veut y construire cheminée ou âtre, forge, four ou fourneau,

Y adosser une étable,

Ou établir contre ce mur un magasin de sel ou amas de matières corrosives ;

Est obligé à laisser la distance prescrite par les réglemens et usages particuliers sur

17

ces objets, ou à faire les ouvrages prescrits par les mêmes réglemens et usages, pour éviter de nuire au voisin.

Leg. 27, §. 10, *ad legem Aquiliam. Leg.* 19, §. 1, *ff. de servitutibus prædiorum urbanorum; Leg.* 17, §. 2, *ff. si servitus vindicetur.*
Paris, art. 181 et 180; Orléans, art. 243; Normandie, art. 613 et 614, Berry, tit. 11, art 11 et 12; Blois, chap. 21, art. 234 et 236; Troyes, tit. 4, art. 241; Bourbonnais. chap. 31, art. 111; Rheims, art. 568. = Arrêtés de Lamoignon, tit. 20, art. 33, 35, 38, 39 et 40.

SECTION III.

Des Vues sur la Propriété de son voisin.

Article 675. L'un des voisins ne peut, sans le consentement de l'autre, pratiquer dans le mur mitoyen aucune fenêtre ou ouverture, en quelque manière que ce soit, même à verre dormant.

Leg. 40, *ff. de servitutibus prædiorum urbanorum. Leg.* 28, *ff. commune dividundo. Leg.* 8, *eod. de servitutibus et aquâ.*
Paris, art. 199; Normandie, art. 615; Berry, tit. 11, art. 4; Blois, chap. 21, art. 231; Bourbonnais, chap. 31, art. 103.
Arrêtés de Lamoignon, tit. 20, art. 22.

Article 676. Le propriétaire d'un mur non mitoyen, joignant immédiatement l'héritage d'autrui, peut pratiquer dans ce mur des jours ou fenêtres à fer maillé et verre dormant.

Ces fenêtres doivent être garnies d'un treillis de fer, dont les mailles auront un décimètre [environ trois pouces huit lignes] d'ouverture au plus, et d'un châssis à verre dormant.

Leg. 2, *ff. de servitutibus prædiorum urbanorum. Leg* 26, *ff. de damno infecto. Leg.* 12, §. 1, *cod. ædificiis privatis.* Paris, art. 202; Orléans, art. 229 et 230; Normandie, art. 616. = Arrêtés de Lamoignon, tit. 20, art. 23.

Article 677. Ces fenêtres ou jours ne peuvent être établis qu'à vingt - six décimètres [huit pieds] au - dessus du plancher ou sol de la chambre qu'on veut éclairer, si c'est à rez - de - chaussée, et à dix - neuf décimètres [six pieds] au - dessus du plancher pour les étages supérieurs.

Paris, art. 202; Châlons, art. 136; Rheims, art. 357.

Article 678. On ne peut avoir des vues droites ou fenêtres d'aspect, ni balcons ou autres semblables saillies sur l'héritage clos ou non clos de son voisin, s'il n'y a dix-neuf décimètres [six pieds] de distance entre le mur où on les pratique et ledit héritage.

Arrêtés de Lamoignon, tit. 20, art. 27.

Article 679. On ne peut avoir des vues par côté ou obliques sur le même héritage, s'il n'y a six décimètres [deux pieds] de distance.

Arrêtés de Lamoignon, tit. 20, art. 27.

Article 680. La distance dont il est parlé dans les deux articles précédens, se compte depuis le parement extérieur du mur où l'ouverture se fait, et, s'il y a balcons, ou autres semblables saillies, depuis leur ligne extérieure jusqu'à la ligne de séparation des deux propriétés.

Paris, art. 202.

SECTION IV.

De l'Egout des toits.

Article 681. Tout propriétaire doit établir des toits de manière que les eaux pluviales s'écoulent sur son terrain ou sur la voie publique ; il ne peut les faire verser sur le fonds de son voisin.

SECTION V.

Du Droit de Passage.

Article 682. Le propriétaire dont les fonds sont enclavés et qui n'a aucune issue sur la voie publique, peut réclamer un passage sur les fonds de ses voisins pour l'exploitation de son héritage, à la charge d'une indemnité proportionnée au dommage qu'il peut occasionner.

Argum. ex leg. 12, *ff. de religiosis et sumptibus funerum. Leg.* 1, §. 2 *et* 3, *ff. si usus-fructus petatur. Leg.* 5 §. 4, *ff. ad exhibendum. Leg.* 8, *ff. de incendiis. Leg.* 9, *ff. de damno infecto.* = Arrêtés de Lamoignon, tit. 20, art. 21.

Article 683. Le passage doit régulièrement être pris du côté où le trajet est le plus court du fonds enclavé à la voie publique.

Argum. ex leg. 9 , *ff. de servitutibus.* = Auxerre , art. 117.

Article 684. Néanmoins il doit être fixé dans l'endroit le moins dommageable à celui sur le fonds duquel il est accordé.

Argum. ex leg. 9 , *ff. de servitutibus.* = Auxerre , art. 117.

Article 685. L'action en indemnité , dans le cas prévu par l'article 682 , est prescriptible ; et le passage doit être continué, quoique l'action en indemnité ne soit plus recevable.

CHAPITRE III.

Des Servitudes établies par le fait de l'homme.

SECTION PREMIERE.

Des diverses espèces de Servitudes qui peuvent être établies sur les Biens.

Article 686. Il est permis aux propriétaires d'établir sur leurs propriétés ou en faveur de leurs propriétés telles servitudes que bon leur semble , pourvu néanmoins que les services établis ne soient imposés ni à la personne, ni en faveur de la personne, mais seulement à un fonds et pour un fonds, et pourvu que ces services n'aient d'ailleurs rien de contraire à l'ordre public.

L'usage et l'étendue des servitudes ainsi établies se règlent par le titre qui les constitue ; à défaut de titre par les règles ci-après.

Leg. 1 , §. 1. *Leg.* 6 et 16 , *ff. communia prædiorum. Leg.* 5 , *ff. de servitutibus. Leg.* 19 , *ff. de usufructu et quemadmodum.*

Article 687. Les servitudes sont établies ou pour l'usage des bâtimens , ou pour celui des fonds de terre.

Celles de la première espèce s'appellent *urbaines* , soit que les bâtimens auxquels elles sont dues soient situés à la ville ou à la campagne ;

Celles de la seconde espèce se nomment *rurales.*

Leg. 1 et 2, ff. de servitutibus prædiorum rusticorum.

Article 688. Les servitudes sont ou continues ou discontinues.

Les servitudes continues sont celles dont l'usage est ou peut être continuel sans avoir besoin du fait actuel de l'homme : tels sont les conduites d'eau , les égouts, les vues et autres de cette espèce.

Les servitudes discontinues sont celles qui ont besoin du fait actuel de l'homme pour être exercées : tels sont les droits de passage , puisage , pacage et autres semblables.

Leg. 14, ff. de servitutibus. Leg. 1, §. loquitur, ff. aquâ quotidianâ et æstivâ.

Article 689. Les servitudes sont apparentes , ou non apparentes.

Les servitudes apparentes sont celles qui s'annoncent par des ouvrages extérieurs ; tels qu'une porte , une fenêtre , un aqueduc.

Les servitudes non apparentes sont celles qui n'ont pas de signe extérieur de leur existence , comme , par exemple , la prohibition de bâtir sur un fonds, ou de ne bâtir qu'à une hauteur déterminée.

Leg. 20, ff. de servitutibus prædiorum urbanorum.

SECTION II.

Comment s'établissent les Servitudes.

Article 690. Les servitudes continues et apparentes s'acquièrent par titre , ou par la possession de trente ans.

Arrêtés de LAMOIGNON, tit. 20, art. 4 et 5.

Article 691. Les servitudes continues non apparentes , et les servitudes discontinues , apparentes ou non apparentes , ne peuvent s'établir que par titre.

La possession même immémoriale ne suffit pas pour les établir ; sans cependant qu'on puisse attaquer aujourd'hui les servitudes de cette nature déjà acquises par la possession , dans les pays où elles pouvaient s'acquérir de cette manière.

Arrêtés de LAMOIGNON, tit. 20, art. 9.

Article 692. La destination du père de famille vaut titre à l'égard des servitudes continues et apparentes.

Article 693. Il n'y a destination du père de famille que lorsqu'il est prouvé que les deux fonds actuellement divisés ont appartenu au même propriétaire, et que c'est par lui que les choses ont été mises dans l'état duquel résulte la servitude.

.Arrêtés de Lamoignon, tit. 20, art. 2.

Article 694. Si le propriétaire de deux héritages entre lesquels il existe un signe apparent de servitude dispose de l'un des héritages sans que le contrat contienne aucune convention relative à la servitude, elle continue d'exister activement ou passivement en faveur du fonds aliéné ou sur le fonds aliéné.

Leg. 30, *ff. de servitutibus prædiorum urbanorum. Leg.* 7, *communia prædiorum, tam urban. quam. rustic.*

Article 695. Le titre constitutif de la servitude, à l'égard de celles qui ne peuvent s'acquérir par la prescription, ne peut être remplacé que par un titre récognitif de la servitude, et émané du propriétaire du fonds asservi.

Article 696. Quand on établit une servitude, on est censé accorder tout ce qui est nécessaire pour en user.

Ainsi la servitude de puiser de l'eau à la fontaine d'autrui, emporte nécessairement le droit de passage.

Leg. 10, *ff. de servitutibus. Leg.* 5, §. 5 ; *leg.* 15, *ff. de servitutibus prædiorum rusticorum. Leg.* 20, §. 1, *ff. de servitutibus prædiorum urbanorum.*

SECTION III.

Des Droits du propriétaire du fonds auquel la Servitude est due.

Article 697. Celui auquel est due une servitude, a droit de faire tous les ouvrages nécessaires pour en user et pour la conserver.

Leg. 11, §. 1, *ff. communia prædiorum. Leg.* 15, *ff. de servitutibus prædiorum rusticorum.*

Leg. 10, *ff. de servitutibus.* Leg. 4, §. 5, *ff. si servitus vindicetur.* Leg. 3, §. 11, 12, 13, 14, 15, 16; leg. 4, §. 1; Leg. 5, *ff. de itinere actuque privato.*

Article 698. Ces ouvrages sont à ses frais, et non à ceux du propriétaire du fonds assujetti, à moins que le titre d'établissement de la servitude ne dise le contraire.

Article 699. Dans le cas même où le propriétaire du fonds assujetti est chargé par le titre de faire à ses frais les ouvrages nécessaires pour l'usage ou la conservation de la servitude, il peut toujours s'affranchir de la charge, en abandonnant le fonds assujetti au propriétaire du fonds auquel la servitude est due.

Article 700. Si l'héritage pour lequel la servitude a été établie vient à être divisé, la servitude reste due pour chaque portion, sans néanmoins que la condition du fonds assujetti soit aggravée.

Ainsi, par exemple, s'il s'agit d'un droit de passage, tous les copropriétaires seront obligés de l'exercer par le même endroit.

Leg. 17, *ff. de servitutibus.*

Article 701. Le propriétaire du fonds débiteur de la servitude ne peut rien faire qui tende à en diminuer l'usage ou à le rendre plus incommode.

Ainsi, il ne peut changer l'état des lieux, ni transporter l'exercice de la servitude dans un endroit différent de celui où elle a été primitivement assignée.

Mais cependant, si cette assignation primitive était devenue plus onéreuse au propriétaire du fonds assujetti, ou si elle l'empêchait d'y faire des réparations avantageuses, il pourrait offrir au propriétaire de l'autre fonds un endroit aussi commode pour l'exercice de ses droits, et celui-ci ne pourrait pas le refuser.

Leg. 9, *ff. si servitus vindicetur.* Leg. 5 et 9, *cod. de servitutibus et aquâ.* Leg. 20, §. 3; leg. 31, *ff. de servitutibus prædiorum urbanorum.*

Article 702. De son côté, celui qui a un droit de servitude, ne peut en user que suivant son titre, sans pouvoir faire ni dans le fonds qui doit la servitude, ni dans le fonds à qui elle est due, de changement qui aggrave la condition du premier.

Argum. ex leg. 24 et 29, *ff. de servitutibus prædiorum rusticorum.* Leg. 1, §. 15 et 16, *ff. de aquâ quotidianâ et æstivâ.*

SECTION IV.

Comment les Servitudes s'éteignent.

Article 703. Les servitudes cessent lorsque les choses se trouvent en tel état qu'on ne peut plus en user.

Article 704. Elles revivent si les choses sont rétablies de manière qu'on puisse en user; à moins qu'il ne se soit déjà écoulé un espace de temps suffisant pour faire présumer l'extinction de la servitude, ainsi qu'il est dit à l'art. 707.

Leg. 14, *ff. quemadmodum servitutes amittuntur. Leg.* 34, §. 1 *et leg* 35, *ff. de servitutibus prædiorum rusticorum.*

Article 705. Toute servitude est éteinte lorsque le fonds à qui elle est due, et celui qui la doit, sont réunis dans la même main.

Leg. 1, *ff. quibus modis servit. amit. Leg.* 30, *in pr., ff. de servitutibus prædiorum urb.*

Article 706. La servitude est éteinte par le non-usage pendant trente ans.

Leg. 6, *ff. de servitutibus prædiorum urbanorum. Leg.* 13, *cod. de servitutibus et aquâ. Leg.* 4, §. 29, *ff. de usurpationibus et usucapionibus. Leg.* 12, *in fin. cod. de præscript. longi temporis.*

Article 707. Les trente ans commencent à courir selon les diverses espèces de servitudes, ou du jour où l'on a cessé d'en jouir, lorsqu'il s'agit de servitudes discontinues, ou du jour où il a été fait un acte contraire à la servitude, lorsqu'il s'agit de servitudes continues.

Arrêtés de LAMOIGNON, tit. 20, art. 10.

Article 708. Le mode de la servitude peut se prescrire comme la servitude même, et de la même manière.

Article 709. Si l'héritage en faveur duquel la servitude est établie, appartient à plusieurs par indivis, la jouissance de l'un empêche la prescription à l'égard de tous.

Leg. 5, *leg.* 10, *in pr. et leg.* 16, *ff. quemad. servit. amitt.* = Bourbonnais, chap. 3. art. 24.

Article 710. Si parmi les copropriétaires il s'en trouve un contre lequel la prescription n'ait pu courir, comme un mineur, il aura conservé le droit de tous les autres.

Leg. 10, *in pr., ff. quemad. servit. amitt.* = Arrêtés de LAMOIGNON, tit. 20, art. 43.

LIVRE III.

DES DIFFÉRENTES MANIÈRES DONT ON ACQUIERT LA PROPRIÉTÉ.

DISPOSITIONS GÉNÉRALES.

[Décrétées le 29 Germinal an XI. Promulguées le 9 Floréal suivant.]

Article 711. La propriété des biens s'acquiert et se transmet par succession, par donation entre-vifs ou testamentaire, et par l'effet des obligations.

Article 712. La propriété s'acquiert aussi par accession ou incorporation, et par prescription.

Article 713. Les biens qui n'ont pas de maître, appartiennent à la nation.

Cod. titulo de bonis vacantibus.

Article 714. Il est des choses qui n'appartiennent à personne et dont l'usage est commun à tous.

Des lois de police règlent la manière d'en jouir.

Leg. 2, 4 et 5, ff. de divisione rerum.

Article 715. La faculté de chasser ou de pêcher est également réglée par des lois particulières.

Article 716. La propriété d'un trésor appartient à celui qui le trouve dans son propre fonds : si le trésor est trouvé dans le fonds d'autrui, il appartient pour moitié à celui qui l'a découvert, et pour l'autre moitié au propriétaire du fonds.

18

Le trésor est toute chose cachée ou enfouie sur laquelle personne ne peut justifier sa propriété, et qui est découverte par le pur effet du hasard.

Leg. unicâ, cod. de thesauris. Leg. 2, §. 10 , *ff. de jure fisci. Leg.* 31, §. 1 , *ff. de acquirendo rerum dominio.*

Article 717. Les droits sur les effets jetés à la mer, sur les objets que la mer rejette, de quelque nature qu'ils puissent être, sur les plantes et herbages qui croissent sur les rivages de la mer, sont aussi réglés par des lois particulières.

Il en est de même des choses perdues dont le maître ne se représente pas.

Toto titulo , ff. de lege Rhodia et de jactu. = Ordonnance de 1681, liv. 5, tit. 8. = *Toto titul., ff. pro derelicto.*

TITRE PREMIER.

Des Successions.

[Décrété le 29 Germinal an XI. Promulgué le 9 Floréal suivant.]

CHAPITRE PREMIER.

De l'Ouverture des Successions, et de la Saisine des Héritiers.

Article 718. LES successions s'ouvrent par la mort naturelle et par la mort civile.

LEBRUN, traité des successions, liv. 1, chap. 1, sect. 1, n°. 1.

Article 719. La succession est ouverte par la mort civile, du moment où cette mort est encourue, conformément aux dispositions de la section II du chapitre II du titre *de la Jouissance et de la Privation des Droits civils.*

Leg. 10, §. 13 *leg.* 29, *ff. de pœnis. Leg.* 6, §. 6, *ff. de injusto rupto facto testamento.*

Article 720. Si plusieurs personnes respectivement appelées à la succession l'une de l'autre, périssent dans un même événement, sans qu'on puisse reconnaître laquelle est décédée la première, la présomption de survie est déterminée par les circonstances du fait, et, à leur défaut, par la force de l'âge ou du sexe.

Leg. 32, §. 14, *ff. de donationibus inter virum et uxorem.*

Article 721. Si ceux qui ont péri ensemble avaient moins de quinze ans, le plus âgé sera présumé avoir survécu.

S'ils étaient tous au-dessus de soixante ans, le moins âgé serait présumé avoir survécu.

Si les uns avaient moins de quinze ans, et les autres plus de soixante, les premiers seront présumés avoir survécu.

Argum. ex leg. 9, §. 1, 2 et 4, *ff. de rebus dubiis. Leg.* 26, *ff. de partis dotalibus.*

Article 722. Si ceux qui ont péri ensemble, avaient quinze ans accomplis et moins de soixante, le mâle est toujours présumé avoir survécu, lorsqu'il y a égalité d'âge, ou si la différence qui existe n'excède pas une année.

S'ils étaient du même sexe, la présomption de survie qui donne ouverture à la succession dans l'ordre de la nature, doit être admise; ainsi le plus jeune est présumé avoir survécu au plus âgé.

Argum. ex leg. 8 et 9, *ff. de rebus dubiis.*

Article 723. La loi règle l'ordre de succéder entre les héritiers légitimes : à leur défaut, les biens passent aux enfans naturels, ensuite à l'époux survivant; et s'il n'y en a pas, à la République.

Leg. unic., ff. unde vir et uxor. Leg. unic., cod. eod. Leg. 1, *leg.* 4, *cod. de bonis vacantibus.*

Article 724. Les héritiers légitimes sont saisis de plein droit des biens, droits et actions du défunt, sous l'obligation d'acquitter toutes les charges de la succession : les enfans naturels, l'époux survivant et la République, doivent se faire envoyer en possession par justice dans les formes qui seront déterminées.

Paris, art. 318; Meaux, art. 40; Sens, art. 105; Troyes, chap. 90; Anjou, art. 272; Maine, art. 237 et 289; Boulenois, art. 121; Berry, chap. 19, art. 28; Blois, chap. 11, art. 136; Rheims, art. 307; Orléans, art. 301; Bourbonnais, art. 299; Montargis, chap. 13, art. 6; Nivernais, chap. 34, art. 11; Normandie, art. 235. = Arrêtés de LAMOIGNON, tit. 41, art. 1.

CHAPITRE II.

Des Qualités requises pour succéder.

Article 725. Pour succéder , il faut nécessairement exister à l'instant de l'ouverture de la succession.

Ainsi, sont incapables de succéder,

1°. Celui qui n'est pas encore conçu ;

2°. L'enfant qui n'est pas né viable ;

3°. Celui qui est mort civilement.

Leg. 6 *et* 7 , *ff. de suis et legitimis hœredibus. Leg.* 7 *et* 26, *ff. de statu hominum. Leg.* 231 , *ff. de verborum significatione. Leg.* 6 , *ff. de inofficioso testamento.* Leg. 3 , *ff. si pars hœreditatis petatur.*

Leg. 30 , §. 1, *ff. de adquir. vel omittendâ hœreditate. Leg.* 10 , *ff. de ventre in possessionem mittendo.*

Leg. 3 , *cod. de hœredibus et posthumis. Leg.* 1, *in pr. ad legem Falcidiam. Leg.* 6 , §. 2 , *ff. de hœredibus instituendis.*

Paris, art. 337 ; Rheims, art. 341 ; Châlons, art. 14 ; Laon, art. 9 ; Louet , sur Brodeau , lettr. E , chap. 8 et 25. = Arrêtés de Lamoignon, tit. 41 , art. 1. (1)

Article 726. Un étranger n'est admis à succéder aux biens que son parent, étranger ou Français , possède dans le territoire de la République, que dans les cas et de la manière dont un Français succède à son parent possédant des biens dans le pays de cet étranger, conformément aux dispositions de l'art. 11 , au titre *de la Jouissance et de la Privation des Droits civils.*

Décret du 26 août 1790.

Article 727. Sont indignes de succéder , et comme tels exclus des successions ,

1°. Celui qui serait condamné pour avoir donné ou tenté de donner la mort au défunt ;

2°. Celui qui a porté contre le défunt une accusation capitale jugée calomnieuse ,

3°. L'héritier majeur, qui , instruit du meurtre du défunt , ne l'aura pas dénoncé à la justice.

Argum. ex leg. 9 , *ff. de jure fisci.* **Leg.** 7 , §. 4 , *ff. de bonis damnatorum.*

---

(1) Quand l'enfant est censé viable. Vid. *leg.* 3 , §. 12 , *ff. de suis et legitimis hœredibus.* = Arrêtés de Lamoignon , des successions , art. 4. = Lebrun , des successions , liv. 1 ch. 4 , sect. 1.

Leg. 9, §. 1 *et* 2, *ff. de his quœ ut indignis auferuntur.* Leg. 31, §. 2, *ff. de adimendis vel transferendis legatis. Argum. ex leg.* 14, §. 8 ; *leg.* 16, §. 3, *ff. de bonis libertorum.* Leg. 17, *ff. de his quœ ut indignis auferuntur.*

Article 728. Le défaut de dénonciation ne peut être opposé aux ascendans et descendans du meurtrier, ni à ses alliés au même degré, ni à son époux, ou à son épouse, ni à ses frères ou sœurs, ni à ses oncle et tante, ni à ses neveux et nièces.

Argum. ex leg. 13, 17, *cod. de his qui accusare non possunt.* Leg. 6 *et* 7, *cod. de his quibus ut indignis.* Leg. 21, *ff. de senat.-consulto Silaniano.* = Arrêts de Boniface, tom. 5, liv. 5, tit. 21, chap. 1. = Traité de la révocation, liv. 10, chap. 2.

Article. 729. L'héritier exclu de la succession pour cause d'indignité, est tenu de rendre tous les fruits et les revenus dont il a eu la jouissance depuis l'ouverture de la succession.

Argum. ex leg. 27, *ff. de usu et usufructu et reditu legato.*

Article 730. Les enfans de l'indigne, venant à la succession de leur chef, et sans le secours de la représentation, ne sont pas exclus pour la faute de leur père ; mais celui-ci ne peut, en aucun cas, réclamer, sur les biens de cette succession, l'usufruit que la loi accorde aux pères et mères sur les biens de leurs enfans.

Leg. 27, *in pr., ff. de jure pationatûs.* Leg. 7, §. 4, *ff. de bonis damnatorum* (1).

CHAPITRE III.

Des divers Ordres de Succession.

SECTION PREMIERE.

Dispositions générales.

Article 731. Les successions sont déférées aux enfans et descendans du défunt,

---

(1) Dans l'ancienne jurisprudence française le crime du père ne pouvait être utile aux enfans. Cette jurisprudence était fondée sur la loi 7, §. 4, *ff. de bonis damnat. Voy.* Lebrun, *des successions*, liv. 8, chap. 9, n°. 10. = Arrêt du 7 août 1604, rapporté par Louet, lettre S, nomb. 20. Arrêts de La Morineau, du 15 mai 1665.

à ses ascendans et à ses parens collatéraux, dans l'ordre et suivant les règles ci-après déterminés.

Leg. 7 , *in pr.* , *ff. de bonis damnatorum.*

Article 732. La loi ne considère ni la nature ni l'origine des biens pour en régler la succession.

Loi du 17 nivôse an 2 , art. 62.

Article 733. Toute succession échue à des ascendans ou à des collatéraux , se divise en deux parts égales ; l'une pour les parens de la ligne paternelle, l'autre pour les parens de la ligne maternelle.

Les parens utérins ou consanguins ne sont pas exclus par les germains ; mais ils ne prennent part que dans leur ligne , sauf ce qui sera dit à l'article 752. Les germains prennent part dans les deux lignes.

Il ne se fait aucune dévolution d'une ligne à l'autre , que lorsqu'il ne se trouve aucun ascendant ni collatéral de l'une des deux lignes.

Bourbonnais , art. 516. = Auvergne , chap. 12 , art. 6 (1).
Leg. 1 , *cod. de legitimis hæredibus.* = *Novell.* 84 , *cap.* 1,

Article 734. Cette première division opérée entre les lignes paternelle et maternelle , il ne se fait plus de division entre les diverses branches , mais la moitié dévolue à chaque ligne appartient à l'héritier ou aux héritiers les plus proches en degrés , sauf le cas de la représentation , ainsi qu'il sera dit ci-après.

Cette disposition est conforme à la jurisprudence de la cour de cassation , fixée par les arrêts des 12 brumaire an 9 et 13 floréal an 10 ; le système de la refente , d'après la loi du 17 nivôse an 2 , fut proscrit par cette jurisprudence.

Article 735. La proximité de parenté s'établit par le nombre de générations ; chaque génération s'appelle un *degré*.

Leg. 10 , §. 10 , *ff. de gradibus et adfinibus.*

_____

(1) La seconde disposition de l'article détruit le privilège du double lien établi par les novelles 118 , cap. 3 , et 127 , cap. 1 , et par les authentiques *cessant, cod. de legit. hæredit* , *et itaque cod. commun. de successionib.*

Article 736. La suite des degrés forme la ligne : on appelle *ligne directe* la suite des degrés entre personnes qui descendent l'une de l'autre ; *ligne collatérale*, la suite des degrés entre personnes qui ne descendent pas les unes des autres, mais qui descendent d'un auteur commun.

On distingue la ligne directe, en ligne directe descendante et ligne directe ascendante.

La première est celle qui lie le chef avec ceux qui descendent de lui ; la deuxième est celle qui lie une personne avec ceux dont elle descend.

Leg. 1, *ff. de gradibus et adfinibus.*

Article 737. En ligne directe, on compte autant de degrés qu'il y a de générations entre les personnes : ainsi le fils est, à l'égard du père, au premier degré ; le petit-fils, au second ; et réciproquement du père et de l'aïeul à l'égard des fils et petits-fils.

Leg. 10, §. 9, *ff. de gradibus et adfinibus.*

Article 738. En ligne collatérale, les degrés se comptent par les générations, depuis l'un des parens jusques et non compris l'auteur commun, et depuis celui-ci jusqu'à l'autre parent.

Ainsi, deux frères sont au deuxième degré ; l'oncle et le neveu sont au troisième degré ; les cousins germains au quatrième ; ainsi de suite.

Leg. 1, §. 1. *ff. de gradibus et adfinibus.* = *Institut. de gradibus cognitionum*, §. 7.

SECTION II.

De la Représentation.

Article 739. La représentation est une fiction de la loi, dont l'effet est de faire entrer les représentans dans la place, dans le degré et dans les droits du représenté.

Novell. 18, *cap.* 4. = Loi du 17 nivôse an 2, art. 82.

Article 740. La représentation a lieu à l'infini dans la ligne directe descendante.

Elle est admise dans tous les cas, soit que les enfans du défunt concourent avec les descendans d'un enfant prédécédé, soit que tous les enfans du défunt étant morts avant lui, les descendans desdits enfans se trouvent entre eux en degrés égaux ou inégaux.

Instit. de hæreditatibus quæ ab intestato deferuntur, §. 6. *Leg.* 3, *cod. de suis et legitimis hæredibus.*

Novell. 118, cap. 1, *novell.* 127. = Anjou, art. 225; le Maine, art. 241; le Grand-Perche, art. 151; Auvergne, chap. 12, art. 9; Poitou, art. 277; Xaintonge, art. 104 (1).

Paris, 319; Bourbonnais, 306. = Arrêt. de Lamoignon, tit. 41, art. 20 et 23.

Article 741. La représentation n'a pas lieu en faveur des ascendans; le plus proche, dans chacune des deux lignes, exclut toujours le plus éloigné.

Novell. 118, cap. 2, *authenticâ defuncto cod. ad senat.-consult. Tertullianum.*

Article 742. En ligne collatérale, la représentation est admise en faveur des enfans et descendans de frères ou sœurs du défunt, soit qu'ils viennent à sa succession concurremment avec des oncles ou tantes, soit que tous les frères et sœurs du défunt étant prédécédés, la succession se trouve dévolue à leurs descendans en degrés égaux ou inégaux.

Paris, art. 92; Blois, art. 318. = *Novell.* 118, cap. 4.

Authentic. cessant., *cod de suis et legitimis hæredibus.* = Bourbonnais, art. 306; Berry, tit. 19, art. 43; Orléans, art. 318; Nivernais, chap. 34, art. 10 (2).

Article 743. Dans tous les cas où la représentation est admise, le partage s'opère par souche : si une même souche a produit plusieurs branches, la subdivision se fait aussi par souche dans chaque branche, et les membres de la même branche se partagent entre eux par tête.

Novell. 118, cap. 1.

_____

(1) Originairement, la représentation en ligne directe n'avait pas lieu dans le droit français, elle a été introduite lors de la réformation des coutumes.

La représentation en ligne directe était reçue par toutes les coutumes, à l'exception de quatre qui la rejetaient. *Voy.* Ponthieu, art. 18; Artois, art. 60 et 93; Boulonnais, art. 76; le Hainault, chap. 77, art. 15.

(2) Quelques coutumes n'admettaient pas la représentation en ligne collatérale. *Voy.* Boulenois, art. 48; Clermont, art. 155; Senlis, art. 140.

Article 744. On ne représente pas les personnes vivantes, mais seulement celles qui sont mortes naturellement ou civilement.

On peut représenter celui à la succession duquel on a renoncé.

Dumoulin, sur l'art. 241 de la coutume du Maine.
Paris, art. 3o8; Orléans, art. 3o7 ; Calais, art. 100. = Arrêtés de Lamoignon, tit. 41; art. 25. *Argum. ex leg.* 7 , *ff. de his qui sunt sui vel alieni juris. Leg.* 2 , §. 7 , *ff. de administratione et periculo tutorum.* = *Novell.* 118 , *cap.* 1.=Bartol., *in leg.* 94, *ff. de acquirendâ hœreditate.*

SECTION III.

Des Successions déférées aux Descendans.

Article 745. Les enfans ou leurs descendans succèdent à leurs père et mère, aïeuls, aïeules, ou autres ascendans, sans distinction de sexe ni de primogéniture, et encore qu'ils soient issus de différens mariages.

Ils succèdent par égales portions et par tête , quand ils sont tous au premier degré et appelés de leur chef : ils succèdent par souche , lorsqu'ils viennent tous ou en partie par représentation.

Paris, art. 3o2. = *Novell.* 118,, *cap.* 1. = *Authentic. in successione , cod. de suis et legitimis liberis. Leg.* 11 , *cod. familiæ erciscundæ.* = Loi du 17 nivôse an 2 , art. 64.

SECTION IV.

Des Successions déférées aux Ascendans.

Article 746. Si le défunt n'a laissé ni postérité , ni frère , ni sœur, ni descendans d'eux , la succession se divise par moitié entre les ascendans de la ligne paternelle et les ascendans de la ligne maternelle.

L'ascendant qui se trouve au degré le plus proche, recueille la moitié affectée à sa ligne , à l'exclusion de tous autres.

Les ascendans au même degré succèdent par tête.

Tours, art. 312 ; Sedan, art. 167.=*Leg.* 15, *ff. de inofficioso testamento. Novell.* 118 , *cap.* 2. = *Authentic. defuncto. , cod. ad senat.-consult. Tertull.* = Loi du 17 niv. an 12 , art. 69, 70 , 71 et 72. (1)

___

(1) Si les enfans répudiaient la succession de leur père, les ascendans pourraient l'accepter; Vid. *Leg.* 2 , §. 8 *et* 14 , *ff. ad senatus-consult. Tertullian.*

Article 747. Les ascendans succèdent, à l'exclusion de tous autres, aux choses par eux données à leurs enfans ou descendans décédés sans postérité, lorsque les objets donnés se retrouvent en nature dans la succession.

Si les objets ont été aliénés, les ascendans recueillent le prix qui peut en être dû. Ils succèdent aussi à l'action en reprise que pouvait avoir le donataire.

Argum. ex leg. 6 *ff. de jure dotium. Leg.* 2, *cod. de bonis quæ liberis. Leg.* 12, *cod. communia utriusque. Leg.* 4, *cod, soluto matrionio* = Paris, art. 315; Orléans, art. 315; Berry, chap. 19, art. 7; Auxerre, art. 241; Châlons, art. 87; St.-Quentin, art. 41; Touraine, art. 511; Vermandois, art. 109, Loi du 17 nivôse an 2 art. 74. = Arrêtés de LAMOIGNON, tit. 41, art 35.

Article 748. Lorsque les père et mère d'une personne morte sans postérité lui ont survécu, si elle a laissé des frères, sœurs, ou des descendans d'eux, la succession se divise en deux portions égales, dont moitié seulement est déférée au père et à la mère, qui la partagent entre eux également.

L'autre moitié appartient aux frères, sœurs ou descendans d'eux, ainsi qu'il sera expliqué dans la section V du présent chapitre.

Novell. 118, *cap.* 2; *novell.* 127, *cap.* 1.

Article 749. Dans le cas où la personne morte sans postérité laisse des frères, sœurs, ou des descendans d'eux, si le père ou la mère est prédécédée, la portion qui lui aurait été dévolue conformément au précédent article, se réunit à la moitié déférée aux frères, sœurs ou à leurs représentans, ainsi qu'il sera expliqué à la section V du présent chapitre.

SECTION V.

Des Successions collatérales.

Article 750. En cas de prédécès des père et mère d'une personne morte sans postérité, ses frères, sœurs ou leurs descendans sont appelés à la succession, à l'exclusion des ascendans et des autres collatéraux.

Ils succèdent, ou de leur chef, ou par représentation, ainsi qu'il a été réglé dans la section II du présent chapitre.

Novell. 118, *cap.* 2; *novell.* 127, *cap.* 1. = *Authentic. cessante. cod. de legitimis hæredibus.* Loi du 17 nivôse an 2, art. 75 et 76.

Article 751. Si les père et mère de la personne morte sans postérité lui ont survécu, ses frères, sœurs, ou leurs représentans ne sont appelés qu'à la moitié de la succession. Si le père ou la mère seulement a survécu, ils sont appelés à recueillir les trois quarts.

Article 752. Le partage de la moitié ou des trois quarts dévolus aux frères ou sœurs, aux termes de l'article précédent, s'opère entre eux par égales portions, s'ils sont tous du même lit : s'ils sont de lits différens, la division se fait par moitié entre les deux lignes paternelle et maternelle du défunt ; les germains prennent part dans les deux lignes, et les utérins et consanguins chacun dans leur ligne seulement : s'il n'y a de frères ou sœurs que d'un côté, ils succèdent à la totalité, à l'exclusion de tous autres parens de l'autre ligne.

Loi du 17 nivôse an 2, art. 89.

Article 753. A défaut de frères ou sœurs ou de descendans d'eux, et à défaut d'ascendans dans l'une ou l'autre ligne, la succession est déférée pour moitié aux ascendans survivans : et pour l'autre moitié, aux parens les plus proches de l'autre ligne.

S'il y a concours de parens collatéraux au même degré, ils partagent par tête.

Novell. 118, cap. 3. = *Authentic. post fratres fratrumve, cod. de legitimis hæredibus.*

Article 754. Dans le cas de l'article précédent, le père ou la mère survivant, a l'usufruit du tiers des biens auxquels il ne succède pas en propriété.

Paris, art. 314; Orléans, art. 316.

Article 755. Les parens au-delà du douzième degré ne succèdent pas.

A défaut de parens au degré successible dans une ligne, les parens de l'autre ligne succèdent pour le tout.

Instit. de successione cognatorum, §. 5.

CHAPITRE IV.

Des Successions irrégulières.

SECTION PREMIERE.

Des Droits des Enfans naturels sur les biens de leur père ou mère, et de la succession aux Enfans naturels décédés sans postérité.

Article 756. Les enfans naturels ne sont point héritiers ; la loi ne leur accorde de droits sur les biens de leur père ou mère décédés, que lorsqu'ils ont été légalement reconnus. Elle ne leur accorde aucun droit sur les biens des parens de leur père ou mère. (1)

Vid. *Can. quid est* 1 , *quest.* 7 , *caus.* 35 ; *Rebuffus in præm. constit. regiar.*, *gloss.* 5 , numer. 68 , 69 , 70 et 71 , *et in tractatu de litter. naturalit.* , *gloss.* 1 , n°. 6. = Bugnon , *de legib. abrogat.*, *liv.* 1 , *cap.* 18. = Bacquet , du droit de bâtardise , part. 1 , ch. 2, nomb. 6 , et 11 , chap. 8, nomb. 3 et 4.

Article 757. Le droit de l'enfant naturel sur les biens de ses père ou mère décédés , est réglé ainsi qu'il suit :

Si le père ou la mère a laissé des descendans légitimes, ce droit est d'un tiers de la portion héréditaire que l'enfant naturel aurait eue s'il eût été légitime : il est de la moitié lorsque les père ou mère ne laissent pas de descendans , mais bien des ascendans ou des frères ou sœurs ; il est des trois quarts lorsque les père ou mère ne laissent ni descendans ni ascendans, ni frères ni sœurs.

Article 758. L'enfant naturel a droit à la totalité des biens , lorsque ses père ou mère ne laissent pas de parens au degré successible.

Leg. 1 , §. 2 , *ff. ad senat. – consult. Tertyllianum et Orphitianum.*

---

(1) A Rome les enfans naturels étaient appelés par l'édit du préteur à la succession de leur mère conjointement avec les enfans légitimes. = *Leg.* 2 .et 8 , *ff. unde cognati.*

Il en était autrement de la succession du père ; les enfans naturels n'avaient entr'eux tous que la sixième partie des biens de la succession. Vid. *novell.* 89 , *cap.* 12.

Article 759. En cas de prédécès de l'enfant naturel, ses enfans ou descendans peuvent réclamer les droits fixés par les articles précédens.

Article 760. L'enfant naturel ou ses descendans sont tenus d'imputer sur ce qu'ils ont droit de prétendre, tout ce qu'ils ont reçu du père ou de la mère dont la succession est ouverte, et qui serait sujet à rapport, d'après les règles établies à la section II du chapitre VI du présent titre.

Article 761. Toute réclamation leur est interdite, lorsqu'ils ont reçu, du vivant de leur père ou de leur mère, la moitié de ce qui leur est attribué par les articles précédens, avec déclaration expresse, de la part de leur père ou mère, que leur intention est de réduire l'enfant naturel à la portion qu'ils lui ont assignée.

Dans le cas où cette portion serait inférieure à la moitié de ce qui devrait revenir à l'enfant naturel, il ne pourra réclamer que le supplément nécessaire pour parfaire cette moitié.

Article 762. Les dispositions des articles 757 et 758 ne sont pas applicables aux enfans adultérins ou incestueux.

La loi ne leur accorde que des alimens.

Brodeau, sur Louet, lett. A, chap. 4, lett. D, chap. 1. = *Journal des Audiences*, tome 5, liv. 4, chap. 3; liv. 11, chap. 5. = Arrêtés de Lamoignon, titre 47, art. 30.

Article 763. Ces alimens sont réglés, eu égard aux facultés du père ou de la mère, au nombre et à la qualité des héritiers légitimes.

Article 764. Lorsque le père ou la mère de l'enfant adultérin ou incestueux lui auront fait apprendre un art mécanique, ou lorsque l'un d'eux lui aura assuré des alimens de son vivant, l'enfant ne pourra élever aucune réclamation contre leur succession.

Article 765. La succession de l'enfant naturel décédé sans postérité, est dévolue au père ou à la mère qui l'a reconnu; ou par moitié à tous les deux, s'il a été reconnu par l'un et par l'autre.

Leg. 2, §. 1, *ff. ad senatus-consultum Tertyllianum et Orphit. Leg.* 2, 4 et 8, *ff. unde cogn.*

Article 766. En cas de prédécès des père et mère de l'enfant naturel, les biens qu'il en avait reçus, passent aux frères ou sœurs légitimes, s'ils se retrouvent en nature dans la succession ; les actions en reprise, s'il en existe, ou le prix de ces biens aliénés, s'il est encore dû, retournent également aux frères et sœurs légitimes. Tous les autres biens passent aux frères et sœurs naturels, ou à leurs descendans.

SECTION II,

Des Droits du Conjoint survivant et de la République.

Article 767. Lorsque le défunt ne laisse ni parens au degré successible, ni enfans naturels, les biens de sa succession appartiennent au conjoint non divorcé qui lui survit.

Leg. unicâ, ff. unde vir et uxor. Leg. unicâ cod. eod. = Berry, chap. 19, art. 18. (1)

Article 768. A défaut de conjoint survivant, la succession est acquise à la République.

Leg. 1, 2, 3, 4 et 5, cod. de bonis vacantibus. Leg. 96, §. 1, ff. de legatis 1°. *Leg. 1, in princip. de success. edict. Leg. 1, §. 2, ff. de jure fisci. Leg. unicâ, §. 13, cod. de caducis tollendis. Leg. 4, cod. de præpositis sacri cubiculi.* = LEBRET, de la souveraineté, liv. 3, chap. 12.

Article 769. Le conjoint survivant et l'administration des domaines qui prétendent droit à la succession, sont tenus de faire apposer les scellés, et de faire faire inventaire dans les formes prescrites pour l'acceptation des successions sous bénéfice d'inventaire.

Article 770. Ils doivent demander l'envoi en possession au tribunal de première instance dans le ressort duquel la succession est ouverte. Le tribunal ne peut statuer sur la demande qu'après trois publications et affiches dans les formes usitées, et après avoir entendu le commissaire du Gouvernement.

----

(1) Si après la mort du mari la femme se trouvait dans l'indigence, elle pouvait, d'après les dispositions du droit romain, demander le quart de la succession du mari. Vid. *Novell.* 53, *cap.* 16. *Novell.* 117, *cap.* 5. = *Authenticâ præterea, cod. unde vir et uxor.*

Article 771. L'époux survivant est encore tenu de faire emploi du mobilier, ou de donner caution suffisante pour en assurer la restitution, au cas où il se présenterait des héritiers du défunt, dans l'intervalle de trois ans : après ce délai, la caution est déchargée.

Article 772. L'époux survivant ou l'administration des domaines qui n'auraient pas rempli les formalités qui leur sont respectivement prescrites, pourront être condamnés aux dommages et intérêts envers les héritiers, s'il s'en représente.

Article 773. Les dispositions des articles 769, 770, 771 et 772, sont communes aux enfans naturels appelés à défaut de parens.

CHAPITRE V.

De l'Acceptation et de la Répudiation des Successions.

———

SECTION PREMIERE.

De l'Acceptation.

Article 774. U n e succession peut être acceptée purement et simplement, ou sous bénéfice d'inventaire.

Leg. 57, *ff. de adquirendâ vel omittendâ hœreditate. Leg.* 22, *cod. de jure deliberandi. Leg.* 16, *cod. eod.*

Article 775. Nul n'est tenu d'accepter une succession qui lui est échue.

Leg. 16, *cod. de jure deliberandi.* = Coutume de Paris, art. 516; Bretagne, art. 571; Artois, art. 112; Boulenois, art. 81; Péronne, art. 207.

Article 776. Les femmes mariées ne peuvent pas valablement accepter une succession sans l'autorisation de leur mari ou de justice, conformément aux dispositions du chapitre VI du titre *du Mariage.*

.Les successions échues aux mineurs et aux interdits , ne pourront être valableblement acceptées que conformément aux dispositions du titre de *la Minorité*, de *la Tutelle et de l'Émancipation.*

Article 777. L'effet de l'acceptation remonte au jour de l'ouverture de la succession.

Leg. 54, *ff. de adquirendâ vel omittendâ hæreditate. Leg.* 138 *et* 193 , *ff. de regulis juris.* = Paris , art. 518.

Article 778. L'acceptation peut être expresse ou tacite ; elle est expresse , quand on prend le titre ou la qualité d'héritier dans un acte authentique ou privé ; elle est tacite , quand l'héritier fait un acte qui suppose nécessairement son intention d'accepter , et qu'il n'aurait droit de faire qu'en sa qualité d'héritier.

Leg. 20, *leg.* 42 , §. 2 ; *leg.* 78 ; *leg.* 86, §. 2 ; *leg.* 88 , *ff. de adquirendâ vel omittendâ hæredit. Leg.* 2 *et* 10 , *cod. de jure deliberandi. Leg.* 1 , 2 *et* 4, *cod. de repudianda vel abstinenda hæredit. Leg.* 14 , *ff. de bonorum possessione.* = ULPIAN. *fragm.*, tit. 22 , §. 26. = Paris , art. 517; Orléans , art. 336 ; Normandie , art. 253; Melun , art. 272; Nivernais , chap. 34 , art. 26 ; Bourbonnais , art. 325.

Article 779. Les actes purement conservatoires , de surveillance et d'administration provisoire , ne sont pas des actes d'adition d'hérédité , si l'on n'y a pas pris le titre ou la qualité d'héritier.

Leg. 20 , §. 1 ; *leg.* 78 , *ff. de adquirendâ vel omittend. hæreditate.*

Article 780. La donation , vente ou transport que fait de ses droits successifs un des cohéritiers , soit à un étranger , soit à tous ses cohéritiers , soit à quelques-uns d'eux , emporte de sa part acceptation de la succession.

Il en est de même , 1°. de la renonciation , même gratuite , que fait un des héritiers au profit d'un ou de plusieurs de ses cohéritiers ;

2°. De la renonciation qu'il fait même au profit de tous ses cohéritiers indistinctement , lorsqu'il reçoit le prix de sa renonciation.

Leg. 24 , *ff. de adquir. vel omitt. hæreditate. Leg.* 6 , *ff. de reg. juris. Leg.* 2, *ff. si quis omissâ causâ testamenti. Leg.* 1 , *cod. eod.*

Article 781. Lorsque celui à qui une succession est échue, est décédé sans l'avoir répudiée ou sans l'avoir acceptée expressément ou tacitement, ses héritiers peuvent l'accepter ou la répudier de son chef.

Leg. 3 et 19, cod. de jure deliberandi. Leg 86, ff. de adquir. vel omittendâ hœredit. Leg. 6, §. 1 ; leg. 42, §. 3 , ff. de bonis libertorum.

Article 782. Si ces héritiers ne sont pas d'accord pour accepter ou pour répudier la succession, elle doit être acceptée sous bénéfice d'inventaire.

Article 783. Le majeur ne peut attaquer l'acceptation expresse ou tacite qu'il a faite d'une succession, que dans le cas où cette acceptation aurait été la suite d'un dol pratiqué envers lui : il ne peut jamais réclamer sous prétexte de lésion, excepté seulement dans le cas où la succession se trouverait absorbée ou diminuée de plus de moitié, par la découverte d'un testament inconnu au moment de l'acceptation.

Leg. 8, ff. de jure deliberandi. Leg. 4, cod. de repudiandâ vel abstinendâ hœreditate. Leg. 13, §. 1 ; leg. 22 et 23, ff. de adquirendâ vel omittendâ hœreditate. = Argum. ex leg. 75, ff. de regul. juris. Leg. 4, cod. de juris et facti ignorantiâ.

SECTION II.

De la Renonciation aux Successions.

Article 784. La renonciation à une succession ne se présume pas : elle ne peut plus être faite qu'au greffe du tribunal de première instance dans l'arrondissement duquel la succession s'est ouverte, sur un registre particulier tenu à cet effet.

Contrar. leg. 95, ff. de adquirendâ vel omitt. hœreditate.

Article 785. L'héritier qui renonce, est censé n'avoir jamais été héritier.

Article 786. La part du renonçant accroît à ses cohéritiers ; s'il est seul, elle est dévolue au degré subséquent.

Leg 59, §. 3 ; leg. 63 et 66, ff. de hœredibus instituendis. Leg. unicâ, §. 10, cod. de caducis tollendis.

Article 787. On ne vient jamais par représentation d'un héritier qui a renoncé :

20

si le renonçant est seul héritier de son degré, ou si tous ses cohéritiers renoncent, les enfans viennent de leur chef et succèdent par tête.

Brodeau sur Louet, lett. R, chap. 17. Chenu, cent. 1, quest. 22. Legrand, sur Troyes, art. 92, glos. 2, nomb. 22. Leprestre, cent. 1 ; chap. 23. Henrys, tom. 2, liv. 4, quest. 4.

Article 788. Les créanciers de celui qui renonce au préjudice de leurs droits, peuvent se faire autoriser en justice à accepter la succession du chef de leur débiteur, en son lieu et place.

Dans ce cas, la renonciation n'est annullée qu'en faveur des créanciers, et jusqu'à concurrence seulement de leurs créances : elle ne l'est pas au profit de l'héritier qui a renoncé.

Leg. 6, *ff. de his quæ in fraudem creditorum.* = Coutume de Normandie, art. 278.

Article 789. La faculté d'accepter ou de répudier une succession, se prescrit par le laps de temps requis pour la prescription la plus longue des droits immobiliers.

Leg. 4, *cod. in quibus causis cessat longi temporis prescriptio. Leg.* 3, *cod. de præscriptione* 30 *vel* 40 *annorum.*

Article 790. Tant que la prescription du droit d'accepter n'est pas acquise contre les héritiers qui ont renoncé, ils ont la faculté d'accepter encore la succession, si elle n'a pas été déjà acceptée par d'autres héritiers ; sans préjudice néanmoins des droits qui peuvent être acquis à des tiers sur les biens de la succession, soit par prescription, soit par actes valablement faits avec le curateur à la succession vacante.

Leg. 6, *cod. de repudiandâ vel abstinendâ hæreditate. Leg.* 10, §. 3, *de vulgari et pupillari substitutione.* = Lebrun, des successions, liv. 3, chap. 8, sect. 2, n°. 46, 47, 48, 49.

Article 791. On ne peut, même par contrat de mariage, renoncer à la succession d'un homme vivant, ni aliéner les droits éventuels qu'on peut avoir à cette succession.

Leg. 3, *cod. de collationibus. Leg.* 16, *ff. de suis et legitimis hæredibus. Leg.* 35, §. 1, *cod de inofficioso testam. Leg.* 15, 21 *et* 30, *cod. de pactis. Leg.* 4, *cod. de inutilibus stipulation.* (1)

---

(1) Plusieurs coutumes autorisaient expressément les renonciations aux successions futures, lorsque ces renonciations étaient faites par contrat de mariage. *Voy.* Poitou, art. 221 ; Estampes,

Article 792. Les héritiers qui auraient diverti ou recélé des effets d'une succession, sont déchus de la faculté d'y renoncer : ils demeurent héritiers purs et simples, nonobstant leur renonciation, sans pouvoir prétendre aucune part dans les objets divertis ou recélés.

Leg. 71, §. 4, *ff. de adquirendâ vel omittendâ hœreditate.*

SECTION III.

Du bénéfice d'inventaire, de ses effets, et des Obligations de l'héritier bénéficiaire.

Article 793. La déclaration d'un héritier, qu'il entend ne prendre cette qualité que sous bénéfice d'inventaire, doit être faite au greffe du tribunal civil de première instance dans l'arrondissement duquel la succession s'est ouverte : elle doit être inscrite sur le registre destiné à recevoir les actes de renonciation.

Arrêtés de LAMOIGNON, tit. 43, art. 4.

Article 794. Cette déclaration n'a d'effet qu'autant qu'elle est précédée ou suivie d'un inventaire fidèle et exact des biens de la succession, dans les formes réglées par les lois sur la procédure, et dans les délais qui seront ci-après déterminés.

Leg. 22, §. 2, *cod. de jure deliberandi.*

Article 795. L'héritier a trois mois pour faire inventaire, à compter du jour de l'ouverture de la succession.

Il a de plus, pour délibérer sur son acceptation ou sur sa renonciation, un délai de quarante jours, qui commencent à courir du jour de l'expiration des trois mois donnés pour l'inventaire, ou du jour de la clôture de l'inventaire s'il a été terminé avant les trois mois.

Leg. 22, §. 2 et 3, *cod. de jure deliberandi. Leg.* 1, §. 1 ; *leg.* 2, 3 et 4, *ff. de jure deliberandi.* Ordonnance de 1667, tit. 7, art. 1, 2, 3, 4 et 5.

Article 796. Si cependant il existe dans la succession, des objets susceptibles de

---

art. 114; Péronne, art. 206; Bordeaux, art. 67; Sens, art. 267; Montargis, tit. 12, art. 1; Berry, tit. 19, art. 33 et 34. Cet usage était suivi dans les autres coutumes, et même dans les pays de droit écrit. *Voy.* BRODEAU sur Louet, lett. M, lett. R. LEPRESTRE, cent. 1, chap. 23. ⇒ CUJAS *in leg.* 26, *ff. de verbor. obligationib.*

dépérir ou dispendieux à conserver, l'héritier peut, en sa qualité d'habile à succéder, et sans qu'on puisse en induire de sa part une acceptation, se faire autoriser par justice à procéder à la vente de ces effets.

Cette vente doit être faite par officier public, après les affiches et publications réglées par les lois sur la procédure.

Leg. 5, §. 1 ; leg. 6, ff. de jure deliberandi. Leg. 20 , §. 2, ff. de adquirendâ vel omittendâ hæreditate.

Article 797. Pendant la durée des délais pour faire inventaire et pour délibérer, l'héritier ne peut être contraint à prendre qualité, et il ne peut être obtenu contre lui de condamnation : s'il renonce lorsque les délais sont expirés ou avant, les frais par lui faits légitimement jusqu'à cette époque, sont à la charge de la succession.

Leg. 22 , §. 11 , cod. de jure deliberandi.

Article 798. Après l'expiration des délais ci-dessus, l'héritier, en cas de poursuite dirigée contre lui, peut demander un nouveau délai, que le tribunal saisi de la contestation accorde ou refuse suivant les circonstances.

Leg. 3 , ff. de jure deliberandi = Ordonnance de 1667, tit. 7, art. 4.

Article 799. Les frais de poursuite, dans le cas de l'article précédent, sont à la charge de la succession, si l'héritier justifie, ou qu'il n'avait pas eu connaissance du décès, ou que les délais ont été insuffisans, soit à raison de la situation des biens, soit à raison des contestations survenues : s'il n'en justifie pas, les frais restent à sa charge personnelle.

Article 800. L'héritier conserve néanmoins, après l'expiration des délais accordés par l'article 795, même de ceux donnés par le juge conformément à l'article 798, la faculté de faire encore inventaire et de se porter héritier bénéficiaire, s'il n'a pas fait d'ailleurs acte d'héritier, ou s'il n'existe pas contre lui de jugement passé en force de chose jugée, qui le condamne en qualité d'héritier pur et simple.

Argum. ex leg. 10 , ff. de jure dèlib., et leg. 19 , cod. eod. = Bourbonnais , tit. 25 , art. 326. Nivernais; tit. 54, art. 27. = *Contrar. argum. ex leg. 12, 13 et 14, ff. de except. rei judicatæ.* =POTHIER, des successions, chap. 3, sect. 3 , art. 1, §. 3.

Article 801. L'héritier qui s'est rendu coupable de recélé, ou qui a omis, sciemment et de mauvaise foi, de comprendre dans l'inventaire, des effets de la succession, est déchu du bénéfice d'inventaire.

Leg. 22, §. 10 et 12, cod. de jure deliberandi. = Novell. 1, cap. 2, §. 2.

Article 802. L'effet du bénéfice d'inventaire est de donner à l'héritier l'avantage,

1°. De n'être tenu du paiement des dettes de la succession que jusqu'à concurrence de la valeur des biens qu'il a recueillis, même de pouvoir se décharger du paiement des dettes en abandonnant tous les biens de la succession aux créanciers et aux légataires;

2°. De ne pas confondre ses biens personnels avec ceux de la succession, et de conserver contre elle le droit de réclamer le paiement de ses créances.

Leg. 22, §. 4 et 9, de jure deliberandi. Leg. 48, ff. ad legem Falcidiam.

Article 803. L'héritier bénéficiaire est chargé d'administrer les biens de la succession, et doit rendre compte de son administration aux créanciers et aux légataires.

Il ne peut être contraint sur ses biens personnels qu'après avoir été mis en demeure de présenter son compte, et faute d'avoir satisfait à cette obligation.

Après l'apurement du compte, il ne peut être contraint sur ses biens personnels que jusqu'à concurrence seulement des sommes dont il se trouve reliquataire.

LEBRUN, *des successions,* liv. 3, ch. 4, sect. 85. = FABER, *in eodic, lib.* 6, *tit.* 11, *definit.* 30.

Article 804. Il n'est tenu que des fautes graves dans l'administration dont il est chargé.

Argum. ex leg. 22, §. 3, ff. ad senatus-consult. Trebellian. Leg. 24, §. 5; ff. soluto matrimon. = LEBRUN, *des successions,* liv. 3, chap. 5, n°. 85.

Article 805. Il ne peut vendre les meubles de la succession que par le ministère d'un officier public, aux enchères, et après les affiches et publications accoutumées.

S'il les représente en nature, il n'est tenu que de la dépréciation ou de la détérioration causée par sa négligence.

Paris, art. 334; Orléans, art. 342 et 343; Calais, art. 155.

Article 806. Il ne peut vendre les immeubles que dans les formes prescrites par les lois sur la procédure; il est tenu d'en déléguer le prix aux créanciers hypothécaires qui se sont fait connaître.

Leg. 22, §. 4, 5 et 6, cod. de jure deliberandi.

Article 807. Il est tenu, si les créanciers ou autres personnes intéressées l'exigent de donner caution bonne et solvable de la valeur du mobilier compris dans l'inventaire, et de la portion du prix des immeubles non déléguée aux créanciers hypothécaires.

Faute par lui de fournir cette caution, les meubles sont vendus, et leur prix est déposé, ainsi que la portion non déléguée du prix des immeubles, pour être employés à l'acquit des charges de la succession.

Article 808. S'il y a des créanciers opposans, l'héritier bénéficiaire ne peut payer que dans l'ordre et de la manière réglés par le juge.

S'il n'y a pas de créanciers opposans, il paye les créanciers et les légataires à mesure qu'ils se présentent.

Leg. 22, §. 4, *cod. de jure deliberandi.*

Article 809. Les créanciers non opposans qui ne se présentent qu'après l'apurement du compte et le paiement du reliquat, n'ont de recours à exercer que contre les légataires.

Dans l'un et l'autre cas, le recours se prescrit par le laps de trois ans, à compter du jour de l'apurement du compte et du paiement du reliquat.

Leg. 22, §. 4, 5 et 6, *cod. de jure deliberandi.*

Article 810. Les frais de scellés, s'il en a été apposé, d'inventaire et de compte, sont à la charge de la succession.

Leg. 22, §. 9, *cod. de jure deliberandi.*

SECTION IV.

Des Successions vacantes.

Article 811. Lorsqu'après l'expiration des délais pour faire inventaire et pour délibérer, il ne se présente personne qui réclame une succession, qu'il n'y a pas d'héritier connu, ou que les héritiers connus y ont renoncé, cette succession est réputée vacante.

Article 812. Le tribunal de première instance dans l'arrondissement duquel elle est ouverte, nomme un curateur sur la demande des personnes intéressées, ou sur la réquisition du commissaire du Gouvernement.

Leg. 1 , leg. 2 , ff. de curatoribus bonis dandis.

Article 813. Le curateur à une succession vacante est tenu, avant tout, d'en faire constater l'état par un inventaire : il en exerce et poursuit les droits ; il répond aux demandes formées contre elle ; il administre, sous la charge de faire verser le numéraire qui se trouve dans la succession, ainsi que les deniers provenant du prix des meubles ou immeubles vendus, dans la caisse du receveur de la régie nationale, pour la conservation des droits, et à la charge de rendre compte à qui il appartiendra.

Leg. 2 , §. 1, ff. de curatoribus bonis dandis.

Article 814. Les dispositions de la section III du présent chapitre, sur les formes de l'inventaire, sur le mode d'administration et sur les comptes à rendre de la part de l'héritier bénéficiaire, sont au surplus communes aux curateurs à successions vacantes.

CHAPITRE VI.

Du Partage et des Rapports.

SECTION PREMIÈRE.

De l'action en partage et de sa forme.

Article 815. Nul ne peut être contraint à demeurer dans l'indivision ; et le partage peut être toujours provoqué, nonobstant prohibitions et conventions contraires.

On peut cependant convenir de suspendre le partage pendant un temps limité : cette convention ne peut être obligatoire au-delà de cinq ans ; mais elle peut être renouvelée.

Leg. 5 , cod communi dividundo. Leg. 14, §. 2 , ff. eod. Leg. 1 et 45 , ff. familiæ erciscundæ. Leg. 26 , §. 4 , ff. de condictione indebiti. Leg. 70 , ff. pro socio. Leg. 78 , ff. ad senat.-consult. Trebellianum. Leg. ultim., §. 8 , ff. de legatis 2°. = BARTOL. in leg. 7 , ff de annuis legatis.

Article 816. Le partage peut être demandé, même quand l'un des cohéritiers·

aurait joui séparément de partie des biens de la succession, s'il n'y a eu un acte de partage, ou possession suffisante pour acquérir la prescription.

Leg. 21, cod. de pactis. Leg. 4, cod. communi dividundo. Leg. 12, cod. familiæ erciscundæ. Leg. 2, 6 et 8, cod. communia utriusque judicii. = Argum. ex leg. 64, ff. pro socio. = Maine, art. 448; Anjou, art. 443. = BARTOL. et gloss. in leg. 4, cod. communi dividundo. = Leg. 8, cod. de jure deliber. et de adeundâ. Leg. 3 et 4, cod. in quibus causis cessat longi temporis prescript.

Article 817. L'action en partage, à l'égard des cohéritiers mineurs ou interdits, peut être exercée par leurs tuteurs, spécialement autorisés par un conseil de famille.

À l'égard des cohéritiers absens, l'action appartient aux parens envoyés en possession.

Leg. 1, in pr., ff. de rebus eorum qui sub tutelâ vel. cur. sunt. Leg. 17°, cod. de prædiis et aliis rebus minorum.

Article 818. Le mari peut, sans le concours de sa femme, provoquer le partage des objets meubles ou immeubles à elle échus qui tombent dans la communauté: à l'égard des objets qui ne tombent pas en communauté, le mari ne peut en provoquer le partage sans le concours de sa femme; il peut seulement, s'il a le droit de jouir de ses biens, demander un partage provisionnel.

Les cohéritiers de la femme ne peuvent provoquer le partage définitif qu'en mettant en cause le mari et la femme.

Si le mari peut provoquer le partage de l'immeuble donné en dot. Vid. leg. 78, § 4, ff de jur. dotium; leg. 2, cod. de fundo dotali.

Article 819. Si tous les héritiers sont présens et majeurs, l'apposition de scellés sur les effets de la succession n'est pas nécessaire, et le partage peut être fait dans la forme et par tel acte que les parties intéressées jugent convenable.

Si tous les héritiers ne sont pas présens, s'il y a parmi eux des mineurs ou des interdits, le scellé doit être apposé dans le plus bref délai, soit à la requête des héritiers, soit à la diligence du commissaire du Gouvernement près le tribunal de première instance, soit d'office par le juge de paix dans l'arrondissement duquel la succession est ouverte.

Article 820. Les créanciers peuvent aussi requérir l'apposition des scellés, en vertu d'un titre exécutoire ou d'une permission du juge.

Article 821. Lorsque le scellé a été apposé , tous créanciers peuvent y former opposition , encore qu'ils n'aient ni titre exécutoire ni permission du juge.

Les formalités pour la levée des scellés et la confection de l'inventaire , sont réglées par les lois sur la procédure.

Article 822. L'action en partage , et les contestations qui s'élèvent dans le cours des opérations, sont soumises au tribunal du lieu de l'ouverture de la succession.

C'est devant ce tribunal qu'il est procédé aux licitations , et que doivent être portées les demandes relatives à la garantie des lois entre copartageans et celles en rescision du partage.

Leg. unicâ , cod. ubi de hæreditate agatur. Leg. 37 , §. 1 , ff. de obligationibus et actionibus. = *Edit de Crémieu, de 1536 , art. 7.*

Article 823. Si l'un des cohéritiers refuse de consentir au partage , ou s'il s'élève des contestations soit sur le mode d'y procéder , soit sur la manière de le terminer , le tribunal prononce comme en matière sommaire , ou commet, s'il y a lieu, pour les opérations du partage , un des juges, sur le rapport duquel il décide les contestations.

Article 824. L'estimation des immeubles est faite par experts choisis par les parties intéressées , ou , à leur refus , nommés d'office.

Le procès-verbal des experts doit présenter les bases de l'estimation : il doit indiquer si l'objet estimé peut être commodément partagé; de quelle manière ; fixer enfin , en cas de division , chacune des parts qu'on peut en former , et leur valeur.

Article 825. L'estimation des meubles , s'il n'y a pas eu de prisée faite dans un inventaire régulier , doit être faite par gens à ce connaissant , à juste prix et sans crue.

Article 826. Chacun des cohéritiers peut demander sa part en nature des meubles et immeubles de la succession : néanmoins, s'il y a des créanciers saisissans ou opposans , ou si la majorité des cohéritiers juge la vente nécessaire pour l'acquit des dettes et charges de la succession, les meubles sont vendus publiquement en la forme ordinaire.

Argum. ex leg. 26 , ff familiæ erciscundæ. Leg. 28 , ff. eod.

21

Article 827. Si les immeubles ne peuvent pas se partager commodément, il doit être procédé à la vente par licitation devant le tribunal.

Cependant les parties, si elles sont toutes majeures, peuvent consentir que la licitation soit faite devant un notaire, sur le choix duquel elles s'accordent.

Edict. perpet., *lib.* 10, *tit.* 2. *Leg.* 22, §. 1 ; *leg.* 30 *et* 55, *ff. familiæ erciscundæ. Leg.* 3, *cod. communi dividundo.*

Article 828. Après que les meubles et immeubles ont été estimés et vendus, s'il y a lieu, le juge commissaire renvoie les parties devant un notaire dont elles conviennent, ou nommé d'office, si les parties ne s'accordent pas sur le choix.

On procède devant cet officier, aux comptes que les copartageans peuvent se devoir, à la formation de la masse générale, à la composition des lots, et aux fournissemens à faire à chacun des co-partageans.

Article 829. Chaque cohéritier fait rapport à la masse, suivant les règles qui seront ci-après établies, des dons qui lui ont été faits, et des sommes dont il est débiteur.

Article 830. Si le rapport n'est pas fait en nature, les cohéritiers à qui il est dû, prélèvent une portion égale sur la masse de la succession.

Les prélèvemens se font autant que possible, en objets de même nature, qualité et bonté que les objets non rapportés en nature.

Article 831. Après ces prélèvemens, il est procédé, sur ce qui reste dans la masse, à la composition d'autant de lots égaux qu'il y a d'héritiers copartageans, ou de souches copartageantes.

Article 832. Dans la formation et composition des lots, on doit éviter, autant que possible, de morceler les héritages et de diviser les exploitations; et il convient de faire entrer dans chaque lot, s'il se peut, la même quantité de meubles, d'immeubles, de droits ou de créances de même nature et valeur.

Leg. 55, *ff. familiæ erciscundæ. Leg.* 7 *et* 21, *ff communi dividundo. Leg.* 11, *cod. communia utriusque.*= Bretagne, art. 566.

Article 833. L'inégalité des lots en nature se compense par un retour, soit en rente, soit en argent.

Leg. 55 , §. 2 ; *le.g* 55 , *ff. famil. erciscundœ.* = *Institut. de officio judicis ,* §. 4.

Article 834. Les lots sont faits par l'un des cohéritiers , s'ils peuvent convenir entre eux sur le choix , et si celui qu'ils avaient choisi accepte la commission : dans le cas contraire , les lots sont faits par un expert que le juge commissaire désigne.

Ils sont ensuite tirés au sort.

Article 835. Avant de procéder au tirage des lots , chaque copartageant est admis à proposer ses réclamations contre leur formation.

Article 836. Les règles établies pour la division des masses à partager , sont également observées dans la subdivision à faire entre les souches copartageantes.

Article 837. Si , dans les opérations renvoyées devant un notaire , il s'élève des contestations , le notaire dressera procès-verbal des difficultés et des dires respectifs des parties , les renverra devant le commissaire nommé pour le partage ; et , au surplus , il sera procédé , suivant les formes prescrites par les lois sur la procédure.

Article 838. Si tous les cohéritiers ne sont pas présens , ou s'il y a parmi eux des interdits , ou des mineurs , même émancipés , le partage doit être fait en justice , conformément aux règles prescrites par les articles 819 et suivans , jusques et compris l'article précédent. S'il y a plusieurs mineurs qui aient des intérêts opposés dans le partage , il doit leur être donné à chacun un tuteur spécial et particulier.

Article 839. S'il y a lieu à licitation , dans le cas du précédent article , elle ne peut être faite qu'en justice avec les formalités prescrites pour l'aliénation des biens des mineurs. Les étrangers y sont toujours admis.

Article 840. Les partages faits conformément aux règles ci-dessus prescrites , soit par les tuteurs , avec l'autorisation d'un conseil de famille , soit par les mineurs émancipés , assistés de leurs curateurs , soit au nom des absens ou non présens , sont définitifs : ils ne sont que provisionnels , si les règles prescrites n'ont pas été observées.

Article 841. Toute personne, même parente du défunt, qui n'est pas son successible, et à laquelle un cohéritier aurait cédé son droit à la succession, peut être écartée du partage, soit par tous les cohéritiers, soit par un seul, en lui remboursant le prix de la cession.

Argum. ex leg. 22 *et* 23 , *cod. mandati vel contra.*=LEBRUN, des successions, liv. 4, chap. 2, sect. 3, n°. 66 (1)

Article 842. Après le partage, remise doit être faite à chacun des copartageans, des titres particuliers aux objets qui lui seront échus.

Les titres d'une propriété divisée, restent à celui qui a la plus grande part, à la charge d'en aider ceux de ses copartageans qui y auront intérêt, quand il en sera requis.

Les titres communs à toute l'hérédité sont remis à celui que tous les héritiers ont choisi pour en être le dépositaire, à la charge d'en aider les copartageans, à toute réquisition. S'il y a difficulté sur ce choix, il est réglé par le juge.

Leg. 5, *cod. communia utriusque. Leg.* 4, §. 3 ; *leg.* 5 *et* 6, *ff. familiæ erciscundæ. Leg. ultim. , ff. de fide instrumentorum.*

SECTION II.

Des Rapports.

Article 843. Tout héritier, même bénéficiaire, venant à une succession, doit rapporter à ses cohéritiers tout ce qu'il a reçu du défunt, par donations entre-vifs directement ou indirectement : il ne peut retenir les dons ni réclamer les legs à lui faits par le défunt, à moins que les dons et legs ne lui aient été faits expressément par préciput et hors part ou avec dispense du rapport.

Leg. 1, *ff. de collatione bonorum. Leg.* 17 *et* 20 , *cod. de collationibus.* = *Novell.* 18 , *cap.* 6. *Authentic. ex testamento , cod. de collationibus. Leg.* 39, §. 1 , *ff. familiæ erciscundæ. Leg.* 25 , *cod. eod. Leg.* 4 , *ff. de collatione dotis.* = Paris , art. 304 ; Anjou , art. 304 ; Maine , art. 278 ; Rheims , art. 317 ; Laon , art. 88 et 89 ; Vitry , art. 73 ; Châlons , art. 100 , 101 et 103 ; Noyon, art. 16 ; St.-Quentin , art. 44 ; Ribemont , 78 ; Chaulny , art. 48 et 49 ; Amiens , art. 92 et 93 ; Berry , tit. 16 , art. 42 ; Peronne , art. 204 (2).

---

(1). Si un cohéritier peut être contraint de rapporter à la masse les droits litigieux qu'il a acquis des créanciers de la succession. = Vid. *Leg.* 89, §. 4 , *ff. de legat.* 2°. *Argum. ex leg.* 1 , *cod. de dol. Et leg.* 19 , *cod. famil. erciscund.*

(2) Deux de nos coutumes faisaient cesser le rapport , dans le cas où la donation avait été faite par contrat de mariage. *Voy.* Chaulny , art. 19 , et Bourbonnais, art. 315.

Article 844. Dans le cas même où les dons et legs auraient été faits par préciput ou avec dispense du rapport, l'héritier venant à partage ne peut les retenir que jusqu'à concurrence de la quotité disponible : l'excédant est sujet à rapport.

Leg. 20, § 2, *cod. de collationibus.* = Paris, art. 307; Auxerre, art. 244; Blois, art. 167; Nivernais, chap. 27, art. 11; Sens, art. 269.

Article 845. L'héritier qui renonce à la succession, peut cependant retenir le don entre-vifs, ou réclamer le legs à lui fait, jusqu'à concurrence de la portion disponible.

Leg. 17; *leg.* 20, § 1, *cod. de collationibus. Leg.* 25, *cod. familiæ erciscundæ.* = *Novell.* 92, *cap.* 1. = *Authenticâ si parens cod. de inofficioso testamento.* = Paris, art. 307; Vitry, art. 73 et 99; Laon, art. 91; Châlons, art. 100; Ribemont, art. 81 (1).

Article 846. Le donataire qui n'était pas héritier présomptif lors de la donation, mais qui se trouve successible au jour de l'ouverture de la succession, doit également le rapport, à moins que le donateur ne l'en ait dispensé.

Article 847. Les dons et legs faits au fils de celui qui se trouve successible à l'époque de l'ouverture de la succession, sont toujours réputés faits avec dispense du rapport.

Le père venant à la succession du donateur, n'est pas tenu de les rapporter.

Paris, art. 306; Calais, art. 94; Orléans, art. 308; Blois, art. 168; Sedan, art. 189 et 190.

Article 848. Pareillement, le fils venant de son chef à la succession du donateur, n'est pas tenu de rapporter le don fait à son père, même quand il aurait accepté la succession de celui-ci : mais si le fils ne vient que par représentation, il doit rapporter ce qui avait été donné à son père, même dans le cas où il aurait répudié sa succession.

Leg. 19, *cod. de collationibus.* = Paris, art. 308; Orléans, art. 307; Calais, art. 100.

---

(1) Quelques coutumes ne laissaient pas aux enfans et héritiers, la faculté de se tenir aux avantages qui leur avaient été faits, mais elles les obligeaient de rapporter nécessairement tout ce qui leur avait été donné, quoiqu'ils renonçassent à la succession, et quand même les dons avaient été faits par contrat de mariage. *Voy.* Anjou, art. 334; Maine, art. 346; Touraine, art 309; Lodunois, tit. 27, art. 12.

Article 849. Les dons et legs faits au conjoint d'un époux successible, sont réputés faits avec dispense du rapport.

Si les dons et legs sont faits conjointement à deux époux, dont l'un seulement est successible, celui-ci en rapporte la moitié; si les dons sont faits à l'époux successible, il les rapporte en entier.

Article 850. Le rapport ne se fait qu'à la succession du donateur.

Article 851. Le rapport est dû de ce qui a été employé pour l'établissement d'un des cohéritiers, ou pour le paiement de ses dettes.

Leg. 20, *cod. de collationibus.*

Article 852. Les frais de nourriture, d'entretien, d'éducation, d'apprentissage, les frais ordinaires d'équipement, ceux de noces et présens d'usage, ne doivent pas être rapportés.

Leg. 1, §. 15 et 16, *ff. de collatione bonorum.* Leg. 20, §. 6; leg. 50, *ff. familiæ erciscundæ.* = Vermandois, art. 95; Rheims, art. 322; Orléans, art. 303 et 509; Tours, art. 304; Anjou, art. 261; Maine, art. 279. = Arrêtés de LAMOIGNON, des rapports, art. 12. = Berry, tit. 19, art. 42; Auxerre, art. 253 (1).

Article 853. Il en est de même des profits que l'héritier a pu retirer de conventions passées avec le défunt, si ces conventions ne présentaient aucun avantage indirect, lorsqu'elles ont été faites.

CHOPIN, sur Anjou, liv. 3, ch. 1, tit. 4, nomb. 5; LEGRAND, sur Troyes, art. 102; nomb. 11 et 13.=*Argum. ex leg.* 36 et 38,*ff. de contrahendâ emptione.* Leg. 3, leg. 9, *cod. eod.*

Article 854. Pareillement, il n'est pas dû de rapport pour les associations faites sans fraude entre le défunt et l'un de ses héritiers, lorsque les conditions en ont été réglées par un acte authentique.

Article 855. L'immeuble qui a péri par cas fortuit et sans la faute du donataire, n'est pas sujet à rapport.

Leg. 2, §. 2, *ff. de collatione bonorum. Argum. ex leg.* 22, §. 3, *ff. ad senat.-consul. Trebellianum.* Leg. 40, §. 1, *ff. de condictione indebiti.* Leg. 58, *ff. de legat.* 1°.

_____

(1) Quelques coutumes exigeaient le rapport des habits nuptiaux. *Voy.* Tours, art. 304; Châlons, art. 104; Melun, art. 276; Auxerre, art. 255; Blois, art. 159.

Article 856. Les fruits et les intérêts des choses sujettes à rapport, ne sont dus qu'à compter du jour de l'ouverture de la succession.

Leg. 5 , §. 1 , ff. de dotis collatione. Leg. 20, cod. de collationibus. Leg. 9, cod. familiæ erciscundæ. Leg. cod. de petitione hæreditatis. = Paris, art. 309; Anjou, art. 261; Maine, art. 579; Châlons, art. 100; Bretagne, art. 597; Montargis, chap. 12, art. 2.

Article 857. Le rapport n'est dû que par le cohéritier à son cohéritier; il n'est pas dû aux légataires ni aux créanciers de la succession.

Leg. 1 , § 1 , ff de collationibus.

Article 858. Le rapport se fait en nature ou en moins prenant.

Argum. ex leg. 5 , cod. de collationibus. Leg. 1 , §. 12, ff. de collatione bonorum. = *Novell.* 97, *cap.* 6.

Article 859. Il peut être exigé en nature , à l'égard des immeubles , toutes les fois que l'immeuble donné n'a pas été aliéné par le donataire , et qu'il n'y a pas, dans la succession , d'immeubles de même nature , valeur et bonté , dont on puisse former des lots à-peu-près égaux pour les autres cohéritiers.

Paris , art. 305; Orléans, art. 306; Rheims, art. 317; Sens, art. 268; Auxerre, art. 251 et 252; Châlons, art. 123; Calais, art. 98.

Article 860. Le rapport n'a lieu qu'en moins prenant , quand le donataire a aliéné l'immeuble avant l'ouverture de la succession ; il est dû de la valeur de l'immeuble à l'époque de l'ouverture.

Paris , art. 305.

Article 861. Dans tous les cas , il doit être tenu compte au donataire , des impenses qui ont amélioré la chose , eu égard à ce dont sa valeur se trouve augmentée au temps du partage.

Paris , art. 305. = *Argum. ex leg.* 14, *ff de condictione indebiti.*

Article 862. Il doit être pareillement tenu compte au donataire , des impenses nécessaires qu'il a faites pour la conservation de la chose, encore qu'elles n'aient point amélioré le fonds.

Leg. 1 , §. 5 , ff. de dotis collatione. Leg. 1 , §. 1 ; leg. 2 , 5 et 14 , ff. de impensis in rebus dotalibus factis. Leg. 79 , ff. de verborum significatione.

Article 863. Le donataire, de son côté, doit tenir compte des dégradations et détériorations qui ont diminué la valeur de l'immeuble, par son fait ou par sa faute et négligence.

Article 864. Dans le cas où l'immeuble a été aliéné par le donataire, les améliorations ou dégradations faites par l'acquéreur doivent être imputées conformément aux trois articles précédens.

Article 865. Lorsque le rapport se fait en nature, les biens se réunissent à la masse de la succession, francs et quittes de toutes charges créées par le donataire ; mais les créanciers ayant hypothèque peuvent intervenir au partage, pour s'opposer à ce que le rapport se fasse en fraude de leurs droits.

D'ARGENTRÉ, sur l'art. 433 de la coutume de Bretagne; LEBRUN, des succ., liv. 3, ch. 6, sect. 4.

Article 866. Lorsque le don d'un immeuble fait à un successible avec dispense du rapport, excède la portion disponible, le rapport de l'excédant se fait en nature, si le retranchement de cet excédant peut s'opérer commodément.

Dans le cas contraire, si l'excédant est de plus de moitié de la valeur de l'immeuble, le donataire doit rapporter l'immeuble en totalité, sauf à prélever sur la masse la valeur de la portion disponible : si cette portion excède la moitié de la valeur de l'immeuble, le donataire peut retenir l'immeuble en totalité, sauf à moins prendre, et à récompenser ses cohéritiers en argent ou autrement.

Argum. ex leg. 31, § 4, *ff. de donationibus inter virum et uxorem.*

Article 867. Le cohéritier qui fait le rapport en nature d'un immeuble, peut en retenir la possession jusqu'au remboursement effectif des sommes qui lui sont dues pour impenses ou améliorations.

Ordonnance de 1667, tit. 27, art. 9.

Article 868. Le rapport du mobilier ne se fait qu'en moins prenant. Il se fait sur le pied de la valeur du mobilier lors de la donation, d'après l'état estimatif annexé à l'acte ; et, à défaut de cet état, d'après une estimation par experts, à juste prix et sans crue.

Article 869. Le rapport de l'argent donné se fait en moins prenant dans le numéraire de la succession.

En cas d'insuffisance, le donataire peut se dispenser de rapporter du numéraire, en abandonnant jusqu'à due concurrence, du mobilier, et à défaut de mobilier, des immeubles de la succession.

SECTION III.

Du Paiement des Dettes.

Article 870. Les cohéritiers contribuent entre eux au paiement des dettes et charges de la succession, chacun dans la proportion de ce qu'il y prend.

Leg. 2 et 7, cod. de hœreditariis actionibus. Leg. 1 et 2, cod. si unus ex pluribus hœredibus. Leg. 1, cod. de exceptionibus seu prescriptionibus. Leg. 1, cod. si certum petatur. Leg. 6, cod. familiæ erciscundæ. Leg. 26, cod. de pactis. Leg. 10, cod. de jure deliberandi. Leg. 25, §. 13, ff. familiæ erciscundæ. Leg. 33, ff. de legatis 2°. Leg. 2, cod. de annonis et tributis. = Paris, art. 332 et 333.*

Article 871. Le légataire à titre universel contribue avec les héritiers, au prorata de son émolument; mais le légataire particulier n'est pas tenu des dettes et charges, sauf toutefois l'action hypothécaire sur l'immeuble légué.

Paris, art. 334; Péronne, art. 198; Amiens, art. 90, 91 et 195; Lille, art. 27. = *Leg. 13, cod. de hœredibus instituendis. Leg. 168, §. 1, ff. de regulis juris.*

Article 872. Lorsque des immeubles d'une succession sont grevés de rentes par hypothèque spéciale, chacun des cohéritiers peut exiger que les rentes soient remboursées et les immeubles rendus libres avant qu'il soit procédé à la formation des lots. Si les cohéritiers partagent la succession dans l'état où elle se trouve, l'immeuble grevé doit être estimé au même taux que les autres immeubles; il est fait déduction du capital de la rente sur le prix total; l'héritier dans le lot duquel tombe cet immeuble, demeure seul chargé du service de la rente, et il doit en garantir ses cohéritiers.

Article 873. Les héritiers sont tenus des dettes et charges de la succession, personnellement pour leur part et portion virile, et hypothécairement pour le tout; sauf leur recours, soit contre leurs cohéritiers, soit contre les légataires universels, à raison de la part pour laquelle ils doivent y contribuer.

Leg. 2 et 7, cod. de hœreditariis actionibus. Argum. ex leg. 65, ff. de evictionibus. Leg. 8, §. 2, ff. de pignoratitiâ actione. Leg. 6 et 16, cod. de distractione pignorum. = Paris, art. 333; Rheims, art. 185.*

22

Article 874. Le légataire particulier qui a acquitté la dette dont l'immeuble légué était grevé, demeure subrogé au droit du créancier contre les héritiers et successeurs à titre universel.

Leg. 57 , *ff. de legatis,* 1°. *Leg.* 23 , *in pr.* , *ff. de peculio legato.*

Article 875. Le cohéritier ou successeur à titre universel , qui, par l'effet de l'hypothèque , a payé au-delà de sa part de la dette commune , n'a de recours contre les autres cohéritiers ou successeurs à titre universel , que pour la part que chacun d'eux doit personnellement en supporter , même dans le cas où le cohéritier qui a payé la dette se serait fait subroger aux droits des créanciers , sans préjudice néanmoins des droits d'un cohéritier qui , par l'effet du bénéfice d'inventaire , aurait conservé la faculté de réclamer le paiement de sa créance personnelle , comme tout autre créancier.

Paris , art. 333. = *Argum. ex leg.* 2 , *cod. de duobus reis stipulandi et promittendi. Lég.* 22 , §. 9 , *cod. de jure deliberandi.*

Article 876. En cas d'insolvabilité d'un des cohéritiers ou successeurs à titre universel , sa part dans la dette hypothécaire est répartie sur tous les autres , au marc le franc.

Argum ex leg. 36 *et* 39 , *ff. de fide jussoribus et mandatoribus. Leg.* 11 , *cod. eod. titul. Leg.* 76 , *ff. de solutionibus et liberationibus.*

Article 877. Les titres exécutoires contre le défunt sont pareillement exécutoires contre l'héritier personnellement ; et néanmoins les créanciers ne pourront en poursuivre l'exécution que huit jours après la signification de ces titres à la personne ou au domicile de l'héritier.

Contr. Paris , art. 168 ; *Sens* , art. 120 ; *Boulenois* , art. 151. *Voy.* aussi ordonnance de Villers-Cotterets, de 1539 , art. 71 et 72.

Article 878. Ils peuvent demander, dans tous les cas , et contre tout créancier , la séparation du patrimoine du défunt d'avec le patrimoine de l'héritier.

Leg. 1 , §. 1 , *ff. de separationibus. Leg.* 2 , *cod. de bonis auctoritate judicis possidendis* (1).

_____

(1) Si le légataire peut demander la séparation des biens. *Vid. Leg.* 4 , §. 1 , *ff. de separationibus.*

Article 879. Ce droit ne peut cependant plus être exercé, lorsqu'il y a novation dans la créance contre le défunt, par l'acceptation de l'héritier pour débiteur.

Leg. 1, §. 10 *et* 11 *et* 15, *ff. de separationibus. Leg.* 2, *cod. de bonis auctoritate judicis possidendis.*

Article 880. Il se prescrit, relativement aux meubles, par le laps de trois ans.

A l'égard des immeubles, l'action peut être exercée tant qu'ils existent dans la main de l'héritier.

Leg. 1, §. 12 *et* 15, *ff. de separationibus.*

Article 881. Les créanciers de l'héritier ne sont point admis à demander la séparation des patrimoines contre les créanciers de la succession.

Leg. 1, §. 2 *et* 5, *ff. de separationibus.*

Article 882. Les créanciers d'un copartageant, pour éviter que le partage ne soit fait en fraude de leurs droits, peuvent s'opposer à ce qu'il y soit procédé hors de leur présence : ils ont le droit d'y intervenir à leurs frais; mais ils ne peuvent attaquer un partage consommé, à moins toutefois qu'il n'y ait été procédé sans eux et au préjudice d'une opposition qu'ils auraient formée.

MONTHOLON, arrêt 55; LOUET, lett. R., n°. 20 et 21; LEBRUN, des successions, liv. 7, chap. 8, sect. 2, n°. 27.

SECTION IV.

Des effets du Partage, et de la garantie des lots.

Article 883. Chaque cohéritier est censé avoir succédé seul et immédiatement à tous les effets compris dans son lot, ou à lui échus sur licitation, et n'avoir jamais eu la propriété des autres effets de la succession.

Leg. 1, *cod communia utriusque. Leg.* 20, §. 3; *leg.* 44, §. 1, *ff. familiæ erciscundæ. Leg.* 77, § 18, *ff. de legatis* 2°. (1).

---

(1) Quelques textes du droit romain établissent que les hypothèques données par un cohéritier sur les biens de la succession, ne se réduisent pas à ceux que le partage attribue au cohéritier débiteur; mais qu'elles subsistent sur tous les biens de la succession, nonobstant le partage,

Article 884. Les cohéritiers demeurent respectivement garans, les uns envers les autres, des troubles et évictions seulement qui procèdent d'une cause antérieure au partage.

La garantie n'a pas lieu, si l'espèce d'éviction soufferte a été exceptée par une clause particulière et expresse de l'acte de partage ; elle cesse, si c'est par sa faute que le cohéritier souffre l'éviction.

Leg. 14, *cod. familiæ erciscundæ. Leg.* 20, §. 3; *leg.* 25, §. 21 ; *leg.* 33, *ff. eod.* = Bretagne, art. 142. Loiseau, garantie dès rentes, chap. 3, nomb. 3.

Argum. ex leg. 14, §. 9, *ff. de edilitio edicto. Leg.* 8, *cod. de evictionibus. Leg.* 77, §. 8, *ff. de legatis* 2°.

Article 885. Chacun des cohéritiers est personnellement obligé, en proportion de sa part héréditaire, d'indemniser son cohéritier de la perte que lui a causée l'éviction.

Si l'un des cohéritiers se trouve insolvable, la portion dont il est tenu doit être également répartie entre le garanti et tous les cohéritiers solvables.

Leg. 1 *et* 2 , *cod. si unus ex pluribus hæredibus.*

Article 886. La garantie de la solvabilité du débiteur d'une rente ne peut être exercée que dans les cinq ans qui suivent le partage. Il n'y a pas lieu à garantie à raison de l'insolvabilité du débiteur, quand elle n'est survenue que depuis le partage consommé.

Argum. ex leg. 4, *ff. de hæreditate vel actione venditâ. Leg.* 74, §. 3 , *ff. de evictionibus.*

SECTION V.

De la Rescision en matière de partage.

Article 887. Les partages peuvent être rescindés pour cause de violence ou de dol.

Vid. *Leg.* 3, §. 2 , *ff. qui potiores in pignore. Leg.* 6 , §. 8, *ff. communi dividundo. Leg.* 25 , §. 6; *leg.* 54 , *ff. familiæ erciscundæ.*

La disposition de ces lois était rejetée par nos meilleurs auteurs et par la jurisprudence des arrêts. *Voy.* Henrys, tom. 1, liv. 6, chap. 5, quest. 57 ; Louet, lett. H, nomb. 11 ; Duval, traité de *rebus dubiis* , traité 10., n°. 2 , et même par un texte du droit romain. Vid. *Leg. unica* , *cod. si communis res pignori data sit.*

Il peut aussi y avoir lieu à rescision, lorsqu'un des cohéritiers établit, à son préjudice, une lésion de plus du quart. La simple omission d'un objet de la succession ne donne pas ouverture à l'action en rescision, mais seulement à un supplément à l'acte de partage.

Leg. 1, *ff.*, *cod. metûs causâ. Leg.* 1, §. 1, *ff. de dolo malo. Leg.* 1, *cod. familiæ ercis-cundœ. Leg.* 20, §. 4, *ff. eod.*

Argum. ex leg. 4, *cod. communi dividundo. Leg.* 3, *cod. communia utriusque judicii. Leg.* 22, §. 4, *ff. familiæ erciscundæ* (1).

Article 888. L'action en rescision est admise contre tout acte qui a pour objet de faire cesser l'indivision entre cohéritiers, encore qu'il fût qualifié de vente, d'échange et de transaction, ou de toute autre manière.

Mais après le partage, ou l'acte qui en tient lieu, l'action en rescision n'est plus admissible contre la transaction faite sur les difficultés réelles que présentait le premier acte, même quand il n'y aurait pas eu à ce sujet de procès commencé.

C'était un point constant dans la jurisprudence française, que le premier acte passé entre cohéritiers, quelque nom qu'on lui donne, n'est jamais considéré que comme un partage. *Voy.* arrêt de Boniface, tom. 2, liv. 1, tit. 13, chap. 3.

Arrêt rapporté par de l'Hommeau, liv. 3, maxime 36 ; Papon, liv. 55, tit. 7, art. 7. = *Leg.* 20, *cod. de transactionibus.* = Ordonnance du mois d'avril 1560.

Article 889. L'action n'est pas admise contre une vente de droit successif faite sans fraude à l'un des cohéritiers, à ses risques et périls, par ses autres cohéritiers, ou par l'un d'eux.

Argum. ex leg. 4, *ff. de hæreditate vel actione venditâ. Leg.* 3, *cod. communia utriusque judicii.* (2)

Article 890. Pour juger s'il y a eu lésion, on estime les objets suivant leur valeur à l'époque du partage.

Argum. ex leg. 8, *cod. de rescindendâ venditione.*

---

(1) Quel est le caractère que doit avoir le violence pour être une cause légitime de rescision d'un partage ? Vid. *Leg.* 1, *leg.* 3, §. 1, *leg.* 5, *leg.* 6, *leg.* 7, *ff. quod metûs caus. Leg.* 184, *ff. de regul. jur. Leg.* 7, *cod. de his quæ vi metûsve caus. Leg.* 22, *leg.* 4, *leg.* 8, §. 1 et 2, *ff. quod metûs caus. Leg.* 8, §. 3 ; *leg.* 9, *ff. eod. Leg.*, 4 *cod. de his quæ vi. Leg.* 5, *cod. eod. Leg.* 14, §. 3, *ff. quod metûs caus.* = Définition du do. Vid. *Leg.* 1, §. 2, *ff. de dol. mal.*

(2) La disposition que contient cet article n'avait lieu dans l'ancienne jurisprudence que lorsque la vente de droits successifs avait été faite à des étrangers. *Voy.* Brodeau sur Louet, lettr. H, nomb. 8 ; Legrand, sur Troyes, art. 57, glos. 2, nomb. 5.

Article 891. Le défendeur à la demande en rescision peut en arrêter le cours et empêcher un nouveau partage, en offrant et en fournissant au demandeur le supplément de sa portion héréditaire, soit en numéraire, soit en nature.

Argum. ex leg. 2, *cod. de rescindendâ venditione.*

Article 892. Le cohéritier qui a aliéné son lot en tout ou partie, n'est plus recevable à intenter l'action en rescision pour dol ou violence, si l'aliénation qu'il a faite est postérieure à la découverte du dol, ou à la cessation de la violence.

TITRE II.

Des Donations entre-vifs et des Testamens.

[Décrété le 15 Floréal an XI. Promulgué le 23 du même mois.]

CHAPITRE PREMIER.

Dispositions générales.

Article 893. On ne pourra disposer de ses biens, à titre gratuit, que par donation entre-vifs ou par testament, dans les formes ci-après établies.

Ordonnance de février 1731, *art* 3.

Article 894. La donation entre-vifs est un acte par lequel le donateur se dépouille actuellement et irrévocablement de la chose donnée, en faveur du donataire qui l'accepte.

Leg. 1, *in pr.*, *ff. de donationibus.*

Article 895. Le testament est un acte par lequel le testateur dispose, pour le temps où il n'existera plus, de tout ou partie de ses biens, et qu'il peut révoquer.

Leg. 1, *ff. qui testamenta facere possunt.*

Article 896. Les substitutions sont prohibées.

Toute disposition par laquelle le donataire, l'héritier institué, ou le légataire, sera chargé de conserver et de rendre à un tiers, sera nulle, même à l'égard du donataire, de l'héritier institué, ou du légataire.

Décret du 25 août 1792. = Loi du 25 octobre 1792.

Article 897. Sont exceptées de l'article précédent les dispositions permises aux pères et mères et aux frères et sœurs, au chapitre VI du présent titre.

Article 898. La disposition par laquelle un tiers serait appelé à recueillir le don, l'hérédité ou le legs, dans le cas où le donataire, l'héritier institué ou le légataire, ne le recueillerait pas, ne sera pas regardée comme une substitution, et sera valable.

Leg. 1, §. 1 ; *leg.* 36, *ff. de vulgari et pupillari substitutione.*

Article 899. Il en sera de même de la disposition entre-vifs ou testamentaire par laquelle l'usufruit sera donné à l'un, et la nue propriété à l'autre.

Leg. 26 §. 1, *ff. de usu et usufructu et reditu legato. Leg.* 9, *ff. de usufructu accrescendo.*

Article 900. Dans toute disposition entre-vifs ou testamentaire, les conditions impossibles, celles qui seront contraires aux lois ou aux mœurs, seront réputées non écrites.

Leg. 3, 20, 64, 72, §. 5, *ff de conditionibus et demonstrationibus. Leg.* 1, 9 et 14, *ff. de conditionibus institutionum. Leg.* 65, §. 1, *ff. ad senat.-consultum Trebellianum. Leg.* 7 et 26, *ff. de verborum obligationibus. Leg.* 104, §. 1, *ff. de legatis* 1°.

Décret du 5 septembre 1791. = Loi du 17 nivôse an 2, art. 12.

CHAPITRE II.

De la Capacité de disposer ou de recevoir par Donation entre-vifs ou par Testament.

Article 901. Pour faire une donation entre-vifs ou un testament, il faut être sain d'esprit.

Leg. 2 et 3 ; *leg.* 8, *in pr. et* §. *ultim. Leg.* 9 et 12 ; *leg.* 13, §. 2 ; *leg.* 18, *ff. qui testamenta facere possunt. Leg.* 2, 3 *et* 9, *cod. eod. tit.* = **Ulpian.** *Fragm.* tit. 20, §. 14 ; §. 1. = *Instit.* *quibus non est permissum facere testamentum.*

Article 902. Toutes personnes peuvent disposer et recevoir, soit par donation entre-vifs, soit par testament, excepté celles que la loi en déclare incapables.

Article 903. Le mineur âgé de moins de seize ans, ne pourra aucunement disposer, sauf ce qui est réglé au chapitre **IX** du présent titre.

Article 904. Le mineur parvenu à l'âge de seize ans ne pourra disposer que par testament, et jusqu'à concurrence seulement de la moitié des biens dont la loi permet au majeur de disposer.

Leg. 5, *ff. qui testamenta facere possunt.* = Paris, art. 283 et 284.

Article 905. La femme mariée ne pourra donner entre-vifs sans l'assistance ou le consentement spécial de son mari, ou sans y être autorisée par la justice, conformément à ce qui est prescrit par les articles 217 et 219, au titre *du Mariage.*

Elle n'aura besoin ni de consentement du mari, ni d'autorisation de la justice, pour disposer par testament.

Berry, tit. 18, art. 13.

Article 906. Pour être capable de recevoir entre-vifs, il suffit d'être conçu au moment de la donation.

Pour être capable de recevoir par testament, il suffit d'être conçu à l'époque du décès du testateur.

Néanmoins la donation ou le testament n'auront leur effet qu'autant que l'enfant sera né viable.

Leg. 26, *ff. de statu hominum* ; §. 8. = *Institut. de hæreditatibus quæ ab intestato deferuntur.* *Leg.* 3, *in fin.,* cod. de liberis et posthumis hæredibus.

Article 907. Le mineur, quoique parvenu à l'âge de seize ans, ne pourra, même par testament, disposer au profit de son tuteur.

Le mineur, devenu majeur, ne pourra disposer, soit par donation entre-vifs, soit par testament, au profit de celui qui aura été son tuteur, si le compte définitif de la tutelle n'a été préalablement rendu et apuré.

Sont exceptés, dans les deux cas ci-dessus, les ascendans des mineurs, qui sont ou qui ont été leurs tuteurs.

Leg. 20, §. 1; *leg.* 28, §. 10; *leg.* 31, §. 2, *ff. de liberatione legata.*
Ordonnance de 1559, art. 131. = Coutume de Paris, art. 276. = Déclaration de Henri II, de février 1549.

Article 908. Les enfans naturels ne pourront, par donation entre-vifs ou par testament, rien recevoir au-delà de ce qui leur est accordé au titre *des Successions.*

Leg. 2; *leg.* 9, §. 3, *cod. de naturalibus liberis.* = Bacquet, du droit de bâtardise, chap. 3.

Article 909. Les docteurs en médecine ou en chirurgie, les officiers de santé et les pharmaciens qui auront traité une personne pendant la maladie dont elle meurt, ne pourront profiter des dispositions entre-vifs ou testamentaires qu'elle aurait faites en leur faveur pendant le cours de cette maladie.

Sont exceptées, 1°. les dispositions rémunératoires faites à titre particulier, eu égard aux facultés du disposant et aux services rendus;

2°. Les dispositions universelles, dans le cas de parenté jusqu'au quatrième degré inclusivement, pourvu toutefois que le décédé n'ait pas d'héritiers en ligne directe; à moins que celui au profit de qui la disposition a été faite, ne soit lui-même du nombre de ces héritiers.

Les mêmes règles seront observées à l'égard du ministre du culte.

Leg. 9, *cod. de professoribus et medicis. Leg.* 3, *ff. de extraordinariis cognitionibus.*

Article 910. Les dispositions entre-vifs ou par testament, au profit des hospices, des pauvres d'une commune, ou d'établissemens d'utilité publique, n'auront leur effet qu'autant qu'elles seront autorisées par un arrêté du Gouvernement.

Leg. 32, §. 2; *leg.* 73, §. 1; *leg.* 122, *ff. de legatis* 1°. = Ulpian. *Fragment, tit.* 22, §. 4; *leg.* 26, *ff. ad senat.-consult. Trebellianum. Leg.* 1 et 12, *cod. de hæredibus instituend. Leg.* 24, *cod. de episcop. et clericis.*

Article 911. Toute disposition au profit d'un incapable sera nulle, soit qu'on la déguise sous la forme d'un contrat onéreux, soit qu'on la fasse sous le nom de personnes interposées.

Argum. ex leg 3; *leg.* 5, §. 2; *leg.* 32, §. 24, 25 et 26, *ff. de donation. inter vir. et uxorem.*

Seront réputés personnes interposées les pères et mères , les enfans et descendans, et l'époux de la personne incapable.

Article 912. On ne pourra disposer au profit d'un étranger , que dans le cas où cet étranger pourrait disposer au profit d'un Français.

Voy. les notes sur l'article 11 du code civil.

CHAPITRE III.

De la Portion de Biens disponible , et de la Réduction.

SECTION PREMIERE.

De la Portion de biens disponible.

Article 913. Les libéralités , soit par acte entre-vifs , soit par testament , ne pourront excéder la moitié des biens du disposant , s'il ne laisse à son décès qu'un enfant légitime ; le tiers , s'il laisse deux enfans ; le quart , s'il en laisse trois ou un plus grand nombre.

Leg. 6 , *cod. de inofficioso testamento. Leg.* 8 , § 15 , *ff. eod. Authentic. novissima , cod. eod.* Paris, art. 298. = *Novell.* 18 , *cap.* 2.

Article 914. Sont compris dans l'article précédent , sous le nom d'*enfans ,* les descendans en quelque degré que ce soit ; néanmoins ils ne sont comptés que pour l'enfant qu'ils représentent dans la succession du disposant.

Leg. 220 , *ff. de verborum significatione.*

Article 915. Les libéralités , par actes entre-vifs ou par testament , ne pourront excéder la moitié des biens , si , à défaut d'enfant , le défunt laisse un ou plusieurs ascendans dans chacune des lignes paternelle et maternelle ; et les trois quarts , s'il ne laisse d'ascendans que dans une ligne.

Les biens ainsi réservés au profit des ascendans , seront par eux recueillis dans l'ordre où la loi les appelle à succéder : ils auront seuls droit à cette réserve , dans tous les cas où un partage en concurrence avec des collatéraux ne leur donnerait pas la quotité de biens à laquelle elle est fixée.

Article 916. A défaut d'ascendans et de descendans, les libéralités par actes entre-vifs ou testamentaires pourront épuiser la totalité des biens.

Novell. 115, *cap.* 4. = *Leg.* 14 *et* 15, *ff. de inofficioso testamento.* (1)

Article 917. Si la disposition par acte entre-vifs ou par testament est d'un usu-fruit ou d'une rente viagère dont la valeur excède la quotité disponible, les héritiers au profit desquels la loi fait une réserve, auront l'option, ou d'exécuter cette dis-position, ou de faire l'abandon de la propriété de la quotité disponible.

Article 918. La valeur en pleine propriété des biens aliénés, soit à charge de rente viagère, soit à fonds perdu, ou avec réserve d'usufruit, à l'un des successibles en ligne directe, sera imputée sur la portion disponible ; et l'excédant, s'il y en a, sera rapporté à la masse. Cette imputation et ce rapport ne pourront être demandés par ceux des autres successibles en ligne directe qui auraient consenti à ces aliénations, ni, dans aucun cas, par les successibles en ligne collatérale.

Loi du 17 nivôse an 2, art. 26.

Article 919. La quotité disponible pourra être donnée en tout ou en partie, soit par acte entre-vifs, soit par testament, aux enfans ou autres successibles du dona-teur, sans être sujette au rapport par le donataire ou le légataire venant à la succession, pourvu que la disposition ait été faite expressément à titre de préciput ou hors part.

La déclaration que le don ou le legs est à titre de préciput ou hors part, pourra être faite, soit par l'acte qui contiendra la disposition, soit postérieurement dans la forme des dispositions entre-vifs ou testamentaires.

SECTION II.

De la Réduction des Donations et Legs.

Article 920. Les dispositions, soit entre-vifs, soit à cause de mort, qui excéde-ront la quotité disponible, seront réductibles à cette quotité lors de l'ouverture de la succession.

---

(1) Le droit romain n'établissait aucune réserve en faveur des collatéraux ; mais ceux-ci pou-vaient intenter la querelle d'inofficiosité contre le testament de leur parent, lorsque l'héritier institué était une personne infâme. Vid. *leg.* 27 . *cod. de inofficioso testamento. Leg.* 1, *ff. eod.*

Article 921. La réduction des dispositions entre-vifs ne pourra être demandée que par ceux au profit desquels la loi fait la réserve, par leurs héritiers ou ayant-cause ; les donataires , les légataires, ni les créanciers du défunt, ne pourront demander cette réduction , ni en profiter.

Voy. RICARD , des donations , part. 1 , n°s. 1667 , 1668 et 1669.

Article 922. La réduction se détermine en formant une masse de tous les biens existans au décès du donateur ou testateur. On y réunit fictivement ceux dont il a été disposé par donations entre-vifs , d'après leur état à l'époque des donations et leur valeur au temps du décès du donateur. On calcule sur tous ces biens, après en avoir déduit les dettes , quelle est , eu égard à la qualité des héritiers qu'il laisse , la quotité dont il a pu disposer.

Voy. POTHIER , coutume d'Orléans, introduction au tit. 15, sect. 4 , §. 4 , n°. 78.

Article 923. Il n'y aura jamais lieu à réduire les donations entre-vifs, qu'après avoir épuisé la valeur de tous les biens compris dans les dispositions testamentaires ; et lorsqu'il y aura lieu à cette réduction , elle se fera en commençant par la dernière donation , et ainsi de suite en remontant des dernières aux plus anciennes.

Ordonnance de 1731 , art. 34. = Anjou, art. 335 ; le Maine , art. 347. = *Argum. ex leg.* 24, *ff. qui et à quibus manumiss. liberi non fiunt. Leg.* 16 , §. 2 , *ff. de jure patronatûs.*

Article 924. Si la donation entre-vifs réductible a été faite à l'un des successibles , il pourra retenir , sur les biens donnés , la valeur de la portion qui lui appartiendrait , comme héritier , dans les biens non disponibles , s'ils sont de la même nature.

Ordonnance de 1731 , art. 34.

Article 925. Lorsque la valeur des donations entre-vifs excédera ou égalera la quotité disponible , toutes les dispositions testamentaires seront caduques.

Article 926. Lorsque les disposisions testamentaires excéderont , soit la quotité disponible , soit la portion de cette quotité qui resterait après avoir déduit la valeur des donations entre-vifs , la réduction sera faite au marc le franc , sans aucune distinction entre les legs universels et les legs particuliers.

Leg. 73 , §. 5 , *ff. ad legem Falcidiam.*

Article 927. Néanmoins , dans tous les cas où le testateur aura expressément déclaré qu'il entend que tel legs soit acquitté de préférence aux autres , cette préférence aura lieu; et le legs qui en sera l'objet, ne sera réduit qu'autant que la valeur des autres ne remplirait pas la réserve légale.

Article 928. Le donataire restituera les fruits de ce qui excédera la portion disponible, à compter du jour du décès du donateur, si la demande en réduction a été faite dans l'année; sinon, du jour de la demande.

Leg. 5 §. 18; *leg.* 7, §. 3; *leg.* 16; *leg.* 28, §. 3; *leg.* 29; *leg.* 30, 31, 36, 39, 50 *et* 55, *ff. de donationibus inter virum et uxorem.*

Article 929. Les immeubles à recouvrer par l'effet de la réduction, le seront sans charge de dettes ou hypothèques créées par le donataire.

Ordonnance de 1731, art. 42.

Article 930. L'action en réduction ou revendication pourra être exercée par les héritiers contre les tiers détenteurs des immeubles faisant partie des donations et aliénés par les donataires, de la même manière et dans le même ordre que contre les donataires eux-mêmes, et discussion préalablement faite de leurs biens. Cette action devra être exercée suivant l'ordre des dates des aliénations, en commençant par la plus récente.

Leg. 16, §. 2, *ff. de jure patronatûs.* = Anjou, art. 335; le Maine, art. 347.= Arrêt de CAM-BOLAS, liv. 3, chap. 30. = Ordonnance de 1731, art. 34.

CHAPITRE IV.

Des Donations entre-vifs.

SECTION PREMIERE.

De la Forme des Donations entre-vifs.

Article 931. Tous actes portant donation entre-vifs seront passés devant notaires, dans la forme ordinaire des contrats; et il en restera minute, sous peine de nullité.

Ordonnance de 1731, art. 1 et 2. = *Leg.* 13, 25, 29 *et* 31, *cod. de donationib:*

Article 932. La donation entre-vifs n'engagera le donateur, et ne produira aucun effet, que du jour qu'elle aura été acceptée en termes exprès.

L'acceptation pourra être faite du vivant du donateur, par un acte postérieur et authentique, dont il restera minute ; mais alors la donation n'aura d'effet, à l'égard du donateur, que du jour où l'acte qui constatera cette acceptation lui aura été notifié.

Ordonnance de 1731, art. 5, 6. = *Leg.* 10, *ff. de donationibus. Leg.* 6, *cod. eod.* = *Argum. ex leg.* 19, §. 2, *ff. de donationibus. Leg.* 10, *cod. de jure deliberandi. Leg.* 69, *ff. de regulis juris.*

Article 933. Si le donataire est majeur, l'acceptation doit être faite par lui, ou ; en son nom, par la personne fondée de sa procuration, portant pouvoir d'accepter la donation faite, ou un pouvoir général d'accepter les donations qui auraient été ou qui pourraient être faites.

Cette procuration devra être passée devant notaires; et une expédition devra en être annexée à la minute de la donation, ou à la minute de l'acceptation qui serait faite par acte séparé.

Ordonnance de 1731, art. 5. = *Leg.* 63, *ff. de procuratoribus. Leg.* 10, *cod. eod.*

Article 934. La femme mariée ne pourra accepter une donation sans le consentement de son mari, ou, en cas de refus du mari, sans autorisation de la justice, conformément à ce qui est prescrit par les articles 217 et 219, au titre *du Mariage.*

Ordonnance de 1731, art. 9.

Article 935. La donation faite à un mineur non émancipé ou à un interdit, devra être acceptée par son tuteur, conformément à l'article 463, au titre *de la Minorité, de la Tutelle et de l'Emancipation.*

Le mineur émancipé pourra accepter avec l'assistance de son curateur.

Néanmoins les père et mère du mineur émancipé ou non émancipé, ou les autres ascendans, même du vivant des père et mère, quoiqu'ils ne soient ni tuteurs ni curateurs du mineur, pourront accepter pour lui.

Ordonnance de 1731, art. 7. = *Leg.* 26, *cod. de donationibus.*

Article 936. Le sourd-muet qui saura écrire, pourra accepter lui-même ou par un fondé de pouvoir.

S'il ne sait pas écrire, l'acceptation doit être faite par un curateur nommé à cet effet, suivant les règles établies au titre de *la Minorité, de la Tutelle et de l'Emancipation.*

Article 937. Les donations faites au profit d'hospices, des pauvres d'une commune, ou d'établissemens d'utilité publique, seront acceptées par les administrateurs de ces communes ou établissemens, après y avoir été dûment autorisés.

Ordonnance de 1731, art. 8. Quels sont les établissemens qui peuvent recevoir par donations ou testamens? Vid. *leg.* 1, *ff. quod cujuscumque universitatis. Leg.* 20, *ff. de rebus dubiis. Leg,* 2, *cod. de administratione rerum publicarum.* = Edit de décembre 1666. = Ricard, des donations, tom. 1, part. 1, chap. 3, sect. 3.

Article 938. La donation dûment acceptée sera parfaite par le seul consentement des parties; et la propriété des objets donnés sera transférée au donataire, sans qu'il soit besoin d'autre tradition.

Leg. 4, *cod. Theodos. de donationibus.* = Paul. *sentent. lib.* 4, *tit.* 1, § 15. = *Leg.* 1; *leg.* 28; *leg.* 35, §. 5, *cod. de donationibus.*
Contr. Argum. ex leg. 20, *cod. de pactis. Leg.* 2, §. 6; *leg.* 35, §. 1 et 2, *ff. de donationibus. Leg.* 1; *leg.* 28; *leg.* 35, §. 5, *cod. eod.*

Article 939. Lorsqu'il y aura donation de biens susceptibles d'hypothèques, la transcription des actes contenant la donation et l'acceptation, ainsi que la notification de l'acceptation qui aurait eu lieu par acte séparé, devra être faite aux bureaux des hypothèques dans l'arrondissement desquels les biens sont situés.

Leg. 25, 27, 30, 32 *et* 36, §. 3, *cod. de donationibus.* = Ordonnance de 1539, art. 132; Ordonnance de Moulins, art. 58; Ordonnance de 1731, art. 20 et 23.

Article 940. Cette transcription sera faite à la diligence du mari, lorsque les biens auront été donnés à sa femme; et si le mari ne remplit pas cette formalité, la femme pourra y faire procéder sans autorisation.

Lorsque la donation sera faite à des mineurs, à des interdits, ou à des établissemens publics, la transcription sera faite à la diligence des tuteurs, curateurs ou administrateurs.

Article 941. Le défaut de transcription pourra être opposé par toutes personnes ayant intérêt, excepté toutefois celles qui sont chargées de faire faire la trans-cription, ou leurs ayant-cause, et le donateur.

Argum. ex leg. 1, *ff. de dolo malo. Leg.* 14, *cod. de rei vindicatione.* = Ordon. de 1539, art. 152; Ordonnance de Moulins, art. 58; Ordonnance de 1731, art. 27 et 31.

Article 942. Les mineurs, les interdits, les femmes mariées, ne seront point restitués contre le défaut d'acceptation ou de transcription des donations; sauf leur recours contre leurs tuteurs ou maris, s'il y échet, et sans que la restitution puisse avoir lieu, dans le cas même où lesdits tuteurs et maris se trouveraient insolvables.

Leg. 1, *ff. de tutel. et rationibus distrahendis. Leg.* 7, *cod. arbitrium tutelæ. Leg.* 5, *cod. de periculo tutorum.* = Ordonnance de 1731, art. 14, 28 et 32. (1)

Article 943. La donation entre-vifs ne pourra comprendre que les biens présens du donateur; si elle comprend des biens à venir, elle sera nulle à cet égard.

Ordonnance de 1731, art. 15. = Arrêtés de LAMOIGNON, tit. 38, art. 19. = *Leg.* 14, *cod. de sacrosanctis ecclesiis. Leg.* 5, *cod. de inofficiosis donationibus. Leg.* 8, *cod. de revocandis donationibus. Leg.* 3, 34, §. 4 et 5. *Leg.* 36, §. *ultim. de donationib.* = *Novell.* 162, *cap.* 1, §. 2.

Article 944. Toute donation entre-vifs faite sous des conditions dont l'exécution dépend de la seule volonté du donateur, sera nulle.

Paris, art. 273, 274 et 275; Orléans, art. 283; Bourbonnais, art. 222, chap. 19; Vermandois, art. 54.

Article 945. Elle sera pareillement nulle, si elle a été faite sous la condition d'acquitter d'autres dettes ou charges que celles qui existaient à l'époque de la donation, ou qui seraient exprimées, soit dans l'acte de donation, soit dans l'état qui devrait y être annexé.

Ordonnance de 1731, art. 16. La disposition que renferme cet article est une conséquence de ce principe du droit coutumier, que *donner et retenir ne vaut. Voy.* Paris, art. 273; Bourbonnais, tit. 19, art. 212; Melun, art. 230; Sens, art. 107. — RICARD, des donations, tom. 1, part. 1, n°. 1027.

_____

(1) Dans le droit romain, la faveur qui était accordée à certaines donations les avait fait dispenser de la formalité de l'insinuation. Vid. *leg.* 34 *et authentic. Item et privatus cod. de donation. Leg.* 36, §. 1 et 2, *cod. eod.* = *Novell.* 127, *cap.* 2. *Leg.* 31, *cod. de jure dotium. Leg.* 38, *cod. de episcopis et clericis.*

Article 946. En cas que le donateur se soit réservé la liberté de disposer d'un effet compris dans la donation, ou d'une somme fixe sur les biens donnés, s'il meurt sans en avoir disposé, ledit effet ou ladite somme appartiendra aux héritiers du donateur, nonobstant toutes clauses et stipulations à ce contraires.

Ordonnance de 1731, art. 16.

Article 947. Les quatre articles précédens ne s'appliquent point aux donations dont est mention aux chapitres VIII et IX du présent titre.

Article 948. Tout acte de donation d'effets mobiliers ne sera valable que pour les effets dont un état estimatif, signé du donateur et du donataire, ou de ceux qui acceptent pour lui, aura été annexé à la minute de la donation.

Ordonnance de 1731, art. 15.

Article 949. Il est permis au donateur de faire la réserve à son profit, ou de disposer au profit d'un autre, de la jouissance ou de l'usufruit des biens meubles ou immeubles donnés.

Leg. 28, *cod. de donationibus.* — Paris, art. 275; Amiens, art. 50; Bourbonnais, ch. 19, art. 214; Laon, art. 54 et 55; Châlons, art. 64; Vitry, art. 111; Rheims, art 229; Sens, art. 115; Troyes, art. 137; Meaux, art. 16.

Article 950. Lorsque la donation d'effets mobiliers aura été faite avec réserve d'usufruit, le donataire sera tenu, à l'expiration de l'usufruit, de prendre les effets donnés qui se trouveront en nature, dans l'état où ils seront; et il aura action contre le donateur ou ses héritiers, pour raison des objets non existans, jusqu'à concurrence de la valeur qui leur aura été donnée dans l'état estimatif.

Article 951. Le donateur pourra stipuler le droit de retour des objets donnés, soit pour le cas du prédécès du donataire seul, soit pour le cas du prédécès du donataire et de ses descendans.
Ce droit ne pourra être stipulé qu'au profit du donateur seul.

Leg. 10, *cod. de pactis.* Leg. 9, *cod. de donationibus.* Leg. 12, *cod. communia utriusque judicii.* = Bourbonnais, tit. 19 art. 215; Auvergne, tit. 14, art. 24.

Article 952. L'effet du droit de retour sera de résoudre toutes les aliénations des

24

biens donnés , et de faire revenir ces biens au donateur , francs et quittes de toutes charges et hypothèques , sauf néanmoins l'hypothèque de la dot et des conventions matrimoniales , si les autres biens de l'époux donataire ne suffisent pas , et dans le cas seulement où la donation lui aura été faite par le même contrat de mariage duquel résultent ces droits et hypothèques.

Novell. 59. *Authentic. res quæ cod. communia de legatis.*

SECTION II.

Des Exceptions à la règle de l'Irrévocabilité des Donations entre - vifs.

Article 953. La donation entre - vifs ne pourra être révoquée que pour cause d'inexécution des conditions sous lesquelles elle aura été faite , pour cause d'ingratitude , et pour cause de survenance d'enfans.

Leg. 1 , 8 , 9 *et* 10 , *cod. de revocandis donationibus.* *Leg.* 10 , *cod. de pactis.* *Leg.* 31 , . 1 , *ff. de donationibus. Institut. de donationibus* , §. 2. — Ordonnance de 1731 , art. 39.

Article 954. Dans le cas de la révocation pour cause d'inexécution des conditions , les biens rentreront dans les mains du donateur , libres de toutes charges et hypothèques du chef du donataire ; et le donateur aura , contre les tiers détenteurs des immeubles donnés , tous les droits qu'il aurait contre le donataire lui - même.

Leg. 1 , *cod. de donationibus quæ sub modo conficiuntur.*

Article 955. La donation entre - vifs ne pourra être révoquée pour cause d'ingratitude que dans les cas suivans :
1°. Si le donataire a attenté à la vie du donateur ;
2°. S'il s'est rendu coupable envers lui de sévices, délits ou injures graves ;
3°. S'il lui refuse des alimens.

Leg. 9 *et* 10 , *cod. de revocandis donationibus.* *Leg.* 31 , §. 1 , *ff. de donationibus.* *Argum. ex novell.* 115 , cap. 3 , §. 5.
DUMOULIN , sur la coutume de Paris , tit. 1 , §. 43 , glos. 1 , quest. 39 , n°. 145. D'ARGENTRÉ , sur la coutume de Bretagne , art. 222 , n°. 2. CYNUS, *lib.* 1 , *quæst.* 9 , *cod. de inofficioso testamento.* CRAVETA, *consil.* 51.

Article 956. La révocation pour cause d'inexécution des conditions ou pour cause d'ingratitude , n'aura jamais lieu de plein droit.

Vid. *Leg.* 9; *leg.* 22 . *cod. de donationibus.* *Leg.* 4, *cod. de donationibus quæ sub modo vel conditione. Leg. 3 , cod. de contrahendá emptione. Leg. 6 ; leg. 8 , cod. de rerum permutatione et præscriptis verbis. Leg. 2 , leg. 3 ; leg. 8 , cod. de condictione ob causam datorum. Leg. 36 ; leg. 70 , §. 1 , ff. de legat. 2°. Leg. 10 , cod. de revocandis donationibus.*

Article 957. La demande en révocation pour cause d'ingratitude , devra être formée dans l'année , à compter du jour du délit imputé par le donateur au donataire, ou du jour que le délit aura pu être connu par le donateur.

Cette révocation ne pourra être demandée par le donateur contre les héritiers du donataire , ni par les héritiers du donateur contre le donataire , à moins que , dans ce dernier cas , l'action n'ait été intentée par le donateur , ou qu'il ne soit décédé dans l'année du délit.

Leg. 7 ; leg. 10 , cod. de revocandis donat. Leg. 139, ff. de regulis juris. Leg. 13. ff. de injuriis. Arrêtés de Lamoignon , tit. 38 , art. 58.

Article 958. La révocation pour cause d'ingratitude ne préjudiciera ni aux aliénations faites par le donataire , ni aux hypothèques et autres charges réelles qu'il aura pu imposer sur l'objet de la donation , pourvu que le tout soit antérieur à l'inscription qui aurait été faite de l'extrait de la demande en révocation , en marge de la transcription prescrite par l'article 939.

Dans le cas de révocation , le donataire sera condamné à restituer la valeur des objets aliénés , eu égard au temps de la demande , et les fruits , à compter du jour de cette demande.

Leg. 1 ; leg. 7 , cod. de revocandis donationibus. Argum. ex leg. 5 , §. ultim. Leg. 7 , §. ultim. Leg. 16; leg. 28, §. si ei decem. Leg. 29, 30 , 31 ; leg. 32 , §. ait. Leg. 36 , 39 , 50 et 55 , ff. de donation. inter virum et uxorem.
Arrêtés de Lamoignon , tit. 38 , art. 57.

Article 959. Les donations en faveur de mariage ne seront pas révocables pour cause d'ingratitude.

Leg. 1 et 10 , ff. de revocandis donationib. Instit. de donationibus, §. sciendum est. (1) Argum. ex leg. 69, §. 6 , ff. de jure dotium. Leg. 24 , cod. eod.

---

(1) Cet article décide un point de droit qui était diversement jugé dans les parlemens. *Voy.* Papon , liv. 2 , tit. 1 , art. 23.

Les parlemens de Toulouse et de Bordeaux admettaient la révocation des donations faites dans les contrats de mariage, par l'ingratitude des donataires. *Voy.* d'Olive , liv. 4 , chap. 5 ; Cambolas , liv. 5 , chap. 48 ; Lapeyreire , n°. 101.

Le parlement de Provence , le sénat de Chambéry la rejetaient. *Voy.* Arrêts de Boniface , tom. 1 , liv. 7 , tit. 9 , chap. 1 , pag. 106, et tom. 4 , liv. 7 , tit. 11 , chap. 1 ; Faber , defin. 1 , cod. de revocandis donationibus.

Article 960. Toutes donations entre-vifs faites par personnes qui n'avaient pas d'enfans ou de descendans actuellement vivans dans le temps de la donation, de quelque valeur que ces donations puissent être, et à quelque titre qu'elles aient été faites, et encore qu'elles fussent mutuelles ou rémunératoires, même celles qui auraient été faites en faveur de mariage par autres que par les ascendans aux conjoints, ou par les conjoints l'un à l'autre, demeureront révoquées de plein droit par la survenance d'un enfant légitime du donateur, même d'un posthume, ou par la légitimation d'un enfant naturel par mariage subséquent, s'il est né depuis la donation.

Argum. ex leg. 8, *cod. de revocandis donationibus.* — Ordonnance de 1751, art. 39. Arrêtés de Lamoignon, tit. 58, art. 43.

Article 961. Cette révocation aura lieu, encore que l'enfant du donateur ou de la donatrice fût conçu au temps de la donation.

Ordonnance de 1751, art. 40.

Article 962. La donation demeurera pareillement révoquée, lors même que le donataire serait entré en possession des biens donnés, et qu'il y aurait été laissé par le donateur depuis la survenance de l'enfant; sans néanmoins que le donataire soit tenu de restituer les fruits par lui perçus, de quelque nature qu'ils soient, si ce n'est du jour que la naissance de l'enfant ou sa légitimation par mariage subséquent lui aura été notifiée par exploit ou autre acte en bonne forme; et ce, quand même la demande pour rentrer dans les biens donnés, n'aurait été formée que postérieurement à cette notification.

Ordonnance de 1751, art. 41.

Article 963. Les biens compris dans la donation révoquée de plein droit, rentreront dans le patrimoine du donateur, libres de toutes charges et hypothèques du chef du donataire, sans qu'ils puissent demeurer affectés, même subsidiairement, à la restitution de la dot de la femme de ce donataire, de ses reprises ou autres conventions matrimoniales; ce qui aura lieu quand même la donation aurait été faite en faveur du mariage du donataire et insérée dans le contrat, et que le donateur se serait obligé comme caution, par la donation, à l'exécution du contrat de mariage.

Ordonnance de 1751, art. 42. = Arrêtés de Lamoignon, tit. 58, art. 55.

Article 964. Les donations ainsi révoquées ne pourront revivre ou avoir de nouveau leur effet ni par la mort de l'enfant du donateur, ni par aucun acte confirmatif; et si le donateur veut donner les mêmes biens au même donataire, soit avant ou après la mort de l'enfant par la naissance duquel la donation avait été révoquée, il ne le pourra faire que par une nouvelle disposition.

Ordonnance de 1731, art. 43.

Article 965. Toute clause ou convention par laquelle le donateur aurait renoncé à la révocation de la donation pour survenance d'enfant, sera regardée comme nulle, et ne pourra produire aucun effet.

Ordonnance de 1731, art. 44.

Article 966. Le donataire, ses héritiers ou ayant cause, ou autres détenteurs des choses données, ne pourront opposer la prescription pour faire valoir la donation révoquée par la survenance d'enfant, qu'après une possession de trente années, qui ne pourront commencer à courir que du jour de la naissance du dernier enfant du donateur, même posthume; et ce, sans préjudice des interruptions, telles que de droit.

Ordonnance de 1731, art. 45.

CHAPITRE V.

Des Dispositions testamentaires.

SECTION PREMIERE.

Des Règles générales sur la Forme des Testamens.

Article 967. Toute personne pourra disposer par testament, soit sous le titre d'institution d'héritier, soit sous le titre de legs, soit sous toute autre dénomination propre à manifester sa volonté.

Paris, art. 299; Orléans, art. 287; Sens, art. 70; Rheims, art. 285; Blois, art. 173; Troyes, art. 96. (1)

-----

(1) Dans le droit romain, l'institution d'héritier était le fondement et la base de tout testament. Vid. *Leg.* 1, *in princ.*, *ff. de hæredibus instituendis. Leg.* 14, *ff. de testamentis. Leg.* 10 et 13, *ff. de jure codicillorum. Leg.* 181, *ff. de regulis juris.* = ULPIAN, *Fragment.*, tit. 24, §. 15; PAUL., *sentent.*, *lib.* 3, *tit.* 8, §. 2.

Article 968. Un testament ne pourra être fait dans le même acte par deux ou plusieurs personnes, soit au profit d'un tiers, soit à titre de disposition réciproque et mutuelle.

Ordonnance de 1735, art. 77.

Article 969. Un testament pourra être olographe, ou fait par acte public ou dans la forme mystique.

Article 970. Le testament olographe ne sera point valable, s'il n'est écrit en entier, daté et signé de la main du testateur : il n'est assujetti à aucune autre forme.

Paris, art. 289; Anjou, art. 276; Maine, art. 292. = Ordonnance de 1629, art. 126; Ordonnance de 1735, art. 19 et 20.

Article 971. Le testament par acte public est celui qui est reçu par deux notaires, en présence de deux témoins, ou par un notaire, en présence de quatre témoins.

Ordonnance de 1735, art. 23. = Coutume de Paris, art. 289.

Article 972. Si le testament est reçu par deux notaires, il leur est dicté par le testateur, et il doit être écrit par l'un de ces notaires, tel qu'il est dicté.

S'il n'y a qu'un notaire, il doit également être dicté par le testateur, et écrit par ce notaire.

Dans l'un et l'autre cas, il doit en être donné lecture au testateur, en présence des témoins.

Il est fait du tout mention expresse.

Ordonnance de 1735, art. 23. = Coutume de Paris, art. 289.

Article 973. Ce testament doit être signé par le testateur : s'il déclare qu'il ne sait ou ne peut signer, il sera fait dans l'acte mention expresse de sa déclaration, ainsi que de la cause qui l'empêche de signer.

Ordonnance de Blois, art. 175; Ordonnance d'Orléans, art. 84; Ordonn. de 1735, art. 28.

Article 974. Le testament devra être signé par les témoins; et néanmoins, dans les campagnes, il suffira qu'un des deux témoins signe, si le testament est reçu par deux notaires, et que deux des quatre témoins signent, s'il est reçu par un notaire.

Ordonnance de 1735, art. 45.

Article 975. Ne pourront être pris pour témoins du testament par acte public, ni les légataires, à quelque titre qu'ils soient, ni leurs parens ou alliés jusqu'au quatrième degré inclusivement, ni les clercs des notaires par lesquels les actes seront reçus.

Paris, art. 289. = Ordonnance de 1735, art. 42. = *Contrar. Leg.* 20, *in pr.*, *ff. qui testamenta facere possunt.*

Article 976. Lorsque le testateur voudra faire un testament mystique ou secret ; il sera tenu de signer ses dispositions, soit qu'il les ait écrites lui-même, ou qu'il les ait fait écrire par un autre. Sera le papier qui contiendra ses dispositions, ou le papier qui servira d'enveloppe s'il y en a une, clos et scellé. Le testateur le présentera ainsi clos et scellé au notaire, et à six témoins au moins, ou il le fera clorre et sceller en leur présence ; et il déclarera que le contenu en ce papier est son testament écrit et signé de lui, ou écrit par un autre et signé de lui : le notaire en dressera l'acte de suscription, qui sera écrit sur ce papier ou sur la feuille qui servira d'enveloppe ; cet acte sera signé tant par le testateur que par le notaire, ensemble par les témoins. Tout ce que dessus sera fait de suite et sans divertir à autres actes ; et en cas que le testateur, par un empêchement survenu depuis la signature du testament, ne puisse signer l'acte de suscription, il sera fait mention de la déclaration qu'il en aura faite, sans qu'il soit besoin, en ce cas, d'augmenter le nombre des témoins.

Leg. 21, *cod. de testamentis.* = Berry, tit. 18, art. 9 et 10.

Article 977. Si le testateur ne sait signer, ou s'il n'a pu le faire lorsqu'il a fait écrire ses dispositions, il sera appelé à l'acte de suscription un témoin, outre le nombre porté par l'article précédent, lequel signera l'acte avec les autres témoins ; et il y sera fait mention de la cause pour laquelle ce témoin aura été appelé.

Leg. 21, §. *quod si litteras, cod. de testamentis.* = Ordonnance de 1735, art. 10.

Article 978. Ceux qui ne savent ou ne peuvent lire, ne pourront faire de dispositions dans la forme du testament mystique.

Ordonnance de 1735, art. 11.

Article 979. En cas que le testateur ne puisse parler, mais qu'il puisse écrire, il pourra faire un testament mystique, à la charge que le testament sera entièrement écrit, daté et signé de sa main, qu'il le présentera au notaire et aux témoins, et qu'au haut de l'acte de suscription, il écrira, en leur présence, que le papier qu'il présente est son testament : après quoi le notaire écrira l'acte de suscription, dans lequel il sera fait mention que le testateur a écrit ces mots en présence du notaire et des témoins ; et sera, au surplus, observé tout ce qui est prescrit par l'article 976.

Ordonnance de 1735, art. 12. = *Leg.* 10, *cod. qui testamenta facere possunt.*

Article 980. Les témoins appelés pour être présens aux testamens, devront être mâles, majeurs, républicoles, jouissant des droits civils.

Ordonnance de 1735, art. 40.

SECTION II.

Des Règles particulières sur la Forme de certains Testamens.

Article 981. Les testamens des militaires et des individus employés dans les armées, pourront, en quelque pays que ce soit, être reçus par un chef de bataillon ou d'escadron, ou par tout autre officier d'un grade supérieur, en présence de deux témoins, ou par deux commissaires des guerres, ou par un de ces commissaires en présence de deux témoins.

Ordonnance de 1735, art. 27. = *Leg.* 1, *ff. de testamento militis.* (1)

Article 982. Ils pourront encore, si le testateur est malade ou blessé, être reçus par l'officier de santé en chef, assisté du commandant militaire chargé de la police de l'hospice.

Ordonnance de 1735, art. 27.

Article 983. Les dispositions des articles ci-dessus n'auront lieu qu'en faveur de ceux qui seront en expédition militaire, ou en quartier, ou en garnison hors du territoire de la République, ou prisonniers chez l'ennemi ; sans que ceux qui seront en

---

(1) Quels étaient ceux qui pouvaient, suivant le droit romain, faire un testament militaire. Vid. *Leg.* 42, *ff. de testamento militis. Leg. unicâ*, §. 1 et 2, *ff de bonorum possessione ex testamento militis. Leg.* 20, *ff. de testamento militis.*

quartier ou en garnison dans l'intérieur puissent en profiter, à moins qu'ils ne se trouvent dans une place assiégée ou dans une citadelle et autres lieux dont les portes soient fermées et les communications interrompues à cause de la guerre.

Institut. de militari testamento, §. 3 *et* 4. = *Leg.* 17, *cod. de testamento militis.* = Ordonn. de 1755, art. 30.

Article 984. Le testament fait dans la forme ci-dessus établie, sera nul six mois après que le testateur sera revenu dans un lieu où il aura la liberté d'employer les formes ordinaires.

Ordonnance de 1755, art. 52. = *Leg.* 21, 26 *et* 38, *ff. de testamento militis. Leg.* 7, *ff. de injusto rupto et irrito facto testamento.*

Article 985. Les testamens faits dans un lieu avec lequel toute communication sera interceptée à cause de la peste ou autre maladie contagieuse, pourront être faits devant le juge de paix, ou devant l'un des officiers municipaux de la commune, en présence de deux témoins.

Leg, 8, *cod. de testamentis.* = Ordonnance de 1755, art. 33.

Article 986. Cette disposition aura lieu, tant à l'égard de ceux qui seraient attaqués de ces maladies, que de ceux qui seraient dans les lieux qui en sont infectés, encore qu'ils ne fussent pas actuellement malades.

Ordonnance de 1735, tit. 1, art. 36.

Article 987. Les testamens mentionnés aux deux précédens articles, deviendront nuls six mois après que les communications auront été rétablies dans le lieu où le testateur se trouve, ou six mois après qu'il aura passé dans un lieu où elles ne seront point interrompues.

Ordonnance de 1755, tit. 1, art. 37.

Article 988. Les testamens faits sur mer, dans le cours d'un voyage, pourront être reçus, savoir;

A bord des vaisseaux et autres bâtimens de l'Etat, par l'officier commandant le bâtiment, ou, à son défaut, par celui qui le supplée dans l'ordre du service, l'un ou

25

l'autre conjointement avec l'officier d'administration ou avec celui qui en remplit les fonctions;

Et à bord des bâtimens de commerce, par l'écrivain du navire ou celui qui en fait les fonctions, l'un ou l'autre conjointement avec le capitaine, le maître ou le patron, ou, à leur défaut, par ceux qui les remplacent.

Dans tous les cas, ces testamens devront être reçus en présence de deux témoins.

Leg. unicâ, ff. de bonorum possessione ex testamento militis. = Ordonnance de 1681, liv. 3, tit. 11, art. 1.

Article 989. Sur les bâtimens de l'Etat, le testament du capitaine ou celui de l'officier d'administration, et, sur les bâtimens de commerce, celui du capitaine, du maître ou patron, ou celui de l'écrivain, pourront être reçus par ceux qui viennent après eux dans l'ordre du service, en se conformant pour le surplus aux dispositions de l'article précédent.

Article 990. Dans tous les cas, il sera fait un double original des testamens mentionnés aux deux articles précédens.

Article 991. Si le bâtiment aborde dans un port étranger dans lequel se trouve un commissaire des relations commerciales de France, ceux qui auront reçu le testament seront tenus de déposer l'un des originaux, clos ou cacheté, entre les mains de ce commissaire, qui le fera parvenir au ministre de la marine; et celui-ci en fera faire le dépôt au greffe de la justice de paix du lieu du domicile du testateur.

Article 992. Au retour du bâtiment en France, soit dans le port de l'armement, soit dans un port autre que celui de l'armement, les deux originaux du testament, également clos et cachetés, ou l'original qui resterait, si, conformément à l'article précédent, l'autre avait été déposé pendant le cours du voyage, seront remis au bureau du préposé de l'inscription maritime; ce préposé les fera passer sans délai au Ministre de la marine, qui en ordonnera le dépôt, ainsi qu'il est dit au même article.

Article 993. Il sera fait mention sur le rôle du bâtiment, à la marge, du nom du testateur, de la remise qui aura été faite des originaux du testament, soit entre les mains d'un commissaire des relations commerciales, soit au bureau d'un préposé de l'inscription maritime.

Article 994. Le testament ne sera point réputé fait en mer, quoiqu'il l'ait été dans le cours du voyage, si, au temps où il a été fait, le navire avait abordé une terre, soit étrangère, soit de la domination française, où il y aurait un officier public français ; auquel cas, il ne sera valable qu'autant qu'il aura été dressé suivant les formes prescrites en France, ou suivant celles usitées dans les pays où il aura été fait.

Article 995. Les dispositions ci-dessus seront communes aux testamens faits par les simples passagers qui ne feront point partie de l'équipage.

Article 996. Le testament fait sur mer, en la forme prescrite par l'article 988, ne sera valable qu'autant que le testateur mourra en mer, ou dans les trois mois après qu'il sera descendu à terre, et dans un lieu où il aura pu le refaire dans les formes ordinaires.

Article 997. Le testament fait sur mer ne pourra contenir aucune disposition au profit des officiers du vaisseau, s'ils ne sont parens du testateur.

Ordonnance de 1681, liv. 3, tit. 11, art. 3.

Article 998. Les testamens compris dans les articles ci-dessus de la présente section, seront signés par les testateurs et par ceux qui les auront reçus.

Si le testateur déclare qu'il ne sait ou ne peut signer, il sera fait mention de sa déclaration, ainsi que de la cause qui l'empêche de signer.

Dans les cas où la présence de deux témoins est requise, le testament sera signé au moins par l'un d'eux, et il sera fait mention de la cause pour laquelle l'autre n'aura pas signé.

Ordonnance de 1681, liv. 3, tit. 11, art. 1.

Article 999. Un Français qui se trouvera en pays étranger, pourra faire ses dispositions testamentaires par acte sous signature privée, ainsi qu'il est prescrit en l'article 970, ou par acte authentique, avec les formes usitées dans le lieu où cet acte sera passé.

Article 1000. Les testamens faits en pays étranger ne pourront être exécutés sur les biens situés en France, qu'après avoir été enregistrés au bureau du domicile du testateur s'il en a conservé un, sinon au bureau de son dernier domicile connu en France ; et dans le cas où le testament contiendrait des dispositions d'immeubles qui y seraient situés, il devra être, en outre, enregistré au bureau de la situation de ces immeubles, sans qu'il puisse être exigé un double droit.

Article 1001. Les formalités auxquelles les divers testamens sont assujettis par les dispositions de la présente section et de la précédente, doivent être observées à peine de nullité.

SECTION III.

Des Institutions d'Héritier, et des Legs en général.

Article 1002. Les dispositions testamentaires sont ou universelles, ou à titre universel, ou à titre particulier.

Chacune de ces dispositions, soit qu'elle ait été faite sous la dénomination d'institution d'héritier, soit qu'elle ait été faite sous la dénomination de legs, produira son effet suivant les règles ci après établies pour les legs universels, pour les legs à titre universel, et pour les legs particuliers.

SECTION IV.

Du Legs universel.

Article 1003. Le legs universel est la disposition testamentaire par laquelle le testateur donne à une ou plusieurs personnes l'universalité des biens qu'il laissera à son décès.

Article 1004. Lorsqu'au décès du testateur il y a des héritiers auxquels une quotité de ses biens est réservée par la loi, ces héritiers sont saisis de plein droit, par sa mort, de tous les biens de la succession ; et le légataire universel est tenu de leur demander la délivrance des biens compris dans le testament.

Article 1005. Néanmoins, dans les mêmes cas, le légataire universel aura la jouissance des biens compris dans le testament, à compter du jour du décès, si la demande en délivrance a été faite dans l'année, depuis cette époque ; sinon, cette jouissance ne commencera que du jour de la demande formée en justice, ou du jour que la délivrance aurait été volontairement consentie.

Article 1006. Lorsqu'au décès du testateur il n'y aura pas d'héritiers auxquels une quotité de ses biens soit réservée par la loi, le légataire universel sera saisi de plein droit par la mort du testateur, sans être tenu de demander la délivrance.

Article 1007. Tout testament olographe sera, avant d'être mis à exécution, présenté au président du tribunal de première instance de l'arrondissement dans lequel la succession est ouverte. Ce testament sera ouvert, s'il est cacheté. Le président dressera procès-verbal de la présentation, de l'ouverture et de l'état du testament, dont il ordonnera le dépôt entre les mains du notaire par lui commis.

Si le testament est dans la forme mystique, sa présentation, son ouverture, sa description et son dépôt, seront faits de la même manière; mais l'ouverture ne pourra se faire qu'en présence de ceux des notaires et des témoins, signataires de l'acte de suscription, qui se trouveront sur les lieux, ou eux appelés.

Ordonnance de 1735, art. 79. = *Leg.* 1, §. 1 ; *leg.* 4, *ff. testamenta quemadmodum aperiantur.* *Leg.* 18 et 23, *cod. de testamentis. Leg.* 41, *cod. de episcopis et clericis.*

Article 1008. Dans le cas de l'article 1006, si le testament est olographe ou mystique, le légataire universel sera tenu de se faire envoyer en possession, par une ordonnance du président, mise au bas d'une requête; à laquelle sera joint l'acte de dépôt.

Article 1009. Le légataire universel qui sera en concours avec un héritier auquel la loi réserve une quotité des biens, sera tenu des dettes et charges de la succession du testateur, personnellement pour sa part et portion, et hypothécairement pour le tout, et il sera tenu d'acquitter tous les legs, sauf le cas de réduction, ainsi qu'il est expliqué aux articles 926 et 927.

Argum. ex leg. 128, §. 1, *ff. de regulis juris. Argum. ex leg.* 76, §. 1, *ff. de legatis* 2°. = *Leg.* 13, *cod. de hæredibus instituendis. Leg.* 43, *ff. de usu et usufructu et reditu legato.* = Chorin, *de Morib. Parisior, lib.* 2, *tit:* 4, *n°.* 23°

SECTION V.

Du Legs à titre universel.

Article 1010. Le legs à titre universel est celui par lequel le testateur lègue une quote-part des biens dont la loi lui permet de disposer, telle qu'une moitié, un tiers, ou tous ses immeubles, ou tout son mobilier, ou une quotité fixe de tous ses immeubles ou de tout son mobilier.

Tout autre legs ne forme qu'une disposition à titre particulier.

Article 1011. Les légataires à titre universel seront tenus de demander la délivrance aux héritiers auxquels une quotité des biens est réservée par la loi; à leur défaut, aux légataires universels; et à défaut de ceux-ci, aux héritiers appelés dans l'ordre établi au titre *des Successions.*

Troyes, tit. 6, art. 114.

Article 1012. Le légataire à titre universel sera tenu, comme le légataire universel, des dettes et charges de la succession du testateur, personnellement pour sa part et portion, et hypothécairement pour le tout.

Argum. ex leg. 128, §. 1, *ff. de regulis juris. Leg.* 76, §. 1, *ff. de legatis* 2°. = ULPIAN. Fragment., tit. 24, §. 25. = LEPRESTRE, centur. 2, chap. 29.

Article 1013. Lorsque le testateur n'aura disposé que d'une quotité de la portion disponible, et qu'il l'aura fait à titre universel, ce légataire sera tenu d'acquitter les legs particuliers par contribution avec les héritiers naturels.

SECTION VI.

Des legs particuliers.

Article 1014. Tout legs pur et simple donnera au légataire, du jour du décès du testateur, un droit à la chose léguée, droit transmissible à ses héritiers ou ayant-cause.

Néanmoins le légataire particulier ne pourra se mettre en possession de la chose léguée, ni en prétendre les fruits ou intérêts, qu'à compter du jour de sa demande en délivrance, formée suivant l'ordre établi par l'article 1011, ou du jour auquel cette délivrance lui aurait été volontairement consentie.

Leg. 80, *ff. de legatis* 2°. *Leg.* 64, *ff. de furtis. Leg.* 3 et 21, *ff. quando dies legati vel fidei-*

commissi cedat. Leg. 3 , *cod. eod.* = Troyes, tit. 6 , art. 114; Bourbonnais, chap. 24 , art. 245;
Anjou , art. 341.
Leg. 1 *et* 4 , *cod. de usuris et fructibus legatorum* (1).

Article 1015. Les intérêts ou fruits de la chose léguée courront au profit du légataire , dès le jour du décès , et sans qu'il ait formé sa demande en justice ;
1°. Lorsque le testateur aura expressément déclaré sa volonté, à cet égard , dans le
testament ;
2°. Lorsqu'une rente viagère ou une pension aura été léguée à titre d'alimens.

Leg. 47 , *ff. de legatis* 1°. *Leg* 10 , §. 1; *leg.* 18 , §. 1 , *ff. de alimentis vel cibariis legatis.*
Dans le droit romain , les fruits ou intérêts de la chose léguée étaient dus depuis la mort du
testateur , si le legs était fait pour cause pie ou à un mineur. Vid. *Leg.* 46 , §. 4 , *cod. de episcopis et clericis.* = *Novell.* 131 , *cap.* 2. *Leg.* 3 , *cod. in quibus causis, in integrum restitutio.*
Leg. 87 , §. 1 , *ff. de legatis* 2°.

Article 1016. Les frais de la demande en délivrance seront à la charge de la suc-
cession , sans néamoins qu'il puisse en résulter de réduction de la réserve légale.
Les droits d'enregistrement seront dus par le légataire.
Le tout s'il n'en a été autrement ordonné par le testament.
Chaque legs pourra être enregistré séparément , sans que cet enregistrement puisse
profiter à aucun autre qu'au légataire ou à ses ayant-cause.

Article 1017. Les héritiers du testateur , ou autres débiteurs d'un legs , seront
personnellement tenus de l'acquitter , chacun au prorata de la part et portion dont
ils profiteront dans la succession.
Ils en seront tenus hypothécairement pour le tout , jusqu'à concurrence de la valeur des immeubles de la succession dont ils seront détenteurs.

Leg. 1 , *in fin., cod. communia de legatis et fideicommissis. Leg.* 2 , *cod. de legatis. Leg.* 117
et 124 , *ff. de legatis* 1°. *Leg.* 33 *et* 49 , *ff. de legatis* 2°. *Leg.* 11 , §. 23 *et* 24 , *ff. de legatis* 3°.
Leg. ultimâ , ff. de servitute legatâ.

---

(1) Quand l'héritier a été mis en demeure de délivrer le legs, il doit non seulement les fruits
ou intérêts de la chose léguée, mais encore les dommages causés par le retard. = *Leg.* 26 , *ff. de
legatis* 3°. *Leg.* 8 , §. 9 , *ff. de usuris.*

Article 1018. La chose léguée sera délivrée avec les accessoires nécessaires , et et dans l'état où elle se trouvera au jour du décès du donateur.

Leg. 35 , §. 3 ; *Leg.* 52 , §. *ultim.* ; *Leg.* 100 , §. 3 ; *Leg.* 102 , §. 3 , *ff. de legatis* 3°. *Leg* 2 , §. 2 , *ff. si servitus vendicetur*. *Leg.* 15 , §. 2 , *ff. de usu et usufructu legato. Leg.* 44 , §. *ultim.* , *ff. de legatis* 1°. *Leg.* 10 , *ff. de servitutibus urbanorum prædiorum. Leg.* 23 , §. 1 ; *leg.* 19 , §. 13 , 14 , 15 et 16 , *ff. de auro et argento legato.*

Chose léguée est livrée avec ses servitudes. *Vid. Leg.* 69 , §. 3 ; *leg.* 116 , §. 4. *ff. de legatis* 1°. Où la chose léguée doit être délivrée. *Vid. Leg.* 57 , *ff. de legatis* 1°. Quels sont les accessoires de la chose léguée. *Vid. Leg.* 1 , §. 5 , *ff. de depositi. Leg.* 44 , *ff. de edilitio edicto. Leg.* 6 , §. 1 , *ff. de auro et argento legato.*

Article 1019. Lorsque celui qui a légué la propriété d'un immeuble , l'a ensuite augmentée par des acquisitions , ces acquisitions , fussent-elles contiguës , ne seront pas censées , sans une nouvelle disposition , faire partie du legs.

Il en sera autrement des embellissemens , ou des constructions nouvelles faites sur le fonds légué , ou d'un enclos dont le testateur aurait augmenté l'enceinte.

Leg. 16 , *leg.* 79 , §. 2 ; *leg.* 34 , *leg.* 88 , § 3 , *ff. de legatis* 3°. *Leg.* 21 , *leg.* 34 , §. 2 et 3 ; *leg.* 44 , §. 4 ; *leg.* 65 , §. 2 , *ff. de legatis* 1°. *Leg.* 10 , 39 et 65 , *ff. de legatis* 2°. *Leg.* 14 , *ff. de auro et argento legato.*

Article 1020. Si , avant le testament ou depuis , la chose léguée a été hypothéquée pour une dette de la succession , ou même pour la dette d'un tiers , ou si elle est grevée d'un usufruit , celui qui doit acquitter le legs n'est point tenu de la dégager , à moins qu'il n'ait été chargé de le faire par une disposition expresse du testateur.

Paul. sentent. lib. 3 , *tit. de legatis* , §. 8. *Leg.* 57 , *ff. de legatis* 1°. *Leg.* 85 , *ff. de legatis* 2°. *Leg.* 6 , *cod. de fideicommissis. Leg.* 3 , *cod. de legatis. Leg.* 15 , *ff. de dote prælegata. Leg.* 28 , *ff. familiæ erciscundæ = Institut.* , §. 12 , *de legatis.*

Article 1021. Lorsque le testateur aura légué la chose d'autrui , le legs sera nul , soit que le testateur ait connu ou non qu'elle ne lui appartenait pas.

Contr. Gaii institut. , *lib.* 2 , *tit.* 5 , §. 6. *Leg.* 10 , *cod. de legatis. Leg.* 67 , §. 8 , *ff. de legatis* 2°. *Leg.* 14 , §. 2 , *ff. de legatis* 3°. (1)

_____

(1) Mais si le testateur a légué une chose dans laquelle il n'avait qu'un droit indivis, il est censé n'avoir voulu léguer que le droit qu'il avait dans la chose léguée. *Vid. Leg.* 5 , §. 2 ; *leg.* 71 , §. 6 , *ff. de legatis* 1°.

Article 1022. Lorsque le legs sera d'une chose indéterminée, l'héritier ne sera pas obligé de la donner de la meilleure qualité, et il ne pourra l'offrir de la plus mauvaise.

Leg. 18, §. 1, *ff. de edilitio edicto. Leg.* 57, *in pr., de legatis*, 1°. *Leg.* 5, §. 1, *cod communia de legatis. Leg.* 2 *et* 20, *ff. de optione legata. Leg.* 35, §. 1 *et* 2, *cod. de donationibus.*

Article 1023. Le legs fait au créancier ne sera pas censé en compensation de sa créance, ni le legs fait au domestique en compensation de ses gages.

Leg. 85, *ff. de legatis* 2°. *Leg.* 123, *ff. de legatis* 1°. *Leg.* 6, *cod. de hæredibus instituendis. Leg. unicâ*, §. 3, *cod. de rei uxoriæ actione.*

Article 1024. Le légataire à titre particulier ne sera point tenu des dettes de la succession, sauf la réduction du legs ainsi qu'il est dit ci-dessus, et sauf l'action hypothécaire des créanciers.

Leg. 7, *cod. de hæreditariis actionibus.*

SECTION VII.

Des Exécuteurs testamentaires.

Article 1025. Le testateur pourra nommer un ou plusieurs exécuteurs testamentaires.

Leg. 28, §. 1, *cod. de episcopis. Leg.* 17, *ff. de legatis* 2°.

Article 1026. Il pourra leur donner la saisine du tout, ou seulement d'une partie de son mobilier ; mais elle ne pourra durer au-delà de l'an et jour à compter de son décès.

S'il ne la leur a pas donnée, ils ne pourront l'exiger.

En pays de droit écrit, l'exécuteur testamentaire n'était pas saisi. *Vid. Argum. ex leg.* 78, §. 1, *ff ad senatus-consult. Trebellianum. Leg.* 26, §. 1, *ff. quando dies legati cedat. Leg.* 17, *ff. de legatis* 2°. *Leg.* 9, *ff. de alimentis et cibariis legatis. Leg.* 28, *cod. de episcopis et clericis.*

En pays coutumier, l'exécuteur testamentaire était saisi de droit. *Voy.* Paris, art. 297 ; Orléans, art. 290 ; Clermont, art. 134 ; Berry, tit. 18, art. 22. ; Poitou, art. 271 ; Bourbonnais, art. 295; Angoumois, art. 113 ; Blois, art. 177 ; Troyes, tit. 6, art. 99 ; Sens , chap 8, art. 75 ; Rheims, art. 293 ; Peronne , art. 167 ; Châlons, art. 74.

Article 1027. L'héritier pourra faire cesser la saisine , en offrant de remettre aux exécuteurs testamentaires somme suffisante pour le paiement des legs mobiliers , ou en justifiant de ce paiement.

Voy. Meaux , art. 45; Melun , art. 251 ; Clermont, art. 90 , Châlons , art. 74 ; Berry , ch. 18 ; art. 23 ; Troyes , tit. 6 , art. 99 ; Sens , chap. 18, art. 76 ; Bourbonnais, chap. 24 , art. 295 ; Rheims , art. 297 et 298 ; Amiens, art. 61.

Article 1028. Celui qui ne peut s'obliger , ne peut pas être exécuteur testamentaire.

Article 1029. La femme mariée ne pourra accepter l'exécution testamentaire qu'avec le consentement de son mari.

Si elle est séparée de biens , soit par contrat de mariage , soit par jugement , elle le pourra avec le consentement de son mari , ou , à son refus, autorisée par la justice , conformément à ce qui est prescrit par les articles 217 et 219 , au titre *du Mariage.*

BACQUET, traité du droit de bâtardise, part. 1 , chap. 7 , num. 20.

Article 1030. Le mineur ne pourra être exécuteur testamentaire , même avec l'autorisation de son tuteur ou curateur.

BACQUET, traité du droit de bâtardise, part. 1 , chap. 7 , num. 22.

Article 1031 Les exécuteurs testamentaires feront apposer les scellés , s'il y a des héritiers mineurs , interdits ou absens.

Ils feront faire , en présence de l'héritier présomptif , ou lui dûment appelé , l'inventaire des biens de la succe sion.

Ils provoqueront la vente du mobilier, à défaut de deniers suffisans pour acquitter les legs.

Ils veilleront à ce que le testament soit exécuté ; et ils pourront , en cas de contestation sur son exécution, intervenir pour en soutenir la validité.

Ils devront, à l'expiration de l'année du décès du testateur, rendre compte de leur gestion.

Voy. Dumoulin, sur l'ancienne coutume de Paris, art. 95, nomb. 10; Meaux, art. 54; Troyes, art. 98; Valois, art. 174.

Melun, art. 251; Auxerre, art. 232; Normandie, art. 416; Sens, art. 74.

Rheims, art. 299; Châlons, art. 75; Nivernais, chap. 33, art. 2 et 4; Blois, art. 177; Bourbonnais, art. 295; Poitou, art 291.

Nivernais, chap. 33, art. 9; Troyes, art. 116; Montargis, chap. 13, art. 9; Berry, tit. 18, art. 24; Sens, art. 79; Auxerre, art. 263.

Article 1032. Les pouvoirs de l'exécuteur testamentaire ne passeront point à ses héritiers.

Argum. ex leg. 27, §. 3, *ff. mandati vel contra.* = Arrêtés de Lamoignon, tit. 49, art. 15.

Article 1033. S'il y a plusieurs exécuteurs testamentaires qui aient accepté, un seul pourra agir au défaut des autres; et ils seront solidairement responsables du compte du mobilier qui leur a été confié, à moins que le testateur n'ait divisé leurs fonctions, et que chacun d'eux ne se soit renfermé dans celle qui lui était attribuée.

Argum. ex leg. 2, *cod. de dividendâ tutelâ.*

Article 1034. Les frais faits par l'exécuteur testamentaire pour l'apposition des scellés, l'inventaire, le compte et les autres frais relatifs à ses fonctions, seront à la charge de la succession.

Argum ex leg. 20, *in pr., ff. mandati vel contra.*

SECTION VIII.

De la Révocation des Testamens, et de leur Caducité.

Article 1035. Les testamens ne pourront être révoqués, en tout ou en partie, que par un testament postérieur, ou par un acte devant notaires, portant déclaration du changement de volonté.

Instit. quibus modis testamenta infirmentur. = *Leg.* 2, *ff. de injusto rupto et irrito facto testamento. Leg.* 21, §. 3, *cod. de testamen is. Leg.* 54, *ff. de hæredibus instituendis.*

Article 1036. Les testamens postérieurs qui ne révoqueront pas d'une manière expresse les précédens, n'annulleront, dans ceux-ci, que celles des dispositions y contenues qui se trouveront incompatibles avec les nouvelles, ou qui seront contraires.

Contr. Vid. Institut. quibus modis testamenta infirmuntur. = Leg. 27, cod. de testamentis. Leg. 16, §. 1, ff. de vulgari et pupillari substitutione. (1)

Article 1037. La révocation faite dans un testament postérieur aura tout son effet, quoique ce nouvel acte reste sans exécution par l'incapacité de l'héritier institué ou du légataire, ou par leur refus de recueillir.

Argum ex leg. 12, ff. de his quæ ut indignis auferuntur. = Leg. 24, §. unic., ff. de adimendis vel tranferendis legatis. = Institut. quibus modis testamenta infirmuntur, §. 2. = Leg, 16, ff. de injusto, rupto, irrito facto testamento.

Article 1038. Toute aliénation, celle même par vente avec faculté de rachat ou par échange, que fera le testateur de tout ou de partie de la chose léguée, emportera la révocation du legs pour tout ce qui a été aliéné, encore que l'aliénation postérieure soit nulle, et que l'objet soit rentré dans la main du testateur.

Leg. 28, §. 1 ; leg. 15 et 18, ff. de adimendis vel transferendis legatis. Leg. 11, §. 12, ff. de legatis 3°.

Article 1039. Toute disposition testamentaire sera caduque, si celui en faveur de qui elle est faite n'a pas survécu au testateur.

Leg. unicâ, §. 9, cod. de caducis tollendis. Leg. 1, §. 1 ; leg. 77, §. 15, ff. de legatis 1°. Leg. 36, §. 1, ff. de conditionibus et demonstrationibus. Leg. 1, cod. communia de legatis.

Article 1040. Toute disposition testamentaire faite sous une condition dépendante d'un événement incertain, et telle que, dans l'intention du testateur, cette disposition ne doive être exécutée qu'autant que l'événement arrivera ou n'arrivera pas, sera caduque, si l'héritier institué ou le légataire décède avant l'accomplissement de la condition.

Leg. 5, ff. quando dies legati vel fideicommissi cedat. Leg. 59, in pr., §. 1 et 2, ff. de conditionibus et demonstrationibus. Leg. 209, ff. de regulis juris ; toto titulo, cod. quando dies legati vel fideicommissi cedat.

---

(1) Dans les pays coutumiers, un second testament ne détruisait le premier qu'autant qu'il renfermait des dispositions incompatibles, ou qu'il révoquait le précédent. *Voy.* Cyprien REGNIER, *in censura Belgica*, sur le §. 2, *Institut. quibus mod. testament. infirm.* ARGOU, liv. 2, chap. 17.

Article 1041. La condition qui, dans l'intention du testateur, ne fait que suspendre l'exécution de la disposition, n'empêchera pas l'héritier institué, ou le légataire, d'avoir un droit acquis et transmissible à ses héritiers.

Leg. 5, *ff. quando dies legati vel fideicommissi cedat. Leg.* 1, §. 1 ; *leg.* 49 *et* 79 , *ff. de conditionibus et demonstrationibus. Leg.* 17 , *ff. de regulis juris.*

Article 1042. Le legs sera caduc, si la chose léguée a totalement péri pendant la vie du testateur.

Il en sera de même, si elle a péri depuis sa mort, sans le fait et la faute de l'héritier, quoique celui-ci ait été mis en retard de la délivrer, lorsqu'elle eût également dû périr entre les mains du légataire.

Leg. 26, §. 1 ; *leg.* 36, §. 3 ; *leg.* 47 , §. *ultim.* , *ff. de legatis* 1°. *Leg.* 22 , §. *ultim. Leg.* 88 , §. 2 , *ff. de legatis* 3°. *Leg.* 21 ; *ff. de liberatione legata. Leg.* 15 , §. 5 , *ff. de rei vindicatione. Leg.* 8 , §. 2 , *ff. de legatis* 2°. *Leg.* 52 , §. 12 ; *leg.* 79 , *ff. de legatis* 3°. *Leg.* 22 , *ff. de legatis* 1°. (1).

Article 1043 La disposition testamentaire sera caduque, lorsque l'héritier institué ou le légataire la répudiera, ou se trouvera incapable de la recueillir.

Leg. 38 , §. 1 , *ff. de legatis* 1°. *Leg.* 45 , §. 2 , *ff. de legatis* 2°. (2).

Article 1044. Il y aura lieu à accroissement au profit des légataires, dans le cas où le legs sera fait à plusieurs conjointement.

Le legs sera réputé fait conjointement, lorsqu'il le sera par une seule et même disposition, et que le testateur n'aura pas assigné la part de chacun des colégataires dans la chose léguée.

Ulpian. *fragmenta , tit.* 24 , §. 12 et 13 ; *leg.* 16 , §. 2 , *ff. de legatis* 1°. *Leg.* 26 , §. 1 , *ff. de conditionibus et demonstrationibus.* = *Instit. de legatis*, §. 8.
Leg. 89 , *ff. de legatis* 3°. *Leg.* 124 , *ff. de verborum significatione. Leg. unicâ*, §. 11 , *cod. de caducis tollendis. Leg.* 33 , *ff. de legatis* 1°.

---

(1) Si la chose léguée est mise hors du commerce, le legs est caduc. *Vid. Leg.* 35 , *leg.* 41 , §. 1 ; *leg.* 53 , § 7 ; *leg.* 45 , *ff. de legatis* 1°. *Leg.* 66 , §. 4 , *ff. de legatis* 2°.
(2) Le legs ne peut être répudié par parties. Vid. *Leg.* 4 , *leg.* 5 , §. 1 ; *leg.* 58 , *ff. de legatis* 2°. *Leg.* 38 , *ff. de legatis* 1°. *Leg.* 22 , *ff. de fideicommissariis libertatibus.* = Paul. *sentent., lib.* 3 , *tit. de legat.*, §. 12.

Article 1045. Il sera encore réputé fait conjointement, quand une chose qui n'est pas susceptible d'être divisée sans détérioration, aura été donnée par le même acte à plusieurs personnes, même séparément.

Leg. 142, *ff. de verborum significatione. Leg.* 89, *ff de legat.* 3°. *Leg.* 1, *ff. de usufructu accrescendo. Leg.* 1, §. 11, *cod. de caducis tollendis.*

Article 1046. Les mêmes causes qui, suivant l'article 954 et les deux premières dispositions de l'article 955, autoriseront la demande en révocation de la donation entre-vifs, seront admises pour la demande en révocation des dispositions testamentaires.

Article 1047. Si cette demande est fondée sur une injure grave faite à la mémoire du testateur, elle doit être intentée dans l'année, à compter du jour du délit.

CHAPITRE VI.

Des Dispositions permises en faveur des Petits - enfans du Donateur ou Testateur, ou des Enfans de ses Frères et Sœurs.

Article 1048. LES biens dont les pères et mères ont la faculté de disposer, pourront être par eux donnés, en tout ou en partie, à un ou plusieurs de leurs enfans, par actes entre vifs ou testamentaires, avec la charge de rendre ces biens aux enfans nés et à naître, au premier degré seulement, desdits donataires.

Article 1049. Sera valable, en cas de mort sans enfans, la disposition que le défunt aura faite par acte entre-vifs ou testamentaire, au profit d'un ou plusieurs de ses frères ou sœurs, de tout ou partie des biens qui ne sont point réservés par la loi dans sa succession, avec la charge de rendre ces biens aux enfans nés et à naître, au premier degré seulement, desdits frères ou sœurs, donataires.

Article 1050. Les dispositions permises par les deux articles précédens, ne seront valables qu'autant que la charge de restitution sera au profit de tous les enfans nés et à naître du grevé, sans exception ni préférence d'âge ou de sexe.

Article 1051. Si, dans les cas ci-dessus, le grevé de restitution au profit de ses enfans, meurt, laissant des enfans au premier degré et des descendans d'un enfant prédécédé, ces derniers recueilleront, par représentation, la portion de l'enfant prédécédé.

Article 1052. Si l'enfant, le frère ou la sœur auxquels des biens auraient été donnés par actes entre-vifs, sans charge de restitution, acceptent une nouvelle libéralité faite par acte entre-vifs ou testamentaire, sous la condition que les biens précédemment donnés demeureront grevés de cette charge, il ne leur est plus permis de diviser les deux dispositions faites à leur profit, et de renoncer à la seconde pour s'en tenir à la première, quand même ils offriraient de rendre les biens compris dans la seconde disposition.

Article 1053 Les droits des appelés seront ouverts à l'époque où, par quelque cause que ce soit, la jouissance de l'enfant, du frère ou de la sœur grevés de restitution, cessera : l'abandon anticipé de la jouissance au profit des appelés, ne pourra préjudicier aux créanciers du grevé antérieurs à l'abandon.

Leg. 6, *in princ. ; leg.* 19 *,ff. de his quæ in fraudem creditorum.* = Ordonnance de 1747, tit. 1 ; art. 59. (1)

Article 1054. Les femmes des grevés ne pourront avoir, sur les biens à rendre, de recours subsidiaire, en cas d'insuffisance des biens libres, que pour le capital des deniers dotaux ; et dans le cas seulement où le testateur l'aurait expressément ordonné.

Leg. 3, *cod. communia de legatis et fideicommissis. Leg.* 22, §. 4 , *ff. ad senatus-consult. Trebellianum. Leg.* 6, *cod. eod* = *Novell.* 59, *cap.* 2. = *Authentic. res quæ, cod. communia de legatis.* = Ordonnance de 1747, tit. 1, art. 44, 45, 46, 47, 48 et 49.

Article 1055. Celui qui fera les dispositions autorisées par les articles précédens, pourra, par le même acte, ou par un acte postérieur, en forme authentique, nommer un tuteur chargé de l'exécution de ces dispositions : ce tuteur ne pourra être dispensé que pour une des causes exprimées à la section VI du chapitre II du titre *de la Minorité, de la Tutelle et de l'Emancipation.*

Ordonnance de 1747, tit. 2, art. 5.

_____

(1) L'abandon ne peut nuire à des tiers ; et en sus des biens substitués. *Voy.* Ordonn. de 1747, tit. 1, art. 43. = *Leg.* 10 *et* 50, *ff. ad senatus-consultum Trebellianum.*

Article 1056. A défaut de ce tuteur, il en sera nommé un à la diligence du grevé, ou de son tuteur s'il est mineur, dans le délai d'un mois, à compter du jour du décès du donateur ou testateur, ou du jour que, depuis cette mort, l'acte contenant la disposition aura été connu.

Article 1057. Le grevé qui n'aura pas satisfait à l'article précédent, sera déchu du bénéfice de la disposition ; et dans ce cas, le droit pourra être déclaré ouvert au profit des appelés, à la diligence, soit des appelés s'ils sont majeurs, soit de leur tuteur ou curateur s'ils sont mineurs ou interdits, soit de tout parent des appelés majeurs, mineurs ou interdits, ou même d'office, à la diligence du commissaire du Gouvernement près le tribunal de première instance du lieu où la succession est ouverte.

Article 1058. Après le décès de celui qui aura disposé à la charge de restitution, il sera procédé, dans les formes ordinaires, à l'inventaire de tous les biens et effets qui composeront sa succession, excepté néanmoins le cas où il ne s'agirait que d'un legs particulier. Cet inventaire contiendra la prisée à juste prix des meubles et effets mobiliers.

Ordonnance de 1747, tit. 2, art. 1.

Article 1059. Il sera fait à la requête du grevé de restitution, et dans le délai fixé au titre *des Successions*, en présence du tuteur nommé pour l'exécution. Les frais seront pris sur les biens compris dans la disposition.

Ordonnance de 1747, tit. 2, art. 1.

Article 1060. Si l'inventaire n'a pas été fait à la requête du grevé dans le délai ci-dessus, il y sera procédé dans le mois suivant, à la diligence du tuteur nommé pour l'exécution, en présence du grevé ou de son tuteur.

Ordonnance de 1747, tit. 2, art. 2.

Article 1061. S'il n'a point été satisfait aux deux articles précédens, il sera procédé au même inventaire, à la diligence des personnes désignées en l'article 1057, en y appelant le grevé ou son tuteur, et le tuteur nommé pour l'exécution.

Ordonnance de 1747, tit. 2, art. 3.

Article 1062. Le grevé de restitution sera tenu de faire procéder à la vente par affiches et enchères, de tous les meubles et effets compris dans la disposition, à l'exception néanmoins de ceux dont il est mention dans les deux articles suivans.

Ordonnance de 1747, tit. 2, art. 8.

Article 1063. Les meubles meublans et autres choses mobilières qui auraient été compris dans la disposition, à la condition expresse de les conserver en nature, seront rendus dans l'état où ils se trouveront lors de la restitution.

Ordonnance de 1747, tit. 1, art. 7.

Article 1064. Les bestiaux et ustensiles servant à faire valoir les terres, seront censés compris dans les donations entre-vifs ou testamentaires desdites terres ; et le grevé sera seulement tenu de les faire priser et estimer, pour en rendre une égale valeur lors de la restitution.

Ordonnance de 1747, tit. 1, art. 6.

Article 1065. Il sera fait par le grevé, dans le délai de six mois, à compter du jour de la clôture de l'inventaire, un emploi des deniers comptans, de ceux provenant du prix des meubles et effets qui auront été vendus, et de ce qui aura été reçu des effets actifs.

Ce délai pourra être prolongé, s'il y a lieu.

Ordonnance de 1747, tit. 2, art. 10.

Article 1066. Le grevé sera pareillement tenu de faire emploi des deniers provenant des effets actifs qui seront recouvrés et des remboursemens de rentes, et ce, dans trois mois au plus tard après qu'il aura reçu ces deniers.

Ordonnance de 1747, tit. 2, art. 11, 12, 13 et 14.

Article 1067 Cet emploi sera fait conformément à ce qui aura été ordonné par l'auteur de la disposition, s'il a désigné la nature des effets dans lesquels l'emploi doit être fait ; sinon, il ne pourra l'être qu'en immeubles, ou avec privilége sur des immeubles.

Ordonnance de 1747, tit. 2, art. 10 et 11.

Article 1068. L'emploi ordonné par les articles précédens sera fait en présence et à la diligence du tuteur nommé pour l'exécution.

Article 1069. Les dispositions par actes entre-vifs ou testamentaires, à charge de restitution, seront, à la diligence, soit du grevé, soit du tuteur nommé pour l'exécution, rendues publiques; savoir, quant aux immeubles, par la transcription des actes sur les registres du bureau des hypothèques du lieu de la situation; et quant aux sommes colloquées avec privilége sur des immeubles, par l'inscription sur les biens affectés au privilége.

Ordonnance de 1747, tit. 2, art. 18 et 19.

Article 1070. Le défaut de transcription de l'acte contenant la disposition, pourra être opposé par les créanciers et tiers acquéreurs, même aux mineurs ou interdits; sauf le recours contre le grevé et contre le tuteur à l'exécution, et sans que les mineurs ou interdits puissent être restitués contre ce défaut de transcription, quand même le grevé et le tuteur se trouveraient insolvables.

Ordonnance de 1747, tit. 2, art. 32.

Article 1071. Le défaut de transcription ne pourra être suppléé ni regardé comme couvert par la connaissance que les créanciers ou les tiers acquéreurs pourraient avoir eue de la disposition par d'autres voies que celle de la transcription.

Ordonnance de 1747, tit. 2, art. 33.

Article 1072. Les donataires, les légataires, ni même les héritiers légitimes de celui qui aura fait la disposition, ni pareillement leurs donataires, légataires ou héritiers, ne pourront, en aucun cas, opposer aux appelés le défaut de transcription ou inscription.

Ordonnance de 1747, tit. 2, art. 34.

Article 1073. Le tuteur nommé pour l'exécution sera personnellement responsable, s'il ne s'est pas, en tout point, conformé aux règles ci-dessus établies pour constater les biens, pour la vente du mobilier, pour l'emploi des deniers, pour la transcription et l'inscription, et en général s'il n'a pas fait toutes les diligences nécessaires pour que la charge de restitution soit bien et fidèlement acquittée.

Article 1074. Si le grevé est mineur, il ne pourra, dans le cas même de l'insolvabilité de son tuteur, être restitué contre l'inexécution des règles qui lui sont prescrites par les articles du présent chapitre.

CHAPITRE VII.

Des Partages faits par Père, Mère ou autres Ascendans, entre leurs Descendans.

Article 1075. Les père et mère et autres ascendans pourront faire, entre leurs enfans et descendans, la distribution et le partage de leurs biens.

Leg. 8, cod. de inofficioso testamento. = Novell. 18, cap. 7; novell. 107.

Article 1076. Ces partages pourront être faits par actes entre-vifs ou testamentaires, avec les formalités, conditions et règles prescrites pour les donations entre-vifs et testamens.

Les partages faits par actes entre-vifs ne pourront avoir pour objet que les biens présens.

Novell. 18, cap. 7. = Bourbonnais, art. 216 ; Bourgogne, tit. des successions, art. 7, 8 et 9; Nivernais, chap. 34, art. 17 ; Amiens, art. 94. = Ordonnance de 1735, art. 17.

Article 1077. Si tous les biens que l'ascendant laissera au jour de son décès n'ont pas été compris dans le partage, ceux de ces biens qui n'y auront pas été compris, seront partagés conformément à la loi.

Novell. 18, cap. 7. Leg. 35, §. 1, ff. de hæredib. instituend. Leg. 21, cod. famil. erciscund.

Article 1078. Si le partage n'est pas fait entre tous les enfans qui existeront à l'époque du décès et les descendans de ceux prédécédés, le partage sera nul pour le tout. Il en pourra être provoqué un nouveau dans la forme légale, soit par les enfans ou descendans qui n'y auront reçu aucune part, soit même par ceux entre qui le partage aurait été fait.

Conforme à la jurisprudence des pays coutumiers.

Voy. Auroux des Pommiers, sur l'art. 216 de la coutume de Bourbonnais, n°. 11, 12 et 21.

Taisand, snr la coutume de Bourgogne, chap. 7, art. 6, not. 9. — Nivernais, chap. 34, art. 47.

Voy. Ferriere sur la Novelle 107, chap. 3, nomb. 4. — *Leg. 32 et leg. 36, cod. de inofficioso testamento.*

Article 1079. Le partage fait par l'ascendant pourra être attaqué pour cause de lésion de plus du quart ; il pourra l'être aussi dans le cas où il résulterait du partage et des dispositions faites par préciput, que l'un des copartagés aurait un avantage plus grand que la loi ne le permet.

Leg. 8 , *cod. de inofficioso testamento.*

Article 1080. L'enfant qui, pour une des causes exprimées en l'article précédent, attaquera le partage fait par l'ascendant, devra faire l'avance des frais de l'estimation ; et il les supportera en définitif, ainsi que les dépens de la contestation, si la réclamation n'est pas fondée.

CHAPITRE VIII.

Des Donations faites par contrat de mariage aux Epoux et aux Enfans à naître du mariage.

Article 1081. TOUTE donation entre-vifs de biens présens, quoique faite par contrat de mariage aux époux, ou à l'un d'eux, sera soumise aux règles générales prescrites pour les donations faites à ce titre.

Elle ne pourra avoir lieu au profit des enfans à naître, si ce n'est dans les cas énoncés au chapitre VI du présent titre.

Article 1082. Les pères et mères, les autres ascendans, les parens collatéraux des époux, et même les étrangers, pourront, par contrat de mariage, disposer de tout ou partie des biens qu'ils laisseront au jour de leur décès, tant au profit desdits époux, qu'au profit des enfans à naître de leur mariage, dans le cas où le donateur survivrait à l'époux donataire.

Pareille donation, quoique faite au profit seulement des époux ou de l'un d'eux, sera toujours, dans ledit cas de survie du donateur, présumée faite au profit des enfans et descendans à naître du mariage.

Contr. leg. 15 , *cod. de pactis.* Voy. les notes sur l'art. 1130.

Article 1083. La donation, dans la forme portée au précédent article, sera irrévocable, en ce sens seulement que le donateur ne pourra plus disposer, à titre gratuit, des objets compris dans la donation, si ce n'est pour sommes modiques, à titre de récompense ou autrement.

Auvergne, tit. 14, art. 29 et 51; Bourbonnais, art. 222, chap. 20. = Loisel, instit. coutum., liv. 2, tit. 4, art. 10. = Brodeau, sur Louet, lett. S, chap. 9, nomb. 4.

Article 1084. La donation par contrat de mariage pourra être faite cumulativement des biens présens et à venir, en tout ou en partie, à la charge qu'il sera annexé à l'acte un état des dettes et charges du donateur existantes au jour de la donation; auquel cas, il sera libre au donataire, lors du décès du donateur, de s'en tenir aux biens présens, en renonçant au surplus des biens du donateur.

Bourbonnais, chap. 19, art. 210. = Ordonnance de 1731, art. 17.

Article 1085. Si l'état dont est mention au précédent article n'a point été annexé à l'acte contenant donation des biens présens et à venir, le donataire sera obligé d'accepter ou de répudier cette donation pour le tout. En cas d'acceptation, il ne pourra réclamer que les biens qui se trouveront existans au jour du décès du donateur, et il sera soumis au paiement de toutes les dettes et charges de la succession.

Ordonnance de 1731, art. 18.

Article 1086. La donation par contrat de mariage en faveur des époux et des enfans à naître de leur mariage, pourra encore être faite, à condition de payer indistinctement toutes les dettes et charges de la succession du donateur, ou sous d'autres conditions dont l'exécution dépendrait de sa volonté, par quelque personne que la donation soit faite : le donataire sera tenu d'accomplir ces conditions, s'il n'aime mieux renoncer à la donation; et en cas que le donateur, par contrat de mariage, se soit réservé la liberté de disposer d'un effet compris dans la donation de ses biens présens, ou d'une somme fixe à prendre sur ces mêmes biens, l'effet ou la somme, s'il meurt sans en avoir disposé, seront censés compris dans la donation, et appartiendront au donataire ou à ses héritiers.

Ordonnance de 1731, art. 18. = Bourbonnais, tit. 19, art. 212.

Article 1807. Les donations faites par contrat de mariage ne pourront être attaquées, ni déclarées nulles, sous prétexte de défaut d'acceptation.

Ordonnance de 1731, art. 10.

Article 1088. Toute donation faite en faveur du mariage sera caduque, si le mariage ne s'ensuit pas.

Leg. 21. *et* 22 ; *leg.* 41, *in princ.* ; *ff. de jure dotium.* Leg. 4 , §. 2 , *ff. de pactis.*

Article 1089. Les donations faites à l'un des époux , dans les termes des articles 1082, 1084, et 1086 ci-dessus , deviendront caduques, si le donateur survit à l'époux donataire et à sa postérité.

Article 1090. Toutes donations faites aux époux par leur contrat de mariage ; seront , lors de l'ouverture de la succession du donateur, réductibles à la portion dont la loi lui permettait de disposer.

Bourbonnais, art. 229 ; la Marche, art. 294.

CHAPITRE IX.

Des Dispositions entre Epoux , soit par contrat de mariage , soit pendant le Mariage.

Article 1091. Les époux pourront, par contrat de mariage , se faire réciproquement, ou l'un des deux à l'autre, telle donation qu'ils jugeront à propos , sous les modifications ci-après exprimées.

Leg. 27 , *ff. de donationibus inter virum et uxorem.* Leg. 1 , §. 1 , *ff. de donationibus.*

Article 1092. Toute donation entre-vifs de biens présens , faite entre époux par contrat de mariage, ne sera point censée faite sous la condition de survie du donataire , si cette condition n'est formellement exprimée ; et elle sera soumise à toutes les règles et formes ci-dessus prescrites pour ces sortes de donations.

Vid. *Leg.* 9 , *cod. de donationibus inter virum et uxorem.*
Dumoulin , *in tractat. de donationib. fact. vel. confirmand. in contract. matrim.* , *num.* 13. Coutume de Blois, art. 16.

Article 1093. La donation de biens à venir , ou de biens présens et à venir ; faite entre époux par contrat de mariage , soit simple , soit réciproque, sera soumise aux règles établies par le chapitre précédent, à l'égard des donations pareilles qui leur seront faites par un tiers ; sauf qu'elle ne sera point transmissible aux enfans issus du mariage , en cas de décès de l'époux donataire avant l'époux donateur.

Article 1094. L'époux pourra , soit par contrat de mariage , soit pendant le mariage , pour le cas où il ne laisserait point d'enfans ni descendans , disposer en faveur de l'autre époux , en propriété , de tout ce dont il pourrait disposer en faveur d'un étranger , et , en outre , de l'usufruit de la totalité de la portion dont la loi prohibe la disposition au préjudice des héritiers.

Et pour le cas où l'époux donateur laisserait des enfans ou descendans , il pourra donner à l'autre époux , ou un quart en propriété et un autre quart en usufruit , ou la moitié de tous ses biens en usufruit seulement.

Loi du 17 nivôse an 2 , art. 14.

Article 1095. Le mineur ne pourra , par contrat de mariage , donner à l'autre époux , soit par donation simple , soit par donation réciproque , qu'avec le consentement et l'assistance de ceux dont le consentement est requis pour la validité de son mariage ; et avec ce consentement , il pourra donner tout ce que la loi permet à l'époux majeur de donner à l'autre conjoint.

Vid. Leg. 1 , *cod. si adversus donationem. Leg.* 1 , *cod. si adversus dotem. Leg.* 9 , §. 1 , *ff. de minoribus.*

Article 1096. Toutes donations faites entre époux pendant le mariage , quoique qualifiées entre-vifs , seront toujours révocables.

La révocation pourra être faite par la femme , sans y être autorisée par le mari ni par justice.

Ces donations ne seront point révoquées par la survenance d'enfans.

Leg. 1 , *leg.* 32 , §. 2 , *ff. de donationibus inter virum et uxorem.*

Article 1097. Les époux ne pourront , pendant le mariage , se faire , ni par acte entre-vifs , ni par testament , aucune donation mutuelle et réciproque par un seul et même acte. (1)

---

(1) Dans la plupart de nos coutumes , les époux ne pouvaient disposer en faveur l'un de l'autre

Article 1098. L'homme ou la femme qui, ayant des enfans d'un autre lit, contractera un second ou subséquent mariage, ne pourra donner à son nouvel époux qu'une part d'enfant légitime le moins prenant, et sans que, dans aucun cas, ces donations puissent excéder le quart des biens.

Leg. 5 *et* 6, *cod. de secundis nuptiis.* = Edit des secondes noces, de 1560. = Coutume de Paris, art. 279. = Calais, chap. 5, art. 71; Normandie, art. 405. = Arrêtés de LAMOIGNON, tit. 57, art. 1.

Article 1099. Les époux ne pourront se donner indirectement au-delà de ce qui leur est permis par les dispositions ci-dessus.

Toute donation, ou déguisée, ou faite à personnes interposées, sera nulle.

Arrêtés de LAMOIGNON, tit. 57, art. 1. = *Leg.* 22, *ff. de donationibus inter virum et uxorem. Leg.* 35, §. 3, *ff. de donationibus mortis causa. Leg.* 5, §. *ultimo*, *ff. pro socio.*

Article 1100. Seront réputées faites à personnes interposées, les donations de l'un des époux aux enfans ou à l'un des enfans de l'autre époux issus d'un autre mariage, et celles faites par le donateur aux parens dont l'autre époux sera héritier présomptif au jour de la donation, encore que ce dernier n'ait point survécu à son parent donataire.

Leg. 3, §. 3, 4 *et* 5; *leg.* 5, §. 2; *leg.* 60, *ff. de donationib. inter vir. et uxor. Leg* 5, §. 2, *ff. de bonis libertorum.* = LEPRESTRE, cent. 1, chap. 18.

---

que par don mutuel. *Voy.* Paris, art. 282; Orléans, art. 280; Berry, tit. 8, art. 1; Boulenois, art. 95; Bourbonnais, art. 226; Calais, art. 72 et 79; Chaumont, art. 68; Grand-Perche, art. 98; Montargis, chap. 11, art. 5; Nivernais, chap. 25, art. 27; Normandie, art. 395.

La novel'e de l'empereur Valentinien, *Cod. Theodos. de testament.*, introduisit le testament mutuel entre le mari et la femme, et permit aux deux conjoints de tester, par le même testament, en faveur l'un de l'autre. Cette novelle, quoique non comprise par Justinien dans le corps de droit, était observée néanmoins dans presque tous les parlemens de France. Mais sa disposition fut abrogée par l'ordonnance de 1735, art. 77.

~~~~~~

TITRE III.

Des Contrats ou des Obligations conventionnelles en général.

[Décrété le 17 Pluviôse an XII. Promulgué le 27 du même mois.]

CHAPITRE PREMIER.

Dispositions préliminaires.

Article 1101. Le contrat est une convention par laquelle une ou plusieurs personnes s'obligent, envers une ou plusieurs autres, à donner, à faire ou à ne pas faire quelque chose.

Leg. 5, *in princ. , ff. de obligationibus et actionibus. Leg.* 7 , § 2 , *ff. de pactis.* = *Institut. de obligationibus in princ.*

Article 1102. Le contrat est *synallagmatique* ou *bilatéral* lorsque les contractans s'obligent réciproquement les uns envers les autres.

Article 1103. Il est *unilatéral* lorsqu'une ou plusieurs personnes sont obligées envers une ou plusieurs autres, sans que de la part de ces dernières il y ait d'engagement.

Article 1104. Il est *commutatif* lorsque chacune des parties s'engage à donner ou à faire une chose qui est regardée comme l'équivalent de ce qu'on lui donne , ou de ce qu'on fait pour elle.

Lorsque l'équivalent consiste dans la chance de gain ou de perte pour chacune des parties, d'après un événement incertain , le contrat est *aléatoire.*

28

Article 1105. Le contrat *de bienfaisance* est celui dans lequel l'une des parties procure à l'autre un avantage purement gratuit.

Article 1106. Le contrat *à titre onéreux* est celui qui assujettit chacune des parties à donner ou à faire quelque chose.

Article 1107. Les contrats, soit qu'ils aient une dénomination propre, soit qu'ils n'en aient pas, sont soumis à des règles générales, qui sont l'objet du présent titre.

Les règles particulières à certains contrats sont établies sous les titres relatifs à chacun d'eux, et les règles particulières aux transactions commerciales sont établies par les lois relatives au commerce.

CHAPITRE II.

Des Conditions essentielles pour la validité des Conventions.

Article 1108. Quatre conditions sont essentielles pour la validité d'une convention :

Le consentement de la partie qui s'oblige ;

Sa capacité de contracter ;

Un objet certain qui forme la matière de l'engagement ;

Une cause licite dans l'obligation.

Leg. 1, §. 2 et 3, *ff. de pactis. Leg.* 2, *ff. de obligationibus et actionibus. Leg.* 137, §. 1, *ff. de verborum obligationibus. Leg.* 1, §. 12 et 13, *ff. de obligationibus et actionibus. Leg.* 6, *leg.* 141, §. 2, *ff. de verborum obligationibus. Leg.* 94, 95 ; *leg.* 115, *in pr., ff. de verborum obligationibus. Leg.* 3, §. 5, *ff. de eo quod certo loco. Leg.* 19, 26, 27 ; *leg.* 35, §. 1 *ff. de verborum obligationibus Leg.* 27, §. 4, *de pactis. Leg.* 6, *cod. eod.* (1)

---

(1) Ajoutez à ces conditions, que l'obligation ne soit pas impossible par la nature ou par la loi. *Leg.* 1, §. 9 et 11 ; *leg.* 31, *ff. de obligationibus et actionibus. Leg.* 7 61 ; *leg.* 35, *in pr., ff. de verborum obligationibus. Leg.* 6, *cod. de pactis. Leg.* 185, *ff de regulis juris.*

SECTION PREMIÈRE.

Du Consentement.

Article 1109. Il n'y a point de consentement valable si le consentement n'a été donné que par erreur, ou s'il a été extorqué par violence ou surpris par dol.

Leg. 116, in pr. et §. 2 , ff. de reg. juris. Leg. 57 , ff. de obligationibus et actionibus. Leg. 1, leg. 21, §. 5 , ff. quod metus causâ. Leg. 1 , ff. de dolo malo.

Article 1110. L'erreur n'est une cause de nullité de la convention que lorsqu'elle tombe sur la substance même de la chose qui en est l'objet.

Elle n'est point une cause de nullité lorsqu'elle ne tombe que sur la personne avec laquelle on a intention de contracter, à moins que la considération de cette personne ne soit la cause principale de la convention.

Leg. 9, in pr. et §. 2 ; leg. 11, leg. 41 , §. 1 ; leg. 10 , leg. 14, et leg. 9, §. 1 , ff. de contrahendâ emptione. Leg. 22 , ff. de verborum obligationibus.

Article 1111. La violence exercée contre celui qui a contracté l'obligation, est une cause de nullité, encore qu'elle ait été exercée par un tiers autre que celui au profit duquel la convention a été faite.

Leg. 9, §. 1 ; leg. 14, §. 3 , ff. quod metus causâ. Leg. 5 , cod. de his quæ vi metus.

Article 1112. Il y a violence lorsqu'elle est de nature à faire impression sur une personne raisonnable, et qu'elle peut lui inspirer la crainte d'exposer sa personne ou sa fortune à un mal considérable et présent.

On a égard, en cette matière, à l'âge, au sexe et à la condition des personnes.

Leg. 2, leg. 3, §. 1 ; leg. 5, leg. 6 ; leg. 8, §. 1 et 2 ; leg. 22 , ff. quod metus causâ. Leg. 7, his quæ vi metusve causâ. Leg. 184 , ff. de regulis juris.

Article 1113. La violence est une cause de nullité du contrat, non - seulement lorsqu'elle a été exercée sur la partie contractante, mais encore lorsqu'elle l'a été sur son époux ou sur son épouse, sur ses descendans ou ses ascendans.

Leg. 8, §. 3 , ff. quod metus causâ.

Article 1114. La seule crainte révérentielle envers le père, la mère, ou autre ascendant, sans qu'il y ait eu de violence exercée, ne suffit point pour annuller le contrat.

Argum. ex leg. 22, *ff. de ritu nuptiarum. Leg.* 26, §. 1, *ff. de pignoribus et hypothecis. Leg.* 2, *cod. qui et adversus quos in integrum restituuntur.*

Article 1115. Un contrat ne peut plus être attaqué pour cause de violence, si, depuis que la violence a cessé, ce contrat a été approuvé, soit expressément, soit tacitement, soit en laissant passer le temps de la restitution fixé par la loi.

Leg. 2 et 4, *cod. de his quæ vi metusve causâ.*

Article 1116. Le dol est une cause de nullité de la convention lorsque les manœuvres pratiquées par l'une des parties sont telles, qu'il est évident que sans ses manœuvres l'autre partie n'aurait pas contracté.

Il ne se présume pas, et doit être prouvé.

Leg. 7, §. 10, *leg.* 8, *ff. de dolo malo.* = *Argum. ex leg.* 3, *cod. si ex fals. instrument.* = Définition du dol. Vid *Leg.* 1, §. 2, *ff. de dolo malo.*
Leg. 6, *cod de dolo malo.*

Article 1117. La convention contractée par erreur, violence ou dol, n'est point nulle de plein droit; elle donne seulement lieu à une action en nullité ou en rescision, dans les cas et de la manière expliqués à la section VII du chapitre V du présent titre.

MORNAC, *in leg.* 21, *ff. quod metus causâ.*
C'était une maxime du Droit Français, *que les voies de nullité n'avaient point lieu en France.* *Voy.* DELAURIÈRE, glossaire du Droit Français, lett. N; LEGRAND, sur Troyes, art. 139, glos. 4, n°. 11. Coutume de Gorze, tit. 7, art. 10 et 11.

Article 1118. La lésion ne vicie les conventions que dans certains contrats ou à l'égard de certaines personnes, ainsi qu'il sera expliqué en la même section.

Article 1119. On ne peut, en général, s'engager, ni stipuler en son propre nom que pour soi-même.

Institut. de inutilibus stipulationibus, §. 18 et 20. *Leg.* 58, *in pr.*, §. 1 et 17; *leg.* 83, *in pr.*, *ff. de verborum obligationibus. Leg.* 73, §. 4, *ff. de regulis juris. Leg.* 3, *in fin.*, *cod. ne uxor pro marito.*

Article 1120. Néanmoins on peut se porter fort pour un tiers, en promettant le fait de celui-ci ; sauf l'indemnité contre celui qui s'est porté fort ou qui a promis de faire ratifier , si le tiers refuse de tenir l'engagement.

Leg. 38, §. 2 ; *leg.* 81 , *ff. de verborum obligationibus.*

Article 1121. On peut pareillement stipuler au profit d'un tiers , lorsque telle est la condition d'une stipulation que l'on fait pour soi-même ou d'une donation que l'on fait à un autre. Celui qui a fait cette stipulation , ne peut plus la révoquer si le tiers a déclaré vouloir en profiter.

Leg. 38 , §. 20, 21 *et* 23, *ff. de verborum obligationibus. Leg.* 10, *ff. de pactis dotalibus.*

Article 1122. On est censé avoir stipulé pour soi et pour ses héritiers et ayant-cause, à moins que le contraire ne soit exprimé ou ne résulte de la nature de la convention.

Leg. 143 , *ff. de regulis juris. Leg.* 56 , §. 1 , *ff. de verborum obligationibus. Leg.* 37 , *ff. de adquirendâ vel omittendâ hæreditate. Leg.* 2 , *cod. si pignus pignori datum sit. Leg.* 17 , §. 5 , *ff. de pactis.*

SECTION II.

De la Capacité des Parties contractantes.

Article 1123. Toute personne peut contracter si elle n'en est pas déclarée incapable par la loi.

Leg. 21 , *cod. mandatis.*

Article 1124. Les incapables de contracter sont :
Les mineurs, (1)
Les interdits ,
Les femmes mariées, dans les cas exprimés par la loi (2),
· Et généralement tous ceux auxquels la loi a interdit certains contrats.

Leg. 1 , §. 12 , 13 , 14 *et* 15 , *ff. de obligationibus et actionibus. Leg* 6 , *leg.* 142 , §. 2 , *ff. de verborum obligationibus. Leg.* 1 , *cod. de inutilibus stipulationibus. Leg.* 7 , *cod. de contrahendâ et committendâ stipulatione.*

---

(1) Suivant le droit romain , les mineurs étaient capables de contracter. *Vid. Leg.* 101 , *ff. de verbor. obligat.* Mais ils pouvaient se faire restituer contre leurs engagemens s'il avaient été lésés. *Vid. Tot. titul.* , *ff. de minorib. et cod. de in integr. restitution. minor.*

. (2) A Rome , le sénatus-consulte Velléien restituait les femmes contre des obligations qu'elles avaient consenties pour des tiers. *Vid. tot. titul.* , *ff. ad senatus-consult. Velleian, cod. eod.* = *Novell.* 134 , *cap.* 8 , *leg.* 12 , *ff. de minorib.*

Article 1125. Le mineur, l'interdit et la femme mariée ne peuvent attaquer, pour cause d'incapacité, leurs engagemens, que dans les cas prévus par la loi.

Les personnes capables de s'engager ne peuvent opposer l'incapacité du mineur, de l'interdit ou de la femme mariée, avec qui elles ont contracté.

Instĭtut. lib. 1, *tit.* 21, *in pr.* = *Leg.* 13, §. 29, *ff. de actionibus empti et venditi.*

SECTION III.

De l'Objet et de la Matière des Contrats.

Article 1126. Tout contrat a pour objet une chose qu'une partie s'oblige à donner ou qu'une partie s'oblige à faire ou à ne pas faire.

Leg. 3, *in pr.*, *ff. de obligationibus et actionibus.*

Article 1127. Le simple usage ou la simple possession d'une chose peut être, comme la chose même, l'objet du contrat.

Article 1128. Il n'y a que les choses qui sont dans le commerce qui puissent être l'objet des conventions.

Leg. 182, *ff. de regulis juris Leg.* 34, *leg.* 83, §. 5 ; *leg.* 103, *ff. de verborum obligationibus.* *Leg.* 6, *leg.* 34, §. 1, *ff. de contrahendá emptione.*

Article 1129. Il faut que l'obligation ait pour objet une chose au moins déterminée quant à son espèce.

La quotité de la chose peut être incertaine, pourvu qu'elle puisse être déterminée.

Leg. 94 et 95, *ff. de verborum obligationibus.*

Article 1130. Les choses futures peuvent être l'objet d'une obligation.

On ne peut cependant renoncer à une succession non ouverte, ni faire aucune stipulation sur une pareille succession, même avec le consentement de celui de la succession duquel il s'agit.

Leg 8, *ff de contrahendá emptione. Leg.* 15, *leg.* 19 et 30, *cod. de pactis.* = *Leg.* 4, *cod. de inutilibus stipulationibus. Leg.* 61, *ff. de verborum obligationibus.* = Novel. 19 de l'empereur Léon. = *Leg.* 3, *cod. de collationibus.* = LOUET, lett H, chap. 6. = Arrêt du 2 décembre 1654, rapporté par Soefve, tom. 1, cent. 4, chap. 73. = Arrêt du 20 janvier 1626, rapporté au *Journal des Audiences*, tom. 1, liv. 1, chap. 80. = Arrêtés de Lamoignon, tit. 22, art. 22. (1)

SECTION IV.

De la Cause.

Article 1131. L'obligation sans cause, ou sur une fausse cause, ou sur une cause illicite, ne peut avoir aucun effet.

Leg. 7, §. 4 ; *leg.* 27, §. 4, *ff. de pactis. Leg.* 6, *cod. eod. Leg.* 121, §. 1, *ff. de verborum obligationibus. Tot. titul., ff. de condictione sine causâ.*

Article 1132. La convention n'est pas moins valable quoique la cause n'en soit pas exprimée.

Article 1133. La cause est illicite quand elle est prohibée par la loi, quand elle est contraire aux bonnes mœurs ou à l'ordre public.

Leg. 7, §. 7, *ff. de pactis. Leg.* 6, *cod. eod. Leg.* 19, 26, 27, 61, 123 et 134, *ff. de verborum obligationibus.*

---

(1) Dans le droit romain, la stipulation faite entre deux personnes sur la succession d'un tiers était valable, si celui-ci y consentait ; mais il pouvait jusqu'à sa mort révoquer son consentement. *Vid. Leg.* 30, *cod. de pactis.*

On pouvait, dans les pays coutumiers, renoncer par contrat de mariage à la succession de ses père et mère, et une pareille convention avait son effet. *Voy.* Henry, chap. 19, art. 23 et 24.

La faveur dont les contrats de mariage jouissaient en France, avait fait admettre dans les contrats les conventions de succéder ; c'était un droit universellement reçu en France, dans le pays de droit écrit comme dans le pays de coutume.

Vid. Cujas, sur le liv. 4 des fiefs, tit. 32. Perezius, *in codic. de pactis conventis*, n°. 10. Bouguier, lett. D, chap. 8; lett. S, chap. 11. Lefrestre, cent. 2, chap. 10 et chap 90. Brodeau, sur Louet, lett. S, chap. 9. Ordonn. d'Orléans, art. 57 ; Nivernais, tit. 27, art. 12; Auvergne, tit. 14, art. 31; Marche, art. 294; Bourbonnais, art. 219. Maynard, liv. 5, quest. 90; liv. 7, chap. 100, n°. 6 ; Cambolas, liv. 2, chap. 21, et liv. 4, chap. 26. Chorier, sur Guypape, liv. 4, sect. 2 ; art. 5. Dupérier, quest. 15, liv. 1, et quest. 16, liv. 2.

CHAPITRE III.

De l'Effet des Obligations.

SECTION PREMIÈRE.

Dispositions générales.

Article 1134. Les conventions légalement formées tiennent lieu de loi à ceux qui les ont faites.

Elles ne peuvent être révoquées que de leur consentement mutuel, ou pour les causes que la loi autorise.

Elles doivent être exécutées de bonne foi.

Leg. 23, ff. de regulis juris. Leg. 1, §. 6, ff. depositi vel contra. Leg. 5, cod. de obligationibus et actionibus.

Article 1135. Les conventions obligent non-seulement à ce qui y est exprimé, mais encore à toutes les suites que l'équité, l'usage ou la loi donnent à l'obligation d'après sa nature.

Leg. 2, §. 3, ff. de obligationibus et actionibus. Leg. 31, §. 20, ff. de edilitio edicto.

SECTION II.

De l'Obligation de donner.

Article 1136. L'obligation de donner emporte celle de livrer la chose et de la conserver jusqu'à la livraison, à peine de dommages et intérêts envers le créancier.

Leg. 11, §. 1 et 2, ff. de actionibus empti et venditi.

Article 1137. L'obligation de veiller à la conservation de la chose, soit que la convention n'ait pour objet que l'utilité de l'une des parties, soit qu'elle ait pour objet leur utilité commune, soumet celui qui en est chargé à y apporter tous les soins d'un bon père de famille.

Cette obligation est plus ou moins étendue relativement à certains contrats, dont les effets, à cet égard, sont expliqués sous les titres qui les concernent.

Argum. ex leg. 35, §. 4; *leg.* 36, *ff. de contrahendâ emptione.* **Leg.** 11, *ff. eod.; leg.* 17, *ff. de periculo et commodo rei venditæ.*

Article 1138. L'obligation de livrer la chose est parfaite par le seul consentement des parties contractantes.

Elle rend le créancier propriétaire et met la chose à ses risques dès l'instant où elle a dû être livrée, encore que la tradition n'en ait point été faite, à moins que le débiteur ne soit en demeure de la livrer; auquel cas la chose reste aux risques de ce dernier.

Argum. ex leg. 1; *leg.* 4, *cod. de periculo et commodo rei venditæ.* **Leg.** 7, *leg.* 8, *leg.* 12, *leg.* 14 *et leg* 17, *ff. eod. titul.* *Leg.* 11, *, ff. de evictionibus.* *Leg.* 10, *ff. de regulis juris.*

Article 1139. Le débiteur est constitué en demeure, soit par une sommation ou par autre acte équivalent, soit par l'effet de la convention, lorsqu'elle porte que, sans qu'il soit besoin d'acte et par la seule échéance du terme, le débiteur sera en demeure.

Leg. 23, *ff. de verborum obligationibus.* *Leg.* 4, *ff. de lege commissoria.* *Leg.* 18, *ff. de usuris.* *Leg.* 127, *ff. de verborum obligationibus.* *Leg.* 23, *vers. de illo, ff. de obligationibus et actionib.* *Leg.* 12, *cod. de contrahendâ et committendâ stipulatione Glos. in dict. leg.* 12.

Article 1140. Les effets de l'obligation de donner ou de livrer un immeuble sont réglés au titre *de la Vente* et au titre *des Priviléges et Hypothèques.*

Article 1141. Si la chose qu'on s'est obligé de donner ou de livrer à deux personnes successivement, est purement mobilière, celle des deux qui en a été mise en possession réelle est préférée et en demeure propriétaire, encore que son titre soit postérieur en date, pourvu toutefois que la possession soit de bonne foi.

Cette préférence avait lieu dans le droit romain, même dans la vente des immeubles, Vid. *Leg* 15, *cod. de rei vindicatione. Leg.* 20, *cod. de pactis.* = Coutume de Paris, art. 170.

SECTION III.

De l'Obligation de faire ou de ne pas faire.

Article 1242. Toute obligation de faire ou de ne pas faire se résout en dommages et intérêts, en cas d'inexécution de la part du débiteur.

Leg. 75, §. 7, *ff. de verborum obligationibus.*

Article 1143. Néanmoins le créancier a le droit de demander que ce qui aurait été fait par contravention à l'engagement, soit détruit ; et il peut se faire autoriser à le détruire aux dépens du débiteur, sans préjudice des dommages et intérêts, s'il y a lieu.

Article 1144. Le créancier peut aussi, en cas d'inexécution, être autorisé à faire exécuter lui-même l'obligation aux dépens du débiteur.

Article 1145. Si l'obligation est de ne pas faire, celui qui y contrevient doit les dommages et intérêts par le seul fait de la contravention.

Argum. ex leg. 122, §. 3 et 6, *ff. de verborum obligationibus.*

SECTION IV.

Des Dommages et Intérêts résultant de l'inexécution de l'Obligation.

Article 1146. Les dommages et intérêts ne sont dus que lorsque le débiteur est en demeure de remplir son obligation, excepté néanmoins lorsque la chose que le débiteur s'était obligé de donner ou de faire ne pouvait être donnée ou faite que dans un certain temps qu'il a laissé passer.

Leg. 113, *ff. de verborum obligationibus. Leg.* 77, *ff. eod. Leg.* 12, *cod. de contrahendâ et committendâ stipulatione.*

Article 1147. Le débiteur est condamné, s'il y a lieu, au paiement de dommages et intérêts, soit à raison de l'inexécution de l'obligation, soit à raison du retard dans l'exécution, toutes les fois qu'il ne justifie pas que l'inexécution provient d'une cause étrangère qui ne peut lui être imputée, encore qu'il n'y ait aucune mauvaise foi de sa part.

Leg. 5, *ff. de rebus creditis.*

Article 1148. Il n'y a lieu à aucuns dommages et intérêts lorsque, par suite d'une force majeure ou d'un cas fortuit, le débiteur a été empêché de donner ou de faire ce à quoi il était obligé, ou a fait ce qui lui était interdit.

Leg. 23, *in fin.*, *ff. de regulis juris.*

Article 1149. Les dommages et intérêts dus au créancier sont, en général, de la perte qu'il a faite et du gain dont il a été privé, sauf les exceptions et modifications ci-après.

Leg. 13, *ff. ratam rem haberi.*

Article 1150. Le débiteur n'est tenu que des dommages et intérêts qui ont été prévus ou qu'on a pu prévoir lors du contrat, lorsque ce n'est point par son dol que l'obligation n'est point exécutée.

Leg. unic., *cod. de sententiis quæ pro eo quod interest.* = DUMOULIN, *tract. de eo quod interest*, *n°.* 60.

Article 1151. Dans le cas même où l'inexécution de la convention résulte du dol du débiteur, les dommages et intérêts ne doivent comprendre, à l'égard de la perte éprouvée par le créancier et du gain dont il a été privé, que ce qui est une suite immédiate et directe de l'inexécution de la convention.

Argum. ex leg. 43, *in fin.; et leg.* 44, *ff. de actionibus empti et venditi.*

Article 1152. Lorsque la convention porte que celui qui manquera de l'exécuter paiera une certaine somme à titre de dommages - intérêts, il ne peut être alloué à l'autre partie une somme plus forte ni moindre.

DUMOULIN, *tractat. de eo quod. interest*, *n°.* 159.
Argum. ex leg. 1, *in princip.*, *ff. de pactis. Leg.* 23, *ff. de regulis juris. Leg.* 1, *in princip.*, *ff. de pecunia constituta.*

Article 1153. Dans les obligations qui se bornent au paiement d'une certaine somme, les dommages et intérêts résultant du retard dans l'exécution ne consistent jamais que dans la condamnation aux intérêts fixés par la loi; sauf les règles particulières au commerce et au cautionnement.

Ces dommages et intérêts sont dus sans que le créancier soit tenu de justifier d'aucune perte.

Ils ne sont dus que du jour de la demande, excepté dans les cas où la loi les fait courir de plein droit.

Argum. ex leg. 88, ff. de regulis juris. = Leg. 127, ff. de verborum. obligationibus. Leg. 15, §. 25, ff. de actionibus empti et venditi. Leg. 19, ff. de periculo et commodo rei venditæ. Leg. 44, ff. de usuris.

Article 1154. Les intérêts échus des capitaux peuvent produire des intérêts, ou par une demande judiciaire, ou par une convention spéciale, pourvu que, soit dans la demande, soit dans la convention, il s'agisse d'intérêts dus au moins pour une année entière. (1)

Article 1155. Néanmoins les revenus échus, tels que fermages, loyers, arrérages de rentes perpétuelles ou viagères, produisent intérêt du jour de la demande ou de la convention.

La même règle s'applique aux restitutions de fruits, et aux intérêts payés par un tiers au créancier en acquit du débiteur.

SECTION V.

De l'Interprétation des Conventions.

Article 1156. On doit dans les conventions rechercher quelle a été la commune intention des parties contractantes, plutôt que de s'arrêter au sens littéral des termes.

Leg. 219, ff. de verborum significatione. = Argum. ex leg. 1, cod. plus valere quod agitur. = Leg. 168, §. 1, ff. de regulis juris.

Article 1157. Lorsqu'une clause est susceptible de deux sens, on doit plutôt l'entendre dans celui avec lequel elle peut avoir quelque effet, que dans le sens avec lequel elle n'en pourrait produire aucun.

Leg. 80, ff. de verborum obligationibus. Leg. 12, ff. de rebus dubiis.

Article 1158. Les termes susceptibles de deux sens doivent être pris dans le sens qui convient le plus à la matière du contrat.

Leg 67, ff. de regulis juris.

---

(1) Les lois romaines prohibaient les stipulations d'intérêts des intérêts. Vid. *Leg.* 29, *ff. usur.* *Leg.* 28, *cod. eod. Leg.* 26, §. 1, *ff. de condict. indebit. Leg.* 20, *cod. ex quib. caus. infam. irrogat.*

Article 1159. Ce qui est ambigu s'interprète par ce qui est d'usage dans le pays où le contrat est passé.

Leg. 34 , *ff. de diversis regulis juris.*

Article 1160. On doit suppléer dans le contrat les clauses qui y sont d'usage , quoiqu'elles n'y soient pas exprimées.

Leg. 31 , §. 20 , *ff. de edilitio edicto.*

Article 1161. Toutes les clauses des conventions s'interprètent les unes par les autres, en donnant à chacune le sens qui résulte de l'acte entier.

Leg. 24 , *ff. de legibus. Leg.* 126 , *ff. de verborum significatione.*

Article 1162. Dans le doute, la convention s'interprète contre celui qui a stipulé ; et en faveur de celui qui a contracté l'obligation.

Leg. 39 , *ff. de pactis. Leg.* 21 , *ff. de contrahendâ emptione. Leg.* 99 , *in pr.* ; *leg.* 38 , §. 18 , *ff. de verborum obligationibus. Leg.* 26 , *ff. de rebus dubiis. Leg.* 172 , *in pr.* , *ff. de regulis juris.*

Article 1163. Quelque généraux que soient les termes dans lesquels une convention est conçue, elle ne comprend que les choses sur lesquelles il paraît que les parties se sont proposé de contracter.

Argum. ex leg. 9 , §. 1. = *Leg.* 5 , *ff. de transactionibus. Leg.* 3 , §. 1 ; *leg.* 12 , *ff. eod.*

Article 1164. Lorsque dans un contrat on a exprimé un cas pour l'explication de l'obligation , on n'est pas censé avoir voulu par-là restreindre l'étendue que l'engagement reçoit de droit aux cas non exprimés.

Leg. 81 , *ff. de regulis juris. Leg.* 56 , *ff. mandati vel contra.*

SECTION VI.

De l'effet des Conventions à l'égard des Tiers.

Article 1165. Les conventions n'ont d'effet qu'entre les parties contractantes ;

elles ne nuisent point au tiers, et elles ne lui profitent que dans le cas prévu par l'article 1121.

Leg. 7, §. 19; leg. 20, leg. 27, §. 4, ff. de pactis. Leg. 1, cod. inter alios, acta vel judicata. Leg. 25, cod. de pactis.

Article 1166. Néanmoins les créanciers peuvent exercer tous les droits et actions de leur débiteur, à l'exception de ceux qui sont exclusivement attachés à la personne.

Argum. ex leg. 68, ff. de regulis juris.

Article 1167. Ils peuvent aussi, en leur nom personnel, attaquer les actes faits par leur débiteur en fraude de leurs droits.

Ils doivent néanmoins, quant à leurs droits énoncés au titre *des Successions* et au titre *du Contrat de Mariage et des Droits respectifs des Epoux*, se conformer aux règles qui y sont prescrites.

Vid. tot. titul., ff. quæ in fraudem creditorum facta sunt.

CHAPITRE IV.

Des diverses espèces d'Obligations.

SECTION PREMIÈRE.

Des Obligations conditionnelles.

---

§. 1ᵉʳ.

De la Condition en général, et de ses diverses espèces.

Article 1168. L'obligation est conditionnelle lorsqu'on la fait dépendre d'un événement futur et incertain, soit en la suspendant jusqu'à ce que l'événement arrive, soit en la résiliant, selon que l'événement arrivera ou n'arrivera pas.

Article 1169. La condition *casuelle* est celle qui dépend du hasard, et qui n'est nullement au pouvoir du créancier ni du débiteur.

Article 1170. La condition *potestative* est celle qui fait dépendre l'exécution de la convention, d'un événement qu'il est au pouvoir de l'une ou de l'autre des parties contractantes de faire arriver ou d'empêcher.

Article 1171. La condition *mixte* est celle qui dépend tout à la fois de la volonté d'une des parties contractantes, et de la volonté d'un tiers.

Article 1172. Toute condition d'une chose impossible, ou contraire aux bonnes mœurs, ou prohibée par la loi, est nulle, et rend nulle la convention qui en dépend.

Leg. 1, §. 9 *et* 11; *leg.* 31, *ff. de obligationibus et actionibus.* *Leg.* 7, *leg.* 137, §. 6; *leg.* 8, *leg.* 35, *in pr. et* §. 1; *leg.* 123, *ff. de verborum obligationibus.* *Leg.* 185, *ff. de diversis regulis juris.*

Article 1173. La condition de ne pas faire une chose impossible ne rend pas nulle l'obligation contractée sous cette condition.

Leg. 7, *leg.* 137, §. 6, *ff. de verborum obligationibus.*

Article 1174. Toute obligation est nulle lorsqu'elle a été contractée sous une condition potestative de la part de celui qui s'oblige.

Leg. 8, *ff. de obligationibus et actionibus.* *Leg.* 46, §. 2 *et* 3; *leg.* 108, §. 1, *ff. de verborum obligationibus.*

Article 1175. Toute condition doit être accomplie de la manière que les parties ont vraisemblablement voulu et entendu qu'elle le fût.

Argum. ex leg. 68, *ff. de solutionibus et liberationibus.*

Article 1176. Lorsqu'une obligation est contractée sous la condition qu'un événement arrivera dans un temps fixe, cette condition est censée défaillie lorsque le temps est expiré sans que l'événement soit arrivé. S'il n'y a point de temps fixe, la condition peut toujours être accomplie; et elle n'est censée défaillie que lorsqu'il est devenu certain que l'événement n'arrivera pas.

Leg. 10, *leg.* 27, §. 1; *leg.* 99, §. 1, *ff. de verborum obligationibus.*

Article 1177. Lorsqu'une obligation est contractée sous la condition qu'un événement n'arrivera pas dans un temps fixe, cette condition est accomplie lorsque ce temps est expiré sans que l'événement soit arrivé : elle l'est également, si, avant le terme, il est certain que l'événement n'arrivera pas ; et s'il n'y a pas de temps déterminé, elle n'est accomplie que lorsqu'il est certain que l'événement n'arrivera pas.

Leg. 9, leg. 10 et leg. 115, §. 1 , ff. de verborum obligationibus.

Article 1178. La condition est réputée accomplie lorsque c'est le débiteur, obligé sous cette condition, qui en a empêché l'accomplissement.

Leg. 81, §. 1 , ff. de conditionibus et demonstrationibus. Leg. 85, §. 7 , ff. de verborum obligationibus. Leg. 24 et 59 , ff. de regulis juris.

Article 1179. La condition accomplie a un effet rétroactif au jour auquel l'engagement a été contracté. Si le créancier est mort avant l'accomplissement de la condition, ses droits passent à son héritier.

Argum. ex leg. 26 , ff. de conditionibus institutionum.

Article 1180. Le créancier peut, avant que la condition soit accomplie, exercer tous les actes conservatoires de son droit.

POTHIER, Traité des Obligations, part. 2, chap. 5, §. 5, n°. 222.

§. II.

De la Condition suspensive.

Article 1181. L'obligation contractée sous une condition suspensive est celle qui dépend ou d'un événement futur et incertain, ou d'un événement actuellement arrivé , mais encore inconnu des parties.

Dans le premier cas, l'obligation ne peut être exécutée qu'après l'événement.

Dans le second cas, l'obligation a son effet du jour où elle a été contractée.

Leg. 37, leg. 38 et 39 , ff. de rebus creditis. Leg. 100 , leg. 120 , ff. de verborum obligationibus.

Article 1182. Lorsque l'obligation a été contractée sous une condition suspensive , la chose qui fait la matière de la convention demeure aux risques du débiteur qui ne s'est obligé de la livrer que dans le cas de l'événement de la condition.

Si la chose est entièrement périe sans la faute du débiteur, l'obligation est éteinte.

Si la chose s'est détériorée sans la faute du débiteur, le créancier a le choix ou de résoudre l'obligation, ou d'exiger la chose dans l'état où elle se trouve, sans diminution du prix.

Si la chose s'est détériorée par la faute du débiteur, le créancier a le droit ou de résoudre l'obligation, ou d'exiger la chose dans l'état où elle se trouve, avec des dommages et intérêts.

Leg. 5, *cod. de periculo et commodo rei venditœ.*
Leg. 8, *in fin. ff. de periculo et commodo rei venditœ.*
Leg. 3 *et leg.* 10, *in pr. ff. de periculo et commodo rei venditœ.*

§. III

De la condition résolutoire.

Article 1183. La condition résolutoire est celle qui, lorsqu'elle s'accomplit, opère la révocation de l'obligation, et qui remet les choses au même état que si l'obligation n'avait pas existé.

Elle ne suspend point l'exécution de l'obligation : elle oblige seulement le créancier à restituer ce qu'il a reçu, dans le cas où l'événement prévu par la condition arrive.

Argum. ex leg. 1 *et* 4, *ff. de lege commissoria.*
Voy. POTHIER, traité des obligations, part. 2, ch. 3, art. 2, n°. 224.

Article 1184. La condition résolutoire est toujours sous-entendue dans les contrats synallagmatiques, pour le cas où l'une des deux parties ne satisfera point à son engagement.

Dans ce cas, le contrat n'est point résolu de plein droit. La partie envers laquelle l'engagement n'a point été exécuté, a le choix ou de forcer l'autre à l'exécution de la convention lorsqu'elle est possible, ou d'en demander la résolution avec dommages et intérêts.

La résolution doit être demandée en justice, et il peut être accordé au défendeur un délai selon les circonstances.

Argum. ex leg. 2 *et* 3, *ff. de lege commissoria.*
Voy. POTHIER, traité des obligations, part. 3, chap. 7, art. 2, n°. 672.

SECTION II.

Des Obligations à terme.

Article 1185. Le terme diffère de la condition, en ce qu'il ne suspend point l'engagement, dont il retarde seulement l'exécution.

Leg. 41, §. 1 ; *leg.* 46, *in pr., ff. de verborum obligationibus.*

Article 1186. Ce qui n'est dû qu'à terme, ne peut être exigé avant l'échéance du terme; mais ce qui a été payé d'avance, ne peut être répété.

Leg. 42, *ff. de verborum obligationibus. Leg.* 9, *in pr.*, *ff. de rebus creditis. Leg.* 10; *leg.* 16, *§.* 1; *leg.* 17 *et* 18, *ff. de condictione indebiti. Leg.* 16, *§.* 1, *ff. de compensationibus.*

Article 1187. Le terme est toujours présumé stipulé en faveur du débiteur, à moins qu'il ne résulte de la stipulation, ou des circonstances, qu'il a été aussi convenu en faveur du créancier.

Leg. 41, *§.* 1, *in fin.* ; *leg.* 122 *in pr.*, *ff. de verborum obligationibus. Leg.* 17, *ff. de reg. juris. Leg.* 70, *ff. de solutionibus.* = Arrêtés de Lamoignon, tit. 27, art. 6.
Celui-là paie moins, dit Ulpien, qui paie plus tard. Vid. *Leg.* 12, *§.* 1, *ff. de verborum significatione.*

Article 1188. Le débiteur ne peut plus réclamer le bénéfice du terme lorsqu'il a fait faillite, ou lorsque par son fait il a diminué les sûretés qu'il avait données par le contrat à son créancier.

Voy. Pothier, traité des obligations, part. 2, chap. 3. *§.* 3. n°ˢ. 234, 235 et 236.

SECTION III.

Des Obligations alternatives.

Article 1189. Le débiteur d'une obligation alternative est libéré par la délivrance de l'une des deux choses qui étaient comprises dans l'obligation.

Leg. 54, *§.* 6; *leg.* 25, *ff. de contrahendâ emptione. Leg.* 2, *§.* 3, *ff. de eo quod certo loco. Leg.* 27, *ff. de legatis* 2°. *Leg.* 25, *ff. de pecuniâ constitutâ.*

Article 1190. Le choix appartient au débiteur, s'il n'a pas été expressément accordé au créancier.

Leg. 10, *§.* 6, *in fin.*, *ff. de jure dotium. Leg.* 25, *inpr.*, *ff. de contrahendâ emptione. Leg.* 112 *et leg.* 138, *§.* 1, *ff. de verborum obligationibus. Leg.* 2, *§.* 3, *ff. de eo quod certo loco.*

Article 1191. Le débiteur peut se libérer en délivrant l'une des deux choses promises ; mais il ne peut pas forcer le créancier à recevoir une partie de l'une, et une partie de l'autre.

Leg. 8 , §. 2 , ff. de legatis 1°. Leg. 25 , in pr., ff. de contrahendâ emptione. Leg. 21 , §. 6, ff. de actionibus empti et venditi.

Article 1192. L'obligation est pure et simple, quoique contractée d'une manière alternative, si l'une des deux choses promises ne pouvait être le sujet de l'obligation.

Leg. 72 ; §. 4 ; leg. 95 , in pr. ff de solutionibus. Leg. 16 , ff. de verborum obligatiónibus Leg. 15 , ff. de duobus reis constituendis.

Article 1193. L'obligation alternative devient pure et simple, si l'une des choses promises périt et ne peut plus être livrée même par la faute du débiteur. Le prix de cette chose ne peut pas être offert à sa place.

Si toutes deux sont péries, et que le débiteur soit en faute à l'égard de l'une d'elles ; il doit payer le prix de celle qui a péri la dernière.

Leg. 2 , §. 3 , ff. de eo quod certo loco. Leg. 95 , in pr., et §. 1 , ff. de solutionibus. Leg. 105 , ff. de verborum obligationibus. Leg. 34 , §. 6 , ff. de contrahendâ emptione. Leg. 47 , §. 3 , ff. de legatis 1°.
Leg. 82 , §. 1 , ff. de verborum obligationibus.

Article 1194. Lorsque, dans les cas prévus par l'article précédent, le choix avait été déféré par la convention au créancier,

Ou l'une des choses seulement est périe ; et alors, si c'est sans la faute du débiteur, le créancier doit avoir celle qui reste ; si le débiteur est en faute, le créancier peut demander la chose qui reste, ou le prix de celle qui est périe ;

Ou les deux choses sont péries ; et alors, si le débiteur est en faute à l'égard des deux, ou même à l'égard de l'une d'elles seulement, le créancier peut demander le prix de l'une ou de l'autre à son choix.

Leg. 95, in pr., et §. 1 , ff. de solutionibus et liberationibus.

Article 1195. Si les deux choses sont péries sans la faute du débiteur, et avant qu'il soit en demeure, l'obligation est éteinte, conformément à l'article 1302.

Leg. 34 , §. 6, ff. de contrahendâ emptione. Leg. 35 , leg. 37 et 105 , ff. de verb. obligation.

Article 1196. Les mêmes principes s'appliquent aux cas où il y a plus de deux choses comprises dans l'obligation alternative.

SECTION IV.

Des Obligations solidaires.

---

§. Ier.

De la solidarité entre les créanciers.

Article 1197. L'obligation est solidaire entre plusieurs créanciers lorsque le titre donne expressément à chacun d'eux le droit de demander le paiement du total de la créance, et que le paiement fait à l'un d'eux libère le débiteur, encore que le bénéfice de l'obligation soit partageable et divisible entre les divers créanciers.

Leg. 2, *ff. de duobus reis constituendis.*

Article 1198. Il est au choix du débiteur de payer à l'un ou à l'autre des créanciers solidaires, tant qu'il n'a pas été prévenu par les poursuites de l'un d'eux.

Néanmoins la remise qui n'est faite que par l'un des créanciers solidaires, ne libère le débiteur que pour la part de ce créancier.

Leg. 2 et 16, *ff. de duobus reis constituendis. Leg.* 9, *ff. de verborum obligationibus.*

Article 1199. Tout acte qui interrompt la prescription à l'égard de l'un des créanciers solidaires, profite aux autres créanciers.

Leg. 5, *cod. de duobus reis stipulandi et promittendi.*

§. II.

De la solidarité de la part des débiteurs.

Article 1200. Il y a solidarité de la part des débiteurs, lorsqu'ils sont obligés à une même chose, de manière que chacun puisse être contraint pour la totalité, et que le paiement fait par un seul libère les autres envers le créancier.

Leg. 2 ; *leg.* 3 , §. 1 ; *leg.* 11 , §. 1 , *ff. de duobus reis constituendis. Leg.* 3 , *cod. de duobus reis stipulandi et promittendi.*

Article 1201. L'obligation peut être solidaire quoique l'un des débiteurs soit obligé différemment de l'autre au paiement de la même chose : par exemple, si l'un n'est obligé que conditionnellement, tandis que l'engagement de l'autre est pur et simple, ou si l'un a pris un terme qui n'est point accordé à l'autre.

Leg. 7 ; *leg.* 9 , §. 2 , *ff. de duobus reis constituendis.*

Article 1202. La solidarité ne se présume point ; il faut qu'elle soit expressément stipulée.

Cette règle ne cesse que dans les cas où la solidarité a lieu de plein droit, en vertu d'une disposition de la loi.

Leg. 6, *in pr.* ; *leg.* 8 ; *leg.* 11 , §. 2 , *ff. de duobus reis constituendis.* = *Novell.* 99 , *cap.* 1. = *Leg.* 3 , *cod. de duobus reis stipulandi et promittendi.* = *Authentic. hoc ita. , cod. eod. tit.* = *Leg.* 10 , §. 3 , *ff. de appellationibus et relationibus. Leg.* 45 , *ff. de re judicata et de effectu sententiarum. Leg.* 1 *et leg.* 2 , *cod. si plures unâ sententiâ condemnati sunt.*

Article 1203. Le créancier d'une obligation contractée solidairement peut s'adresser à celui des débiteurs qu'il veut choisir, sans que celui-ci puisse lui opposer le bénéfice de division.

Leg. 3 , §. 1 , *ff. de duobus reis constituendis. Leg.* 2 *et* 3 , *cod. de duobus reis stipulandi et promittendi.* = *Authentic. hoc ita. , cod. eod. tit.* = *Novell.* 99 , *cap.* 1. = *Leg.* 47 , *ff. locati conducti.*

Article 1204. Les poursuites faites contre l'un des débiteurs n'empêchent pas le créancier d'en exercer de pareilles contre les autres.

Leg. 28 , *cod. de fidejussoribus et mandatoribus.*

Article 1205. Si la chose due a péri par la faute ou pendant la demeure de l'un ou de plusieurs des débiteurs solidaires, les autres codébiteurs ne sont point déchargés de l'obligation de payer le prix de la chose ; mais ceux-ci ne sont point tenus des dommages et intérêts.

Le créancier peut seulement répéter les dommages et intérêts tant contre les débiteurs par la faute desquels la chose a péri, que contre ceux qui étaient en demeure.

Leg. 18, ff. de duobus reis constituendis. Leg. 32, §. 4, ff. de usuris et fructibus. Leg. 173, §. 2, ff. de diversis regulis juris.
DuMoulin, tract. de divid. et individ., part. 3, nos. 126 et 127.

Article 1206. Les poursuites faites contre l'un des débiteurs solidaires interrompent la prescription à l'égard de tous.

Leg. 5, cod. de duobus reis stipulandi et promittendi.

Article 1207. La demande d'intérêts formée contre l'un des débiteurs solidaires fait courir les intérêts à l'égard de tous.

Argum. ex leg. 5, cod. de duobus reis stipulandi et promittendi.

Article 1208. Le codébiteur solidaire poursuivi par le créancier peut opposer toutes les exceptions qui résultent de la nature de l'obligation, et toutes celles qui lui sont personnelles, ainsi que celles qui sont communes à tous les codébiteurs.

Il ne peut opposer les exceptions qui sont purement personnelles à quelques-uns des autres codébiteurs.

Leg. 10 et 19, ff. de duobus reis constituendis.

Article 1209. Lorsque l'un des débiteurs devient héritier unique du créancier, ou lorsque le créancier devient l'unique héritier de l'un des débiteurs, la confusion n'éteint la créance solidaire que pour la part et portion du débiteur ou du créancier.

Leg. 71, in pr., ff. de fidejussoribus et mandatoribus. Leg. 95, §. 2, ff. de solutionibus et liberationibus.

Article 1210. Le créancier qui consent à la division de la dette à l'égard de l'un des codébiteurs, conserve son action solidaire contre les autres, mais sous la déduction de la part du débiteur qu'il a déchargé de la solidarité.

Article 1211. Le créancier qui reçoit divisément la part de l'un des débiteurs, sans réserver dans la quittance la solidarité ou ses droits en général, ne renonce à la solidarité qu'à l'égard de ce débiteur.

Le créancier n'est pas censé remettre la solidarité au débiteur lorsqu'il reçoit de lui une somme égale à la portion dont il est tenu, si la quittance ne porte pas que c'est *pour sa part.*

Il en est de même de la simple demande formée contre l'un des codébiteurs *pour sa part,* si celui-ci n'a pas acquiescé à la demande, ou s'il n'est pas intervenu un jugement de condamnation.

Leg. 18, *cod. de pactis.*
Leg 8, §. 1, *ff. de legatis* 1°.
Argum. ex leg. 23, *cod. de fidejussoribus et mandatoribus.* = BACQUET, traité des droits de justice, chap. 21, n°. 245.

Article 1212. Le créancier qui reçoit divisément et sans réserve la portion de l'un des codébiteurs dans les arrérages ou intérêts de la dette, ne perd la solidarité que pour les arrérages ou intérêts échus, et non pour ceux à échoir, ni pour le capital, à moins que le paiement divisé n'ait été continué pendant dix ans consécutifs.

ALCIAT, *ad leg.* 8, §. 1, *ff. de legatis* 1°. = BACQUET, traité des droits de justice, ch. 21, n°. 246.

Article 1213. L'obligation contractée solidairement envers le créancier se divise de plein droit entre les débiteurs, qui n'en sont tenus entre eux que chacun pour sa part et portion.

Leg. 2, *cod. de duobus reis stipulandi et promittendi.*

Article 1214. Le codébiteur d'une dette solidaire, qui l'a payée en entier, ne peut répéter contre les autres que les part et portion de chacun d'eux.

Si l'un d'eux se trouve insolvable, la perte qu'occasionne son insolvabilité, se répartit par contribution entre tous les autres codébiteurs solvables et celui qui a fait le paiement.

Leg. 36 et 39, *ff. de fidejussoribus et mandatoribus. Leg.* 11, *cod. eod. tit. Leg.* 76, *ff. de solutionibus.*

Article 1215. Dans le cas où le créancier a renoncé à l'action solidaire envers l'un des débiteurs, si l'un ou plusieurs des autres codébiteurs deviennent insolvables, la portion des insolvables sera contributoirement répartie entre tous les débiteurs, même entre ceux précédemment déchargés de la solidarité par le créancier.

Article 1216. Si l'affaire pour laquelle la dette a été contractée solidairement ne concernait que l'un des coobligés solidaires, celui-ci serait tenu de toute la dette vis-à-vis des autres codébiteurs, qui ne seraient considérés par rapport à lui que comme ses cautions.

SECTION V.

Des Obligations divisibles et indivisibles.

Article 1217. L'obligation est divisible ou indivisible selon qu'elle a pour objet ou une chose qui dans sa livraison, ou un fait qui dans l'exécution, est ou n'est pas susceptible de division, soit matérielle, soit intellectuelle.

Leg. 2, §. 1, *ff. de verborum obligationibus.* = DUMOULIN, *tractat. de dividuo et individ.*, part. 1, n°. 5.

Article 1218. L'obligation est indivisible, quoique la chose ou le fait qui en est l'objet soit divisible par sa nature, si le rapport sous lequel elle est considérée dans l'obligation ne la rend pas susceptible d'exécution partielle.

Leg. 72, *in pr.; leg.* 85, *in pr.*, *et* §. 2, *ff. de verborum obligationibus.* Leg. 80, §. 1, *ff. ad legem Falcidiam.*

Article 1219. La solidarité stipulée ne donne point à l'obligation le caractère d'indivisibilité.

DUMOULIN, *tractat. de dividuo et individuo.*, part. 2, n°. 222.

§. Ier.

Des effets de l'obligation divisible.

Article 1220. L'obligation qui est susceptible de division, doit être exécutée entre le créancier et le débiteur comme si elle était indivisible. La divisibilité n'a d'application qu'à l'égard de leurs héritiers, qui ne peuvent demander la dette ou qui ne sont tenus de la payer que pour les parts dont ils sont saisis ou dont ils sont tenus comme représentant le créancier ou le débiteur.

Leg. 2, *cod. de hæreditariis actionibus. Leg.* 33, *ff. de legatis* 2°.

Article 1221. Le principe établi dans l'article précédent reçoit exception à l'égard des héritiers du débiteur,

1°. Dans le cas où la dette est hypothécaire ;

2°. Lorsqu'elle est d'un corps certain ;

3°. Lorsqu'il s'agit de la dette alternative de choses au choix du créancier, dont l'une est indivisible ;

4°. Lorsque l'un des héritiers est chargé seul, par le titre, de l'exécution de l'obligation ;

5°. Lorsqu'il résulte, soit de la nature de l'engagement, soit de la chose qui en fait l'objet, soit de la fin qu'on s'est proposée dans le contrat, que l'intention des contractans a été que la dette ne pût s'acquitter partiellement.

Dans les trois premiers cas, l'héritier qui possède la chose due ou le fonds hypothéqué à la dette, peut être poursuivi pour le tout sur la chose due ou sur le fonds hypothéqué, sauf le recours contre ses cohéritiers. Dans le quatrième cas, l'héritier seul chargé de la dette, et dans le cinquième cas, chaque héritier, peut aussi être poursuivi pour le tout ; sauf son recours contre ses cohéritiers.

Leg. 2, *in fin., cod. de hæreditariis actionibus. Leg.* 2, *cod. si unus ex pluribus hæredibus creditoris. Leg.* 55, *ff. de rei vindicatione.*
Leg. 85, *ff. de verborum obligationibus. Leg.* 80, §. 1, *ff. ad legem Falcidiam.*
DUMOULIN, *tractat. de dividuo et individuo*, part. 2, n°. 20.
DUMOULIN, *tractat. de dividuo et individuo*, part. 2, n°. 30 et 33.

§. II.

Des effets de l'obligation indivisible.

Article 1222. Chacun de ceux qui ont contracté conjointement une dette indivisible, en est tenu pour le total, encore que l'obligation n'ait pas été contractée solidairement.

Argum. ex leg. 192, *ff. de regulis juris.* = *Leg.* 2, §. 1, 2 et 4, *ff. de verborum obligationibus.*

Article 1223. Il en est de même à l'égard des héritiers de celui qui a contracté une pareille obligation.

Leg. 192, *in pr., ff. de regulis juris. Leg.* 80, §. 1, *ff. ad legem Falcidiam. Leg.* 2, §. 2, *ff. de verborum obligationibus. Leg.* 11, §. 23, *ff. de legatis* 3°.

Article 1224. Chaque héritier du créancier peut exiger en totalité l'exécution de l'obligation indivisible.

Il ne peut seul faire la remise de la totalité de la dette ; il ne peut recevoir seul le prix au lieu de la chose. Si l'un des héritiers a seul remis la dette ou reçu le prix de la chose, son cohéritier ne peut demander la chose indivisible qu'en tenant compte de la portion du cohéritier qui a fait la remise ou qui a reçu le prix.

Leg. 25, §. 9, *ff. familiæ erciscundæ. Leg.* 2, §. 2, *ff. de verborum obligationibus. Leg.* 18, §. 1, *ff. de solutionibus et liberationibus. Leg.* 15, §. 12, *ff. de acceptilationibus.*

Article 1225. L'héritier du débiteur, assigné pour la totalité de l'obligation, peut demander un délai pour mettre en cause ses cohéritiers, à moins que la dette ne soit de nature à ne pouvoir être acquittée que par l'héritier assigné, qui peut alors être condamné seul ; sauf son recours en indemnité contre ses cohéritiers.

Leg. 11, §. 25, *ff. de legatis* 3°.

SECTION VI.

Des Obligations avec clauses pénales.

Article 1226. La clause pénale est celle par laquelle une personne, pour assurer l'exécution d'une convention, s'engage à quelque chose en cas d'inexécution.

Leg. 71 ; *leg.* 137, §. 7, *ff. de verborum obligationibus. Leg.* 44 , §. 6, *ff. de obligationibus et actionibus. Leg.* 13, §. 2 , *ff. de rebus dubiis.*

Article 1227. La nullité de l'obligation principale entraîne celle de la clause pénale.

La nullité de celle-ci n'entraîne point celle de l'obligation principale.

Leg. 129, §. 1 ; *leg.* 135, *ff. de regulis juris. Leg.* 97, *in pr.* ; *leg.* 126, §. 3, *ff. de verborum obligationibus.*

Article 1228. Le créancier, au lieu de demander la peine stipulée contre le débiteur qui est en demeure, peut poursuivre l'exécution de l'obligation principale.

Leg. 122 , §. 2 , *ff. de verborum obligationibus. Leg.* 28 , *ff. de actionibus empti et venditi. Leg.* 2 et 5 , *ff. de lege commissoriâ. Leg.* 40 , *cod. de transactionibus.* = *Argum. ex leg.* 6 , *cod. de legibus.*

Article 1229. La clause pénale est la compensation des dommages et intérêts que le créancier souffre de l'inexécution de l'obligation principale.

Il ne peut demander en même temps le principal et la peine, à moins qu'elle n'ait été stipulée pour le simple retard.

Leg. 41 *et* 42, *ff. pro socio. Leg.* 28, *ff. de actionibus empti et venditi. Leg.* 16 *et* 17, *ff. de transactionibus. Leg.* 10, §. 1, *ff. de pactis.*

Article 1230. Soit que l'obligation primitive contienne, soit qu'elle ne contienne pas un terme dans lequel elle doive être accomplie, la peine n'est encourue que lorsque celui qui s'est obligé soit à livrer, soit à prendre, soit à faire, est en demeure.

Leg. 23, *ff. de obligationibus et actionibus. Leg.* 115, *ff. de verborum obligationibus.*

Article 1231. La peine peut être modifiée par le juge lorsque l'obligation principale a été exécutée en partie.

Leg. 9, §. 1, *ff. si quis cautio in judicio sistendi. Leg. unicâ, cod. de sententiis quæ pro eo.* = DUMOULIN, *tract. de eo quod interest.*, n°. 159.

Article 1232. Lorsque l'obligation primitive contractée avec une clause pénale est d'une chose indivisible, la peine est encourue par la contravention d'un seul des héritiers du débiteur, et elle peut être demandée, soit en totalité contre celui qui a fait la contravention, soit contre chacun des cohéritiers pour leur part et portion, et hypothécairement pour le tout, sauf leur recours contre celui qui a fait encourir la peine.

Leg. 4, §. 1; *leg.* 85, §. 3, *ff. de verborum obligationibus.*

Article 1233. Lorsque l'obligation primitive contractée sous une peine est divisible, la peine n'est encourue que par celui des héritiers du débiteur qui contrevient à cette obligation, et pour la part seulement dont il était tenu dans l'obligation principale, sans qu'il y ait d'action contre ceux qui l'ont exécutée.

Cette règle reçoit exception lorsque la clause pénale ayant été ajoutée dans l'intention que le paiement ne pût se faire partiellement, un cohéritier a empêché l'exécution de l'obligation pour la totalité. En ce cas, la peine entière peut être exigée contre lui, et contre les autres cohéritiers pour leur portion seulement, sauf leur recours.

Leg. 2, §. 5 *et* 6 ; *leg.* 72, *ff. de verborum obligationibus.*

CHAPITRE V.

De l'Extinction des Obligations.

Article 1234. Les obligations s'éteignent,

Par le paiement,
Par la novation,
Par la remise volontaire,
Par la compensation,
Par la confusion,
Par la perte de la chose,
Par la nullité ou la rescision,
Par l'effet de la condition résolutoire, qui a été expliquée au chapitre précédent,
Et par la prescription, qui fera l'objet d'un titre particulier.

Leg. 54, *ff. de solutionibus et liberationibus. Leg.* 47 *et* 176, *ff. de verborum significatione. Leg.* 9, *cod. de solutionibus.*
Leg. 1, *ff. de novationibus et delegationibus.*
Leg. 1, *ff. de acceptilationibus.*
Leg. 4, *cod. de compensationibus.*
Leg, 75, *ff. de solutionibus et liberationibus.*
Leg. 95, §. 2, *ff. de solutionibus et liberationibus.*
Leg. 33 *et* 37, *ff. de verborum obligationibus.*

SECTION PREMIERE.

Du Paiement.

§. I".

Du paiement en général.

Article 1235. Tout paiement suppose une dette : ce qui a été payé sans être dû, est sujet à répétition.

La répétition n'est pas admise à l'égard des obligations naturelles qui ont été volontairement acquittées.

Leg. 1, leg. 10, 13, leg. 14, leg. 16, leg. 17, 18, ff. de condictione indebiti. (1)

Article 1236. Une obligation peut être acquittée par toute personne qui y est intéressée, telle qu'un coobligé ou une caution.

L'obligation peut même être acquittée par un tiers qui n'y est point intéressé, pourvu que ce tiers agisse au nom et en l'acquit du débiteur, ou que, s'il agit en son nom propre, il ne soit pas subrogé aux droits du créancier.

Leg. 23, leg. 40 et 53, ff. de solutionibus et liberationibus. Leg. 39, ff. de negotiis gestis. Leg. 1, §. 24, ff. de exercitoria actione. Leg. 8, §. 5, ff. de novationibus et delegationibus. Leg. 39, ff. de negotiis gestis. Leg. 69 et 133, ff. de diversis regulis juris. Leg. 5, cod. de solutionibus et liberationibus.

Article 1237. L'obligation de faire ne peut être acquittée par un tiers contre le gré du créancier, lorsque ce dernier a intérêt qu'elle soit remplie par le débiteur lui-même.

Leg. 31, ff. de solutionibus et liberationibus.

Article 1238. Pour payer valablement, il faut être propriétaire de la chose donnée en paiement, et capable de l'aliéner.

Néanmoins le paiement d'une somme en argent ou autre chose qui se consomme par l'usage, ne peut être répété contre le créancier qui l'a consommée de bonne foi, quoique le paiement en ait été fait par celui qui n'en était pas propriétaire ou qui n'était pas capable de l'aliéner.

Argum. ex leg. 14, §. 8; leg. 15; leg. 94, ff. de solutionibus et liberationibus. Leg. 54, ff. de regulis juris.

---

(1) Y aurait-il lieu à répétition, si un débiteur avait payé une chose qu'il croyait par erreur devoir déterminément, quoiqu'il ne fût débiteur que d'une chose indéterminée d'un certain genre, ou qu'il fût débiteur de cette chose, mais sous l'alternative d'une autre chose ? Vid. *leg.* 19, *ff. de legatis* 2°. *Leg.* 32, §. 3, *ff. de condictione indebiti.* = DUMOULIN, *tractat. de dividuo et individuo*, part. 2, n°, 135.

Article 1239. Le paiement doit être fait au créancier ou à quelqu'un ayant pouvoir de lui, ou qui soit autorisé par justice ou par la loi à recevoir pour lui.

Le paiement fait à celui qui n'aurait pas pouvoir de recevoir pour le créancier, est valable, si celui-ci le ratifie, ou s'il en a profité.

Leg. 12, *in pr.*, *et §.* 4; *leg.* 15, *leg.* 49 *et* 86, *ff. de solutionibus et liberationibus. Leg.* 4 *et* 12, *cod. eod. tit. Leg.* 4, *ff. de negotiis gestis. Leg.* 180, *ff. de regulis juris.*

Leg. 4, §. 4, *ff. de dolo malo.* = *Argum. ex leg.* 206, *ff. de regul. juris. Leg.* 24, *de negotiis gestis.*

Article 1240. Le paiement fait de bonne foi à celui qui est en possession de la créance, est valable, encore que le possesseur en soit par la suite évincé.

Voy. POTHIER, traité des obligations, part. 3, chap. 1, art. 2, nomb. 503.
Argum. ex leg. 17, *ff. de transactionibus.*

Article 1241. Le paiement fait au créancier n'est point valable s'il était incapable de le recevoir, à moins que le débiteur ne prouve que la chose payée a tourné au profit du créancier.

Leg. 15; *leg.* 47, *in pr.*, *et §.* 1, *ff. de solutionibus et liberationibus. Leg.* 4, §. 4, *ff. de dolo malo. Leg.* 4, *ff. de exceptionibus.*

Article 1242. Le paiement fait par le débiteur à son créancier, au préjudice d'une saisie ou d'une opposition, n'est pas valable à l'égard des créanciers saisissans ou opposans : ceux-ci peuvent, selon leur droit, le contraindre à payer de nouveau, sauf, en ce cas seulement, son recours contre le créancier.

POTHIER, traité des obligations, part. 3, ch. 1, art. 2, §. 2, n°. 505.

Article 1243. Le créancier ne peut être contraint de recevoir une autre chose que celle qui lui est due, quoique la valeur de la chose offerte soit égale ou même plus grande.

Leg. 99, *ff. de solutionibus et liberationibus. Leg.* 16, *cod. eod.*
Arrêtés de LAMOIGNON, tit. 27, art. 2.
Contr. Novell. 4, *cap.* 3.

Article 1244. Le débiteur ne peut point forcer le créancier à recevoir en partie le paiement d'une dette, même divisible.

Les juges peuvent néanmoins, en considération de la position du débiteur, et en usant de ce pouvoir avec une grande réserve, accorder des délais modérés pour le paiement, et surseoir l'exécution des poursuites, toutes choses demeurant en état.

Leg. 21, ff. de rebus creditis. Leg. 41, §. 1, ff. de usuris et fructibus.

Article 1245. Le débiteur d'un corps certain et déterminé est libéré par la remise de la chose en l'état où elle se trouve lors de la livraison, pourvu que les détériorations qui y sont survenues ne viennent point de son fait ou de sa faute, ni de celle des personnes dont il est responsable, ou qu'avant ces détériorations il ne fût pas en demeure.

Leg. 23, 33 37 et 51, ff de verborum obligationibus. Leg. 33, ff. de solutionibus et liberationibus. = Argum. ex leg. 15, §. 3, ff. de rei vindicatione.

Article 1246. Si la dette est d'une chose qui ne soit déterminée que par son espèce, le débiteur ne sera pas tenu, pour être libéré, de la donner de la meilleure espèce; mais il ne pourra l'offrir de la plus mauvaise.

Leg 18, §. 1; leg. 19, §. 4, ff. de edilitio edicto. Leg. 37, in pr., ff. de legatis 1°. Leg. 3, §. 1, cod. communia de legatis et fideicommissis. Leg. 33, §. 1, in fin.; leg. 72, §. 5, ff. de solutionibus et liberationibus.

Article 1247. Le paiement doit être exécuté dans le lieu désigné par la convention. Si le lieu n'y est pas désigné, le paiement, lorsqu'il s'agit d'un corps certain et déterminé, doit être fait dans le lieu où était, au temps de l'obligation, la chose qui en fait l'objet.

Hors ces deux cas, le paiement doit être fait au domicile du débiteur.

Leg. 2, §. 2, leg. 9, ff. de eo quod certo loco. = Leg. 22, in pr., ff. de verborum obligation. Leg. 21, ff. de obligationibus et actionibus.

Article 1248. Les frais du paiement sont à la charge du débiteur.

POTHIER, traité des obligations, part. 3, chap. 1. §. 2, n°. 550.

§. I I.

Du Paiement avec subrogation.

Article 1249. La subrogation dans les droits du créancier au profit d'une tierce personne qui le paye, est ou conventionnelle ou légale.

Article 1250. Cette subrogation est conventionnelle,

1°. Lorsque le créancier recevant son paiement d'une tierce personne la subroge dans ses droits., actions, priviléges ou hypothèques contre le débiteur : cette subrogation doit être expresse et faite en même temps que le paiement;

2°. Lorsque le débiteur emprunte une somme à l'effet de payer sa dette, et de subroger le prêteur dans les droits du créancier. Il faut, pour que cette subrogation soit valable, que l'acte d'emprunt et la quittance soient passés devant notaires; que dans l'acte d'emprunt il soit déclaré que la somme a été empruntée pour faire le paiement, et que dans la quittance il soit déclaré que le paiement a été fait des deniers fournis à cet effet par le nouveau créancier. Cette subrogation s'opère sans le concours de la volonté du créancier.

Leg. 24, §. 5, *ff. de rebus auctoritate judicis possidendis.*

Article. 1251. La subrogation a lieu de plein droit,

1°. Au profit de celui qui étant lui-même créancier paye un autre créancier qui lui est préférable à raison de ses priviléges ou hypothèques;

2°. Au profit de l'acquéreur d'un immeuble, qui emploie le prix de son acquisition au paiement des créanciers auxquels cet héritage était hypothéqué;

3°. Au profit de celui qui étant tenu avec d'autres ou pour d'autres au paiement de la dette, avait intérêt de l'acquitter;

4°. Au profit de l'héritier bénéficiaire qui a payé de ses deniers les dettes de la succession.

Leg. 1 *et* 5, *cod. qui potiores in pignore habentur. Leg.* 3, *cod. de his qui in priorum creditorum loco succedunt.*

Leg. 22, §. 9, *cod. de jure deliberandi.*

Article. 1252. La subrogation établie par les articles précédens a lieu tant contre les cautions que contre les débiteurs : elle ne peut nuire au créancier lorsqu'il n'a été payé qu'en partie ; en ce cas, il peut exercer ses droits, pour ce qui lui reste dû, par préférence à celui dont il n'a reçu qu'un paiement partiel.

§. III.

De l'imputation des paiemens.

Article 1253. Le débiteur de plusieurs dettes a le droit de déclarer, lorsqu'il paie, quelle dette il entend acquitter.

Leg. 1, *ff. de solutionibus et liberationibus. Leg.* 1, *cod. eod.*

Article 1254. Le débiteur d'une dette qui porte intérêt ou produit des arrérages, ne peut point, sans le consentement du créancier, imputer le paiement qu'il fait sur le capital par préférence aux arrérages ou intérêts : le paiement fait sur le capital et intérêts, mais qui n'est point intégral, s'impute d'abord sur les intérêts.

Leg. 5, *leg.* 97, *ff. de solutionibus et liberationibus.*

Article 1255. Lorsque le débiteur de diverses dettes a accepté une quittance par laquelle le créancier a imputé ce qu'il a reçu sur l'une de ces dettes spécialement, le débiteur ne peut plus demander l'imputation sur une dette différente, à moins qu'il n'y ait eu dol ou surprise de la part du créancier.

Argum. ex leg. 1. *ff. de solutionibus et liberationibus.*

Article 1256. Lorsque la quittance ne porte aucune imputation, le paiement doit être imputé sur la dette que le débiteur avait pour lors le plus d'intérêt d'acquitter entre celles qui sont pareillement échues ; sinon, sur la dette échue, quoique moins onéreuse que celles qui ne le sont point.

Si les dettes sont d'égale nature, l'imputation se fait sur la plus ancienne : toutes choses égales, elle se fait proportionnellement.

Leg. 1, *leg.* 2, *leg.* 3, *leg.* 4, *leg.* 5, *leg.* 7, *leg.* 8 *et* 103, *ff. de solutionibus et liberationibus.*

§. IV.

Des offres de paiement, et de la consignation.

Article 1257. Lorsque le créancier refuse de recevoir son paiement, le débiteur

32

peut lui faire des offres réelles, et au refus du créancier de les accepter, consigner la somme ou la chose offerte.

Les offres réelles suivies d'une consignation libèrent le débiteur ; elles tiennent lieu à son égard de paiement, lorsqu'elles sont valablement faites, et la chose ainsi consignée demeure aux risques du créancier.

Leg. 9, *cod. de solutionibus et liberationibus. Leg.* 19, *cod. de usuris* (1).

Article 1258. Pour que les offres réelles soient valables, il faut,

1°. Qu'elles soient faites au créancier ayant la capacité de recevoir, ou à celui qui a pouvoir de recevoir pour lui ;

2°. Qu'elles soient faites par une personne capable de payer ;

3°. Qu'elles soient de la totalité de la somme exigible, des arrérages ou intérêts dus, des frais liquidés, et d'une somme pour les frais non liquidés, sauf à la parfaire ;

4°. Que le terme soit échu, s'il a été stipulé en faveur du créancier ;

5°. Que la condition sous laquelle la dette a été contractée soit arrivée ;

6°. Que les offres soient faites au lieu dont on est convenu pour le paiement, et que, s'il n'y a pas de convention spéciale sur le lieu du paiement, elles soient faites ou à la personne du créancier, ou à son domicile, ou au domicile élu pour l'exécution de la convention ;

7°. Que les offres soient faites par un officier ministériel ayant caractère pour ces sortes d'actes.

Leg. 9, *cod. de solutionibus et liberationibus.*
Voy. Pothier, traité des obligations, part. 3. chap. 1, art. 8.

Article 1259. Il n'est pas nécessaire pour la validité de la consignation, qu'elle ait été autorisée par le juge ; il suffit,

1°. Qu'elle ait été précédée d'une sommation signifiée au créancier, et contenant l'indication du jour, de l'heure et du lieu où la chose offerte sera déposée ;

2°. Que le débiteur se soit dessaisi de la chose offerte, en la remettant dans le

---

(1) Le créancier pourrait-il être contraint de recevoir son paiement par un tiers qui serait sans qualité pour gérer les affaires du débiteur, et qui n'aurait aucun intérêt à l'acquittement de la dette ? *Vid Argum. ex leg.* 72, §. 2, *ff. de solutionibus et liberationibus.* = Ordonnance de 1673, tit. 5, art. 3. = Dumoulin, *tractat. de usuris,* quest. 45.

dépôt indiqué par la loi pour recevoir les consignations, avec les intérêts jusqu'au jour du dépôt.

3°. Qu'il y ait eu procès-verbal dressé par l'officier ministériel, de la nature des espèces offertes, du refus qu'a fait le créancier de les recevoir ou de sa non-comparution, et enfin du dépôt;

4°. Qu'en cas de non-comparution de la part du créancier, le procès-verbal du dépôt lui ait été signifié avec sommation de retirer la chose déposée.

Voy. POTHIER, traité des obligations, part. 3., chap. 1., art. 8., n° 578 et 579.

Article 1260. Les frais des offres réelles et de la consignation sont à la charge du créancier, si elles sont valables.

Article 1261 Tant que la consignation n'a point été acceptée par le créancier, le débiteur peut la retirer; et s'il la retire, ses codébiteurs ou ses cautions ne sont point libérés.

Article 1262. Lorsque le débiteur a lui-même obtenu un jugement passé en force de chose jugée, qui a déclaré ses offres et sa consignation bonnes et valables, il ne peut plus, même du consentement du créancier, retirer sa consignation au préjudice de ses codébiteurs ou de ses cautions.

Argum. ex leg. 62, *ff. de pactis.*

Article 1263. Le créancier qui a consenti que le débiteur retirât sa consignation après qu'elle a été déclarée valable par un jugement qui a acquis force de chose jugée, ne peut plus pour le paiement de sa créance exercer les priviléges ou hypothèques qui y étaient attachés; il n'a plus d'hypothèque que du jour où l'acte par lequel il a consenti que la consignation fût retirée aura été revêtu des formes requises pour emporter l'hypothèque.

Argum. ex leg. 6. *ff. quibus modis pignus vel hypotheca solvitur.*

Article 1264. Si la chose due est un corps certain qui doit être livré au lieu où il se trouve, le débiteur doit faire sommation au créancier de l'enlever, par acte notifié à sa personne ou à son domicile, ou au domicile élu pour l'exécution de la convention. Cette sommation faite, si le créancier n'enlève pas la chose, et que le débiteur ait besoin du lieu dans lequel elle est placée, celui-ci pourra obtenir de la justice la permission de la mettre en dépôt dans quelque autre lieu.

Argum. ex leg. 1. §. 3. ff de periculo et commodo rei venditæ.

§. V.

De la cession de biens.

Article 1265. La cession de biens est l'abandon qu'un débiteur fait de tous ses biens à ses créanciers, lorsqu'il se trouve hors d'état de payer ses dettes.

Article 1266. La cession de biens est volontaire ou judiciaire.

Article 1267. La cession de biens volontaire est celle que les créanciers acceptent volontairement, et qui n'a d'effet que celui résultant des stipulations mêmes du contrat passé entre eux et le débiteur.

Article 1268. La cession judiciaire est un bénéfice que la loi accorde au débiteur malheureux et de bonne foi, auquel il est permis, pour avoir la liberté de sa personne, de faire en justice l'abandon de tous ses biens à ses créanciers, nonobstant toute stipulation contraire.

Leg. 1 et 4, cod. qui bonis cedere possunt.

Article 1269. La cession judiciaire ne confère point la propriété aux créanciers; elle leur donne seulement le droit de faire vendre les biens à leur profit, et d'en percevoir les revenus jusqu'à la vente.

Leg. 4, cod. qui bonis cedere possunt.

Article 1270. Les créanciers ne peuvent refuser la cession judiciaire, si ce n'est dans les cas exceptés par la loi.

Elle opère la décharge de la contrainte par corps.

Au surplus, elle ne libère le débiteur que jusqu'à concurrence de la valeur des biens abandonnés; et dans le cas où ils auraient été insuffisans, s'il lui en survient d'autres, il est obligé de les abandonner jusqu'au parfait paiement.

Ordonnance de 1673, tit. 10.
Leg. 1, in fin. cod qui bonis cedere possunt.
Leg. 7, ff. de cessione bonorum.

SECTION II.

De la Novation.

Article 1271. La novation s'opère de trois manières :

1°. Lorsque le débiteur contracte envers son créancier une nouvelle dette qui est substituée à l'ancienne, laquelle est éteinte ;

2°. Lorsqu'un nouveau débiteur est substitué à l'ancien qui est déchargé par le créancier ;

3°. Lorsque, par l'effet d'un nouvel engagement, un nouveau créancier est substitué à l'ancien, envers lequel le débiteur se trouve déchargé.

Leg. 1. *et* 11, *ff. de novationibus et delegationibus. Leg.* 1, *et* 3, *cod. eod.*, *tit.*

Article 1272. La novation ne peut s'opérer qu'entre personnes capables de contracter.

Leg. 3, *leg.* 10, *leg.* 20. §. 1 ; *leg.* 31, §. 1 , *ff. de novationib. et delegationib. Leg.* 4 , *cod. Leg.* 27 , *ff. de pactis.*

Article 1273. La novation ne se présume point ; il faut que la volonté de l'opérer résulte clairement de l'acte.

Leg. 2 , *ff. de novationibus et delegationibus. Leg. ult.*, *cod. eod.*

Article 1274. La novation par la substitution d'un nouveau débiteur, peut s'opérer sans le concours du premier débiteur.

Leg. 1, *leg.* 6, *cod. de novationibus et delegationibus.*

Article 1275. La délégation par laquelle un débiteur donne au créancier un autre débiteur qui s'oblige envers le créancier, n'opère point de novation, si le créancier n'a expressément déclaré qu'il entendait décharger son débiteur qui a fait la délégation.

Leg. 11, *ff. de novationibus et delegationibus.*

Article 1276. Le créancier qui a déchargé le débiteur par qui a été faite la délégation, n'a point de recours contre ce débiteur, si le délégué devient insolvable, à moins que l'acte n'en contienne une réserve expresse, ou que le délégué ne soit déjà en faillite ouverte, ou tombé en déconfiture au moment de la délégation.

Leg. 3 , *cod. de novationibus et delegationibus.*

* * *

Article 1277. La simple indication faite par le débiteur, d'une personne qui d payer à sa place, n'opère pas novation.

Il en est de même de la simple indication faite par le créancier d'une person qui doit recevoir pour lui.

Argum. ex leg. 1 *et* 6 , *cod. de novationibus et delegationibus.*
Leg. 10, *leg.* 20 , *leg.* 25 , *ff. cod. tit.*

Article 1278. Les priviléges et hypothèques de l'ancienne créance ne passe point à celle qui lui est substituée, à moins que le créancier ne les ait expresséme réservés.

Leg. 18 *et leg.* 29 , *ff. de novationibus et delegationibus.*
Leg. 12, §. 1. *ff. qui potiores in pignore vel hypotheca habentur.*

Article 1279. Lorsque la novation s'opère par la substitution d'un nouveau déb teur, les priviléges et hypothèques primitifs de la créance ne peuvent point passer su les biens du nouveau débiteur.

Leg. 30 , *ff. de novationibus et delegationibus.*

Article 1280. Lorsque la novation s'opère entre le créancier et l'un des débi- teurs solidaires, les priviléges et hypothèques de l'ancienne créance ne peuvent êtr réservés que sur les biens de celui qui contracte la nouvelle dette.

Argum. ex leg. 18 , *ff. de novationibus et delegationibus.*

Article 1281. Par la novation faite entre le créancier et l'un des débiteurs soli- daires, les codébiteurs sont libérés.

La novation opérée à l'égard du débiteur principal libère les cautions.

Néanmoins, si le créancier a exigé, dans le premier cas, l'accession des codébi- teurs, ou, dans le second, celle des cautions, l'ancienne créance subsiste, si les codé- biteurs ou les cautions refusent d'accéder au nouvel arrangement.

Argum. ex leg. 2 , *ff. de duobus reis constituendis.*
Leg. 4 , *cod. de fidejussoribus et mandatoribus.*

SECTION III.

De la Remise de la Dette.

Article 1282. La remise volontaire du titre original sous signature privée, par le créancier au débiteur, fait preuve de la libération.

Argum. ex leg. 2, *ff. de pactis.*

Article 1283. La remise volontaire de la grosse du titre fait présumer la remise de la dette ou le paiement, sans préjudice de la preuve contraire.

Voy. Boiceau, traité de la preuve par témoins en matière civile, chap. 13.

Article 1184. La remise du titre original sous signature privée, ou de la grosse du titre à l'un des débiteurs solidaires, a le même effet au profit de ses codébiteurs.

Argum. ex leg. 2, *ff. de duobus reis constituendis.*

Article 1285. La remise ou décharge conventionnelle au profit de l'un des codébiteurs solidaires, libère tous les autres, à moins que le créancier n'ait expressément réservé ses droits contre ces derniers.

Dans ce dernier cas, il ne peut plus répéter la dette que déduction faite de la part de celui auquel il a fait la remise.

Leg. 34, §. 11, *ff. de solutionibus et liberationibus. Leg.* 19, *ff. de duobus reis constituendis.*

Article 1286. La remise de la chose donnée en nantissement ne suffit point pour faire présumer la remise de la dette.

Leg. 3, *ff. de pactis. Leg.* 2, *cod. de remissione pignoris.*

Article 1287. La remise ou décharge conventionnelle accordée au débiteur principal libère les cautions;

Celle accordée à la caution ne libère pas le débiteur principal;

Celle accordée à l'une des cautions ne libère pas les autres.

Leg. 60, *leg.* 68, §. 2 *de fidejussoribus et mandatoribus. Leg.* 4, *cod. eod. tit.*
Leg. 153, §. 1 *ff. de fidejussoribus et mandatoribus.*

Article 1288. Ce que le créancier a reçu d'une caution pour la décharge de son cautionnement, doit être imputé sur la dette, et tourner à la décharge du débiteur principal et des autres cautions.

Leg. 15, §. 1 *ff. de fidejussoribus et mandatoribus.*

SECTION IV.

De la Compensation.

Article 1289. Lorsque deux personnes se trouvent débitrices l'une envers l'autre, il s'opère entre elles une compensation qui éteint les deux dettes, de la manière et dans les cas ci-après exprimés.

Leg. 1, leg. 2 et 3, ff. de compensationibus.

Article 1290. La compensation s'opère de plein droit par la seule force de la loi, même à l'insu des débiteurs; les deux dettes s'éteignent réciproquement, à l'instant où elles se trouvent exister à la fois, jusqu'à concurrence de leurs quotités respectives.

Leg. 10, leg. 11 et 12, ff. de compensationibus. Leg. 4, leg. 5 et 21, cod. eod. tit. Leg 7, cod. de solutionibus.

Article 1291. La compensation n'a lieu qu'entre deux dettes qui ont également pour objet une certaine somme d'argent, ou une quantité de choses fungibles de la même espèce, et qui sont également liquides et exigibles.

Les prestations en grains ou denrées, non contestées, et dont le prix est réglé par les mercuriales, peuvent se compenser avec des sommes liquides et exigibles.

Leg. 14, §. 1, cod. de compensationibus. Leg. 7 et 22, ff. eod. tit. = Coutume de Paris, art. 105. Rheims, art. 397.

Article 1292. Le terme de grâce n'est point un obstacle à la compensation.

Leg. 16, §. 1, ff. de compensationibus. = Arrêtés de Lamoignon, tit. 28, art. 5.

Article 1293. La compensation a lieu, quelles que soient les causes de l'une ou l'autre des dettes, excepté dans le cas,

1°. De la demande en restitution d'une chose dont le propriétaire a été injustement dépouillé;

2°. De la demande en restitution d'un dépôt et du prêt à usage;

3°. D'une dette qui a pour cause des alimens déclarés insaisissables.

Paul. *sentent. lib.* 2 , *tit.* 5 , §. 3. *Leg.* 8 *et* 11 , *cod. de compensationibus.* Leg. 15 , *ff. eod.*
Leg. 14 , §. 2 , *cod. de compensationibus.*
Sebast. *de medicis tract. de compens.* , *p.* 1 , §. 3.
Leg. 4 , *cod. de commodato.*
Leg. 25 , §. 1 ; *leg.* 26 , §. 1 , *ff. depositi.*
Leg. 3 , *cod de compensationibus.* = Arrêtés de Lamoignon , tit. 28 , art. 7. (1)

Article 1294. La caution peut opposer la compensation de ce que le créancier doit au débiteur principal.

Mais le débiteur principal ne peut opposer la compensation de ce que le créancier doit à la caution.

Le débiteur solidaire ne peut pareillement opposer la compensation de ce que le créancier doit à son codébiteur.

Leg. 4 , *leg* 5 , *ff. de compensationibus.*
Arrêtés de Lamoignon , tit. 27 , art. 9.
Argum. ex leg. 9 , *cod. de compensationibus* , *et leg.* 18 , §. 1 , *ff. eod.*
Leg. 10 , *ff. de duobus reis constituendis.*
Leg. 23 , *ff. de compensationibus.*

Article 1295. Le débiteur qui a accepté purement et simplement la cession qu'un créancier a faite de ses droits à un tiers , ne peut plus opposer au cessionnaire la compensation qu'il eût pu , avant l'acceptation , opposer au cédant.

A l'égard de la cession qui n'a point été acceptée par le débiteur , mais qui lui a été signifiée , elle n'empêche que la compensation des créances postérieures à cette notification.

Argum. ex leg. 16 , *ff. ad senatus consultum Macedonianum.* = Arrêt du parlement de Paris , du 13 août 1591. = Charondas , en ses pandectes , liv. 2 , chap. 59.

Article 1296. Lorsque les deux dettes ne sont pas payables au même lieu , on n'en peut opposer la compensation qu'en faisant raison des frais de la remise.

Leg. 15 , *ff. de compensationibus.*

(1) Quand la compensation peut être opposée à la république et au fisc. Vid. *Leg.* 1 *et* 3 , *cod. de compensationib.* *Leg.* 17 , *leg.* 20 *et* 24 , *ff. eod.* *Leg.* 46 , §. 5 , *ff. de jure f.sci.*

Article 1297. Lorsqu'il y a plusieurs dettes compensables dues par la même personne, on suit, pour la compensation, les règles établies pour l'imputation par l'article 1256.

Vid. *Leg.* 1, *cod. de solutionibus et liberationibus. Leg.* 1, *leg.* 5, §. 1; *leg.* 102, §. 1; *leg.* 3, *leg.* 94, §. *fin.*; *leg.* 103, *leg.* 97, *leg.* 7, *leg.* 4, *ff. eod. tit.*

Article 1298. La compensation n'a pas lieu au préjudice des droits acquis à un tiers. Ainsi celui qui, étant débiteur, est devenu créancier depuis la saisie - arrêt faite par un tiers entre ses mains, ne peut, au préjudice du saisissant, opposer la compensation.

Article 1299. Celui qui a payé une dette qui était de droit éteinte par la compensation, ne peut plus, en exerçant la créance dont il n'a point opposé la compensation, se prévaloir, au préjudice des tiers, des privilèges ou hypothèques qui y étaient attachés, à moins qu'il n'ait eu une juste cause d'ignorer la créance qui devait compenser sa dette.

Leg. 10, §. 1, *ff. de compensationibus.*
Leg. 1, *cod. de condictione indebiti.*
Voy. Pothier, traité des obligations, part. 3, chap. 4, n°. 640.

SECTION V.

De la Confusion.

Article 1300. Lorsque les qualités de créancier et de débiteur se réunissent dans la même personne, il se fait une confusion de droit qui éteint les deux créances.

Argum. ex leg. 75, *ff. de solutionibus et liberationibus.*
Leg. 50, *ff. de fidejussoribus et mandatoribus. Leg.* 6, *cod. de hæreditariis actionibus.*

Article 1301. La confusion qui s'opère dans la personne du débiteur principal profite à ses cautions;

Celle qui s'opère dans la personne de la caution, n'entraîne point l'extinction de l'obligation principale;

Celle qui s'opère dans la personne du créancier, ne profite à ses codébiteurs solidaires que pour la portion dont il était débiteur.

Leg. 38 , §. 1 , *ff. de fidejussoribus et mandatoribus. Leg.* 34, §. 8 , *ff. de solutionibus et liberationibus.*

Leg. 129, §. 1 , *ff. de regulis juris. Leg.* 2 , *ff. de peculio legato.*

Leg. 71 , *ff. de fidejussoribus et mandatoribus.*

SECTION VI.

De la Perte de la Chose due.

Article 1302. Lorsque le corps certain et déterminé qui était l'objet de l'obligation , vient à périr, est mis hors du commerce , où se perd de manière qu'on en ignore absolument l'existence, l'obligation est éteinte si la chose a péri ou a été perdue sans la faute du débiteur et avant qu'il fût en demeure.

Lors même que le débiteur est en demeure, et s'il ne s'est pas chargé des cas fortuits, l'obligation est éteinte dans le cas où la chose fût également périe chez le créancier, si elle lui eût été livrée.

Le débiteur est tenu de prouver le cas fortuit qu'il allègue.

De quelque manière que la chose volée ait péri ou ait été perdue, sa perte ne dispense pas celui qui l'a soustraite , de la restitution du prix.

Leg. 33 , *leg.* 37 *et* 51 ; *leg.* 91 , *in pr. et* §. 1 , *ff. de verborum obligationibus. Leg.* 23 , *in fin.* , *ff. de regulis juris.*

Leg. 15 , §. 3 , *ff. de rei vindicatione. Leg.* 47 , §. 6 , *ff. de legatis* 1°. *Leg.* 14, §. 1 , *ff. depositi.*
Leg. 12 , §. 4 , *ff. ad exhibendum. Leg.* 40, *in pr.* , *ff. de hæreditatis petitione. Leg.* 12 , *in pr.* , *ff. de condictione furtivâ. Leg.* 19 , *ff. de vi et vi armatâ.*

Argum. ex leg. 1 , *cod. de probationibus. Leg.* 2 , *ff. eod. tit.*

Leg. 4 , *cod. de edendo. Leg.* 1 , *ff. de exceptionibus, præscriptionibus et præjudiciis. Leg.* 19 , *ff. de probationibus.*

Leg. 7 , §. 2 , *ff. de condictione furtivâ.*

Article 1303. Lorsque la chose est périe , mise hors du commerce ou perdue, sans la faute du débiteur, il est tenu, s'il y a quelques droits ou actions en indemnité par rapport à cette chose, de les céder à son créancier.

Voy. POTHIER , traité des obligations, part. 3 , chap. 6 , n°. 670.

SECTION VII.

De l'Action en nullité ou en rescision des Conventions.

Article 1304. Dans tous les cas où l'action en nullité ou en rescision d'une convention n'est pas limitée à un moindre temps par une loi particulière, cette action dure dix ans.

Ce temps ne court, dans le cas de violence, que du jour où elle a cessé; dans le cas d'erreur ou de dol, du jour où ils ont été découverts; et pour les actes passés par les femmes mariées non autorisées, du jour de la dissolution du mariage.

Le temps ne court, à l'égard des actes faits par les interdits, que du jour où l'interdiction est levée; et à l'égard de ceux faits par les mineurs, que du jour de la majorité.

Voy. Ordonnance de 1510, art. 46 et 58; Ordonnance d'octobre 1525, art. 29 et 30.

Edict. perpet. , lib. 4 , *tit.* 2 ; *leg.* 14, *in pr. , et* §. 11 , *ff. quod metus causâ gestum erit.*

Leg. 7, §. 4 , *cod. de præscriptione triginta vel quadraginta annorum. Leg.* 30, §. *omnis, cod. de jure dotium.*

GUERLT , sur LEPRESTRE , centurie 1, chap. 48. LEBRUN , des successions, liv. 2 , chap. 2 , §. 2 , nº. 48. = Ordonnance de 1667, tit. 35 , art. 12.

Leg. 7 , *cod. de temporibus in integrum restitutionis.*

Ordonnance de Villers–Cotterets , de 1539 , art. 134.

Article 1305. La simple lésion donne lieu à la rescision en faveur du mineur non émancipé, contre toutes sortes de conventions; et en faveur du mineur émancipé, contre toutes conventions qui excèdent les bornes de sa capacité, ainsi qu'elle est déterminée au titre *de la Minorité, de la Tutelle et de l'Emancipation.*

Leg. 1, §. 1 ; *leg.* 7, §. 1 , 3, 4 *et* 5 ; *leg.* 25 *et* 29 , *ff. de minoribus. Leg.* 2 , *cod. si adversus solutionem. Leg.* 2, *cod. si adversus rem judicatam. Leg.* 1 , *leg.* 2 *et* 3 , *cod. si sæpius in integrum restitutio. Leg.* 8 , *cod. de in integrum restitutione minorum. Leg.* 1 , *cod. si minor ab hæreditate se abstineat.*

Article 1306. Le mineur n'est pas restituable pour cause de lésion, lorsqu'elle ne résulte que d'un événement casuel et imprévu.

Leg. 11, §. 3, 4 *et* 5 ; *leg.* 24, §. 1 ; *leg.* 44 , *ff. de minoribus. Leg.* 9 , *cod. de in integrum restitutione. Leg.* 116 , §. 1 , *ff. de regulis juris.*

Article 1307. La simple déclaration de majorité, faite par le mineur, ne fait point obstacle à sa restitution.

Leg. 1, *leg.* 2, *et leg.* 3, *cod. si minor se majorem dixerit.*

Article 1308. Le mineur commerçant, banquier ou artisan, n'est point restituable contre les engagemens qu'il a pris à raison de son commerce ou de son art.

Ordonnance de 1673, tit. 1, art. 6.

Article 1309. Le mineur n'est point restituable contre les conventions portées en son contrat de mariage, lorsqu'elles ont été faites avec le consentement et l'assistance de ceux dont le consentement est requis pour la validité de son mariage.

Leg. 9, §. 1 ; *leg.* 48, §. 2, *ff. de minoribus. Leg. unicâ, cod. si adversus dotem.*

Article 1310. Il n'est point restituable contre les obligations résultant de son délit ou quasi-délit.

Leg. 9, §. 2 et 3 ; *leg.* 37, §. 1, *ff. de minoribus. Leg.* 1 *et leg.* 2, *cod. si adversus delictum.*

Article 1311. Il n'est plus recevable à revenir contre l'engagement qu'il avait souscrit en minorité, lorsqu'il l'a ratifié en majorité, soit que cet engagement fût nul en sa forme, soit qu'il fût seulement sujet à restitution.

Leg. 3, §. 1 et 2 ; *leg.* 38, *ff. de minoribus. Leg.* 1 et 2, *cod. si major factus ratum habuerit.*

Article 1312. Lorsque les mineurs, les interdits ou les femmes mariées sont admis, en ces qualités, à se faire restituer contre leurs engagemens, le remboursement de ce qui aurait été, en conséquence de ces engagemens, payé pendant la minorité, l'interdiction ou le mariage, ne peut en être exigé, à moins qu'il ne soit prouvé que ce qui a été payé a tourné à leur profit.

Leg. 1, *cod. de reputationibus quæ fiunt in judicio in integrum restitutionis. Leg.* 24, §. 1 ; *leg.* 27, §. 1, *ff. de minoribus. Leg.* 32, §. 4, *ff. de administratione et periculo tutorum. Leg.* 7, §. 5 ; *leg.* 13, *ff. de rebus eorum qui sub tutelâ vel curâ sunt. Leg.* 206, *ff. de regulis juris.*

Article 1313. Les majeurs ne sont restitués pour cause de lésion que dans les cas et sous les conditions spécialement exprimés dans le présent Code.

Vid. *Tot. tit.*, *ff. ex quibus causis majores* 25 *annis in integrum restituuntur.*

Article 1314. Lorsque les formalités requises à l'égard des mineurs ou des interdits, soit pour aliénation d'immeubles, soit dans un partage de succession, ont été remplies, ils sont, relativement à ces actes, considérés comme s'ils les avaient faits en majorité ou avant l'interdiction.

CHAPITRE VI.

De la Preuve des Obligations et de celle du Paiement.

Article 1315. Celui qui réclame l'exécution d'une obligation, doit la prouver. Réciproquement, celui qui se prétend libéré doit justifier le paiement ou le fait qui a produit l'extinction de son obligation.

Leg. 1, *cod. de probationibus.* Leg. 4, *cod. de edendo.*

Article 1316. Les règles qui concernent la preuve littérale, la preuve testimoniale, les présomptions, l'aveu de la partie et le serment, sont expliquées dans les sections suivantes.

SECTION PREMIERE.

De la Preuve littérale.

----

§. 1ᵉʳ,

Du titre authentique.

Article 1317. L'acte authentique est celui qui a été reçu par officiers publics ayant le droit d'instrumenter dans le lieu où l'acte a été rédigé, et avec les solennités requises.

Voy. Pothier, traité des Obligations, part. 4, chap. 1, art. 1, §. 1, n°. 730.

Article 1318. L'acte qui n'est point authentique par l'incompétence ou l'incapacité de l'officier, ou par un défaut de forme, vaut comme écriture privée, s'il a été signé des parties.

DANTI, traité de la preuve par témoins, part. 2, chap. 4.

Article 1319. L'acte authentique fait pleine foi de la convention qu'il renferme entre les parties contractantes et leurs héritiers ou ayant-cause.

Néanmoins, en cas de plaintes en faux principal, l'exécution de l'acte argué de faux sera suspendue par la mise en accusation ; et en cas d'inscription de faux faite incidemment, les tribunaux pourront, suivant les circonstances, suspendre provisoirement l'exécution de l'acte.

Voy. POTHIER, traité des obligations, part. 4, chap. 1, §. 3, n°. 735.
Contr. Leg. 2, cod. ad legem Corneliam de falsis.

Article 1320. L'acte, soit authentique, soit sous seing-privé, fait foi entre les parties, même de ce qui n'y est exprimé qu'en termes énonciatifs, pourvu que l'énonciation ait un rapport direct à la disposition. Les énonciations étrangères à la disposition ne peuvent servir que d'un commencement de preuve.

DUMOULIN, *in consuetud. Paris.*, §. 8, *glos.* 1, n°. 10.

Article 1321. Les contre-lettres ne peuvent avoir leur effet qu'entre les parties contractantes : elles n'ont point d'effet contre les tiers.

§. II.

De l'Acte sous seing-privé.

Article 1322. L'acte sous seing-privé, reconnu par celui auquel on l'oppose, ou légalement tenu pour reconnu, a, entre ceux qui l'ont souscrit et entre leurs héritiers et ayant cause, la même foi que l'acte authentique.

Voy. l'Edit de décembre 1684.

Article 1323. Celui auquel on oppose un acte sous seing-privé, est obligé d'avouer ou de désavouer formellement son écriture ou sa signature.

Ses héritiers ou ayant-cause peuvent se contenter de déclarer qu'ils ne connaissent point l'écriture ou la signature de leur auteur.

Voy. POTHIER, traité des obligations, part. 4, chap. 1, n°. 742.

Article 1324. Dans le cas où la partie désavoue son écriture ou sa signature, et dans le cas où ses héritiers ou ayant-cause déclarent ne les point connaître, la vérification en est ordonnée en justice.

Voy. POTHIER, traité des obligations, part. 4, chap. 1, n°. 742.

Article 1325. Les actes sous seing-privé qui contiennent des conventions synallagmatiques, ne sont valables qu'autant qu'ils ont été faits en autant d'originaux qu'il y a de parties ayant un intérêt distinct.

Il suffit d'un original pour toutes les personnes ayant le même intérêt.

Chaque original doit contenir la mention du nombre des originaux qui en ont été faits.

Néanmoins, le défaut de mention que les originaux ont été faits doubles, triples, etc., ne peut être opposé par celui qui a exécuté de sa part la convention portée dans l'acte. (1)

Article 1326. Le billet ou la promesse sous seing privé par lequel une seule partie s'engage envers l'autre à lui payer une somme d'argent ou une chose appréciable, doit être écrit en entier de la main de celui qui le souscrit, ou du moins il faut qu'outre sa signature il ait écrit de sa main un *bon* ou un *approuvé* portant en toutes lettres la somme ou la quantité de la chose;

Excepté dans le cas où l'acte émane de marchands, artisans, laboureurs, vignerons, gens de journée et de service.

Déclaration du 22 septembre 1733.

Article 1327. Lorsque la somme exprimée au corps de l'acte est différente de

_____

(1) La disposition que renferme cet article est une conséquence du principe de droit, que l'obligation dont l'exécution est laissée à la volonté de l'une des parties, n'est pas valable. Vid. *Leg.* 17, *leg.* 46, §. 2 et 5; *leg.* 108, §. 1, *ff. de verborum obligationibus. Leg.* 8, *ff. de obligationibus et actionibus.*

celle exprimée au *bon*, l'obligation est présumée n'être que de la somme moindre, lors même que l'acte ainsi que le *bon* sont écrits en entier de la main de celui qui s'est obligé, à moins qu'il ne soit prouvé de quel côté est l'erreur.

Argum. ex leg. 9 et leg. 34, ff. de regulis juris.

Article 1328. Les actes sous seing-privé n'ont de date contre les tiers que du jour où ils ont été enregistrés, du jour de la mort de celui ou de l'un de ceux qui les ont souscrits, ou du jour où leur substance est constatée dans des actes dressés par des officiers publics, tels que procès-verbaux de scellé ou d'inventaire.

Article 1329. Les registres des marchands ne font point, contre les personnes non marchandes, preuve des fournitures qui y sont portées ; sauf ce qui sera dit à l'égard du serment.

Article 1330. Les livres des marchands font preuve contre eux ; mais celui qui en veut tirer avantage, ne peut les diviser en ce qu'ils contiennent de contraire à sa prétention.

Voy. DUMOULIN, *ad leg. 3, cod. de rebus creditis. Doctor. ad leg. 42, cod. de transactionibus.*

Article 1331. Les registres et papiers domestiques ne font point un titre pour celui qui les a écrits. Ils font foi contre lui, 1°. dans tous les cas où ils énoncent formellement un paiement reçu ; 2°. lorsqu'ils contiennent la mention expresse que la note a été faite pour suppléer le défaut du titre en faveur de celui au profit duquel ils énoncent une obligation.

Leg. 5, leg. 6, leg. 7, cod. de probationibus.
Leg. 51, ff. eod. tit.

Article 1332. L'écriture mise par le créancier à la suite, en marge ou au dos d'un titre qui est toujours resté en sa possession, fait foi quoique non signée ni datée par lui, lorsqu'elle tend à établir la libération du débiteur.

Il en est de même de l'écriture mise par le créancier au dos ou en marge, ou à la suite du double d'un titre ou d'une quittance, pourvu que ce double soit entre les mains du débiteur.

Voy. Pothier, traité des obligations, part. 4, chap. 1, n°. 760 et 761.

§. III.

Des Tailles.

Article 1333. Les tailles corrélatives à leurs échantillons font foi entre les personnes qui sont dans l'usage de constater ainsi les fournitures qu'elles font et reçoivent en détail.

Voy. Pothier, traité des obligations, part. 4, chap. 1, §. 7, n°. 764.

§. IV.

Des Copies des Titres.

Article 1334. Les copies, lorsque le titre original subsiste, ne font foi que de ce qui est contenu au titre, dont la représentation peut toujours être exigée.

Voy. Pothier, traité des obligations, part. 4, chap. 1, n°. 765.

Article 1335. Lorsque le titre original n'existe plus, les copies font foi d'après les distinctions suivantes :

1°. Les grosses ou premières expéditions font la même foi que l'original : il en est de même des copies qui ont été tirées par l'autorité du magistrat, parties présentes ou dûment appelées, ou de celles qui ont été tirées en présence des parties et de leur consentement réciproque.

2°. Les copies qui, sans l'autorité du magistrat, ou sans le consentement des parties, et depuis la délivrance des grosses ou premières expéditions, auront été tirées sur la minute de l'acte par le notaire qui l'a reçu, ou par l'un de ses successeurs, ou par officiers publics qui, en cette qualité, sont dépositaires des minutes, peuvent, en cas de perte de l'original, faire foi quand elles sont anciennes.

Elles sont considérées comme anciennes quand elles ont plus de trente ans ;

Si elles ont moins de trente ans, elles ne peuvent servir que de commencement de preuve par écrit.

3°. Lorsque les copies tirées sur la minute d'un acte ne l'auront pas été par le notaire qui l'a reçu, ou par l'un de ses successeurs, ou par officiers publics qui, en cette qualité, sont dépositaires des minutes, elles ne pourront servir, quelle que soit leur ancienneté, que de commencement de preuve par écrit.

4°. Les copies de copies pourront, suivant les circonstances, être considérées comme simples renseignemens.

Dumoulin, *in antiq. Paris. consuetudin.*, §. 8, *glos.* 1, n°. 37.
Leprestre, centur. 1, chap. 60, n°. 5.
Ordonnance de 1667, tit. 12.
Dumoulin, *in antiq. Paris. consuetudin.*, §. 8, *glos.* 1, n°s. 33 et 42.
Pothier, traité des obligations, part. 4, chap. 1, §. 3, n°. 770.
Dumoulin, *in antiq. Paris. consuetudin.*, §. 8, *glos.* 1, n°s. 48, 62, 63, 64, 81, 82 et 83.

Article 1336. La transcription d'un acte sur les registres publics ne pourra servir que de commencement de preuve par écrit ; et il faudra même pour cela,

1°. Qu'il soit constant que toutes les minutes du notaire, de l'année dans laquelle l'acte paraît avoir été fait, soient perdues, ou que l'on prouve que la perte de la minute de cet acte a été faite par un accident particulier ;

2°. Qu'il existe un répertoire en règle du notaire, qui constate que l'acte a été fait à la même date.

Lorsqu'au moyen du concours de ces deux circonstances la preuve par témoins sera admise, il sera nécessaire que ceux qui ont été témoins de l'acte, s'ils existent encore, soient entendus.

Voy. Boiceau, traité de la preuve, part. 1, chap. 11.
Pothier, traité des obligations, part. 4, chap. 1, §. 4, n°. 772.

§. V.

Des Actes récognitifs et confirmatifs.

Article 1337. Les actes récognitifs ne dispensent point de la représentation du titre primordial, à moins que sa teneur n'y soit spécialement relatée.

Ce qu'ils contiennent de plus que le titre primordial, ou ce qui s'y trouve de différent, n'a aucun effet.

Néanmoins, s'il y avait plusieurs reconnaissances conformes, soutenues de la possession, et dont l'une eût trente ans de date, le créancier pourrait être dispensé de représenter le titre primordial.

Dumoulin, *in antiq. Paris. consuetudin.*, §. 8, *glos.* 1, n°. 89 et 90, et §. 18, *glos.* 1, n°. 19.

Article 1338. L'acte de confirmation ou ratification d'une obligation contre laquelle la loi admet l'action en nullité ou en rescision, n'est valable que lorsqu'on y trouve la substance de cette obligation, la mention du motif de l'action en rescision, et l'intention de réparer le vice sur lequel cette action est fondée.

A défaut d'acte de confirmation ou ratification, il suffit que l'obligation soit exécutée volontairement après l'époque à laquelle l'obligation pouvait être valablement confirmée ou ratifiée.

La confirmation, ratification, ou exécution volontaire dans les formes et à l'époque déterminées par la loi, emporte la renonciation aux moyens et exceptions que l'on pouvait opposer contre cet acte, sans préjudice néanmoins du droit des tiers.

Leg. 2, leg. 1, cod. si major factus ratum habuerit.
Leg. 30, leg. 5, §. 1 et 2, ff. de minoribus vigintiquinque annis.

Article 1339. Le donateur ne peut réparer par aucun acte confirmatif les vices d'une donation entre-vifs; nulle en la forme, il faut qu'elle soit refaite en la forme légale.

Article 1340. La confirmation ou ratification, ou exécution volontaire d'une donation par les héritiers ou ayant-cause du donateur, après son décès, emporte leur renonciation à opposer soit les vices de forme, soit toute autre exception.

SECTION II.

De la Preuve testimoniale.

Article 1341. Il doit être passé acte devant notaires ou sous signature privée, de toutes choses excédant la somme ou valeur de cent cinquante francs, même pour dépôts volontaires; et il n'est reçu aucune preuve par témoins contre et outre le contenu aux actes, ni sur ce qui serait allégué avoir été dit avant, lors ou depuis les actes, encore qu'il s'agisse d'une somme ou valeur moindre de cent cinquante francs;

Le tout sans préjudice de ce qui est prescrit dans les lois relatives au commerce.

Ordonnance de Moulins, art. 54; Ordonnance de 1667, tit. 20, art. 2.

Article 1342. La règle ci-dessus s'applique au cas où l'action contient, outre la demande du capital, une demande d'intérêts qui, réunis au capital, excèdent la somme de cent cinquante francs.

Voy. POTHIER , traité des obligations, part. 4, chap. 2, art. 2, n°. 788.

Article 1343. Celui qui a formé une demande excédant cent cinquante francs, ne peut plus être admis à la preuve testimoniale, même en restreignant sa demande primitive.

Voy. Arrêt du 17 décembre 1638, rapport. par BARDET , liv. 7, chap. 46.

Article 1344. La preuve testimoniale, sur la demande d'une somme même moindre de cent cinquante francs, ne peut être admise lorsque cette somme est déclarée être le restant ou faire partie d'une créance plus forte qui n'est point prouvée par écrit.

Vid. *Leg.* 19, §. 1 , *ff. de jurisdictione.*
POTHIER , traité des obligations , part. 4. chap. 2, art. 2 , n°. 789.

Article 1345. Si dans la même instance une partie fait plusieurs demandes dont il n'y ait point de titre par écrit, et que, jointes ensemble, elles excèdent la somme de cent cinquante francs , la preuve par témoins n'en peut être admise, encore que la partie allègue que ces créances proviennent de différentes causes , et qu'elles se soient formées en différens temps, si ce n'était que ces droits procédassent, par succession , donation ou autrement, de personnes différentes.

Leg. 11 , *ff. de jurisdictione.* = Ordonnance de 1667 , tit. 20 , art. 5.
Leg. 10 , *ff. de appellationibus.*

Article 1346. Toutes les demandes , à quelque titre que ce soit, qui ne seront pas entièrement justifiées par écrit, seront formées par un même exploit, après lequel les autres demandes dont il n'y aura point de preuves par écrit ne seront pas reçues.

Ordonnance de 1667 , tit. 20 , art. 6.

Article 1347. Les règles ci-dessus reçoivent exception lorsqu'il existe un commencement de preuve par écrit.

On appelle ainsi tout acte par écrit qui est émané de celui contre lequel la demande est formée , ou de celui qu'il représente, et qui rend vraisemblable le fait allégué.

Ordonnance de 1667 , tit. 20 , art. 3.

Article 1348. Elles reçoivent encore exception toutes les fois qu'il n'a pas été possible au créancier de se procurer une preuve littérale de l'obligation qui a été contractée envers lui.

Cette seconde exception s'applique ,

1°. Aux obligations qui naissent des quasi - contrats et des délits ou quasi-délits ;

2°. Aux dépôts nécessaires faits en cas d'incendie , ruine , tumulte ou naufrage , et à ceux faits par les voyageurs en logeant dans une hôtellerie , le tout suivant la qualité des personnes et les circonstances du fait;

3°. Aux obligations contractées en cas d'accidens imprévus , où l'on ne pourrait pas avoir fait des actes par écrit;

4°. Au cas où le créancier a perdu le titre qui lui servait de preuve littérale , par suite d'un cas fortuit , imprévu et résultant d'une force majeure.

Ordonnance de 1667 , tit. 20 , art. 3 et 4.
Leprestre , centur. 1 , chap. 60 , n°. 10. Mornac. *ad. leg.* 5 , *cod. de fide instrumentorum.*

SECTION III.

Des Présomptions.

Article 1349. Les présomptions sont des conséquences que la loi ou le magistrat tire d'un fait connu à un fait inconnu.

Voy. Pothier , traité des obligations , part. 4 , chap. 3 , sect. 2 , n°. 859.
Cujas , *in paratitl. ad tit ,cod. de probat.*

§. Ier.

Des Présomptions établies par la loi.

Article 1350. La présomption légale est celle qui est attachée par une loi spéciale à certains actes ou à certains faits ; tels sont ,

1°. Les actes que la loi déclare nuls, comme présumés faits en fraude de ses dispositions, d'après leur seule qualité ;

2°. Les cas dans lesquels la loi déclare la propriété ou la libération résulter de certaines circonstances déterminées;

3°. L'autorité que la loi attribue à la chose jugée;

4°. La force que la loi attache à l'aveu de la partie ou à son serment.

Menoch., *tractat. de præsumptionibus, lib.* 1 . *quæst.* 3.

Leg. 2, §. 1 ; *leg* 24, *ff. de pactis. Leg.* 3, *cod. de apochis publicis.*

Leg. 25 , *ff. de statu hominum. Leg.* 207 , *ff. de regulis juris.*

Article 1351. L'autorité de la chose jugée n'a lieu qu'à l'égard de ce qui a fait l'objet du jugement. Il faut que la chose demandée soit la même ; que la demande soit fondée sur la même cause ; que la demande soit entre les mêmes parties, et formée par elles et contre elles en la même qualité.

Leg. 13 *et leg.* 14 , *ff. de exceptione rei judicatæ.*

Article 1352. La présomption légale dispense de toute preuve celui au profit duquel elle existe.

Nulle preuve n'est admise contre la présomption de la loi, lorsque, sur le fondement de cette présomption, elle annulle certains actes ou dénie l'action en justice, à moins qu'elle n'ait réservé la preuve contraire, et sauf ce qui sera dit sur le serment et l'aveu judiciaires.

Menoch., *tractat. de præsumptionibus , lib.* 1 , *quæst.* 3.

§. II.

Des Présomptions qui ne sont point établies par la loi.

Article 1353. Les présomptions qui ne sont point établies par la loi, sont abandonnées aux lumières et à la prudence du magistrat, qui ne doit admettre que des présomptions graves, précises et concordantes, et dans les cas seulement où la loi admet les preuves testimoniales, à moins que l'acte ne soit attaqué pour cause de fraude ou de dol.

Voy. Pothier, traité des obligations, part. 4, chap. 3, §. 3, n°. 848.

SECTION IV.

De l'Aveu de la Partie.

Article. 1354 L'aveu qui est opposé à une partie, est ou extrajudiciaire ou judiciaire.

Article 1355. L'allégation d'un aveu extrajudiciaire purement verbal est inutile toutes les fois qu'il s'agit d'une demande dont la preuve testimoniale ne serait point admissible.

Article 1356. L'aveu judiciaire est la déclaration que fait en justice la partie ou son fondé de pouvoir spécial.

Il fait pleine foi contre celui qui l'a fait.

Il ne peut être divisé contre lui.

Il ne peut être révoqué, à moins qu'on ne prouve qu'il a été la suite d'une erreur de fait. Il ne pourrait être révoqué sous prétexte d'une erreur de droit.

Leg. 1, *ff de confessis.*
Leg. unicâ, cod. de confessis.

SECTION V.

Du Serment.

Article 1357. Le serment judiciaire est de deux espèces:

1°. Celui qu'une partie défère à l'autre pour en faire dépendre le jugement de la cause : il est appelé *décisoire* ;

2°. Celui qui est déféré d'office par le juge à l'une ou à l'autre des parties.

Vid. tit. ff. de jurejurando ; tit. ff. de in litem jurando ; et tit. cod. de rebus creditis et de jurejurando.

§. Iᵉʳ.

Du Serment décisoire.

Article 1358. Le serment décisoire peut être déféré sur quelque espèce de contestation que ce soit.

Leg. 34, *ff. de jurejurando.*

Article 1359. Il ne peut être déféré que sur un fait personnel à la partie à laquelle on le défère.

PAUL. *sentent. , lib.* 2 *, tit.* 1 *,* §. 4. = *Leg.* 34 *,* §. 1 *et* 3 *, ff. de jurejurando. Leg.* 11 *,* §. 2 *, ff. de actione rerum amotarum.*

Argum. ex leg. 42 *, ff. de regulis juris.*

Article 1360. Il peut être déféré en tout état de cause, et encore qu'il n'existe aucun commencement de preuve de la demande ou de l'exception sur laquelle il est provoqué.

Leg. 34 *,* §. 6 ; *leg.* 38 *, leg.* 35 *, ff. de jurejurando. Leg.* 12 *, cod. de rebus creditis et de jurejurando.* (1)

Article 1361. Celui auquel le serment est déféré, qui le refuse ou ne consent pas à le référer à son adversaire, ou l'adversaire à qui il a été référé et qui le refuse, doit succomber dans sa demande ou dans son exception.

Leg. 34 *,* §. 6 *et* 7 ; *leg.* 38 *, ff. de jurejurando. Leg.* 9 *, cod. de rebus creditis et jurejurando.*

Article 1362. Le serment ne peut être référé quand le fait qui en est l'objet n'est point celui des deux parties, mais est purement personnel à celui auquel le serment avait été déféré.

PAUL. *sentent. lib.* 2 *, tit.* 1 *,* §. 4. = *Leg.* 34 *,* §. 1 *et* 3 *, ff. de jurejurando. Leg.* 11 *,* §. 2 *, ff. de actione rerum amotarum.*

Article 1363. Lorsque le serment déféré ou référé a été fait , l'adversaire n'est point recevable à en prouver la fausseté.

Leg. 2 *, leg.* 5 *,* §. 2 ; *leg.* 9 *,* §. 1 *, ff. de jurejurando. Leg.* 1 *, cod. de rebus creditis et jurejurando. Leg.* 1 *, ff. quarum rerum actio non datur.*

Leg. 15 *, ff. de exceptionibus et præscriptionibus.*

---

(1) C'était une question fort controversée entre les docteurs , de savoir si un commencement de preuve était nécessaire pour que le demandeur fût recevable à déférer le serment. Vid. *Gloss. ad leg.* 3 *, cod. de rebus creditis et de jurejurando.* MASCARDUS, *de probat. conclus.* 957.

CUJAS , *observat.* 22 *, n°.* 28 ; VINNIUS , *select. quæst.* 1 *, n°.* 42.

Article 1364. La partie qui a déféré ou référé le serment, ne peut plus se rétracter lorsque l'adversaire a déclaré qu'il est prêt à faire ce serment.

Leg. 6 , *leg.* 9, §. 1, *ff. de jurejurando. Leg.* 11, *cod. de rebus creditis et de jurejurando.*

Article 1365. Le serment fait ne forme preuve qu'au profit de celui qui l'a déféré ou contre lui , et au profit de ses héritiers et ayant-cause ou contre eux.

Néanmoins le serment déféré par l'un des créanciers solidaires au débiteur ne libère celui-ci que pour la part de ce créancier ;

Le serment déféré au débiteur principal libère également les cautions ;

Celui déféré à l'un des débiteurs solidaires profite aux codébiteurs ;

Et celui déféré à la caution profite au débiteur principal.

Dans ces deux derniers cas, le serment du codébiteur solidaire ou de la caution ne profite aux autres codébiteurs ou au débiteur principal que lorsqu'il a été déféré sur la dette, et non sur le fait de la solidarité ou du cautionnement.

Argum. ex leg. 27 , §. 4, *ff. de pactis. Leg.* 1 , *cod. res inter alios acta. Leg.* 3 , §. 3 , *ff. de jurejurando.*
Contr. Leg. 28 , *leg.* 27 , *ff. de jurejurando.*
Leg. 28, §. 1 , *ff. de jurejurando.*
Leg. 28 , §. 1 ; *leg.* 42, §. 1 , *ff. de jurejurando.*

§. II.

Du Serment déféré d'office.

Article 1366. Le juge peut déférer à l'une des parties le serment , ou pour en faire dépendre la décision de la cause , ou seulement pour déterminer le montant de la condamnation.

Leg. 31 , *ff. de jurejurando. Leg.* 3 , *cod. de rebus creditis et de jurejurando.*

Article 1367. Le juge ne peut déférer d'office le serment, soit sur la demande , soit sur l'exception qui y est opposée, que sous les deux conditions suivantes : il faut ,

1°. Que la demande ou l'exception ne soit pas pleinement justifiée ;

2°. Qu'elle ne soit pas totalement dénuée de preuves.

Hors ces deux cas , le juge doit ou adjuger ou rejeter purement et simplement la demande.

Leg. 31 , *ff. de jurejurando.* VINNIUS , *select. quœst.* 1 , n°. 44.
POTHIER , traité des obligations , part. 4 , chap. 3 , §. 1 , n°. 922.

Article 1368. Le serment déféré d'office par le juge à l'une des parties, ne peut être par elle référé à l'autre.

<small>Pothier, traité des obligations, part. 4, chap. 3 . §. 2, n°. 929.</small>

Article 1369. Le serment sur la valeur de la chose demandée, ne peut être déféré par le juge au demandeur que lorsqu'il est d'ailleurs impossible de constater autrement cette valeur.

Le juge doit même, en ce cas, déterminer la somme jusqu'à concurrence de laquelle le demandeur en sera cru sur son serment.

<small>*Leg.* 64 , *ff. de judiciis. Leg.* 1 , *leg.* 4 , §. 2 , *leg.* 5 , §. 1 et 2, *ff. de in litem jurando.*</small>

~~~~~~

TITRE IV.

Des Engagemens qui se forment sans convention.

[Décrété le 19 Pluviôse an XII. Promulgué le 29 du même mois.]

Article 1370. Certains engagemens se forment sans qu'il intervienne aucune convention, ni de la part de celui qui s'oblige, ni de la part de celui envers lequel il est obligé.

Les uns résultent de l'autorité seule de la loi ; les autres naissent d'un fait personnel à celui qui se trouve obligé.

Les premiers sont les engagemens formés involontairement, tels que ceux entre propriétaires voisins, ou ceux des tuteurs et des autres administrateurs qui ne peuvent refuser la fonction qui leur est déférée.

Les engagemens qui naissent d'un fait personnel à celui qui se trouve obligé, résultent ou des quasi-contrats, ou des délits ou quasi-délits ; ils font la matière du présent titre.

<small>*Leg.* 5 , *ff. de obligationibus et actionibus.*</small>

CHAPITRE PREMIER.

Des Quasi-contrats.

Article 1371. L ɛs quasi-contrats sont les faits purement volontaires de l'homme, dont il résulte un engagement quelconque envers un tiers , et quelquefois un engagement réciproque des deux parties.

Instit. de obligationibus quæ ex contractu nascuntur.

Article 1372. Lorsque volontairement on gère l'affaire d'autrui , soit que le propriétaire connaisse la gestion , soit qu'il l'ignore , celui qui gère contracte l'engagement tacite de continuer la gestion qu'il a commencée, et de l'achever jusqu'à ce que le propriétaire soit en état d'y pourvoir lui - même ; il doit se charger également de toutes les dépendances de cette même affaire.

Il se soumet à toutes les obligations qui résulteraient d'un mandat exprès que lui aurait donné le propriétaire.

Instit. §. 1, *de obligationibus quæ ex delicto nascuntur. Leg.* 11 , *ff. de negotiis gestis. Leg.* 20, *eod. eod. tit. Leg.* 24, *cod. de usuris.*

Article 1373. Il est obligé de continuer sa gestion , encore que le maître vienne à mourir avant que l'affaire soit consommée, jusqu'à ce que l'héritier ait pu en prendre la direction.

Leg. 3, *in pr. et* §. 6. *Leg.* 12 , §. *ultim. Leg.* 21, §. 2 , *ff. de negotiis gestis.*

Article 1374. Il est tenu d'apporter à la gestion de l'affaire tous les soins d'un bon père de famille.

Néanmoins les circonstances qui l'ont conduit à se charger de l'affaire , peuvent autoriser le juge à modérer les dommages et intérêts qui résulteraient des fautes ou de la négligence du gérent.

Leg. 11 , *ff. de negotiis gestis.*
Leg. 3, §. 9 , *ff. eod. tit.*

Article 1375. Le maître dont l'affaire a été bien administrée , doit remplir les engagemens que le gérent a contractés en son nom , l'indemniser de tous les engage-

mens personnels qu'il a pris , et lui rembourser toutes les dépenses utiles ou nécessaires qu'il a faites.

Leg. 2 et 3 ; leg. 10 , in pr. ; et §. 2. Leg. 22 , leg. 27 et 45 , ff. de negotiis gestis. (1)

Article 1376. Celui qui reçoit par erreur ou sciemment ce qui ne lui est pas
dû , s'oblige à le restituer à celui de qui il l'a indûment reçu.

Leg. 7 , ff. de condictione indebiti.

Article 1377. Lorsqu'une personne qui , par erreur , se croyait débitrice , a
acquitté une dette , elle a le droit de répétition contre le créancier.
Néanmoins ce droit cesse dans le cas où le créancier a supprimé son titre par suite
du paiement , sauf le recours de celui qui a payé contre le véritable débiteur.

Leg. 1 , §. 1 ; *leg.* 10 ; *leg.* 17 , *ff. de condictione indebiti. Leg.* 1 , *cod. eod. tit.*

Article 1378. S'il y a eu mauvaise foi de la part de celui qui a reçu , il est tenu
de restituer , tant le capital que les intérêts ou les fruits , du jour du paiement.

Leg. 65 , §. 5 ; *leg.* 15 , *ff. de condictione indebiti.*

Article 1379. Si la chose indûment reçue est un immeuble ou un meuble cor-
porel , celui qui l'a reçue s'oblige à la restituer en nature , si elle existe , ou sa
valeur , si elle est périe ou détériorée par sa faute; il est même garant de sa perte par
cas fortuit , s'il l'a reçue de mauvaise foi.

Leg. 62 , *in pr.* , *et §. 1. Leg.* 15 , §. 3 , *ff. de rei vindicatione.*

Article 1380. Si celui qui a reçu de bonne foi , a vendu la chose , il ne doit restituer que le prix de la vente.

Leg. 26 , §. 12 ; *leg.* 65 , §. 8 , *ff. de condictione indebiti.*

---

(1) Quelles sont les impenses nécessaires ? Vid. *Leg.* 1 , §. 1 et §. *ultim. Leg.* 2 et 3 , *ff. de
impensis in res dotales factis. Leg.* 79 . *ff. de verborum significatione.*
Quelles sont les impenses utiles ? Vid. *Leg.* 79 , §. 1 , *ff. de verborum significatione. Leg.* 5 ;
§. *ultim. Leg.* 6 , *leg.* 14 , §. 1 , *ff. de impensis in res dotales factis.*

Article 1381. Celui auquel la chose est restituée, doit tenir compte, même au possesseur de mauvaise foi, de toutes les dépenses nécessaires et utiles qui ont été faites pour la conservation de la chose.

Leg. 6, §. 3, *ff. de negotiis gestis. Leg.* 13, §. 1 ; *leg.* 14, *ff. de condictione indebiti.*

CHAPITRE II.

Des Délits et des Quasi - délits.

Article 1382. Tout fait quelconque de l'homme, qui cause à autrui un dommage, oblige celui par la faute duquel il est arrivé, à le réparer.

Article 1383. Chacun est responsable du dommage qu'il a causé non-seulement par son fait, mais encore par sa négligence ou par son imprudence.

Argum. ex leg. 8, §. 1, *ff. ad legem Aquiliam. Leg.* 7, §. 8 ; *leg.* 8 ; *leg.* 9, §. 3 et 4 ; *leg.* 11 ; *leg.* 27, §. 9 ; *leg.* 29, §. 2 et 4 ; *leg.* 30, §. 3 ; *leg.* 52, §. 2, *ff. eod. tit. Leg.* 132, *ff. de reg. juris.*

Article 1384. On est responsable non - seulement du dommage que l'on cause par son propre fait, mais encore de celui qui est causé par le fait des personnes dont on doit répondre, ou des choses que l'on a sous sa garde.

Le père, et la mère après le décès du mari, sont responsables du dommage causé par leurs enfans mineurs habitant avec eux ;

Les maîtres et les commettans, du dommage causé par leurs domestiques et préposés dans les fonctions auxquelles ils les ont employés ;

Les instituteurs et les artisans, du dommage causé par leurs élèves et apprentis pendant le temps qu'ils sont sous leur surveillance.

La responsabilité ci - dessus a lieu, à moins que les père et mère, instituteurs et artisans ne prouvent qu'ils n'ont pu empêcher le fait qui donne lieu à cette responsabilité.

Leg. 5, §. 3, *ff. de his qui effuderint vel dejecerint.*
Décret de l'assemblée nationale du 22 avril 1790, art. 6.

Article 1385. Le propriétaire d'un animal, ou celui qui s'en sert, pendant qu'il est à son usage, est responsable du dommage que l'animal a causé, soit que l'animal fût sous sa garde, soit qu'il fût égaré ou échappé.

Leg. 1, §. 4 *et* 7 ; *leg.* 5, *ff. si quadrupes pauperiem fecisse dicatur.*

Article 1386. Le propriétaire d'un bâtiment est responsable du dommage causé par sa ruine, lorsqu'elle est arrivée par une suite du défaut d'entretien ou par le vice de sa construction.

Leg. 6 ; *leg.* 7, §. 2 ; *leg.* 8 ; *leg.* 9 ; *leg.* 24, §. 2, 3, 4, 10 *et* 12. *Leg.* 44, *ff. de damno infecto.*

~~~~~~

TITRE V.

Du Contrat de Mariage et des Droits respectifs des Epoux.

[Décrété le 20 Pluviôse an XII. Promulgué le 30 du même mois.]

CHAPITRE PREMIER.

Dispositions générales.

Article 1387. La loi ne régit l'association conjugale, quant aux biens, qu'à défaut de conventions spéciales, que les époux peuvent faire comme ils le jugent à propos, pourvu qu'elles ne soient pas contraires aux bonnes mœurs, et, en outre, sous les modifications qui suivent.

Orléans, art. 202 ; Bourbonnais, chap. 20, art. 219 ; Montargis, chap. 8, art. 8 ; Berry, tit. 8, art. 8 et 9. = Renusson, de la communauté, part. 1, chap. 4, n°. 1. Le Brun, de la communauté, liv. 1, chap. 3, n°. 4.

Article 1388. Les époux ne peuvent déroger ni aux droits résultant de la puissance maritale sur la personne de la femme et des enfans, ou qui appartiennent au mari comme chef, ni aux droits conférés au survivant des époux par le titre *de la Puissance paternelle* et par le titre *de la Minorité*, *de la Tutelle et de l'Emancipation,* ni aux dispositions prohibitives du présent Code.

Argum. ex leg. 28 et 38, ff. de pactis. Leg. 5, §. 7, ff. de administratione et periculo tutorum. Leg. 5 et 6, de pactis dotalibus.

Article 1389. Ils ne peuvent faire aucune convention ou renonciation dont l'objet serait de changer l'ordre légal des successions, soit par rapport à eux-mêmes dans la succession de leurs enfans ou descendans, soit par rapport à leurs enfans entre eux ; sans préjudice des donations entre-vifs ou testamentaires qui pourront avoir lieu selon les formes et dans les cas déterminés par le présent Code.

Contr. Poitou, art. 221 ; Estampes, art. 44. = *Voy*. la note sur l'art. 791.

Article 1390. Les époux ne peuvent plus stipuler d'une manière générale que leur association sera réglée par l'une des coutumes, lois ou statuts locaux qui régissaient ci-devant les diverses parties du territoire français, et qui sont abrogés par le présent Code.

Article 1391. Ils peuvent cependant déclarer d'une manière générale qu'ils entendent se marier ou sous le régime de la communauté, ou sous le régime dotal.

Au premier cas, et sous le régime de la communauté, les droits des époux et de leurs héritiers seront réglés par les dispositions du chapitre II du présent titre.

Au deuxième cas, et sous le régime dotal, leurs droits seront réglés par les dispositions du chapitre III.

Article 1392. La simple stipulation que la femme se constitue ou qu'il lui est constitué des biens en dot, ne suffit pas pour soumettre ces biens au régime dotal, s'il n'y a dans le contrat de mariage une déclaration expresse à cet égard.

La soumission au régime dotal ne résulte pas non plus de la simple déclaration faite par les époux, qu'ils se marient sans communauté, ou qu'ils seront séparés de biens.

Article 1393. A défaut de stipulations spéciales qui dérogent au régime de la communauté ou le modifient, les règles établies dans la première partie du chapitre II formeront le droit commun de la France.

Article 1394. Toutes conventions matrimoniales seront rédigées, avant le mariage, par acte devant notaire.

Orléans, art. 202.

Article 1395. Elles ne peuvent recevoir aucun changement après la célébration du mariage.

Louet et Brodeau, lett. M, ch. 4; Le Prestre, cent. 1, ch. 98. = Journal des Audiences, tom. 4, liv. 8, ch. 3o. = Arrêtés de Lamoignon, tit. 32, art. 5.
Contr. leg. 72, §. 2, *ff. de jure dotium.*

Article 1396. Les changemens qui y seraient faits avant cette célébration, doivent être constatés par acte passé dans la même forme que le contrat de mariage.

Nul changement ou contre-lettre n'est, au surplus, valable sans la présence et le consentement simultané de toutes les personnes qui ont été parties dans le contrat de mariage.

Paris, art. 258. = Brodeau sur Louet, lett. C, ch. 28. = Arrêtés de Lamoignon, tit. 32, art. 5 et 6.
Normandie, art. 388; Orléans, art. 233.
Orléans, art. 233; Calais, art. 59.

Article 1397. Tous changemens et contre-lettres, même revêtus des formes prescrites par l'article précédent, seront sans effet à l'égard des tiers, s'ils n'ont été rédigés à la suite de la minute du contrat de mariage; et le notaire ne pourra, à peines de dommages et intérêts des parties, et sous plus grande peine s'il y a lieu, délivrer ni grosses ni expéditions du contrat de mariage sans transcrire à la suite le changement ou la contre-lettre.

Le Prestre, cent. 1, ch. 99.

Article 1398. Le mineur habile à contracter mariage est habile à consentir toutes les conventions dont ce contrat est susceptible; et les conventions et donations qu'il y a faites, sont valables, pourvu qu'il ait été assisté, dans le contrat, des personnes dont le consentement est nécessaire pour la validité du mariage.

Argum. ex leg. 8, *ff. de pactis dotalibus. Leg.* 73, *leg* 61, §. 1, *ff. de jure dotium.*
Dumoulin, sur l'art. 161 de la coutume de Blois; Louet, lett. M, chap. 9; Bacquet, des droits de justice, chap. 21, n°. 390.

36

CHAPITRE II.

Du Régime en Communauté.

Article 1399. LA communauté, soit légale, soit conventionnelle, commence du jour du mariage contracté devant l'officier de l'état civil : on ne peut stipuler qu'elle commencera à une autre époque.

Paris, art. 220; Bretagne, art. 424; Chartres, art. 57, 58 et 59; Châteauneuf, art 66 et 68; Dreux, art. 48 et 50; Lodunois, chap. 24, art. 1 ; Perche, art. 102. (1)
DUMOULIN, sur l'art. 508 de la coutume du Maine.

Ire. PARTIE.

De la Communauté légale.

Article 1400. LA communauté qui s'établit par la simple déclaration qu'on se marie sous le régime de la communauté, ou à défaut de contrat, est soumise aux règles expliquées dans les six sections qui suivent.

SECTION PREMIERE.

De ce qui compose la Communauté activement et passivement.

§. 1er.

De l'actif de la communauté.

Article 1401. La communauté se compose activement,

1°. De tout le mobilier que les époux possédaient au jour de la célébration du ma-

---

(1) Anciennes lois françaises qui ont des rapports avec la communauté. *Foy.* loi des Saxons, tit. 8. Loi ripuaire, tit. 29. = Formules de MARCULPHE, lib. 2, cap. 17. = Capitulaires de CHARLE-MAGNE, liv. 4, chap. 9.

Quelques auteurs soutiennent que la communauté conjugale était ordinaire chez les premiers Romains. Pour les preuves, *voy.* BRISSON, *de ritu nupt.*, pag. 33 et 34, édition de 1641. = Ant. HOTMAN. *de veterib. rit. nupt.*, cap. 26 et 27. = RAD. FORNERIUS, *rer. quotidian.*, lib. 3, cap. 29.

Argum. ex leg. 16, §. 3, *ff. de aliment. vel cibar. legat.* Leg 32, §. 24, *ff. de donat. int. vir. et uxor.*

riage, ensemble de tout le mobilier qui leur échoit pendant le mariage à titre de succession ou même de donation, si le donateur n'a exprimé le contraire ;

2°. De tous les fruits, revenus, intérêts et arrérages, de quelque nature qu'ils soient, échus ou perçus pendant le mariage, et provenant des biens qui appartenaient aux époux lors de sa célébration, ou de ceux qui leur sont échus pendant le mariage, à quelque titre que ce soit ;

3°. De tous les immeubles qui sont acquis pendant le mariage.

Paris, art. 220; Anjou, art. 511; Maine, art. 508; Orléans, art. 186.
Lebrun, de la communauté, liv. 1, chap. 5, *distinct.* 1, n°˙. 1, 2 et 3, et *distinct.* 2, n°. 1.

Article 1402. Tout immeuble est réputé acquêt de communauté, s'il n'est prouvé que l'un des époux en avait la propriété ou possession légale antérieurement au mariage, ou qu'il lui est échu depuis à titre de succession ou donation.

Lebrun, de la communauté, liv. 1, chap. 5, *distinct.* 3, n°. 2. = *Leg.* 51, *ff. de donationibus inter virum et uxorem.*
Bourjon, droit commun de la France, liv. 3, tit. 10, part. 2, chap. 10, art. 3.

Article 1403. Les coupes de bois et les produits des carrières et mines tombent dans la communauté pour tout ce qui en est considéré comme usufruit, d'après les règles expliquées au titre de *l'Usufruit, de l'Usage et de l'Habitation.*

Si les coupes de bois qui, en suivant ces règles, pouvaient être faites durant la communauté, ne l'ont point été, il en sera dû récompense à l'époux non propriétaire du fonds ou à ses héritiers.

Si les carrières et mines ont été ouvertes pendant le mariage, les produits n'en tombent dans la communauté que sauf récompense ou indemnité à celui des époux à qui elle pourra être due.

Lebrun, de la communauté, liv. 1, chap. 5, sect. 2, *distinct.* 2.
Pothier, traité de la communauté, part. 2, sect. 1, §. 3, n°. 97.
Leg. 9, §. 7, *ff. de usufructu et quemadmodum. Leg.* 30, *ff. de verborum significatione.*
Leg. 9, §. 2 et 3, *ff. de usufructu et quemadmodum.*
Leg. 7, §. 13; *leg.* 8, *ff. soluto matrimonio. Leg.* 18, *ff. de fundo dotali.*

Article 1404. Les immeubles que les époux possèdent au jour de la célébration du mariage, ou qui leur échoient pendant son cours à titre de succession, n'entrent point en communauté.

Néanmoins, si l'un des époux avait acquis un immeuble depuis le contrat de mariage, contenant stipulation de communauté, et avant la célébration du mariage, l'immeuble acquis dans cet intervalle entrera dans la communauté, à moins que l'acquisition n'ait été faite en exécution de quelque clause du mariage ; auquel cas elle serait réglée suivant la convention.

Paris, art. 246.
Leg. 9 ; *leg.* 73 , *ff. pro socio. Leg.* 45 , §. 2 , *ff. de adquirendâ vel omittendâ hæreditate.*

Article 1405. Les donations d'immeubles qui ne sont faites pendant le mariage qu'à l'un des deux époux, ne tombent point en communauté, et appartiennent au donataire seul , à moins que la donation ne contienne expressément que la chose donnée appartiendra à la communauté.

Contr. voy. Paris, art. 246 ; Bayonne, tit. 9, art. 25 , 26 et 27 ; Bretagne, art. 441 ; Calais , art. 47 ; Mantes, art. 120 ; Melun, art. 123 ; Montargis, chap. 8 , art. 14 ; Orléans, art. 211 ; Poitou , art. 223 ; Rheims, art. 34.

Article 1406. L'immeuble abandonné ou cédé par père, mère ou autre ascendant, à l'un des deux époux, soit pour le remplir de ce qu'il lui doit, soit à la charge de payer les dettes du donateur à des étrangers, n'entre point en communauté ; sauf récompense ou indemnité.

POTHIER, de la communauté, part. 1 , chap. 2 , sect. 1, art. 2 , §. 1 , nos. 136 et 139.

Article 1407. L'immeuble acquis pendant le mariage à titre d'échange contre l'immeuble appartenant à l'un des deux époux, n'entre point en communauté, et est subrogé au lieu et place de celui qui a été aliéné ; sauf la récompense s'il y a soulte.

D'ARGENTRÉ, sur l'art. 418 de la coutume de Bretagne, glos. 2 , n°. 3.
LEBRUN , de la communauté, liv. 1 , chap. 5 , *distinct.* 2 , n°. 12.
Leg. 26 et 27 , *ff. de jure dotium.*

Article 1408. L'acquisition faite pendant le mariage , à titre de licitation ou autrement , de portion d'un immeuble dont l'un des époux était propriétaire par indivis , ne forme point un conquêt ; sauf à indemniser la communauté de la somme qu'elle a fournie pour cette acquisition.

Dans le cas où le mari deviendrait seul, et en son nom personnel, acquéreur ou adjudicataire de portion ou de la totalité d'un immeuble appartenant par indivis à la femme, celle-ci, lors de la dissolution de la communauté, a le choix ou d'abandonner l'effet à la communauté, laquelle devient alors débitrice envers la femme, de la portion appartenant à celle-ci dans le prix, ou de retirer l'immeuble, en remboursant à la communauté le prix de l'acquisition.

Pothier, de la communauté, part. 1, chap. 2, n°s. 145 et 146.
Leg. 78, §. 4, ff. de jure dotium.

§. II.

Du passif de la communauté, et des actions qui en résultent contre la communauté.

Article 1409. La communauté se compose passivement,

1°. De toutes les dettes mobilières dont les époux étaient grevés au jour de la célébration de leur mariage, ou dont se trouvent chargées les successions qui leur échoient durant le mariage, sauf la récompense pour celles relatives aux immeubles propres à l'un ou à l'autre des époux;

2°. Des dettes, tant en capitaux qu'arrérages ou intérêts, contractées par le mari pendant la communauté, ou par la femme du consentement du mari, sauf la récompense dans les cas où elle a lieu;

3°. Des arrérages et intérêts seulement des rentes ou dettes passives qui sont personnelles aux deux époux;

4°. Des réparations usufructuaires des immeubles qui n'entrent point en communauté;

5°. Des alimens des époux, de l'éducation et entretien des enfans, et de toute autre charge du mariage.

Paris, art. 221; Bourbonnais, art. 241; Bourgogne, chap. 4, art. 10; Clermont, art. 186; Estampes, art. 96; Mantes, art. 119; Montfort, art. 126; Orléans, art. 187; Perche, art. 102; Péronne, art. 118.

Article 1410. La communauté n'est tenue des dettes mobilières contractées avant le mariage par la femme, qu'autant qu'elles résultent d'un acte authentique antérieur au mariage, ou ayant reçu avant la même époque une date certaine, soit par l'enregistrement, soit par le décès d'un ou de plusieurs signataires dudit acte.

Le créancier de la femme, en vertu d'un acte n'ayant pas de date certaine avant le mariage, ne peut en poursuivre contre elle le paiement que sur la nue propriété de ses immeubles personnels.

Le mari qui prétendrait avoir payé pour sa femme une dette de cette nature, n'en peut demander la récompense ni à sa femme ni à ses héritiers.

Paris, art. 222.

Article 1411. Les dettes des successions purement mobilières qui sont échues aux époux pendant le mariage, sont pour le tout à la charge de la communauté.

Paris, art. 221; Bourbonnais, art. 241; Clermont, art. 186; Orléans, art. 187; Perche, art. 202; Péronne, art. 118.

Article 1412. Les dettes d'une succession purement immobilière qui échoit à l'un des époux pendant le mariage, ne sont point à la charge de la communauté; sauf le droit qu'ont les créanciers de poursuivre leur paiement sur les immeubles de ladite succession.

Néanmoins, si la succession est échue au mari, les créanciers de la succession peuvent poursuivre leur paiement, soit sur tous les biens propres au mari, soit même sur ceux de la communauté; sauf, dans ce second cas, la récompense due à la femme ou à ses héritiers.

De Renusson, de la communauté, part. 1, chap. 12, n°. 29.
Pothier, de la communauté, part. 1, chap. 2, n°s. 260 et 261.
Arrêtés de Lamoignon, tit. 32, art. 22.

Article 1413. Si la succession purement immobilière est échue à la femme, et que celle-ci l'ait acceptée du consentement de son mari, les créanciers de la succession peuvent poursuivre leur paiement sur tous les biens personnels de la femme : mais si la succession n'a été acceptée par la femme que comme autorisée en justice au refus du mari, les créanciers, en cas d'insuffisance des immeubles de la succession, ne peuvent se pourvoir que sur la nue propriété des autres biens personnels de la femme.

Lebrun, de la communauté, liv. 2, chap. 3, sect. 2, *distinct.* 3, n°s. 7, 15 et 13.
René Chopin, sur la coutume de Paris, liv. 2, tit. 1, n°. 15.
De Renusson; de la communauté, part, 1, chap. 12, n°s. 20, 24 et 25.
Orléans, art. 201.

Article 1414. Lorsque la succession échue à l'un des époux est en partie mobilière et en partie immobilière, les dettes dont elle est grevée ne sont à la charge de la communauté que jusqu'à concurrence de la portion contributoire du mobilier dans les dettes, eu égard à la valeur de ce mobilier comparée à celle des immeubles.

Cette portion contributoire se règle d'après l'inventaire auquel le mari doit faire procéder, soit de son chef, si la succession le concerne personnellement, soit comme dirigeant et autorisant les actions de sa femme, s'il s'agit d'une succession à elle échue.

Lebrun, de la communauté, liv. 2, chap. 3, sect. 2, *distinct.* 3, n°ˢ. 4, 5, 11 et 6. Duplessis, sur la coutume de Paris, traité de la communauté, liv. 1, chap. 5, sect. 3. De Renusson, de la communauté, part. 1, chap. 12, n°. 11.

Article 1415. A défaut d'inventaire, et dans tous les cas où ce défaut préjudicie à la femme, elle ou ses héritiers peuvent, lors de la dissolution de la communauté, poursuivre les récompenses de droit, et même faire preuve tant par titres et papiers domestiques que par témoins, et au besoin par la commune renommée, de la consistance et valeur du mobilier non inventorié.

Le mari n'est jamais recevable à faire cette preuve.

Voy. Blois, art. 185; Bretagne, art. 584; Bar, art. 87; Troyes, art. 109.

Article 1416. Les dispositions de l'article 1414 ne font point obstacle à ce que les créanciers d'une succession en partie mobilière et en partie immobilière poursuivent leur paiement sur les biens de la communauté, soit que la succession soit échue au mari, soit qu'elle soit échue à la femme, lorsque celle-ci l'a acceptée du consentement de son mari; le tout sauf les récompenses respectives.

Il en est de même si la succession n'a été acceptée par la femme que comme autorisée en justice, et que néanmoins le mobilier en ait été confondu dans celui de la communauté sans un inventaire préalable.

Arrêtés de Lamoignon, tit. 52, art. 22 et 23. De Renusson, de la communauté, part. 1, chap. 12, n°ˢ 20, 24 et 25.

Article 1417. Si la succession n'a été acceptée par la femme que comme autorisée en justice au refus du mari, et s'il y a eu inventaire, les créanciers ne peuvent poursuivre leur paiement que sur les biens tant mobiliers qu'immobiliers de ladite succession ; et , en cas d'insuffisance , sur la nue propriété des autres biens personnels de la femme.

Arrêtés de LAMOIGNON, tit. 32, art. 24.
DE RENUSSON, de la communauté, part. 1, chap. 12, n°. 20, 24 et 25.
Orléans, art. 201.

Article 1418. Les règles établies par les articles 1411 et suivans régissent les dettes dépendantes d'une donation , comme celles résultant d'une succession.

Article 1419. Les créanciers peuvent poursuivre le paiement des dettes que la femme a contractées avec le consentement du mari, tant sur tous les biens de la communauté que sur ceux du mari ou de la femme ; sauf la récompense due à la communauté , ou l'indemnité due au mari.

Voy. POTHIER , de la communauté, part. 1, chap. 2 , art. 1 , §. 3.

Article 1420. Toute dette qui n'est contractée par la femme qu'en vertu de la procuration générale ou spéciale du mari, est à la charge de la communauté ; et le créancier n'en peut poursuivre le paiement ni contre la femme ni sur ses biens personnels.

DUPLESSIS , sur la coutume de Paris, traité de la communauté , liv. 1, chap. 5, sect. 1.
Argum. ex leg. 20 , *ff. mandati.*

SECTION II.

De l'administration de la Communauté , et de l'effet des Actes de l'un ou de l'autre époux relativement à la Société conjugale.

Article 1421. Le mari administre seul les biens de la communauté.
Il peut les vendre , aliéner et hypothéquer sans le concours de la femme.

Paris , art. 225; Anjou , art. 289; Blois, chap. 13, art. 178 ; Maine , art. 304 ; Troyes , tit. 5 ; art. 81 ; Vermandois , art. 18; Orléans , art. 193 ; Rheims , art. 239 ; Chaulny , art. 1 ; Poitou , art. 244 ; Xaintonge, tit. 8 , art. 67 ; Bourbonnais , chap. 21, art. 236. = Arrêtés de LAMOIGNON, tit. 52 , art. 64.

Article 1422. Il ne peut disposer entre-vifs à titre gratuit des immeubles de la communauté, ni de l'universalité ou d'une quotité du mobilier, si ce n'est pour l'établissement des enfans communs.

Il peut néanmoins disposer des effets mobiliers à titre gratuit et particulier, au profit de toutes personnes, pourvu qu'il ne s'en réserve pas l'usufruit.

Voy. Arrêtés de LAMOIGNON, tit. 32, art. 65.
Anjou, art. 289; Maine, art. 304; Lodunois, chap. 26, art. 6.
Contr. *Voy.* Paris, art. 225; Orléans, art. 193.

Article 1423. La donation testamentaire faite par le mari ne peut excéder sa part dans la communauté.

S'il a donné en cette forme un effet de la communauté, le donataire ne peut le réclamer en nature, qu'autant que l'effet, par l'événement du partage, tombe au lot des héritiers du mari : si l'effet ne tombe point au lot de ces héritiers, le légataire a la récompense de la valeur totale de l'effet donné, sur la part des héritiers du mari dans la communauté et sur les biens personnels de ce dernier.

Paris, art. 296.
Auxerre, art. 200 et 237; Cambray, tit. 7, art. 7; Clermont, art. 133; Melun, art. 212; Mantes art. 122 et 157; Troyes, art. 84.

Article 1424. Les amendes encourues par le mari pour crime n'emportant pas mort civile, peuvent se poursuivre sur les biens de la communauté, sauf la récompense due à la femme; celles encourues par la femme ne peuvent s'exécuter que sur la nue propriété de ses biens personnels, tant que dure la communauté.

Voy. LOUET et BRODEAU, lett. C, chap. 35 et 52. = Journal des Audiences, tom. 1, liv. 1, chap. 28. = LE PRESTRE, cent. 2, chap. 98; BACQUET, des droits de justice, chap. 15, n°. 90; LE BRUN, de la communauté, liv. 2, chap. 2, sect. 3; RENUSSON, de la communauté, part. 1, chap. 6, n°. 46 et 51. = Contr. Voy. Bretagne, art. 657; Maine, art. 160; Anjou, art. 145.

Article 1425. Les condamnations prononcées contre l'un des deux époux pour crime emportant mort civile, ne frappent que sa part de la communauté et ses biens personnels.

Voy. DUMOULIN sur l'art. 12 de la coutume de Laon.
Origine de la jurisprudence moderne. *Voy.* Arrêt du parlement de Paris de 1532, rapporté par PAPON, liv. 5, tit. 10, nomb. 7.

37

Orléans, **art.** 209; Auxerre, art. 28; Vermandois, art. 12 et 13; Blois, chap. 13, art. 181; Bourbonnais, chap. 21, art. 266; Nivernais, tit. des confiscat., art. 3. = BRODEAU sur Louet, lett. C, chap. 35 et 52.

Argum. ex leg. 9, in pr., cod. de bonis proscriptorum. Leg. si fratres, §. ultim, ff. pro socio. Leg. sancimus, cod. de pœnis.

Article 1426. Les actes faits par la femme sans le consentement du mari, et même avec l'autorisation de la justice, n'engagent point les biens de la communauté, si ce n'est lorsqu'elle contracte comme marchande publique et pour le fait de son commerce.

Nivernais, tit. 25, art. 1; Paris, art. 234 et 236; Rheims, art. 13; Melun, art. 213; Blois, art. 181.

Article 1427. La femme ne peut s'obliger ni engager les biens de la communauté, même pour tirer son mari de prison, ou pour l'établissement de ses enfans en cas d'absence du mari, qu'après y avoir été autorisée par justice.

Contr. *Voy.* Paris, art. 223; Artois, art. 86; Berry, tit. 1, art. 16, 17 et 21; Blois, art. 3; Bourbonnais, art. 171; Montargis, chap. 4, art. 4; Nivernais, chap. 23, art. 1; Orléans, art. 194; Perche, art. 109; Poitou, art. 225; Sedan, art. 99; Tours, art. 232; Normandie, art. 541.

Leg. 73, §. 1; *leg.* 20, *ff. de jure dotium.*

Leg. 21, §. 1, *ff. ad senatus-consultum velleianum.*

Leg. 21, *ff. soluto matrimonio.*

Article 1428. Le mari a l'administration de tous les biens personnels de la femme.

Il peut exercer seul toutes les actions mobilières et possessoires qui appartiennent à la femme.

Il ne peut aliéner les immeubles personnels de sa femme, sans son consentement.

Il est responsable de tout dépérissement des biens personnels de sa femme, causé par défaut d'actes conservatoires.

Paris, art. 233; Orléans, art. 195; Blois, ch. 13, art. 178; Berry, tit. 1, art. 20; Troyes, chap. 7, art. 136; Anjou, art. 445; Maine, art. 457; Bourbonnais, chap. 1, art. 255; Anjou, art. 445; Auvergne, ch. 14, art. 3; Bourbonnais, art. 254; Calais, art. 28; Clermont, art. 185; Dourdan, art. 182; Estampes, art. 95; Mantes, art. 223; Montfort, art. 135; Nivernais, ch. 33, art. 4; Péronne, art. 125; Sedan, tit. 4, art. 93; Senlis, art. 207.

.Paris, art. 226 et 228. = *Leg.* 3 , *cod. de rei vindicatione. Leg.* 2 , *cod. de rebus alienis non alienandis. Leg.* 58 , *ff. soluto matrimonio. Leg* 7 , §. 2 , *ff. de jure deliberandi.*
Arrêtés de LAMOIGNON , tit. 32 , art. 67 et 68.

Article 1429. Les baux que le mari seul a faits des biens de sa femme pour un temps qui excède neuf ans , ne sont, en cas de dissolution de la communauté , obligatoires vis-à-vis de la femme ou de ses héritiers que pour le temps qui reste à courir soit de la première période de neuf ans , si les parties s'y trouvent encore , soit de la seconde , et ainsi ue suite, de manière que le fermier n'ait que le droit d'achever la jouissance de la période de neuf ans où il se trouve.

Paris , art. 227.
Argum. ex leg. 25 , §. 4 , *ff. soluto matrimonio ; et leg.* 3 , §. 6 , *ff. de jure fisci.*
Arrêtés de LAMOIGNON , tit. 32 , art. 69.

Article 1430. Les baux de neuf ans ou au-dessous que le mari seul a passés ou renouvelés des biens de sa femme, plus de trois ans avant l'expiration du bail courant s'il s'agit de biens ruraux , et plus de deux ans avant la même époque s'il s'agit de maisons , sont sans effet, à moins que leur exécution n'ait commencé avant la dissolution de la communauté.

Arrêtés de LAMOIGNON , tit. 32 , art. 70.

Article 1431. La femme qui s'oblige solidairement avec son mari pour les affaires de la communauté ou du mari , n'est réputée, à l'égard de celui-ci , s'être obligée que comme caution ; elle doit être indemnisée de l'obligation qu'elle a contractée.

DUPLESSIS , sur la coutume de Paris, traité de la communauté, liv. 1 , chap. 5, sect. 1.

Article 1432. Le mari qui garantit solidairement ou autrement la vente que sa femme a faite d'un immeuble personnel, a pareillement un recours contre elle, soit sur sa part dans la communauté , soit sur ses biens personnels , s'il est inquiété.

Argum. ex leg. 10., §. 11 , *ff. mandati.*

Article 1433. S'il est vendu un immeuble appartenant à l'un des époux, de même que si l'on s'est rédimé en argent de services fonciers dus à des héritages propres à l'un d'eux, et que le prix en ait été versé dans la communauté, le tout sans remploi, il y a lieu au prélévement de ce prix sur la communauté, au profit de l'époux qui était propriétaire, soit de l'immeuble vendu, soit des services rachetés.

Paris, art. 252; Orléans, art. 192.

Article 1434. Le remploi est censé fait à l'égard du mari, toutes les fois que, lors d'une acquisition, il a déclaré qu'elle était faite des deniers provenus de l'aliénation de l'immeuble qui lui était personnel, et pour lui tenir lieu de remploi.

Bourbonnais, tit. 21, art. 239.

Article 1435. La déclaration du mari que l'acquisition est faite des deniers provenus de l'immeuble vendu par la femme et pour lui servir de remploi, ne suffit point, si ce remploi n'a été formellement accepté par la femme : si elle ne l'a pas accepté, elle a simplement droit, lors de la dissolution de la communauté, à la récompense du prix de son immeuble vendu.

Bourbonnais, tit. 21, art. 239; Sens, art. 277; Nivernais, chap. 23, art. 31.
Lebrun, de la communauté, liv. 1, chap. 5, distinct. 3, n°. 8, et liv. 3, sect. 1, distinct. 2, n°. 72.
Pothier, de la communauté.
Leg. 12, *cod. de jure dotium.*

Article 1436. La récompense du prix de l'immeuble appartenant au mari ne s'exerce que sur la masse de la communauté; celle du prix de l'immeuble appartenant à la femme s'exerce sur les biens personnels du mari, en cas d'insuffisance des biens de la communauté. Dans tous les cas, la récompense n'a lieu que sur le pied de la vente, quelque allégation qui soit faite touchant la valeur de l'immeuble aliéné.

Pothier, de la communauté, part. 4, chap. 1, sect. 1, art. 1, §. 1.
Lebrun, de la communauté, liv. 3, chap. 2, sect. 1, distinct. 2.

Article 1437. Toutes les fois qu'il est pris sur la communauté une somme soit pour acquitter les dettes ou charges personnelles à l'un des époux, telles que le prix ou partie du prix d'un immeuble à lui propre ou le rachat de services fonciers, soit pour le recouvrement, la conservation ou l'amélioration de ses biens personnels, et généralement toutes les fois que l'un des deux époux a tiré un profit personnel des biens de la communauté, il en doit la récompense.

Paris, art. 244 et 245 ; Anjou, art. 286 et 298 ; Maine, art. 302 et 312 ; Sens, art. 278 ; Melun, art. 220 ; Montfort-Lamaury, art. 136.

Renusson, traité des propres, chap. 4, sect. 11 ; traité de la communauté, part. 2, chap. 3.

Lebrun, de la communauté, liv. 3, chap. 2, sect. 1, distinct. 7, n°. 615 et suivans.

Pothier, de la communauté, part. 4, chap. 1, sect. 2, art. 1, 2, 3 et 4.

Article 1438. Si le père et la mère ont doté conjointement l'enfant commun, sans exprimer la portion pour laquelle ils entendaient y contribuer, ils sont censés avoir doté chacun pour moitié, soit que la dot ait été fournie ou promise en effets de la communauté, soit qu'elle l'ait été en biens personnels à l'un des deux époux.

Au second cas, l'époux dont l'immeuble ou l'effet personnel a été constitué en dot, a, sur les biens de l'autre, une action en indemnité pour la moitié de ladite dot, eu égard à la valeur de l'effet donné, au temps de la donation.

Voy. Pothier, de la communauté, part. 4, chap. 1, sect. 2, art. 5.

Lebrun, de la communauté, liv. 3, chap. 2, sect. 1, distinct. 6.

Renusson, de la communauté, part. 2, chap. 3, n°. 15.

Article 1439. La dot constituée par le mari seul à l'enfant commun, en effets de la communauté, est à la charge de la communauté ; et dans le cas où la communauté est acceptée par la femme, celle-ci doit supporter la moitié de la dot, à moins que le mari n'ait déclaré expressément qu'il s'en chargeait pour le tout, ou pour une portion plus forte que la moitié.

Pothier, de la communauté, part. 4, chap. 1, sect. 2, art. 5.

Renusson, de la communauté, part. 1, chap. 6, n°. 12 ; et chap. 13, n°. 5.

Anjou, tom. 2, liv. 3, chap. 8.

Contr. Lebrun, de la communauté, liv. 2, chap. 2, sect. 1, n°. 15.

Article 1440. La garantie de la dot est due par toute personne qui l'a constituée ; et ses intérêts courent du jour du mariage, encore qu'il y ait terme pour le paiement, s'il n'y a stipulation contraire.

Leg. 41, *in pr.* ; *leg.* 84, *ff. de jure dotium. Leg.* 1, *leg.* 31, §. 1, *cod. eod. tit. Leg. unic.,* §. 1, *cod. de rei uxoriæ actione.*

Leg. 17, *in pr.,* et §. 1, *ff. soluto matrimonio.* (1)

---

(1) La promesse de la dot est, dans le droit romain, tellement favorable, que celui qui, se croyant,

SECTION III.

De la Dissolution de la Communauté, et de quelques - unes de ses suites.

Article 1441. La communauté se dissout, 1°. par la mort naturelle ; 2°. par la mort civile ; 3°. par le divorce ; 4°. par la séparation de corps ; 5°. par la séparation de biens.

Leg. 59 , *leg.* 65 , §. *in hæredibus , ff. pro socio.*

Article 1442. Le défaut d'inventaire après la mort naturelle ou civile de l'un des époux , ne donne pas lieu à la continuation de la communauté ; sauf les poursuites des parties intéressées relativement à la consistance des biens et effets communs , dont la preuve pourra être faite tant par titre que par la commune renommée.

Si l y a des enfans mineurs , le défaut d'inventaire fait perdre en outre à l'époux survivant la jouissance de leurs revenus ; et le subrogé tuteur qui ne l'a point obligé à faire inventaire , est solidairement tenu avec lui de toutes les condamnations qui peuvent être prononcées au profit des mineurs.

Contr. Voy. Paris , art. 240 ; Bourbonnais , tit. 22 , art. 270 ; Berry , tit. 18 , art. 19 ; Blois , art. 183 ; Orléans , art 216.

Article 1443. La séparation de biens ne peut être poursuivie qu'en justice par la femme dont la dot est mise en péril, et lorsque le désordre des affaires du mari donne lieu de craindre que les biens de celui-ci ne soient point suffisans pour remplir les droits et reprises de la femme.

Toute séparation volontaire est nulle.

Argum. ex leg. 24. *Leg.* 22 , §. 8 , *ff. soluto matrimonio.* = *Novell.* 97 , *cap.* 6. = *Leg.* 29 , *leg.* 50 , *cod. de jure dotium.*

Orléans , art. 198 ; Berry , chap. 1 , art. 49.

---

par erreur , débiteur de la femme , aurait promis une dot pour sa libération , ne pourrait pas se dispenser de la payer au mari. Vid. *Leg.* 9 , §. 1 , *ff. de condict. caus. dat. Leg.* 5 , §. 5 , *ff. de dol. mal. Leg.* 78 , §. 5 , *ff. de jure dot.* = La femme qui avait promis une dot n'était pas recevable à proposer l'exception du sénatus-consulte Velléien. Vid. *Leg.* 12 , *leg.* 35 , *cod. ad senat. cons.* Velléien.

Article 1444. La séparation de biens, quoique prononcée en justice , est nulle si elle n'a point été exécutée par le paiement réel des droits et reprises de la femme, effectué par acte authentique , jusqu'à concurrence des biens du mari, ou au moins par des poursuites commencées dans la quinzaine qui a suivi le jugement, et non interrompues depuis.

Arrêtés de LAMOIGNON, tit. 32, art. 85.

Article 1445. Toute séparation de biens doit, avant son exécution, être rendue publique par l'affiche sur un tableau à ce destiné, dans la principale salle du tribunal de première instance, et de plus, si le mari est marchand , banquier ou commerçant, dans celle du tribunal de commerce du lieu de son domicile; et ce à peine de nullité de l'exécution.

Le jugement qui prononce la séparation de biens, remonte, quant à ses effets, au jour de la demande.

Orléans , art. 198; Dunois , art. 58; Sedan, art. 97; Berry , chap. 1 , art. 48; Bourbonnais, chap. 10, art. 75.
Ordonnanee de 1673, tit. 8.

Article 1446. Les créanciers personnels de la femme ne peuvent , sans son consentement, demander la séparation de biens.

Néanmoins, en cas de faillite ou de déconfiture du mari, ils peuvent exercer les droits de leur débitrice jusqu'à concurrence du montant de leurs créances.

Arrêtés de LAMOIGNON, tit. 32, art. 87.

Article 1447. Les créanciers du mari peuvent se pourvoir contre la séparation de biens prononcée et même exécutée en fraude de leurs droits; ils peuvent même intervenir dans l'instance sur la demande en séparation pour la contester.

Tot. tit., *ff. quæ in fraudem creditorum.*

Article 1448. La femme qui a obtenu la séparation de biens, doit contribuer proportionnellement à ses facultés et à celles du mari, tant aux frais du ménage qu'à ceux d'éducation des enfans communs.

Elle doit supporter entièrement ces frais, s'il ne reste rien au mari.

Leg. 29, cod. de jure dotium.

Article 1449. La femme séparée soit de corps et de biens, soit de biens seulement, en reprend la libre administration.

Elle peut disposer de son mobilier, et l'aliéner.

Elle ne peut aliéner ses immeubles sans le consentement du mari, ou sans être autorisée en justice à son refus.

Leg. 29, *cod. de jure dotium.*

Arrêtés de LAMOIGNON, tit. 32, art. 85.

BOURJON, droit commun de la France, liv. 1, part. 4, chap. 4, sect. 4, art. 15 et 17.

LEBRUN, de la communauté, liv. 3, chap. 2, sect. 1, distinct. 2, n°. 30.

MORNAC, *ad leg.* 21, *cod. de procuratoribus.*

POTHIER, traité de la puissance du mari sur la personne et les biens de la femme, part. 1, sect. 2, art. 1, §. 1, n°. 15.

Ibid., de la communauté, part. 3, chap. 1, art. 2, §. 3, n°. 522.

Contr. *Voy.* DUNOIS, art. 58.

Ancienne coutume d'Orléans, art. 171.

Montargis, chap. 8, art. 6; Lorris, art. 7; Sédan, art. 97.

Article 1450. Le mari n'est point garant du défaut d'emploi ou de remploi du prix de l'immeuble que la femme séparée a aliéné sous l'autorisation de la justice, à moins qu'il n'ait concouru au contrat, ou qu'il ne soit prouvé que les deniers ont été reçus par lui, ou ont tourné à son profit.

Il est garant du défaut d'emploi ou de remploi, si la vente a été faite en sa présence et de son consentement : il ne l'est point de l'utilité de cet emploi.

Voy. LEBRUN, de la communauté, liv. 3, chap. 2, sect. 1, distinct. 2, n°. 34.

Article 1451. La communauté dissoute par la séparation soit de corps et de biens, soit de biens seulement, peut être rétablie du consentement des deux parties.

Elle ne peut l'être que par un acte passé devant notaires et avec minute, dont une expédition doit être affichée dans la forme de l'article 1445.

En ce cas, la communauté rétablie reprend son effet du jour du mariage; les choses sont remises au même état que s'il n'y avait point eu de séparation, sans préjudice néanmoins de l'exécution des actes qui, dans cet intervalle, ont pu être faits par la femme, en conformité de l'article 1449.

Toute convention par laquelle les époux rétabliraient leur communauté sous des conditions différentes de celles qui la réglaient antérieurement, est nulle.

LALANDE, sur Orléans, art. 199.

LEBRUN, de la communauté, liv. 3, chap. 11, n°. 25.

POTHIER, de la communauté, part. 3, chap. 1, art. 2, §. 4, n°. 528.

Article 1452. La dissolution de communauté opérée par le divorce ou par la séparation soit de corps et de biens, soit de biens seulement, ne donne pas ouverture aux droits de survie de la femme ; mais celle-ci conserve la faculté de les exercer lors de la mort naturelle ou civile de son mari.

SECTION IV.

De l'Acceptation de la Communauté, et de la Renonciation qui peut y être faite, avec les Conditions qui y sont relatives.

Article 1453 Après la dissolution de la communauté, la femme ou ses héritiers et ayant-cause ont la faculté de l'accepter ou d'y renoncer : toute convention contraire est nulle.

Bourjon, droit commun de la France, liv. 3., part. 4., chap. 5., sect. 1., n°. 2.

Paris, art. 237 ; Amiens, art. 99 ; Bourbonnais, chap. 21, art. 245. = *Leg.* 2 . *ff. de jure dotium.* Jurisprudence conforme, arrêt du 5 avril 1597. voy. Peleus, liv. 3, art. 61. (1)

Article 1454. La femme qui s'est immiscée dans les biens de la communauté, ne peut y renoncer.

Les actes purement administratifs ou conservatoires n'emportent point immixtion.

Paris, art. 237 ; Calais, chap. 3, art. 57 ; Rheims, art. 270 ; Amiens, art. 99. *Argum. ex leg.* 20, *in pr. et §.* 1 , *ff. de adquirendâ vel omittendâ hæreditate.* *Leg.* 1 , *cod. de repudiandâ vel abstinendâ hæreditate.* *Leg.* 2, *cod. de jure deliberandi.*

Article 1455. La femme majeure qui a pris dans un acte la qualité de commune, ne peut plus y renoncer ni se faire restituer contre cette qualité, quand même elle

(1) La faculté de renoncer à la communauté n'était accordée, dans notre ancien droit français, qu'aux femmes nobles. *Voy.* anc. cout. de Paris, art. 115. = Bouteiller, somme rurale, liv. 2, tit. 21.

Suivant nos anciens praticiens, ce privilège fut établi en faveur des femmes nobles dont les maris s'étaient ruinés dans les voyages de la Palestine. *Voy.* Charondas, sur Bouteiller, liv. 2, tit. 21.

La jurisprudence des arrêts avait étendu le droit de renoncer à la communauté à toutes les femmes nobles ou non nobles ; elle fut confirmée par l'article 237 de la nouvelle coutume de Paris, et formait le droit commun de la France.

Voy. Bourjon, droit commun de la France, liv. 3, part. 4, chap. 5, sect. 2, art. 5. Renusson, de la communauté, part. 2, chap. 1, n°. 9.

l'aurait prise avant d'avoir fait inventaire, s'il n'y a eu dol de la part des héritiers du mari.

Voy. Bourjon, droit commun de la France, liv. 3, part. 4, chap. 5, distinct. 3, art. 18. (1)

Article 1456. La femme survivante qui veut conserver la faculté de renoncer à la communauté, doit, dans les trois mois du jour du décès du mari, faire faire un inventaire fidèle et exact de tous les biens de la communauté, contradictoirement avec les héritiers du mari, ou eux dûment appelés.

Cet inventaire doit être par elle affirmé sincère et véritable, lors de sa clôture, devant l'officier public qui l'a reçu.

Voy. Bourjon, droit commun de la France, liv. 3, part. 4, chap. 5, distinct. 2, n°. 28.

Article 1457. Dans les trois mois et quarante jours après le décès du mari, elle doit faire sa renonciation au greffe du tribunal de première instance dans l'arrondissement duquel le mari avait son domicile; cet acte doit être inscrit sur le registre établi pour recevoir les renonciations à succession.

Bourbonnais, chap. 21, art. 245.
Ordonnance de 1667, tit. 7, art. 1 et 5. (2)

Article 1458. La veuve peut, suivant les circonstances, demander au tribunal civil une prorogation du délai prescrit par l'article précédent pour sa renonciation;

---

(1) Si la femme était mineure, elle pourrait demander à être restituée contre l'acceptation de la communauté. *Argum. ex leg.* 7, §. 5, *ff. de minorib.* *Leg.* 1, *cod. si min. ab hæreditat. se abstin.*
Leg. 11, §. 5, *ff. de minor. Leg* 9, *cod. de in integr. restit.*

(2) Par l'ancien usage de France, la femme qui voulait renoncer à la communauté mettait ses clefs, sa bourse et sa ceinture sur la fosse de son mari. *Voy.* Charles Loyseau, du déguerpissement, liv. 4, chap. 2, n°. 5.
On voit, par la chronique de Monstrelet, liv. 1, chap. 17, que Philippe I, duc de Bourgogne, étant mort en 1363, sa veuve renonça à ses biens meubles, en mettant sur la représentation sa ceinture avec sa bourse et ses clefs, comme il était de coutume, et en demanda instrument au notaire.
On trouve encore des traces de cette ancienne pratique dans plusieurs coutumes. *Voy.* Meaux, chap. 9, art. 52; Vitry, art. 91; Châlons; Chaumont.

cette prorogation est, s'il y a lieu, prononcée contradictoirement avec les héritiers du mari, ou eux dûment appelés.

Ordonnance de 1667, tit. 7, art. 4.

Article 1459. La veuve qui n'a point fait sa renonciation dans le délai ci-dessus prescrit, n'est pas déchue de la faculté de renoncer si elle ne s'est point immiscée et qu'elle ait fait inventaire; elle peut seulement être poursuivie comme commune jusqu'à ce qu'elle ait renoncé, et elle doit les frais faits contre elle jusqu'à sa renonciation.

Elle peut également être poursuivie après l'expiration des quarante jours depuis la clôture de l'inventaire, s'il a été clos avant les trois mois.

Voy. POTHIER, de la communauté, part. 3, chap. 2, art. 2, §. 3, nᵒˢ. 555, 556, 557 et 558.

Article 1460. La veuve qui a diverti ou recélé quelques effets de la communauté, est déclarée commune, nonobstant sa renonciation; il en est de même à l'égard de ses héritiers.

Calais, chap. 5, art. 38; Bourbonnais, chap. 21, art. 246; Rheims, art. 274; Laon, art. 26; Châlons, art. 31; Vermandois, art. 26; Melun, art. 217.
Argum. ex leg. 71, §. 3, 4 et 9, *ff. de acquirendâ vel omittendâ hæreditate.*=*Leg.* 6, *ff. de his quæ ut indignis auferuntur.*

Article 1461. Si la veuve meurt avant l'expiration des trois mois sans avoir fait ou terminé l'inventaire, les héritiers auront, pour faire ou pour terminer l'inventaire, un nouveau délai de trois mois, à compter du décès de la veuve, et de quarante jours pour délibérer, après la clôture de l'inventaire.

Si la veuve meurt ayant terminé l'inventaire, ses héritiers auront, pour délibérer, un nouveau délai de quarante jours à compter de son décès.

Ils peuvent, au surplus, renoncer à la communauté dans les formes établies ci-dessus; et les articles 1458 et 1459 leur sont applicables.

Vermandois, art. 26.

Article 1462. Les dispositions des articles 1456 et suivans sont applicables aux femmes des individus morts civilement, à partir du moment où la mort civile a commencé.

Article 1463. La femme divorcée ou séparée de corps, qui n'a point dans les trois mois et quarante jours après le divorce ou la séparation définitivement prononcés, accepté la communauté, est censée y avoir renoncé, à moins qu'étant encore dans le délai, elle n'en ait obtenu la prorogation en justice, contradictoirement avec le mari, ou lui dûment appelé.

Article 1464. Les créanciers de la femme peuvent attaquer la renonciation qui aurait été faite par elle ou par ses héritiers en fraude de leurs créances, et accepter la communauté de leur chef.

Argum. ex tot. tit., ff. quæ in fraudem creditorum.

Article 1465. La veuve, soit qu'elle accepte, soit qu'elle renonce, a droit, pendant les trois mois et quarante jours qui lui sont accordés pour faire inventaire et délibérer, de prendre sa nourriture et celle de ses domestiques sur les provisions existantes; et, à défaut, par emprunt au compte de la masse commune, à la charge d'en user modérément.

Elle ne doit aucun loyer à raison de l'habitation qu'elle a pu faire, pendant ces délais, dans une maison dépendante de la communauté ou appartenant aux héritiers du mari; et si la maison qu'habitaient les époux à l'époque de la dissolution de la communauté, était tenue par eux à titre de loyer, la femme ne contribuera point, pendant les mêmes délais, au paiement dudit loyer, lequel sera pris sur la masse.

Rheims, art. 247.
POTHIER, de la communauté, part. 3, chap. 2, art. 2, §. 5, n°. 570 et 571.

Article 1466. Dans le cas de dissolution de la communauté par la mort de la femme, ses héritiers peuvent renoncer à la communauté dans les délais et dans les formes que la loi prescrit à la femme survivante.

Argum. ex leg. 24., ff. de verborum significatione.

SECTION V.

Du Partage de la Communauté après l'acceptation.

Article 1467. Après l'acceptation de la communauté par la femme ou ses héritiers, l'actif se partage, et le passif est supporté de la manière ci-après déterminée.

§. 1er.

Du partage de l'actif.

Article 1468. Les époux ou leurs héritiers rapportent à la masse des biens exis- tans, tout ce dont ils sont débiteurs envers la communauté à titre de récompense ou d'indemnité, d'après les règles ci-dessus prescrites, à la section II de la Ire partie du présent chapitre.

Article 1469. Chaque époux ou son héritier rapporte également les sommes qui ont été tirées de la communauté, ou la valeur des biens que l'époux y a pris pour doter un enfant d'un autre lit, ou pour doter personnellement l'enfant commun.

Bourbonnais, chap. 21. art. 234.
Renusson, de la communauté, part. 2, chap. 3, n°. 16.

Article 1470. Sur la masse des biens, chaque époux ou son héritier prélève,

1°. Ses biens personnels qui ne sont point entrés en communauté, s'ils existent en nature, ou ceux qui ont été acquis en remploi ;

2°. Le prix de ses immeubles qui ont été aliénés pendant la communauté, et dont il n'a point été fait remploi ;

3°. Les indemnités qui lui sont dues par la communauté.

Lebrun, de la communauté, liv. 3, chap. 2, sect. 6, distinct. 1, n°. 1.
Paris, art. 232 ; Orléans, art. 192.
Brodeau, sur Louet, lett. R, chap. 3o.

Article 1471. Les prélèvemens de la femme s'exercent avant ceux du mari.
Ils s'exercent pour les biens qui n'existent plus en nature, d'abord sur l'argent comp- tant, ensuite sur le mobilier, et subsidiairement sur les immeubles de la communauté : dans ce dernier cas, le choix des immeubles est déféré à la femme et à ses héritiers.

Voy. Pothier, de la communauté, part. 4, chap. 1, art. 3, n°. 640, et chap. 2, art. 3, n°. 701.

Article 1472. Le mari ne peut exercer ses reprises que sur les biens de la com- munauté.

La femme et ses héritiers, en cas d'insuffisance de la communauté, exercent leurs reprises sur les biens personnels du mari.

Voy. POTHIER, de la communauté, part. 4, chap. 1, art. 3, n°. 610.

Article 1473. Les remplois et récompenses dus par la communauté aux époux, et les récompenses et indemnités par eux dues à la communauté, emportent les intérêts de plein droit du jour de la dissolution de la communauté.

Voy. POTHIER, de la communauté, part. 4, chap. 1, art. 1, §. 1, n°. 589.

Article 1474. Après que tous les prélèvemens des deux époux ont été exécutés sur la masse, le surplus se partage par moitié entre les époux ou ceux qui les représentent.

Voy. POTHIER, de la communauté, part. 4, chap. 2, art. 5, n°. 701.

Article 1475. Si les héritiers de la femme sont divisés, en sorte que l'un ait accepté la communauté à laquelle l'autre ait renoncé, celui qui a accepté ne peut prendre que sa portion virile et héréditaire dans les biens qui échoient au lot de la femme.

Le surplus reste au mari, qui demeure chargé, envers l'héritier renonçant, des droits que la femme aurait pu exercer en cas de renonciation, mais jusqu'à concurrence seulement de la portion virile héréditaire du renonçant.

Voy. POTHIER, de la communauté, part. 4, chap. 2, art. 3, n°. 577.

Article 1476. Au surplus, le partage de la communauté, pour tout ce qui concerne ses formes, la licitation des immeubles quand il y a lieu, les effets du partage, la garantie qui en résulte, et les soultes, est soumis à toutes les règles qui sont établies au titre *des Successions* pour les partages entre cohéritiers.

Article 1477. Celui des époux qui aurait diverti ou recélé quelques effets de la communauté, est privé de sa portion dans lesdits effets.

LEBRUN, de la communauté, liv. 3, chap. 2, sect. 2, distinct. 2, n°. 31.

Article 1478. Après le partage consommé, si l'un des deux époux est créancier personnel de l'autre, comme lorsque le prix de son bien a été employé à payer une dette personnelle de l'autre époux, ou pour toute autre cause, il exerce sa créance sur la part qui est échue à celui-ci dans la communauté ou sur ses biens personnels.

Voy. POTHIER, de la communauté, part. 4, chap. 1, art. 8, n°. 680.

Article 1479. Les créances personnelles que les époux ont à exercer l'un contre l'autre, ne portent intérêt que du jour de la demande en justice.

Argum. ex leg. 17., §. 3., *in fin. ff. de usuris; leg.* 127. *ff. de verborum obligationibus; leg.* 88. *ff. de regulis juris.*

Article 1480. Les donations que l'un des époux a pu faire à l'autre, ne s'exécutent que sur la part du donateur dans la communauté, et sur ses biens personnels.

Voy. POTHIER, de la communauté, part. 4, chap. 1, art. 8, n° 679.

Article 1481. Le deuil de la femme est aux frais des héritiers du mari prédécédé.
La valeur de ce deuil est réglée selon la fortune du mari.
Il est dû même à la femme qui renonce à la communauté.

Meaux, chap. 9, art. 51; Bourbonnais, chap. 21. art. 241. Bourgogne, chap. 4., art. 9.
Argum. ex leg. 22, §. 9, *cod. de jure deliberandi.* = *Leg.* 12, §. 5, *ff. de religiosis et sumptibus funerum. Leg.* 3, *cod. eod. tit. Leg.* 13, *cod. de negotiis gestis.*

§. II.

Du passif de la communauté, et de la contribution aux dettes.

Article 1482. Les dettes de la communauté sont pour moitié à la charge de chacun des époux ou de leurs héritiers : les frais de scellé, inventaire, vente de mobilier, liquidation, licitation et partage, font partie de ces dettes.

Voy. BOURJON, droit commun de la France, liv. 3., part 6., chap. 6., sect. 4., art. 19.

Article 1483. La femme n'est tenue des dettes de la communauté, soit à l'égard du mari, soit à l'égard des créanciers, que jusqu'à concurrence de son émolument, pourvu qu'il y ait eu bon et fidèle inventaire, et en rendant compte tant du contenu de cet inventaire que de ce qui lui est échu par le partage.

Paris, art. 221 et 228; Orléans, art. 187; Rheims, art. 242.
POTHIER, de la communauté, part. 4, chap. 1. art. 3, n°. 610.
RENUSSON, de la communauté, part 2, chap. 6, n°. 10.

Article 1484. Le mari est tenu, pour la totalité, des dettes de la communauté, par lui contractées, sauf son recours contre la femme ou ses héritiers pour la moitié desdites dettes.

Maine, art. 5o2 ; Anjou, art. 5o7.
Renusson, de la communauté, part. 2, chap. 6, n°. 5.
Pothier, de là communauté, part. 4, art. 1, n°. 729.

Article 1485. Il n'est tenu que pour moitié, de celles personnelles à la femme et qui étaient tombées à la charge de la communauté.

Melun, art. 216.
Lebrun, de la communauté, liv. 2, chap. 3, sect. 1, n°. 18.
Pothier, de la communanté, part. 5, art. 1, n°. 73o.

Article 1486. La femme peut être poursuivie pour la totalité des dettes qui procèdent de son chef et étaient entrées dans la communauté, sauf son recours contre le mari ou son héritier, pour la moitié desdites dettes.

Pothier, de la communauté, part. 5, art. 2, n°. 731.

Article 1487. La femme, même personnellement obligée pour une dette de communauté, ne peut être poursuivie que pour la moitié de cette dette, à moins que l'obligation ne soit solidaire.

Voy. Renusson, de la communauté, part. 2, chap. 6, n°s. 12 et 13.
Pothier, de la communauté, part. 5, art. 2, n°. 732.

Article 1488. La femme qui a payé une dette de la communauté au-delà de sa moitié, n'a point de répétition contre le créancier pour l'excédant, à moins que la quittance n'exprime que ce qu'elle a payé était pour sa moitié.

Argum. ex leg. 44. *Leg.* 19, §. 1 ; *leg.* 65, §. 9, *ff. de condictione indebiti.*
Pothier, de la communauté, part. 5, art. 3, §. 1, n°. 736.

Article 1489. Celui des deux époux qui, par l'effet de l'hypothèque exercée sur l'immeuble à lui échu en partage, se trouve poursuivi pour la totalité d'une dette de communauté, a de droit son recours pour la moitié de cette dette contre l'autre époux ou ses héritiers.

Orléans, art. 188 et 189.
POTHIER, de la communauté, part. 5, art. 5, n°. 759.

Article 1490. Les dispositions précédentes ne font point obstacle à ce que, par le partage, l'un ou l'autre des copartageans soit chargé de payer une quotité de dettes autre que la moitié, même de les acquitter entièrement.

Toutes les fois que l'un des copartageans a payé des dettes de la communauté au-delà de la portion dont il était tenu, il y a lieu au recours de celui qui a trop payé contre l'autre.

Article 1491. Tout ce qui est dit ci-dessus à l'égard du mari ou de la femme, a lieu à l'égard des héritiers de l'un ou de l'autre ; et ces héritiers exercent les mêmes droits et sont soumis aux mêmes actions que le conjoint qu'ils représentent.

Argum. ex leg. 24, ff. de verborum significatione.
Leg. 119, ff. de adquirendâ vel amittendâ hæreditate.

SECTION VI.

De la Renonciation à la Communauté, et de ses effets.

Article 1492. La femme qui renonce, perd toute espèce de droit sur les biens de la communauté, et même sur le mobilier qui y est entré de son chef.

Elle retire seulement les linges et hardes à son usage.

Bourbonnais, art. 245 ; Chaulny, art. 136 ; Bar, art. 180 ; Tours, art. 293.

Article 1493. La femme renonçante a le droit de reprendre,

1°. Les immeubles à elle appartenant, lorsqu'ils existent en nature, ou l'immeuble qui a été acquis en remploi ;

2°. Le prix de ses immeubles aliénés dont le remploi n'a pas été fait et accepté comme il est dit ci-dessus ;

3°. Toutes les indemnités qui peuvent lui être dues par la communauté.

Vermandois, art. 57, 108 et 111 ; Ribemont, art. 91 ; Saint-Quentin, art. 10.

39

Article 1494. La femme renonçante est déchargée de toute contribution aux dettes de la communauté, tant à l'égard du mari qu'à l'égard des créanciers. Elle reste néanmoins tenue envers ceux - ci lorsqu'elle s'est obligée conjointement avec son mari, ou lorsque la dette, devenue dette de la communauté, provenait originairement de son chef; le tout sauf son recours contre le mari ou ses héritiers.

Bourbonnais, chap. 21, art. 245; Vermandois, art. 27; Sens, art. 213; Auxerre, art. 191. Renusson, de la communauté, part. 2, chap. 6, n°. 15.

Article 1495. Elle peut exercer toutes les actions et reprises ci-dessus détaillées, tant sur les biens de la communauté que sur les biens personnels du mari.

Ses héritiers le peuvent de même, sauf en ce qui concerne le prélèvement des linges et hardes, ainsi que le logement et la nourriture pendant le délai donné pour faire inventaire et délibérer; lesquels droits sont purement personnels à la femme survivante.

Voy. POTHIER, de la communauté, part. 4, chap. 1, art. 8, sect. 3, n°. 680.

Disposition relative à la Communauté légale, lorsque l'un des époux ou tous deux ont des enfans de précédens mariages

Article 1496. Tout ce qui est dit ci - dessus sera observé même lorsque l'un des époux ou tous deux auront des enfans de précédens mariages.

Si toutefois la confusion du mobilier et des dettes opérait, au profit de l'un des époux, un avantage supérieur à celui qui est autorisé par l'article 1098, au titre *des Donations entre - vifs et des Testamens,* les enfans du premier lit de l'autre époux auront l'action en retranchement.

Voy. édit de 1556.

IIe. PARTIE.

De la Communauté conventionnelle, et des Conventions qui peuvent modifier ou même exclure la communauté légale.

Article 1497. LES époux peuvent modifier la communauté légale par toute espèce de conventions non contraires aux articles 1387, 1388, 1389 et 1390.

Les principales modifications sont celles qui ont lieu en stipulant de l'une ou de l'autre des manières qui suivent; savoir,

1°. Que la communauté n'embrassera que les acquêts;

2°. Que le mobilier présent ou futur n'entrera point en communauté, ou n'y entrera que pour une partie ;

5°. Qu'on y comprendra tout ou partie des immeubles présens ou futurs, par la voie de l'ameublissement ;

4°. Que les époux paieront séparément leurs dettes antérieures au mariage ;

5°. Qu'en cas de renonciation, la femme pourra reprendre ses apports francs et quittes ;

6°. Que le survivant aura un préciput ;

7°. Que les époux auront des parts inégales ;

8°. Qu'il y aura entre eux communauté à titre universel.

SECTION PREMIÈRE.

De la Communauté réduite aux acquéts.

Article 1498. Lorsque les époux stipulent qu'il n'y aura entre eux qu'une communauté d'acquêts, ils sont censés exclure de la communauté et les dettes de chacun d'eux actuelles et futures, et leur mobilier respectif présent et futur.

En ce cas, et après que chacun des époux a prélevé ses apports dûment justifiés, le partage se borne aux acquêts faits par les époux ensemble ou séparément durant le mariage, et provenant tant de l'industrie commune que des économies faites sur les fruits et revenus des biens des deux époux.

Anjou, art. 511.

Article 1499. Si le mobilier existant lors du mariage, ou échu depuis, n'a pas été constaté par inventaire ou état en bonne forme, il est réputé acquêt.

SECTION II.

De la Clause qui exclut de la Communauté le mobilier en tout ou partie.

Article 1500. Les époux peuvent exclure de leur communauté tout leur mobilier présent et futur.

Lorsqu'ils stipulent qu'ils en mettront réciproquement dans la communauté jusqu'à concurrence d'une somme ou d'une valeur déterminée, ils sont, par cela seul, censés se réserver le surplus.

Article 15o1. Cette clause rend l'époux débiteur envers la communauté, de la somme qu'il a promis d'y mettre, et l'oblige à justifier de cet apport.

Pothier, de la communauté, part. 1, chap. 3, art. 2, n°. 287.

Article 15o2. L'apport est suffisamment justifié, quant au mari, par la déclaration portée au contrat de mariage que son mobilier est de telle valeur.

Il est suffisamment justifié, à l'égard de la femme, par la quittance que le mari lui donne, ou à ceux qui l'ont dotée.

Pothier, de la communauté, part. 1, chap. 3, art. 2, §. 2, n°. 297.

Article 15o3. Chaque époux a le droit de reprendre et de prélever, lors de la dissolution de la communauté, la valeur de ce dont le mobilier qu'il a apporté lors du mariage, ou qui lui est échu depuis, excédait sa mise en communauté.

Article 15o4. Le mobilier qui échoit à chacun des époux pendant le mariage, doit être constaté par un inventaire.

A défaut d'inventaire du mobilier échu au mari, ou d'un titre propre à justifier de sa consistance et valeur, déduction faite des dettes, le mari ne peut en exercer la reprise.

Si le défaut d'inventaire porte sur un mobilier échu à la femme, celle-ci ou ses héritiers sont admis à faire preuve, soit par titres, soit par témoins, soit même par commune renommée, de la valeur de ce mobilier.

SECTION III.

De la Clause d'ameublissement.

Article 15o5. Lorsque les époux ou l'un d'eux font entrer en communauté tout ou partie de leurs immeubles présens ou futurs, cette clause s'appelle *ameublissement.*

Renusson, traité des propres, chap. 6, sect. 1, 3 et 8.

Article 15o6. L'ameublissement peut être déterminé ou indéterminé.

Il est déterminé quand l'époux a déclaré ameublir et mettre en communauté un tel immeuble en tout ou jusqu'à concurrence d'une certaine somme.

Il est indéterminé quand l'époux a simplement déclaré apporter en communauté ses immeubles, jusqu'à concurrence d'une certaine somme.

LEBRUN, de la communauté, liv. 1, ch. 5, *distinct.* 2, n°. 7.

Article 1507. L'effet de l'ameublissement déterminé est de rendre l'immeuble ou les immeubles qui en sont frappés, biens de la communauté comme les meubles mêmes.

Lorsque l'immeuble ou les immeubles de la femme sont ameublis en totalité, le mari en peut disposer comme des autres effets de la communauté, et les aliéner en totalité.

Si l'immeuble n'est ameubli que pour une certaine somme, le mari ne peut l'aliéner qu'avec le consentement de la femme; mais il peut l'hypothèquer sans son consentement, jusqu'à concurrence seulement de la portion ameublie.

LEBRUN, de la communauté, liv. 1, chap. 5, *distinct.* 7.
POTHIER, de la communauté, part. 1, chap. 3, art. 3, §. 3.

Article 1508. L'ameublissement indéterminé ne rend point la communauté propriétaire des immeubles qui en sont frappés; son effet se réduit à obliger l'époux qui l'a consenti, à comprendre dans la masse, lors de la dissolution de la communauté, quelques-uns de ses immeubles jusqu'à concurrence de la somme par lui promise.

Le mari ne peut, comme en l'article précédent, aliéner en tout ou en partie, sans le consentement de sa femme, les immeubles sur lesquels est établi l'ameublissement indéterminé; mais il peut les hypothèquer jusqu'à concurrence de cet ameublissement.

POTHIER, de la communauté, part. 1, chap. 3, art. 3. §. 4.

Article 1509. L'époux qui a ameubli un héritage, a, lors du partage, la faculté de le retenir en le précomptant sur sa part pour le prix qu'il vaut alors; et ses héritiers ont le même droit.

La disposition que renferme cet article est conforme à l'ancienne Jurisprudence.

SECTION IV.

De la Clause de séparation des dettes.

Article 1510. La clause par laquelle les époux stipulent qu'ils paieront séparément leurs dettes personnelles, les oblige à se faire, lors de la dissolution de la communauté, respectivement raison des dettes qui sont justifiées avoir été acquittées par la communauté à la décharge de celui des époux qui en était débiteur.

Cette obligation est la même, soit qu'il y ait eu inventaire ou non : mais si le mobilier apporté par les époux n'a pas été constaté par un inventaire ou état authentique antérieur au mariage, les créanciers de l'un et de l'autre des époux peuvent, sans avoir égard à aucune des distinctions qui seraient réclamées, poursuivre leur paiement sur le mobilier non inventorié, comme sur tous les autres biens de la communauté.

Les créanciers ont le même droit sur le mobilier qui serait échu aux époux pendant la communauté, s'il n'a pas été pareillement constaté par un inventaire ou état authentique.

Paris, art. 222; Orléans, art. 212 ; Calais, art. 24; Montargis, chap. 8, art. 9.

Article 1511. Lorsque les époux apportent dans la communauté une somme certaine ou un corps certain, un tel apport emporte la convention tacite qu'il n'est point grevé de dettes antérieures au mariage; et il doit être fait raison par l'époux débiteur à l'autre, de toutes celles qui diminueraient l'apport promis.

POTHIER, de la communauté, part. 1, chap. 3, art. 5, n°. 352; LATHAUMASSIERE, questions sur la coutume de Berry, tit. 8. art. 7,
Contr. LEBRUN, de la communauté, liv. 2, chap. 3, sect. 3, n°. 6.

Article 1512. La clause de séparation des dettes n'empêche point que la communauté ne soit chargée des intérêts et arrérages qui ont couru depuis le mariage.

LEBRUN, de la communauté, liv. 2, ch. 3, sect. 4, n°. 10. POTHIER, de la communauté, part. 1, ch. 3, art. 5, quest. 1, n°. 360.

Article 1513. Lorsque la communauté est poursuivie pour les dettes de l'un des époux, déclaré, par contrat, franc et quitte de toutes dettes antérieures au mariage, le conjoint a droit à une indemnité qui se prend soit sur la part de communauté revenant à l'époux débiteur, soit sur les biens personnels dudit époux; et, en cas d'insuffisance, cette indemnité peut être poursuivie par voie de garantie contre le père, la mère, l'ascendant ou le tuteur qui l'auraient déclaré franc et quitte.

Cette garantie peut même être exercée par le mari durant la communauté, si la dette provient du chef de la femme ; sauf, en ce cas, le remboursement dû par la femme ou ses héritiers aux garans, après la dissolution de la communauté.

Pothier, de la communauté, part. 1, chap. 3, sect. 2, art. 5, §. 2.
Lebrun, de la communauté, liv. 2, chap. 3, sect. 3, nʳˢ. 41 et 42.
Renusson, de la communauté, part. 1, chap. 2, n°. 36.

SECTION V.

De la Faculté accordée à la femme de reprendre son Apport franc et quitte.

Article 1514. La femme peut stipuler qu'en cas de renonciation à la communauté, elle reprendra tout ou partie de ce qu'elle y aura apporté, soit lors du mariage, soit depuis ; mais cette stipulation ne peut s'étendre au-delà des choses formellement exprimées, ni au profit de personnes autres que celles désignées.

Ainsi la faculté de reprendre le mobilier que la femme a apporté lors du mariage, ne s'étend point à celui qui serait échu pendant le mariage.

Ainsi la faculté accordée à la femme ne s'étend point aux enfans ; celle accordée à la femme et aux enfans ne s'étend point aux héritiers ascendans ou collatéraux.

Dans tous les cas, les apports ne peuvent être repris que déduction faite des dettes personnelles à la femme, et que la communauté aurait acquittées.

Pothier, de la communauté, part. 1, chap. 3, art. 6, nᵒˢ. 339 et 399.

SECTION VI.

Du Préciput conventionnel.

Article 1515. La clause par laquelle l'époux survivant est autorisé à prélever, avant tout partage, une certaine somme ou une certaine quantité d'effets mobiliers en nature, ne donne droit à ce prélèvement, au profit de la femme survivante, que lorsqu'elle accepte la communauté, à moins que le contrat de mariage ne lui ait réservé ce droit, même en renonçant.

Hors le cas de cette réserve, le préciput ne s'exerce que sur la masse partageable, et non sur les biens personnels de l'époux prédécédé.

Pothier, de la communauté, part. 1, chap. 3, art. 7, §. 2, nᵒˢ. 440, 447 et 448. (1)

---

(1) On connaissait, dans notre ancien droit coutumier, le préciput légal et le conventionnel.

Article 1516. Le préciput n'est point regardé comme un avantage sujet aux formalités des donations, mais comme une convention de mariage.

Déclaration du 25 juin 1729. = Ordonnance des donations de 1731, art. 21.
POTHIER, de la communauté, part. 1, chap. 3, art. 7, §. 2, n°. 442.

Article 1517. La mort naturelle ou civile donne ouverture au préciput.

POTHIER, de la communauté, part. 1, chap. 3, art. 7, §. 2, n°. 443.

Article 1518. Lorsque la dissolution de la communauté s'opère par le divorce ou par la séparation de corps, il n'y a pas lieu à la délivrance actuelle du préciput ; mais l'époux qui a obtenu soit le divorce, soit la séparation de corps, conserve ses droits au préciput en cas de survie. Si c'est la femme, la somme ou la chose qui constitue le préciput reste toujours provisoirement au mari, à la charge de donner caution.

POTHIER, de la communauté, part. 1, chap. 3, art. 7, §. 2, n°. 445.

Le préciput légal était un gain de survie que nos coutumes accordaient au survivant de deux conjoints ; il consistait dans la propriété des meubles ou dans l'usufruit des acquêts faits pendant le mariage. Quelquefois, et selon certaines coutumes, il réunissait ces deux objets.

Toutes les coutumes donnaient le préciput au survivant des conjoints ; ainsi le prédécès seul de l'un des époux donnait ouverture au préciput.

Un très-grand nombre de coutumes n'accordaient le préciput qu'aux nobles survivant noblement. *Voy.* Paris, art. 238 ; Meaux, art. 49 ; Melun, art. 218 ; Sens, art. 85 ; Estampes, art. 58 ; Montfort-'-Amaury, art. 133 ; Mantes, art. 131 ; Senlis, art. 146 ; Clermont en Argon, chap. 5, art 8 ; Clermont en Beauvoisis, art. 189 ; Calais, art. 39 ; Laon, tit. 3, art. 20 et 21 ; Chaumont en Bassigny, chap. 1, art. 6 ; Vitry-le-Français, chap. 4, art. 74 ; Rheims, art. 279 et 281 ; Châlons, art. 28 ; Noyon, art. 31 ; Saint-Quentin, art. 3 ; Richemont, art. 93 ; Chaulny, art. 17 et 18 ; Péronne, art. 126 ; Tours, art. 247 ; Chartres, chap. 10, art. 57 ; Berry, tit. 8, art. 13 ; Poitou, art. 238 ; Sedan, tit. 4, art. 78 ; Dreux, art. 113.

Le préciput légal n'avait lieu qu'autant que la communauté subsistait encore entre les époux au temps de la dissolution du mariage. *Voy.* Maine, art. 299 ; DUMOULIN, sur l'art. 116 de l'ancienne coutume de Paris ; d'HÉRICOURT, sur les art. 20 et 21 de la coutume de Vermandois.

Quelques coutumes n'accordaient le préciput légal que lorsqu'il n'y avait pas d'enfans. *Voy.* Paris, Calais, Meaux, Melun, Troyes, Vitry-le-Français, Valois, Sedan, Bassigny.

D'autres coutumes, au contraire, n'admettaient le préciput légal que quand il y avait des enfans. *Voy.* Baillage de Lille, art. 39 ; Valenciennes, tit. 3, art. 9.

Enfin, un petit nombre de coutumes ne distinguaient pas s'il y avait ou non des enfans *Voy.* Luxembourg, tit. 8, art. ; Thionville, Senlis, Noyon.

Article 1519. Les créanciers de la communauté ont toujours le droit de faire vendre les effets compris dans le préciput ; sauf le recours de l'époux, conformément à l'article 1515.

SECTION VII.

Des Clauses par lesquelles on assigne à chacun des Epoux des Parts inégales dans la Communauté.

Article 1520. Les époux peuvent déroger au partage égal établi par la loi, soit en ne donnant à l'époux survivant ou à ses héritiers, dans la communauté, qu'une part moindre que la moitié, soit en ne lui donnant qu'une somme fixe pour tout droit de communauté, soit en stipulant que la communauté entière, en certains cas, appartiendra à l'époux survivant, ou à l'un d'eux seulement.

Pothier, de la communauté, part. 1, chap. 5, art. 8, n°. 449.

Article 1521. Lorsqu'il a été stipulé que l'époux ou ses héritiers n'auront qu'une certaine part dans la communauté, comme le tiers ou le quart, l'époux ainsi réduit ou ses héritiers ne supportent les dettes de la communauté que proportionnellement à la part qu'ils prennent dans l'actif.

La convention est nulle si elle oblige l'époux ainsi réduit ou ses héritiers à supporter une plus forte part, ou si elle les dispense de supporter une part dans les dettes égale à celle qu'ils prennent dans l'actif.

Pothier, de la communauté, part. 1, chap. 5, art. 8, n°. 449.

Article 1522. Lorsqu'il est stipulé que l'un des époux ou ses héritiers ne pourront prétendre qu'une certaine somme pour tout droit de communauté, la clause est un forfait qui oblige l'autre époux ou ses héritiers à payer la somme convenue, soit que la communauté soit bonne ou mauvaise, suffisante ou non, pour acquitter la somme.

Argum. ex leg. 10 , *ff. de regulis juris.*
Brodeau, sur Louet, lett. M, chap. 4.
D'Argentré, sur l'art. 22 de l'ancienne coutume de Bretagne, glos. 4, in fin.
Pothier, de la communauté, part. 1, chap. 3, art. 8, n°. 456.

Article 1523. Si la clause n'établit le forfait qu'à l'égard des héritiers de l'époux, celui-ci, dans le cas où il survit, a droit au partage légal par moitié.

Pothier, de la communauté, part. 1, chap. 3, art. 8, n°. 453.

40

Article 1524. Le mari ou ses héritiers qui retiennent , en vertu de la clause énoncée en l'article 1520, la totalité de la communauté , sont obligés d'en acquitter toutes les dettes.

Les créanciers n'ont , en ce cas , aucune action contre la femme ni contre ses héritiers.

Si c'est la femme survivante qui a , moyennant une somme convenue , le droit de retenir toute la communauté contre les héritiers du mari , elle a le choix ou de leur payer cette somme , en demeurant obligée à toutes les dettes , ou de renoncer à la communauté , et d'en abandonner aux héritiers du mari les biens et les charges.

POTHIER, de la communauté, part. 1, chap. 3, art. 8, §. 2, n°. 457.

Article 1525. Il est permis aux époux de stipuler que la totalité de la communauté appartiendra au survivant ou à l'un d'eux seulement, sauf aux héritiers de l'autre à faire la reprise des apports et capitaux tombés dans la communauté, du chef de leur auteur.

Cette stipulation n'est point réputée un avantage sujet aux règles relatives aux donations , soit quant au fond , soit quant à la forme , mais simplement une convention de mariage et entre associés.

SECTION VIII.

De la Communauté à Titre universel.

Article 1526. Les époux peuvent établir par leur contrat de mariage une communauté universelle de leurs biens tant meubles qu'immeubles , présens et à venir , seulement.

Leg. 3 , *leg.* 7 , §. 1 , *ff. pro socio.*

Dispositions communes aux huit Sections ci-dessus.

Article 1527. Ce qui est dit aux huit sections ci-dessus , ne limite pas à leurs dispositions précises les stipulations dont est susceptible la communauté conventionnelle.

Les époux peuvent faire toutes autres conventions, ainsi qu'il est dit à l'article 1387, et sauf les modifications portées par les articles 1388, 1389 et 1390.

Néanmoins, dans le cas où il y aurait des enfans d'un précédent mariage, toute convention qui tendrait dans ses effets à donner à l'un des époux au-delà de la portion réglée par l'article 1098, au titre *des Donations entre-vifs et des Testamens*, sera sans effet pour tout l'excédant de cette portion : mais les simples bénéfices résultant des travaux communs et des économies faites sur les revenus respectifs, quoique inégaux, des deux époux, ne sont pas considérés comme un avantage fait au préjudice des enfans du premier lit.

Article 1528. La communauté conventionnelle reste soumise aux règles de la communauté légale, pour tous les cas auxquels il n'y a pas été dérogé implicitement ou explicitement par le contrat.

SECTION IX.

Des Conventions exclusives de la Communauté.

Article 1529. Lorsque, sans se soumettre au régime dotal, les époux déclarent qu'ils se marient sans communauté, ou qu'ils seront séparés de biens, les effets de cette stipulation sont réglés comme il suit.

§. Ier.

De la clause portant que les époux se marient sans communauté.

Article 1530. La clause portant que les époux se marient sans communauté, ne donne point à la femme le droit d'administrer ses biens, ni d'en percevoir les fruits : ces fruits sont censés apportés au mari pour soutenir les charges du mariage.

RENUSSON, de la communauté, part. 1, chap. 4, n°. 6.

Article 1531. Le mari conserve l'administration des biens meubles et immeubles de la femme, et, par suite, le droit de percevoir tout le mobilier qu'elle apporte en dot, ou qui lui échoit pendant le mariage, sauf la restitution qu'il en doit faire après la dissolution du mariage, ou après la séparation de biens qui serait prononcée par justice.

Voy. POTHIER, de la communauté, part. 1, chap. 3, art. 8, §. 3, n°s. 462 et 463.

Article 1532. Si dans le mobilier apporté en dot par la femme, ou qui lui échoit pendant le mariage, il y a des choses dont on ne peut faire usage sans les consommer, il en doit être joint un état estimatif au contrat de mariage, ou il doit en être fait inventaire lors de l'échéance, et le mari en doit rendre le prix d'après l'estimation.

Leg. 42, *ff. de jure dotium.*

Article 1533. Le mari est tenu de toutes les charges de l'usufruit.

Leg. 15, *leg.* 16, *leg.* 13, *ff. de impensis in res dotales factis.*
Leg. 28, §. 1, *ff. de donationibus inter virum et uxorem.*

Article 1534. La clause énoncée au présent paragraphe ne fait point obstacle à ce qu'il soit convenu que la femme touchera annuellement, sur ses seules quittances, certaine portion de ses revenus pour son entretien et ses besoins personnels.

Article 1535. Les immeubles constitués en dot dans le cas du présent paragraphe, ne sont point inaliénables.

Néanmoins ils ne peuvent être aliénés sans le consentement du mari, et, à son refus, sans l'autorisation de la justice.

§. II.

De la clause de séparation de biens.

Article 1536. Lorsque les époux ont stipulé par leur contrat de mariage qu'ils seraient séparés de biens, la femme conserve l'entière administration de ses biens meubles et immeubles, et la jouissance libre de ses revenus.

BOURJON, droit commun de la France, liv. 1, part. 4, chap. 4, sect. 4, art. 15 et 16.
LEBRUN, de la communauté, liv. 3, chap. 2, sect. 1, distinct. 2, n°. 30.

Article 1537. Chacun des époux contribue aux charges du mariage, suivant les conventions contenues en leur contrat; et, s'il n'en existe point à cet égard, la femme contribue à ces charges jusqu'à concurrence du tiers de ses revenus.

POTHIER, de la communauté, part. 1, chap. 3 art. 8, §. 4, n°. 464.

Article 1538. Dans aucun cas, ni à la faveur d'aucune stipulation, la femme ne peut aliéner ses immeubles sans le consentement spécial de son mari, ou, à son refus, sans être autorisée par justice.

Toute autorisation générale d'aliéner les immeubles donnés à la femme, soit par contrat de mariage, soit depuis, est nulle.

Paris, art. 223.
SOEFVE, tom. 1, cent. 4, chap. 5.
LEPRESTRE, cent. 1, chap. 67.
LEBRUN, de la communauté, liv. 2, chap. 1, sect. 4, n°. 8.

Article 1539. Lorsque la femme séparée a laissé la jouissance de ses biens à son mari, celui-ci n'est tenu, soit sur la demande que sa femme pourrait lui faire, soit à la dissolution du mariage, qu'à la représentation des fruits existans, et il n'est point comptable de ceux qui ont été consommés jusqu'alors.

Leg. 11, *cod. de pactis conventis.*

CHAPITRE III.

Du Régime dotal.

Article 1540. LA dot, sous ce régime comme sous celui du chapitre II, est le bien que la femme apporte au mari pour supporter les charges du mariage.

Article 1541. Tout ce que la femme se constitue ou qui lui est donné en contrat de mariage, est dotal s'il n'y a stipulation contraire.

Argum. ex leg. 23, *ff. de jure dotium.* (1)

---

(1) Comment la dot pouvait se constituer dans le droit romain. Vid. ULPIAN., fragm. tit. 6, §. 1 et 2. — *Leg.* 6, *cod. de jure dotium.*
Quelles sont les choses qu'on peut donner en dot. Vid. *Leg.* 16, *cod. de jur. dot. Leg.* 44, §. 1; *leg.* 45, *in pr. et* §. 1,; *leg.* 46, §. 1, *et leg.* 57, *ff. cod. tit. Leg.* 2, *cod. de fund. dot.*
Quelle action serait acquise au mari, si la promesse de la dot était d'une chose indéterminée. Vid. *Leg.* 1 *et leg* 3, *cod. de dot. promiss. Leg.* 69, §. 4, *ff. de jur. dot.*

SECTION PREMIERE.

De la Constitution de Dot.

Article 1542. La constitution de dot peut frapper tous les biens présens et à venir de la femme, ou tous ses biens présens seulement, ou une partie de ses biens présens et à venir, ou même un objet individuel.

La constitution, en termes généraux, de tous les biens de la femme, ne comprend pas les biens à venir.

Leg. 4 et leg 16, cod. de jure dotium. Leg. 60, leg. 61, *in pr. et §.* 1 ; leg. 72 *, ff. eod. tit.* Argum. ex leg. 7, *ff. de auro et argento legato.*

Article 1543. La dot ne peut être constituée ni même augmentée pendant le mariage.

Leg. 1, *in pr. , ff. de pactis dotalibus.* Leg. 19, leg. 20, §. 1, cod. de donationibus ante nuptias. Contr. Instit. de donationibus, §. 3. = *Novell.* 97, cap. 2.

Article 1544. Si les père et mère constituent conjointement une dot, sans distinguer la part de chacun, elle sera censée constituée par portions égales.

Si la dot est constituée par le père seul pour droits paternels et maternels, la mère, quoique présente au contrat, ne sera point engagée, et la dot demeurera en entier à la charge du père.

Leg. 7, cod. de dotis promissione. = CAMBOLAS, liv. 4, chap. 29 = AUTOMNE, conférence sur la loi *si pater*, cod. de dotis promissione.

Melun, art. 274; Sens, art. 89; Vitry, art. 73; Auxerre, art. 244; Châlons, art. 101; art. 518. = Novell. 21 de l'empereur Léon.

Article 1545. Si le survivant des père ou mère constitue une dot pour biens paternels et maternels, sans spécifier les portions, la dot se prendra d'abord sur les droits du futur époux dans les biens du conjoint prédécédé, et le surplus sur les biens du constituant.

Novell. 21 de l'empereur Léon. = CUJAS, *in leg.* 7, cod. de dotis promissione. = Jurisprudence du parlement de Paris, attestée par LEPRESTRE, cent. 2, chap. 36. = LEGRAND, sur Troyes, art. 142 , glos. 1, n°. 7 ; LEBRUN , des successions, liv. 2 , chap. 1 , sect. 3 , n°. 19; RENUSSON , de la communauté , part. 2 , chap. 8 , n°. 11.

Contr. Argum. ex leg. 7 , cod. de dotis promissione. = D'OLIVE , liv. 3 , chap. 24 ; ALBERT *verb. dot.*; BONIFACE , liv. 6, tit. 1, chap. 1; MENOCH. , *de presumptionibus , lib.* 3 , chap. 115, *n°.* 22.

Article 1546. Quoique la fille dotée par ses père et mère ait des biens à elle propres dont ils jouissent , la dot sera prise sur les biens des constituans , s'il n'y a stipulation contraire.

Leg. 7 , *cod. de dotis promissione.* = Novell. 21 de l'empereur Léon.

Article 1547. Ceux qui constituent une dot , sont tenus à la garantie des objets constitués.

Leg. 41 , *in pr.* , *ff. de jure dotium. Leg.* 1 , *cod. eod. Leg. unicd* , §. 1 , *cod. de rei uxoriæ actione.*
Leg. 84, *ff. de jure dotium. Leg.* 17 , *in pr. et* §. 1. *Leg.* 32 , *ff. soluto matrimonio.* (1)

Article 1548. Les intérêts de la dot courent de plein droit , du jour du mariage , contre ceux qui l'ont promise, encore qu'il y ait terme pour le paiement , s'il n'y a stipulation entraire.

Leg. 7 , *in pr. ; leg.* 63 , §. 3 , *ff. de jure dotium. Leg.* 20, *leg.* 51 ; §. 2 , *cod. eod. tit.*

SECTION II.

Des Droits du Mari sur les Biens dotaux , et de l'Inaliénabilité du Fonds dotal.

Article 1549. Le mari seul a l'administration des biens dotaux pendant le mariage.

Il a seul le droit d'en poursuivre les débiteurs et détenteurs, d'en percevoir les fruits et les intérêts , et de recevoir le remboursement des capitaux.

Cependant il peut être convenu , par le contrat de mariage , que la femme touchera

_____

(1) Celui qui se croyant , par erreur , débiteur d'une femme , lui aurait constitué une dot , serait cependant obligé de la payer au mari , sauf son action contre la femme. Vid. *Leg.* 9, §. 1 , *ff de condict. caus. dat. non secut. Leg.* 5 , §. 5 , *de dol. mal. et met. except. Leg.* 78, §. 5 , *ff. de jur. dot.*
La femme qui s'était engagée pour le paiement d'une dot ne pouvait opposer l'exception du sénatus-consulte Velleien. *Leg.* 12 *et leg.* 25 , *cod. ad senat.-consult. Velleian.*

annuellement, sur ses seules quittances, une partie de ses revenus pour son entretien et ses besoins personnels.

Leg. 7 , in pr. ; leg. 75 , ff. de jure dotium. Leg. 11 , cod. eod. tit. Leg. 9 , cod. de rei vindicatione.

Article 1550. Le mari n'est pas tenu de fournir caution pour la réception de la dot, s'il n'y a pas été assujetti par le contrat de mariage.

Leg. 1 et leg. 2 , cod. ne fidejussores vel mandatores dotium dentur.

Article 1551. Si la dot ou partie de la dot consiste en objets mobiliers mis à prix par le contrat , sans déclaration que l'estimation n'en fait pas vente, le mari en devient propriétaire et n'est débiteur que du prix donné au mobilier.

Leg. 10 , in pr. ; leg. 2 , leg. 69 , §. 8 , ff. de jure dotium. Leg. 5 , leg. 10 , cod. eod. tit. Leg. 51, ff. soluto matrimonio. Leg. 1 , §. 1 , ff. de æstimatorid actione.

Article 1552. L'estimation donnée à l'immeuble constitué en dot n'en transporte point la propriété au mari , s'il n'y en a déclaration expresse.

Dumoulin, sur l'art. 23ᵉ. de l'ancienne coutume de Paris, nomb. 60, et sur le 55ᵉ., glos. 1, quest. 7, nomb. 100.
Contr. Leg. 10 , in pr. et §. 1 , ff. de jure dotium. Leg. 5 et leg. 10 , cod. eod. tit.

Article 1553. L'immeuble acquis des deniers dotaux n'est pas dotal si la condition de l'emploi n'a été stipulée par le contrat de mariage.
Il en est de même de l'immeuble donné en paiement de la dot constituée en argent.

Leg. 54 , ff. de jure dotium. Leg. 12 , cod. eod. tit.

Article 1554. Les immeubles constitués en dot ne peuvent être aliénés ou hypothéqués pendant le mariage , ni par le mari, ni par la femme, ni par les deux conjointement ; sauf les exceptions qui suivent.

Paul. sentent., lib. 2 , tit. 21, §. 2. = Institut. in pr., lib. 2 , tit. 8. = Leg. unicâ , §. 15 , cod. de rei uxoriæ actione. Leg. 23 , cod. de jure dotium. Leg. 4 , leg. 5 et leg. 6 , ff. de fundo dotali. Leg. 2 , cod. eod. tit. (1)

---

(1) Quels sont les biens dotaux. Vid. *Leg. 3 , §. 1 ; leg. 9 , §. et 2 ; leg. 11 , leg. 15 , §. 1 ; leg. 14 , §. 1 , ff. de fundo dotali. Leg. 1 , cod. eod. tit.*

Article 1555. La femme peut, avec l'autorisation de son mari, ou, sur son refus, avec permission de justice, donner ses biens dotaux pour l'établissement des enfans qu'elle aurait d'un mariage antérieur ; mais si elle n'est autorisée que par justice, elle doit réserver la jouissance à son mari.

Article 1556. Elle peut aussi, avec l'autorisation de son mari, donner ses biens dotaux pour l'établissement de leurs enfans communs.

Article 1557. L'immeuble dotal peut être aliéné lorsque l'aliénation en a été permise par le contrat de mariage.

Article 1558. L'immeuble dotal peut encore être aliéné avec permission de justice, et aux enchères, après trois affiches,

Pour tirer de prison le mari ou la femme ;

Pour fournir des alimens à la famille dans les cas prévus par les articles 203, 205 et 205, au titre *du Mariage ;*

Pour payer les dettes de la femme ou de ceux qui ont constitué la dot, lorsque ces dettes ont une date certaine antérieure au contrat de mariage ;

Pour faire de grosses réparations indispensables pour la conservation de l'immeuble dotal ;

Enfin, lorsque cet immeuble se trouve indivis avec des tiers, et qu'il est reconnu impartageable.

Dans tous ces cas, l'excédant du prix de la vente au-dessus des besoins reconnus restera dotal, et il en sera fait emploi comme tel au profit de la femme.

Vid. BENEDICTUS, *in cap.* ; RAYNUTIUS, *verb. uxorem*, n°. 82 ; MASUER, *tit. de dot. et matrimon.*, n°. 12.
Leg. 2, *cod. de fundo dotali.*

Article 1559. L'immeuble dotal peut être échangé, mais avec le consentement de la femme, contre un autre immeuble de même valeur, pour les quatre cinquièmes au moins, en justifiant de l'utilité de l'échange, en obtenant l'autorisation en justice, et d'après une estimation par experts nommés d'office par le tribunal.

Dans ce cas, l'immeuble reçu en échange sera dotal ; l'excédant du prix, s'il y en a, le sera aussi, et il en sera fait emploi comme tel au profit de la femme.

Leg. 26, *leg.* 27, *cod. de jure dotium.*

Article 1560. Si, hors les cas d'exception qui viennent d'être expliqués, la femme ou le mari, ou tous les deux conjointement, aliènent le fonds dotal, la femme ou ses héritiers pourront faire révoquer l'aliénation après la dissolution du mariage, sans qu'on puisse leur opposer aucune prescription pendant sa durée : la femme aura le même droit après la séparation de biens.

Le mari lui-même pourra faire révoquer l'aliénation pendant le mariage, en demeurant néanmoins sujet aux dommages et intérêts de l'acheteur, s'il n'a pas déclaré dans le contrat que le bien vendu était dotal.

Leg. unic., §. 15, *cod. de rei uxoriæ actione.*

Article 1561. Les immeubles dotaux non déclarés aliénables par le contrat de mariage, sont imprescriptibles pendant le mariage, à moins que la prescription n'ait commencé auparavant.

Ils deviennent néanmoins prescriptibles après la séparation de biens, quelle que soit l'époque à laquelle la prescription a commencé.

Leg. 30, §. *omnis cod. de jure dotium.* = *Argum. ex leg.* 28, *ff. de verborum significatione.*
Bourbonnais, tit. 3, art. 28 ; Rheims, art. 260 ; Anjou, art. 445 ; Maine, art. 457 ; Berry, tit. des prescriptions, chap. 12, art. 16 ; Lodunois, chap. 20, art. 7.

Article 1562. Le mari est tenu à l'égard des biens dotaux, de toutes les obligations de l'usufruitier.

Il est responsable de toutes prescriptions acquises et détériorations survenues par sa négligence.

Leg. 17, *in pr.*, *ff. de jure dotium. Leg.* 5, *ff. de fundo dotali.*
Leg. 66, *in pr.*, *ff. soluto matrimonio. Leg.* 16, *ff. de fundo dotali.*
Leg. 1, §. 2 ; *leg.* 5, *leg.* 16, *leg.* 3, §. 1 ; *leg.* 13, *leg.* 15, *ff. de impensis in res dotales factis.*
Leg. 28, §. 1, *ff. de donationibus inter virum et uxorem.*

Article 1563. Si la dot est mise en péril, la femme peut poursuivre la séparation de biens, ainsi qu'il est dit aux articles 1443 et suivans.

Leg. 22, §. 8 ; *leg.* 24, *in pr.*, *ff. soluto matrimonio. Leg.* 29, *cod. de jure dotium. Novell.* 97, cap. 6.

SECTION III.

De la Restitution de la Dot.

Article 1564. Si la dot consiste en immeubles,

Ou en meubles non estimés par le contrat de mariage, ou bien mis à prix, avec déclaration que l'estimation n'en ôte pas la propriété à la femme,

Le mari ou ses héritiers peuvent être contraints de la restituer sans délai, après la dissolution du mariage.

Leg. unic., §. 7, *cod. de rei uxoriæ actione.*
Ulpian., Fragment. tit. 6, §. 8. (1)

Article 1565. Si elle consiste en une somme d'argent,

Ou en meubles mis à prix par le contrat, sans déclaration que l'estimation n'en rend pas le mari propriétaire,

La restitution n'en peut être exigée qu'un an après la dissolution.

Leg. unicâ, §. 7, *cod. de rei uxoriæ actione.*
Ulpian., Fragment. tit. 6, §. 8.

Article 1566. Si les meubles dont la propriété reste à la femme ont dépéri par l'usage et sans la faute du mari, il ne sera tenu de rendre que ceux qui resteront, et dans l'état où ils se trouveront.

Et néanmoins la femme pourra, dans tous les cas, retirer les linges et hardes à son usage actuel, sauf à précompter leur valeur lorsque ces linges et hardes auront été primitivement constitués avec estimation.

Leg. 10, *in pr. et* §. 6; *leg.* 11, *ff. de jure dotium.*

Article 1567. Si la dot comprend des obligations ou constitutions de rente qui

---

(1) Si aucun dol n'est imputable au mari, les héritiers de la femme ne peuvent le poursuivre au-delà de ses facultés. *Vid. Leg.* 12, *leg.* 13, *ff. solut. matrimon. Leg. uni.*, § 9, *cod. de rei uxo. act. Leg.* 16, *leg.* 17, *leg.* 20, *ff. de re judica.* = Mais ce privilége personnel au mari ne s'étend pas à ses héritiers. *Vid. Leg.* 68, *leg.* 173, *ff. de regul. jur. Leg.* 25, *ff. de re judi.*

ont péri., ou souffert des retranchemens qu'on ne puisse imputer à la négligence du mari, il n'en sera point tenu, et il en sera quitte en restituant les contrats.

Leg. 49, *in pr.*, *ff. soluto matrimonio. Leg.* 41, §. 3, *ff. de jure dotium.*

Article 1568. Si un usufruit a été constitué en dot, le mari ou ses héritiers ne sont obligés, à la dissolution du mariage, que de restituer le droit d'usufruit, et non les fruits échus durant le mariage.

Leg. 66 *et leg.* 78, *in pr.*, *ff. de jure dotium. Leg.* 57, *ff. soluto matrimonio.*

Article 1569. Si le mariage a duré dix ans depuis l'échéance des termes pris pour le paiement de la dot, la femme ou ses héritiers pourront la répéter contre le mari après la dissolution du mariage, sans être tenus de prouver qu'il l'a reçue, à moins qu'il ne justifiât de diligences inutilement par lui faites pour s'en procurer le paiement.

Novell. 100, *cap.* 1. = *Authentic. quod. locum, cod. de dote cautâ non numeratâ.*
Arrêtés de LAMOIGNON, tit. 29, art. 29.
LEPRESTRE, cent. 3, chap. 67.

Article 1570. Si le mariage est dissous par la mort de la femme, l'intérêt et les fruits de la dot à restituer courent de plein droit au profit de ses héritiers depuis le jour de la dissolution.

Si c'est par la mort du mari, la femme a le choix d'exiger les intérêts de sa dot pendant l'an du deuil, ou de se faire fournir des alimens pendant ledit temps aux dépens de la succession du mari ; mais, dans les deux cas, l'habitation durant cette année, et les habits de deuil, doivent lui être fournis sur la succession, et sans imputation sur les intérêts à elle dus.

Leg. unic., §. 7, *in fin.*, *cod. de rei uxoriæ actione.*

Article 1571. A la dissolution du mariage, les fruits des immeubles dotaux se partagent entre le mari et la femme ou leurs héritiers, à proportion du temps qu'il a duré, pendant la dernière année.

L'année commence à partir du jour où le mariage a été célébré.

Leg. 7, §. 1, *ff. soluto matrimonio. Leg. unic.*, §. 9, *cod. de rei uxoriæ actione.*

Article 1572. La femme et ses héritiers n'ont point de privilége pour la répétition de la dot sur les créanciers antérieurs à elle en hypothèque.

Leg. 9, leg. 31 , cod. de jure dotium. Leg. unic., §. 1 , de rei uxoriæ actione.
Contr. Leg. 12 , cod. qui potiores in pignore habentur.

Article 1573. Si le mari était déjà insolvable , et n'avait ni art ni profession lorsque le père a constitué une dot à sa fille, celle-ci ne sera tenue de rapporter à la succession du père que l'action qu'elle a contre celle de son mari , pour s'en faire rembourser.

Mais si le mari n'est devenu insolvable que depuis le mariage ,

Ou s'il avait un métier ou une profession qui lui tenait lieu de bien ,

La perte de la dot tombe uniquement sur la femme.

Novell. 97 , *cap.* 6.

SECTION IV.

Des Biens paraphernaux.

Article 1574. Tous les biens de la femme qui n'ont pas été constitués en dot , sont paraphernaux.

Leg. 8 , cod. de pactis conventis tam super dote.

Article 1575. Si tous les biens de la femme sont paraphernaux , et s'il n'y a pas de convention dans le contrat pour lui faire supporter une portion des charges du mariage , la femme y contribue jusqu'à concurrence du tiers de ses revenus.

Article 1576. La femme a l'administration et la jouissance de ses biens paraphernaux.

Mais elle ne peut les aliéner ni paraître en jugement à raison desdits biens, sans l'autorisation du mari , ou , à son refus , sans la permission de la justice.

Leg. 8 , cod. de pactis conventis. Leg. 11 , cod. de solutionibus et liberationibus.
Femme peut aliéner ses biens paraphernaux sans l'autorisation de son mari. *Leg. 6 , cod. de revocandis donationibus.*

Article 1577. Si la femme donne sa procuration au mari pour administrer ses biens paraphernaux, avec charge de lui rendre compte des fruits, il sera tenu vis-à-vis. d'elle comme tout mandataire.

Leg. 21, *cod. de procuratoribus. Leg.* 95, *ff. ad legem Falcidiam.*

Article 1578. Si le mari a joui des biens paraphernaux de sa femme, sans mandat, et néanmoins sans opposition de sa part, il n'est tenu, à la dissolution du mariage, ou à la première demande de la femme, qu'à la représentation des fruits existans, et il n'est point comptable de ceux qui ont été consommés jusqu'alors.

Leg. 11, *cod. de pactis conventis.*

Article 1579. Si le mari a joui des biens paraphernaux malgré l'opposition constatée de la femme, il est comptable envers elle de tous les fruits tant existans que consommés.

Leg. 8, *cod. de pactis conventis. Leg.* 17, *cod. de donationibus inter virum et uxorem. Leg.* 1, §. 18; *leg.* 95, *in pr., ff. ad legem Falcidiam.*

Article 1580. Le mari qui jouit des biens paraphernaux, est tenu de toutes les obligations de l'usufruitier.

Argum. ex leg. 36, §. 5, *ff. de hœreditatis petitione.*

DISPOSITION PARTICULIÈRE.

Article 1581. En se soumettant au régime dotal, les époux peuvent néanmoins stipuler une société d'acquêts, et les effets de cette société sont réglés comme il est dit aux articles 1498 et 1499.

TITRE VI.

De la Vente.

[Décrété le 15 Ventôse an XII. Promulgué le 25 du même mois.]

CHAPITRE PREMIER.

De la nature et de la forme de la Vente.

Article 1582. La vente est une convention par laquelle l'un s'oblige à livrer une chose, et l'autre à la payer.

Elle peut être faite par acte authentique, ou sous seing-privé.

Leg. 1 , *in pr. et* §. 2 , *ff. de contrahendâ emptione. Leg.* 30 , §. 1 , *ff. de actionibus empti et vendili. Leg.* 2 , *ff. de obligationibus et actionibus.*

Article 1583. Elle est parfaite entre les parties, et la propriété est acquise de droit à l'acheteur à l'égard du vendeur, dès qu'on est convenu de la chose et du prix, quoique la chose n'ait pas encore été livrée ni le prix payé.

Leg. 8 . ¶ *si id.*, *ff. de periculo et commodo rei venditæ.*
Institut., *de emptione et venditione.*
Leg. 17 , *cod. de fide instrumentorum. Leg.* 1 *et leg.* 4 , *cod. de periculo et commodo rei venditæ. Leg.* 11 , *ff. de evictionibus. Leg.* 7 , *ff. de periculo et commodo rei venditæ. Leg.* 6 , *cod. eod. tit. Leg.* 10 , *ff. de regulis juris Leg.* 54 , *ff. de actionibus empti et venditi. Leg.* 55 , §. 4 ; *leg.* 36 , *ff. de contrahendâ emptione.* (1)

---

(1) Par le droit romain, la propriété ne pouvait être transférée que par la tradition, et non par le simple pacte. *Leg.* 20 , *cod. de pac. Leg.* 10 , *cod. de rei vindicat. Leg.* 11 , *cod. de act. empt. et vend. Leg.* 27 , *cod. de rei vind. Leg.* 6 , *cod. de hæredit. vel act. vend.*

Quelques-unes de nos coutumes contenaient aussi des dispositions semblables. *Voy.* Rheims, art. 166; Laon, art. 128.

Article 1584. La vente peut être faite purement et simplement, ou sous une condition soit suspensive, soit résolutoire.

Elle peut aussi avoir pour objet deux ou plusieurs choses alternatives.

Dans tous ces cas, son effet est réglé par les principes généraux des conventions.

Leg. 8, §. 1, ff. de periculo et commodo rei venditæ.
Leg. 5, cod. eod. tit.
Leg. 34, §.6, ff. de contrahendâ emptione.

Article 1585. Lorsque des marchandises ne sont pas vendues en bloc, mais au poids, au compte ou à la mesure, la vente n'est point parfaite, en ce sens que les choses vendues sont aux risques du vendeur jusqu'à ce qu'elles soient pesées, comptées ou mesurées; mais l'acheteur peut en demander ou la délivrance ou des dommages-intérêts, s'il y a lieu, en cas d'inexécution de l'engagement.

Leg. 35, §. 5 ; leg. 62, §.2, ff. de contrahendâ emptione. Leg. 2, cod. de periculo et commodo rei venditæ.

Article 1586. Si au contraire les marchandises ont été vendues en bloc, la vente est parfaite, quoique les marchandises n'aient pas encore été pesées, comptées ou mesurées.

Leg. 35, §.5 et 6 ; leg. 62, §.2, ff. de contrahendâ emptione.

Article 1587. A l'égard du vin, de l'huile, et des autres choses que l'on est dans l'usage de goûter avant d'en faire l'achat, il n'y a point de vente tant que l'acheteur ne les a pas goûtées et agréées.

Leg. 4, in pr. et §. 1, ff. de periculo et commodo rei venditæ. Leg. 34, §.5, ff. de contrahendâ emptione.

Article 1588. La vente faite à l'essai est toujours présumée faite sous une condition suspensive.

Argum. ex leg. 4, ff. de periculo et commodo rei venditæ.

Article 1589. La promesse de vente vaut vente, lorsqu'il y a consentement réciproque des deux parties sur la chose et sur le prix.

DUMOULIN, sur la coutume de Paris, §. 78, glos. 1, n°. 81 et 82, cons. 50, n°. 7.
Arrêt de février 1595. Vid. MORNAC, *ad leg.* 16, *cod. de fide instrumentorum.*
Arrêt du 2 mars 1627, rapporté par BARDET.
Arrêt du 28 mai 1658, rapporté au Journal des Audiences.

Article 1590. Si la promesse de vendre a été faite avec des arrhes, chacun des contractans est maître de s'en départir,

Celui qui les a données, en les perdant,

Et celui qui les a reçues, en restituant le double.

Argum. ex leg. 35, *in pr.*, *ff. de contrahendâ emptione.*

Article 1591. Le prix de la vente doit être déterminé et désigné par les parties.

Leg. 2, §. 1; *leg.* 7, §. 1 et 2; *leg.* 35, §. 1; *leg.* 37, *ff. de contrahendâ emptione.* *Leg.* 15, *cod. eod. tit.*

Article 1592. Il peut cependant être laissé à l'arbitrage d'un tiers : si le tiers ne veut ou ne peut faire l'estimation, il n'y a point de vente.

Leg. 35, §. 1, *ff. de contrahendâ empt. Leg. ultim.*, *cod. eod. tit. Leg.* 25, *in pr. locati conducti.*

Article 1593. Les frais d'actes et autres accessoires à la vente sont à la charge de l'acheteur.

CHAPITRE II.

Qui peut acheter ou vendre.

Article 1594. Tous ceux auxquels la loi ne l'interdit pas, peuvent acheter ou vendre.

Leg. 1, §. 2, *ff. de contrahendâ emptione.*
Leg. 26, *ff. de contrahendâ emptione.*
Leg. 10, *ff. de curatoribus furioso.*
Leg. 6 *ff. de verborum obligationibus.*
Leg. 12, *ff. de usurpationibus et usucapionibus.*
Leg. 13, §. 29, *ff. de actionibus empti et venditi.*
Leg. 3, *cod. de in integrum restitutione minorum.*
Leg. ultim., *cod. de vendendis rebus civitatis.*

Article 1595. Le contrat de vente ne peut avoir lieu entre les époux que dans les trois cas suivans:

1°. Celui où l'un des deux époux cède des biens à l'autre, séparé judiciairement d'avec lui, en paiement de ses droits;

2°. Celui où la cession que le mari fait à sa femme, même non séparée, a une cause légitime, telle que le remploi de ses immeubles aliénés, ou de deniers à elle appartenant, si ces immeubles ou deniers ne tombent pas en communauté;

3°. Celui où la femme cède des biens à son mari en paiement d'une somme qu'elle lui aurait promise en dot, et lorsqu'il y a exclusion de communauté;

Sauf, dans ces trois cas, les droits des héritiers des parties contractantes, s'il y a avantage indirect.

Leg. 31, §. 4, *ff. de donationibus inter virum et uxorem.*

Article 1596. Ne peuvent se rendre adjudicataires, sous peine de nullité, ni par eux-mêmes, ni par personnes interposées,

Les tuteurs, des biens de ceux dont ils ont la tutelle;

Les mandataires, des biens qu'ils sont chargés de vendre;

Les administrateurs, de ceux des communes ou des établissemens publics confiés à leurs soins;

Les officiers publics, des biens nationaux dont les ventes se font par leur ministère.

Leg. 5, *cod. de contrahendâ emptione. Leg. ultim.*, *cod. de fide et jure hastæ fiscalis.*
Leg. 34, §. 7; *leg.* 46, *ff. de contrahendâ emptione.*
Arrêtés de Lamoignon, tit. 4, art. 96.

Article 1597. Les juges, leurs suppléans, les commissaires du Gouvernement, leurs substituts, les greffiers, huissiers, avoués, défenseurs officiers et notaires, ne peuvent devenir cessionnaires des procès, droits et actions litigieux qui sont de la compétence du tribunal dans le ressort duquel ils exercent leurs fonctions, à peine de nullité, et des dépens, dommages et intérêts.

Ordonnance de François premier, de l'an 1524, art. 23; Ordonnance de 1629, art. 94; Ordonnance d'Orléans, art. 54.
Arrêtés de Lamoignon, tit. 22, art. 27.

CHAPITRE III.

Des Choses qui peuvent être vendues.

Article 1598. Tout ce qui est dans le commerce peut être vendu lorsque des lois particulières n'en ont pas prohibé l'aliénation.

Leg. 6, *leg.* 8 , §. 1 ; *leg.* 15 , §. 1 ; *leg.* 22 , *leg.* 23 , *leg.* 24 , *leg.* 32 , *leg.* 34 , §. 1 et 2 ; *leg.* 52, *leg.* 55 , *leg.* 62 , §. 1 , *ff. de contrahendâ emptione. Leg.* 8 , §. 2 , *ff. de periculo et commodo rei venditæ. Leg.* 39 , §. 3 ; *ff. de evictionibus.*

Article 1599. La vente de la chose d'autrui est nulle : elle peut donner lieu à des dommages-intérêts, lorsque l'acheteur a ignoré que la chose fût à autrui.

Leg. 1 , *leg.* 6 , *cod. de rebus alienis non alienandis. Leg.* 2 , *leg.* 4 , *cod. eod. tit.* *Contr. Leg.* 28 , *ff. de contrahendâ emptione.*

Article 1600. On ne peut vendre la succession d'une personne vivante , même de son consentement.

Leg. 15 , *leg.* 19 ; *leg.* 30 , *cod. de pactis. Leg.* 4 , *cod. de inutilibus stipulationibus. Leg.* 1 , *ff. de hœreditate vel actione venditâ.*

Article 1601. Si au moment de la vente la chose vendue était périe en totalité , la vente serait nulle.

Si une partie seulement de la chose est périe , il est au choix de l'acquéreur d'abandonner la vente, ou de demander la partie conservée , en faisant déterminer le prix par la ventilation.

Leg. 15 , *in pr.* ; *leg.* 57 ; *leg.* 58 , *ff. de contrahendâ emptione.*

CHAPITRE IV.

Des Obligations du Vendeur.

SECTION PREMIERE.

Dispositions générales.

Article 1602. Le vendeur est tenu d'expliquer clairement ce à quoi il s'oblige. Tout pacte obscur ou ambigu s'interprète contre le vendeur.

Leg. 21 , *ff. de contrahendâ emptione. Leg.* 39 , *ff. de pactis. Leg.* 172 , *ff. de regulis juris.*

Article 1603. Il a deux obligations principales, celle de délivrer et celle de garantir la chose qu'il vend.

Leg. 1 , *in pr.; leg.* 11 , §. 2, *ff. de actionibus empti et venditi. Leg.* 66 , *ff. de contrahendâ emptione. Leg.* 5 *et leg.* 6 , *cod. de evictionibus.* (1)

SECTION II.

De la Délivrance.

Article 1604. La délivrance est le transport de la chose vendue en la puissance et possession de l'acheteur.

Article 1605. L'obligation de délivrer les immeubles est remplie de la part du vendeur lorsqu'il a remis les clefs, s'il s'agit d'un bâtiment, ou lorsqu'il a remis les titres de propriété.

Leg. 1 , *cod. de donationibus.*

Article 1606. La délivrance des effets mobiliers s'opère, Ou par la tradition réelle,

---

(1) C'est encore une obligation du vendeur de conserver la chose vendue jusqu'à la livraison. *Vid. Leg.* 35 , §. 4 , *ff. de contr. empt. ; leg.* 5 , §. 2 , *commod. vel contr. Leg.* 17 , *ff. de peric. et commod. rei vend. Leg.* 1 , §. 1 , *ff. si mens fals. Leg.* 29 , *ff. mand.*

Ou par la remise des clefs des bâtimens qui les contiennent ,

Ou même par le seul consentement des parties, si le transport ne peut pas s'en faire au moment de la vente, ou si l'acheteur les avait déjà en son pouvoir à un autre titre.

Leg. 74 , *ff. de contrahendâ emptione. Leg.* 14 , §. 1 , *ff. de periculo et commodo rei venditæ. Leg.* 9 , §. 6 et 7 , *ff. de adquirendo rerum dominio. Leg.* 1 , §. 21 , *ff. de adquirendâ vel amittendâ possessione.*

Article 1607. La tradition des droits incorporels se fait, ou par la remise des titres , ou par l'usage que l'acquéreur en fait du consentement du vendeur.

Leg. 1 et *leg.* 2 , *cod. de donationibus. Leg.* 3 , *cod. de novationibus et delegationibus.*

Article 1608. Les frais de la délivrance sont à la charge du vendeur , et ceux de l'enlèvement à la charge de l'acheteur , s'il n'y a eu stipulation contraire.

Article 1609. La délivrance doit se faire au lieu où était , au temps de la vente , la chose qui en a fait l'objet, s'il n'en a été autrement convenu.

POTHIER , du contrat de vente, part. 2, chap. 1 , art. 2 , §. 2 , n°. 52.

Article 1610. Si le vendeur manque à faire la délivrance dans le temps convenu entre les parties , l'acquéreur pourra , à son choix, demander la résolution de la vente , ou sa mise en possession , si le retard ne vient que du fait du vendeur.

Leg. 3 , §. 3 , *ff. de actionibus empti et venditi.*

Article 1611. Dans tous les cas, le vendeur doit être condamné aux dommages et intérêts , s'il résulte un préjudice pour l'acquéreur , du défaut de délivrance au terme convenu.

Leg. 10 , *leg.* 15 , *cod. de actionibus empti et venditi. Leg.* 3 , §. 3 ; *leg.* 21 , §. 5 , *ff. eod. tit.*

Article 1612 Le vendeur n'est pas tenu de délivrer la chose si l'acheteur n'en paye pas le prix , et que le vendeur ne lui ait pas accordé un délai pour le paiement.

Leg. 19, *leg.* 53 , *leg.* 78 , §. 2 , *ff. de contrahendâ emptione. Leg.* 11 , §. 1 ; *leg.* 15 , §. 8 , *ff. actionibus empti et venditi.*

Article 1613. Il ne sera pas non plus obligé à la délivrance, quand même il aurait accordé un délai pour le paiement, si , depuis la vente, l'acheteur est tombé en faillite ou en état de déconfiture , en sorte que le vendeur se trouve en danger imminent de perdre le prix ; à moins que l'acheteur ne lui donne caution de payer au terme.

Article 1614. La chose doit être délivrée en l'état où elle se trouve au moment de la vente.

Depuis ce jour, tous les fruits appartiennent à l'acquéreur.

Leg. 7 *et leg* 16, *cod. de periculo et commodo rei venditæ. Leg.* 10, *ff. de regulis juris.*

Article 1615. L'obligation de délivrer la chose comprend ses accessoires et tout ce qui a été destiné à son usage perpétuel.

Leg. 13, §. 31 ; *leg.* 14, *leg.* 15, *leg.* 16, *leg.* 17, §. 7 ; *leg.* 18, *leg.* 58, §. 3, *ff. de actionibus empti et venditi.*
Leg. 12 , §. 23, 24 *et* 25 , *ff. de instructo ǝel instrumento legato. Leg.* 40, §. 6 ; *leg.* 47 , *leg.* 48, *leg.* 49, *leg.* 76, *leg.* 78 , *ff. de contrahendâ emptione. Leg.* 242, §. 2 *et* 4 ; *leg.* 245, *ff. de verborum significatione.* (1)

Article 1616. Le vendeur est tenu de délivrer la contenance telle qu'elle est portée au contrat, sous les modifications ci-après exprimées.

Leg. 6, *in pr., et* §. 4 ; *leg.* 22, *leg.* 34 , *ff. de actionibus empti et venditi.* ⇒ PAUL. *sentent.* ; *lib.* 2 , *tit.* 17 , §. 4.
Leg. 51 , *ff. de contrahendâ emptione. Leg.* 7 , §. 1 , *ff. de periculo et commodo rei venditæ. Leg.* 13 , §. 14 , *ff. de actionibus empti et venditi.*

Article 1617. Si la vente d'un immeuble a été faite avec indication de la contenance , à raison de tant la mesure , le vendeur est obligé de délivrer à l'acquéreur , s'il l'exige , la quantité indiquée au contrat ;

---

(1) Le vendeur est encore tenu de délivrer les fruits tant naturels que civils, perçus sur la chose vendue, depuis le jour du contrat. *Vid.* PAUL., *sentent.*, *lib.* 2 , *tit.* 17 , §. 7.
Leg. 13 , *leg.* 16, *cod. de act. empt. et vendit.*
Leg. 13 , §. 10, 11 *et* 13 , *ff. de act. empt. et vendit.*
CUJAS, *observat.* 21 , *n°.* 13.
Leg. 22 , *leg.* 34 , *ff. de act. empt. et vendit.*

Et si la chose ne lui est pas possible, ou si l'acquéreur ne l'exige pas, le vendeur est obligé de souffrir une diminution proportionnelle du prix.

Leg. 40, §. 2, ff. de contrahendâ emptione. Leg. 69, §. fin., ff. de evictionibus.
Leg. 4, §. 1, ff. de actionibus empti et venditi.

Article 1618. Si, au contraire, dans le cas de l'article précédent, il se trouve une contenance plus grande que celle exprimée au contrat, l'acquéreur a le choix de fournir le supplément du prix, ou de se désister du contrat, si l'excédant est d'un vingtième au-dessus de la contenance déclarée.

Voy. POTHIER, du contrat de vente, part. 2, ch. 3, art. 1, nº. 255.
Leg. 40, §. 2, ff. de contrahendâ emptione.

Article 1619. Dans tous les autres cas,

Soit que la vente soit faite d'un corps certain et limité,

Soit qu'elle ait pour objet des fonds distincts et séparés,

Soit qu'elle commence par la mesure, ou par la désignation de l'objet vendu suivie de la mesure,

L'expression de cette mesure ne donne lieu à aucun supplément de prix, en faveur du vendeur, pour l'excédant de mesure, ni en faveur de l'acquéreur, à aucune diminution du prix pour moindre mesure, qu'autant que la différence de la mesure réelle à celle exprimée au contrat est d'un vingtième en plus ou en moins, eu égard à la valeur de la totalité des objets vendus, s'il n'y a stipulation contraire.

Leg. 38, in pr., ff. de actionibus empti et venditi.
Contr. Leg. 45, ff. de evictionibus.

Article 1620. Dans le cas où, suivant l'article précédent, il y a lieu à augmentation de prix pour excédant de mesure, l'acquéreur a le choix ou de se désister du contrat, ou de fournir le supplément du prix, et ce avec les intérêts s'il a gardé l'immeuble.

Article 1621. Dans tous les cas où l'acquéreur a le droit de se désister du contrat, le vendeur est tenu de lui restituer, outre le prix, s'il l'a reçu, les frais de ce contrat.

Article 1622. L'action en supplément de prix de la part du vendeur, et celle en diminution de prix ou en résiliation du contrat de la part de l'acquéreur, doivent être intentées dans l'année, à compter du jour du contrat, à peine de déchéance.

Leg. 40, *ff. de contrahendâ emptione.*

Article 1623. S'il a été vendu deux fonds par le même contrat, et pour un seul et même prix, avec désignation de la mesure de chacun, et qu'il se trouve moins de contenance en l'un et plus en l'autre, on fait compensation jusqu'à due concurrence; et l'action, soit en supplément, soit en diminution du prix, n'a lieu que suivant les règles ci-dessus établies.

Leg. 42, *ff. de actionibus empti et venditi. Leg.* 69, *ff. de contrahendâ emptione.*

Article 1624. La question de savoir sur lequel, du vendeur ou de l'acquéreur, doit tomber la perte ou la détérioration de la chose vendue avant la livraison, est jugée d'après les règles prescrites au titre *des Contrats ou des Obligations conventionnelles en général.*

Leg. 1, *cod. de periculo et commodo rei venditæ. Leg.* 8, *ff. de periculo et commodo rei venditæ.*
Leg. 4, *cod. de periculo et commodo rei venditæ. Leg.* 11, *ff. de evictionibus.*
Leg. 7, *ff. de periculo et commodo rei venditæ. Leg.* 11, *ff. de regulis juris.*
Leg. 6, *cod. de periculo et commodo rei venditæ. Leg.* 10, *§.* 2, *ff. eod. tit.*
Leg. 54, *ff. de actionibus empti et venditi. Leg.* 35, *§.* 4; *leg.* 36, *ff. de contrahendâ emptione.*
Leg. 12; *leg.* 13; *leg.* 14; *leg.* 17, *ff. de periculo et commodo rei venditæ.*
Leg. 35, *§.* 5; *leg.* 62, *§.* 2, *de contrahendâ emptione. Leg.* 1; *leg.* 15, *ff. de periculo et commodo rei venditæ.*
Leg. 4, *§.* 2; *leg.* 17, *ff. de periculo et commodo rei venditæ. Leg.* 51, *ff. de actionibus empti et venditi.*
Leg. 35, *§.* 5, 6 et 7, *ff. de contrahendâ emptione. Leg.* 1, *§.* 1; *leg.* 5, *ff. de pericul. et comm. rei vendit. Leg.* 2, *cod. eod.*
Leg. 8, ¶ *quod si sub conditione, ff. de periculo et commodo rei venditæ. Leg.* 5, *cod. eod. tit.; leg.* 8, *§.* 1, *ff. eod. tit.*
Leg. 54, *§.* 6, *ff. de contrahendâ emptione.*
Leg. 1, ¶ *sed si venditor; leg.* 1, *§.* 2, *ff. de periculo et commodo rei venditæ. Leg.* 78, *§.* 3, *ff. de contrahendâ emptione.*
Leg. 2, *§.* 1; *leg.* 3; *leg.* 10, *ff. de periculo et commodo rei venditæ.*

SECTION III.

De la Garantie.

Article 1625. La garantie que le vendeur doit à l'acquéreur, a deux objets : le premier est la possession paisible de la chose vendue ; le second, les défauts cachés de cette chose ou les vices redhibitoires.

Leg. 3 , *ff. de actionibus empti et venditi.*
Leg. 11 , §. 2 ; *leg.* 3 , *in pr.*, *ff. de actionibus empti et venditi.*
Leg. 1 , §. 1 ; *leg.* 38 , *ff. de ædilitio edicto.*

§. Iᵉʳ.

De la Garantie en cas d'éviction.

Article 1626. Quoique lors de la vente il n'ait été fait aucune stipulation sur la garantie , le vendeur est obligé de droit à garantir l'acquéreur de l'éviction qu'il souffre dans la totalité ou partie de l'objet vendu , ou des charges prétendues sur cet objet, et non déclarées lors de la vente.

Leg. 1 ; *leg.* 2 , *leg.* 19, *leg.* 47 , *ff. de evictionibus ; leg.* 6 , *leg.* 25 , *cod. eod. tit.*
Leg. 41 , *ff. de actionibus empti et venditi. Leg.* 61 , *ff. de ædilitio edicto.* (1)

Article 1627. Les parties peuvent, par des conventions particulières , ajouter à cette obligation de droit ou en diminuer l'effet ; elles peuvent même convenir que le vendeur ne sera soumis à aucune garantie.

Leg. 11 , §. 1 *et* 18 , *ff. de actionibus empti et venditi. Leg.* 23 , *ff. de regulis juris. Leg.* 14 , §. 9 ; *leg.* 31 , *ff. de ædilitio edicto. Leg.* 74 , *leg.* 69 , *in pr.* , *ff. de evictionibus.*

Article 1628. Quoiqu'il soit dit que le vendeur ne sera soumis à aucune garantie , il demeure cependant tenu de celle qui résulte d'un fait qui lui est personnel : toute convention contraire est nulle.

Leg. 6 , §. 9 ; *leg.* 11 , § 18 , *ff. de actionibus empti et venditi.*

Article 1629. Dans le même cas de stipulation de non-garantie, le vendeur en cas d'éviction est tenu à la restitution du prix , à moins que l'acquéreur n'ait connu

---

(1) Quand l'acheteur peut exercer l'action en garantie contre le vendeur. Vid. *Leg.* 72 , §. 2 , *ff. de evict. Leg.* 3 , *cod. eod. Leg.* 1 , *cod. de pericul. commod. rei vendit. Leg.* 56 , §. 1. *Leg.* 63 , §. 1 , *ff. de evict. Leg.* 12 , *cod. cod.*

43

lors de la vente le danger de l'éviction, ou qu'il n'ait acheté à ses périls et risques.

Argum. ex leg. 11, §. 18, *ff. de actionibus empti et venditi. Leg.* 68, *ff. de evictionibus. Leg.* 21, *cod. eod. tit. Leg.* 14, *cod. familiæ erciscundæ.*

Article 1630. Lorsque la garantie a été promise, ou qu'il n'a rien été stipulé à ce sujet, si l'acquéreur est évincé, il a droit de demander contre le vendeur,

1°. La restitution du prix;

2°. Celle des fruits, lorsqu'il est obligé de les rendre au propriétaire qui l'évince;

3°. Les frais faits sur la demande en garantie de l'acheteur, et ceux faits par le demandeur originaire;

4°. Enfin les dommages et intérêts, ainsi que les frais et loyaux coûts du contrat.

Leg. 8; *leg.* 9, *cod. de evictionibus.*

Leg. 15; *leg.* 43, *ff. de actionibus empti et venditi. Leg.* 60; *leg.* 70, *ff. de evictionibus. Leg.* 23, *cod. eod. tit.*

Leg. 8, *ff. de evictionibus. Leg.* 15; *leg.* 67, *ff. de doli mali et metus exceptione.*

Article 1631. Lorsqu'à l'époque de l'éviction, la chose vendue se trouve diminuée de valeur, ou considérablement détériorée, soit par la négligence de l'acheteur, soit par des accidens de force majeure, le vendeur n'en est pas moins tenu de restituer la totalité du prix.

Leg. 66; *leg.* 70, *ff. de evictionibus. Leg.* 45, *ff. de actionibus empti et venditi.*

Article 1632. Mais si l'acquéreur a tiré profit des dégradations par lui faites, le vendeur a droit de retenir sur le prix une somme égale à ce profit.

Argum. ex leg. 206, *ff. de regulis juris.*

Article 1633. Si la chose vendue se trouve avoir augmenté de prix à l'époque de l'éviction, indépendamment même du fait de l'acquéreur, le vendeur est tenu de lui payer ce qu'elle vaut au-dessus du prix de la vente.

Leg. 1; *leg.* 45, *leg.* 66, *ff. de evictionibus. Leg.* 9; *leg.* 16, *cod. eod. tit. Leg.* 45, §. 1, *ff. de actionibus empti et venditi.*

Article 1634. Le vendeur est tenu de rembourser ou de faire rembourser à l'acquéreur, par celui qui l'évince, toutes les réparations et améliorations utiles qu'il aura faites au fonds.

Leg. 65, *ff. de rei vindicatione. Leg.* 45, §. 1, *ff. de actionibus empti et venditi.* = Ordonnance de 1667, tit. 27, art. 9.

Article 1635. Si le vendeur avait vendu de mauvaise foi le fonds d'autrui , il sera obligé de rembourser à l'acquéreur toutes les dépenses , même voluptuaires ou d'agrément , que celui-ci aura faites au fonds.

Leg. 45, §. 1 , *ff. de actionibus empti et venditi. Leg.* 38 , *ff. de rei vindicatione. Leg.* 25 , *ff. de pignoribus et hypothecis.*

Article 1636. Si l'acquéreur n'est évincé que d'une partie de la chose , et qu'elle soit de telle conséquence , relativement au tout , que l'acquéreur n'eût point acheté sans la partie dont il a été évincé , il peut faire résilier la vente.

Leg. 38, §. *ultim.* , *ff. de ædilitio edicto. Leg.* 47 , §. 1 , *ff. de minoribus.*

Article 1637. Si , dans le cas de l'éviction d'une partie du fonds vendu , la vente n'est pas réalisée , la valeur de la partie dont l'acquéreur se trouve évincé , lui est remboursée suivant l'estimation à l'époque de l'éviction , et non proportionnellement au prix total de la vente , soit que la chose vendue ait augmenté ou diminué de valeur.

Leg. 1 ; *leg.* 13 ; *leg.* 15 , *ff. de evictionibus.*

Article 1638. Si l'héritage vendu se trouve grevé, sans qu'il en ait été fait de déclaration , de servitudes non apparentes , et qu'elles soient de telle importance qu'il y ait lieu de présumer que l'acquéreur n'aurait pas acheté s'il en avait été instruit , il peut demander la résiliation du contrat , si mieux il n'aime se contenter d'une indemnité.

Leg. 61 , *ff. de ædilitio edicto. Leg.* 1 , §. 1 ; *leg.* 35 ; *leg.* 39, *ff. de actionibus empti et venditi. Leg.* 66 , §. 1 , *ff. de contrahendâ emptione.*

Article 1639. Les autres questions auxquelles peuvent donner lieu les dommages et intérêts résultant pour l'acquéreur de l'inexécution de la vente , doivent être décidées suivant les règles générales établies au titre *des Contrats ou des Obligations conventionnelles en général.*

Leg. 1 ; *leg.* 6 , §. 5 et 6 ; *leg.* 12 ; *leg.* 21 , §. 3 ; *leg.* 23 ; *leg.* 31 , *ff. de actionibus empti et venditi. Leg.* 4 , *cod. eod. tit.*

Arrticle 1640. La garantie pour cause d'éviction cesse lorsque l'acquéreur s'est laissé condamner par un jugement en dernier ressort, ou dont l'appel n'est plus recevable, sans appeler son vendeur, si celui-ci prouve qu'il existait des moyens suffisans pour faire rejeter la demande.

Leg. 55 , §. 1 , *ff. de evictionibus. Leg.* 8 , *cod. eod. tit.*

§. II.

De la garantie des défauts de la chose vendue.

Article 1641. Le vendeur est tenu de la garantie à raison des défauts cachés de la chose vendue qui la rendent impropre à l'usage auquel on la destine, ou qui diminuent tellement cet usage, que l'acheteur ne l'aurait pas acquise, ou n'en aurait donné qu'un moindre prix, s'il les avait connus.

Argum. ex leg. 1 , §. 1 , *ff. de actionibus empti et venditi. Leg.* 1 , §. 1 , *ff. de ædilitio edicto.*

Article 1642. Le vendeur n'est pas tenu des vices apparens et dont l'acheteur a pu se convaincre lui-même.

Leg. 1 , §. 6 ; *leg.* 14 , §. 10 , *ff. de ædilitio edicto. Leg.* 43 , *in pr. et* §. 1 , *ff. de contrahendâ emptione.*

Article 1643. Il est tenu des vices cachés, quand même il ne les aurait pas connus, à moins que dans ce cas il n'ait stipulé qu'il ne sera obligé à aucune garantie.

Leg. 1 , §. 2 ; *leg.* 14 , §. 9 ; *leg.* 63 , *ff. de ædilitio edicto.*

Article 1644. Dans le cas des articles 1641 et 1643 , l'acheteur a le choix de rendre la chose et de se faire restituer le prix, ou de garder la chose et de se faire rendre une partie du prix, telle qu'elle sera arbitrée par experts.

Leg. 21 , *ff. de ædilitio edicto.*

Article 1645. Si le vendeur connaissait les vices de la chose, il est tenu, outre la restitution du prix qu'il en a reçu, de tous les dommages et intérêts envers l'acheteur.

Leg. 45 , *ff. de contrahendâ emptione. Leg.* 13 , *ff. de actionibus empti et venditi. Leg.* 1 , *cod. de ædilitiis actionibus.*

Article 1646. Si le vendeur ignorait les vices de la chose, il ne sera tenu qu'à la restitution du prix, et à rembourser à l'acquéreur les frais occasionnés par la vente.

Leg. 13, *ff. de actionibus empti et venditi.*

Article 1647. Si la chose qui avait des vices, a péri par suite de sa mauvaise qualité, la perte est pour le vendeur, qui sera tenu envers l'acheteur à la restitution du prix, et aux autres dédommagemens expliqués dans les deux articles précédens. Mais la perte arrivée par cas fortuit sera pour le compte de l'acheteur.

Leg. 13, *ff. de actionibus empti et venditi.*
Leg. 11, *ff. de evictionibus.*

Article 1648. L'action résultant des vices redhibitoires doit être intentée par l'acquéreur, dans un bref délai, suivant la nature des vices redhibitoires, et l'usage du lieu où la vente a été faite.

Leg. 2, *cod. de ædilitiis actionibus.* = Sens, art. 259; Bar, art. 204; Auxerre, art. 151; Bourbonnais, art. 87. = LOISEL, *instit.*, liv. 5, tit. 4, art. 7.

Article 1649. Elle n'a pas lieu dans les ventes faites par autorité de justice.

Leg. 1, §. 3, *ff. de ædilitio edicto.*

CHAPITRE V.

Des Obligations de l'Acheteur.

Article 1650. La principale obligation de l'acheteur est de payer le prix au jour et au lieu réglés par la vente.

Leg. 13, *in pr.*, §. 20 et 21, *ff. de actionibus empti et venditi. Leg.* 19, *ff. de periculo et commodo rei venditæ.*

Article 1651. S'il n'a rien été réglé à cet égard lors de la vente; l'acheteur doit payer au lieu et dans le temps où doit se faire la délivrance.

Argum. ex leg. 41, §. 1, *ff. de verborum obligationibus.*

Article 1652. L'acheteur doit l'intérêt du prix de la vente jusqu'au paiement du capital , dans les trois cas suivans :

S'il a été ainsi convenu lors de la vente ;

Si la chose vendue et livrée produit des fruits ou autres revenus ;

Si l'acheteur a été sommé de payer.

Dans ce dernier cas , l'intérêt ne court que depuis la sommation.

Leg. 13 , §. 20 , *ff. de actionibus empti et venditi.*
Dict. leg. 13 , §. 21.
Leg. 5 , *cod. eod. tit,*

Article 1653. Si l'acheteur est troublé ou a juste sujet de craindre d'être troublé par une action soit hypothécaire , soit en revendication, il peut suspendre le paiement du prix jusqu'à ce que le vendeur ait fait cesser le trouble , si mieux n'aime celui-ci donner caution , ou à moins qu'il n'ait été stipulé que , nonobstant le trouble, l'acheteur paiera.

Leg. 24, *cod. de evictionibus.* *Leg.* 18 , §. 1 , *ff. de periculo et commodo rei venditæ.* *Leg.* 5 , §. 4 ; *leg.* 17 , §. 2 , *ff. de doli mali et metus exceptione. Leg.* 29 ; *leg.* 74 , §. 2 , *ff. de evictionibus.*

Article 1654. Si l'acheteur ne paye pas le prix, le vendeur peut demander la résolution de la vente.

Contr. leg. 8 , *cod. de contrahendâ emptione. Leg.* 14 , *cod. de rescindendâ venditione.*

Article 1655. La résolution de la vente d'immeubles est prononcée de suite , si le vendeur est en danger de perdre la chose et le prix.

Si ce danger n'existe pas , le juge peut accorder à l'acquéreur un délai plus ou moins long suivant les circonstances.

Ce délai passé sans que l'acquéreur ait payé , la résolution de la vente sera prononcée.

Article 1656. S'il a été stipulé lors de la vente d'immeubles, que faute de paiement du prix dans le terme convenu , la vente serait résolue de plein droit, l'acquéreur peut néanmoins payer après l'expiration du délai , tant qu'il n'a pas été mis en demeure par une sommation ; mais , après cette sommation , le juge ne peut pas lui accorder de délai,

Contr. leg. 4 , §. 4 , *ff. de lege commissoriâ. Leg.* 10, *ff. de rescindendâ venditione.*

Article 1657. En matière de vente de denrées et effets mobiliers, la résolution de la vente aura lieu de plein droit et sans sommation, au profit du vendeur, après l'expiration du terme convenu pour le retirement.

CHAPITRE VI.

De la Nullité et de la Résolution de la Vente.

Article 1658. INDÉPENDAMMENT des causes de nullité ou de résolution déjà expliquées dans ce titre, et de celles qui sont communes à toutes les conventions, le contrat de vente peut être résolu par l'exercice de la faculté de rachat et par la vilité du prix.

SECTION PREMIERE.

De la Faculté de rachat.

Article 1659. La faculté de rachat ou de réméré est un pacte par lequel le vendeur se réserve de reprendre la chose vendue, moyennant la restitution du prix principal, et le remboursement dont il est parlé à l'article 1673.

Leg. 2 ; leg. 7 , cod. de pactis inter emptorem et venditorem. Leg. 1 , cod. quando decreto opus non est.

Article 1660. La faculté de rachat ne peut être stipulée pour un terme excédant cinq années.

Si elle a été stipulée pour un terme plus long, elle est réduite à ce terme.

Paris, art. 108 ; Orléans, art. 269. (1)
Leg. 2 , cod. de pactis inter emptorem et venditorem. Leg. 5 , cod. de præscriptione 30 vel 40 annorum.

---

(1) Selon la jurisprudence du parlement de Paris, la faculté de rachat ne pouvait être stipulée au delà de trente ans. *Vid.* DUMOULIN, traité des usures, n°. 105.
Cette jurisprudence était généralement suivie en France. TIRAQUEAU, *in tract. de retr. convt.* §. 1 , gl. 2, num. 1. CHOPIN, *libr. 3 , de doman*, tit. 9, n°. 1. MASUER, tit. 23, n°. 9. BOERIUS, decis. 182 , num 4 et 5 ; decis. 551 , numer. 6. FABER, *in cod. de præscript.* 30 , vel 40 annor. definit. 3. DE L'HOMMEAU, liv. 3 , maxim. 284. D'ARGENTRÉ, consul. 2. = Arrêt du parlement de Paris , du 29 juin 1515. = FONTANON sur Masuer , tit. 23 , n°. 9.

Article 1661. Le terme fixé est de rigueur, et ne peut être prolongé par le juge.

Leg. 51, §. 22, *ff. de œdilitio edicto. Leg.* 7, *cod. de pactis inter emptorem et venditorem.*

Article 1662. Faute par le vendeur d'avoir exercé son action de réméré dans le terme prescrit, l'acquéreur demeure propriétaire irrévocable.

Leg. 51, §. 22, *ff. de œdilitio edicto. Leg.* 7, *cod. de pactis inter emptorem et venditorem.* Poitou, art. 566.

Article 1663. Le délai court contre toutes personnes, même contre le mineur, sauf, s'il y a lieu, le recours contre qui de droit.

Leg. 58, *ff. de minoribus.*

Article 1664. Le vendeur à pacte de rachat peut exercer son action contre un second acquéreur, quand même la faculté de réméré n'aurait pas été déclarée dans le second contrat.

Argum. ex leg. 56, *ff. de contrahendâ emptione. Leg.* 13, *ff. de pigneratitiâ actione.*

Article 1665. L'acquéreur à pacte de rachat exerce tous les droits de son vendeur; il peut prescrire tant contre le véritable maître que contre ceux qui prétendraient des droits ou hypothèques sur la chose vendue.

Argum. ex leg. 1, *ff. de lege commissoriâ. Leg.* 2, §. 4 *et* 5, *ff. pro emptore.*

Article 1666. Il peut opposer le bénéfice de la discussion aux créanciers de son vendeur.

Article 1667. Si l'acquéreur à pacte de réméré d'une partie indivise d'un héritage, s'est rendu adjudicataire de la totalité sur une licitation provoquée contre lui, il peut obliger le vendeur à retirer le tout lorsque celui-ci veut user du pacte.

Article 1668. Si plusieurs ont vendu conjointement et par un seul contrat un héritage commun entre eux, chacun ne peut exercer l'action en réméré que pour la part qu'il y avait.

Leg. 11, §. 1; *leg.* 12, *leg.* 13, *ff. de in diem addictione.*

Article 1669. Il en est de même, si celui qui a vendu seul un héritage a laissé plusieurs héritiers.

Chacun de ces cohéritiers ne peut user de la faculté de rachat que pour la part qu'il prend dans la succession.

Article 1670. Mais, dans le cas des deux articles précédens, l'acquéreur peut exiger que tous les covendeurs ou tous les cohéritiers soient mis en cause, afin de se concilier entre eux pour la reprise de l'héritage entier ; et, s'ils ne se concilient pas, il sera renvoyé de la demande.

Leg. 47 , *ff. de minoribus.*

Article 1671. Si la vente d'un héritage appartenant à plusieurs n'a pas été faite conjointement et de tout l'héritage ensemble , et que chacun n'ait vendu que la part qu'il y avait, ils peuvent exercer séparément l'action en réméré sur la portion qui leur appartenait ;

Et l'acquéreur ne peut forcer celui qui l'exercera de cette manière , à retirer le tout.

Vid. Argum. ex leg. 11. §. 1. *Leg.* 12. *Leg.* 13. *ff. de in diem addictione.*

Article 1672. Si l'acquéreur a laissé plusieurs héritiers, l'action en réméré ne peut être exercée contre chacun d'eux que pour sa part, dans le cas où elle est encore indivise, et dans celui où la chose vendue a été partagée entre eux.

Mais s'il y a eu partage de l'hérédité, et que la chose vendue soit échue au lot de l'un des héritiers, l'action en réméré peut être intentée contre lui pour le tout.

Leg. 2 , *cod. de hæreditariis actionibus.*

Article 1673. Le vendeur qui use du pacte de rachat , doit rembourser non-seulement le prix principal , mais encore les frais et loyaux coûts de la vente , les réparations nécessaires , et celles qui ont augmenté la valeur du fonds , jusqu'à concurrence de cette augmentation. Il ne peut entrer en possession qu'après avoir satisfait à toutes ces obligations.

Lorsque le vendeur rentre dans son héritage par l'effet du pacte de rachat, il le reprend exempt de toutes les charges et hypothèques dont l'acquéreur l'aurait grevé ; il est tenu d'exécuter les baux faits sans fraude par l'acquéreur.

Voy. POTHIER du contrat de vente, part. 5. chap. 2., §. 5., n° 411, 418. 423. et 424.

Vid. Argum. ex leg. 7 et 2, *cod. inter emptorem et venditorem. Leg.* 31 *ff. de pignoribus et hypothecis.*

44

SECTION II.

De la Rescision de la Vente pour cause de lésion.

Article 1674. Si le vendeur a été lésé de plus de sept douzièmes dans le prix d'un immeuble, il a le droit de demander la rescision de la vente, quand même il aurait expressément renoncé dans le contrat à la faculté de demander cette rescision, et qu'il aurait déclaré donner la plus-value.

Leg. 2, *cod. de rescindendá venditione.* (1)

Article 1675. Pour savoir s'il y a lésion de plus de sept douzièmes, il faut estimer l'immeuble suivant son état et sa valeur au moment de la vente.

Article 1676. La demande n'est plus recevable après l'expiration de deux années, à compter du jour de la vente.

Ce délai court contre les femmes mariées, et contre les absens, les interdits, et les mineurs venant du chef d'un majeur qui a vendu.

Ce délai court aussi et n'est pas suspendu pendant la durée du temps stipulé pour le pacte de rachat.

Article 1677. La preuve de la lésion ne pourra être admise que par jugement, et dans le cas seulement où les faits articulés seraient assez vraisemblables et assez graves pour faire présumer la lésion.

Article 1678. Cette preuve ne pourra se faire que par un rapport de trois experts, qui seront tenus de dresser un seul procès-verbal commun, et de ne former qu'un seul avis à la pluralité des voix.

---

(1) Quelques coutumes prohibaient la rescision pour cause de lésion d'outre-moitié du juste prix dans la vente des meubles. *Voy.* Orléans, art. 446; Bourbonnais, tit. 12, art. 86, la Marche, art. 112; Auvergne, chap. 16, art. 9; Berry, chap. 2, art. 3. Les dispositions de ces coutumes formaient le droit commun de la France.

Article 1679. S'il y a des avis différens, le procès-verbal en contiendra les motifs, sans qu'il soit permis de faire connaître de quel avis chaque expert a été.

Article 1680. Les trois experts seront nommés d'office; à moins que les parties ne se soient accordées pour les nommer tous les trois conjointement.

Article 1681. Dans le cas où l'action en rescision est admise, l'acquéreur a le choix ou de rendre la chose en retirant le prix qu'il en a payé, ou de garder le fonds en payant le supplément du juste prix, sous la déduction du dixième du prix total.

Le tiers possesseur a le même droit, sauf sa garantie contre son vendeur.

Leg. 2 *et leg.* 8, *cod. de rescindendâ venditione.*

Article 1682. Si l'acquéreur préfère garder la chose en fournissant le supplément réglé par l'article précédent, il doit l'intérêt du supplément, du jour de la demande en rescision.

S'il préfère la rendre et recevoir le prix, il rend les fruits du jour de la demande.

L'intérêt du prix qu'il a payé, lui est aussi compté du jour de la même demande, ou du jour du paiement, s'il n'a touché aucuns fruits.

Article 1683. La rescision pour lésion n'a pas lieu en faveur de l'acheteur.

Автомne *ad leg.* 2, *cod. de rescindendâ venditione.*

Article 1684. Elle n'a pas lieu en toutes ventes qui, d'après la loi, ne peuvent être faites que d'autorité de justice.

Voy. Pothier, du contrat de vente, part. 5, chap. 2, § 2, n° 340.

Vid. Leg. 3, *cod. de jure fisci; leg.* 2, *de fide et jure hastæ fiscalis.*

Article 1685. Les règles expliquées dans la section précédente pour les cas où plusieurs ont vendu conjointement ou séparément, et pour celui où le vendeur ou l'acheteur a laissé plusieurs héritiers, sont pareillement observées pour l'exercice de l'action en rescision.

CHAPITRE VII.

De la Licitation.

Article 1686. S i une chose commune à plusieurs ne peut être partagée commodément et sans perte ;

Ou si, dans un partage fait de gré à gré de biens communs , il s'en trouve quelques-uns qu'aucun des copartageans ne puisse ou ne veuille prendre ,

La vente s'en fait aux enchères , et le prix en est partagé entre les copropriétaires.

Leg. 55 , *ff. familiæ erciscundæ. Leg.* 1 ; *leg.* 3 , *cod. communi dividundo.*

Article 1687. Chacun des copropriétaires est le maître de demander que les étrangers soient appelés à la licitation : ils sont nécessairement appelés lorsque l'un des copropriétaires est mineur.

Article 1688. Le mode et les formalités à observer pour la licitation sont expliqués au titre *des Successions* et au Code judiciaire.

CHAPTRE VIII.

Du Transport des Créances et autres Droits incorporés.

Article 1689. D a n s le transport d'une créance , d'un droit ou d'une action sur un tiers , la délivrance s'opère entre le cédant et le cessionnaire par la remise du titre.

Article 1690. Le cessionnaire n'est saisi à l'égard des tiers que par la signification du transport faite au débiteur.

Néanmoins le cessionnaire peut être également saisi par l'acceptation du transport faite par le débiteur dans un acte authentique.

Paris , art. 108. = *Argum. ex leg.* 3 , *cod. de novationibus et delegationibus.* = Arrêtés de L a m o i g n o n , tit. 22 , art. 1.

Article 1691. Si, avant que le cédant ou le cessionnaire eût signifié le transport au débiteur, celui-ci avait payé le cédant, il sera valablement libéré.

Argum ex leg. 3, *cod. de novationibus et delegationibus.* = Arrêtés de Lamoignon, tit. 22, art. 3.

Article 1692. La vente ou cession d'une créance comprend les accessoires de la créance, tels que caution, privilége et hypothèque.

Leg. 2, §. 8, *ff. de hæreditate vel actione venditâ.*

Article 1693. Celui qui vend une créance ou autre droit incorporel, doit en garantir l'existence au temps du transport, quoiqu'il soit fait sans garantie.

Leg. 4; *leg.* 5, *leg.* 7, *ff. de hæreditate vel actione venditâ. Leg.* 74, *ff. de evictionibus. Leg.* 30, *ff de pignoribus et hypothecis. Leg.* 68, §. 1, *ff. de evictionibus.* = Arrêtés de Lamoignon, tit. 22, art. 8.
Leg. 10, *leg.* 11, *ff. de hæreditate vel actione venditâ.*

Article 1694. Il ne répond de la solvabilité du débiteur que lorsqu'il s'y est engagé, et jusqu'à concurrence seulement du prix qu'il a retiré de la créance.

Leg. 4 et 5, *ff. de hæreditate vel actione venditâ.*

Article 1695. Lorsqu'il a promis la garantie de la solvabilité du débiteur, cette promesse ne s'entend que de la solvabilité actuelle, et ne s'étend pas au temps à venir, si le cédant ne l'a expressément stipulé.

Arrêtés de Lamoignon, tit. 22, art. 10.

Article 1696. Celui qui vend une hérédité sans en spécifier en détail les objets, n'est tenu de garantir que sa qualité d'héritier.

Leg. 4, *ff. de hæreditate vel actione venditâ. Leg.* 2, *in pr. Leg.* 14, §. 1; *leg.* 15, *ff. eod. tit. Leg.* 1; *leg.* 7; *leg.* 8; *leg.* 9; *leg.* 16, *ff. de hæreditate vel actione venditâ. Leg.* 10; *leg.* 11; *leg.* 12; *leg.* 13, *ff. eod. tit.*
Les créanciers d'une succession ne peuvent être contraints de diriger leur action contre l'acheteur de la succession. Vid. *leg.* 2, *cod. de hæredit. vel act. vend.; leg.* 14, *ff. de transact.*
Cette règle ne serait pas suivie, si la succession avait été vendue au nom du fisc. Vid. *leg.* 1; *cod. de hæredit. vel action. vend.*

Article 1697. S'il avait déjà profité des fruits de quelque fonds, ou reçu le montant de quelque créance appartenant à cette hérédité, ou vendu quelques effets de la succession, il est tenu de les rembourser à l'acquéreur, s'il ne les a expressément réservés lors de la vente.

Leg. 2, §. 1, 3 et 4; *leg.* 20, §. 1, *ff. de hæreditate vel actione venditâ. Leg.* 178, §. 1, *ff. de verborum significatione. Leg.* 14, §. 1, *ff. de hæreditate vel actione venditâ. Leg.* 97, *ff. de verborum significatione. Leg.* 2, §. 8, *ff. de hæreditate vel actione venditâ.*

Leg. 6, *cod. eod. tit.*

Article 1698. L'acquéreur doit de son côté rembourser au vendeur ce que celui-ci a payé pour les dettes et charges de la succession, et lui faire raison de tout ce dont il était créancier, s'il n'y a stipulation contraire.

Leg. 2, §. 9, 10, 16, 17, 18, 19 et 20, *ff. de hæreditate vel actione venditâ. Leg.* 10, *ff. de regulis juris.*

Article 1699. Celui contre lequel on a cédé un droit litigieux peut s'en faire tenir quitte par le cessionnaire, en lui remboursant le prix réel de la cession avec les frais et loyaux coûts, et avec les intérêts à compter du jour où le cessionnaire a payé le prix de la cession à lui faite.

Leg. 22 et *leg.* 23, *cod. mandati.* = Arrêtés de Lamoignon, tit. 22, art. 24.

Article 1700. La chose est censée litigieuse dès qu'il y a procès et contestation sur le fond du droit.

Article 1701. La disposition portée en l'article 1699 cesse,

1°. Dans le cas où la cession a été faite à un cohéritier ou copropriétaire du droit cédé;

2°. Lorsqu'elle a été faite à un créancier en paiement de ce qui lui est dû;

3°. Lorsqu'elle a été faite au possesseur de l'héritage sujet au droit litigieux.

Leg. 22, *cod. mandati.*

TITRE VII.

De l'Échange.

[Décrété le 16 Ventôse an XII. Promulgué le 26 du même mois.]

Article 1702. L'ÉCHANGE est un contrat par lequel les parties se donnent respectivement une chose pour une autre.

Leg. 1, ff. de contrahendâ emptione. Leg. 1, ff. de rerum permutatione.

Article 1703. L'échange s'opère par le seul consentement, de la même manière que la vente.

Contr. Leg. 1, §. 2, ff. de rerum permutatione. Leg. 3, cod. eod. tit.

Article 1704. Si l'un des copermutans a déjà reçu la chose à lui donnée en échange, et qu'il prouve ensuite que l'autre contractant n'est pas propriétaire de cette chose, il ne peut pas être forcé à livrer celle qu'il a promise en contre-échange, mais seulement à rendre celle qu'il a reçue.

Vid. Leg. 1, §. et 4, ff de rerum permutatione.

Article 1705. Le copermutant qui est évincé de la chose qu'il a reçue en échange, a le choix de conclure à des dommages et intérêts, ou de répéter sa chose.

Vid. Leg. 1, §. 1, ff de rerum permutatione.

Article 1706. La rescision pour cause de lésion n'a pas lieu dans le contrat d'échange.

Vid. DUMOULIN*, in consuetud. Paris., §. 33, gloss. 1, n°. 41.*

Article 1707. Toutes les autres règles prescrites pour le contrat de vente s'appliquent d'ailleurs à l'échange.

TITRE VIII.

Du Contrat de Louage.

[Décrété le 16 Ventôse an XII. Promulgué le 26 du même mois.]

CHAPITRE PREMIER.

Dispositions générales.

Article 1708. Il y a deux sortes de contrats de louage :
Celui des choses,
Et celui d'ouvrage.

Article 1709. Le louage des choses est un contrat par lequel l'une des parties s'oblige à faire jouir l'autre d'une chose pendant un certain temps, et moyennant un certain prix que celle-ci s'oblige de lui payer.

Instit. de locato et conducto, §. 2. *Leg* 2, *ff. locati conducti.*

Article 1710. Le louage d'ouvrage est un contrat par lequel l'une des parties s'engage à faire quelque chose pour l'autre, moyennant un prix convenu entre elles.

Leg. 22, §. 1, *ff. locati conducti. Leg.* 22 *ff. de præscriptis verbis. Leg.* 25, *in pr., ff. locati conducti. Leg.* 2, §. 1, *ff. eod. tit. Leg.* 20, *leg.* 65, *ff. de contrahendâ emptione.*

Article 1711. Ces deux genres de louage se subdivisent encore en plusieurs espèces particulières :
On appelle *bail à loyer*, le louage des maisons et celui des meubles ;
Bail à ferme, celui des héritages ruraux ;
Loyer, le louage du travail ou du service ;
Bail à cheptel, celui des animaux dont le profit se partage entre le propriétaire et celui à qui il les confie.
Les *devis*, *marché* ou *prix fait*, pour l'entreprise d'un ouvrage, moyennant un

prix déterminé, sont aussi un louage, lorsque la matière est fournie par celui pour qui l'ouvrage se fait.

Ces trois dernières espèces ont des règles particulières.

Article 1712. Les baux des biens nationaux, des biens des communes et des établissemens publics, sont soumis à des réglemens particuliers.

Leg. 3 , cod. de locatione prædiorum civitatis.

CHAPITRE II.

Du Louage des Choses.

Article 1713. On peut louer toutes sortes de biens meubles ou immeubles.

SECTION PREMIERE.

Des Règles communes aux Baux des Maisons et des Biens ruraux.

Article 1714. On peut louer ou par écrit, ou verbalement.

Leg. 1 , ff. locati conducti.
Leg. 24 , cod. de locato et conducto.
Leg. 2 , ff. de obligationibus et actionibus.

Article 1715. Si le bail fait sans écrit n'a encore reçu aucune exécution, et que l'une des partie le nie, la preuve ne peut être reçue par témoins, quelque modique qu'en soit le prix, et quoiqu'on allègue qu'il y a eu des arrhes données.

Le serment peut seulement être déféré à celui qui nie le bail.

Article. 1716. Lorsqu'il y aura contestation sur le prix du bail verbal dont l'exécution a commencé, et qu'il n'existera point de quittance, le propriétaire en sera cru sur son serment; si mieux n'aime le locataire demander l'estimation par experts; auquel cas les frais de l'expertise restent à sa charge, si l'estimation excède le prix qu'il a déclaré.

Article 1717. Le preneur a le droit de sous-louer, et même de céder son bail à un autre, si cette faculté ne lui a pas été interdite.

45

Elle peut être interdite pour le tout ou partie.

Cette clause est toujours de rigueur.

Leg. 6 , cod. de locato et conducto. Le .60, in pr., ff. locati conducti.

Article 1718. Les articles du titre *du Contrat de Mariage , et des Droits respectifs des Époux ,* relatifs aux baux des biens des femmes mariées, sont applicables aux baux des biens des mineurs.

Arrêtés de LAMOIGNON, tit. 4, art. 91 et 92.

Article 1719. Le bailleur est obligé , par la nature du contrat, et sans qu'il soit besoin d'aucune stipulation particulière,

1°. De délivrer au preneur la chose louée ;

2°. D'entretenir cette chose en état de servir à l'usage pour lequel elle a été louée ;

3°. D'en faire jouir paisiblement le preneur pendant la durée du bail.

Leg. 15, §. 1 ; *leg.* 25, §. 1 *et* 2 , *leg.* 60, §. 1 ; *leg.* 30, *leg.* 33 , *leg.* 19, §. 2 , *ff. locati conducti.*
Leg. 15 , § 8 ; *leg.* 9 , *ff. eod. tit.*
Leg. 7 , *leg.* 8, *leg.* 24 , §. 4 , *ff. eod. tit.*
Leg. 30 , *ff. eod. tit.*

Article 1720. Le bailleur est tenu de délivrer la chose en bon état de réparations de toute espèce.

Il doit y faire, pendant la durée du bail, toutes les réparations qui peuvent devenir nécessaires , autres que les locatives.

Leg. 19 , §. 2 , *ff. locati conducti.*
Leg. 15 , §. 1 , *ff. eod. tit.*
Leg. 60 , *in pr.* ; *leg.* 25 , §. 2 ; *leg.* 55 , §. 1 ; *leg.* 61 , *ff. eod. tit.*

Article 1721. Il est dû garantie au preneur pour tous les vices ou défauts de la chose louée qui empêchent l'usage , quand même le bailleur ne les aurait pas connus lors du bail.

S'il résulte de ces vices ou défauts quelque perte pour le preneur , le bailleur est tenu de l'indemniser.

Leg. 19 , §. 1 ; *leg.* 60 , §. 7 , *ff. locati conducti.*

Article 1722. Si, pendant la durée du bail, la chose louée est détruite en totalité par cas fortuit, le bail est résilié de plein droit ; si elle n'est détruite qu'en partie, le preneur peut, suivant les circonstances, demander ou une diminution du prix, ou la résiliation même du bail. Dans l'un et l'autre cas, il n'y a lieu à aucun dédommagement.

Leg. 19, §. 6 ; *leg.* 30, §. 1 ; *leg.* 15, §. 2 ; *leg.* 25, §. 2.
Leg. 27, *in pr., ff. locati conducti.*
Leg. 33, *leg.* 34, *ff. eod. tit.*
Leg. 28, *cod. de locato. Leg.* 15, §. 7 ; *leg.* 23 , *in fin. ; leg.* 33 , *leg.* 35 , *ff. locati conducti.*
Leg. 23, *ff. de regulis juris.*

Article 1723. Le bailleur ne peut, pendant la durée du bail, changer la forme de la chose louée.

Argum. ex leg. 7 , § 1 ; *leg.* 15, §. 7 , *ff. de usufructu et quemadmodum.*

Article 1724. Si, durant le bail, la chose louée a besoin de réparations urgentes et qui ne puissent être différées jusqu'à sa fin, le preneur doit les souffrir, quelque incommodité qu'elles lui causent, et quoiqu'il soit privé, pendant qu'elles se font, d'une partie de la chose louée.

Mais si ces réparations durent plus de quarante jours, le prix du bail sera diminué à proportion du temps et de la partie de la chose louée dont il aura été privé.

Si les réparations sont de telle nature qu'elles rendent inhabitable ce qui est nécessaire au logement du preneur et de sa famille, celui-ci pourra faire résilier le bail.

Leg. 27 , *in pr.; leg.* 30, *ff. locati conducti.*

Article 1725. Le bailleur n'est pas tenu de garantir le preneur du trouble que des tiers apportent par voies de fait à sa jouissance, sans prétendre d'ailleurs aucun droit sur la chose louée ; sauf au preneur à les poursuivre en son nom personnel.

Leg. 1 , *leg.* 12 , *cod. de locato et conducto.*
Leg. 55 , *ff. locati conducti.*
Leg. 4 , *cod. de locato et conducto.*

Article 1726. Si, au contraire, le locataire ou le fermier ont été troublés dans leur jouissance par suite d'une action concernant la propriété du fonds, ils ont droit à une diminution proportionnée sur le prix du bail à loyer ou à ferme, pourvu que le trouble et l'empêchement aient été dénoncés au propriétaire.

Leg. 35 , *in pr.; leg* 15 , §. 8 , *ff. locati conducti.*
POTHIER , du contrat de louage, part. 2 , chap 1 , §. 2.

Article 1727. Si ceux qui ont commis les voies de fait, prétendent avoir quelque droit sur la chose louée, ou si le preneur est lui-même cité en justice pour se voir condamner au délaissement de la totalité ou de partie de cette chose, ou à souffrir l'exercice de quelque servitude, il doit appeler le bailleur en garantie, et doit être mis hors d'instance, s'il l'exige, en nommant le bailleur pour lequel il possède.

Voy. Pothier, du contrat de louage, part. 2, chap. 1, §. 3, n°. 91.

Article 1728. Le preneur est tenu de deux obligations principales :

1°. D'user de la chose louée en bon père de famille, et suivant la destination qui lui a été donnée par le bail, ou suivant celle présumée d'après les circonstances, à défaut de convention ;

2°. De payer le prix du bail aux termes convenus.

Leg. 25, §. 3, *ff. locati conducti.*
Leg. 17, *cod. de locato et conducto.*
Leg. 17, §. 4, *ff. de usuris.*
Leg. 11, §. 1, *ff. locati conducti.*

Article 1729. Si le preneur emploie la chose louée à un autre usage que celui auquel elle a été destinée, ou dont il puisse résulter un dommage pour le bailleur, celui-ci peut, suivant les circonstances, faire résilier le bail.

Leg. 11, §. 1, *ff. locati conducti. Argum. ex leg.* 13, §. 2, et *leg.* 18, *ff. commodati.*
Leg. 3, *cod. de locato et conducto.*
Novell. 14, *cap.* 7.

Article 1730. S'il a été fait un état des lieux entre le bailleur et le preneur, celui-ci doit rendre la chose telle qu'il l'a reçue, suivant cet état, excepté ce qui a péri ou a été dégradé par vétusté ou force majeure.

Leg. 28, *cod. de locato et conducto. Leg.* 9, §. 4 ; *leg.* 30, §. 5, *ff. locati conducti.*

Article 1731. S'il n'a pas été fait d'état des lieux, le preneur est présumé les avoir reçus en bon état de réparations locatives, et doit les rendre tels, sauf la preuve contraire.

Article 1732. Il répond des dégradations ou des pertes qui arrivent pendant sa jouissance, à moins qu'il ne prouve qu'elles ont eu lieu sans sa faute.

Leg. 28 ; *leg.* 29, *cod. de locato et conducto.*
Leg. 5, §. 2, *ff. commodati.*
Leg. 23. *ff. de regulis juris.*
Leg. 2, *ff. quibus causis pignus vel hypotheca tacitè contrahitur.*
Leg. 11, §. 2, *ff. locati conducti.*

Article 1733. Il répond de l'incendie, à moins qu'il ne prouve,

Que l'incendie est arrivé par cas fortuit ou force majeure, ou par vice de construction,

Ou que le feu a été communiqué par une maison voisine.

Leg. 9, §. 3, *ff. locati conducti.*
Leg. 3, §. 1, *ff. de officio præfecti vigilum.*
Leg. 11, *ff. de incendio, ruinâ, naufragio, etc.*

Article 1734. S'il y a plusieurs locataires, tous sont solidairement responsables de l'incendie;

A moins qu'ils ne prouvent que l'incendie a commencé dans l'habitation de l'un d'eux, auquel cas celui-là seul en est tenu;

Ou que quelques-uns ne prouvent que l'incendie n'a pu commencer chez eux, auquel cas ceux-là n'en sont pas tenus.

Article 1735. Le preneur est tenu des dégradations et des pertes qui arrivent par le fait des personnes de sa maison ou de ses sous-locataires.

Leg. 11, *in pr.; leg.* 30, §. 4; *leg.* 25, §. 4, *ff. locati conducti.*
Leg. 27, §. 9 et 11, *ff. ad legem Aquiliam.*

Article 1736. Si le bail a été fait sans écrit, l'une des parties ne pourra donner congé à l'autre qu'en observant les délais fixés par l'usage des lieux.

Article 1737. Le bail cesse de plein droit à l'expiration du terme fixé, lorsqu'il a été fait par écrit, sans qu'il soit nécessaire de donner congé.

Leg. 11, *cod. de locato et conducto.*

Article 1738. Si, à l'expiration des baux écrits, le preneur resté et est laissé en possession, il s'opère un nouveau bail dont l'effet est réglé par l'article relatif aux locations faites sans écrit.

Leg. 13, §. 11; *leg.* 14, *ff. locati conducti.*
Orléans, art. 420; Rheims, art. 388.

Article 1739. Lorsqu'il y a un congé signifié, le preneur, quoiqu'il ait continué sa jouissance, ne peut invoquer la tacite réconduction.

Article 1740. Dans le cas des deux articles précédens, la caution donnée pour le bail ne s'étend pas aux obligations résultant de la prolongation.

Article 1741. Le contrat de louage se résout par la perte de la chose louée, et par le défaut respectif du bailleur et du preneur, de remplir leurs engagemens.

Leg. 25, §. 2 ; *leg.* 9, §. 1 ; *leg.* 54, §. 1 ; *leg.* 56 , *leg.* 61, *ff. locati conducti.*
Leg. 3 , *leg.* 7 , *cod. de locato et conducto.*

Article 1742. Le contrat de louage n'est point résolu par la mort du bailleur, ni par celle du preneur.

Leg. 10, *leg.* 54, *cod. de locato et conducto.*
Leg. 60, §. 1 ; *leg.* 19, §. 8 ; *leg.* 10 , *leg.* 29, *ff. locati conducti.*

Article 1743. Si le bailleur vend la chose louée, l'acquéreur ne peut expulser le fermier ou le locataire qui a un bail authentique ou dont la date est certaine, à moins qu'il ne se soit réservé ce droit par le contrat de bail.

Contr. Leg. 9, *cod. de locato et conducto.*
Leg. 25, §. 1 , *ff. locati conducti.*

Article 1744. S'il a été convenu, lors du bail, qu'en cas de vente l'acquéreur pourrait expulser le fermier ou locataire, et qu'il n'ait été fait aucune stipulation sur les dommages et intérêts , le bailleur est tenu d'indemniser le fermier ou le locataire de la manière suivante.

Article 1745. S'il s'agit d'une maison, appartement ou boutique, le bailleur paye, à titre de dommages et intérêts, au locataire évincé , une somme égale au prix du loyer, pendant le temps qui, suivant l'usage des lieux, est accordé entre le congé et la sortie.

Article 1746. S'il s'agit de biens ruraux, l'indemnité que le bailleur doit payer au fermier, est du tiers du prix du bail pour tout le temps qui reste à courir.

Article 1747. L'indemnité se réglera par experts, s'il s'agit de manufactures, usines, ou autres établissemens qui exigent de grandes avances.

Article 1748. L'acquéreur qui veut user de la faculté réservée par le bail, d'expulser le fermier ou locataire en cas de vente, est, en outre, tenu d'avertir le locataire au temps d'avance usité dans le lieu pour les congés.

Il doit aussi avertir le fermier de biens ruraux, ou au moins un an à l'avance.

Article 1749. Les fermiers ou les locataires ne peuvent être expulsés qu'ils ne soient payés par le bailleur, ou à son défaut, par le nouvel acquéreur, des dommages et intérêts ci-dessus expliqués.

Article 1750. Si le bail n'est pas fait par acte authentique, ou n'a point de date certaine, l'acquéreur n'est tenu d'aucuns dommages et intérêts.

Article 1751. L'acquéreur à pacte de rachat ne peut user de la faculté d'expulser le preneur, jusqu'à ce que, par l'expiration du délai fixé pour le réméré, il devienne propriétaire incommutable.

SECTION II.

Des Règles particulières aux Baux à loyer.

Article 1752. Le locataire qui ne garnit pas la maison de meubles suffisans, peut être expulsé, à moins qu'il ne donne des sûretés capables de répondre du loyer.

Calais, chap. 14, art. 236 ; Berry, tit. 9, art. 38 et 41 ; Bourbonnais, chap. 13, art. 121 ; Rheims, art. 388 ; Laon, art. 275 ; Châlons, art. 272 ; Orléans, art. 471.

Article 1753. Le sous-locataire n'est tenu envers le propriétaire que jusqu'à concurrence du prix de sa sous-location dont il peut être débiteur au moment de la saisie, et sans qu'il puisse opposer des paiemens faits par anticipation.

Les paiemens faits par le sous-locataire, soit en vertu d'une stipulation portée en son bail, soit en conséquence de l'usage des lieux, ne sont pas réputés faits par anticipation.

Leg. 11, §. 5, *ff. de pigneratitid actione.*
Paris, art. 162.

Article 1754. Les réparations locatives ou de menu entretien dont le locataire est tenu, s'il n'y a clause contraire, sont celles désignées comme telles par l'usage des lieux, et entre autres, les réparations à faire,

Aux âtres, contre-cœurs, chambranles et tablettes des cheminées ;

Au recrépiment du bas des murailles des appartemens et autres lieux d'habitation ; à la hauteur d'un mètre;

Aux pavés et carreaux des chambres, lorsqu'il y en a seulement quelques-uns de cassés ;

Aux vitres, à moins qu'elles ne soient cassées par la grêle, ou autres accidens extraordinaires et de force majeure, dont le locataire ne peut être tenu ;

Aux portes, croisées, planches de cloison ou de fermeture de boutiques, gonds, targettes et serrures.

Voy. Desgodets, lois des bâtimens, part. 2, sur l'art. 172 de la cout. de Paris, n°. 10.

Article 1755. Aucune des réparations réputées locatives n'est à la charge des locataires, quand elles ne sont occasionnées que par vétusté ou force majeure.

Argum. ex leg. 28, *cod. de locato et conducto. Leg.* 9, §. 4, *ff. locati conducti.*
Leg. 18, *ff. commodatf. Leg.* 1, *cod. de commodato.*

Article 1756. Le curement des puits et celui des fosses d'aisance sont à la charge du bailleur, s'il n'y a clause contraire.

Article 1757. Le bail des meubles fournis pour garnir une maison entière, un corps de logis entier, une boutique, ou tous autres appartemens, est censé fait pour la durée ordinaire des baux de maisons, corps de logis, boutiques ou autres appartemens, selon l'usage des lieux.

Article 1758. Le bail d'un appartement meublé est censé fait à l'année, quand il a été fait à tant par an ;

Au mois, quand il a été fait à tant par mois ;

Au jour, s'il a été fait à tant par jour.

Si rien ne constate que le bail soit fait à tant par an, par mois ou par jour, la location est censée faite suivant l'usage des lieux.

Voy. POTHIER, du contrat de louage, part. 1, chap 2, art. 4, n°. 30.

Article 1759. Si le locataire d'une maison ou d'un appartement continue sa jouissance après l'expiration du bail par écrit, sans opposition de la part du bailleur, il sera censé les occuper aux mêmes conditions, pour le terme fixé par l'usage des lieux, et ne pourra plus en sortir ni en être expulsé qu'après un congé donné suivant le délai fixé par l'usage des lieux.

Leg. 13, §. 11, ¶ *quod autem, ff. locati conducti.*

Article 1760. En cas de résiliation par la faute du locataire, celui-ci est tenu de payer le prix du bail pendant le temps nécessaire à la relocation, sans préjudice des dommages et intérêts qui ont pu résulter de l'abus.

Article 1761. Le bailleur ne peut résoudre la location, encore qu'il déclare vouloir occuper par lui-même la maison louée, s'il n'y a eu convention contraire.

Contr. Leg. 3, *cod. de locato et conducto.*

Article 1762. S'il a été convenu, dans le contrat de louage, que le bailleur pourrait venir occuper la maison, il est tenu de signifier d'avance un congé aux époques déterminées par l'usage des lieux.

SECTION III.

Des Règles particulières aux Baux à ferme.

Article 1763. Celui qui cultive sous la condition d'un partage de fruits avec le bailleur, ne peut ni sous-louer ni céder, si la faculté ne lui en a été expressément accordée par le bail.

Argum. ex leg. 19 *et leg.* 20, *ff. pro socio.*
Leg. 47, §. *ultim., ff. de regulis juris.*

46

Article 1764. En cas de contravention, le propriétaire a droit de rentrer en jouissance, et le preneur est condamné aux dommages-intérêts résultant de l'inexécution du bail.

Article 1765. Si, dans un bail à ferme, on donne aux fonds une contenance moindre ou plus grande que celle qu'ils ont réellement, il n'y a lieu à augmentation ou diminution de prix pour le fermier, que dans les cas et suivant les règles exprimés au titre *de la Vente.*

Article 1766. Si le preneur d'un héritage rural ne le garnit pas des bestiaux et des ustensiles nécessaires à son exploitation, s'il abandonne la culture, s'il ne cultive pas en bon père de famille, s'il emploie la chose louée à un autre usage que celui auquel elle a été destinée, ou, en général, s'il n'exécute pas les clauses du bail, et qu'il en résulte un dommage pour le bailleur, celui-ci peut, suivant les circonstances, faire résilier le bail.

En cas de résiliation provenant du fait du preneur, celui-ci est tenu des dommages et intérêts, ainsi qu'il est dit en l'article 1764.

Leg. 25, §. 3, *ff. locati conducti.*
Berry, tit. 9, art. 48.

Article 1767. Tout preneur de bien rural est tenu d'engranger dans les lieux à ce destinés d'après le bail.

Argum. ex leg. 25, §. 3, *ff. locati conducti.*

Article 1768. Le preneur d'un bien rural est tenu, sous peine de tous dépens, dommages et intérêts, d'avertir le propriétaire des usurpations qui peuvent être commises sur les fonds.

Cet avertissement doit être donné dans le même délai que celui qui est réglé en cas d'assignation suivant la distance des lieux.

Argum. ex leg. 11, §. 2, *ff. locati conducti.*

Article 1769. Si le bail est fait pour plusieurs années, et que, pendant la durée du bail, la totalité ou la moitié d'une récolte au moins soit enlevée par des cas fortuits, le fermier peut demander une remise du prix de sa location, à moins qu'il ne soit indemnisé par les récoltes précédentes.

S'il n'est pas indemnisé, l'estimation de la remise ne peut avoir lieu qu'à la fin du bail, auquel temps il se fait une compensation de toutes les années de jouissance ;

Et cependant le juge peut provisoirement dispenser le preneur de payer une partie du prix en raison de la perte soufferte.

Leg. 15, §. 2, 4 et 5, *ff. locati conducti.*
Leg. 18, *cod. de locato et conducto.*
Leg. 25, §. 6, *ff. locati conducti.*
Leg. 8, *cod. de locato et conducto.*

Article 1770. Si le bail n'est que d'une année, et que la perte soit de la totalité des fruits, ou au moins de la moitié, le preneur sera déchargé d'une partie proportionnelle du prix de la location.

Il ne pourra prétendre aucune remise, si la perte est moindre de moitié.

Leg. 15, §. 2, 4 et 5, *ff. locati conducti.*

Article 1771. Le fermier ne peut obtenir de remise, lorsque la perte des fruits arrive après qu'ils sont séparés de la terre, à moins que le bail ne donne au propriétaire une quotité de la récolte en nature ; auquel cas le propriétaire doit supporter sa part de la perte, pourvu que le preneur ne fût pas en demeure de lui délivrer sa portion de récolte.

Le fermier ne peut également demander une remise, lorsque la cause du dommage était existante et connue à l'époque où le bail a été passé.

Leg. 25, §. 6, *ff. locati conducti.*

Article 1772. Le preneur peut être chargé des cas fortuits par une stipulation expresse.

Argum. ex leg. 23, *ff. de regulis juris,* et *leg.* 14, §. 10, *ff. de ædilitio edicto.*
Leg. 19, *cod. de locato et conducto.*

Article 1773. Cette stipulation ne s'entend que des cas fortuits ordinaires, tels que grêle, feu du ciel, gelée ou coulure.

Elle ne s'entend point des cas fortuits extraordinaires, tels que les ravages de la

guerre, ou une inondation , auxquels le pays n'est pas ordinairement sujet, à moins
que le preneur n'ait été chargé de tous les cas fortuits prévus ou imprévus.

Argum. ex leg. 9 , *in fin.* , *ff. de transactionibus.*

Article 1774. Le bail , sans écrit , d'un fonds rural , est censé fait pour le temps
qui est nécessaire afin que le preneur recueille tous les fruits de l'héritage affermé.

Ainsi le bail à ferme d'un pré , d'une vigne, et de tout autre fonds dont les fruits se
recueillent en entier dans le cours de l'année, est censé fait pour un an.

Le bail des terres labourables , lorsqu'elles se divisent par soles ou saisons, est censé
fait pour autant d'années qu'il y a de soles.

Argum. ex leg. 13, §. 11.
Leg. 14, *ff. locati et conducti.*
Leg. 16 , *cod. de locato et conducto.*

Article 1775. Le bail des héritages ruraux , quoique fait sans écrit , cesse
de plein droit à l'expiration du temps pour lequel il est censé fait , selon l'article
précédent.

Article 1776. Si , à l'expiration des baux ruraux écrits , le preneur reste et est
laissé en possession , il s'opère un nouveau bail dont l'effet est réglé par l'art. 1774.

Leg. 13 , §. 11 ; *leg.* 14. *ff. locati conducti.*
Leg. 16, *cod. de locato.*

Article 1777. Le fermier sortant doit laisser à celui qui lui succède dans la culture , les logemens convenables et autres facilités pour les travaux de l'année suivante,
et réciproquement, le fermier entrant doit procurer à celui qui sort , les logemens
convenables et autres facilités pour la consommation des fourrages , et pour les récoltes restant à faire.

Dans l'un et l'autre cas , on doit se conformer à l'usage des lieux.

Article 1778. Le fermier sortant doit aussi laisser les pailles et engrais de l'année , s'il les a reçus lors de son entrée en jouissance ; et quand même il ne les aurait pas reçus , le propriétaire pourra les retenir suivant l'estimation.

CHAPITRE III.

Du Louage d'ouvrage et d'industrie.

Article 1779. Il y a trois espèces principales de louage d'ouvrage et d'industrie ;

1°. Le louage des gens de travail qui s'engagent au service de quelqu'un ;

2°. Celui des voituriers, tant par terre que par eau, qui se chargent du transport des personnes ou des marchandises ;

3°. Celui des entrepreneurs d'ouvrages par suite de devis ou marchés.

SECTION PREMIERE.

Du Louage des Domestiques et Ouvriers.

Article 1780. On ne peut engager ses services qu'à temps, ou pour une entreprise déterminée.

Fontanon sur Masuer, tit. 25, n°. 42. Ferriere, *in* Guido-Papo, *quæst.* 314.

Article 1781. Le maître est cru sur son affirmation,

Pour la quotité des gages ;

Pour le paiement du salaire de l'année échue ;

Et pour les à-comptes donnés pour l'année courante.

SECTION II.

Des Voituriers par terre et par eau.

Article 1782. Les voituriers par terre et par eau sont assujettis, pour la garde et la conservation des choses qui leur sont confiées, aux mêmes obligations que les aubergistes, dont il est parlé au titre *du Dépôt et du Séquestre.*

Leg. 1, *in pr. et* §. 1, 2, 3 *et* 4, *ff. nautæ, caupones, stabularii.*

Article 1783. Ils répondent non seulement de ce qu'ils ont déjà reçu dans leur bâtiment ou voiture, mais encore de ce qui leur a été remis sur le port ou dans l'entrepôt, pour être placé dans leur bâtiment ou voiture.

Leg. 1, §. 8; leg. 3, ¶ *quidem ait, ff. nautæ, caupones, stabularii.*

Article 1784. Ils sont responsables de la perte et des avaries des choses qui leur sont confiées, à moins qu'ils ne prouvent qu'elles ont été perdues et avariées par cas fortuit ou force majeure.

Leg. 3 , §. 1 , *ff. nautæ , caupones, stabularii. Leg.* 13 , §. 2 ; *leg.* 25, §. 7 , *ff. locati conducti.*

Article 1785. Les entrepreneurs de voitures publiques par terre et par eau , et ceux des roulages publics , doivent tenir registre de l'argent, des effets et des paquets dont ils se chargent.

Article 1786. Les entrepreneurs et directeurs de voitures et roulages publics , les maîtres de barques et navires , sont en outre assujettis à des réglemens particuliers , qui font la loi entre eux et les autres citoyens.

Leg. 19, §. 7 , *ff. locati conducti. Leg. ultimâ , in pr. , ff. de lege Rhodiâ,*

SECTION III.

Des Devis et des Marchés.

Article 1787. Lorsqu'on charge quelqu'un de faire un ouvrage , on peut convenir qu'il fournira seulement son travail ou son industrie , ou bien qu'il fournira aussi la matière.

Article 1788. Si, dans le cas où l'ouvrier fournit la matière, la chose vient à périr ; de quelque maniere que ce soit , avant d'être livrée , la perte en est pour l'ouvrier , à moins que le maître ne fût en demeure de recevoir la chose.

Leg. 20 *et leg.* 65 , *ff. de contrahendâ emptione. Leg.* 2 , §. 1 , *ff. locati conducti.*

Article 1789. Dans le cas où l'ouvrier fournit seulement son travail ou son industrie , si la chose vient à périr , l'ouvrier n'est tenu que de sa faute.

Leg. 36 , *leg.* 37 , *leg.* 59, *leg.* 62 , *ff. locati conducti. Leg.* 13 , §. 5 , *ff. eod.*

Article 1790. Si, dans le cas de l'article précédent , la chose vient à périr, quoique sans aucune faute de la part de l'ouvrier, avant que l'ouvrage ait été reçu, et sans que le maître fût en demeure de le vérifier, l'ouvrier n'a point de salaire à réclamer, à moins que la chose n'ait péri par le vice de la matière.

Leg. 36, leg. 37, leg. 59, leg. 62, ff. locati conducti.

Article 1791. S'il s'agit d'un ouvrage à plusieurs pièces ou à la mesure, la vérification peut s'en faire par parties ; elle est censée faite pour toutes les parties payées, si le maître paye l'ouvrier en proportion de l'ouvrage fait.

Article 1792. Si l'édifice construit à prix fait, périt en tout ou en partie par le vice de la construction, même par le vice du sol, les architecte et entrepreneur en sont responsables pendant dix ans.

Leg. 8, cod. de operibus publicis.

Article 1793. Lorsqu'un architecte ou un entrepreneur s'est chargé de la construction à forfait d'un bâtiment, d'après un plan arrêté et convenu avec le propriétaire du sol, il ne peut demander aucune augmentation de prix, ni sous le prétexte d'augmentation de la main-d'œuvre ou des matériaux, ni sous celui de changemens ou d'augmentations faits sur ce plan, si ces changemens ou augmentations n'ont pas été autorisés par écrit, et le prix convenu avec le propriétaire.

Article 1794. Le maître peut résilier, par sa seule volonté, le marché à forfait, quoique l'ouvrage soit déjà commencé, en dédommageant l'entrepreneur de toutes ses dépenses, de tous ses travaux, et de tout ce qu'il aurait pu gagner dans cette entreprise.

Article 1795. Le contrat de louage d'ouvrage est dissous par la mort de l'ouvrier, de l'architecte ou entrepreneur.

Article 1796. Mais le propriétaire est tenu de payer en proportion du prix porté par la convention, à leur succession, la valeur des ouvrages faits et celle des matériaux préparés, lors seulement que ces travaux ou ces matériaux peuvent lui être utiles.

Article 1797. L'entrepreneur répond du fait des personnes qu'il emploie.

Article 1798. Les maçons, charpentiers et autres ouvriers qui ont été employés à la construction d'un bâtiment ou d'autres ouvrages faits à l'entreprise, n'ont d'action contre celui pour lequel les ouvrages ont été faits, que jusqu'à concurrence de ce dont il se trouve débiteur envers l'entrepreneur, au moment où leur action est intentée.

Article 1799. Les maçons, charpentiers, serruriers, et autres ouvriers qui font directement des marchés à prix fait, sont astreints aux règles prescrites dans la présente section : ils sont entrepreneurs dans la partie qu'ils traitent.

CHAPITRE IV.

Du Bail à cheptel.

SECTION PREMIERE.

Dispositions générales.

Article 1800. LE bail à cheptel est un contrat par lequel l'une des parties donne à l'autre un fonds de bétail pour le garder, le nourrir et le soigner, sous les conditions convenues entre elles.

Leg. 8, *cod. de pactis.*

Article 1801. Il y a plusieurs sortes de cheptels :
Le cheptel simple ou ordinaire,
Le cheptel à moitié,
Le cheptel donné au fermier ou au colon partiaire.
Il y a encore une quatrième espèce de contrat improprement appelée *cheptel*.

Article 1802. On peut donner à cheptel toute espèce d'animaux susceptibles de croît ou de profit pour l'agriculture ou le commerce.

Article 1803. A défaut de conventions particulières, ces contrats se règlent par les principes qui suivent.

SECTION II.

Du Cheptel simple.

Article 1804. Le bail à cheptel simple est un contrat par lequel on donne à un autre des bestiaux à garder, nourrir et soigner, à condition que le preneur profitera de la moitié du croît, et qu'il supportera aussi la moitié de la perte.

Berry, tit. 17, art. 11.
Leg. 8, cod. de pactis.

Article 1805. L'estimation donnée au cheptel dans le bail n'en transporte pas la propriété au preneur; elle n'a d'autre objet que de fixer la perte ou le profit qui pourra se trouver à l'expiration du bail.

Argum. ex leg. 69, §. 7, *ff. de jure dotium.*
Leg. 34, *ff. familiæ erciscundæ.*

Article 1806. Le preneur doit les soins d'un bon père de famille à la conservation du cheptel.

Article 1807. Il n'est tenu du cas fortuit que lorsqu'il a été précédé de quelque faute de sa part, sans laquelle la perte ne serait pas arrivée.

Berry, tit. 17, art. 4.

Article 1808. En cas de contestation, le preneur est tenu de prouver le cas fortuit, et le bailleur est tenu de prouver la faute qu'il impute au preneur.

Article 1809. Le preneur qui est déchargé par le cas fortuit, est toujours tenu de rendre compte des peaux des bêtes.

Article 1810. Si le cheptel périt en entier sans la faute du preneur, la perte en est pour le bailleur.

S'il n'en périt qu'une partie, la perte est supportée en commun, d'après le prix de l'estimation originaire, et celui de l'estimation à l'expiration du cheptel.

47

Article 1811. On ne peut stipuler,

Que le preneur supportera la perte totale du cheptel, quoique arrivée par cas fortuit et sans sa faute,

Ou qu'il supportera, dans la perte, une part plus grande que dans le profit,

Ou que le bailleur prélevera, à la fin du bail, quelque chose de plus que le cheptel qu'il a fourni.

Toute convention semblable est nulle.

Le preneur profite seul des laitages, du fumier et du travail des animaux donnés à cheptel.

La laine et le croît se partagent.

Bourbonnais, chap. 35, art. 155.
Berry, tit. 17, art. 11 et 12.

Article 1812. Le preneur ne peut disposer d'aucune bête du troupeau, soit du fonds, soit du croît, sans le consentement du bailleur, qui ne peut lui-même en disposer sans le consentement du preneur.

Berry, tit. 17, art. 7.

Article 1813. Lorsque le cheptel est donné au fermier d'autrui, il doit être notifié au propriétaire de qui ce fermier tient ; sans quoi il peut le saisir et le faire vendre pour ce que son fermier lui doit.

Article 1814. Le preneur ne pourra tondre sans en prévenir le bailleur.

Berry, tit. 17, art. 16.

Article 1815. S'il n'y a pas de temps fixé par la convention pour la durée du cheptel, il est censé fait pour trois ans.

Berry tit. 17 art. 7.

Article 1816. Le bailleur peut en demander plutôt la résolution, si le preneur ne remplit pas ses obligations.

Article 1818. A la fin du bail, ou lors de sa résolution, il se fait une nouvelle estimation du cheptel.

Le bailleur peut prélever des bêtes de chaque espèce, jusqu'à concurrence de la première estimation : l'excédant se partage.

S'il n'existe pas assez de bêtes pour remplir la première estimation, le bailleur prend ce qui reste, et les parties se font raison de la perte.

SECTION III.

Du Cheptel à moitié.

Article 1818. Le cheptel à moitié est une société dans laquelle chacun des contractans fournit la moitié des bestiaux, qui demeurent communs pour le profit où pour la perte.

Article 1819. Le preneur profite seul, comme dans le cheptel simple, des laitages, du fumier et des travaux des bêtes.

Le bailleur n'a droit qu'à la moitié des laines et du croît.

Toute convention contraire est nulle, à moins que le bailleur ne soit propriétaire de la métairie dont le preneur est fermier ou colon partiaire.

Article 1820. Toutes les autres règles du cheptel simple s'appliquent au cheptel à moitié.

SECTION IV.

Du Cheptel donné par le Propriétaire à son Fermier ou Colon partiaire.

---

§. 1er.

Du Cheptel donné au Fermier.

Article 1821. Ce cheptel (aussi appelé *cheptel de fer*) est celui par lequel le propriétaire d'une métairie la donne à ferme, à la charge qu'à l'expiration du bail, le fermier laissera des bestiaux d'une valeur égale au prix de l'estimation de ceux qu'il aura reçus.

Article 1822. L'estimation du cheptel donné au fermier ne lui en transfère pas la propriété, mais néanmoins le met à ses risques.

Leg 3, *leg.* 54, *ff. locati conducti.*

Article 1823. Tous les profits appartiennent au fermier pendant la durée de son bail, s'il n'y a convention contraire.

Article 1824. Dans les cheptels donnés au fermier, le fumier n'est point dans les profits personnels des preneurs, mais appartient à la métairie, à l'exploitation de laquelle il doit être uniquement employé.

Article 1825. La perte, même totale et par cas fortuit, est en entier pour le fermier, s'il n'y a convention contraire.

Article 1826. A la fin du bail, le fermier ne peut retenir le cheptel en en payant l'estimation originaire; il doit en laisser un de valeur pareille à celui qu'il a reçu.
S'il y a du déficit il doit le payer; et c'est seulement l'excédant qui lui appartient.

§. II.

Du Cheptel donné au Colon partiaire.

Article 1827. Si le cheptel périt en entier sans la faute du colon, la perte est pour le bailleur.

Article 1828. On peut stipuler que le colon délaissera au bailleur sa part de la toison à un prix inférieur à la valeur ordinaire;
Que le bailleur aura une plus grande part du profit;
Qu'il aura la moitié des laitages:
Mais on ne peut pas stipuler que le colon sera tenu de toute la perte.

Article 1829. Ce cheptel finit avec le bail à métairie.

Article 1830. Il est d'ailleurs soumis à toutes les règles du cheptel simple.

SECTION V.

Du Contrat improprement appelé Cheptel.

Article 1831. Lorsqu'une ou plusieurs vaches sont données pour les loger et les nourrir, le bailleur en conserve la propriété; il a seulement le profit des veaux qui en naissent.

TITRE IX.

Du Contrat de Société.

[Décrété le 17 Ventôse an XII. Promulgué le 27 du même mois.]

CHAPITRE PREMIER.

Dispositions générales.

Article 1832. La société est un contrat par lequel deux ou plusieurs personnes conviennent de mettre quelque chose en commun dans la vue de partager le bénéfice qui pourra en résulter.

Leg. 5 , *ff. pro socio.*

Article 1833. Toute société doit avoir un objet licite, et être contractée pour l'intérêt commun des parties.

Chaque associé doit y apporter ou de l'argent, ou d'autres biens, ou son industrie.

Leg. 3 , §. 3 , *ff. pro socio. Leg.* 29 , §. 1 et 2 ; *leg.* 30 , *ff. eod. tit. Leg.* 1 , §. 14 , *ff. de tutelæ et rationibus distrahendis.*

Leg. 35 , §. 2 , *ff. de contrahendâ emptione. Leg.* 1 , *cod. pro socio. Leg.* 5 , §. 1 ; *leg.* 29 , §. 1 et 2 ; *leg.* 30 , *ff. eod. tit.*

Article 1834. Toutes sociétés doivent être rédigées par écrit, lorsque leur objet est d'une valeur de plus de cent cinquante francs.

La preuve testimoniale n'est point admise contre et outre le contenu en l'acte de société, ni sur ce qui serait allégué avoir été dit avant, lors ou depuis cet acte, encore qu'il s'agisse d'une somme ou valeur moindre de cent cinquante francs.

Ordonnance de 1673, tit 4 , art. 1.

CHAPITRE II.

Des diverses espèces de Sociétés.

Article 1835. Les sociétés sont universelles ou particulières.

Leg. 5 , *in pr.* , *ff. pro socio.*

SECTION PREMIERE.

Des Sociétés universelles.

Article 1836. On distingue deux sortes de sociétés universelles, la société de tous biens présens, et la société universelle de gains,

Article 1837. La société de tous biens présens est celle par laquelle les parties mettent en commun tous les biens meubles et immeubles qu'elles possèdent actuellement, et les profits qu'elles pourront en tirer.

Elles peuvent aussi y comprendre toute autre espèce de gains ; mais les biens qui pourraient leur avenir par succession, donation ou legs, n'entrent dans cette société que pour la jouissance ; toute stipulation tendant à y faire entrer la propriété de ces biens est prohibée, sauf entre époux, et conformément à ce qui est réglé à leur égard.

Leg. 3 , §. 1 , *ff. pro socio,*

Article 1838. La société universelle de gains renferme tout ce que les parties acquerront par leur industrie, à quelque titre que ce soit, pendant le cours de la société : les meubles que chacun des associés possède au temps du contrat, y sont aussi compris ; mais leurs immeubles personnels n'y entrent que pour la jouissance seulement.

Leg. 7 , *ff. pro socio.*

Article 1839. La simple convention de société universelle, faite sans autre explication, n'emporte que la société universelle de gains.

Leg. 7 , *ff. pro socio.*

'Article 1840. Nulle société universelle ne peut avoir lieu qu'entre personnes respectivement capables de se donner ou de recevoir l'une de l'autre, et auxquelles il n'est point défendu de s'avantager au préjudice d'autres personnes.

Leg. 5, §. 2, *ff. pro socio.*

SECTION II.

De la Société particulière.

'Article 1841. La société particulière est celle qui ne s'applique qu'à certaines choses déterminées, ou à leur usage, ou aux fruits à en percevoir.

Leg. 5, *in pr.*, *ff. pro socio.*

Article 1842. Le contrat par lequel plusieurs personnes s'associent, soit pour une entreprise désignée, soit pour l'exercice de quelque métier ou profession, est aussi une société particulière.

Leg. 71, *ff. pro socio.*

CHAPITRE III.

Des Engagemens des Associés entre eux et à l'égard des tiers.

SECTION PREMIERE.

Des Engagemens des Associés entre eux.

Article 1843. La société commence à l'instant même du contrat, s'il ne désigne une autre époque.

Article 1844. S'il n'y a pas de convention sur la durée de la société, elle est censée contractée pour toute la vie des associés, sous la modification portée en l'article 1869; ou, s'il s'agit d'une affaire dont la durée soit limitée, pour tout le temps que doit durer cette affaire.

Leg. 65, §. 10, *ff. pro socio.*

Article 1845. Chaque associé est débiteur envers la société, de tout ce qu'il a promis d'y apporter.

Lorsque cet apport consiste en un corps certain, et que la société en est évincée, l'associé en est garant envers la société, de la même manière qu'un vendeur l'est envers son acheteur.

Argum. ex leg. 3, *in pr., ff de actionibus empti et venditi.*

Article 1846. L'associé qui devait apporter une somme dans la société, et qui ne l'a point fait, devient, de plein droit et sans demande, débiteur des intérêts de cette somme, à compter du jour où elle devait être payée.

Il en est de même à l'égard des sommes qu'il a prises dans la caisse sociale, à compter du jour où il les en a tirées pour son profit particulier ;

Le tout sans préjudice de plus amples dommages-intérêts s'il y a lieu.

Leg. 60 *. ff. pro socio.*
Leg. 1, §. 1 ; *leg.* 38, §. 9, *ff. de usuris.*

Article 1847. Les associés qui se sont soumis à apporter leur industrie à la société, lui doivent compte de tous les gains qu'ils ont faits par l'espèce d'industrie qui est l'objet de cette société.

Voy. POTHIER, du contrat de société, chap. 7, §. 2, n°. 120.

Article 1848. Lorsque l'un des associés est, pour son compte particulier, créancier d'une somme exigible envers une personne qui se trouve aussi devoir à la société une somme également exigible, l'imputation de ce qu'il reçoit de ce débiteur, doit se faire sur la créance de la société et sur la sienne dans la proportion des deux créances, encore qu'il eût par sa quittance dirigé l'imputation intégrale sur sa créance particulière ; mais s'il a exprimé dans sa quittance que l'imputation serait faite en entier sur la créance de la société, cette stipulation sera exécutée.

Argum. ex leg. 63, §. 5, *ff. pro socio.*

Article 1849. Lorsqu'un des associés a reçu sa part entière de la créance commune, et que le débiteur est depuis devenu insolvable, cet associé est tenu de rapporter à la masse commune ce qu'il a reçu, encore qu'il eût spécialement donné quittance *pour sa part.*

Leg. 63, §. 5, *ff. pro socio.*
Contr. Leg. 38, *ff. familiæ erciscundæ.*

Article 1850. Chaque associé est tenu envers la société, des dommages qu'il lui
a causés par sa faute, sans pouvoir compenser avec ces dommages les profits que son
industrie lui aurait procurés dans d'autres affaires.

Leg. 23, §. 1 ; *leg.* 26, *leg.* 25, *leg.* 52, §. 11 ; *leg.* 72 , *ff pro socio.*

Article 1851. Si les choses dont la jouissance seulement a été mise dans la société
sont des corps certains et déterminés, qui ne se consomment point par l'usage, elles
sont aux risques de l'associé propriétaire.

Si ces choses se consomment, si elles se détériorent en les gardant, si elles ont été
destinées à être vendues, ou si elles ont été mises dans la société sur une estimation
portée par un inventaire, elles sont aux risques de la société.

Si la chose a été estimée, l'associé ne peut répéter que le montant de son estimation.

Leg. 58 , *ff. pro socio.*

Article 1852. Un associé a action contre la société, non-seulement à raison des
sommes qu'il a déboursées pour elle, mais encore à raison des obligations qu'il a contractées de bonne foi pour les affaires de la société, et des risques inséparables de sa
gestion.

Leg. 52 , §. 4, 12 et 15 ; *leg.* 67, §. 1 et 2 ; *leg.* 60, §. 1 ; *leg.* 61 , *ff. pro socio.*

Article 1853. Lorsque l'acte de société ne détermine point la part de chaque
associé dans les bénéfices ou pertes, la part de chacun est en proportion de sa mise
dans le fonds de la société.

A l'égard de celui qui n'a apporté que son industrie, sa part dans les bénéfices ou
dans les pertes est réglée comme si sa mise eût été égale à celle de l'associé qui a le
moins apporté.

Leg. 29 , *ff. pro socio.*

Article 1854. Si les associés sont convenus de s'en rapporter à l'un d'eux ou à un
tiers pour le réglement des parts, ce réglement ne peut être attaqué s'il n'est évidem-
ment contraire à l'équité.

Nulle réclamation n'est admise à ce sujet, s'il s'est écoulé plus de trois mois depuis

48

que la partie qui se prétend lésée a eu connoissance du réglement, ou si ce réglement a reçu de sa part un commencement d'exécution.

Leg. 6, *ff. pro socio.*

Article 1855. La convention qui donnerait à l'un des associés la totalité des bénéfices, est nulle.

Il en est de même de la stipulation qui affranchirait de toute contribution aux pertes, les sommes ou effets mis dans le fonds de la société par un ou plusieurs des associés.

Leg. 29, § 2 ; *leg.* 30, *ff. pro socio.*

Article 1856. L'associé chargé de l'administration par une clause spéciale du contrat de société, peut faire, nonobstant l'opposition des autres associés, tous les actes qui dépendent de son administration, pourvu que ce soit sans fraude.

Ce pouvoir ne peut être révoqué sans cause légitime, tant que la société dure; mais s'il n'a été donné que par acte postérieur au contrat de société, il est révocable comme un simple mandat.

Voy. POTHIER, du contrat de société, chap 3, §. 2, n°. 71.

Article 1857. Lorsque plusieurs associés sont chargés d'administrer sans que leurs fonctions soient déterminées, ou sans qu'il ait été exprimé que l'un ne pourrait agir sans l'autre, ils peuvent faire chacun séparément tous les actes de cette administration.

Argum. ex leg. 1, §. 13 et 14 , *ff. de exercitoriâ actione.*

Article 1858. S'il a été stipulé que l'un des administrateurs ne pourra rien faire sans l'autre, un seul ne peut, sans une nouvelle convention, agir en l'absence de l'autre, lors même que celui-ci serait dans l'impossibilité actuelle de concourir aux actes d'administration.

Voy. POTHIER, du contrat de société, chap. 3, §. 2, n°. 72.

Article 1859. A défaut de stipulations spéciales sur le mode d'administration, l'on suit les règles suivantes :

1°. Les associés sont censés s'être donné réciproquement le pouvoir d'administrer l'un pour l'autre. Ce que chacun fait est valable même pour la part de ses associés, sans qu'il ait pris leur consentement, sauf le droit qu'ont ces derniers, ou l'un d'eux, de s'opposer à l'opération, avant qu'elle soit conclue.

2°. Chaque associé peut se servir des choses appartenant à la société, pourvu qu'il les emploie à leur destination fixée par l'usage , et qu'il ne s'en serve pas contre l'intérêt de la société , ou de manière à empêcher ses associés d'en user selon leur droit.

3°. Chaque associé a le droit d'obliger ses associés à faire avec lui les dépenses qui sont nécessaires pour la conservation des choses de la société.

4°. L'un des associés ne peut faire d'innovations sur les immeubles dépendans de la société , même quand il les soutiendrait avantageuses à cette société , si les autres associés n'y consentent.

Leg. 12 , *ff. communi dividundo.*
Leg. 28 , *ff. communi dividundo. Leg.* 27 , §. 1 , *ff. de servitutibus urbanorum prædiorum.*
Leg. 11 , *ff. si servitus vindicetur.*
Voy. Pothier , du contrat de société , chap. 3 , §. 2 , n°. 66.

Article 1860. L'associé qui n'est point administrateur, ne peut aliéner ni engager les choses même mobilières qui dépendent de la société.

Leg. 68 , *ff. pro socio.*

Article 1861. Chaque associé peut , sans le consentement de ses associés , s'associer une tierce personne relativement à la part qu'il a dans la société : il ne peut pas , sans ce consentement , l'associer à la société , lors même qu'il en aurait l'administration.

Leg. 19 , *ff. pro socio. Leg.* 21 , *leg.* 22 , *leg.* 47 , §. *ultim.* , *ff. de regulis juris.*

SECTION II.

Des Engagemens des Associés à l'égard des Tiers.

Article 1862. Dans les sociétés autres que celles de commerce, les associés ne sont pas tenus solidairement des dettes sociales , et l'un des associés ne peut obliger les autres si ceux-ci ne lui en ont conféré le pouvoir.

Article 1863. Les associés sont tenus envers le créancier avec lequel ils ont contracté , chacun pour une somme et part égales , encore que la part de l'un d'eux dans la société fût moindre , si l'acte n'a pas spécialement restreint l'obligation de celui-ci sur le pied de cette dernière part.

Voy. Pothier , du contrat de société , chap. 6 , §. 3 , n°. 104.

Article 1864. La stipulation que l'obligation est contractée pour le compte de la société, ne lie que l'associé contractant et non les autres, à moins que ceux-ci ne lui aient donné pouvoir, ou que la chose n'ait tourné au profit de la société.

Voy. POTHIER, du contrat de société, chap. 6, §. 3, 1.°. 105.

CHAPITRE IV.

Des différentes manières dont finit la Société.

Article 1865. LA société finit,

1°. Par l'expiration du temps pour lequel elle a été contractée,

2°. Par l'extinction de la chose, ou la consommation de la négociation ;

3°. Par la mort naturelle de quelqu'un des associés ;

4°. Par la mort civile, l'interdiction ou la déconfiture de l'un d'eux ;

5°. Par la volonté qu'un seul ou plusieurs expriment de n'être plus en société.

Leg. 4, §. 1, *ff. pro socio.*
Leg. 63, §. 10 ; *leg.* 65, §. 1 et 10, *eod. tit.*
Leg. 35, *leg* 52, §. 9 ; *leg.* 59, *leg.* 65, §. 9, *ff. pro socio.*
Leg. 63, §. 10 ; *leg.* 65, §. 12, *ff. pro socio.*
Leg. 65, §. 3, *ff. pro socio.*

Article 1866. La prorogation d'une société à temps limité ne peut être prouvée que par un écrit revêtu des mêmes formes que le contrat de société.

Article 1867. Lorsque l'un des associés a promis de mettre en commun la propriété d'une chose, la perte survenue avant que la mise en soit effectuée, opère la dissolution de la société par rapport à tous les associés.

La société est également dissoute dans tous les cas par la perte de la chose, lorsque la jouissance seule a été mise en commun, et que la propriété en est restée dans la main de l'associé.

Mais la société n'est pas rompue par la perte de la chose dont la propriété a déjà été apportée à la société.

Article 1868. S'il a été stipulé qu'en cas de mort de l'un des associés, la société continuerait avec son héritier, ou seulement entre les associés survivans, ces dispositions seront suivies : au second cas, l'héritier du décédé n'a droit qu'au partage de la société, eu égard à la situation de cette société lors du décès, et ne participe aux droits ultérieurs qu'autant qu'ils sont une suite nécessaire de ce qui s'est fait avant la mort de l'associé auquel il succède.

Leg. 55 , *leg.* 52 , §. 9 ; *leg.* 59 , ff. *pro socio.*

Article 1869. La dissolution de la société par la volonté de l'une des parties ne s'applique qu'aux sociétés dont la durée est illimitée , et s'opère par une renonciation notifiée à tous les associés , pourvu que cette renonciation soit de bonne foi , et non faite à contre-temps.

Leg. 65 , §. 3, 4 , 5 et 6 , ff pro soció.

Article 1870. La renonciation n'est pas de bonne foi lorsque l'associé renonce pour s'approprier à lui seul le profit que les associés s'étaient proposé de retirer en commun.

Elle est faite à contre-temps lorsque les choses ne sont plus entières, et qu'il importe à la société que sa dissolution soit différée.

Tot. leg. 65, ff. *pro socio.*

Article 1871. La dissolution des sociétés à terme ne peut être demandée par l'un des associés avant le terme convenu, qu'autant qu'il y en a de justes motifs , comme lorsqu'un autre associé manque à ses engagemens , ou qu'une infirmité habituelle le rend inhabile aux affaires de la société , ou autres cas semblabes , dont la légitimité et la gravité sont laissées à l'arbitrage des juges.

Leg. 14 et *leg.* 15 , ff. *pro socio.*

Article 1872. Les règles concernant le partage des successions la forme de ce partage , et les obligations qui en résultent entre les cohéritiers , s'appliquent aux partages entre associés.

Disposition relative aux Sociétés de commerce.

Article 1873. Les dispositions du présent titre ne s'appliquent aux sociétés de commerce que dans les points qui n'ont rien de contraire aux lois et usages du commerce.

TITRE X.

Du Prêt.

[Décrété le 18 Ventôse an XII. Promulgué le 28 du même mois.]

Article 1874. Il y a deux sortes de prêt :

Celui des choses dont on peut user sans les détruire ,

Et celui des choses qui se consomment par l'usage qu'on en fait.

La première espèce s'appelle *prêt à usage* , ou *commodat*.

La deuxième s'appelle *prêt de consommation* , ou simplement *prêt*.

Leg. 2 , *ff. de rebus creditis.*

CHAPITRE PREMIER.

Du Prêt à usage , ou Commodat.

———

SECTION PREMIÈRE.

De la nature du Prêt à usage.

Article 1875. Le prêt à usage ou commodat est un contrat par lequel l'une des parties livre une chose à l'autre pour s'en servir , à la charge par le preneur de la rendre après s'en être servi.

Leg. 1 , §. 1 ; leg. 3 , §. 4 , et leg. 4 , *ff. commodati.*

Article 1876. Ce prêt est essentiellement gratuit.

Institut. lib. 3. *tit.* 15. , §. 2 , *in fin.* ,
Leg. 5 , §. 2 , *ff. commodati.*

Article 1877. Le prêteur demeure propriétaire de la chose prêtée.

Leg. 2 , *in pr.* , et §. 3 , *ff. de rebus creditis. Leg.* 8 et leg. 9 , *ff. commodati.*

Article 1878. Tout ce qui est dans le commerce, et qui ne se consomme pas par l'usage, peut être l'objet de cette convention.

Leg. 3 , §. 6, *ff. commodati.*

Article 1879. Les engagemens qui se forment par le commodat, passent aux héritiers de celui qui prête, et aux héritiers de celui qui emprunte.

Mais si l'on n'a prêté qu'en considération de l'emprunteur, et à lui personnellement, alors ses héritiers ne peuvent continuer de jouir de la chose prêtée.

Leg. 3 , §. 3; *leg.* 17, §. 2, *ff. commodati. Leg.* 3 , *cod. de commodato.*

SECTION II.

Des Engagemens de l'Emprunteur.

Article 1880. L'emprunteur est tenu de veiller, en bon père de famille, à la garde et à la conservation de la chose prêtée. Il ne peut s'en servir qu'à l'usage déterminé par sa nature ou par la convention; le tout à peine de dommages-intérêts; s'il y a lieu.

Institut. lib. 3. *tit.* 15. §. 2 , *Leg.* 1 , §. 4 , *ff. de obligationibus et actionibus:*
Leg. 5 , §. 2 et 5 , *ff. commodati.*

Article 1881. Si l'emprunteur emploie la chose à un autre usage, ou pour un temps plus long qu'il ne le devait, il sera tenu de la perte arrivée, même par cas fortuit.

Leg. 5 , § 7 et 8; *leg.* 18, *in pr.*, *ff. commodati.*
Leg. 1 , §. 4 et 14 . *ff. de obligationibus et actionibus.*

Article 1882 Si la chose prêtée périt par cas fortuit dont l'emprunteur aurait pu la garantir en employant la sienne propre, ou si, ne pouvant conserver que l'une des deux, il a préféré la sienne, il est tenu de la perte de l'autre.

Leg. 5 , §. 4, *ff. commodati. Leg.* 1 , *cod. de commodato.*

Article 1883. Si la chose a été estimée en la prêtant, la perte qui arrive, même par cas fortuit, est pour l'emprunteur, s'il n'y a convention contraire.

Leg. 1 , §. 1 , *ff. de æstimatoriâ actione. Leg.* 5 , §. 5 , *ff. commodati.*

Article 1884. Si la chose se détériore par le seul effet de l'usage pour lequel elle a été empruntée, et sans aucune faute de la part de l'emprunteur, il n'est pas tenu de la détérioration.

Leg. 10, *in pr.; leg.* 23, *ff. commodati.*

Article 1885. L'emprunteur ne peut pas retenir la chose par compensation de ce que le prêteur lui doit.

Leg. 4, *cod. de commodato.* (1)

Article 1886. Si, pour user de la chose, l'emprunteur a fait quelque dépense, il ne peut pas la répéter.

Leg. 18, §. 2, *ff. commodati.*

Article 1887. Si plusieurs ont conjointement emprunté la même chose, ils en sont solidairement responsables envers le prêteur.

Leg. 15, *ff de tutelæ et rationibus distrahendis. Leg.* 5, §. 15; *leg.* 21, §. 1, *ff. commodati.*

SECTION III.

Des Engagemens de celui qui prête à usage.

Article 1888. Le prêteur ne peut retirer la chose prêtée qu'après le terme convenu, ou, à défaut de convention, qu'après qu'elle a servi à l'usage pour lequel elle a été empruntée.

Leg. 17, §. 5, *ff. commodati.*

Article 1889. Néanmoins, si, pendant ce délai, ou avant que le besoin de l'emprunteur ait cessé, il survient au prêteur un besoin pressant et imprévu de sa chose, le juge peut, suivant les circonstances, obliger l'emprunteur à la lui rendre.

---

(1) Observez cependant que l'emprunteur peut retenir la chose prêtée, si le prêteur ne lui rembourse pas les impenses nécessaires à la conservation de la chose prêtée. *Vid. Leg.* 18, §. 2, *ff. commod. Leg.* 15, §. 2, et *leg.* 59, *ff. de furt. Leg.* 20, *ff. de adquirend. vel amittend. posses.*

Article 1890. Si , pendant la durée du prêt, l'emprunteur a été obligé , pour la conservation de la chose , à quelque dépense extraordinaire , nécessaire , et tellement urgente qu'il n'ait pas pu en prévenir le prêteur , celui-ci sera tenu de la lui rembourser.

Leg. 18, §. 2 , *ff. commodati.*

Article 1891. Lorsque la chose prêtée a des défauts tels, qu'elle puisse causer du préjudice à celui qui s'en sert, le prêteur est responsable , s'il connaissait les défauts et n'en a pas averti l'emprunteur.

Leg. 18 , §. 3 , *et leg.* 22 , *ff. commodati.*

CHAPITRE II.

Du Prêt de consommation , ou simple Prêt.

SECTION PREMIERE.

De la nature du Prêt de consommation.

Article 1892. Le prêt de consommation est un contrat par lequel l'une des parties livre à l'autre une certaine quantité de choses qui se consomment par l'usage , à la charge par cette dernière de lui en rendre autant de même espèce et qualité.

Leg. 2 , §. 1 et 2 , *ff. de rebus creditis.*

Article 1893. Par l'effet de ce prêt, l'emprunteur devient le propriétaire de la chose prêtée ; et c'est pour lui qu'elle périt , de quelque manière que cette perte arrive.

Leg. 2 , §. 2 , *ff. de rebus creditis. Leg.* 1 , §. 4, *ff. de obligationibus et actionibus.*

Article 1894. On ne peut pas donner à titre de prêt de consommation, des choses qui , quoique de même espèce , diffèrent dans l'individu , comme les animaux : alors c'est un prêt à usage.

Leg. 2 , §. 1 et 3 , *ff. de rebus creditis.*

Article 1895. L'obligation qui résulte d'un prêt en argent, n'est toujours que de la somme numérique énoncée au contrat.

S'il y a eu augmentation ou diminution d'espèces avant l'époque du paiement, le débiteur doit rendre la somme numérique prêtée, et ne doit rendre que cette somme dans les espèces ayant cours au moment du paiement.

Argum. ex leg. 1, in pr., ff. de contrahendâ emptione. Leg. 94, §. 1, ff. de solutionibus et liberationibus.

Article 1896. La règle portée en l'article précédent n'a pas lieu, si le prêt a été fait en lingots.

Article 1897. Si ce sont des lingots ou des denrées qui ont été prêtés, quelle que soit l'augmentation ou la diminution de leur prix, le débiteur doit toujours rendre la même quantité et qualité, et ne doit rendre que cela.

Leg. 2, leg. 3, ff. de rebus creditis.

SECTION II.

Des Obligations du Prêteur.

Article 1898. Dans le prêt de consommation, le prêteur est tenu de la responsabilité établie par l'article 1891 pour le prêt à usage.

Leg. 18, §. 3, ff. commodati.

Article 1899. Le prêteur ne peut pas redemander les choses prêtées, avant le terme convenu.

Argum ex leg 17, §. 3, ff. commodati.

Article 1900. S'il n'a pas été fixé de terme pour la restitution, le juge peut accorder à l'emprunteur un délai suivant les circonstances.

Article 1901. S'il a été seulement convenu que l'emprunteur paierait quand il le pourrait, ou quand il en aurait les moyens, le juge lui fixera un terme de paiement suivant les circonstances.

SECTION III.

Des Engagemens de l'Emprunteur.

Article 1902. L'emprunteur est tenu de rendre les choses prêtées, en même quantité et qualité, et au terme convenu.

Leg. 3, *ff. de rebus creditis.*

Article 1903. S'il est dans l'impossibilité d'y satisfaire, il est tenu d'en payer la valeur, eu égard au temps et au lieu où la chose devait être rendue d'après la convention.

Si ce temps et ce lieu n'ont pas été réglés, le paiement se fait au prix du temps et du lieu où l'emprunt a été fait.

Leg. 22, *ff. de rebus creditis.*

Article 1904. Si l'emprunteur ne rend pas les choses prêtées ou leur valeur au terme convenu, il en doit l'intérêt du jour de la demande en justice.

CHAPITRE III.

Du Prêt à intérêt.

Article 1905. Il est permis de stipuler des intérêts pour simple prêt soit d'argent, soit de denrées, ou autres choses mobilières.

Contr. *Voy.* Déclaration de Philippe le Bel, donnée à Poissy, le 8 décembre 1312. Et l'ordonnance de Blois, art. 202.

Article 1906. L'emprunteur qui a payé des intérêts qui n'étaient pas stipulés, ne peut ni les répéter ni les imputer sur le capital.

Leg. 26, *in pr., ff. de condictione indebiti. Leg.* 102, §. 1, *ff. de solutionibus et liberationibus. Leg.* 18, *cod. de usuris.*

Article 1907. L'intérêt est légal ou conventionnel. L'intérêt légal est fixé par la loi. L'intérêt conventionnel peut excéder celui de la loi toutes les fois que la loi ne le prohibe pas.

Le taux de l'intérêt conventionnel doit être fixé par écrit.

Article 1908. La quittance du capital donnée sans réserve des intérêts, en fait présumer le paiement, et en opère la libération.

Article 1909. On peut stipuler un intérêt moyennant un capital que le prêteur s'interdit d'exiger.

Dans ce cas, le prêt prend le nom de *constitution de rente.*

Article 1910. Cette rente peut être constituée de deux manières, en perpétuel ou en viager.

Article 1911. La rente constituée en perpétuel est essentiellement rachetable.

Les parties peuvent seulement convenir que le rachat ne sera pas fait avant un délai qui ne pourra excéder dix ans, ou sans avoir averti le créancier au terme d'avance qu'elles auront déterminé.

Voy. Ordonnance de Charles VII, de 1441, art. 18.

Article 1912. Le débiteur d'une rente constituée en perpétuel peut être contraint au rachat,

1°. S'il cesse de remplir ses obligations pendant deux années ;

2°. S'il manque à fournir au prêteur les sûretés promises par le contrat.

Voy. Bourjon, droit commun de la France, liv. 2, tit. 8, chap. 1, sect. 4, n°. 20, 21 et 22.

Article 1913. Le capital de la rente constituée en perpétuel devient aussi exigible en cas de faillite ou de déconfiture du débiteur.

Article 1914. Les règles concernant les rentes viagères sont établies au titre *des Contrats aléatoires.*

TITRE XI.

Du Dépôt et du Séquestre.

[Décrété le 23 Ventôse an XII. Promulgué le 3 Germinal suivant.]

CHAPITRE PREMIER.

Du Dépôt en général et de ses diverses espèces.

Article 1915. LE dépôt, en général, est un acte par lequel on reçoit la chose d'autrui, à la charge de la garder et de la restituer en nature.

Leg. 1, *in pr.*, *ff. depositi.*

Article 1916. Il y a deux espèces de dépôt : le dépôt proprement dit, et le séquestre.

CHAPITRE II.

Du Dépôt proprement dit.

SECTION PREMIERE.

De la nature et de l'essence du Contrat de Dépôt.

Article 1917. LE dépôt proprement dit est un contrat essentiellement gratuit.

Leg. 1, §. 8, *ff. depositi.*

Article 1918. Il ne peut avoir pour objet que des choses mobilières.

Article 1919. Il n'est parfait que par la tradition réelle ou feinte de la chose déposée.

La tradition feinte suffit, quand le dépositaire se trouve déjà nanti, à quelque autre titre, de la chose que l'on consent à lui laisser à titre de dépôt.

Leg. 1, §. 5, *ff. de obligationibus et actionibus. Leg.* 1, §. 14, *ff. depositi.*
Leg. 8, *ff. mandati.*
Leg. 18, §. 1, *ff. de rebus creditis.*

Article 1920. Le dépôt est volontaire ou nécessaire.

SECTION II.

Du Dépôt volontaire.

Article 1921. Le dépôt volontaire se forme par le consentement réciproque de la personne qui fait le dépôt et de celle qui le reçoit.

Leg. 1, §. 5, *ff. depositi.*

Article 1922. Le dépôt volontaire ne peut régulièrement être fait que par le propriétaire de la chose déposée, ou de son consentement exprès ou tacite.

Article 1923. Le dépôt volontaire doit être prouvé par écrit. La preuve testimoniale n'en est point reçue pour valeur excédant cent cinquante francs.

Voy. Ordonnance de 1667, tit. 20, art. 2.

Article 1924. Lorsque le dépôt, étant au-dessus de cent cinquante francs, n'est point prouvé par écrit, celui qui est attaqué comme dépositaire, en est cru sur sa déclaration, soit pour le fait même du dépôt, soit pour la chose qui en fait l'objet, soit pour le fait de sa restitution.

Article 1925. Le dépôt volontaire ne peut avoir lieu qu'entre personnes capables de contracter.

Néanmoins, si une personne capable de contracter accepte le dépôt fait par une personne incapable, elle est tenue de toutes les obligations d'un véritable dépositaire; elle peut être poursuivie par le tuteur ou administrateur de la personne qui a fait le dépôt.

Institut. lib. 1, *tit.* 21, *in pr.*

Article 1926. Si le dépôt a été fait par une personne capable à une personne qui ne l'est pas , la personne qui a fait le dépôt n'a que l'action en revendication de la chose déposée , tant qu'elle existe dans la main du dépositaire , ou une action en restitution jusqu'à concurrence de ce qui a tourné au profit de ce dernier.

Vid. *Leg.* 9 , §. 2 , *ff. de minoribus.*

SECTION III.

Des Obligations du Dépositaire.

Article 1927. Le dépositaire doit apporter dans la garde de la chose déposée , les mêmes soins qu'il apporte dans la garde des choses qui lui appartiennent.

Leg. 1 , §. 5 , *ff. de obligationibus et actionibus.*
Leg. 20 , *leg.* 32 , *ff. depositi.*

Article 1928. La disposition de l'article précédent doit être appliquée avec plus de rigueur , 1°. si le dépositaire s'est offert lui-même pour recevoir le dépôt; s'il a stipulé un salaire pour la garde du dépôt ; 3°. si le dépôt a été fait uniquement pour l'intérêt du dépositaire ; 4°. S'il a été convenu expressément que le dépositaire répondrait de toute espèce de faute.

Leg. 1 , § 6, 8 *et* 35 , *ff. depositi. Leg.* 23 , *in pr.*, *ff. de regulis juris. Leg.* 4 , *ff. de rebus ereditis. Leg.* 5 , §. 2 , *ff. commodati.*

Article 1929. Le dépositaire n'est tenu, en aucun cas, des accidens de force majeure, à moins qu'il n'ait été mis en demeure de restituer la chose déposée. ·

Leg. 20 , *ff. depositi. Leg.* 1 , *cod. eod. tit. Leg.* 23 , *ff. de regulis juris.* = *Argum. ex leg.* 15 , §. 3 , *ff. de rei vindicatione.* = *Leg.* 12 , §. *ultim.* ; *leg.* 14 , §. 1 , *ff. depositi. Leg.* 7 , §. 15, *ff. de pactis. Leg.* 29 , *ff. mandati.*

Article 1930. Il ne peut se servir de la chose déposée , sans la permission expresse ou présumée du déposant.

Institut., *lib.* 4 , *tit.* 1 , §. 6. = *Leg.* 25, §. 1 ; *leg.* 29 , *ff. depositi. Leg.* 3 , *cod. eod. tit.* ; *leg.* 76 , *ff. de furtis.*

Article 1931. Il ne doit point chercher à connaître quelles sont les choses qui lui ont été déposées , si elles lui ont été confiées dans un coffre fermé ou sous une enveloppe cachetée.

Voy. POTHIER, du contrat de dépôt , chap. 2 , sect. 1 , art. 1 , n°. 58.

Article 1932. Le dépositaire doit rendre identiquement la chose même qu'il a reçue.

Ainsi, le dépôt des sommes monnayées doit être rendu dans les mêmes espèces qu'il a été fait, soit dans le cas d'augmentation, soit dans le cas de diminution de leur valeur.

Institut., *lib.* 3, *tit.* 15, §. 3. = *Leg.* 1, §. 5, *ff. de obligationibus et actionibus. Leg.* 17, §. 1, *ff. depositi.*

Article 1933. Le dépositaire n'est tenu de rendre la chose déposée que dans l'état où elle se trouve au moment de la restitution. Les détériorations qui ne sont pas survenues par son fait, sont à la charge du déposant.

Voy. Pothier, du contrat de dépôt, chap. 2, sect. 1, art. 1, n°. 41.

Article 1934. Le dépositaire auquel la chose a été enlevée par une force majeure, et qui a reçu un prix ou quelque chose à la place, doit restituer ce qu'il a reçu en échange.

Leg. 1, §. 21, *ff. depositi.*

Article 1935. L'héritier du dépositaire, qui a vendu de bonne foi la chose dont il ignorait le dépôt, n'est tenu que de rendre le prix qu'il a reçu, ou de céder son action contre l'acheteur, s'il n'a pas touché le prix.

Leg. 1, §. 47; *leg.* 2, *leg.* 3, *leg.* 4, *ff. depositi.*

Article 1936. Si la chose déposée a produit des fruits qui aient été perçus par le dépositaire, il est obligé de les restituer. Il ne doit aucun intérêt de l'argent déposé, si ce n'est du jour où il a été mis en demeure de faire la restitution.

Leg. 1, §. 23 et 24; *leg.* 25, §. 1, *ff. depositi. Leg.* 38, §. 10, *ff. de usuris. Leg.* 2, *cod. depositi.*

Article 1937. Le dépositaire ne doit restituer la chose déposée, qu'à celui qui la lui a confiée, ou à celui au nom duquel le dépôt a été fait, ou à celui qui a été indiqué pour le recevoir.

Leg. 1, §. 44; *leg.* 11, *ff. depositi.*

Article 1938. Il ne peut pas exiger de celui qui a fait le dépôt, la preuve qu'il était propriétaire de la chose déposée.

Néanmoins, s'il découvre que la chose a été volée, et quel en est le véritable propriétaire, il doit dénoncer à celui-ci le dépôt qui lui a été fait, avec sommation de le réclamer dans un délai déterminé et suffisant. Si celui auquel la dénonciation a été faite, néglige de réclamer le dépôt, le dépositaire est valablement déchargé par la tradition qu'il en fait à celui duquel il l'a reçu.

Leg. 31 , §. 1 , *ff. depositi.*

Article 1939. En cas de mort naturelle ou civile de la personne qui a fait le dépôt, la chose déposée ne peut être rendue qu'à son héritier.

S'il y a plusieurs héritiers, elle doit être rendue à chacun d'eux pour leur part et portion.

Si la chose déposée est indivisible, les héritiers doivent s'accorder entre eux pour la recevoir.

Leg. 1 , §. 36; *leg.* 14 , *leg.* 31 , *in pr.*, *ff. depositi. Leg. ultim.* , *cod. eod. tit.*

Article 1940. Si la personne qui a fait le dépôt a changé d'état ; par exemple , si la femme , libre au moment où le dépôt a été fait , s'est mariée depuis et se trouve en puissance de mari; si le majeur déposant se trouve frappé d'interdiction ; dans tous ces cas et autres de même nature, le dépôt ne peut être restitué qu'à celui qui a l'administration des droits et des biens du déposant.

Voy. Pothier , du contrat de dépôt , chap. 2 , sect. 1 , art. 2 , §. 2 , n°. 51.

Article 1941. Si le dépôt a été fait par un tuteur , par un mari ou par un administrateur, dans l'une de ces qualités , il ne peut être restitué qu'à la personne que ce tuteur , ce mari ou cet administrateur représentaient , si leur gestion ou leur administration est finie.

Voy. Pothier , du contrat de dépôt , chap. 2 , sect. 1 , art. 1 , n°. 49.

Article 1942. Si le contrat de dépôt désigne le lieu dans lequel la restitution doit être faite , le dépositaire est tenu d'y porter la chose déposée. S'il y a des frais de transport, ils sont à la charge du déposant.

Leg. 12 , *ff. depositi.*

50

Article 1943. Si le contrat ne désigne point le lieu de la restitution, elle doit être faite dans le lieu même du dépôt.

Leg. 12, §. 1, *ff. depositi.*

Article 1944. Le dépôt doit être remis au déposant aussitôt qu'il le réclame, lors même que le contrat aurait fixé un délai déterminé pour la restitution ; à moins qu'il n'existe, entre les mains du dépositaire, une saisie-arrêt ou une opposition à la restitution et au déplacement de la chose déposée.

Leg. 1, §. 45, *ff. depositi.*
Voy. POTHIER, du contrat de dépôt, chap. 2, sect. 1, art. 2, §. 4, n°. 58.

Article 1945. Le dépositaire infidèle n'est point admis au bénéfice de cession.

Article 1946. Toutes les obligations du dépositaire cessent, s'il vient à découvrir et à prouver qu'il est lui-même propriétaire de la chose déposée.

SECTION IV.

Des Obligations de la personne par laquelle le Dépôt a été fait.

Article 1947. La personne qui a fait le dépôt, est tenue de rembourser au dépositaire les dépenses qu'il a faites pour la conservation de la chose déposée, et de l'indemniser de toutes les pertes que le dépôt peut lui avoir occasionnées.

Leg. 8 et leg. 23, *ff. depositi.*

Article 1948. Le dépositaire peut retenir le dépôt jusqu'à l'entier paiement de ce qui lui est dû à raison du dépôt.

SECTION V.

Du Dépôt nécessaire.

Article 1949. Le dépôt nécessaire est celui qui a été forcé par quelque accident, tel qu'un incendie, une ruine, un pillage, un naufrage ou autre événement imprévu.

Leg. 1, §. 1 et 2, *ff. depositi.*

Aricle 1950. La preuve par témoins peut être reçue pour le dépôt nécesaire, même quand il s'agit d'une valeur au-dessus de cent cinquante francs.

Voy. Ordonnance de 1667, tit. 20, art. 1 et 2.

Article 1g51. Le dépôt nécessaire est d'ailleurs régi par toutes les règles précédemment énoncées.

Article 1g52. Les aubergistes ou hôteliers sont responsables, comme dépositaires, des effets apportés par le voyageur qui loge chez eux : le dépôt de ces sortes d'effets doit être regardé comme un dépôt nécessaire.

Leg. 1, *in pr.*, §. 1 *et* 2 ; *leg.* 3, §. 1 ; *leg.* 5, *ff. nautæ, caupones, stabularii.*

Article 1g53. Il sont responsables du vol ou du dommage des effets du voyageur, soit que le vol ait été fait ou que le dommage ait été causé par les domestiques et préposés de l'hôtellerie, ou par des étrangers allant et venant dans l'hôtellerie.

Leg. 1, §. 8; *leg.* 2, *leg.* 3, §. 3 *; leg.* 5, §. 1, *ff. nautæ, caupones, stabularii, etc.*
Leg. 1, *in pr. et* §. 6, *ff. furti. adversus nautas, caupones. stabularii.*

Article 1g54. Ils ne sont pas responsables des vols faits avec force armée ou autre force majeure.

Leg. 3, §. 1, *ff. nautæ, caupones, stabularii, etc.*
Leg. 23, *in fin.*, *ff. de regulis juris.*

CHAPITRE III.

Du Séquestre.

SECTION PREMIERE.

Des diverses espèces de Séquestre.

Article 1g55. Le séquestre est ou conventionnel ou judiciaire.

SECTION II.

Du Séquestre conventionnel.

Article 1g56. Le séquestre conventionnel est le dépôt fait par une ou plusieurs personnes, d'une chose contentieuse, entre les mains d'un tiers qui s'oblige de la rendre, après la contestation terminée, à la personne qui sera jugée devoir l'obtenir.

I eg. 6, leg. 17, ff. depositi. Leg. 110, ff. de verborum significatione.

Article 1957. Le séquestre peut n'être pas gratuit.

Article 1958. Lorsqu'il est gratuit, il est soumis aux règles du dépôt proprement dit, sauf les différences ci-après énoncées.

Article 1959. Le séquestre peut avoir pour objet, non-seulement des effets mobiliers, mais même des immeubles.

Article 1960. Le dépositaire chargé du séquestre ne peut être déchargé avant la contestation terminée, que du consentement de toutes les parties intéressées, ou pour une cause jugée légitime.

Leg. 5, §. 2, ff. depositi.

SECTION III.

Du Séquestre ou Dépôt judiciaire.

Article 1961. La justice peut ordonner le séquestre,

1°. Des meubles saisis sur un débiteur;

2°. D'un immeuble ou d'une chose mobilière dont la propriété ou la possession est litigieuse entre deux ou plusieurs personnes;

3°. Des choses qu'un débiteur offre pour sa libération.

Article 1962. L'établissement d'un gardien judiciaire produit, entre le saisissant et le gardien, des obligations réciproques. Le gardien doit apporter pour la conservation des effets saisis, les soins d'un bon père de famille.

Il doit les représenter, soit à la décharge du saisissant pour la vente, soit à la partie contre laquelle les exécutions ont été faites, en cas de main-levée de la saisie.

L'obligation du saisissant consiste à payer au gardien le salaire fixé par la loi.

Article 1963. Le séquestre judiciaire est donné, soit à une personne dont les parties intéressées sont convenues entre elles, soit à une personne nommée d'office par le juge.

Dans l'un et l'autre cas, celui auquel la chose a été confiée, est soumis à toutes les obligations qu'emporte le séquestre conventionnel.

TITRE XII.

Des Contrats aléatoires.

[Décrété le 19 Ventôse an XII. Promulgué le 29 du même mois.]

Article 1964. Le contrat aléatoire est une convention réciproque dont les effets, quant aux avantages et aux pertes, soit pour toutes les parties, soit pour l'une ou plusieurs d'entre elles, dépendent d'un événement incertain.

Tels sont,

Le contrat d'assurance,

Le prêt à grosse aventure,

Le jeu et le pari,

Le contrat de rente viagère.

Les deux premiers sont régis par les lois maritimes.

CHAPITRE PREMIER.

Du Jeu et du Pari.

Article 1965. La loi n'accorde aucune action pour une dette du jeu ou pour le paiement d'un pari.

Leg. 1, *cod. de aleatoribus.* = Ordonnance de Moulins, de 1560, art. 59. Ordonnance de 1629, art. 140.

Article 1966. Les jeux propres à exercer au fait des armes, les courses à pied ou à cheval, les courses de chariot, le jeu de paume et autres jeux de même nature qui tiennent à l'adresse et à l'exercice du corps, sont exceptés de la disposition précédente.

Néanmoins le tribunal peut rejeter la demande, quand la somme lui paraît excessive.

Leg. 2, §. 1, ff. de aleatoribus. Leg. 1 et leg. 3, cod. eod. tit.

Article 1967. Dans aucun cas le perdant ne peut répéter ce qu'il a volontairement payé, à moins qu'il n'y ait eu, de la part du gagnant, dol, supercherie ou escroquerie.

Contr. leg. 1, in pr. cod. de aleatoribus.

CHAPITRE II.

Du Contrat de rente viagère.

SECTION PREMIÈRE.

Des conditions requises pour la validité du Contrat.

Article 1968. La rente viagère peut être constituée à titre onéreux, moyennant une somme d'argent, ou pour une chose mobilière appréciable, ou pour un immeuble.

Article 1969. Elle peut être aussi constituée, à titre purement gratuit, par donation entre-vifs ou par testament. Elle doit être alors revêtue des formes requises par la loi.

Article 1970. Dans le cas de l'article précédent, la rente viagère est réductible, si elle excède ce dont il est permis de disposer : elle est nulle, si elle est au profit d'une personne incapable de recevoir.

Article 1971. La rente viagère peut être constituée, soit sur la tête de celui qui en fournit le prix, soit sur la tête d'un tiers qui n'a aucun droit d'en jouir.

Article 1972. Elle peut être constituée sur une ou plusieurs têtes.

Article 1973. Elle peut être constituée au profit d'un tiers, quoique le prix en soit fourni par une autre personne.

Dans ce dernier cas, quoiqu'elle ait les caractères d'une libéralité, elle n'est point assujettie aux formes requises pour les donations; sauf les cas de réduction et de nullité énoncés dans l'article 1970.

Article 1974. Tout contrat de rente viagère créée sur la tête d'une personne qui était morte au jour du contrat, ne produit aucun effet.

Article 1975. Il en est de même du contrat par lequel la rente a été créée sur la tête d'une personne atteinte de la maladie dont elle est décédée dans les vingt jours de la date du contrat.

Article 1976. La rente viagère peut être constituée au taux qu'il plaît aux parties contractantes de fixer.

SECTION II.

Des Effets du contrat entre les Parties contractantes.

Article 1977. Celui au profit duquel la rente viagère a été constituée moyennant un prix, peut demander la résiliation du contrat, si le constituant ne lui donne pas les sûretés stipulées pour son exécution.

Article 1978. Le seul défaut de paiement des arrérages de la rente n'autorise point celui en faveur de qui elle est constituée, à demander le remboursement du capital, ou à rentrer dans le fonds par lui aliéné : il n'a que le droit de saisir et de faire vendre les biens de son débiteur, et de faire ordonner ou consentir, sur le produit de la vente, l'emploi d'une somme suffisante pour le service des arrérages.

.*Article* 1979. Le constituant ne peut se libérer du paiement de la rente, en offrant de rembourser le capital, et en renonçant à la répétition des arrérages payés; il est tenu de servir la rente pendant toute la vie de la personne ou des personnes sur la tête desquelles la rente a été constituée, quelle que soit la durée de la vie de ces personnes, et quelque onéreux qu'ait pu devenir le service de la rente.

Article 1980. La rente viagère n'est acquise au propriétaire que dans la proportion du nombre de jours qu'il a vécu.

Néanmoins s'il a été convenu qu'elle serait payée d'avance, le terme qui a dû être payé, est acquis du jour où le paiement a dû en être fait.

Article 1981. La rente viagère ne peut être stipulée insaisissable, que lorsqu'elle a été constituée à titre gratuit.

Article 1982. La rente viagère ne s'éteint pas par la mort civile du propriétaire; le paiement doit en être continué pendant sa vie naturelle.

Article 1983. Le propriétaire d'une rente viagère n'en peut demander les arrérages qu'en justifiant de son existence, ou de celle de la personne sur la tête de laquelle elle a été constituée.

TITRE XIII.

Du Mandat.

[Décrété le 19 Ventôse an XII. Promulgué le 29 du même mois.]

CHAPITRE PREMIER.

De la Nature et de la Forme du Mandat.

Article 1984. Le mandat ou procuration est un acte par lequel une personne donne à une autre le pouvoir de faire quelque chose pour le mandant et en son nom.

Le contrat ne se forme que par l'acceptation du mandataire.

Leg. 1, *in pr. ff. de procuratoribus ; leg. 1. in pr. ff. mandati.*

Article 1985. Le mandat peut être donné ou par acte public, ou par écrit sous seing privé, même par lettre. Il peut aussi être donné verbalement ; mais la preuve testimoniale n'en est reçue que conformément au titre *des Contrats ou des Obligations conventionnelles en général.*

L'acceptation du mandat peut n'être que tacite, et résulter de l'exécution qui lui a été donnée par le mandataire.

Leg. 2, *ff. de obligationibus et actionibus ; leg.* 1, §. 1 *et* 2, *ff. mandati.*

Article 1986. Le mandat est gratuit, s'il n'y a convention contraire.

Leg. 1, §. 4, *leg.* 6. *in pr. ff. mandati . = Instit.* §. 13. *de mandato.*

Article 1987. Il est ou spécial et pour une affaire ou certaines affaires seulement, ou général et pour toutes les affaires du mandant.

Leg. 1, §. 1, *ff. de procuratoribus.*

Article 1988. Le mandat conçu en termes généraux n'embrasse que les actes d'administration.

S'il s'agit d'aliéner ou hypothéquer, ou de quelque autre acte de propriété, le mandat doit être exprès.

Leg. 63, *ff. de procuratoribus.* Leg. 60 , *ff. tit. eod.* ; *leg.* 16. *cod. eod.*

Article 1989. Le mandataire ne peut rien faire au-delà de ce qui est porté dans son mandat : le pouvoir de transiger ne renferme pas celui de compromettre.

Leg. 5. *in pr.* ; *leg.* 41. *ff. mandati.* = *Instit.* §. 8. *de mandato.*

Article 1990. Les femmes et les mineurs émancipés peuvent être choisis pour mandataires ; mais le mandant n'a d'action contre le mandataire mineur que d'après les règles générales relatives aux obligations des mineurs, et contre la femme mariée et qui a accepté le mandat sans autorisation de son mari, que d'après les règles établies au titre *du contrat de mariage et des Droits respectifs des Epoux.*

Leg. 5, §. 11 ; *leg.* 4 ; *leg.* 23 , *ff. de minoribus.*

CHAPITRE II.

Des Obligations du Mandataire.

Article 1991. Le mandataire est tenu d'accomplir le mandat tant qu'il en demeure chargé, et répond des dommages-intérêts qui pourraient résulter de son inexécution.

Il est tenu de même d'achever la chose commencée au décès du mandant, s'il y a péril en la demeure.

Leg. 22 , §. 11 ; *leg.* 5, §. 1 ; *leg.* 8 , §. 10 ; *leg.* 27 , §. 2 , *ff mandati* ; *leg.* 16 , *cod. eod. tit.* = *Instit.* , §. 11 , *de mandato.*

Article 1992. Le mandataire répond non-seulement du dol, mais encore des fautes qu'il commet dans sa gestion.

Néanmoins la responsabilité relative aux fautes est appliquée moins rigoureusement à celui dont le mandat est gratuit qu'à celui qui reçoit un salaire.

Leg. 11, *leg.* 13, *cod. mandati. Leg.* 8, §. 10, *ff. eod. tit. Leg.* 23, *ff. de regulis juris. Leg.* 12, §. 10, *ff. mandati.*

Article 1993. Tout mandataire est tenu de rendre compte de sa gestion, et de faire raison au mandant de tout ce qu'il a reçu en vertu de sa procuration, quand même ce qu'il aurait reçu n'eût point été dû au mandant.

Leg. 20, *in pr. Leg.* 10, §. 8, *ff. mandati.*

Article 1994. Le mandataire répond de celui qu'il s'est substitué dans la gestion, 1°. quand il n'a pas reçu le pouvoir de se substituer quelqu'un; 2o. quand ce pouvoir lui a été conféré sans désignation d'une personne, et que celle dont il a fait choix était notoirement incapable ou insolvable.

Dans tous les cas, le mandant peut agir directement contre la personne que le mandataire s'est substituée.

Leg. 21, § 3 ; *leg.* 28, *ff. de negotiis gestis. Leg.* 4, *cod. eod. tit. leg.* ; 8, §. 3, *ff. mandati.*

Article 1995. Quand il y a plusieurs fondés de pouvoir ou mandataires établis par le même acte, il n'y a de solidarité entre eux qu'autant qu'elle est exprimée.

Leg. 59, §. 3, *ff. mandati.* = *Novell.* 99, *cap.* 1. = *Authentic. hoc ita, cod. de duobus reis stipulandi.* = *Leg.* 60, §. 2, *ff. mandati.*

Article 1996. Le mandataire doit l'intérêt des sommes qu'il a employées à son usage, à dater de cet emploi; et de celles dont il est reliquataire, à compter du jour qu'il est mis en demeure.

Leg. 10, §. 3, *ff. mandati.*

Article 1997. Le mandataire qui a donné à la partie avec laquelle il contracte en cette qualité, une suffisante connaissance de ses pouvoirs, n'est tenu d'aucune garantie pour ce qui a été fait au-delà, s'il ne s'y est personnellement soumis.

Voy. POTHIER du contrat de Mandat, chap. 3, sect 2., n°. 87 et 88.

CHAPITRE III.

Des Obligations du Mandant.

Article 1998. Le mandant est tenu d'exécuter les engagemens contractés par le mandataire, conformément au pouvoir qui lui a été donné.

Il n'est tenu de ce qui a pu être fait au-delà, qu'autant qu'il l'a ratifié expressément ou tacitement.

Article 1999. Le mandant doit rembourser au mandataire les avances et frais que celui-ci a faits pour l'exécution du mandat, et lui payer ses salaires lorsqu'il en a été promis.

S'il n'y a aucune faute imputable au mandataire, le mandant ne peut se dispenser de faire ces remboursement et paiement, lors même que l'affaire n'aurait pas réussi, ni faire réduire le montant des frais et avances sous le prétexte qu'ils pouvaient être moindres.

Leg. 10, §. 9, 10 *et* 11 *; leg.* 12, §. 9 *; leg.* 27, §. 4 *; leg.* 56, §. 4, *ff. mandati. Leg.* 4 *et leg.* 20, §. *unic., cod. mandati.*

Article 2000. Le mandant doit aussi indemniser le mandataire des pertes que celui-ci a essuyées à l'occasion de sa gestion, sans imprudence qui lui soit imputable (1).

Leg. 26, §. 6, *ff. mandati. Leg.* 61, §. 5, *ff. de furtis.*

Article 2001. L'intérêt des avances faites par le mandataire lui est dû par le mandant, à dater du jour des avances constatées.

Leg. 19, §. 4, *ff. de negotiis gestis. Leg.* 18, *cod. eod. tit. ; leg.* 37, *ff. de usuris.*

Article 2002. Lorsque le mandataire a été constitué par plusieurs personnes pour

---

(1) Cette disposition est une conséquence de ce principe de Droit énoncé dans la loi 7, *ff. testamenta quemadm. aper.* Qu'il est inique que l'office de quelqu'un puisse lui causer quelque dommage. *Iniquum esse, damnosum cuique esse officium suum.*

une affaire commune, chacune d'elles est tenue solidairement envers lui de tous les effets du mandat.

Leg. 59, §. 3 , *ff. mandati.*

CHAPITRE IV.

Des différentes Manières dont le Mandat finit.

Article 2003. LE mandat finit,
Par la révocation du mandataire,
Par la renonciation de celui-ci au mandat ,
Par la mort naturelle ou civile, l'interdiction ou la déconfiture, soit du mandant , soit du mandataire.

Leg. 12, §. 16 ; *leg.* 22, §. 11 ; *leg.* 26 *in pr.* , *ff. mandati. Leg.* 15, *cod. eod. tit.*

Article 2004. Le mandant peut révoquer sa procuration quand bon lui semble , et contraindre, s'il y a lieu , le mandataire à lui remettre , soit l'écrit sous seing privé qui le contient, soit l'original de la procuration, si elle a été délivrée en brevet , soit l'expédition , s'il en a été gardé minute.

Leg. 12, §. 16 , *ff. mandati.*

Article 2005. La révocation notifiée au seul mandataire ne peut être opposée aux tiers qui ont traité dans l'ignorance de cette révocation , sauf au mandant son recours contre le mandataire.

Leg. 12, §. 16 , *ff. mandati.*

Article 2006. La constitution d'un nouveau mandataire pour la même affaire, vaut révocation du premier , à compter du jour où elle a été notifiée à celui-ci.

Leg. 31, §. 2 , *ff. de procuratoribus.*

Article 2007. Le mandataire peut renoncer au mandat , en notifiant au mandant sa renonciation.
Néanmoins, si cette renonciation préjudicie au mandant , il devra en être indem-

uisé par le mandataire, à moins que celui-ci ne se trouve dans l'impossibilité de continuer le mandat sans en éprouver lui-même un préjudice considérable.

Leg. 22, §. 11 ; *leg.* 23, *leg.* 24, *leg.* 25, *ff. mandati.*

Article 2008. Si le mandataire ignore la mort du mandant ou l'une des autres causes qui font cesser le mandat, ce qu'il a fait dans cette ignorance est valide,

Leg. 26 *in pr. ff mandati.*

Article 2009. Dans les cas ci-dessus, les engagemens du mandataire sont exécutés à l'égard des tiers qui sont de bonne foi.

Leg. 26, §. 1, *ff. mandati. Leg.* 77, §. 6, *ff. de legatis* 2°. *Leg.* 19, §. 3, *ff. de donationibus. Leg.* 58 *in pr.*, *ff. mandati.*

Article 2010. En cas de mort du mandataire, ses héritiers doivent en donner avis au mandant, et pourvoir, en attendant, à ce que les circonstances exigent pour l'intérêt de celui-ci.

Argum ex leg. 40, *ff. pro socio.*

TITRE XIV.

Du Cautionnement.

[Décrété le 24 Pluviôse an XII. Promulgué le 4 Ventôse suivant.]

CHAPITRE PREMIER.

De la Nature et de l'Étendue du Cautionnement.

Article 2011. Celui qui se rend caution d'une obligation, se soumet envers le créancier à satisfaire à cette obligation, si le débiteur n'y satisfait pas lui-même.

Instit. lib. 13, *tit.* 22, *in pr.*
Leg. 1, §. 8, *ff. de obligationibus et actionibus.*

Article 2012. Le cautionnement ne peut exister que sur une obligation valable.

On peut néanmoins cautionner une obligation, encore qu'elle pût être annullée par une exception purement personnelle à l'obligé ; par exemple, dans le cas de minorité.

Leg. 178, *ff. de regulis juris. Leg.* 29, *ff. de fidejussoribus. Leg.* 25, *ff. eod. tit. Leg.* 13, *in pr., ff. de minoribus. Leg.* 2, *cod. de fidejussoribus minorum.*

Article 2013. Le cautionnement ne peut excéder ce qui est dû par le débiteur, ni être contracté sous des conditions plus onéreuses.

Il peut être contracté pour une partie de la dette seulement, et sous des conditions moins onéreuses.

Le cautionnement qui excède la dette, ou qui est contracté sous des conditions plus onéreuses, n'est point nul : il est seulement réductible à la mesure de l'obligation principale.

Leg. 8, §. 7, 8, 9, 10 *et* 11, *ff. de fidejussoribus et mandatoribus. Leg.* 22, *cod. eod. tit. Leg.* 70, *in pr. et* §. 1. *Leg.* 16, §. 1, 2 *et* 5 ; *leg.* 34 *et leg.* 38, *ff. eod. tit.* = *Instit.,* lib. 3, *tit.* 22, §. 3. = Bretagne, art. 188. = POTHIER, traité des obligations, part. 2, chap. 6, n°. 375.

Article 2014. On peut se rendre caution sans ordre de celui pour lequel on s'oblige, et même à son insu.

On peut aussi se rendre caution, non-seulement du débiteur principal, mais encore de celui qui l'a cautionné.

Leg. 30, *ff. de fidejussoribus et mandatoribus.* = Arrêtés de LAMOIGNON, tit. 23, art. 8. *Leg.* 8, §. 12, *ff. de fidejussoribus et mandatoribus.*

Article 2015. Le cautionnement ne se présume point ; il doit être exprès, et on ne peut pas l'étendre au-delà des limites dans lesquelles il a été contracté.

Leg. 6, *cod. de fidejussoribus et mandatoribus.*

Article 2016. Le cautionnement indéfini d'une obligation principale s'étend à tous les accessoires de la dette, même aux frais de la première demande, et à tous ceux postérieurs à la dénonciation qui en est faite à la caution.

Leg. 52, §. 2 ; *leg.* 58, *ff. de fidejussoribus et mandatoribus. Leg.* 2, §. 11 *et* 12, *ff. de administratione rerum ad civitatem pertinentium.*

Article 2017. Les engagemens des cautions passent à leurs héritiers, à l'exception de la contrainte par corps, si l'engagement était tel que la caution y fût obligée.

Instit., lib. 3, *tit.* 21. §. 2.
Leg. 4, §. 1; *leg.* 5, *de fidejussoribus et mandatoribus. Leg.* 24, *cod. eod. tit.*

Article 2018. Le débiteur obligé à fournir une caution doit en présenter une qui ait la capacité de contracter, qui ait un bien suffisant pour répondre de l'objet de l'obligation, et dont le domicile soit dans le ressort du tribunal d'appel où elle doit être donnée.

Leg. 3, *ff. de fidejussoribus et mandatoribus.*
Leg. 2, *in pr.*, *et* §. 1. *Leg.* 6, *leg* 7, *ff. qui satisdare cogantur.*
Arrêtés de LAMOIGNON, tit. 23, art. 5.

Article 2019. La solvabilité d'une caution ne s'estime qu'en égard à ses propriétés foncières, excepté en matière de commerce ou lorsque la dette est modique.

On n'a point égard aux immeubles litigieux, ou dont la discussion deviendrait trop difficile par l'éloignement de leur situation.

Article 2020. Lorsque la caution reçue par le créancier, volontairement ou en justice, est ensuite devenue insolvable, il doit en être donné une autre.

Cette règle reçoit exception dans le cas seulement où la caution n'a été donnée qu'en vertu d'une convention par laquelle le créancier a exigé une telle personne pour caution.

Leg. 3, *in fin.*, *ff. de fidejussoribus et mandatoribus. Leg.* 10, §. 1, *ff. qui satisdare cogantur.*

CHAPITRE II.

De l'Effet du Cautionnement.

SECTION PREMIERE.

De l'Effet du Cautionnement entre le Créancier et la Caution.

Article 2021. LA caution n'est obligée envers le créancier à le payer qu'à défaut du débiteur, qui doit être préalablement discuté dans ses biens, à moins que

la caution n'ait renoncé au bénéfice de discussion , ou à moins qu'elle ne se soit obligée solidairement avec le débiteur ; auquel cas l'effet de son engagement se règle
par les principes qui ont été établis pour les dettes solidaires.

Novell. 4 , *cap.* 1. = Arrêtés de Lamoignon ; tit. 23, art. 17.
Contr. leg. 3 *et leg.* 5 , *cod. de fidejussoribus et mandatoribus.*

Article 2022. Le créancier n'est obligé de discuter le débiteur principal , que
lorsque la caution le requiert , sur les premières poursuites dirigées contre elle.

Article 2023. La caution qui requiert la discussion , doit indiquer au créancier
les biens du débiteur principal , et avancer les deniers suffisans pour faire la discussion.

Elle ne doit indiquer ni des biens du débiteur principal situés hors de l'arrondissement du tribunal d'appel du lieu où le paiement doit être fait , ni des biens litigieux , ni ceux hypothéqués à la dette qui ne sont plus en la possession du débiteur.

Novell. 4 , *cap.* 2.

Article 2024. Toutes les fois que la caution a fait l'indication de biens autorisée
par l'article précédent , et qu'elle a fourni les deniers suffisans pour la discussion , le
créancier est , jusqu'à concurrence des biens indiqués , responsable , à l'égard de la
caution , de l'insolvabilité du débiteur principal survenue par le défaut de poursuites.

Article 2025. Lorsque plusieurs personnes se sont rendues cautions d'un même
débiteur pour une même dette , elles sont obligées chacune à toute la dette.

Leg. 3 , *cod. de fidejussoribus et mandatoribus. Leg.* 11 , §. 2 , *ff. de duobus reis constituendis.*

Article 2026. Néanmoins chacune d'elles peut , à moins qu'elle n'ait renoncé au
bénéfice de division , exiger que le créancier divise préalablement son action , et la
réduise à la part et portion de chaque caution.

Lorsque , dans le temps où une des cautions a fait prononcer la division , il y en
avait d'insolvables , cette caution est tenue proportionnellement de ces insolvabilités ;

52

mais elle ne peut plus être recherchée à raison des insolvabilités survenues depuis la division.

Instit., lib. 3 , *tit.* 21 , *de fidejussoribus. Leg.* 10 , *in pr.; leg.* 26 , *leg.* 51 , §. 4 ; *leg.* 48 , *leg.* 52 , §. 1 , *ff. de fidejussoribus. Leg.* 16 , *cod. eod.*

Article 2027. Si le créancier a divisé lui-même et volontairement son action, il ne peut revenir contre cette division, quoiqu'il y eût, même antérieurement au temps où il l'a ainsi consentie, des cautions insolvables.

SECTION II.

De l'Effet du Cautionnement entre le Débiteur et la Caution.

Article 2028. La caution qui a payé, a son recours contre le débiteur principal, soit que le cautionnement ait été donné au su ou à l'insu du débiteur.

Ce recours a lieu tant pour le principal que pour les intérêts et les frais; néanmoins la caution n'a de recours que pour les frais par elle faits depuis qu'elle a dénoncé au débiteur principal les poursuites dirigées contre elle.

Elle a aussi recours pour les dommages et intérêts, s'il y a lieu.

Leg. 10 , §. 11 , *ff. mandati.*
Leg. 18 , *cod. mandati.*

Article 2029. La caution qui a payé la dette, est subrogée à tous les droits qu'avait le créancier contre le débiteur.

Article 2030. Lorsqu'il y avait plusieurs débiteurs principaux solidaires d'une même dette, la caution qui les a tous cautionnés, a, contre chacun d'eux, le recours pour la répétition du total de ce qu'elle a payé.

Article 2031. La caution qui a payé une première fois, n'a point de recours contre le débiteur principal qui a payé une seconde fois, lorsqu'elle ne l'a point averti du paiement par elle fait; sauf son action en répétition contre le créancier.

Lorsque la caution aura payé sans être poursuivie et sans avoir averti le débiteur principal, elle n'aura point de recours contre lui dans le cas où, au moment du paiement, ce débiteur aurait eu des moyens pour faire déclarer la dette éteinte ; sauf son action en répétition contre le créancier.

Leg. 29, §. 3 , *ff. mandati.*

Article 2032. La caution, même avant d'avoir payé, peut agir contre le débiteur pour être par lui indemnisée ,

1°. Lorsqu'elle est poursuivie en justice pour le paiement ;

2°. Lorsque le débiteur a fait faillite , ou est en déconfiture ;

3°. Lorsque le débiteur s'est obligé de lui rapporter sa décharge dans un certain temps ;

4°. Lorsque la dette est devenue exigible par l'échéance du terme sous lequel elle avait été contractée ;

5°. Au bout de dix années , lorsque l'obligation principale n'a point de terme fixe d'échéance , à moins que l'obligation principale , telle qu'une tutelle , ne soit pas de nature à pouvoir être éteinte avant un temps déterminé.

SECTION III.

De l'Effet du Cautionnement entre les Cofidéjusseurs.

Article 2033. Lorsque plusieurs personnes ont cautionné un même débiteur pour une même dette, la caution qui a acquitté la dette , a recours contre les autres cautions , chacune pour sa part et portion ;

Mais ce recours n'a lieu que lorsque la caution a payé dans l'un des cas énoncés en l'article précédent.

CHAPITRE III.

De l'Extinction du Cautionnement.

Article 2034. L'OBLIGATION qui résulte du cautionnement, s'éteint par les mêmes causes que les autres obligations.

Leg 4, *cod. de fidejussoribus et mandatoribus.*

Article 2035. La confusion qui s'opère dans la personne du débiteur principal et de sa caution, lorsqu'ils deviennent héritiers l'un de l'autre, n'éteint point l'action du créancier contre celui qui s'est rendu caution de la caution.

Leg. 93 , §. 2 et ultim. , ff. de solutionibus et liberationibus. Leg. 38, §. ultim. eod. tit. Leg. 5, ff. de fidejussoribus et mandatoribus. Leg. 24, cod. eod. tit.

Article 2036. La caution peut opposer au créancier toutes les exceptions qui appartiennent au débiteur principal, et qui sont inhérentes à la dette ;

Mais elle ne peut opposer les exceptions qui sont purement personnelles au débiteur.

Leg. 32, ff. de fidejussoribus et mandatoribus. Leg. 7 , §. 1 , et leg. 19, ff. de exceptionibus et præscriptionibus. Leg. 11, cod. eod. tit. = Instit. , §. 4, lib. 4, tit. 14. = Leg. 42, §. 1 , ff. de jurejurando.

Leg. 13, ff. de minoribus. Leg. cod. de fidejussoribus minorum. Leg. 25, ff. de fidejussoribus et mandatoribus. Leg. 89 , ff. de acquirendâ vel omittendâ hæreditate.

Article 2037. La caution est déchargée, lorsque la subrogation aux droits, hypothèques et priviléges du créancier, ne peut plus, par le fait de ce créancier, s'opérer en faveur de la caution.

Article 2038. L'acceptation volontaire que le créancier a faite d'un immeuble ou d'un effet quelconque en paiement de la dette principale, décharge la caution, encore que le créancier vienne à en être évincé.

Argum. ex leg. 54 , ff. de solutionibus et liberationibus. Leg. 43, ff. eod. tit. Leg. 47 , ff. de verborum significatione.

Article 2039. La simple prorogation de terme, accordée par le créancier au débiteur principal, ne décharge point la caution, qui peut, en ce cas, poursuivre le débiteur pour le forcer au paiement.

Arrêtés de Lamoignon, tit. 23, art. 15. (1)

---

(1) Cet article décide une question qui était fort controversée dans l'ancienne jurisprudence, et sur laquelle les plus habiles jurisconsultes avaient été partagés. *Voy*. Ranchin, sur la question 117 de Guypape. Charondas, *lib. 7 , cap. 47.* Raviot , question 217, n°. 7. Matheus, *quæst. 570; Argum. ex leg. 13, §. 11 , ff. locati conducti. Leg. 7 , cod. eod. Leg. 62 , ff. de fidejuss. et mandatorib.*

CHAPITRE IV.

De la Caution légale et de la Caution judiciaire.

Article 2040. Toutes les fois qu'une personne est obligée, par la loi ou par une condamnation, à fournir une caution, la caution offerte doit remplir les conditions prescrites par les articles 2018 et 2019.

Lorsqu'il s'agit d'un cautionnement judiciaire, la caution doit en outre être susceptible de contrainte par corps.

Article 2041. Celui qui ne peut pas trouver une caution, est reçu à donner à sa place un gage en nantissement suffisant.

Voy. Arrêtés de Lamoignon, tit. 23, art. 17.

Article 2042. La caution judiciaire ne peut point demander la discussion du débiteur principal.

Arrêtés de Lamoignon, tit. 23, art. 17.

Article 2043. Celui qui a simplement cautionné la caution judiciaire, ne peut demander la discussion du débiteur principal et de la caution.

TITRE XV.

Des Transactions.

[Décrété le 29 Ventôse an XII. Promulgué le 9 Germinal suivant.]

Article 2044. La transaction est un contrat par lequel les parties terminent une contestation née, ou préviennent une contestation à naître.

Ce contrat doit être rédigé par écrit.

Leg. 1, *ff. de transactionibus. Leg.* 2, *leg.* 58, *cod. eod. tit.*

Article 2045. Pour transiger , il faut avoir la capacité de disposer des objets compris dans la transaction.

Le tuteur ne peut transiger pour le mineur ou l'interdit , que conformément à l'article 467 au titre *de la Minorité , de la Tutelle et de l'Emancipation ;* et il ne peut transiger avec le mineur devenu majeur , sur le compte de tutelle, que conformément à l'article 472 au même titre.

Les communes et établissemens publics ne peuvent transiger qu'avec l'autorisation expresse du Gouvernement.

Leg. 36 , *cod. de transactionibus. Leg.* 9 , §. 3 , *ff. eod. tit.*

Article 2046. On peut transiger sur l'intérêt civil qui résulte d'un délit. La transaction n'empêche pas la poursuite du ministère public.

Leg. 18 , *cod. de transactionibus.*.

Article 2047. On peut ajouter à une transaction la stipulation d'une peine contre celui qui manquera de l'exécuter.

Leg. 17 , *cod. de transactionibus.*

Article 2048. Les transactions se renferment dans leur objet : la renonciation qui y est faite à tous droits , actions et prétentions , ne s'entend que de ce qui est relatif au différend qui y a donné lieu.

Leg. 5 , *leg.* 9 , §. 1 et 3 , *ff. de transactionibus. Leg.* 3 et 31 , *cod. eod. tit.*

Article 2049. Les transactions ne règlent que les différends qui s'y trouvent compris , soit que les parties aient manifesté leur intention par des expressions spéciales ou générales , soit que l'on reconnaisse cette intention par une suite nécessaire de ce qui est exprimé.

Leg. 9 , §. 1 , *ff. de transactionibus. Leg.* 3 , §. 1 , *eod. tit.* = *Argum. ex leg.* 47 , §. 1 , *ff. de pactis.*
Leg. 12 , *ff. de transactionibus.*

Article 2050. Si celui qui avait transigé sur un droit qu'il avait de son chef, acquiert ensuite un droit semblable du chef d'une autre personne , il n'est point , quant au droit nouvellement acquis , lié par la transaction antérieure.

Leg. 9 , *in pr.* , *ff. de transactionibus.*

Article 2051. La transaction faite par l'un des intéressés ne lie point les autres intéressés , et ne peut être opposée par eux.

Leg. 3 , §. 2 *; leg.* 9 , *ff. de transactionibus. Leg.* 1 , *cod. eod. tit. Leg.* 1 , *cod. res inter alios acta. Leg.* 27 , §. 4 *; leg.* 10 , *leg.* 17 , *ff. de pactis. Leg.* 26 , *cod. eod. tit.*

Article 2052. Les transactions ont , entre les parties , l'autorité de la chose jugée en dernier ressort.

Elles ne peuvent être attaquées pour cause d'erreur de droit , ni pour cause de lésion.

Leg. 20 , *leg.* 10 , *leg.* 16 , *leg.* 39, *cod. de transactionibus. Leg.* 19 , *leg.* 35 , *ff. eod. tit.*

Article 2053. Néanmoins une transaction peut être rescindée , lorsqu'il y a erreur dans la personne , ou sur l'objet de la contestation.

Elle peut l'être dans tous les cas où il y a dol ou violence.

Leg. 9 , §. 2 , *ff. de transactionibus. Leg.* 13 , *leg.* 22, *leg.* 30, *leg.* 35 , *cod. eod. tit.* (1)

Article 2054. Il y a également lieu à l'action en rescision contre une transaction , lorsqu'elle a été faite en exécution d'un titre nul, à moins que les parties n'aient expressément traité sur la nullité.

Argum. ex leg. 51 , *in pr.* , *ff. de pactis ; ex leg.* 42 , *in fin.* , *cod. eod. tit.*

Article 2055. La transaction faite sur pièces qui depuis ont été reconnues fausses, est entièrement nulle.

Leg. 42 , *cod. de transactionibus.*

(1) L'erreur de droit ne peut jamais être un motif de rescinder un contrat , tous les citoyens étant censés connaître les lois. Vid. *leg.* 2 , *leg.* 9 , *ff. de jur. et fact. ignorant. Leg.* 12 , *cod. eod.*

Article 2056. La transaction sur un procès terminé par un jugement passé en force de chose jugée, dont les parties ou l'une d'elles n'avaient point connaissance, est nulle.

Si le jugement ignoré des parties était susceptible d'appel, la transaction sera valable.

Leg. 7, *in pr.*; *leg.* 11, *ff. de transactionibus. Leg.* 32, *cod. eod. tit. Leg.* 23, §. 1, *ff. de conditione indebiti.*

P*au*l. *sentent. lib.* 1, *tit.* 1, §. 5.

Article 2057. Lorsque les parties ont transigé généralement sur toutes les affaires qu'elles pouvaient avoir ensemble, les titres qui leur étaient alors inconnus, et qui auraient été postérieurement découverts, ne sont point une cause de rescision, à moins qu'ils n'aient été retenus par le fait de l'une des parties;

Mais la transaction serait nulle si elle n'avait qu'un objet sur lequel il serait constaté par des titres nouvellement découverts, que l'une des parties n'avait aucun droit.

Leg. 19, *cod. de transactionibus.*
Leg. 51, *ff. de pactis.*

Article 2058. L'erreur de calcul dans une transaction doit être réparée.

Leg. unic., *cod. de errore calculi.*

Dans le droit romain la transaction sur un legs d'alimens ne pouvait être faite sans l'autorisation du juge. Vid. *tot. leg.* 8, *ff. de transactionibus.*

~~~~~~

TITRE XVI.

De la Contrainte par Corps en Matière civile.

[Décrété le 23 Pluviôse an XII. Promulgué le 3 Ventôse suivant.]

Article 2059. L*a* contrainte par corps a lieu, en matière civile, pour le stellionat.

Il y a stellionat,

Lorsqu'on vend ou qu'on hypothèque un immeuble dont on sait n'être pas propriétaire;

Lorsqu'on présente comme libres des biens hypothéqués, ou que l'on déclare des hypothèques moindres que celles dont ces biens sont chargés.

Leg. 3, §. 1, *ff. stellionatus. Leg.* 1, 2 *et* 4, *cod. de crimine stellionatus.*

Article 2060. La contrainte par corps a lieu pareillement,

1°. Pour dépôt nécessaire ;

2°. En cas de réintégrande, pour le délaissement, ordonné par justice, d'un fonds dont le propriétaire a été dépouillé par voie de fait ; pour la restitution des fruits qui en ont été perçus pendant l'indue possession, et pour le paiement des dommages et intérêts adjugés au propriétaire ;

3°. Pour répétition de deniers consignés entre les mains de personnes publiques établies à cet effet ;

4°. Pour la représentation des choses déposées aux séquestres, commissaires et autres gardiens ;

5°. Contre les cautions judiciaires et contre les cautions des contraignables par corps, lorsqu'elles se sont soumises à cette contrainte ;

6°. Contre tous officiers publics, pour la représentation de leurs minutes, quand elle est ordonnée ;

7°. Contre les notaires, les avoués et les huissiers, pour la restitution des titres à eux confiés, et des deniers par eux reçus pour leurs cliens, par suite de leurs fonctions.

Ordonnance de 1667, tit. 34, art. 4. = Loi du 15 germinal an 6, tit. 1, art. 3.

Article 2061. Ceux qui, par un jugement rendu au pétitoire, et passé en force de chose jugée, ont été condamnés à désemparer un fonds, et qui refusent d'obéir, peuvent, par un second jugement, être contraints par corps, quinzaine après la signification du premier jugement à personne ou domicile.

Si le fonds ou l'héritage est éloigné de plus de cinq myriamètres du domicile de la partie condamnée, il sera ajouté au délai de quinzaine, un jour par cinq myriamètres.

Ordonnance de 1667, tit. 27, art. 3.

Article 2062. La contrainte par corps ne peut être ordonnée contre les fermiers pour le paiement des fermages des biens ruraux, si elle n'a été stipulée formellement dans l'acte de bail. Néanmoins les fermiers et les colons partiaires peuvent être con-

53

traints par corps, faute par eux de représenter, à la fin du bail, le cheptel de bétail, les semences et les instrumens aratoires qui leur ont été confiés ; à moins qu'ils ne justifient que le déficit de ces objets ne procède point de leur fait.

Ordonnance de 1667, tit. 34, art. 7. = Loi du 15 germinal an 6, tit. 1, art. 4.

Article 2063. Hors les cas déterminés par les articles précédens, ou qui pourraient l'être à l'avenir par une loi formelle, il est défendu à tous juges de prononcer la contrainte par corps, à tous notaires et greffiers de recevoir des actes dans lesquels elle serait stipulée, et à tous Français de consentir pareils actes, encore qu'ils eussent été passés en pays étrangers ; le tout à peine de nullité, dépens, dommages et intérêts.

Ordonnance de 1667, tit. 34, art. 6. = Loi du 15 germinal an 6, tit. 1, art. 1, 2 et 6.

Article 2064. Dans les cas même ci-dessus énoncés, la contrainte par corps ne peut être prononcée contre les mineurs.

Article 2065. Elle ne peut être prononcée pour une somme moindre de trois cents francs.

Article 2066. Elle ne peut être prononcée contre les septuagénaires, les femmes et les filles, que dans les cas de stellionat.

Il suffit que la soixante-dixième année soit commencée, pour jouir de la faveur accordée aux septuagénaires.

La contrainte par corps pour cause de stellionat pendant le mariage, n'a lieu contre les femmes mariées que lorsqu'elles sont séparées de biens, ou lorsqu'elles ont des biens dont elles se sont réservé la libre administration, et à raison des engagemens qui concernent ces biens.

Les femmes qui, étant en communauté, se seraient obligées conjointement ou solidairement avec leur mari, ne pourront être réputées stellionataires à raison de ces contrats.

Ordonnance de 1667, tit. 34, art. 12. = Loi du 15 germinal an 6, tit. 1, art. 5.

Article 2067. La contrainte par corps , dans les cas même où elle est autorisée par la loi , ne peut être appliquée qu'en vertu d'un jugement.

Article 2068. L'appel ne suspend pas la contrainte par corps prononcée par un jugement provisoirement exécutoire en donnant caution.

Ordonnance de 1667 , tit. 34 , art. 12.

Article 2069. L'exercice de la contrainte par corps n'empêche ni ne suspend les poursuites et les exécutions sur les biens.

Ordonnance de 1667 , tit. 34 , art. 13.

Article 2070. Il n'est point dérogé aux lois particulières qui autorisent la contrainte par corps dans les matières de commerce , ni aux lois de police correctionnelle , ni à celles qui concernent l'administration des deniers publics.

TITRE XVII.

Du Nantissement.

[Décrété le 25 Ventôse an XII. Promulgué le 5 Germinal suivant.]

Article 2071. Le nantissement est un contrat par lequel un débiteur remet une chose à son créancier pour sûreté de la dette.

Article 2072. Le nantissement d'une chose mobilière s'appelle *gage*. Celui d'une chose immobilière s'appelle *antichrèse*.

Leg. 238, §. 2 , *ff. de verborum significatione.* = *Instit. de actionibus ,* §. 7. = *Leg.* 5, §. 1 ,*ff. de pignoribus et hypothecis. Leg.* 9 , §. 2 , *ff. de pigneratitiâ actione.*

CHAPITRE PREMIER.

Du Gage.

Article 2073. Le gage confère au créancier le droit de se faire payer sur la chose qui en est l'objet, par privilége et préférence aux autres créanciers.

Leg. 9, *leg.* 14, *cod. de distractione pignorum.* = *Leg.* 18, §. 2 , *ff. de pigneratitiâ actione.*

Article 2074. Ce privilége n'a lieu qu'autant qu'il y a un acte public ou sous seing privé , dûment enregistré, contenant la déclaration de la somme due , ainsi que l'espèce et la nature des choses remises en gage, ou un état annexé de leurs qualité , poids et mesure.

La rédaction de l'acte par écrit et son enregistrement ne sont néanmoins prescrits qu'en matière excédant la valeur de cent cinquante francs.

Ordonnance de 1673, tit. 6, art. 8 et 9. = *Ordonnance de* 1629, art. 158.

Article 2075. Le privilége énoncé en l'article précédent ne s'établit sur les meubles incorporels , tels que les créances mobilières , que par acte public ou sous seing privé , aussi enregistré , et signifié au débiteur de la créance donnée en gage.

Leg. 5, *cod. de novationibus et delegationibus.* = Coutume de Paris , art. 108.

Article 2076. Dans tous les cas , le privilége ne subsiste sur le gage qu'autant que ce gage a été mis et est resté en la possession du créancier, ou d'un tiers convenu entre les parties.

Leg. 2, *leg.* 4, *cod. de remissione pignoris.* *Leg.* 4 , *leg.* 8, §. 11 , *ff. de pignoribus et hypothecis. Leg.* 158 , *ff. de regulis juris.*

Article 2077. Le gage peut être donné par un tiers pour le débiteur.

Leg. 16, §. 1 ; *leg.* 20, *ff. de pigneratitiâ actione.* = *Leg.* 2 , *cod. si aliena res pignori data sit.*

Article 2078. Le créancier ne peut, à défaut de paiement, disposer du gage ; sauf à lui à faire ordonner en justice que ce gage lui demeurera en paiement et jusqu'à due concurrence, d'après une estimation faite par experts, ou qu'il sera vendu aux enchères.

Toute clause qui autoriserait le créancier à s'approprier le gage ou à en disposer sans les formalités ci-dessus, est nulle.

Leg. 4, leg. 14, cod. de distractione pignorum. Leg. ult., §. 1, cod. de jure dominii impetrando.

Leg. 1, leg. ultim. cod. de pactis pignorum et de lege commissoriâ. Leg. 16, §. ultim. de pignoribus et hypothecis. Leg. 81, ff. de contrahendâ emptione.

Article 2079. Jusqu'à l'expropriation du débiteur, s'il y a lieu, il reste propriétaire du gage, qui n'est, dans la main du créancier, qu'un dépôt assurant le privilége de celui-ci.

Leg. 35, §. 1, ff. de pigneratitiâ actione. Leg. 21, §. 2, ff. de pignoribus et hypothecis. Leg. 9, cod. eod. tit.

Article 2080. Le créancier répond, selon les règles établies au titre *des Contrats ou des Obligations conventionnelles en général*, de la perte ou détérioration du gage qui serait survenue par sa négligence.

De son côté, le débiteur doit tenir compte au créancier des dépenses utiles et nécessaires que celui-ci a faites pour la conservation du gage.

Leg. 13, §. 1 ; leg. 8, leg. 25 ; ff. de pigneratitiâ actione. Leg. 19, cod. de pignoribus et hypothecis. Leg. 30, leg. 14, ff. eod. tit. Leg. 5, leg. 6, leg. 8, leg. 9, leg. 27, cod. eod. tit.

Article 2081. S'il s'agit d'une créance donnée en gage, et que cette créance porte intérêts, le créancier impute ces intérêts sur ceux qui peuvent lui être dus.

Si la dette pour sûreté de laquelle la créance a été donnée en gage, ne porte point elle-même intérêts, l'imputation se fait sur le capital de la dette.

Leg. 1, leg. 2, leg. 3, ff. de pigneratitiâ actione. Leg. 5, §. 2 et 3, ff. de solutionibus et liberationibus.

Article 2082. Le débiteur ne peut, à moins que le détenteur du gage n'en abuse, en réclamer la restitution qu'après avoir entièrement payé, tant en principal qu'intérêts et frais, la dette pour sûreté de laquelle le gage a été donné.

S'il existait de la part du même débiteur, envers le même créancier, une autre dette contractée postérieurement à la mise en gage , et devenue exigible avant le paiement de la première dette, le créancier ne pourra être tenu de se dessaisir du gage avant d'être entièrement payé de l'une et de l'autre dette , lors même qu'il n'y aurait eu aucune stipulation pour affecter le gage au paiement de la seconde.

Leg. unicâ cod. etiam ob chirographariam pecuniam.

Article 2083. Le gage est indivisible nonobstant la divisibilité de la dette entre les héritiers du débiteur ou ceux du créancier.

L'héritier du débiteur , qui a payé sa portion de la dette, ne peut demander la restitution de sa portion dans le gage, tant que la dette n'est pas entièrement acquittée.

Réciproquement, l'héritier du créancier , qui a reçu sa portion de la dette, ne peut remettre le gage au préjudice de ceux de ses cohéritiers qui ne sont pas payés.

Leg. 8, §. 2 ; *leg.* 9, §. 3 ; *leg.* 11, §4, *ff. de pigneratitiâ actione. Leg.* 2, *cod. debitorem venditionem pignoris.*

Article 2084. Les dispositions ci-dessus ne sont applicables ni aux matières de commerce, ni aux maisons de prêt sur gage autorisées, et à l'égard desquelles on suit les lois et réglemens qui les concernent.

CHAPITRE II.

De l'Antichrèse.

Article 2085. L'ANTICHRÈSE ne s'établit que par écrit.

Le créancier n'acquiert par ce contrat, que la faculté de percevoir les fruits de l'immeuble, à la charge de les imputer annuellement sur les intérêts, s'il lui en est dû , et ensuite sur le capital de sa créance.

Leg. 11 , §. 1 , *ff. de pignoribus et hypothecis. Leg.* 33 *et leg.* 59, *ff. de pigneratitiâ actione.*

Article 2086. Le créancier est tenu , s'il n'en est autrement convenu , de payer les contributions et les charges annuelles de l'immeuble qu'il tient en antichrèse.

Il doit également , sous peine de dommages et intérêts , pourvoir à l'entretien et aux réparations utiles et nécessaires de l'immeuble, sauf à prélever sur les fruits toutes les dépenses relatives à ces divers objets.

Argum. ex leg. 56, §. 5, ff. de hæreditatis petitione.

Article 2087. Le débiteur ne peut, avant l'entier acquittement de la dette, réclamer la jouissance de l'immeuble qu'il a remis en antichrèse.

Mais le créancier qui veut se décharger des obligations exprimées en l'article précédent, peut toujours, à moins qu'il n'ait renoncé à ce droit, contraindre le débiteur à reprendre la jouissance de son immeuble.

Vid. argum. ex leg. 9, §. 3, ff. de pigneratitia actione.
Argum. ex leg. 2, cod. debitorem venditionem pignoris.

Article 2088. Le créancier ne devient point propriétaire de l'immeuble, par le seul défaut de paiement au terme convenu; toute clause contraire est nulle : en ce cas, il peut poursuivre l'expropriation de son débiteur par les voies légales.

Leg. 1, cod. de pactis pignorum et de lege commissoria.

Article 2089. Lorsque les parties ont stipulé que les fruits se compenseront avec les intérêts, ou totalement, ou jusqu'à une certaine concurrence, cette convention s'exécute comme toute autre qui n'est point prohibée par les lois.

Leg. 17, cod. de usuris.

Article 2090. Les dispositions des articles 2077 et 2083 s'appliquent à l'antichrèse comme au gage.

Article 2091. Tout ce qui est statué au présent chapitre ne préjudicie point aux droits que des tiers pourraient avoir sur le fonds de l'immeuble remis à titre d'antichrèse.

Si le créancier, muni à ce titre, a d'ailleurs sur le fonds, des priviléges ou hypothèques légalement établis et conservés, il les exerce à son ordre et comme tout autre créancier.

TITRE XVIII.

Des Priviléges et Hypothèques.

[Décrété le 28 Ventôse an XII. Promulgué le 8 Germinal suivant.]

CHAPITRE PREMIER.

Dispositions générales.

Article 2092. QUICONQUE s'est obligé personnellement, est tenu de remplir son engagement sur tous ses biens mobiliers et immobiliers, présens et à venir.

Article 2093. Les biens du débiteur sont le gage commun de ses créanciers ; et le prix s'en distribue entre eux par contribution, à moins qu'il n'y ait entre les créanciers des causes légitimes de préférence.

Leg. 6, *cod. de bonis auctoritate judicis possidendis.*

Article 2094. Les causes légitimes de préférence sont les priviléges et hypothèques.

CHAPITRE II.

Des Priviléges.

Article 2095. LE privilége est un droit que la qualité de la créance donne à un créancier d'être préféré aux autres créanciers, même hypothécaires.

Article 2096. Entre les créanciers privilégiés, la préférence se règle par les différentes qualités des priviléges.

Leg. 52, *ff. de rebus auctoritate judicis possidendis.*

Article 2097. Les créanciers privilégiés qui sont dans le même rang, sont payés par concurrence.

Article 2098. Le privilége, à raison des droits du trésor public, et l'ordre dans lequel il s'exerce, sont réglés par les lois qui les concernent.

Le trésor public ne peut cependant obtenir de privilége au préjudice des droits antérieurement acquis à des tiers.

Article 2099. Les priviléges peuvent être sur les meubles ou sur les immeubles.

SECTION PREMIERE.

Des priviléges sur les meubles.

Article 2100. Les priviléges sont ou généraux, ou particuliers sur certains meubles.

§. Ier.

Des priviléges généraux sur les meubles.

Article 2101. Les créances privilégiées sur la généralité des meubles sont celles exprimées, et s'exercent dans l'ordre suivant :

1°. Les frais de justice;

2°. Les frais funéraires;

3°. Les frais quelconques de la dernière maladie, concurremment entre ceux à qui ils sont dus;

4°. Les salaires des gens de service, pour l'année échue et ce qui est dû sur l'année courante;

5°. Les fournitures de subsistances faites au débiteur et à sa famille ; savoir, pendant les six derniers mois, par les marchands en détail, tels que boulangers, bouchers et autres; et pendant la dernière année, par les maîtres de pension et marchands en gros.

Leg. 45, *leg.* 14, §. 1 , *ff. de religiosis et sumptibus funerum. Leg.* 17 , *ff. de rebus authoritate judicis possidendis.*

Loi du 11 brumaire an 7, tit. 1 , chap. 4, art. 11.

§. II.

Des priviléges sur certains meubles.

Article 2102. Les créances privilégiées sur certains meubles sont,

1°. Les loyers et fermages des immeubles, sur les fruits de la récolte de l'année, et sur le prix de tout ce qui garnit la maison louée ou la ferme, et de tout ce qui sert à l'exploitation de la ferme; savoir, pour tout ce qui est échu, et pour tout ce qui est à écheoir, si les baux sont authentiques, ou si, étant sous signature privée, ils ont une date certaine; et, dans ces deux cas, les autres créanciers ont le droit de relouer la maison ou la ferme pour le restant du bail, et de faire leur profit des baux ou fermages, à la charge toutefois de payer au propriétaire tout ce qui lui serait encore dû;

Et, à défaut de baux authentiques, ou lorsqu'étant sous signature privée, ils n'ont pas une date certaine, pour une année à partir de l'expiration de l'année courante;

Le même privilége a lieu pour les réparations locatives, et pour tout ce qui concerne l'exécution du bail.

Néanmoins les sommes dues pour les semences ou pour les frais de la récolte de l'année, sont payées sur le prix de la récolte, et celles dues pour ustensiles, sur le prix de ces ustensiles, par préférence au propriétaire, dans l'un et l'autre cas;

Le propriétaire peut saisir les meubles qui garnissent sa maison ou sa ferme, lorsqu'ils ont été déplacés sans son consentement, et il conserve sur eux son privilége, pourvu qu'il ait fait la revendication; savoir, lorsqu'il s'agit du mobilier qui garnissait une ferme, dans le délai de quarante jours, et dans celui de quinzaine, s'il s'agit des meubles garnissant une maison;

2°. La créance sur le gage dont le créancier est saisi;

3°. Les frais faits pour la conservation de la chose;

4° Le prix d'effets mobiliers non payés, s'ils sont encore en la possession du débiteur, soit qu'il ait acheté à terme ou sans terme;

Si la vente a été faite sans terme, le vendeur peut même revendiquer ces effets tant qu'ils sont en la possession de l'acheteur, et en empêcher la revente, pourvu que la revendication soit faite dans la huitaine de la livraison, et que les effets se trouvent dans le même état dans lequel cette livraison a été faite;

Le privilége du vendeur ne s'exerce toutefois qu'après celui du propriétaire de la maison ou de la ferme, à moins qu'il ne soit prouvé que le propriétaire avait connaissance que les meubles et autres objets garnissant sa maison ou sa ferme n'appartenaient pas au locataire;

Il n'est rien innové aux lois et usages du commerce sur la revendication

5°. Les fournitures d'un aubergiste, sur les effets du voyageur qui ont été transportés dans son auberge;

6°. Les frais de voiture et les dépenses accessoires, sur la chose voiturée;

7°. Les créances résultant d'abus et prévarications commis par les fonctionnaires publics dans l'exercice de leurs fonctions, sur les fonds de leur cautionnement, et sur les intérêts qui en peuvent être dus.

Leg. 4, *ff. de pactis. Leg.* 4, *ff. ex quibus causis pignus tacite contrahitur. Leg.* 5, *cod eod. tit. Leg.* 5, *cod. locati conducti. Leg.* 5 *et leg.* 6, *ff. qui potiores in pignore vel hypothecâ habentur.*

Leg. 12, *ff. de pignoribus et hypothecis.*

Leg. 26, *cod. eod. tit.*

Arrêtés de LAMOIGNON, tit. 21, art. 102.

Paris art. 176, 177 et 178; Rheims, art. 398.

Argum. ex leg. 19, *ff. de contrahendâ emptione.* = *Institut. de rerum divisione*, §. 43. = *Leg.* 20, *ff. de precario.*

Arrêtés de LAMOIGNON, tit. 21, art. 98.

† Paris, art. 175; Bourbonnais, chap. 13, art. 155; Berry, tit. 9, art. 19 et 20; Blois, chap. 22, art. 268; Rheims, art. 395.

Arrêtés de LAMOIGNON, tit. 21, art. 94.

SECTION II.

Des Priviléges sur les immeubles.

Article 2103. Les créanciers privilégiés sur les immeubles sont,

1°. Le vendeur, sur l'immeuble vendu, pour le paiement du prix;

S'il y a plusieurs ventes successives dont le prix soit dû en tout ou en partie, le premier vendeur est préféré au second, le deuxième au troisième, et ainsi de suite;

2°. Ceux qui ont fourni les deniers pour l'acquisition d'un immeuble, pourvu qu'il soit authentiquement constaté, par l'acte d'emprunt, que la somme était destinée à cet emploi, et, par la quittance du vendeur, que ce paiement a été fait des deniers empruntés;

3°. Les cohéritiers, sur les immeubles de la succession, pour la garantie des partages faits entre eux, et des soulte ou retour de lots;

4°. Les architectes, entrepreneurs, maçons et autres ouvriers employés pour édifier, reconstruire ou réparer des bâtimens, canaux, ou autres ouvrages quelconques, pourvu néanmoins que, par un expert nommé d'office par le tribunal de première instance dans le ressort duquel les bâtimens sont situés, il ait été dressé préalablement un procès-verbal, à l'effet de constater l'état des lieux relativement aux ouvrages que le propriétaire déclarera avoir dessein de faire, et que les ouvrages aient été, dans les six mois au plus de leur perfection, reçus par un expert également nommé d'office ;

Mais le montant du privilége ne peut excéder les valeurs constatées par le second procès-verbal, et il se réduit à la plus-value existante à l'époque de l'aliénation de l'immeuble et résultant des travaux qui y ont été faits.

5°. Ceux qui ont prêté les deniers pour payer ou rembourser les ouvriers, jouissent du même privilége, pourvu que cet emploi soit authentiquement constaté par l'acte d'emprunt, et par la quittance des ouvriers, ainsi qu'il a été dit ci-dessus pour ceux qui ont prêté les deniers pour l'acquisition d'un immeuble.

Arrêtés de Lamoignon, tit. 21, art. 56.

Leg. 7, *cod. qui potiores in pignore habeantur.*

Argum. ex leg. 7, *cod. communia utriusque judicii. Leg.* 14, *cod. familiæ erciscundæ. Leg.* 66, *ff. de evictionibus.*

D'Hénicourt, de la vente des immeubles, chap. 11, sect. 1, n°. 9.

Leg 25, *ff. de rebus creditis. Leg.* 1, *ff. de cessione bonorum. Leg.* 24, §. 1, *ff. de rebus auctoritate judicis possidendis.*

SECTION III.

Des Priviléges qui s'étendent sur les meubles et les immeubles.

Article 2104. Les priviléges qui s'étendent sur les meubles et les immeubles sont ceux énoncés en l'article 2101.

Article 2105. Lorsqu'à défaut de mobilier les privilégiés énoncés en l'article précédent se présentent pour être payés sur le prix d'un immeuble en concurrence avec les créanciers privilégiés sur l'immeuble, les paiemens se font dans l'ordre qui suit :

1°. Les frais de justice et autres énoncés en l'art. 2101 ;

2°. Les créances désignées en l'art. 2103.

SECTION IV.

Comment se conservent les Priviléges.

Article 2106. Entre les créanciers, les priviléges ne produisent d'effet à l'égard des immeubles qu'autant qu'ils sont rendus publics par inscription sur les registres du conservateur des hypothèques, de la manière déterminée par la loi, et à compter de la date de cette inscription, sous les seules exceptions qui suivent.

Loi du 11 brumaire an 7, tit. 1, chap. 1, art. 2.

Article 2107. Sont exceptées de la formalité de l'inscription les créances énoncées en l'article 2101.

Loi du 11 brumaire an 7, tit. 1, chap. 4, art. 11.

Article 2108. Le vendeur privilégié conserve son privilège par la transcription du titre qui a transféré la propriété à l'acquéreur, et qui constate que la totalité ou partie du prix lui est due ; à l'effet de quoi la transcription du contrat faite par l'acquéreur vaudra inscription pour le vendeur et pour le prêteur qui lui aura fourni les deniers payés, et qui sera subrogé aux droits du vendeur par le même contrat ; sera néanmoins le conservateur des hypothèques tenu, sous peine de tous dommages et intérêts envers les tiers, de faire d'office l'inscription sur son registre, des créances résultant de l'acte translatif de propriété, tant en faveur du vendeur qu'en faveur des prêteurs, qui pourront aussi faire faire, si elle ne l'a été, la transcription du contrat de vente, à l'effet d'acquérir l'inscription de ce qui leur est dû sur le prix.

Loi du 11 brumaire an 7, tit. 2, art. 29.

Article 2109. Le cohéritier ou copartageant conserve son privilège sur les biens de chaque lot ou sur le bien licité, pour les soulte et retour de lots, ou pour le prix de la licitation, par l'inscription faite à sa diligence, dans soixante jours, à dater de l'acte de partage ou de l'adjudication par licitation ; durant lequel temps aucune hypothèque ne peut avoir lieu sur le bien chargé de soulte ou adjugé par licitation, au préjudice du créancier de la soulte ou du prix.

Article 2110. Les architectes, entrepreneurs, maçons et autres ouvriers employés pour édifier, reconstruire ou réparer des bâtimens, canaux, ou autres ouvrages, et ceux qui ont, pour les payer et rembourser, prêté les deniers dont l'emploi a été constaté, conservent, par la double inscription faite, 1°. du procès-verbal qui constate l'état des lieux, 2°. du procès-verbal de réception, leur privilège à la date de l'inscription du premier procès-verbal.

Loi du 11 brumaire an 7, tit. 1, chap. 4, art. 12 et 13.

Article 2111. Les créanciers et légataires qui demandent la séparation du patrimoine du défunt, conformément à l'article 878 au titre *des Successions*, conservent, à l'égard des créanciers des héritiers ou représentans du défunt, leur privilège sur les immeubles de la succession, par les inscriptions faites sur chacun de ces biens, dans les six mois à compter de l'ouverture de la succession.

Avant l'expiration de ce délai, aucune hypothèque ne peut être établie avec effet sur ces biens par les héritiers ou représentans au préjudice de ces créanciers ou légataires.

Article 2112. Les cessionnaires de ces diverses créances privilégiées exercent tous les mêmes droits que les cédans, en leur lieu et place.

Article 2113. Toutes créances privilégiées soumises à la formalité de l'inscription, à l'égard desquelles les conditions ci-dessus prescrites pour conserver le privilége n'ont pas été accomplies, ne cessent pas néanmoins d'être hypothécaires ; mais l'hypothèque ne date, à l'égard des tiers, que de l'époque des inscriptions qui auront dû être faites ainsi qu'il sera ci-après expliqué.

CHAPITRE III.

Des Hypothèques.

Article 2114. L'HYPOTHÈQUE est un droit réel sur les immeubles affectés à l'acquittement d'une obligation.

Elle est, de sa nature, indivisible, et subsiste en entier sur tous les immeubles affectés, sur chacun et sur chaque portion de ces immeubles.

Elle les suit dans quelques mains qu'ils passent.

Loi du 11 brumaire an 7, tit. 1, chap. 1, art. 1.
Argum. ex leg. 2, *cod. si unus ex pluribus hæredibus creditoris.*
Leg. 12, *log.* 15, *cod. de distractione pignorum.*

Article 2115. L'hypothèque n'a lieu que dans les cas et suivant les formes autorisés par la loi.

Article 2116. Elle est ou légale, ou judiciaire, ou conventionnelle.

Article 2117. L'hypothèque légale est celle qui résulte de la loi.

L'hypothèque judiciaire est celle qui résulte des jugemens ou actes judiciaires.

L'hypothèque conventionnelle est celle qui dépend des conventions, et de la forme extérieure des actes et des contrats.

Article 2118. Sont seuls susceptibles d'hypothèques ,

1°. Les biens immobiliers qui sont dans le commerce , et leurs accessoires réputés immeubles ;

2°. L'usufruit des mêmes biens et accessoires pendant le temps de sa durée.

Leg. 9 , §. 1 , *ff. de pignoribus et hypothecis. Leg.* 11 , §. 2 ; *leg.* 13 , §. 3 , *eod. tit. Leg.* 16 , §. 2 , *ff. de pigneratitiá actione. Leg.* 15 , *ff. qui potiores in pignore habeantur.*

Loi du 11 brumaire au 7 , tit. 1 , chap. 2 , art. 6.

Article 2119. Les meubles n'ont pas de suite par hypothèque.

Paris , art. 170 ; Berry , tit. 9 , art. 9 ; Blois , chap. 22 , art. 268 ; Troyes , tit. 4 , art. 72 ; Bourbonnais , chap. 13 , art 116.

Arrêtés de LAMOIGNON , tit. 21 , art. 92.

Article 2120. Il n'est rien innové par le présent Code aux dispositions des lois maritimes concernant les navires et bâtimens de mer.

Loi du 11 brumaire an 7 , tit. 1 , chap. 2 , art. 8.

SECTION PREMIERE.

Des Hypothèques légales.

Article 2121. Les droits et créances auxquels l'hypothèque légale est attribuée, sont,

Ceux des femmes mariées, sur les biens de leur mari;

Ceux des mineurs et interdits , sur les biens de leur tuteur;

Ceux de la nation , des communes et des établissemens publics , sur les biens des receveurs et administrateurs comptables.

Leg. unicá , §. 1 , cod. de rei uxoriæ actione. Leg. 12 , *cod. qui potiores in pignore habeantur.* = *Novell.* 117 , *cap.* 2.

Leg. 20 , *cod. de administratione tutorum.* = *Novell.* 118 , *cap.* 5. = *Leg.* 6 , *cod. in quibus causis pignusvel hypotheca tacite contrahitur.*

Leg. 28 . *leg.* 46 , §. 3 , *ff. de jure fisci. Leg.* 2 , *cod. in quibus causis pignus vel hypotheca tacitè contrahitur. Leg.* 19 , §. 1 ; *leg.* 20 , *leg.* 21 , *leg.* 22 , *ff. de rebus auctoritate judicis possidendis.*

Arrêtés de LAMOIGNON , tit. 21 , art. 63 et 74.

Article 2122. Le créancier qui a une hypothèque légale peut exercer son droit sur tous les immeubles appartenant à son débiteur et sur ceux qui pourront lui appartenir dans la suite , sous les modifications qui seront ci-après exprimées.

SECTION II.

Des Hypothèques judiciaires.

Article 2123. L'hypothèque judiciaire résulte des jugemens, soit contradictoires, soit par défaut, définitifs ou provisoires, en faveur de celui qui les a obtenus. Elle résulte aussi des reconnaissances ou vérifications, faites en jugement, des signatures apposées à un acte obligatoire sous seing-privé.

Elle peut s'exercer sur les immeubles actuels du débiteur et sur ceux qu'il pourra acquérir, sauf aussi les modifications qui seront ci-après exprimées.

Les décisions arbitrales n'emportent hypothèque qu'autant qu'elles sont revêtues de l'ordonnance judiciaire d'exécution.

L'hypothèque ne peut pareillement résulter des jugemens rendus en pays étranger, qu'autant qu'ils ont été déclarés exécutoires par un tribunal français; sans préjudice des dispositions contraires qui peuvent être dans les lois politiques ou dans les traités.

Ordonnance de 1539, art. 93.
Ordonnance de Moulins, de 1556, art. 53.
Paris, art. 107.
Arrêtés de LAMOIGNON, tit. 21, art. 26.

SECTION III.

Des Hypothèques conventionnelles.

Article 2124. Les hypothèques conventionnelles ne peuvent être consenties que par ceux qui ont la capacité d'aliéner les immeubles qu'ils y soumettent.

Leg. 1, §. 1, ff. quæ res pignori vel hypothecæ datæ. Leg. ultim., cod. de rebus alienis non alienandis. Leg. 2, cod. si aliena res pignori data sit. Leg. ultim., cod. de pignoribus et hypothecis. Leg. unic., cod. si communis res pignori data sit.
Loi du 11 brumaire an 7, tit. 1, chap. 3, art. 9.

Article 2125. Ceux qui n'ont sur l'immeuble qu'un droit suspendu par une condition, ou résoluble dans certains cas, ou sujet à rescision, ne peuvent consentir qu'une hypothèque soumise aux mêmes conditions ou à la même rescision.

Argum. ex leg. 54, ff. de regulis juris.
Leg. 31, ff. de pignoribus et hypothecis. Leg. 5, ff. quibus modis pignus vel hypotheca solvitur.

Article 2126. Les biens des mineurs, des interdits, et ceux des absens tant que la possession n'en est déférée que provisoirement, ne peuvent être hypothéqués que pour les causes et dans les formes établies par la loi, ou en vertu de jugemens.

Leg. 5, §. 10 ; leg. 13, ff. de rebus eorum qui sub tutelâ vel curâ sunt.
Loi du 11 brumaire an 7, tit. 1, chap. 3, art. 10.

Article 2127. L'hypothèque conventionnelle ne peut être consentie que par acte passé en forme authentique devant deux notaires, ou devant un notaire et deux témoins.

Amiens, art. 143; Rheims, art. 178.
Loi du 11 brumaire an 7, tit. 1, chap. 1, art. 3, §. 1.
Contr. Leg. 4, leg. 34, §. 1, ff. de pignoribus et hypothecis.
Leg. 12, cod. eod. tit. Leg. 11, cod. qui potiores in pignore habeantur.

Article 2128. Les contrats passés en pays étranger ne peuvent donner d'hypothèque sur les biens de France, s'il n'y a des dispositions contraires à ce principe dans les lois politiques ou dans les traités.

Voy. Ordonnance de 1629, art. 121.
Arrêtés de LAMOIGNON, tit. 21, art. 25.

Article 2129. Il n'y a d'hypothèque conventionnelle valable que celle qui, soit dans le titre authentique constitutif de la créance, soit dans un acte authentique postérieur, déclare spécialement la nature et la situation de chacun des immeubles actuellement appartenant au débiteur, sur lesquels il consent l'hypothèque de la créance. Chacun de tous ses biens présens peut être nominativement soumis à l'hypothèque.

Les biens à venir ne peuvent pas être hypothéqués.

Voy. Amiens, art. 157.
Loi du 11 brumaire an 7, tit. 1, chap. 1, art. 4.
Contr. Leg. 1, leg. 15, ff. de pignoribus et hypothecis. Leg. 9, in fin., cod. quæ res pignori obligari possunt

Article 2130. Néanmoins, si les biens présens et libres du débiteur sont insuffisans pour la sûreté de la créance, il peut, en exprimant cette insuffisance, consentir que chacun des biens qu'il acquerra par la suite, y demeure affecté à mesure des acquisitions.

Article 2131. Pareillement, en cas que l'immeuble ou les immeubles présens , assujettis à l'hypothèque , eussent péri , ou éprouvé des dégradations, de manière qu'ils fussent devenus insuffisans pour la sûreté du créancier, celui-ci pourra ou poursuivre dès à présent son remboursement, ou obtenir un supplément d'hypothèque.

Article 2132. L'hypothèque conventionnelle n'est valable qu'autant que la somme pour laquelle elle est consentie , est certaine et déterminée par l'acte : si la créance résultant de l'obligation est conditionnelle pour son existence , ou indéterminée dans sa valeur , le créancier ne pourra requérir l'inscription dont il sera parlé ci-après, que jusqu'à concurrence d'une valeur estimative par lui déclarée expressément, et que le débiteur aura droit de faire réduire , s'il y a lieu.

Article 2133. L'hypothèque acquise s'étend à toutes les améliorations survenues à l'immeuble hypothéqué.

Leg. 13, *in pr. ; leg.* 16, *in pr. ff. de pignoribus et hypothecis. Leg.* 18, §. 1 , *ff. de pigneratitiâ actione.*

SECTION IV.

Du rang que les Hypothèques ont entre elles.

Article 2134. Entre les créanciers, l'hypothèque , soit légale , soit judiciaire , soit conventionnelle , n'a de rang que du jour de l'inscription prise par le créancier sur les registres du conservateur, dans la forme et de la manière prescrites par la loi, sauf les exceptions portées en l'article suivant.

Loi du 11 brumaire an 7 , tit. 1 , chap. 1 , art. 2. (1)

------

(1) Dans quelques coutumes , l'hypothèque ne pouvait s'acquérir que par une inscription du titre de créance sur un registre public. Les pays soumis à ces coutumes s'appelaient pays de nantissement. C'est en grande partie de ces coutumes que la loi du 11 brumaire an 7 avait emprunté ses dispositions. *Voy.* Rheims , art. 175 ; Laon , art. 119 ; Châlons , art. 123 ; Chaulny , tit. 2 , art. 7 ; Amiens , Abbeville , Ponthieu , Vermandois.

Chez les Athéniens , le seul moyen d'acquérir l'hypothèque sur les héritages des débiteurs , était l'apposition de certaines marques sur les héritages hypothéqués. *Vid. Demosthenis orationem contrà Spudiam pro dote , et adversus Phœnippum.* = Senec. , *lib.* 4 , *de beneficiis.* = Et il paraît , par quelques textes du droit , que ces marques étaient en usage à Rome avant les empereurs. *Vid. Leg.* 1 *et leg.* 2 , *cod. ut nemini liceat sine judicio Leg.* 15 , §. 32 *et* 33. *Leg.* 20 , *ff. de injuriis. Leg.* 22 , §. 2 , *ff. quod vi aut. clam.* = *Novell.* 10 , *cap.* 15. *Novel.* 164.

Article 2135. L'hypothèque existe, indépendamment de toute inscription,

1°. Au profit des mineurs et interdits, sur les immeubles appartenant à leur tuteur, à raison de sa gestion, du jour de l'acceptation de la tutelle;

2°. Au profit des femmes, pour raison de leur dot et conventions matrimoniales, sur les immeubles de leur mari, et à compter du jour du mariage.

La femme n'a hypothèque pour les sommes dotales qui proviennent de successions à elle échues, ou de donations à elles faites pendant le mariage, qu'à compter de l'ouverture des successions, ou du jour que les donations ont eu leur effet.

Elle n'a hypothèque pour l'indemnité des dettes qu'elle a contractées avec son mari, et pour le remploi de ses propres aliénés, qu'à compter du jour de l'obligation ou de la vente.

Dans aucun cas, la disposition du présent article ne pourra préjudicier aux droits acquis à des tiers avant la publication du présent titre.

Argum. ex leg. 20, *cod. de administratione tutorum.* = *Leg.* 6, *cod. in quibus causis pignus vel hypotheca tacite contrahitur.* = *Novell.* 118, *cap.* 5. = *Leg.* 15, §. 1, *cod. de curatoribus furioso dandis.*

Amiens, art. 139; Rheims, art. 182; Laon, art. 124.

Argum. ex leg. unic., §.1, *cod. de rei uxoriæ actione.* = *Leg.* 12, *cod. qui potiores in pignore habentur.*

Rheims, art. 257.

Article 2136. Sont toutefois les maris et les tuteurs tenus de rendre publiques les hypothèques dont leurs biens sont grevés, et, à cet effet, de requérir eux-mêmes, sans aucun délai, inscription aux bureaux à ce établis, sur les immeubles à eux appartenant, et sur ceux qui pourront leur appartenir par la suite.

Les maris et les tuteurs qui, ayant manqué de requérir et de faire faire les inscriptions ordonnées par le présent article, auraient consenti ou laissé prendre des priviléges ou des hypothèques sur leurs immeubles, sans déclarer expressément que lesdits immeubles étaient affectés à l'hypothèque légale des femmes et des mineurs, seront réputés stellionataires, et comme tels contraignables par corps.

Article 2137. Les subrogés tuteurs seront tenus, sous leur responsabilité personnelle, et sous peine de tous dommages et intérêts, de veiller à ce que les inscriptions soient prises sans délai sur les biens du tuteur, pour raison de sa gestion, même de faire faire lesdites inscriptions.

Loi du 11 brumaire an 7, tit. 3, art. 41.

Article 2138. A défaut par les maris, tuteurs, subrogés tuteurs, de faire faire les inscriptions ordonnées par les articles précédens, elles seront requises par le commissaire du Gouvernement près le tribunal civil du domicile des maris et tuteurs, ou du lieu de la situation des biens.

Loi du 11 brumaire an 7, tit. 3, art. 41.

Article 2139. Pourront les parens, soit du mari, soit de la femme, et les parens du mineur, ou, à défaut de parens, ses amis, requérir lesdites inscriptions; elles pourront aussi être requises par la femme et par les mineurs.

Article 2140. Lorsque, dans le contrat de mariage, les parties majeures seront convenues qu'il ne sera pris d'inscription que sur un ou certains immeubles du mari, les immeubles qui ne seraient pas indiqués pour l'inscription resteront libres et affranchis de l'hypothèque pour la dot de la femme et pour ses reprises et conventions matrimoniales. Il ne pourra pas être convenu qu'il ne sera pris aucune inscription.

Article 2141. Il en sera de même pour les immeubles du tuteur, lorsque les parens, en conseil de famille, auront été d'avis qu'il ne soit pris d'inscription que sur certains immeubles.

Article 2142. Dans le cas des deux articles précédens, le mari, le tuteur et le subrogé tuteur, ne seront tenus de requérir inscription que sur les immeubles indiqués.

Article 2143. Lorsque l'hypothèque n'aura pas été restreinte par l'acte de nomination du tuteur, celui-ci pourra, dans le cas où l'hypothèque générale sur ses immeubles excèderait notoirement les sûretés suffisantes pour sa gestion, demander que cette hypothèque soit restreinte aux immeubles suffisans pour opérer une pleine garantie en faveur du mineur.

La demande sera formée contre le subrogé tuteur, et elle devra être précédée d'un avis de famille.

Article 2144. Pourra pareillement le mari, du consentement de sa femme, et après avoir pris l'avis des quatre plus proches parens d'icelle réunis en assemblée de famille, demander que l'hypothèque générale sur tous ses immeubles, à raison de la dot, des reprises et conventions matrimoniales, soit restreinte aux immeubles suffisans pour la conservation entière des droits de la femme.

Article 2145. Les jugemens sur les demandes des maris et des tuteurs ne seront rendus qu'après avoir entendu le commissaire du Gouvernement, et contradictoirement avec lui.

Dans le cas où le tribunal prononcera la réduction de l'hypothèque à certains immeubles, les inscriptions prises sur tous les autres seront rayées.

CHAPITRE IV.

Du mode de l'Inscription des Priviléges et Hypothèques.

Article 2146. Les inscriptions se font au bureau de conservation des hypothèques dans l'arrondissement duquel sont situés les biens soumis au privilège ou à l'hypothèque. Elles ne produisent aucun effet si elles sont prises dans le délai pendant lequel les actes faits avant l'ouverture des faillites sont déclarés nuls.

Il en est de même entre les créanciers d'une succession, si l'inscription n'a été faite par l'un d'eux que depuis l'ouverture, et dans le cas où la succession n'est acceptée que par bénéfice d'inventaire.

Rheims, art. 174; Laon, art. 119; Châlons, art. 133.
Loi du 11 brumaire an 7, tit. 1, chap. 6, art. 16, et chap. 1, art. 5.

Article 2147. Tous les créanciers inscrits le même jour exercent en concurrence une hypothèque de la même date, sans distinction entre l'inscription du matin et celle du soir, quand cette différence serait marquée par le conservateur.

Loi du 11 brumaire an 7, tit. 1, chap. 5, art. 14, §. 4.

Article 2148. Pour opérer l'inscription, le créancier représente, soit par lui-même, soit par un tiers, au conservateur des hypothèques, l'original en brevet ou une expédition authentique du jugement ou de l'acte qui donne naissance au privilége ou à l'hypothèque.

Il y joint deux bordereaux écrits sur papier timbré , dont l'un peut être porté sur l'expédition du titre ; ils contiennent ,

1°. Les nom , prénom , domicile du créancier , sa profession s'il en a une , et l'élection d'un domicile pour lui dans un lieu quelconque de l'arrondissement du bureau ;

2°. Les nom , prénom , domicile du débiteur , sa profession s'il en a une connue , ou une désignation individuelle et spéciale , telle , que le conservateur puisse reconnaître et distinguer dans tous les cas l'individu grevé d'hypothèque ;

3°. La date et la nature du titre ;

4°. Le montant du capital des créances exprimées dans le titre , ou évaluées par l'inscrivant , pour les rentes et prestations , ou pour les droits éventuels, conditionnels ou indéterminés , dans les cas où cette évaluation est ordonnée ; comme aussi le montant des accessoires de ces capitaux , et l'époque de l'exigibilité ;

5°. L'indication de l'espèce et de la situation des biens sur lesquels il entend conserver son privilége ou son hypothèque.

Cette dernière disposition n'est pas nécessaire dans le cas des hypothèques légales ou judiciaires : à défaut de convention , une seule inscription , pour ces hypothèques, frappe tous les immeubles compris dans l'arrondissement du bureau.

Loi du 11 brumaire an 7 , tit. 1 , chap. 6 , art. 17.

Article 2149. Les inscriptions à faire sur les biens d'une personne décédée , pourront être faites sous la simple désignation du défunt, ainsi qu'il est dit au n°. 2 de l'article précédent.

Loi du 11 brumaire an 7 , tit. 1 , chap. 6 , art. 19.

Article 2150. Le conservateur fait mention , sur son registre , du contenu aux bordereaux , et remet au requérant, tant le titre ou l'expédition du titre , que l'un des bordereaux , au pied duquel il certifie avoir fait l'inscription.

Loi du 11 brumaire an 7 , tit. 1 , chap. 6 , art. 19.

Article 2151. Le créancier inscrit pour un capital produisant intérêt ou arrérages , a droit d'être colloqué pour deux années seulement ; et pour l'année courante , au même rang d'hypothèque que pour son capital ; sans préjudice des inscriptions particulières à prendre , portant hypothèque à compter de leur date , pour les arrérages autres que ceux conservés par la première inscription.

Article 2152. Il est loisible à celui qui a requis une inscription , ainsi qu'à ses représentans, ou cessionnaires par acte authentique, de changer sur le registre des hypothèques le domicile par lui élu , à la charge d'en choisir et indiquer un autre dans le même arrondissement.

Loi du 11 brumaire an 7 , tit. 1 , chap. 6 , art. 20.

Article 2153. Les droits d'hypothèque purement légale de la nation , des communes et des établissemens publics sur les biens des comptables , ceux des mineurs ou interdits sur les tuteurs , des femmes mariées sur leurs époux , seront inscrits sur la représentation de deux bordereaux , contenant seulement ,

1°. Les nom , prénom , profession et domicile réel du créancier, et le domicile qui sera par lui, ou pour lui, élu dans l'arrondissement ;

2°. Les nom , prénom , profession , domicile , ou désignation précise du débiteur ;

3°. La nature des droits à conserver , et le montant de leur valeur quant aux objets déterminés , sans être tenu de le fixer quant à ceux qui sont conditionnels , éventuels ou indéterminés.

Loi du 11 brumaire an 7 , tit. 1 , chap. 6 , art. 21.

Article 2154. Les inscriptions conservent l'hypothèque et le privilége pendant dix années , à compter du jour de leur date ; leur effet cesse, si ces inscriptions n'ont été renouvelées avant l'expiration de ce délai.

Loi du 11 brumaire an 7 , tit. 1 , chap 6 , art. 23.

Article 2155. Les frais des inscriptions sont à la charge du débiteur, s'il n'y a stipulation contraire ; l'avance en est faite par l'inscrivant , si ce n'est quant aux hypothèques légales , pour l'inscription desquelles le conservateur a son recours contre le débiteur. Les frais de la transcription , qui peut être requise par le vendeur , sont à la charge de l'acquéreur.

Loi du 11 brumaire an 7 , tit. 1 , chap. 6 , art. 24.

Article 2156. Les actions auxquelles les inscriptions peuvent donner lieu contre les créanciers, seront intentées devant le tribunal compétent, par exploits faits à leur personne, ou au dernier des domiciles élus sur le registre, et ce, nonobstant le décès soit des créanciers, soit de ceux chez lesquels ils auront fait élection de domicile.

Loi du 11 brumaire an 7, tit. 1, chap. 6, art. 20.

CHAPITRE V.

De la Radiation et Réduction des Inscriptions.

Article 2157. Les inscriptions sont rayées du consentement des parties intéressées et ayant capacité à cet effet, ou en vertu d'un jugement en dernier ressort ou passé en force de chose jugée.

Loi du 11 brumaire an 7, tit. 1, chap. 7, art. 25.

Article 2158. Dans l'un et l'autre cas, ceux qui requièrent la radiation déposent au bureau du conservateur l'expédition de l'acte authentique portant consentement, ou celle du jugement.

Loi du 11 brumaire an 7, tit. 1, chap. 7, art 25.

Article 2159. La radiation non consentie est demandée au tribunal dans le ressort duquel l'inscription a été faite, si ce n'est lorsque cette inscription a eu lieu pour sûreté d'une condition éventuelle ou indéterminée, sur l'exécution ou liquidation de laquelle le débiteur et le créancier prétendu sont en instance ou doivent être jugés dans un autre tribunal, auquel cas la demande en radiation doit y être portée ou renvoyée.

Cependant la convention faite par le créancier et le débiteur, de porter, en cas de contestation, la demande à un tribunal qu'ils auraient désigné, recevra son exécution entre eux.

Article 2160. La radiation doit être ordonnée par les tribunaux, lorsque l'inscription a été faite sans être fondée ni sur la loi, ni sur un titre, ou lorsqu'elle l'a été en vertu d'un titre soit irrégulier, soit éteint ou soldé, ou lorsque les droits de privilége ou d'hypothèque sont effacés par les voies légales.

Article 2161. Toutes les fois que les inscriptions prises par un créancier qui, d'après la loi, aurait droit d'en prendre sur les biens présens ou sur les biens à venir d'un débiteur, sans limitation convenue, seront portées sur plus de domaines différens qu'il n'est nécessaire à la sûreté des créances, l'action en réduction des inscriptions, ou en radiation d'une partie en ce qui excède la proportion convenable, est ouverte au débiteur. On y suit les règles de compétence établies dans l'article 2159.

La disposition du présent article ne s'applique pas aux hypothèques conventionnelles.

Article 2162. Sont réputées excessives les inscriptions qui frappent sur plusieurs domaines, lorsque la valeur d'un seul ou de quelques-uns d'entre eux excède de plus d'un tiers en fonds libres le montant des créances en capital et accessoires légaux.

Article 2163. Peuvent aussi être réduites comme excessives, les inscriptions prises d'après l'évaluation faite par le créancier, des créances qui, en ce qui concerne l'hypothèque à établir pour leur sûreté, n'ont pas été réglées par la convention, et qui par leur nature sont conditionnelles, éventuelles ou indéterminées.

Article 2164. L'excès, dans ce cas, est arbitré par les juges, d'après les circonstances, les probabilités des chances et les présomptions de fait, de manière à concilier les droits vraisemblables du créancier avec l'intérêt du crédit raisonnable à conserver au débiteur; sans préjudice des nouvelles inscriptions à prendre avec hypothèque du jour de leur date, lorsque l'événement aura porté les créances indéterminées à une somme plus forte.

Article 2165. La valeur des immeubles dont la comparaison est à faire avec celle des créances et le tiers en sus, est déterminée par quinze fois la valeur du revenu déclaré par la matrice du rôle de la contribution foncière, ou indiqué par la cote de contribution sur le rôle, selon la proportion qui existe dans les communes de la situation entre cette matrice ou cette cote et le revenu, pour les immeubles non sujets à dépérissement, et dix fois cette valeur pour ceux qui y sont sujets. Pourront néanmoins les juges s'aider, en outre, des éclaircissemens qui peuvent résulter des baux non suspects, des procès-verbaux d'estimation qui ont pu être dressés précédemment à des époques rapprochées, et autres actes semblables, et évaluer le revenu au taux moyen entre les résultats de ces divers renseignemens.

56

CHAPITRE VI.

De l'Effet des Priviléges et Hypothèques contre les Tiers détenteurs.

Article 2166. Les créanciers ayant privilége ou hypothèque inscrite sur un immeuble, le suivent en quelques mains qu'ils passent, pour être colloqués et payés suivant l'ordre de leurs créances ou inscriptions.

Leg. 17, *ff. de pignoribus et hypothecis.*
Leg. 12, *leg.* 15, *cod. de distractione pignorum.*
Leg. 14, *cod. de obligationibus et actionibus.*
Arrêtés de Lamoignon, tit. 21, art. 92.
Loi du 11 brumaire an 7, tit. 1, chap. 5, art 14.

Article 2167. Si le tiers détenteur ne remplit pas les formalités qui seront ci-après établies, pour purger sa propriété, il demeure, par l'effet seul des inscriptions, obligé comme détenteur à toutes les dettes hypothécaires, et jouit des termes et délais accordés au débiteur originaire.

Loi du 11 brumaire an 7, tit. 2, art. 30, et tit. 1, chap. 5, art. 15.

Article 2168. Le tiers détenteur est tenu, dans le même cas, ou de payer tous les intérêts et capitaux exigibles, à quelque somme qu'ils puissent monter, ou de délaisser l'immeuble hypothéqué, sans aucune réserve.

Leg. 16, §. 3, *ff. de pignoribus et hypothecis.*

Article 2169. Faute par le tiers détenteur de satisfaire pleinement à l'une de ces obligations, chaque créancier hypothécaire a droit de faire vendre sur lui l'immeuble hypothéqué, trente jours après commandement fait au débiteur originaire, et sommation faite au tiers détenteur de payer la dette exigible, ou de délaisser l'héritage.

Article 2170. Néanmoins le tiers détenteur qui n'est pas personnellement obligé à la dette, peut s'opposer à la vente de l'héritage hypothéqué qui lui a été transmis, s'il est demeuré d'autres immeubles hypothéqués à la même dette dans la possession du principal ou des principaux obligés, et en requérir la discussion préalable selon la forme réglée au titre *du Cautionnement :* pendant cette discussion, il est sursis à la vente de l'héritage hypothéqué.

Novell. 4.
Clermont, art. 38; Châlons, art. 151; Auxerre, art. 194, Sedan, tit. 15, art. 64; Bourbonnais, art. 156.

Article 2171. L'exception de discussion ne peut être opposée au créancier privilégié ou ayant hypothèque spéciale sur l'immeuble.

Argum. ex novell. 112, *cap.* 1.
Voy. Loyseau, du déguerpissement, liv. 3, chap. 8, n°°. 7 et 8.

Article 2172. Quant au délaissement par hypothèque, il peut être fait par tous les tiers détenteurs qui ne sont pas personnellement obligés à la dette, et qui ont la capacité d'aliéner.

Argum. ex leg. 16, §. 3, *ff. de pignoribus et hypothecis.* (1)

Article 2173. Il peut l'être même après que le tiers détenteur a reconnu l'obligation ou subi condamnation en cette qualité seulement : le délaissement n'empêche pas que, jusqu'à l'adjudication, le tiers détenteur ne puisse reprendre l'immeuble en payant toute la dette et les frais.

Article 2174. Le délaissement par hypothèque se fait au greffe du tribunal de la situation des biens, et il en est donné acte par ce tribunal.

Sur la pétition du plus diligent des intéressés, il est créé à l'immeuble délaissé un curateur sur lequel la vente de l'immeuble est poursuivie dans les formes prescrites pour les expropriations.

Article 2175. Les détériorations qui procèdent du fait ou de la négligence du tiers détenteur au préjudice des créanciers hypothécaires ou privilégiés, donnent lieu contre

---

(1) Le délaissement par hypothèque que ferait le débiteur, ne l'exonérerait pas de l'action personnelle que le créancier a contre lui dans le cas d'insuffisance de la valeur de la chose hypothéquée. *Vid. Leg.* 2 , *cod. de pignorib. et hypothec. Leg.* 8, *cod. si cert. petat. Leg.* 9, *ff. de pignerat. action.*

lui à une action en indemnité ; mais il ne peut répéter ses impenses et améliorations que jusqu'à concurrence de la plus-value résultant de l'amélioration.

Argum. ex leg. 29, §. 2 , *ff. de pignoribus et hypothecis.*

Article 2176. Les fruits de l'immeuble hypothéqué ne sont dus par le tiers détenteur qu'à compter du jour de la sommation de payer ou de délaisser , et , si les poursuites commencées ont été abandonnées pendant trois ans , à compter de la nouvelle sommation qui sera faite.

Argum. ex leg. 46, *in pr.*, *ff. de adquirendo rerum dominio.*

Article 2177. Les servitudes et droits réels que le tiers détenteur avait sur l'immeuble avant sa possession , renaissent après le délaissement ou après l'adjudication faite sur lui.

Ses créanciers personnels , après tous ceux qui sont inscrits sur les précédens propriétaires, exercent leur hypothèque à leur rang , sur le bien délaissé ou adjugé.

Voy. Ordonnance de 1441 , art. 15.
Loyseau , du déguerpissement, liv. 6, chap. 4 , nos. 9 et 13 ; chap. 7 , n°. 7.
Arrêtés de Lamoignon , tit. 25 art. 29.
Leg. 30, §. 1 , *ff. de exceptione rei judicatæ.*

Article 2178. Le tiers détenteur qui a payé la dette hypothécaire , ou délaissé l'immeuble hypothéqué, ou subi l'expropriation de cet immeuble , a le recours en garantie , tel que de droit, contre le débiteur principal.

Argum. ex leg. 1 , *ff. de evictionibus.*
Voy. Loyseau , du déguerpissement , liv. 6, chap, 7 , nos. 9 et 10.

Article 2179. Le tiers détenteur qui veut partager sa propriété en payant le prix , observe les formalités qui sont établies dans le chapitre VIII du présent titre.

CHAPITRE VII.

De l'Extinction des Priviléges et Hypothèques.

Article 2180. Les priviléges et hypothèques s'éteignent,
1°. Par l'extinction de l'obligation principale ,
2°. Par la renonciation du créancier à l'hypothèque,

3°. Par l'accomplissement des formalités et conditions prescrites aux tiers détenteurs pour purger les biens par eux acquis.

4°. Par la prescription.

La prescription est acquise au débiteur, quant aux biens qui sont dans ses mains, par le temps fixé pour la prescription des actions qui donnent l'hypothèque ou le privilége.

Quant aux biens qui sont dans la main d'un tiers détenteur, elle lui est acquise par le temps réglé pour la prescription de la propriété à son profit : dans le cas où la prescription suppose un titre, elle ne commence à courir que du jour où il a été transcrit sur les registres du conservateur.

Les inscriptions prises par le créancier n'interrompent pas le cours de la prescription établie par la loi en faveur du débiteur ou du tiers détenteur.

Argum. ex leg. 129, §. 1 , *ff. de regulis juris. Leg.* 3 , *cod. de luitione pignoris.* **Leg.** 2, *cod. de partu pignoris. Leg.* 20 , *cod. de pignoribus et hypothecis. Leg.* 11 , §. 1 ,*ff. de pigneratitiâ actione. Leg. unic., cod. etiam ob chyrographariam pecuniam. Leg.* 13 ,*ff. quibus modis pignus vel hypotheca solvitur.*

Leg. 5 ,*ff. quibus modis pignus vel hypotheca solvitur.*

Leg. 6 , *ff. eod. tit. Leg.* 2 , *cod. si adversus creditorem præscriptio opponitur. Leg.*3 , *leg.*7 , *cod. de præscriptione triginta vel quadraginta annorum.*(1)

CHAPITRE VIII.

Du mode de purger les Propriétés des priviléges et hypothèques.

Article 2181. Les contrats translatifs de la propriété d'immeubles ou droits réels immobiliers, que les tiers détenteurs voudront purger de priviléges et hypothèques, seront transcrits en entier par le conservateur des hypothèques dans l'arrondissement duquel les biens sont situés.

Cette transcription se fera sur un registre à ce destiné, et le conservateur sera tenu d'en donner reconnoissance au requérant.

Voy. l'Édit des hypothèques, de 1771,
Et la loi du 11 brumaire an 7 , tit. 2 , chap. 7 , art. 26.

(1) L'hypothèque s'éteint encore par la résolution du droit qu'avait le débiteur sur le fonds hypothéqué, quand la résolution procède d'une cause nécessaire et antérieure à l'hypothèque. Vid. *Leg.* 31 , *ff. de pignorib. et hypothec. Leg.*31 , *ff. quib. mod. pign. vel hypothec. solvit.* ; Et par la perte de la chose hypothéquée. Vid. *Leg.* 8 , *ff quib. mod. pign. vel hypothec. solvit. Leg.* 8 ,*ff. de pigneratit. action. Leg.* 16 , §. 2 ,*ff. de pignorib. et hypothec.*

Article 2182. La simple transcription des titres translatifs de propriété sur le registre du conservateur, ne purge pas les hypothèques et priviléges établis sur l'immeuble.

Le vendeur ne transmet à l'acquéreur que la propriété et les droits qu'il avait lui-même sur la chose vendue : il les transmet sous l'affectation des mêmes priviléges et hypothèques dont il étoit chargé.

Loi du 11 brumaire an 7, tit. 2, chap. 7, art. 28.
Argum. ex leg. 54, ff. de regulis juris.
Leg. 12, cod. de distractione pignorum.
Leg. 3, leg. 10, cod. de remissione pignoris.

Article 2183. Si le nouveau propriétaire veut se garantir de l'effet des poursuites autorisées dans le chapitre VI du présent titre, il est tenu, soit avant les poursuites, soit dans le mois, au plus tard, à compter de la première sommation qui lui est faite, de notifier aux créanciers, aux domiciles par eux élus dans leurs inscriptions,

1°. Extrait de son titre, contenant seulement la date et la qualité de l'acte, le nom et la désignation précise du vendeur ou du donateur, la nature et la situation de la chose vendue ou donnée ; et, s'il s'agit d'un corps de biens, la dénomination générale seulement du domaine et des arrondissemens dans lesquels il est situé, le prix et les charges faisant partie du prix de la vente, ou l'évaluation de la chose, si elle a été donnée ;

2°. Extrait de la transcription de l'acte de vente ;

3°. Un tableau sur trois colonnes, dont la première contiendra la date des hypothèques et celle des inscriptions ; la seconde, le nom des créanciers ; la troisième, le montant des créances inscrites.

Loi du 11 brumaire an 7, tit. 2, art. 30.

Article 2184. L'acquéreur ou le donataire déclarera, par le même acte, qu'il est prêt à acquitter, sur-le-champ, les dettes et charges hypothécaires, jusqu'à concurrence seulement du prix, sans distinction des dettes exigibles ou non exigibles.

Loi du 11 brumaire an 7, tit. 2, art. 30, §. 3.

Article 2185. Lorsque le nouveau propriétaire a fait cette notification dans le délai fixé, tout créancier dont le titre est inscrit, peut requérir la mise de l'immeuble aux enchères et adjudications publiques ; à la charge,

1°. Que cette réquisition sera signifiée au nouveau propriétaire dans quarante jours, au plus tard, de la notification faite à la requête de ce dernier, en y ajoutant deux jours par cinq myriamètres de distance entre le domicile élu et le domicile réel de chaque créancier requérant ;

2°. Qu'elle contiendra soumission du requérant, de porter ou faire porter le prix à un dixième en sus de celui qui aura été stipulé dans le contrat, ou déclaré par le nouveau propriétaire ;

3°. Que la même signification sera faite dans le même délai au précédent propriétaire, débiteur principal ;

4°. Que l'original et les copies de ces exploits seront signés par le créancier requérant, ou par son fondé de procuration expresse, lequel, en ce cas, est tenu de donner copie de sa procuration ;

5°. Qu'il offrira de donner caution jusqu'à concurrence du prix et des charges.

Le tout à peine de nullité.

Loi du 11 brumaire an 7, tit. 2, art. 31.

Article 2186. A défaut, par les créanciers, d'avoir requis la mise aux enchères dans le délai et les formes prescrits, la valeur de l'immeuble demeure définitivement fixée au prix stipulé dans le contrat, ou déclaré par le nouveau propriétaire, lequel est, en conséquence, libéré de tout privilége et hypothèque, en payant ledit prix aux créanciers qui seront en ordre de recevoir, ou en le consignant.

Loi du 11 brumaire an 7, tit. 2, art. 32.

Article 2187. En cas de revente sur enchères, elle aura lieu suivant les formes établies pour les expropriations forcées, à la diligence soit du créancier, qui l'aura requise, soit du nouveau propriétaire.

Le poursuivant énoncera dans les affiches le prix stipulé dans le contrat, ou déclaré, et la somme en sus à laquelle le créancier s'est obligé de la porter ou faire porter.

Loi du 11 brumaire an 7, tit. 2, art. 33.

Article 2188. L'adjudicataire est tenu, au-delà du prix de son adjudication, de restituer à l'acquéreur ou au donataire dépossédé les frais et loyaux coûts de son contrat, ceux de la transcription sur les registres du conservateur, ceux de notification, et ceux faits par lui pour parvenir à la revente.

Loi du 11 brumaire an 7, tit. 2, art. 34.

Article 2189. L'acquéreur ou le donataire qui conserve l'immeuble mis aux enchères, en se rendant dernier enchérisseur, n'est pas tenu de faire transcrire le jugement d'adjudication.

Article 2190. Le désistement du créancier requérant la mise aux enchères, ne peut, même quand le créancier paierait le montant de la soumission, empêcher l'adjudication publique, si ce n'est du consentement exprès de tous les autres créanciers hypothécaires.

Article 2191. L'acquéreur qui se sera rendu adjudicataire, aura son recours tel que de droit contre le vendeur, pour le remboursement de ce qui excède le prix stipulé par son titre, et pour l'intérêt de cet excédant, à compter du jour de chaque paiement.

Article 2192. Dans le cas où le titre du nouveau propriétaire comprendrait des immeubles et des meubles, ou plusieurs immeubles, les uns hypothéqués, les autres non hypothéqués, situés dans le même ou dans divers arrondissemens de bureaux, aliénés pour un seul et même prix, ou pour des prix distincts et séparés, soumis ou non à la même exploitation, le prix de chaque immeuble frappé d'inscriptions particulières et séparées sera déclaré dans la notification du nouveau propriétaire, par ventilation, s'il y a lieu, du prix total exprimé dans le titre.

Le créancier surenchérisseur ne pourra, en aucun cas, être contraint d'étendre sa soumission ni sur le mobilier, ni sur d'autres immeubles que ceux qui sont hypothéqués à sa créance et situés dans le même arrondissement; sauf le recours du nouveau propriétaire contre ses auteurs, pour l'indemnité du dommage qu'il éprouverait, soit de la division des objets de son acquisition, soit de celle des exploitations.

CHAPITRE IX.

Du mode de purger les Hypothèques, quand il n'existe pas d'Inscription sur les biens des Maris et des Tuteurs.

Article 2193. Pourront les acquéreurs d'immeubles appartenant à des maris ou à des tuteurs, lorsqu'il n'existera pas d'inscription sur lesdits immeubles à raison de la gestion du tuteur, ou des dot, reprises et conventions matrimoniales de la femme, purger les hypothèques qui existeraient sur les biens par eux acquis.

Article 2194. A cet effet, ils déposeront copie dûment collationnée du contrat translatif de propriété au greffe du tribunal civil du lieu de la situation des biens, et ils certifieront par acte signifié, tant à la femme ou au subrogé tuteur, qu'au commissaire civil près le tribunal, le dépôt qu'ils auront fait. Extrait de ce contrat, contenant sa date, les noms, prénoms, professions et domiciles des contractans, la désignation de la nature et de la situation des biens, le prix et les autres charges de la vente, sera et restera affiché pendant deux mois dans l'auditoire du tribunal ; pendant lequel temps les femmes, les maris, tuteurs, subrogés tuteurs, mineurs, interdits, parens ou amis, et le commissaire du Gouvernement, seront reçus à requérir s'il y a lieu, et à faire faire au bureau du conservateur des hypothèques, des inscriptions sur l'immeuble aliéné, qui auront le même effet que si elles avaient été prises le jour du contrat de mariage, ou le jour de l'entrée en gestion du tuteur ; sans préjudice des poursuites qui pourraient avoir lieu contre les maris et les tuteurs, ainsi qu'il a été dit ci-dessus, pour hypothèques par eux consenties au profit de tierces personnes sans leur avoir déclaré que les immeubles étaient déjà grevés d'hypothèques, en raison du mariage ou de la tutelle.

Voy. l'Édit des Hypothèques, de 1771.

Article 2195. Si, dans le cours des deux mois de l'exposition du contrat, il n'a pas été fait d'inscription du chef des femmes, mineurs ou interdits, sur les immeubles vendus, ils passent à l'acquéreur sans aucune charge, à raison des dot, reprises et conventions matrimoniales de la femme, ou de la gestion du tuteur, et sauf le recours, s'il y a lieu, contre le mari et le tuteur.

S'il a été pris des inscriptions du chef desdites femmes, mineurs ou interdits, et s'il existe des créanciers antérieurs qui absorbent le prix en totalité ou en partie, l'acquéreur est libéré du prix ou de la portion par lui payée aux créanciers placés en ordre utile ; et les inscriptions du chef des femmes, mineurs ou interdits, seront rayées, ou en totalité ou jusqu'à due concurrence.

Si les inscriptions du chef des femmes, mineurs ou interdits, sout les plus anciennes, l'acquéreur ne pourra faire aucun paiement du prix au préjudice desdites inscriptions, qui auront toujours, ainsi qu'il a été dit ci-dessus, la date du contrat de mariage, ou de l'entrée en gestion du tuteur; et, dans ce cas, les inscriptions des autres créanciers qui ne viennent pas en ordre utile, seront rayées.

CHAPITRE X.

De la Publicité des registres et de la Responsabilité des conservateurs.

Article 2196. LES conservateurs des hypothèques sont tenus de délivrer à tous ceux qui le requièrent, copie des actes transcrits sur leurs registres et celle des inscriptions subsistantes, ou certificat qu'il n'en existe aucune.

Loi du 11 brumaire an 7, tit. 4, art. 51.

Article 2197. Ils sont responsables du préjudice résultant,

1°. De l'omission sur leurs registres, des transcriptions d'actes de mutation, et des inscriptions requises en leurs bureaux;

2°. Du défaut de mention dans leurs certificats, d'une ou de plusieurs des inscriptions existantes, à moins, dans ce dernier cas, que l'erreur ne provînt de désignations insuffisantes qui ne pourraient leur être imputées.

Loi du 11 brumaire an 7, tit 4, art. 52.

Article 2198. L'immeuble à l'égard duquel le conservateur aurait omis dans ses certificats une ou plusieurs des charges inscrites, en demeure, sauf la responsabilité du conservateur, affranchi dans les mains du nouveau possesseur, pourvu qu'il ait requis le certificat depuis la transcription de son titre; sans préjudice néanmoins du droit des créanciers de se faire colloquer suivant l'ordre qui leur appartient, tant que le prix n'a pas été payé par l'acquéreur, ou tant que l'ordre fait entre les créanciers n'a pas été homologué.

Loi du 11 brumaire an 7, tit. 4, art. 53.

Article 2199. Dans aucun cas, les conservateurs ne peuvent refuser ni retarder la transcription des actes de mutation, l'inscription des droits hypothécaires, ni la délivrance des certificats requis, sous peine des dommages et intérêts des parties; à l'effet de quoi, procès-verbaux des refus ou retardemens seront, à la diligence des requérans, dressés sur-le-champ, soit par un juge de paix, soit par un huissier audiencier du tribunal, soit par un autre huissier ou un notaire assisté de deux témoins.

Loi du 11 brumaire an 7, tit. 4, art. 53.

Article 2200. Néanmoins les conservateurs seront tenus d'avoir un registre sur lequel ils inscriront, jour par jour et par ordre numérique, les remises qui leur seront faites d'actes de mutation pour être transcrits, ou de bordereaux pour être inscrits ; ils donneront au requérant une reconnaissance sur papier timbré, qui rappellera le numéro du registre sur lequel la remise aura été inscrite, et ils ne pourront transcrire les actes de mutation ni inscrire les bordereaux sur les registres à ce destinés, qu'à la date et dans l'ordre des remises qui leur en auront été faites.

Article 2201. Tous les registres des conservateurs sont en papier timbré, cotés et paraphés à chaque page par première et dernière, par l'un des juges du tribunal dans le ressort duquel le bureau est établi. Les registres seront arrêtés chaque jour comme ceux d'enregistrement des actes.

Article 2202. Les conservateurs sont tenus de se conformer, dans l'exercice de leurs fonctions, à toutes les dispositions du présent chapitre, à peine d'une amende de deux cents à mille francs pour la première contravention, et de destitution pour la seconde ; sans préjudice des dommages et intérêts des parties, lesquels seront payés avant l'amende.

Article 2203. Les mentions de dépôts, les inscriptions et transcriptions, sont faites sur les registres, de suite, sans aucun blanc ni interligne, à peine, contre le conservateur, de mille à deux mille francs d'amende, et des dommages et intérêts des parties, payables aussi par préférence à l'amende.

TITRE XIX.

De l'Expropriation forcée et des Ordres entre les Créanciers.

[Décrété le 28 Ventôse an XII. Promulgué le 8 Germinal suivant.]

CHAPITRE PREMIER.

De l'Expropriation forcée.

Article 2204. Le créancier peut poursuivre l'expropriation, 1°. des biens immobiliers et de leurs accessoires réputés immeubles appartenant en propriété à son débiteur ; 2°. de l'usufruit appartenant au débiteur sur les biens de même nature. (1)

Article 2205. Néanmoins la part indivise d'un cohéritier dans les immeubles d'une succession ne peut être mise en vente par ses créanciers personnels, avant le partage ou la licitation qu'ils peuvent provoquer s'ils le jugent convenable, ou dans lesquels ils ont le droit d'intervenir conformément à l'article 882, au titre *des Successions.*

Article 2206. Les immeubles d'un mineur, même émancipé, ou d'un interdit, ne peuvent être mis en vente avant la discussion du mobilier.

Leg. 5, § 9, *ff. de rebus eorum qui sub tutelâ vel curâ sunt.*

Article 2207. La discussion du mobilier n'est pas requise avant l'expropriation des immeubles possédés par indivis entre un majeur et un mineur ou interdit, si la dette leur est commune, ni dans le cas où les poursuites ont été commencées contre un majeur, ou avant l'interdiction.

---

(1) Suivant le droit romain, les créanciers ne pouvaient faire vendre les immeubles de leurs débiteurs sans avoir auparavant discuté les meubles. Vid. *Leg.* 15, § 2, *ff. de re judicat.* Cette jurisprudence fut abrogée par l'ordonnance de 1539, art. 74.

Article 2208. L'expropriation des immeubles qui font partie de la communauté, se poursuit contre le mari débiteur, seul, quoique la femme soit obligée à la dette.

Celle des immeubles de la femme qui ne sont point entrés en communauté, se poursuit contre le mari et la femme, laquelle au refus du mari de procéder avec elle, ou si le mari est mineur, peut être autorisée en justice.

En cas de minorité du mari et de la femme, ou de minorité de la femme seule, si son mari majeur refuse de procéder avec elle, il est nommé par le tribunal un tuteur à la femme, contre lequel la poursuite est exercée.

Article 2209. Le créancier ne peut poursuivre la vente des immeubles qui ne lui sont pas hypothéqués, que dans le cas d'insuffisance des biens qui lui sont hypothéqués.

Article 2210. La vente forcée des biens situés dans différens arrondissemens ne peut être provoquée que successivement, à moins qu'ils ne fassent partie d'une seule et même exploitation.

Elle est suivie dans le tribunal dans le ressort duquel se trouve le chef-lieu de l'exploitation, ou à défaut de chef-lieu, la partie de biens qui présente le plus grand revenu, d'après la matrice du rôle.

Voy. La loi du 11 brumaire an 7, sur les expropriations forcées, chap. 1, art. 10.

Article 2211. Si les biens hypothéqués au créancier, et les biens non hypothéqués, ou les biens situés dans divers arrondissemens, font partie d'une seule et même exploitation, la vente des uns et des autres est poursuivie ensemble, si le débiteur le requiert; et ventilation se fait du prix de l'adjudication, s'il y a lieu.

Article 2212. Si le débiteur justifie, par baux authentiques, que le revenu net et libre de ses immeubles pendant une année, suffit pour le paiement de la dette en capital, intérêts et frais, et s'il en offre la délégation au créancier, la poursuite peut être suspendue par les juges, sauf à être reprise s'il survient quelque opposition ou obstacle au paiement.

Article 2213. La vente forcée des immeubles ne peut être poursuivie qu'en vertu d'un titre authentique et exécutoire, pour une dette certaine et liquide. Si la dette est en espèces non liquidées , la poursuite est valable ; mais l'adjudication ne pourra être faite qu'après la liquidation.

Normandie , art. 3, 4 et 6.
Loi du 11 brumaire an 7 , sur les expropriations forcées , chap. 1, art. 1.

Article 2214. Le cessionnaire d'un titre exécutoire ne peut poursuivre l'expro-priation qu'après que la signification du transport a été faite au débiteur.

Paris , art. 108.

Article 2215. La poursuite peut avoir lieu en vertu d'un jugement provisoire ou définitif, exécutoire par provision, nonobstant appel ; mais l'adjudication ne peut se faire qu'après un jugement définitif en dernier ressort, ou passé en force de chose jugée.

La poursuite ne peut s'exercer en vertu de jugemens rendus par défaut durant le délai de l'opposition.

Ordonnance de 1667, tit. 27 , art. 8.
Nevers , art. 41 ; Poitou , art. 443.

Article 2216. La poursuite ne peut être annullée sous prétexte que le créancier l'aurait commencée pour une somme plus forte que celle qui lui est due.

Article 2217. Toute poursuite en expropriation d'immeubles doit être précédée d'un commandement de payer , fait , à la diligence et requête du créancier , à la personne du débiteur ou à son domicile , par le ministère d'un huissier.

Les formes du commandement et celles de la poursuite sur l'expropriation sont réglées par les lois sur la procédure.

Ordonnance de 1539 , art. 74.
Loi du 11 brumaire an 7 , sur les expropriations forcées , chap. 1 , art. 1.

CHAPITRE II.

De l'Ordre et de la Distribution du prix entre les Créanciers.

Article 2218. L'ORDRE et la distribution du prix des immeubles, et la manière d'y procéder, sont réglés par les lois sur la procédure.

TITRE XX.

De la Prescription.

[Décrété le 24 Ventôse an XII. Promulgué le 4 Germinal suivant.]

CHAPITRE PREMIER.

Dispositions générales.

Article 2219. La prescription est un moyen d'acquérir ou de se libérer par un certain laps de temps, et sous les conditions déterminées par la loi.

Leg. 5, *ff. de usurpationibus et usucapionibus.*

Article 2220. On ne peut, d'avance, renoncer à la prescription : on peut renoncer à la prescription acquise. (1)

Article 2221. La renonciation à la prescription est expresse ou tacite : la renonciation tacite résulte d'un fait qui suppose l'abandon du droit acquis.

Article 2222. Celui qui ne peut aliéner, ne peut renoncer à la prescription acquise.

(1) La prescription a été établie pour prévenir l'incertitude des propriétés. *Leg.* 1, *ff. de usurpationib. et usucapionib.* Sous ce point de vue c'est une loi d'ordre public, auquel il ne doit pas être permis de déroger par des conventions particulières. *Leg* 38, *ff. de pact. Leg.* 27, *ff. de regul. jur.* C'est par la même raison que la loi ne permet pas de convenir qu'on n'aliénera pas son fonds. *Leg.* 61, *ff. de pact.*

Article 2223. Les juges ne peuvent pas suppléer d'office le moyen résultant de la prescription. (1)

Article 2224. La prescription peut être opposée en tout état de cause, même devant le tribunal d'appel, à moins que la partie qui n'aurait pas opposé le moyen de la prescription ne doive, par les circonstances, être présumée y avoir renoncé. (2)

Article 2225. Les créanciers, ou toute autre personne ayant intérêt à ce que la prescription soit acquise, peuvent l'opposer, encore que le débiteur ou le propriétaire y renonce.

Article 2226. On ne peut prescrire le domaine des choses qui ne sont point dans le commerce.

Leg. 9, *leg.* 45, *in pr.*, *ff. de usurpationibus et usucapionibus.*

Article 2227. La nation, les établissemens publics et les communes sont soumis aux mêmes prescriptions que les particuliers, et peuvent également les opposer.

Leg. 2, *ff. de adquirendá vel amittendá possessione.* (3)

CHAPITRE II.

De la Possession.

Article 2228. La possession est la détention ou la jouissance d'une chose ou d'un droit que nous tenons ou que nous exerçons par nous-mêmes, ou par un autre qui la tient ou qui l'exerce en notre nom.

Leg. 1, *in pr. et* §. 6, *ff. de adquirendá vel amittendá possessione.*

---

(1) Parce que la prescription est fondée sur des moyens de fait que le juge ne peut pas suppléer : il en est autrement des moyens de droit. Vid. *Leg. unic. cod. ut quæ des. advocat.*

(2) Conséquence du principe, qu'on peut faire valoir devant le juge d'appel les moyens qu'on a omis devant le premier juge. *Leg.* 6, §. 1, *cod. de appellationib. et consultationib.*

(3) La prescription ne courait pas à Rome contre le fisc. *Leg.* 18, *leg.* 24, §. 1, *ff. de usurpat. et usucap. Leg.* 2, *cod. commun. de usucap.*

Article 2229. Pour pouvoir prescrire, il faut une possession continue et non interrompue, paisible, publique, non équivoque, et à titre de propriétaire.

Leg. 7, *cod. de adquirendâ et retinendâ possessione. Leg.* 6, *in pr. de adquirendâ vel amittendâ possessione. Leg.* 4, §. 22 *et* 23, *ff. de usurpationibus et usucapionibus.* = Blois, chap. 18, art. 216.

Article 2230. On est toujours présumé posséder pour soi, et à titre de propriétaire, s'il n'est prouvé qu'on a commencé à posséder pour un autre.

Article 2231. Quand on a commencé à posséder pour autrui, on est toujours présumé posséder au même titre, s'il n'y a preuve du contraire.

Leg. 3, §. 19, *ff. de adquirendâ vel amittendâ possessione.*

Article 2232. Les actes de pure faculté et ceux de simple tolérance ne peuvent fonder ni possession ni prescription.

Leg. 41, *ff. de adquirendâ vel amittendâ possessione.*

Article 2233. Les actes de violence ne peuvent fonder non plus une possession capable d'opérer la prescription.

La possession utile ne commence que lorsque la violence a cessé.

Leg. 7, *cod. de adquirendâ et retinendâ possessione.*

Article 2234. Le possesseur actuel qui prouve avoir possédé anciennement, est présumé avoir possédé dans le temps intermédiaire ; sauf la preuve contraire.

Article 2235. Pour compléter la prescription, on peut joindre à sa possession celle de son auteur, de quelque manière qu'on lui ait succédé, soit à titre universel ou particulier, soit à titre lucratif ou onéreux.

Instit., lib. 2, *tit.* 6, §. 12. *Leg.* 14, *leg.* 20, *leg.* 31, §. 5 *et* 6, *ff. de usurpationibus et usucapionibus. Leg.* 2, §. 16 *et* 17 ; *leg.* 11, *cod. de prœscriptione longi temporis.*

Arrêtés de LAMOIGNON, tit. 29, art. 1.

58

CHAPITRE III.

Des Causes qui empêchent la Prescription.

Article 2236. Ceux qui possèdent pour autrui, ne prescrivent jamais, par qulque laps de temps que ce soit.

Ainsi, le fermier, le dépositaire, l'usufruitier, et tous autres qui détiennent précairement la chose du propriétaire, ne peuvent la prescrire.

Leg. 1, *cod. communia de usucapionibus.*
Arrêtés de Lamoignon, tit. 29, art. 2.

Article 2237. Les héritiers de ceux qui tenaient la chose à quelqu'un des titres désignés par l'article précédent, ne peuvent non plus prescrire.

Leg. 13, §. 1, *ff. de adquirendâ vel amittendâ possessione.*

Article 2238. Néanmoins, les personnes énoncées dans les articles 2236 et 2237 peuvent prescrire, si le titre de leur possession se trouve interverti, soit par une cause venant d'un tiers, soit par la contradiction qu'elles ont opposée au droit du propriétaire.

Article 2239. Ceux à qui les fermiers, dépositaires et autres détenteurs précaires ont transmis la chose par un titre translatif de propriété, peuvent la prescrire.

Article 2240. On ne peut pas prescrire contre son titre, en ce sens que l'on ne peut point se changer à soi-même la cause et le principe de sa possession.

Leg. 3, §. 19, *ff. de adquirendâ vel amittendâ possessione. Leg.* 19, §. 1, *ff. eod. tit. Leg.* 33, §. 1, *ff. cod. Leg.* 33, §. 1, *ff. de usurpationibus et usucaptonibus. Leg.* 2, §. 1, *ff. pro hærede vel pro possessore. Leg.* 5, *cod. de adquirendâ et retinendâ possessione.*

Article 2241. On peut prescrire contre son titre, en ce sens que l'on prescrit la libération de l'obligation que l'on a contractée.

CHAPITRE IV.

Des Causes qui interrompent ou qui suspendent le cours de la Prescription.

SECTION PREMIÈRE.

Des causes qui interrompent la prescription.

Article 2242. L A prescription peut être interrompue ou naturellement ou civilement.

Article 2243. Il y a interruption naturelle , lorsque le possesseur est privé , pendant plus d'un an , de la jouissance de la chose , soit par l'ancien propriétaire , soit même par un tiers.

Leg. 5 , ff. de usurpationibus et usucapionibus. Leg. 7 , §. 5 , cod. de præscriptione 30 vel 40 annorum.

Article 2244. Une citation en justice , un commandement ou une saisie , si gnifiés à celui qu'on veut empêcher de prescrire , forment l'interruption civile.

Leg. 7 , §. 5 , cod. de præscriptione 30 vel 40 annorum. Leg. 3 , cod. de annali except.

Article 2245. La citation en conciliation devant le bureau de paix, interrompt la prescription , du jour de sa date , lorsqu'elle est suivie d'une assignation en justice donnée dans les délais de droit.

Loi du 24 août 1790, tit. 10, art. 6.

Article 2246. La citation en justice donnée , même devant un juge incompétent, interrompt la prescription.

Arrêtés de LAMOIGNON , tit. 29 , art. 45.

Article 2247. Si l'assignation est nulle par défaut de forme,
Si le demandeur se désiste de sa demande,
S'il laisse périmer l'instance,
Ou si sa demande est rejetée,
L'interruption est regardée comme non avenue.

Voy. Ordonnance de Roussillon, art. 15. Ordonnance de 1629, art 91.

Article 2248. La prescription est interrompue par la reconnaissance que le débiteur ou le possesseur fait du droit de celui contre lequel il prescrivait.

Leg. 5, cod. de duobus reis constituendis.

Article 2249. L'interpellation faite, conformément aux articles ci-dessus, à l'un des débiteurs solidaires, ou sa reconnaissance, interrompt la prescription contre tous les autres, même contre leurs héritiers.

L'interpellation faite à l'un des héritiers d'un débiteur solidaire, ou la reconnaissance de cet héritier, n'interrompt pas la prescription à l'égard des autres cohéritiers, quand même la créance serait hypothécaire, si l'obligation n'est indivisible.

Cette interpellation ou cette reconnaissance n'interrompt la prescription, à l'égard des autres codébiteurs, que pour la part dont cet héritier est tenu.

Pour interrompre la prescription pour le tout, à l'égard des autres codébiteurs, il faut l'interpellation faite à tous les héritiers du débiteur décédé, ou la reconnaissance de tous ces héritiers.

Leg. 5, cod. de duobus reis stipulandi.

Article 2250 L'interpellation faite au débiteur principal, ou sa reconnaissance, interrompt la prescription contre la caution.

SECTION II.

Des Causes qui suspendent le cours de la Prescription.

Article 2251. La prescription court contre toutes personnes, à moins qu'elles ne soient dans quelque exception établie par une loi.

Article 2252. La prescription ne court pas contre les mineurs et les interdits, sauf ce qui est dit à l'article 2278, et à l'exception des autres cas déterminés par la loi.

Leg. 3, cod. quibus non objicitur longi temporis præscriptio.

Article 2253. Elle ne court point entre époux.

Article 2254. La prescription court contre la femme mariée, encore qu'elle ne soit point séparée par contrat de mariage ou en justice, à l'égard des biens dont le mari a l'administration, sauf son recours contre le mari.

Leg. 30, ¶ *omnis, cod. de jure dotium.*
Berry, tit. 11, art 16.

Article 2255. Néanmoins elle ne court point, pendant le mariage, à l'égard de l'aliénation d'un fonds constitué selon le régime dotal, conformément à l'article 1561, au titre *du Contrat de Mariage et des Droits respectifs des Époux.*

Bourbonnais, chap. 3, art. 27 et 28.

Article 2256. La prescription est pareillement suspendue pendant le mariage,
1°. Dans le cas où l'action de la femme ne pourrait être exercée qu'après une option à faire sur l'acceptation ou la renonciation à la communauté;
2°. Dans le cas où le mari, ayant vendu le bien propre de la femme sans son consentement, est garant de la vente, et dans tous les autres cas où l'action de la femme réfléchirait contre le mari.

Article 2257. La prescription ne court point,
A l'égard d'une créance qui dépend d'une condition, jusqu'à ce que la condition arrive;
A l'égard d'une action en garantie, jusqu'à ce que l'éviction ait lieu;
A l'égard d'une créance à jour fixe, jusqu'à ce que ce jour soit arrivé.

Leg. 7, §. 4, *cod de præscriptione* 30 *vel* 40 *annorum.*
Leg. 30, ¶. *omnis, cod. de jure dotium.*
Argum. ex leg. 25, *ff. de stipulatione servorum.*

Article 2258. La prescription ne court pas contre l'héritier bénéficiaire, à l'égard des créances qu'il a contre la succession.

Elle court contre une succession vacante, quoique non pourvue de curateur.

Leg. 22, §. 11, *cod. de jure deliberandi.*

Article 2259. Elle court encore pendant les trois mois pour faire inventaire, et les quarante jours pour délibérer.

CHAPITRE V.

Du Temps requis pour Prescrire.

SECTION PREMIERE.

Dispositions générales.

Article 2260. LA prescription se compte par jours, et non par heures. Elle est acquise lorsque le dernier jour du terme est accompli.

Leg. 6 *et leg.* 7, *ff. de usurpationibus et usucapionibus.*
Leg. 15, *ff. de diversis temporibus præscriptionum.*

Article 2261. Dans les prescriptions qui s'accomplissent dans un certain nombre de jours, les jours complémentaires sont comptés.

Dans celles qui s'accomplissent par mois, celui de fructidor comprend les jours complémentaires.

SECTION II.

De la Prescription trentenaire.

Article 2262. Toutes les actions, tant réelles que personnelles, sont prescrites par trente ans, sans que celui qui allègue cette prescription soit obligé d'en rapporter un titre, ou qu'on puisse lui opposer l'exception déduite de la mauvaise foi.

Leg. 3, *cod. de præscriptione* 30 *vel* 40 *annorum.*
Bourbonnais, chap. 3, art. 25 ; Orléans, art. 261 ; Rheims, art. 381 ; Paris, art. 118; Laon, art. 142 ; Châlons, art. 146 et 148 ; Amiens, art. 161 et 162.

Article 2263. Après vingt-huit ans de la date du dernier titre, le débiteur d'une rente peut être contraint à fournir à ses frais un titre nouvel à son créancier ou à ses ayant-cause.

Article 2264. Les règles de la prescription sur d'autres objets que ceux mentionnés dans le présent titre, sont expliquées dans les titres qui leur sont propres.

SECTION III.

De la Prescription par dix et vingt ans.

Article 2265. Celui qui acquiert de bonne foi et par juste titre un immeuble, en prescrit la propriété par dix ans, si le véritable propriétaire habite dans le ressort du tribunal d'appel dans l'étendue duquel l'immeuble est situé; et par vingt ans, s'il est domicilié hors dudit ressort.

Leg. 12, *cod. de præscriptione longi temporis.*
Leg. 7, *cod. quibus non objicitur longi temporis præscriptio.*
Leg. 38, *ff. de usurpationibus et usucapionibus.*
Leg. unic., in fin., cod. de usucapione transformandâ.
Paris, art. 113; Blois, chap. 15, art. 192. Rheims, art. 580.
Arrêtés de LAMOIGNON, tit. 29, art. 30 et 34. (1)

Article 2266. Si le véritable propriétaire a eu son domicile en différens temps, dans le ressort et hors du ressort, il faut, pour compléter la prescription, ajouter à ce qui manque aux dix ans de présence, un nombre d'années d'absence double de celui qui manque, pour compléter les dix ans de présence.

Voy. Arrêtés de LAMOIGNON, tit. 29, art. 35.

Article 2267. Le titre nul par défaut de forme, ne peut servir de base à la prescription de dix et vingt ans.

Leg. 27, *ff. de usurpationibus et usucapionibus.*
Arrêtés de LAMOIGNON, tit. 29, art. 36.

---

(1) Bonne foi nécessaire pour prescrire. Vid. *Leg.* 12, *ff. de usurpat. et usucap.* *Leg.* 7, §. 5, *ff. pro empt.* *Leg.* 27, *ff. de contrahend. empt.* *Leg.* 9, *cod. de usucap. pro empt.* Quand on est réputé de bonne foi Vid. *Leg.* 2, §. 15, *ff. pro empt.* *Leg.* 14, *ff. eod. tit.* *Leg.* 5, *ff. pro derelicto.*

Article 2268. La bonne foi est toujours présumée, et c'est à celui qui allègue la mauvaise foi à la prouver.

Article 2269. Il suffit que la bonne foi ait existé au moment de l'acquisition.

Leg. 10, *leg.* 15, § 5, *ff. de usurpationibus et usucapionibus.*
Arrêtés de LAMOIGNON, tit. 29, art. 5. (1)

Article 2270. Après dix ans, les architectes et les entrepreneurs sont déchargés de la garantie des gros ouvrages qu'ils ont faits ou dirigés.

Leg. 8, *cod. de operibus publicis.*

SECTION IV.

De quelques Prescriptions particulières.

Article 2271. L'action des maîtres et instituteurs des sciences et arts, pour les leçons qu'ils donnent au mois;

Celle des hôteliers et traiteurs, à raison du logement et de la nourriture qu'ils fournissent;

Celle des ouvriers et gens de travail, pour le paiement de leurs journées, fournitures et salaires,

Se prescrivent par six mois.

Paris, art. 126.
Arrêtés de LAMOIGNON, tit. 29, art. 17.

Article 2272. L'action des médecins, chirurgiens et apothicaires, pour leurs visites, opérations et médicamens;

Celle des huissiers, pour le salaire des actes qu'ils signifient, et des commissions qu'ils exécutent;

---

(1) Si le possesseur de bonne foi cessant de posséder, recouvre la possession après avoir su que la chose n'était pas à lui, il ne prescrit. Vid. *Leg.* 15, §. 2, *ff. de usurpat et usucap. Leg.* 7, §. 4, *ff. pro empt.* Quand on est réputé de bonne foi. Vid. *Leg.* 2, §. 15, *ff. pro empt. Leg.* 14, *ff. cod. Leg.* 5, *ff. pro derelicto.*

Celle des marchands, pour les marchandises qu'ils vendent aux particuliers non marchands ;

Celle des maîtres de pension, pour le prix de la pension de leurs élèves ; et des autres maîtres, pour le prix de l'apprentissage ;

. Celle des domestiques qui se louent à l'année, pour le paiement de leur salaire ;

Se prescrivent par un an.

Paris, art. 125 et 127 ; Bourbonnais, chap. 3, art. 13 ; Orléans, art. 265 ; Rheims, art. 394. Arrêtés de LAMOIGNON, tit. 29, art. 18, 19 et 20.

Article 2273. L'action des avoués, pour le paiement de leurs frais et salaires, se prescrit par deux ans à compter du jugement des procès, ou de la conciliation des parties, ou depuis la révocation desdits avoués. A l'égard des affaires non terminées, il ne peuvent former de demandes pour leurs frais et salaires qui remonteraient à plus de cinq ans.

Ordonnance de 1446, art. 53.
CHOPIN, *de morib. Paris.*, *lib.* 2, *tit.* 8, *n°.* 12.
GUENOIS, conférence des ordonnances, liv. 2, tit. 4, §. 4.

Article 2274. La prescription, dans les cas ci-dessus, a lieu, quoiqu'il y ait eu continuation de fournitures, livraisons, services et travaux.

Elle ne cesse de courir que lorsqu'il y a eu compte arrêté, cédule ou obligation, ou citation en justice non périmée.

Article 2275. Néanmoins ceux auxquels ces prescriptions seront opposées, peuvent déférer le serment à ceux qui les opposent, sur la question de savoir si la chose a été réellement payée.

Le serment pourra être déféré aux veuves et héritiers, ou aux tuteurs de ces derniers, s'ils sont mineurs, pour qu'ils aient à déclarer s'ils ne savent pas que la chose soit due.

Article 2276. Les juges et avoués sont déchargés des pièces cinq ans après le jugement des procès.

59

Les huissiers, après deux ans, depuis l'exécution de la commission, ou la significa-tion des actes dont ils étaient chargés, en sont pareillement déchargés.

Arrêtés de Lamoignon, tit. 29, art. 25.

Article 2277. Les arrérages de rentes perpétuelles et viagères ;
Ceux des pensions alimentaires ;
Les loyers des maisons, et le prix de ferme des biens ruraux ;
Les intérêts des sommes prêtées, et généralement tout ce qui est payable par année, ou à des termes périodiques plus courts,
Se prescrivent par cinq ans.

Ordonnance de 1629, art. 142.

Article 2278. Les prescriptions dont il s'agit dans les articles de la présente sec-tion, courent contre les mineurs et les interdits ; sauf leur recours contre leurs tuteurs.

Article 2279. En fait de meubles, la possession vaut titre.
Néanmoins celui qui a perdu ou auquel il a été volé une chose, peut la revendiquer pendant trois ans, à compter du jour de la perte ou du vol, contre celui dans les mains duquel il la trouve ; sauf à celui-ci son recours contre celui duquel il la tient.

Paris, art. 170.
Arrêtés de Lamoignon, tit. 21, art. 94.
Argum. ex leg. 47, ff. de adquirendâ vel amittendâ possessione. = Leg. unicâ, §. cum autem cod. de usucapione transformandâ.

Article 2280. Si le possesseur actuel de la chose volée ou perdue l'a achetée dans une foire ou dans un marché, ou dans une vente publique, ou d'un marchand vendant des choses pareilles, le propriétaire originaire ne peut se la faire rendre qu'en remboursant au possesseur le prix qu'elle lui a coûté.

Arrêtés de Lamoignon, tit. 21, art. 96.

Article 2281. Les prescriptions commencées à l'époque de la publication du présent titre, seront réglées conformément aux lois anciennes.

Néanmoins les prescriptions alors commencées , et pour lesquelles il faudrait encore, suivant les anciennes lois , plus de trente ans à compter de la même époque , seront accomplies par ce laps de trente ans.

Signé, BONAPARTE, PREMIER CONSUL.

Contre - signé, le Secrétaire d'Etat, HUGUES B. MARÈT.

Et scellé du sceau de l'Etat.

Vu, le Grand-Juge , Ministre de la Justice , *signé*, REGNIER.

Certifié :

Le Grand-Juge , Ministre de la Justice ,

REGNIER.

LOI

Sur la Réunion des Lois civiles en un seul corps, sous le titre de Code Civil des Français.

[Décrétée le 30 Ventôse an XII. Promulguée le 10 Germinal suivant.]

ARTICLE PREMIER.

Seront réunies en un seul corps de lois, sous le titre de CODE CIVIL DES FRANÇAIS, les lois qui suivent ;

SAVOIR:

1°. Loi du 14 ventôse an XI. *Sur la publication, les effets et l'application des lois en général*

2°. Loi du 17 ventôse an XI. *Sur la jouissance et la privation des droits civils.*

3°. Loi du 20 ventôse an XI. *Sur les actes de l'état civil.*

4°. Loi du 23 ventôse an XI. *Sur le domicile.*

5°. Loi du 24 ventôse an XI. *Sur les absens.*

6°. Loi du 26 ventôse an XI. *Sur le mariage.*

7°. Loi du 30 ventôse an XI. *Sur le divorce.*

8°. Loi du 2 germinal au XI. *Sur la paternité et la filiation.*

9°. Loi du 2 germinal an XI. *Sur l'adoption et la tutelle officieuse.*

10°. Loi du 3 germinal an XI. *Sur la puissance paternelle.*

11°. Loi du 5 germinal an XI. *Sur la minorité, la tutelle et l'émancipation.*

12°. Loi du 8 germinal an XI. *Sur la majorité, l'interdiction et le conseil judiciaire.*

13°. Loi du 4 pluviôse an XII. *Sur la distinction des biens.*

14°. Loi du 6 pluviôse an XII. *Sur la propriété.*

15°. Loi du 9 pluviôse an XII. *Sur l'usufruit, l'usage et l'habitation.*

16°. Loi du 10 pluviôse an XII. *Sur les servitudes ou services fonciers.*

17°. Loi du 29 germinal an XI. *Sur les successions.*

18°. Loi du 13 floréal an XI. *Sur les donations entre-vifs et les testamens.*

19°. Loi du 17 pluviôse an XII. *Sur les contrats ou les obligations conventionnelles en général.*

20°. Loi du 19 pluviôse an XII. *Sur les engagemens qui se forment sans convention.*

21°. Loi du 20 pluviôse an XII. *Sur le contrat de mariage et les droits respectifs des époux.*

22°. Loi du 15 ventôse an XII. *Sur la vente.*

23°. Loi du 16 ventôse an XII. *Sur l'échange.*

24°. Loi du 16 ventôse an XII. *Sur le contrat de louage.*

25°. Loi du 17 ventôse an XII. *Sur le contrat de société.*

26°. Loi du 18 ventôse an XII. *Sur le prêt.*

27°. Loi du 23 ventôse an XII. *Sur le dépôt et le séquestre.*

28°. Loi du 19 ventôse an XII. *Sur les contrats aléatoires.*

29°. Loi du 19 ventôse an XII. *Sur le mandat.*

30°. Loi du 24 pluviôse an XII. *Sur le cautionnement.*

31°. Loi du 29 ventôse an XII. *Sur les transactions.*

32°. Loi du 25 pluviôse an XII. *Sur la contrainte par corps en matière civile.*

33°. Loi du 25 ventôse an XII. *Sur le nantissement.*

34°. Loi du 28 ventôse an XII. *Sur les privilèges et hypothèques.*

35°. Loi du 28 ventôse an XII. *Sur l'expropriation forcée et les ordres entre les créanciers.*

36°. Loi du 24 ventôse an XII. *Sur la prescription.*

Article 2. Les six articles dont est composée la loi du 21 du présent mois, concernant les actes respectueux à faire par les enfans, aux pères et mères, aïeuls et aïeules, dans les cas où ils sont prescrits, seront insérés au titre *du Mariage*, à la suite de l'article qui se trouve maintenant au n°. 151.

Article 3. Sera insérée au titre *de la Distinction des biens*, à la suite de l'article qui se trouve maintenant au n°. 529, la disposition contenue en l'article qui suit :

Toute rente établie à perpétuité pour le prix de la vente d'un immeuble, ou comme condition de la cession à titre onéreux ou gratuit d'un fonds immobilier, est essentiellement rachetable.

Il est néanmoins permis au créancier de régler les clauses et conditions du rachat.

Il lui est aussi permis de stipuler que la rente ne pourra lui être remboursée qu'après un certain terme, lequel ne peut jamais excéder trente ans : toute stipulation contraire est nulle.

Article 4. Le Code civil sera divisé en un titre préliminaire et en trois livres.

La loi du 14 ventôse an XI, *sur la publication, les effets et l'application des Lois en général*, est le titre préliminaire.

Le premier livre sera composé des onze lois suivantes, sous le titre *des Personnes*.

Le second livre sera composé des quatre lois suivantes, sous le titre *des Biens, et des différentes modifications de la Propriété.*

Le troisième livre sera composé des vingt dernières lois, sous le titre *des différentes manières dont on acquiert la Propriété.*

Chaque livre sera divisé en autant de titres qu'il y a de lois qui doivent y être comprises.

Article 5. Il n'y aura pour tous les articles du Code civil qu'une seule série de numéros.

Article 6. La disposition de l'article Ier. n'empêche pas que chacune des lois qui y sont énoncées n'ait son exécution du jour qu'elle a dû l'avoir en vertu de sa promulgation particulière.

Article 7. A compter du jour où ces lois sont exécutoires, les lois romaines, les ordonnances, les coutumes générales ou locales, les statuts, les réglemens, cessent d'avoir force de loi générale ou particulière dans les matières qui sont l'objet desdites lois composant le présent Code.

Signé, BONAPARTE, Premier Consul. *Contre-signé*, le Secrétaire d'état, Hugues B. Maret. Et scellé du sceau de l'Etat.

Vu, le Grand-Juge, Ministre de la Justice, *signé*, Regnier.

Certifié :

Le Grand-Juge, Ministre de la Justice,

REGNIER.

TABLE
DU CODE CIVIL.

LIVRE II.

DES BIENS ET DES DIFFÉRENTES MODIFICATIONS DE LA PROPRIÉTÉ.

LIVRE III.

DÈS DIFFÉRENTES MANIÈRES DONT ON ACQUIERT LA PROPRIÉTÉ.

FIN DE LA TABLE.

LOIS TRANSITOIRES.

LOIS TRANSITOIRES.

LOI

Relative aux Adoptions *faites avant la publication du Titre VIII du Code civil.*

Du 25 Germinal an XI. (Bulletin des lois, n°. 271.)

AU NOM DU PEUPLE FRANÇAIS,

BONAPARTE , premier Consul , proclame loi de la République le décret suivant , rendu par le Corps législatif, le 25 germinal an XI , conformément à la proposition faite par le Gouvernement , le 17 germinal dernier , communiquée au Tribunat le lendemain.

DECRET.

ARTICLE PREMIER.

Toutes adoptions faites par actes authentiques depuis le 18 janvier 1792 (*v. st.*), jusqu'à la publication des dispositions du Code civil relatives à l'adoption , seront valables , quand elles n'auraient été accompagnées d'aucune des conditions depuis imposées pour adopter et être adopté.

Article 2. Pourra néanmoins celui qui aura été adopté en minorité , et qui se trouverait aujourd'hui majeur , renoncer à l'adoption dans les trois mois qui suivront la publication de la présente loi.

La même faculté pourra être exercée par tout adopté aujourd'hui mineur, dans les trois mois qui suivront sa majorité.

Dans l'un et l'autre cas, la renonciation sera faite devant l'officier de l'état civil du domicile de l'adopté , et notifiée à l'adoptant dans un autre délai de trois mois.

Corps Législatif. Du 17 germinal. Exposé des motifs par BERLIER , Conseiller d'État.
Tribunat. Du 22. Rapport par BOUTTEVILLE.
Corps Législatif. Du 25. Discours par GILLET , Tribun.

Article 3. Les adoptions auxquelles l'adopté n'aura point renoncé, produiront les effets suivans :

Si ces droits ont été réglés par acte ou contrat authentique, disposition entre-vifs ou à cause de mort, faits sans lésion de légitime d'enfant, transaction ou jugement passé en force de chose jugée, il ne sera porté aucune atteinte auxdits acte, contrat, disposition, transaction ou jugement, lesquels seront exécutés selon leur forme et teneur.

Article 4. En l'absence ou à défaut de toute espèce d'actes authentiques spécifiant ce que l'adoptant a voulu donner à l'adopté, celui-ci jouira de tous les droits accordés par le Code civil, si, dans les six mois qui suivront la publication de la présente loi, l'adoptant ne se présente devant le juge de paix de son domicile, pour y affirmer que son intention n'a pas été de conférer à l'adopté tous les droits de successibilité qui appartiendraient à un enfant légitime.

Cette faculté d'affirmer l'intention est un droit personnel à l'adoptant, et n'appartiendra point à ses héritiers.

Article 5. Dans le cas où l'adoptant aurait fait l'affirmation énoncée dans l'article précédent, et dans le délai prescrit par cet article, les droits de l'adopté seront, quant à la successibilité, limités au tiers de ceux qui auraient appartenu à un enfant légitime.

Article 6. S'il résultait de l'un des actes maintenus par l'article 3, que les droits de l'adopté fussent inférieurs à ceux accordés par le Code civil, ceux-ci pourront lui être conférés en entier par une nouvelle adoption dont l'instruction aura lieu conformément aux dispositions du Code, mais sans autres conditions de la part de l'adoptant, que d'être sans enfans ni descendans légitimes, d'avoir quinze ans de plus que l'adopté, et, si l'adoptant est marié, d'obtenir le consentement de l'autre époux.

Article 7. Les articles 341, 342, 343, 345 et 346 du Code civil, au titre *de l'Adoption*, sont au surplus déclarés communs à tous les individus adoptés depuis le décret du 18 janvier 1792 et autres lois y relatives.

Collationné à l'original, par nous président et secrétaires du Corps législatif, à Paris, le 25 germinal an XI de la République française. *Signé* FAULCON, *président*; F. A. TRUMEAU, HEMART, GRAPPE, LIGNIVILLE, *secrétaires*.

SOIT la présente loi revêtue du sceau de l'Etat, insérée au Bulletin des lois, inscrite dans les registres des autorités judiciaires et administratives, et le grand-juge, ministre de la justice, chargé d'en surveiller la publication. A Saint - Cloud, le 5 floréal an XI de la République.

Signé BONAPARTE , *premier Consul.* Contresigné *le secrétaire 'd'Etat ,* HUGUES B. MARET. Et scellé du sceau de l'Etat.

Vu, *le grand-juge ministre de la justice ,* signé REGNIER.

LOI

Relative aux Divorces *prononcés ou demandés avant la publication du titre VI du Code civil.*

Du 26 Germinal an XI. (Bulletin des lois , n°. 272.)

AU NOM DU PEUPLE FRANÇAIS,

BONAPARTE, premier Consul, proclame loi de la République le décret suivant, rendu par le Corps législatif, le 26 germinal an XI, conformément à la proposition faite par le Gouvernement, le 18 du même mois, communiquée au Tribunat le lendemain.

DECRET.

ARTICLE PREMIER.

Tous divorces prononcés par des officiers de l'état civil , ou autorisés par jugement avant la publication du titre du Code civil relatif au divorce , auront leurs effets conformément aux lois qui existaient avant cette publication.

Article 2. A l'égard des demandes formées antérieurement à la même époque , elles continueront d'être instruites, les divorces seront prononcés et auront leurs effets conformément aux lois qui existaient lors de la demande.

Collationné à l'original , par nous président et secrétaires du Corps législatif. A

Corps Législatif. Du 10 germinal. Exposé des motifs par REAL, Conseiller d'Etat.
Tribunat. Du 24. Rapport par SAVOYE-ROLLIN.
Corps Législatif. Du 26. Discours par SAVOYE ROLLIN.

Paris, le 26 germinal an XI de la République française. *Signé* FAULCON , *président* ; F. A. TRUMEAU , HÉMART , GRAPPE , LIGNIVILLE , *secrétaires*.

SOIT la présente loi revêtue du sceau de l'Etat , insérée au Bulletin des lois, inscrite dans les registres des autorités judiciaires et administratives , et le grand - juge , ministre de la justice , chargé d'en surveiller la publication. A Saint - Cloud , le 6 floréal an XI de la République.

Signé BONAPARTE , *premier Consul.* Contresigné , *le secrétaire d'Etat ,* HUGUES B. MARET. Et scellé du sceau de l'Etat.

Vu , *le grand-juge , ministre de la justice ,* signé REGNIER.

———

LOI

Relative au mode de réglement de l'état et des droits des Enfans naturels , *dont les pères et mères sont morts depuis la loi du* 12 *brumaire an II , jusqu'à la promulgation des titres du Code civil , sur la* Paternité et la Filiation , *et sur les* Successions.

Du 14 Floréal an XI. (Bulletin des lois , n°. 278.)

AU NOM DU PEUPLE FRANÇAIS ,

BONAPARTE , premier Consul , proclame loi de la République le décret suivant , rendu par le Corps législatif, le 14 floréal an XI, conformément à la proposition faite par le Gouvernement , le 9 du même mois , communiquée au Tribunat le lendemain.

DECRET.

ARTICLE PREMIER.

L'état et les droits des enfans nés hors mariage , dont les pères et mères sont morts depuis la promulgation de la loi du 12 brumaire an 2 , jusqu'à la promulgation des titres du Code civil *sur la Paternité et la Filiation et sur les Successions ,* seront réglés de la manière prescrite par ces titres.

Article 2. Néanmoins, les dispositions entre-vifs ou testamentaires, antérieures à la promulgation des mêmes titres du Code civil, et dans lesquelles on aurait fixé les droits de ces enfans naturels, seront exécutées, sauf la réduction à la quotité disponible aux termes du Code civil, et sauf aussi un supplément, conformément à l'article 511 de la loi *sur les Successions,* dans le cas où la portion donnée ou léguée serait inférieure à la moitié de ce qui devrait revenir à l'enfant naturel, suivant la même loi.

Article 3. Les conventions et jugemens passés en force de chose jugée, par lesquels l'état et les droits desdits enfans naturels auraient été réglés, seront exécutés selon leur forme et teneur.

Collationné à l'original par nous président et secrétaires du Corps législatif. A Paris, le 14 floréal an XI de la république française. *Signé* VIÉNOY-VAUBLANC, *président ;* TERRASSON, BORIE, MALLIEN, BLAREAU, *secrétaires.*

SOIT la présente loi revêtue du sceau de l'Etat, insérée au Bulletin des lois ; inscrites dans les registres des autorités judiciaires et administratives, et le grand-juge, ministre de la justice, chargé d'en surveiller la publication. A Saint-Cloud, le 24 floréal an XI de la République.

Signé BONAPARTE, *premier Consul.* Contresigné, *le secrétaire d'Etat,* HUGUES B. MARET. Et scellé du sceau de l'Etat.

Vu, *le grand-juge, ministre de la justice,* signé REGNIER.

Corps législatif. Du 9 floréal. Exposé des motifs par TREILHARD, Conseiller d'Etat.
Tribunat Du 2 Rapport par HUGUET.
Corps législatif. Du 14 Discours de GRENIER, Tribun.

ARRÊTÉ

Sur le mode de délivrance des Dispenses relatives au Mariage.

Du 20 Prairial an XI. (Bulletin des Lois, n°. 285.)

Le Gouvernement de la République, vu les articles CXLIV, CLVII et CLXIII du premier livre du Code civil ;

Sur le rapport du grand-juge, ministre de la justice,

Le Conseil d'Etat entendu, arrête :

ARTICLE PREMIER.

Les dispenses pour se marier avant dix-huit ans révolus pour les hommes, et quinze ans révolus pour les femmes, et celles pour se marier dans les degrés prohibés par l'article CLVII du premier livre du Code civil, seront délivrées par le Gouvernement, sur le rapport du grand-juge.

Article 2. Le commissaire du Gouvernement près le tribunal de première instance de l'arrondissement dans lequel les impétrans se proposent de célébrer le mariage, lorsqu'il s'agira de dispenses dans les degrés prohibés, ou de l'arrondissement dans lequel l'impétrant a son domicile, lorsqu'il s'agira de dispenses d'âge, mettra son avis au pied de la pétition tendante à obtenir ces dispenses, et elle sera ensuite adressée au grand-juge.

Article 3. Les dispenses de la seconde publication de bans, dont est mention dans l'article CLXIII du même livre du Code civil, seront accordées, s'il y a lieu, au nom du Gouvernement, par son commissaire près le tribunal de première instance dans l'arrondissement duquel les impétrans se proposent de célébrer leur mariage ; et il sera rendu compte, par ce commissaire, au grand-juge, ministre de la justice, des causes graves qui auront donné lieu à chacune de ces dispenses.

Article 4. La dispense d'une seconde publication de bans sera déposée au secrétariat de la commune où le mariage sera célébré. Le secrétaire en délivrera une expédition, dans laquelle il sera fait mention du dépôt, et qui demeurera annexée à l'acte de célébration du mariage.

Article 5. L'arrêté du Gouvernement portant la dispense d'âge, ou celle dans les degrés prohibés, sera, à la diligence du commissaire du Gouvernement, et en vertu d'ordonnance du président, enregistré au greffe du tribunal civil de l'arrondissement dans lequel le mariage sera célébré. Une expédition de cet arrêté, dans laquelle il sera fait mention de l'enregistrement, demeurera annexée à l'acte de célébration de mariage.

Article 6. Le grand-juge, ministre de la justice, est chargé de l'exécution du présent arrêté, qui sera inséré au Bulletin des Lois.

Le premier Consul, *signé*, BONAPARTE.

Par le premier Consul, le secrétaire d'Etat, *Signé*, Hugues B. MARET.

Le Grand-Juge, Ministre de la Justice, Signé, REGNIER.

ARRÊTÉ

Contenant le Tableau des distances de Paris à tous les chefs-lieux des Départemens, évaluées en kilomètres et lieues anciennes.

Saint-Cloud, le 25 Thermidor an XI. (Bulletin des Lois, n°. 312.)

LE Gouvernement de la République, sur le rapport du grand-juge, ministre de la justice;

Vu l'article Ier. du Code civil;

Le Conseil d'Etat entendu,

ARRÈTE,

ARTICLE PREMIER.

Le tableau ci-joint des distances de Paris à tous les chefs-lieux des départemens, évaluées en kilomètres, en myriamètres et lieues anciennes, sera inséré au Bulletin des Lois, pour servir de régulateur et d'indicateur du jour, où, conformément à l'article I^e. du Code civil, la promulgation de chaque loi est réputée connue dans chacun des départemens de la République.

Article 2. Le grand-juge, ministre de la justice, est chargé de l'exécution du présent arrêté, qui sera également inséré au Bulletin des Lois.

Le premier Consul, Signé, BONAPARTE.

Par le premier Consul, le secrétaire d'Etat, *Signé*, Hugues B. MARET.

Le Grand-Juge, Ministre de la Justice, REGNIER.

(*S uit le Tableau.*)

NOMS DES DÉPARTEMENS.	CHEFS-LIEUX.	Kilom.	Myria.	anciennes Lieues.
Ain	Bourg	432	43	2	86
Aisne	Laon	127	12	7	25
Allier	Moulins	289	28	9	57
Alpes (Basses)	Digne	755	75	5	151
Alpes (Hautes)	Gap	665	66	5	133
Alpes-Maritimes	Nice	960	96	»	192
Ardèche	Privas	606	60	6	121
Ardennes	Mézières	234	23	4	46
Arriège	Foix	752	57	2	150
Aube	Troyes	159	15	9	31
Aude	Carcassonne	765	76	5	153
Aveyron	Rhodez	692	69	2	138
Bouches-du-Rhône	Marseille	813	81	3	162
Calvados	Caen	263	26	3	52
Cantal	Aurillac	539	53	9	107
Charente	Angoulême	454	45	4	90
Charente-Inférieure	Saintes	484	48	4	96
Cher	Bourges	235	23	5	46
Corrèze	Tulle	461	46	1	92
Côte-d'Or	Dijon	305	30	5	61
Côtes-du-Nord	Saint-Brieuc	446	44	6	89
Creuse	Guéret	428	42	8	85
Doire	Ivrée	821	82	1	164
Dordogne	Périgueux	472	47	2	94
Doubs	Besançon	596	59	6	79
Drôme	Valence	560	56	»	112
Dyle	Bruxelles	305	30	5	61
Escaut	Gand	555	55	3	66
Eure	Evreux	104	10	4	20
Eure-et-Loir	Chartres	92	9	2	18
Finistère	Quimper	625	62	5	124
Forêts	Luxembourg	367	36	7	73
Gard	Nîmes	702	70	2	140
Garonne (Haute)	Toulouse	669	66	9	135
Gers	Auch	745	74	3	148
Gironde	Bordeaux	575	57	5	114
Golo	Bastia	875	87	5	174
Hérault	Montpellier	752	75	2	150
Ille-et-Villaine	Rennes	346	34	6	68
Indre	Châteauroux	259	25	9	51
Indre-et-Loire	Tours	242	24	2	48
Isère	Grenoble	568	56	8	113
Jemmappes	Mons	244	24	4	48
Jura	Lons-le-Saulnier	411	41	1	82
Landes	Mont-de-Marsan	702	70	2	140
Léman	Genève	514	51	4	102
Liamone	Ajaccio	875	87	5	174
Loir-et-Cher	Blois	181	18	1	36
Loire	Montbrison	445	44	5	88
Loire (Haute)	Le Puy	505	50	5	101
Loire-Inférieure	Nantes	589	58	9	77
Loiret	Orléans	123	12	5	28
Lot	Cahors	558	55	8	111
Lot-et-Garonne	Agen	714	71	4	142
Lozère	Mende	566	56	6	11
Lys	Bruges	585	58	3	
Maine-et-Loire	Angers	300	30	»	6
Manche	Saint-Lô	326	32	6	6
Marengo	Alexandrie	852	85	2	17
Marne	Châlons	164	16	4	3
Marne (Haute)	Chaumont	247	24	7	4
Mayenne	Laval	281	28	1	5
Meurthe	Nancy	334	33	4	6
Meuse	Bar-sur-Ornain	251	25	1	5
Meuse-Inférieure	Maëstricht	448	44	8	8
Mont-Blanc	Chambéry	565	56	5	11
Mont-Tonnerre	Mayence	548	54	8	10
Morbihan	Vannes	550	50	»	10
Moselle	Metz	308	30	8	6
Nèthes (Deux)	Anvers	355	35	5	7
Nièvre	Nevers	236	23	6	4
Nord	Lille	236	23	6	4
Oise	Beauvais	88	8	8	1
Orne	Alençon	191	19	1	
Ourthe	Liége	411	41	1	8
Pas-de-Calais	Arras	195	19	5	3
Pô	Turin	763	76	3	
Puy-de-Dôme	Clermont	384	38	4	7
Pyrénées (Basses)	Pau	781	78	1	15
Pyrénées (Hautes)	Tarbes	815	81	5	16
Pyrénées-Orient.	Perpignan	888	88	8	17
Rhin (Bas)	Strasbourg	464	46	4	9
Rhin (Haut)	Colmar	481	48	1	9
Rhin-et-Moselle	Coblentz	597	59	7	
Rhône	Lyon	466	46	6	9
Roër	Aix-la-Chapelle	457	45	7	
Sambre-et-Meuse	Namur	345	34	5	6
Saône (Haute)	Vesoul	354	35	4	7
Saône-et-Loire	Mâcon	399	39	9	7
Sarre	Trèves	410	41	»	8
Sarthe	Le Mans	211	21	1	4
Seine	Paris				
Seine-Inférieure	Rouen	137	13	7	
Seine-et-Marne	Melun	46	4	6	
Seine-et-Oise	Versailles	21	2	1	
Sèvres (Deux)	Niort	416	41	6	
Sesia	Verceil	836	83	6	
Somme	Amiens	128	12	8	2
Stura	Coni	845	84	5	
Tanaro	Asti	816	81	6	
Tarn	Albi	657	65	7	
Var	Draguignan	890	89	»	
Vaucluse	Avignon	707	70	7	
Vendée	Fontenay	447	44	7	
Vienne	Poitiers	343	34	3	
Vienne (Haute)	Limoges	380	38	»	
Vosges	Epinal	381	38	1	
Yonne	Auxerre	168	16	8	

Certifié conforme, *le secrétaire d'état, Signé*, Hugues B. MARET.

Le Grand-Juge, Ministre de la Justice, Signé, REGNIER.

TABLE GÉNÉRALE

DES MATIERES CONTENUES

DANS LE CODE CIVIL.

A.

ABANDON. Celui anticipé de la jouissance au profit des appelés à la substitution, ne peut préjudicier aux créanciers du grevé antérieurs à cet abandon, Art. 1053.

Nature et effets de l'abandon de biens par un débiteur à ses créanciers, 1265.

Voyez *Cession.*

Abeilles. Voy. *Ruches.*

Abréviation. Il ne doit être rien écrit par abréviation dans les actes de l'état civil, 42.

Absence. (Présomption d') S'il est nécessaire de pourvoir à l'administration des biens laissés par une personne présumée absente, et qui n'a point de procureur fondé, il y est statué par le tribunal de première instance, sur la demande des parties intéressées, 112.

Absence. Comment et après quelle époque on peut la faire déclarer ? 115.

— Formalités prescrites pour la constater. 116.

— Le juge, en statuant sur la demande, doit avoir égard aux motifs de l'absence, et aux causes qui empêchent de recevoir des nouvelles de l'individu absent, 117.

— Les jugemens tant définitifs que préparatoires, rendus pour la constater, doivent être rendus publics par le grand-juge, 118.

— Ne peut être déclarée qu'un an après le jugement qui aura ordonné l'enquête, 119.

— Après trente ans d'absence, la totalité des revenus de l'absent appartient à ceux qui en ont eu l'administration légale, 127.

— Comment cessent les effets du jugement qui déclare l'absence, lorsque l'absent reparaît. 131.

— Comment, en cas d'absence de l'ascendant auquel eût dû être fait l'acte respectueux, il peut être passé outre au mariage ? 155.

Absens. (Présumés) Un notaire est commis par le tribunal pour les représenter dans les inventaires, comptes, partages et liquidations dans lesquels ils sont intéressés, 113.

— Le ministère public est spécialement

chargé de veiller à leurs intérêts. Il est entendu sur toutes les demandes qui les concernent, 114.

Absent. S'il n'a point laissé de procuration, ses héritiers présomptifs au jour de sa disparution peuvent se faire envoyer en possession provisoire des biens qui lui appartiennent.

A quelles conditions ? 120.

— S'il a laissé une procuration, ses héritiers présomptifs ne peuvent poursuivre la déclaration d'absence, et obtenir l'envoi en possession provisoire qu'après dix ans, à compter de sa disparution ou de ses dernières nouvelles, 121.

— Comment il est pourvu à l'administration de ses biens, quand la procuration vient à cesser, 122.

— Lorsque les héritiers ont obtenu l'envoi en possession provisoire des biens de l'absent, le testament, s'il en existe un, est ouvert à la réquisition des parties intéressées ou du ministère public, 123.

— Comment son époux commun en biens peut empêcher l'envoi provisoire de ses biens, et ses effets, 124.

— La femme de celui dont l'absence a été déclarée, et qui opte pour la continuation de la communauté, conserve le droit d'y renoncer par la suite, 124.

Absent. Si l'époux demande la dissolution de la communauté, il exerce ses reprises et tous les droits légaux et conventionnels, à la charge de donner caution, 124.

— Ceux qui ont été envoyés en possession provisoire de ses biens, sont comptables envers lui, au cas qu'il reparaisse ou donne de ses nouvelles, 125.

— Les meubles qu'il a laissés ne peuvent être vendus qu'en vertu d'un jugement, 126.

— Comment et par qui doit être procédé à l'inventaire des meubles et titres de l'absent, 126.

— Il doit être fait emploi du prix du mobilier vendu, 126.

— Ceux qui ont obtenu l'envoi provisoire ou l'administration légale de ses biens, ne sont tenus de lui rendre que le cinquième des revenus s'il reparaît avant quinze ans, à compter du jour de sa disparution ou de ses dernières nouvelles ; et le dixième s'il ne reparaît qu'après les quinze années.

Après trente ans, la totalité des revenus leur appartient, 127.

— Ceux qui ne jouissent de ses biens qu'en vertu de l'envoi provisoire, ne peuvent aliéner ni hypothéquer ses immeubles, 128.

— Après quelle époque les ayant droit à sa succession peuvent obtenir l'envoi en possession définitif et en demander le partage des biens ? 129.

— Sa succession est ouverte du jour de son décès prouvé, au profit des héritiers les plus proches à cette époque, et ceux qui ont joui de ses biens sont tenus de les leur restituer, 130.

— S'il reparaît, ou si son existence est prouvée, même après l'envoi définitif, il recouvre ses biens dans l'état où ils se trouvent, 132.

— Ses enfans ou descendans directs peuvent également demander la restitution de ses biens dans les trente ans de l'envoi définitif, 133.

— Ceux qui ont des droits à exercer contre ses biens ne peuvent, après le jugement de déclaration d'absence, les poursuivre que contre ceux qui en ont obtenu l'envoi en possession, ou qui en ont l'administration légale, 134.

Absent. Celui qui réclame un droit échu à un individu absent, est tenu de prouver son existence quand le droit a été ouvert, 135.

— Peut réclamer, par l'action en pétition d'hérédité, les successions qui lui sont échues pendant son absence, 137.

— Ceux qui ont recueilli une succession à laquelle il était appelé, gagnent les fruits perçus de bonne foi tant qu'il ne se représente point ou ne fait point exercer les actions de son chef. 138.

Absent. (Epoux) Celui dont le conjoint a contracté un nouveau mariage, est seul recevable à l'attaquer, ou par lui-même, ou par son fondé de pouvoir, 139.

— S'il n'a point laissé de parens habiles à lui succéder, l'autre époux peut demander l'envoi en possession des biens, 140.

— Les enfans mineurs du père absent sont sous la surveillance de la mère : elle exerce tous les droits du mari, 141.

— Les enfans mineurs d'un précédent mariage, laissés par un époux absent, doivent être confiés à ses ascendans, 143.

Absens. Le délai pour intenter l'action en rescision pour cause de lésion dans la vente, court contre eux, 1676.

— Ceux à qui la possession provisoire de leurs biens est déférée, ne peuvent les hypothéquer que dans les formes prescrites par la loi, ou en vertu de jugement, 2126.

Abus. Les créances qui résultent des abus commis par les fonctionnaires publics dans l'exercice de leurs fonctions, ont un privilège sur les fonds de leur cautionnement, et sur les intérêts qui peuvent leur être dûs, 2102.

Acceptation d'une succession peut être faite purement, ou sous bénéfice d'inventaire, 774.

— Son effet remonte au jour de l'ouverture de la succession, 777.

— Peut être expresse ou tacite. - Exemples, 778.

— Elle résulte de la donation, vente ou transport de droits successifs faite à un des cohéritiers ou à un étranger.

Il en est de même de la renonciation, même gratuite, faite au profit d'un ou de plusieurs des cohéritiers;

Et de celle faite au profit de tous les cohéritiers indistinctement, lorsque celui qui renonce reçoit le prix de sa renonciation, 780.

Acceptation. Celle faite par un majeur ne peut être attaquée que dans le cas d'un dol pratiqué envers lui, ou de la découverte d'un testament inconnu au moment de l'acceptation, 783.

Acceptation d'une succession peut être faite par les héritiers qui ont renoncé, si la prescription n'est pas acquise contre eux, et si la succession n'a pas déjà été acceptée par d'autres héritiers, 790.

— Le délai accordé à l'héritier pour accepter est de trois mois pour faire inventaire, et de quarante jours pour délibérer, 795.

Acceptation de donation peut être faite du vivant du donateur, par un acte postérieur et authentique, dont il reste minute. Mais elle n'a d'effet, à l'égard du donateur, que du jour de la notification de l'acte d'acceptation, 932.

— Comment doit être faite par un majeur. 933.

— Quand biens donnés sont susceptibles d'hypothèque, la transcription des actes renfermant l'acceptation, ainsi que la notification de l'acceptation dans les cas où elle est prescrite, doit être faite au bureau des hypothèques de la situation des biens donnés, 939.

Acceptation du mandataire est nécessaire pour former le contrat de mandat, 1984.

— Peut être tacite, et résulter de l'exécution que le mandataire donne au mandat, 1985.

Accession. (Droit d') Sa définition, 546.

— Les fruits naturels ou industriels de la terre, les fruits civils, le croît des animaux, appartiennent au propriétaire à ce titre, 547.

Accession. Dans quel cas et comment a lieu, 551.

Accession. (Droit d') Quand il a pour objet deux choses mobilières appartenant à deux maîtres différens, est subordonné aux principes de l'équité naturelle, 565.

— En vertu de ce droit, à qui doit rester la propriété de deux choses appartenant à deux maitres, qui, quoique unies pour former un seul tout, sont néanmoins séparables, ensorte que l'une puisse subsister sans l'autre ? 566.

— Quand il y a lieu à l'exercice de ce droit, relativement à deux choses unies, quelle est la partie principale ? 567.

— Si la chose unie est plus précieuse que la chose principale, ou si elle a été employée à l'insu du propriétaire, celui-ci peut en demander la séparation, 568.

— Si de deux choses unies pour former un seul tout, l'une ne peut être regardée comme l'accessoire de l'autre, quelle est celle qui est réputée principale ? 569.

— Si quelqu'un a employé une matière qui ne lui appartenait pas à former une chose d'une nouvelle espèce, à qui doit en être accordée la propriété en vertu de ce droit ? 570.

— Si la main-d'œuvre surpasse de beaucoup la valeur de la matière, à qui doit rester la propriété de la chose ? 571.

— Comment se règle, lorsqu'une personne a employé en partie la matière qui lui appartenait, et en partie celle qui ne lui appartenait pas, et qu'elles ne peuvent se séparer sans inconvénient ? 572.

— Comment s'exerce, lorsqu'une chose a été été formée par le mélange de plusieurs matières appartenant à différens propriétaires, mais dont aucune ne peut être regardée comme la matière principale ? 573.

— Le propriétaire de la matière supérieure à l'autre par la quantité ou le prix, peut, en vertu de ce droit, réclamer la chose provenue du mélange, 574.

— N'a pas lieu quand la chose formée des matières appartenant à divers propriétaires reste en commun.

Elle doit être licitée au profit commun, 575.

Accession, est un moyen d'acquérir la propriété, 712.

Accroissement des legs. Quand il y a lieu à accroissement au profit des légataires, 1044.

Acheteur peut demander la délivrance des marchandises vendues au poids, à la mesure ou au compte, ou des dommages-intérêts en cas d'inexécution de la convention, 1585.

Acheteur. Sa principale obligation est de payer le prix au jour et au lieu réglés par la vente, 1650.

— Doit payer au lieu et dans le temps où se fait la délivrance, s'il n'y a convention contraire, 1651.

— Quand il doit l'intérêt du prix de la vente jusqu'au paiement du capital, 1652.

Acquéreur. Celui qui conserve l'immeuble mis aux enchères, en se rendant dernier enchérisseur, n'a pas besoin de faire transcrire son jugement d'adjudication, 2189.

Il a son recours contre son vendeur pour le remboursement de ce qui excède le prix stipulé, et pour l'intérêt, à compter du jour de chaque paiement, 2191.

Acquéts de communauté. Tout immeuble est réputé tel, s'il n'est prouvé que l'un de deux époux en avait la propriété ou possession légale antérieurement au mariage, ou qu'il lui est échu depuis à titre de succession ou de donation, 1402.

Acquêts, sont tout ce que les époux ont acquis ensemble ou séparément durant le mariage, et qui provient tant de leur industrie que de leurs économies faites sur les revenus, 1498.

— La société peut en être stipulée par les époux qui se soumettent au régime dotal, 1581.

Acquisitions. Quoique contiguës à la propriété d'un fonds légué, avant de les avoir faites, ne sont pas censées, sans une nouvelle disposition, faire partie du legs. 1019.

Actes passés depuis le jugement portant nomination d'un conseil ou interdiction, sont nuls de droit, 502.

— Quand ceux antérieurs à l'interdiction, peuvent être annullés. 503.

— Dans quel cas ceux faits ne peuvent être attaqués par les héritiers d'un individu dont l'interdiction a été provoquée ou prononcée avant son décès? 504.

Acte qui n'est point authentique par l'incompétence ou l'incapacité de l'officier, ou par un défaut de forme, vaut comme écriture privée, s'il a été signé des parties, 1318.

Actes, soit authentiques, ou sous seing-privé, font foi entre les parties même de ce qui n'y est exprimé qu'en termes énonciatifs, 1320.

Acte. Sa transcription sur les registres publics ne peut servir que de commencement de preuve par écrit, et dans certains cas, 1336.

— Il doit en être passé devant notaire ou sous signature privée, de toutes choses excédant la valeur de 150 fr.

La preuve par témoins n'est point admise contre et outre leur contenu, ni sur ce qui est allégué avoir été dit avant, lors ou depuis les actes, 1341.

Acte authentique est celui qui a été reçu par des officiers publics, ayant le droit d'instrumenter dans le lieu où l'acte a été rédigé avec les solennités requises, 1317.

— Il fait pleine foi de la convention qu'il renferme entre les parties contractantes et leurs héritiers ou ayant-cause.

Son exécution est suspendue en cas de plainte en faux principal par la mise en accusation. En cas d'inscription de faux incident, les tribunaux peuvent en suspendre provisoirement l'exécution, 1319.

Acte confirmatif. Dans quel cas est valable celui d'une obligation contre laquelle la loi admet l'action en nullité ou en rescision, 1338.

Acte extrajudiciaire, contenant le désaveu de la légitimité d'un enfant, est comme non avenu, si dans le délai d'un mois, il n'est suivi d'une action en justice, 318.

Actes de main-levée. Leur expédition doit être remise à l'officier de l'état civil : il doit en faire mention en marge de l'inscription de l'opposition, 67.

Actes récognitifs. Ils ne dispensent point de la représentation du titre primordial.

Ce qu'ils contiennent de plus que le titre, ou ce qui s'y trouve de différent, n'a point d'effet.

S'il y a plusieurs actes récognitifs dont l'un ait plus de trente ans de date, soutenus de la possession, le créancier peut être dispensé de représenter le titre primordial, 1337.

Actes de l'état civil. Ils doivent énoncer l'année, le jour et l'heure où ils sont reçus, les prénoms, noms, âge, profession et domicile de tous ceux qui y sont dénommés, 34.

— Il ne peut y être inséré par l'officier de l'état civil, soit par note ou par énonciation, que ce qui doit être déclaré par les comparans, 35.

-- Les parties intéressées qui ne sont point obligées de comparoître en personne peuvent s'y faire représenter par un fondé de procuration spéciale et authentique, 36.

— Doivent être signés par l'officier de l'état civil, par les comparans et les témoins, ou faire mention de la cause qui empêche les uns ou les autres de les signer, 39.

-- Doivent être inscrits dans chaque commune sur un ou plusieurs registres tenus doubles, 40.

— Doivent être inscrits sur les registres de suite. Les ratures et renvois sont approuvés et signés comme le corps de l'acte. Il n'y est

rien écrit par abréviation ; aucune date ne doit être mise en chiffres, 42.

— Les pièces annexées doivent être déposées, après avoir été paraphées par la partie qui les produit et par l'officier, au greffe du tribunal civil avec le double des registres, 44.

-- Les extraits des registres doivent être délivrés à toutes personnes qui les demandent, 45.

-- D'un Français en pays étranger fait foi, s'il est rédigé dans les formes usitées dans ledit pays, 47.

-- D'un Français en pays étranger est valable s'il est reçu conformément aux lois françaises par les agens diplomatiques ou par les commissaires des relations commerciales de la république, 48.

Actes civils. Toute contravention aux formes prescrites pour ces actes par les fonctionnaires qui en sont chargés doit être poursuivie devant le tribunal de première instance et punie d'une amende, 50.

Actes de l'état civil. Toute altération, tout faux dans les actes, ou leur inscription faite ailleurs que sur les registres à ce destinés, donnent lieu aux dommages intérêts des parties, 52.

Actes relatifs à l'état civil. Tout jugement rendu sur ces actes par le tribunal de première instance peut être attaqué par la voie de l'appel, 54.

Actes civils faits hors du territoire de la république, concernant les militaires ou des personnes employées à la suite des armées, sont assujettis aux formes prescrites pour ceux concernant les citoyens.

Exceptions, 88.

Actes de l'état civil des militaires hors du territoire de la république.

Par qui, et comment ces actes doivent être dressés ? 89.

— Lorsque la rectification en est demandée, il y est statué par le tribunal compétent, sauf l'appel, 99.

Acte de naissance. Les déclarations de naissance doivent être faites dans les trois jours de l'accouchement à l'officier de l'état civil du lieu, 55.

— Doit être rédigé de suite et en présence de deux témoins, 56.

— Ce qu'il doit énoncer, 57.

— Par qui doit être dressé celui de l'enfant qui naît pendant un voyage de mer, et avec quelles formalités ? 59.

Actes de naissance. A qui doivent être re--

mis ceux des enfans nés pendant un voyage sur mer? 60.

Acte de naissance. Les futurs époux doivent chacun remettre leur acte de naissance à l'officier de l'état civil. Celui qui est dans l'impossibilité de le représenter, peut y suppléer par un acte de notoriété, 70.

' — Dans les dix jours de l'inscription d'un acte de naissance à l'armée, celui qui est chargé de la tenue du registre doit en adresser un extrait à l'officier de l'état civil du dernier domicile du père ou de la mère, si le père est inconnu, 93.

— Inscrit sur le registre de l'état civil, prouve la filiation des enfans légitimes, 319.

— Nul ne peut réclamer un état qui lui est contraire, ni être attaqué dans celui dont il jouit conformément à son titre, 322.

Actes de publication de mariage doivent être affichés pendant les huit jours d'intervalle d'une publication à l'autre, à la porte de la maison commune, 64.

Acte de mariage doit faire mention qu'il n'y a point eu d'opposition, 69.

— Sa forme; ce qu'il doit énoncer, 76.

— Des militaires ou employés à la suite des armées hors le territoire de la république doit être adressé, après l'inscription, à l'officier de l'état civil du dernier domicile des époux, 95.

— Dans quel délai celui d'un mariage contracté en pays étranger entre Français ou Français et étranger, doit être inscrit sur le registre de l'état civil du lieu du son domicile? 171.

— Sa représentation est nécessaire pour faire jouir du titre d'époux et des effets civils du mariage, 194.

— Lorsqu'il est représenté et qu'il y a possession d'état, les époux sont respectivement non-recevables à en demander la nullité, 196.

— Les enfans de ceux qui ont vécu publiquement comme mari et femme ne sont point tenus de représenter celui de leur père et mère quand leur légitimité n'est point contredite par leur acte de naissance, 197.

— Peut contenir la reconnoissance des enfans nés hors mariage, 331.

Acte de décès doit être dressé par l'officier de l'état civil sur la déclaration de deux témoins. Quels doivent être ces témoins? 78.

— Sa forme et ce qu'il doit contenir, 79.

— Comment doit être dressé celui des personnes décédées par mort violente et de ceux condamnés à la peine de mort, ou des personnes décédées dans les prisons, maisons de réclusion ou de détention. 82, 83, 84, 85.

— Comment et par qui doivent être dressés les actes de décès arrivés pendant un voyage sur mer? 86.

— — Où doivent être déposés les actes de décès de ceux qui sont morts pendant un voyage de mer, où quand le bâtiment aborde à un port de relâche ou de désarmement? 87.

— Par qui doivent être dressés ceux des militaires ou employés à la suite des armées hors le territoire de la république, et envoyés à l'officier de l'état civil du dernier domicile de la personne décédée? 96.

Actes de décès des militaires dans les hôpitaux ambulans ou sédentaires, par qui doivent être rédigés et à qui doivent être adressés? 97.

Acte de notoriété. Par qui doit être délivré pour suppléer à un acte de naissance en cas de mariage? 70.

— Sa forme et ce qu'il doit contenir, 71.

— — Pour suppléer à un acte de naissance, il doit être présenté au tribunal de première instance du lieu où doit se célébrer le mariage, qui peut en accorder ou refuser l'homologation? 72.

— — Devant qui et par qui peut être donné celui nécessaire pour constater l'absence d'un ascendant auquel eût dû être fait l'acte respectueux? 155.

Acte respectueux doit être fait par les enfans de famille ayant atteint l'âge fixé par la loi. Et à quelles personnes? 151.

— — Jusques à quel âge il doit être renouvelé par les fils et les filles deux fois? l'intervalle qui doit être observé entre chaque renouvellement.

Après quel temps on peut passer outre à la célébration du mariage? 152.

— — Après l'âge de trente ans, à défaut de consentement sur un acte respectueux, il pourra être passé outre un mois après à la célébration du mariage, 153.

— Par qui doit être notifié?

Le procès-verbal de notification doit faire mention de la réponse faite, 154.

Actes respectueux doivent être faits par les enfans naturels légalement reconnus, à leur père et mère, 158.

— — L'adopté, s'il est majeur de 25 ans, doit en notifier un à son père et à sa mère, pour requérir leur conseil, 346.

Acte sous seing-privé. Celui auquel on l'oppose est tenu d'avouer ou de désavouer formellement sa signature et son écriture.

Ses héritiers ou ayant cause peuvent se contenter de déclarer qu'ils ne connaissent ni l'une ni l'autre, 1323.

-- En cas de désaveu de l'écriture ou de la signature, la vérification en est ordonnée en justice, 1324.

-- Quand il contient des conventions synallagmatiques, il doit en être fait autant d'originaux qu'il y a de parties ayant un intérêt direct.

Un seul original suffit pour tous ceux qui ont le même intérêt. Chaque original doit exprimer le nombre des originaux qui en ont été faits.

Le défaut de mention que les originaux ont été faits doubles, triples, etc., ne peut être opposé par celui qui a exécuté la convention, 1325.

-- De quel jour il a date contre les tiers ? 1328.

-- A, entre ceux qui l'ont souscrit et leurs héritiers, et ayant cause, la même foi que l'acte authentique, quand il est reconnu ou tenu pour tel par celui auquel on l'oppose, 1322.

-- Comment il obtient une date certaine, lorsqu'il a pour objet de constater des dettes mobilières contractées par la femme, antérieurement au mariage, 1410.

Action, N'est pas donnée à l'enfant contre ses père ou mère pour un établissement par mariage ou autrement, 204.

Actions, qui tendent à révendiquer un immeuble, sont immeubles, 526.

-- Celles qui ont pour objet des sommes exigibles, ou des effets mobiliers, sont meubles.

-- dans les compagnies de finance, de commerce ou d'industrie, encore que ces compagnies possèdent des immeubles, sont meubles à l'égard de chaque associé, tant que dure la société, 529.

Actions, tant réelles que personnelles, sont prescrites par trente ans, sans que celui qui allègue cette prescription soit obligé d'en rapporter le titre, ni qu'on puisse lui opposer l'exception déduite de la mauvaise foi, 2262.

Action en divorce, peut être intentée de nouveau pour cause survenue depuis la réconciliation, et on peut faire usage des anciennes causes pour appuyer la demande nouvelle, 273.

Action en indemnité à cause d'un passage obtenu, est prescriptible, 685.

Action mobilière, ne peut être intentée par le mineur émancipé, sans l'assistance de son curateur, 482.

Action en nullité ou en rescision, a lieu lorsque la convention a été contractée par erreur, violence, ou dol, 1117.

Action en partage, A l'égard des cohéritiers mineurs ou interdits, peut être exercée par

leurs tuteurs, spécialement autorisés par un conseil de famille.

A l'égard des cohéritiers absens, l'action appartient aux parens envoyés en possession, 817.

-- Est soumise au tribunal du lieu de l'ouverture de la succession, 822.

Action en reprise. Les ascendans succèdent à celle que pourrait avoir le donataire sur les objets donnés par eux, 747.

Action solidaire. Le créancier qui a consenti à la division de la dette à l'égard de l'un des codébiteurs, la conserve contre les autres, sous la déduction de la part de celui qu'il a déchargé de la solidarité, 1210.

Adition d'hérédité. Les actes conservatoires ou d'administration provisoire, sont des actes d'adition d'hérédité, si on y a pris le titre et la qualité d'héritier, 779.

Administrateur provisoire, donné à celui contre lequel l'interdiction est provoquée, doit rendre compte de sa gestion au tuteur de l'interdit, 505.

Administrateurs, ne peuvent se rendre adjudicataires, à peine de nullité, ni par eux-mêmes, ni par personnes interposées, des biens des communes ou des établissemens publics confiés à leurs soins, 1596.

Administration de société donnée à l'un des associés par une clause de l'acte de société, ne peut être révoquée tant que dure la société, sans une cause légitime; mais si elle est donnée par un acte postérieur au contrat de société, elle est révocable comme un simple mandat, 1856.

-- Lorsqu'elle est confiée à plusieurs associés, sans que leurs fonctions soient déterminées, chacun d'eux peut faire séparément tous les actes qui en dépendent, 1857.

-- Règles à suivre sur le mode d'administration, à défaut de stipulations spéciales, 1859.

Adoptant. Voyez *Succession*, 351.

-- Succède à l'adopté et à ses enfans et descendans morts sans postérité, quant aux choses qu'il a données. Ce droit est inhérent à sa personne, et n'est point transmissible à ses héritiers, 352.

Adopté. Il reste dans sa famille; il y conserve tous ses droits, 348.

-- A sur la succession de l'adoptant les mêmes droits qu'un enfant légitime, même quand il y aurait d'autres enfans de cette qualité, nés depuis l'adoption : il n'acquiert aucun droit de successibilité sur les biens des parens de l'adoptant, 350.

-- Les biens qui lui ont été transmis par l'adoptant, sont recueillis par lui ou ses descen-

Alimens. Dans quel cas sont dûs par les gendres et belles-filles ?

Quand cette obligation vient à cesser. 206.

— — Dans quelle proportion ils sont accordés, 208.

— — Dans quel cas celui qui les fournit peut en demander la décharge ou la réduction , 209.

— — Si celui qui doit les fournir justifie qu'il est hors d'état de payer la pension alimentaire, il peut être ordonné par le tribunal qu'il sera tenu de recevoir chez lui , de nourrir et d'entretenir celui auquel il les doit , 210.

— — Le père ou la mère qui offre de recevoir, nourrir et entretenir dans sa demeure l'enfant à qui il doit des alimens , peut être dispensé de payer la pension alimentaire , 211.

— — L'obligation de se fournir des alimens est commune à l'adoptant et à l'adopté, 349.

— — Sont accordés aux enfans adultérins ou incestueux ; mais la loi ne leur accorde rien de plus , 762.

— — Ceux accordés par la loi aux enfans adultérins ou incestueux , sont réglés selon les facultés du père ou de la mère, et le nombre et la qualité des héritiers légitimes, 763.

— — Lorsqu'ils ont été assurés à un enfant adultérin , par le père ou la mère , de leur vivant , l'enfant ne peut élever aucune réclamation contre leur succession , 764.

— — Ceux des époux , les frais d'éducation et entretien des enfans , et de toute autre charge du mariage, sont à la charge de la communauté , 1409.

— — Sont dus à la femme survivante pendant l'année de deuil, sans imputation sur les intérêts de sa dot , 1570.

Alliés, sont membres du conseil de famille , à défaut des parens au même degré , 407.

Alluvion. Sa définition. Profite au propriétaire riverain, à la charge, lorsqu'il s'agit d'un fleuve, rivière flottable, de laisser un chemin de hallage , 556.

— — Ce droit s'étend aux relais que forme l'eau courante en se retirant insensiblement d'une de ses rives pour se porter sur l'autre , 557.

— — N'a pas lieu pour les étangs et les lacs , 558 , ni à l'égard des relais de la mer , 557.

— — L'usufruitier jouit de l'augmentation survenue par elle à l'objet dont il a l'usufruit, 596.

Améliorations. Celles faites au fonds par l'acquéreur , doivent lui être remboursées par le vendeur , 1634.

Amende. Par qui doit être prononcée celle contre les fonctionnaires, à cause de toute contravention aux formes prescrites pour les actes de l'état civil ?

Somme qu'elle ne peut excéder , 50.

Amendes. Quelles sont celles prononcées , contre l'officier public, les parties contractantes , ou ceux sous la puissance desquels elles étaient , pour contravention aux lois sur les publications de mariage ?

Somme qu'elle ne peut excéder , relativement à l'officier public, 192.

— — Prononcées contre l'officier de l'état civil et autres personnes, sont encourues, quoique les contraventions ne soient pas jugées suffisantes pour faire prononcer la nullité du mariage, 193.

Amende. Qui doit prononcer celle encourue par le parent, l'allié ou l'ami qui ne comparaît point au conseil de famille , sans excuse légitime ?

Somme qu'elle ne peut excéder, 413.

Amendes. Celles encourues par le mari pour crime n'emportant pas mort civile , sont à la charge de la communauté, sauf la récompense due à la femme.

Celles encourues par la femme ne peuvent se poursuivre , tant que dure la communauté, que sur ses biens personnels, 1424.

Ameublissement. Ce que c'est ; 1505.

— — Peut être déterminé ou indéterminé.

Exemples , 1506.

— — Effet de celui qui est déterminé , relativement aux immeubles qui en sont frappés,1507.

Ameublissement indéterminé. Son effet, relativement aux immeubles qui en sont frappés, 1508.

Ameublissement. L'époux ou ses héritiers ont le droit , lors du partage, de retenir l'héritage ameubli ,en précomptant sur sa part le prix qu'il vaut alors, 1509.

Animal égaré ou échappé. Le dommage qu'il cause , doit être réparé par le propriétaire, ou par celui qui s'en sert , 1385.

Animaux. Ceux que le propriétaire du fonds livre au fermier pour la culture , sont immeubles , tant qu'ils demeurent attachés au fonds , 522.

— — Ceux attachés à la culture sont immeubles par destination , 524.

— — Leur croît appartient au propriétaire par droit d'accession , 547.

Voyez Accession.

— — Leur produit et leur croît sont des fruits naturels, 583.

Animal. L'usufruitier qui jouit d'un animal qui vient à périr sans sa faute , n'est pas tenu d'en rendre un autre , ni d'en payer l'estimation , 615.

Année , commence à partir du jour où le

mariage a été célébré, quand il s'agit du partage des fruits des immeubles dotaux entre le mari et la femme ou leurs héritiers, 1571.

Antichrèse ne s'établit que par écrit.

Droits que le créancier acquiert sur l'immeuble donné à antichrèse, 2085.

Obligations et charges du créancier, 2086.

Le débiteur ne peut, avant l'entier acquittement de la dette, réclamer la jouissance de l'immeuble donné en antichrèse, 2087.

Mais le créancier peut contraindre le débiteur à reprendre l'immeuble pour l'exonérer des charges, si le contraire n'a été convenu, 2087.

— Le créancier ne devient point propriétaire de l'immeuble par le défaut de paiement au terme convenu.

Toute clause contraire est nulle.

Il peut poursuivre l'expropriation, 2088.

— La convention par laquelle les parties sont convenues dans le contrat que les fruits se compenseraient avec les intérêts, ou totalement ou jusqu'à une certaine concurrence, doit être exécutée, 2089.

— Les dispositions des articles 2077 et 2085 concernant les gages, lui sont applicables, 2090.

— Les droits des tiers ne sont point altérés par la remise de l'immeuble à titre d'antichrèse ; le créancier qui l'a reçu à ce titre, conserve les priviléges et hypothèques qu'il avait sur le fonds, 2091.

Anticipation. Le sous-locataire ne peut opposer au propriétaire de la chose louée, les paiemens faits par anticipation.

Les paiemens faits en vertu de la stipulation du bail, ou suivant l'usage des lieux, ne sont point réputés faits ainsi, 1753.

Appartement. Comment se règle l'indemnité due à celui qui en était locataire, lorsqu'il est expulsé par l'acquéreur en vertu de la clause du bail. 1745.

Appartemens meublés. Pour quel temps le bail en est censé fait, 1758.

Appel. Comment doit être instruit et jugé celui d'un jugement rendu en matière de divorce, 262.

— Quand n'est-il plus recevable en matière de divorce ?

Dans quel délai il doit être interjeté.

Délai pour se pourvoir en cassation, 263.

— Celui d'un jugement provisoirement exécutoire en donnant caution, et qui prononce la contrainte par corps, ne la suspend pas, 2068.

Voyez *Contrainte par corps.*

Apothicaires. L'action pour le paiement de leurs médicamens se prescrit par un an, 2272.

Appelés à la restitution. Leurs droits sont ouverts à l'époque où cesse la jouissance des grevés de la restitution, 1053.

Apport du mobilier. Comment se justifie, tant à l'égard du mari qu'à l'égard de la femme, 1502.

Apport. Celui d'une somme certaine ou d'un corps certain emporte la convention tacite qu'il n'est point grevé de dettes. L'époux qui fait l'apport doit faire raison à l'autre de toutes les dettes qui le diminuent, 1511.

Apports. La femme peut stipuler qu'en cas de renonciation, elle les reprendra francs et quittes.

Cette stipulation ne s'étend pas au-delà des choses formellement exprimées, ni au profit des personnes autres que celles désignées, 1514.

Apprentissage (frais d') ne doivent pas être rapportés, 852.

— L'action des maîtres pour le prix qui en est dû se prescrit par un an, 2272.

Arbres. Leur produit annuel ou périodique appartient à l'usufruitier, 593.

— Fruitiers qui meurent ou qui sont arrachés ou brisés par accident, appartiennent à l'usufruitier, à la charge de les remplacer par d'autres, 594.

— Il n'est permis d'en planter de ceux à haute tige, qu'à la distance prescrite par les réglemens ou par les usages constans et reconnus : quelle est celle pour ceux à haute tige, les antres et les hayes vives ? 671.

Arbres ou *Hayes.* Quand ils ne sont pas plantés à la distance requise, le voisin peut exiger qu'ils soient arrachés.

Il peut contraindre le propriétaire des arbres ou hayes à couper les branches qui avancent sur son héritage.

Il peut couper lui-même les racines qui avancent sur son héritage, 672.

— Qui sont dans la haye mitoyenne sont mitoyens, 673.

Architecte est responsable pendant dix ans de l'édifice construit à prix fait, s'il périt par un vice de construction, ou même du sol, 1792.

— Quand il s'est chargé d'un bâtiment à forfait, il ne peut demander une augmentation de prix, que dans le cas où les changemens faits sur le plan convenu ont été autorisés par écrit, et le prix convenu avec le propriétaire, 1793.

Architectes. Ils ont un privilége sur les bâtimens, canaux ou autres ouvrages quelconques, qu'ils ont édifiés, reconstruits ou réparés. Conditions auxquelles la loi leur accorde ce privilège, 2103.

Ceux qui les ont remboursés jouissent du même privilège, 2103. Voyez *Privilège*.

Architectes. Ils sont déchargés après dix ans, de la garantie des gros ouvrages qu'ils ont dirigés, 2270.

Argent comptant. N'est pas compris dans le mot *Meuble* employé seul sans autre addition ou désignation, 533.

Armes. Ne sont point comprises dans le mot *meuble* employé seul, 533.

Arrérages des rentes sont des fruits civils, 584.

Arrérages d'une rente viagère donnés en usufruit appartiennent à l'usufruitier, sans être tenu à restitution, 588.

Arrérages ou *intérêts.* Ceux des dettes passives qui sont personnelles aux deux époux, sont à la charge de la communauté, 1409.

Arrhes. Celui qui les a données en les perdant, celui qui les a reçues en restituant le double, peuvent se départir de la promesse de vendre, 1590.

— L'allégation qu'il y en a eu de données, ne suffit pas pour admettre la preuve par témoins d'un bail fait sans écrit, et qui n'a reçu aucune exécution, 1715.

Artisan. Celui qui est mineur n'est point restituable contre les engagemens qu'il a pris à raison de son art, 1308.

Artisans. Ils ne sont pas obligés d'approuver en toutes lettres la somme portée aux billets qu'ils souscrivent, 1326.

— Ils sont responsables des dommages causés par leurs apprentis, pendant le temps qu'ils sont sous leur surveillance, 1384.

Ascendant. S'il est absent, comment est passé outre à la célébration du mariage des enfans majeurs, 155.

Ascendans. Leur mariage avec les descendans légitimes ou naturels en ligne directe est prohibé, 161.

— Opposans à un mariage ne peuvent être condamnés aux dommages-intérêts, 179.

— Dans quel cas ils sont tuteurs de droit.

Comment se règle la tutelle entre eux, 402, 403, 404.

— Sont membres du conseil de famille, quoique valablement excusés pour la tutelle, 408.

— Du meurtrier du défunt, qui ne l'ont point dénoncé à la justice, ne peuvent être déclarés indignes de lui succéder, 728.

— Comment se divise la succession qui leur est échue, 733.

— La représentation n'a pas lieu en leur faveur. Le plus proche dans chacune des deux lignes exclut le plus éloigné, 741.

— Comment se divise entre eux la succession qui leur est déférée ?

Le plus proche dans sa ligne exclut tous les autres dans la même ligne, 746.

— Succèdent à l'exclusion de tous autres aux choses par eux données à leurs enfans ou descendans morts sans postérité, si elles se trouvent en nature dans la succession. Si elles ont été vendues, ils en recueillent le prix qui peut en être dû : ils succèdent à l'action en reprise que pouvait avoir le donataire, 747.

— A défaut de frères ou sœurs ou de descendans d'eux, et à défaut d'ascendans dans l'une ou l'autre ligne, les ascendans survivans succèdent pour moitié, et l'autre moitié de la succession appartient aux parens les plus proches de l'autre ligne.

— Quelle est la portion qu'ils recueillent dans la succession de celui qui décède en laissant des enfans naturels reconnus ? 757.

— Ceux qui sont ou qui ont été tuteurs sont capables de recevoir de leurs mineurs, par testament ou par actes entre-vifs, 907.

— Quelle est la quotité des biens que la loi leur réserve, lorsque le défunt ne laisse point d'enfant?

Comment ils recueillent cette réserve, 915.

— Quoiqu'ils ne soient ni tuteurs ni curateurs du mineur, peuvent accepter, même du vivant de ses père et mère, la donation qui lui est faite, 935.

— Peuvent faire entre leurs descendans le partage et la distribution de leurs biens, 1075.

— La violence exercée sur les ascendans de celui qui a contracté, est une cause de nullité de la convention, 1113.

Associations. Il n'est pas dû de rapport à cause de celles faites entre le défunt et l'un de ses héritiers, lorsqu'elles ont été faites sans fraude et par acte authentique, 854.

Associations conjugales. La loi ne les régit, quant aux biens, qu'à défaut de conventions spéciales, 1387.

Associés. Chacun doit apporter dans la société, de l'argent, ou d'autres biens, ou son industrie, 1833.

— Chacun est débiteur envers la société de tout ce qu'il a promis d'y apporter. Si cet apport consiste en un corps certain, et qu'elle en soit évincée, l'associé en est garant, comme le vendeur l'est envers son acheteur, 1845.

Associé. Celui qui devait apporter une somme dans la société, et qui ne l'a point fait, en doit de plein droit les intérêts à compter du jour où il devait payer. Il les doit aussi de toutes les sommes prises dans la caisse sociale pour son usage particulier, le tout sans préjudice des dommages et intérêts, s'il y a lieu, 1846.

Associés. Qui se sont soumis à apporter leur industrie à la sociétélui doivent compte de tous les gains faits par l'industrie qui est l'objet de la société, 1847.

Associé. Comment se fait l'imputation des sommes qu'il a reçues d'une personne débitrice en même temps des sommes exigibles dues à la société et à lui-même pour son compte particulier? 1848.

— Celui qui a reçu sa part entière de la créance commune est tenu de la rapporter, si le débiteur est depuis devenu insolvable, 1849.

— Chacun est tenu envers la société des dommages qu'il lui a causés par sa faute, 1850.

— Ne peut répéter que le montant de l'estimation du corps certain qu'il a mis dans la société, 1851.

— Quelles sont les actions qu'il a contre la société? 1852.

— Celui qui administre en vertu d'une clause spéciale de l'acte de société, peut faire, nonobstant l'opposition des autres, tous les actes de société, 1856.

Associés. Si plusieurs ont l'administration de la société, sans que leurs fonctions soient déterminées, chacun peut faire séparément tous les actes d'administration, 1857.

— S'il a été convenu que l'un des administrateurs ne pourra rien faire sans les autres, un seul ne peut agir en l'absence de l'autre, 1858.

Associé. Celui qui n'est point administrateur ne peut aliéner ni engager même les choses mobilières qui dépendent de la société, 1860.

— Chacun peut, sans le consentement des autres, s'associer un tiers relativement à sa part dans la société; mais il ne peut, sans ce consentement, l'associer à la société, même s'il en est l'administrateur, 1861.

Associés. Comment ils sont tenus envers le créancier avec lequel ils ont contracté, 1863.

Atre ne peut être construit près d'un mur mitoyen, sans observer la distance prescrite, ou faire les ouvrages prescrits pour éviter de nuire au voisin, 674.

Atterissemens qui se forment successivement et imperceptiblement aux fonds riverains d'un fleuve ou rivière, appartiennent au propriétaire riverain, 556.

— Qui se forment dans le lit des fleuves ou des rivières navigables ou flottables, appartiennent à la nation, s'il n'y a titre ou prescription contraire, 560.

— A qui appartiennent ceux formés dans les rivières non navigables et non flottables? 561.

Aubergistes, sont responsables comme dépositaires des effets apportés par le voyageur qui loge chez eux.

Ce dépôt est regardé comme un dépôt nécessaire, 1952.

— Sont tenus du vol ou du dommage des effets des voyageurs, fait ou causé par leurs domestiques allant et venant dans l'hôtellerie, 1953.

Mais ne sont pas responsables des vols faits avec force majeure, 1954.

Aubergiste. A un privilége sur les effets du voyageur qui ont été transportés chez lui pour les fournitures qu'il lui a faites, 2102.

Voy. *Privilége.*

Autorisation du mari est nécessaire à la femme pour ester en jugement, 215.

— N'est pas nécessaire, lorsque la femme est poursuivie en matière criminelle ou de police, 216.

Autorisation peut être donnée par le juge, sur le refus du mari, 218.

— Lorsque le mari la refuse, comment et à qui la femme doit s'adresser pour l'obtenir? 219.

— La femme marchande publique n'a pas besoin de celle de son mari pour s'obliger en ce qui concerne son négoce, 220.

— Doit être obtenue de la justice pour ester en jugement et pour contracter, par la femme d'un condamné à une peine afflictive ou infamante, même par contumace, 221.

— Générale, même stipulée par contrat de mariage, n'est valable que quant à l'administration des biens de la femme, 223.

— Le défaut ne peut être opposé que par la femme, par le mari ou leurs héritiers, 225.

— N'est pas nécessaire à la femme pour tester, 226.

— Différence qui existe entre celle accordée à la femme par son mari, et celle qui, sur son refus, est accordée par la justice, 1413, 1416, 1417, 1426.

Autorisation générale donnée à la femme mariée pour l'aliénation des immeubles, soit par contrat de mariage, soit depuis, est nulle, 1558.

Autorité paternelle est exercée, pendant le mariage, par le père seul, 373.

Autorité de la chose jugée est une présomption légale, 1350.

— N'a lieu qu'à l'égard de ce qui a fait l'objet du jugement, et dans quel cas, 1351.

Avantages faits par le contrat de mariage ou depuis, sont perdus pour l'époux contre lequel le divorce a été admis, 299.

Avantages faits à un époux par l'autre sont conservés par celui qui a obtenu le divorce.

Même quand ils ont été stipulés réciproques, 500.

— Ceux auxquels il est défendu de s'en faire, ne peuvent contracter une société universelle, 1840.

Avantages indirects. Quand le contrat de vente entre époux n'est pas réputé avantage indirect, 1595.

Avaries. Les voituriers par terre et par eau sont responsables de celles des choses qui leur sont confiées, s'ils ne prouvent qu'elles proviennent de la force majeure, 1784.

Aveu de la partie est une présomption légale, 1350.

Aveu. Il est extrajudiciaire ou judiciaire, 1354.

Aveu extrajudiciaire. L'allégation qui en est faite est inutile, lorsqu'il est purement verbal, et qu'il s'agit d'une demande dont la preuve testimoniale n'est point admise, 1355.

Aveu judiciaire. Sa définition.

Il fait foi contre celui qui l'a fait. Il ne peut être divisé contre lui. Il ne peut être révoqué que dans le cas d'une erreur de fait, 1556.

Avoués ne peuvent devenir cessionnaires des droits litigieux qui sont de la compétence du tribunal auprès duquel ils occupent, à peine de nullité, et dépens, dommages-intérêts, 1597.

— Sont contraignables par corps pour la remise des titres à eux confiés, et pour la restitution des sommes qu'ils ont reçues pour leurs cliens, 2060.

— Leur action pour le paiement de leurs frais et salaires, se prescrit par deux ans, à compter du jugement du procès ou de la conciliation des parties, ou depuis leur révocation. A l'égard des affaires non terminées, ils ne peuvent former des demandes pour leurs frais et salaires qui remonteraient à plus de cinq ans, 2273.

— Sont déchargés des pièces cinq ans après le jugement du procès, 2276.

B.

Bacs. Sont meubles, 531.

Bail à loyer. Est le louage des maisons et celui des meubles, 1711:

Bail à ferme. Est le louage des biens ruraux, 1711.

Bail à ferme ou à loyer. Si le bail fait sans écrit n'a encore reçu aucune exécution, et que l'une des parties le nie, la preuve n'en peut être reçue par témoins, quelque modique que soit

le prix, et quoiqu'on allègue qu'il y a eu des arrhes données, 1715.

Bail verbal. Lorsqu'il y a contestation sur le prix du bail verbal, dont l'exécution a commencé, et qu'il n'existe point de quittance, le propriétaire en est cru sur son serment, si mieux n'aime le locataire demander l'estimation par experts, 1716.

Bail. Le preneur a le droit de sous-louer, et même de céder son bail à un autre, si cette faculté ne lui a pas été interdite. Elle peut être interdite pour le tout ou partie. Cette clause est toujours de rigueur, 1717.

— Il est résilié de plein droit, si la chose louée est détruite en totalité par cas fortuit : si elle n'est détruite qu'en partie, quel est le droit du preneur?

Dans l'un et l'autre cas, il n'y a lieu à aucun dédommagement, 1722.

— Pendant sa durée, le bailleur ne peut changer la forme de la chose louée, 1723.

— Le preneur ne peut employer la chose louée à un autre usage qu'à celui auquel elle a été destinée, 1729.

— Le preneur répond des dégradations ou des pertes qui arrivent pendant la jouissance, excepté de celles qui ont eu lieu sans sa faute, 1732.

Bail sans écrit. Quel délai faut-il observer en donnant congé des lieux loués? 1736.

Bail. Il cesse de plein droit à l'expiration du terme fixé, lorsqu'il a été fait par écrit, sans qu'il soit nécessaire de donner congé, 1737.

Bail authentique. Le fermier ou locataire qui a un bail authentique, ou dont la date est certaine, ne peut être expulsé par l'acquéreur de la chose louée, si le bailleur ne s'est réservé ce droit par le bail, 1743.

Bail. S'il a été convenu par le bail que l'acquéreur pourrait expulser le fermier ou locataire, de quelle manière, et par qui les fermiers ou locataires doivent être indemnisés? 1744 et suivans.

— S'il n'est point fait par acte authentique, ou n'a point de date certaine, l'acquéreur n'est tenu d'aucuns dommages et intérêts envers le fermier ou locataire expulsé, 1750.

Bail de meubles. Pour quel temps est censé fait celui des meubles fournis pour garnir une maison entière, un corps-de-logis entier, une boutique ou tous autres appartemens? 1757.

Bail. Pour quel temps est censé fait celui d'un appartement meublé? 1758.

— Le bailleur ne peut résoudre la location, encore qu'il déclare vouloir occuper par lui-même la maison louée, s'il n'y a eu stipulation contraire, 1761.

Bail. S'il a été convenu que le bailleur pourrait venir occuper la maison et résilier le bail, il est tenu de signifier un congé aux époques déterminées par les usages des lieux , 1762.

Bail à ferme. Celui qui le prend sous la condition d'un partage de fruits avec le bailleur, ne peut ni sous-louer , ni céder son bail.

En cas de contravention, le propriétaire a droit de rentrer en jouissance., et le preneur est condamné aux dommages et intérêts résultant de l'inexécution du bail , 1763 , 1764.

— Lorsqu'il est fait pour plusieurs années, comment doit être indemnisé le fermier qui, pendant sa durée , a perdu la totalité , ou du moins la moitié de la récolte par des cas fortuits ? Quelle est l'indemnité si le bail n'est fait que pour une année? 1769, 1770.

Bail d'un fonds rural. Pour quel temps est censé fait celui qui n'est point rédigé par écrit? Quand cesse-t-il de plein droit ? 1774 , 1775.

— Si à l'expiration de celui fait par écrit, le fermier reste en possession, il s'en opère un nouveau , dont les effets sont réglés comme ceux du bail fait sans écrit, 1776.

Bail à cheptel. Est le louage des animaux, dont le profit se partage entre le propriétaire et celui auquel il les confie, 1711.

— Autre définition du bail à cheptel, 1800.

— Il y en a de plusieurs sortes,

Le simple ou ordinaire ;

Celui à moitié ;

Celui donné au fermier ou colon partiaire;

Et celui improprement appelé cheptel, 1801.

— On peut donner à cheptel toute espèce d'animaux susceptibles de croit ou de profit pour l'agriculture ou le commerce , 1802.

— Par quels principes se règle le bail à cheptel , lorsqu'il n'a point été fait des conventions particulières ? 1803 *et suiv.*

Bail à cheptel simple. Sa définition , 1804.

— L'estimation donnée au cheptel n'en transporte pas la propriété au preneur : elle n'a d'autre effet que de fixer la perte ou le profit à la fin du bail , 1805.

— Le preneur doit les soins d'un bon père de famille à la conservation du cheptel , 1806.

— Le preneur n'est tenu du cas fortuit , que lorsqu'il a été précédé d'une faute de sa part, sans laquelle la perte ne serait pas arrivée, 1807.

— En cas de contestation, le preneur est tenu de prouver le cas fortuit., et le bailleur, de prouver la faute qu'il impute au preneur , 1808.

— Le preneur qui est déchargé par le cas fortuit , est toujours tenu de rendre compte des peaux des bêtes , 1809.

— Quelles sont les conventions qu'on ne peut stipuler dans le bail à cheptel à peine de nullité?

Le preneur profite seul du laitage, du fumier et du travail des animaux. La laine et le croît se partagent , 1811.

— Le preneur , ni le bailleur ne peuvent , sans leur consentement réciproque . disposer d'aucune bête du troupeau , soit du fonds , soit du croît, 1812.

— Lorsqu'il est donné au fermier d'autrui , il doit être notifié au propriétaire de qui ce fermier tient, sans quoi il peut le faire saisir et vendre pour ce que son fermier lui doit , 1813.

— Le preneur ne peut tondre sans en prévenir le bailleur , 1814.

— Quand il n'y a pas de temps fixé par la convention pour la durée du cheptel , il est censé fait pour trois ans , 1815.

— Le bailleur peut en demander la résolution , si le preneur ne remplit pas ses obligations, 1816.

— A la fin du bail , ou lors de sa résolution, il se fait une nouvelle estimation du cheptel. Quels sont les prélèvemens que peut faire le bailleur ? 1817.

Bail à cheptel à moitié. Sa définition , 1818.

— Le preneur profite seul des laitages , du fumier et des travaux des bêtes.

Le bailleur n'a droit qu'à la moitié des laines et du croît.

Toute convention contraire est nulle, à moins que le bailleur ne soit propriétaire de la métairie dont le preneur est le fermier ou le colon partiaire, 1819.

— Toutes les règles du cheptel simple s'appliquent au cheptel à moitié , 1820.

Bail à cheptel donné au fermier. Sa définition. Ce cheptel est aussi appelé *cheptel de fer*, 1821.

— L'estimation du cheptel de fer donné au fermier ne lui en transfère pas la propriété , mais elle le met à ses risques , 1822.

— Tous les profits appartiennent au preneur pendant sa durée , s'il n'y a convention contraire , 1823.

— Les preneurs ne peuvent faire leur profit personnel des fumiers ; ils appartiennent à la métairie , 1824.

— La perte même totale et par cas fortuit est entière pour le fermier, s'il n'y a convention contraire , 1825.

A la fin du bail, le fermier ne peut retenir le cheptel , en en payant l'estimation originaire ; il doit en laisser un de valeur pareille à celui qu'il a reçu ; s'il y a du déficit , il doit le payer ; et c'est seulement l'excédant qui lui appartient, 1826.

Bail à cheptel donné au colon partiaire. Si le cheptel périt en entier sans la faute du colon, la perte est pour le bailleur, 1827.

Bail à cheptel. Quelles sont les conventions que l'on peut ou que l'on ne peut pas stipuler dans celui donné au colon partiaire ? 1828.

— Celui donné au colon finit avec le bail de la métairie, 1829.

— Il est soumis à toutes les règles du cheptel simple, 1830.

— Dans quel cas le preneur peut être contraint par corps ? 2062.

Bains sur bateaux. Sont meubles, 531.

Banquier. Celui qui est mineur n'est point restituable contre les engagemens qu'il a pris à raison de son commerce, 1308.

— La séparation de biens prononcée contre lui doit, avant son exécution, être rendue publique par l'affiche sur un tableau à ce destiné dans la principale salle du tribunal de première instance, et de plus, dans celle du tribunal de commerce du lieu de son domicile, et ce, à peine de nullité de l'exécution, 1445.

Bateaux. Sont meubles, 531.

Bâtimens. Sont immeubles par leur nature, 518.

Baux à ferme. Pour quel espace de temps le mineur émancipé peut les passer, 481.

— Comment sont obligatoires, en cas de dissolution de communauté, vis-à-vis de la femme ou de ses héritiers, ceux que le mari a faits seul des biens personnels de sa femme pour un temps qui excède neuf ans, 1429.

— Ceux de neuf années et au-dessous, que le mari a passés ou renouvelés seul des biens de sa femme plus de trois ans avant l'expiration du bail des biens ruraux, et plus de deux ans avant la même époque s'il s'agit de maisons, sont sans effet, à moins que leur exécution n'ait commencé avant la dissolution de la communauté, 1430.

— Le vendeur qui rentre dans son héritage par l'effet du pacte de rachat, est obligé d'entretenir ceux faits sans fraude par l'acquéreur, 1673.

Baux à loyer ou à ferme. Si pendant leur durée les locataires ou fermiers sont troublés par des voies de fait par des tiers qui prétendent avoir un droit à la chose, ou s'ils sont cités en justice pour délaisser partie ou totalité de la chose louée, ou à souffrir l'exercice d'une servitude, ils doivent appeler le bailleur en garantie, 1727.

Baux. Quelles sont les obligations du bailleur ? 1719 et suivans.

— Pendant leur durée, le bailleur doit faire toutes les réparations qui peuvent devenir nécessaires autres que les locatives, 1720.

— Le bailleur doit garantir le preneur pour tous les vices ou défauts de la chose louée qui en empêchent l'usage.

S'il résulte de ces vices ou défauts quelque perte pour le preneur, le bailleur est tenu de l'indemniser, 1721.

— Le bailleur est-il tenu de garantir le preneur du trouble que des tiers apportent à sa jouissance par des voies de fait sans prétendre aucun droit sur la chose louée ? 1725.

Baux à loyer ou à ferme. Quelles sont les obligations du preneur ? 1728.

— S'ils sont authentiques ou s'ils ont une date certaine, ils conservent le privilège pour tout ce qui est échu ; et s'ils ne sont ni l'un ni l'autre, pour une année à partir de l'expiration de l'année courante, 2102.

Baux à ferme des biens ruraux. Quelle est l'indemnité due au fermier, lorsqu'il est expulsé par l'acquéreur en vertu de la clause du bail ? 1746.

Baux des biens de mineur. Les règles relatives aux baux des biens des femmes mariées, sont applicables aux baux des biens des mineurs, 1718. *Voyez* 1429, 1430.

Baux à ferme ou à loyer des biens nationaux sont soumis à des règles particulières, 1712.

Baux à ferme ou loyer des biens communaux sont soumis à des règles particulières, 1712.

Bénéfice d'Inventaire. La déclaration d'un héritier qu'il entend ne prendre que cette qualité doit être faite au greffe du tribunal dans l'arrondissement duquel la succession est ouverte, 793.

— Cette déclaration doit être précédée ou suivie d'un inventaire exact et fidèle, 794.

— Quels sont les avantages que le bénéfice d'inventaire donne à l'héritier ? 802.

Bénéfices ou pactes de société. Comment se règle la part que chaque associé doit y prendre lorsque l'acte de société ne l'a point déterminé ? Comment dans ce cas se règle la part de celui qui n'a apporté que son industrie ? 1853.

Bénéfices et pertes de société. Les associés peuvent convenir que la part de chacun d'eux sera fixée par un tiers. La fixation faite par le tiers peut-elle être attaquée ? Dans quel délai doit-elle l'être ? 1854.

— On ne peut stipuler que l'un des associés

aura tous les bénéfices , ni affranchir de la contribution aux pertes la mise de l'un d'eux, 1855.

Biens sont meubles ou immeubles , 516.

— Sont immeubles par leur nature , par leur destination, ou par l'objet auxquels ils s'appliquent, 517.

— Quels sont ceux qui sont immeubles par leur nature? 518.

— Quand sont meubles par leur nature ou par la détermination de la loi ? 527.

Biens meubles. Ce mot comprend généralement tout ce qui est censé meuble d'après les règles établies, 535.

Biens. Les propriétaires en ont la libre disposition. Comment sont administrés et peuvent être aliénés ceux qui n'appartiennent pas à des particuliers? 557.

— Vacans et sans maître, et ceux des personnes qui décèdent sans héritiers ou dont les successions sont abandonnées, appartiennent à la nation, 539.

— On peut avoir sur eux ou un droit de propriété ou un simple droit de jouissance, ou seulement des services fonciers à prétendre, 543.

— Ceux qui n'ont pas de maîtres appartiennent à la nation, 713.

— Il en est qui n'appartiennent à personne, et dont l'usage est commun à tous.

Les lois de police règlent la manière d'en jouir, 714.

— La loi ne considère ni leur nature ni leur origine pour en régler la succession, 732.

— On n'en peut disposer, à titre gratuit, que par donation entre vifs, ou par testament, d'après les formes établies, 893.

Biens dotaux. Le mari en a seul l'administration pendant le mariage. Il en perçoit les fruits et les intérêts, et reçoit le remboursement des capitaux. Il poursuit les débiteurs ou détenteurs des objets constitués en dot, 1549.

— Le mari est tenu à leur égard de toutes les obligations de l'usufruitier. Il est responsable de toutes les prescriptions acquises , et détériorations survenues par sa négligence, 1562.

Biens communaux Leur définition, 542.

Bienfaisance. Définition de ce contrat, 1105.

Bilatéral. Voyez *Contrat*, 1102.

Billet, Est une promesse sous seing privé, par laquelle une seule partie s'engage envers l'autre à lui payer une somme d'argent ou une chose appréciable

Il doit être écrit ou du moins approuvé par celui qui le souscrit.

Comment doit être énoncée cette approbation ? Exception, 1326.

— Si la somme exprimée au corps de l'acte est différente de celle exprimée au *bon*, quand même l'acte et le bon seraient écrits par le débiteur, l'obligation est présumée être de la somme moindre , à moins qu'il ne soit prouvé de quel côté est l'erreur, 1327.

Bois et forêts. Leur usage est réglé par des lois particulières, 636.

Bois. Les coupes ordinaires des bois taillis ou des futayes , mises en coupes réglées, ne deviennent meubles qu'au fur et à mesure que les arbres sont abattus, 521.

Bois taillis. Compris dans l'usufruit, l'usufruitier doit observer l'ordre et la quotité des coupes, et l'aménagement constant des propriétaires ou usages locaux , 590.

Bois de haute futaye. L'usufruitier profite des parties de bois de futaye qui ont été mises en coupes réglées par les anciens propriétaires, 591.

— Dans quel cas et comment l'usufruitier peut se servir des arbres de ces bois? 592.

Bonne foi. Lorsqu'un mariage a été contracté de bonne foi, il produit, quoique déclaré nul, les effets civils, tant à l'égard des époux que des enfants, 201.

— Si elle n'existe que de la part d'un des époux , le mariage ne produit les effets civils qu'en faveur de cet époux et des enfans issus du mariage , 202.

— Dans quel cas le possesseur est-il censé jouir ainsi ? 550.

— Quels sont les droits du propriétaire d'un fonds sur lequel le possesseur de bonne foi a fait des constructions, plantations, ou autres ouvrages? 555.

— Celui qui a été mis ainsi en la possession réelle d'un objet mobilier qu'on s'est obligé de donner ou de livrer à deux personnes, successivement, doit être préféré à l'autre, quoique son titre soit postérieur en date , 1141.

— Celui qui a consommé de bonne foi la somme d'argent ou la chose qui lui a été donnée en paiement par celui qui n'en était pas propriétaire, ou n'était pas capable de l'aliéner, n'est pas tenu de la remettre ; on ne peut la répéter contre lui, 1258.

— Si celui qui a reçu de bonne foi, a vendu la chose, il ne doit restituer que le prix de la vente, 1380.

— Elle est toujours présumée. Celui qui allègue la mauvaise foi doit la prouver, 2268.

— Il suffit qu'elle ait existé au moment de l'acquisition, pour commencer la prescription, 2269.

Bonnes mœurs. Voyez *Lois*,

la caution, n'entraîne point l'extinction de l'obligation principale, 1301.

Caution. Dans quel cas la femme qui s'oblige solidairement avec son mari, est-elle réputée ne s'être obligée que comme caution ? 1431.

— Celle donnée pour le bail ne s'étend pas aux obligations résultant de la prolongation, 1740.

— Quel est l'engagement que contracte celui qui se rend caution d'une obligation ? 2011.

— Peut-on se rendre caution sans ordre du débiteur ? Peut-on l'être du débiteur principal et de celui qui l'a cautionné ? 2014.

— Les engagemens de la caution passent à ses héritiers, excepté la contrainte par corps, 2017.

— Quelles sont les qualités que doit avoir celui qui est offert ou qui se présente pour être caution ? 2018, 2040.

— Comment sa solvabilité s'estime, 2019.

— Lorsque la caution est devenue insolvable, le débiteur est tenu d'en donner une autre, 2020.

Exception.

— Elle n'est obligée qu'à défaut du débiteur, qui doit être préalablement discuté, excepté, si elle a renoncé au bénéfice de la discussion, ou si elle s'est obligée solidairement, 2021.

— Elle doit requérir la discussion du débiteur principal, 2022.

Indiquer au créancier les biens du débiteur, et avancer les frais de la discussion.

Quels sont les biens qu'elle ne peut indiquer ? 2023.

— Effets de l'indication, 2024.

Quand plusieurs personnes se sont rendues cautions d'un même débiteur, chacune est obligée à toute la dette, 2025.

— Néanmoins chacune d'elles peut, à moins qu'elle n'ait renoncé au bénéfice de la division, exiger que le créancier divise son action et la réduise à la part et portion de chaque caution, 2026.

— Celle qui a payé a son recours contre le débiteur. Pour quelles choses le recours a-t-il lieu ? 2028.

Elle est subrogée à tous les droits qu'avait le créancier contre le débiteur, 2029.

— Celle qui était devenue de plusieurs débiteurs principaux solidaires d'une même dette, a contre chacun d'eux le recours pour la répétition de la totalité de ce qu'elle a payé, 2030.

— Celle qui a payé une première fois, n'a point de recours contre le débiteur principal qui a payé une seconde fois, lorsqu'elle ne l'a

point averti du paiement par elle fait, sauf son action ou répétition contre le créancier.

Cas où la caution n'a plus de recours contre le débiteur principal, 2031.

— Dans quel cas peut-elle, avant d'avoir payé, agir contre le débiteur principal ? 2032.

— Lorsque plusieurs personnes ont cautionné un même débiteur pour une même dette, la caution qui a acquitté la dette a un recours contre les autres cautions, 2033.

— Elle peut opposer au créancier toutes les exceptions qui appartiennent au débiteur principal, et qui sont inhérentes à la dette.

Quelles sont celles qu'elle ne peut opposer ? 2036.

— Dans quel cas est-elle déchargée ? 2037.

Elle est déchargée par l'acceptation volontaire que le créancier a faite d'un immeuble ou d'un autre effet quelconque en paiement de la dette, quand même il viendrait à en être évincé, 2038.

La simple prorogation du terme accordée par le créancier au débiteur principal, ne décharge point la caution, 2039.

Caution judiciaire doit être susceptible de la contrainte par corps, 2040.

Ne peut demander la discussion du débiteur principal, 2042.

Caution. Celui qui n'en peut trouver une, est reçu à donner à sa place un gage en nantissement suffisant, 2041.

— Celui qui a cautionné celle judiciaire, ne peut demander la discussion du débiteur principal, ni de la caution, 2043.

Cautions judiciaires sont contraignables par corps, 2060.

Cautions. Celles des personnes contraignables par corps sont sujettes à cette contrainte, lorsqu'elles s'y sont soumises, 2060.

Cautionnement ne peut exister que sur une obligation valable.

On peut néanmoins cautionner une obligation, encore qu'elle puisse être annulée par une exception personnelle à l'obligé, 2012.

Exemple.

— Il ne peut excéder ce qui est dû par le débiteur, ni être contracté sous des conditions plus onéreuses.

Il peut être consenti pour une partie de la dette et sous des conditions moins onéreuses.

Celui qui excède la dette, ou qui est contracté sous des conditions plus onéreuses, n'est point nul ; mais seulement réductible, 2013.

La nullité de celle-ci n'entraîne point celle de l'obligation principale, 1227.

Clause pénale est la compensation des dommages et intérêts que le créancier souffre. Il ne peut demander en même temps le principal et la peine.

Exception, 1229.

Clefs. L'obligation de délivrer un immeuble est remplie de la part du vendeur, lorsqu'il a remis les clefs, s'il s'agit d'un bâtiment, 1605.

— La remise des clefs des bâtimens qui contiennent les effets mobiliers vendus, en opère la délivrance, 1606.

Cohéritiers mineurs ou interdits. L'action en partage des cohéritiers mineurs ou interdits, peut être exercée par leurs tuteurs spécialement autorisés par un conseil de famille, 817.

Cohéritiers absens. L'action en partage des cohéritiers absens appartient aux parens envoyés en possession, 817.

Cohéritiers d'une femme ne peuvent provoquer le partage qu'en mettant le mari et la femme en cause, 818.

— Chaque cohéritier peut demander sa part en nature des meubles ou immeubles.

Si la majorité juge la vente nécessaire, celle des meubles doit être faite publiquement en la forme ordinaire, 826.

— Chacun fait rapport à la masse des dons qui lui ont été faits et des sommes dont il est débiteur, 829.

— Les cohéritiers auxquels il est dû un rapport qui n'est pas fait en nature, prélèvent une portion égale sur la succession.

Comment se font les prélèvemens, 830.

Cohéritier doit le rapport à ses cohéritiers seulement, et non aux légataires ni aux créanciers de la succession, 857.

— Celui qui fait le rapport en nature d'un immeuble, en conserve la possession jusqu'au remboursement des améliorations ou impenses, 867.

Cohéritiers. Chacun contribue aux dettes et charges de la succession dans la proportion de ce qu'il y prend, 870.

Cohéritier, dans le lot duquel est tombé un immeuble grevé d'une rente par hypothèque spéciale, et dont le capital a été déduit sur la valeur de l'immeuble, demeure seul chargé du service de la rente. Il doit en garantir ses cohéritiers, 872.

— Quels sont les droits qu'il peut exercer contre ses cohéritiers ou successeurs à titre universel, lorsqu'il a payé au-delà de sa part de la dette commune? 875.

Cohéritiers sont tenus, au marc le franc, de la part, dans la dette hypothécaire, d'un des cohéritiers, devenu insolvable, 876.

Cohéritiers. Chacun est censé avoir succédé seul, immédiatement à tous les effets compris dans son lot, ou à lui échus sur licitation, et n'avoir jamais eu la propriété des autres effets de la succession, 883.

— Dans quel cas sont ou non garans les uns envers les autres des troubles et évictions? 884.

— Chacun est personnellement obligé, en proportion de sa part héréditaire, d'indemniser son cohéritier de la perte que lui a causée l'éviction.

Si l'un d'eux se trouve insolvable, la portion dont il est tenu est également répartie entre le garanti et les cohéritiers solvables, 885.

Cohéritier. Celui qui a aliéné son lot, en tout ou en partie, n'est plus recevable à intenter l'action en rescision pour dol ou violence, 892.

— Comment conserve son privilège sur les biens de chaque lot, pour la soulte et retour, ou pour le prix de la licitation sur les biens licités, 2109.

Colon partiaire est celui qui cultive sous la condition d'un partage de fruits avec le bailleur.

Il ne peut ni sous-louer ni céder son bail.

En cas de contravention, le bailleur a droit de rentrer en jouissance, et le preneur est condamné aux dommages et intérêts résultant de l'inexécution du bail, 1763, 1764.

Colons partiaires. Cas où ils peuvent être contraints par corps, 2062.

Commandement fait à celui qu'on veut empêcher de prescrire, interrompt la prescription, 2244.

Commerçant. La séparation de biens prononcée contre lui, doit, avant son exécution, être rendue publique par l'affiche, sur un tableau à ce destiné, dans la principale salle du tribunal de première instance, et de plus, dans celle du tribunal de commerce du lieu de son domicile, et ce à peine de nullité de l'exécution, 1445.

Commerçant mineur. Celui qui est mineur n'est point restituable contre les engagemens qu'il a pris à raison de son commerce, 1308.

Commerce. Les établissemens de commerce en pays étranger ne peuvent jamais être considérés comme faits sans esprit de retour, 17.

Commerce. Le mineur émancipé qui fait un commerce, est réputé majeur pour les actes relatifs à ce commerce, 487.

Commerce. (Compagnies de) Dans quel cas et comment les actions et intérêts dans les compagnies de commerce sont meubles, 529.

Commerce. Les marchandises qui font l'objet

du commerce ne sont pas comprises dans le mot *Meuble*, employé seul, 533.

Commerce. Les seules choses qui sont dans le commerce peuvent être l'objet des conventions, 1128.

— Comment sont réglés les intérêts pour le retard des obligations de payer une somme d'argent ? 1153.

Commettans sont responsables des dommages causés par leurs préposés, 1384.

Commissaire du Gouvernement près le tribunal de première instance doit veiller à ce que le greffier fasse mention, d'une manière uniforme, sur le double registre, des changemens relatifs aux actes de l'état civil, 49.

— Doit vérifier les registres de l'état civil, dresser procès-verbal de la vérification, dénoncer les contraventions ou délits commis par les officiers de l'état civil, et requérir contre eux la condamnation aux amendes, 53.

Communauté. La déclaration faite par les époux qu'il n'y aura pas de communauté entre eux, ne prouve point qu'ils sont assujétis au régime dotal, 1392.

— A défaut de stipulations spéciales qui dérogent à son régime ou qui le modifient, quel est le droit commun de la France ? 1393.

La communauté légale ou conventionnelle commence du jour du mariage contracté devant l'officier de l'état civil.

On ne peut stipuler qu'elle commencera à une autre époque, 1399.

Communauté légale s'établit par la seule déclaration qu'on se marie sous le régime de la communauté, 1400.

— De quoi se compose activement, 1401.

— Les immeubles que les époux possèdent au jour de la célébration du mariage, et ceux qui leur échoient pendant son cours à titre de succession, n'entrent point en communauté. Néanmoins, si l'un des époux avait acquis un immeuble depuis le contrat de mariage, contenant stipulation de communauté, et avant la célébration du mariage, l'immeuble acquis dans cet intervalle entre en communauté, à moins que l'acquisition n'ait été faite en vertu d'une stipulation du contrat de mariage, auquel cas elle est réglée suivant la convention, 1404.

— Les immeubles donnés pendant le mariage à l'un des époux, ne tombent point en communauté: appartiennent au donataire seul, à moins que la donation ne contienne expres-

sément que l'immeuble donné appartiendra à la communauté, 1405.

Communauté légale. L'immeuble cédé ou abandonné par père, mère, ou autre ascendant, à l'un des deux époux, soit pour le remplir de ce qu'il lui doit, soit à la charge de payer les dettes du donateur aux étrangers, n'y entre point, sauf récompense ou indemnité, 1406.

L'immeuble acquis, pendant le mariage, à titre d'échange, contre l'immeuble appartenant à l'un des deux époux, n'entre point en communauté, et est subrogé au lieu et place de celui qui a été aliéné; sauf la récompense, s'il y a soulte, 1407.

Communauté légale. L'acquisition faite pendant le mariage, à titre de licitation ou autrement, de portion d'un immeuble dont l'un des époux était propriétaire par indivis, ne forme point un conquêt, sauf à indemniser la communauté de la somme fournie pour cette acquisition, 1408.

— De quoi se compose passivement, 1409.

Communauté. Les dettes des successions mobilières qui sont échues aux époux pendant le mariage, sont, pour le tout, à la charge de la communauté, 1411.

— Elle n'est point chargée des dettes des successions immobilières échues à l'un des époux pendant le mariage, 1412.

— Jusques à quelle portion elle est chargée des dettes des successions à la fois mobilières et immobilières.

Comment se règle la portion pour laquelle elle doit y contribuer, 1414.

— Le mari en administre seul les biens; il peut les vendre, aliéner et hypothéquer sans le concours de la femme, 1421.

— Les condamnations prononcées contre l'un des deux époux pour crime emportant mort civile, ne frappent que sa part de la communauté et ses biens personnels, 1425.

— Les actes faits par la femme sans le consentement du mari, et même avec l'autorisation de la justice, n'engagent point les biens de la communauté, si ce n'est lorsqu'elle contracte comme marchande publique et pour le fait de son commerce, 1426.

— Comment la communauté se dissout, 1441.

— N'est pas continuée par le défaut d'inventaire après la mort naturelle ou civile de l'un des époux, 1442.

— Si elle a été dissoute, soit par la séparation de corps, ou par celle des biens, elle peut être

Compensation s'opère de plein droit et par la seule force de la loi, 1290.

Elle n'a lieu qu'entre deux dettes qui ont également pour objet une somme d'argent ou une certaine quantité de choses fongibles de la même espèce, également liquides et exigibles. Les prestations en grains ou denrées non contestées, et dont le prix est réglé par les mercuriales, peuvent se compenser avec des sommes liquides et exigibles, 1291.

-- L'action de grâce n'est point un obstacle à la compensation, 1292.

-- Elle a lieu, quelles que soient les causes de l'une ou l'autre des dettes.

Exception, 1293.

-- La caution peut opposer la compensation de ce que le créancier doit au débiteur principal ; mais le débiteur ne peut opposer la compensation de ce que le créancier doit à la caution, 1294.

-- Le débiteur qui a accepté purement et simplement la cession qu'un créancier a faite de ses droits à un tiers, ne peut plus opposer au cessionnaire la compensation qu'il eût pu, avant l'acceptation, opposer au cédant.

A l'égard de la cession qui n'a point été acceptée par le débiteur, mais qui lui a été signifiée, elle n'empêche que la compensation des créances postérieures à la notification, 1295.

-- Lorsque les deux dettes ne sont pas payables au même lieu, on n'en peut opposer la compensation qu'en faisant raison des frais de la remise, 1296.

-- Quelles sont les règles qu'on doit suivre quand il y a plusieurs dettes compensables dues par la même personne ? 1297.

-- N'a pas lieu au préjudice des droits acquis à un tiers.

Exemple, 1298.

-- Celui qui a payé une dette qui était de droit éteinte par la compensation, ne peut, en exerçant la créance dont il n'a point opposé la compensation, se prévaloir, au préjudice des tiers, des privilèges ou hypothèques qui y étaient attachés.

Exception, 1299.

Compromis. Il faut un mandat exprès pour compromettre, 1989.

Comptabilité nationale, (Commissaires de la) sont dispensés de la tutelle, 427.

Compte de tutelle doit être rendu aux dépens du mineur ; mais le tuteur doit en avancer les frais.

On doit y allouer au tuteur toutes les dépenses justifiées et dont l'objet est utile, 471.

-- S'il donne lieu à des contestations, elles sont poursuivies et jugées comme les autres contestations en matière civile, 475.

-- Doit être rendu au mineur émancipé, assisté d'un curateur nommé par le conseil de famille, 480.

Condamnation devenue définitive de l'un des époux, à une peine emportant mort civile, dissout le mariage, 227.

-- De l'un des époux à une peine infamante, est pour l'autre une cause de divorce, 252.

-- Lorsque le divorce est demandé parce qu'un des époux a été condamné à une peine infamante, quelles sont les formalités que doit remplir le demandeur ? 261.

-- A une peine afflictive ou infamante emporte de plein droit l'exclusion de la tutelle ; elle emporte de même la destitution, dans le cas où il s'agit d'une tutelle antérieurement déférée, 443.

Condamnations pécuniaires prononcées contre l'un des deux époux pour crime emportant mort civile, ne frappent que sa part dans la communauté et ses biens personnels, 1425.

Condamné par contumace. Les biens acquis par le condamné depuis la mort civile encourue, et dont il se trouve en possession au jour de sa mort naturelle, appartiennent à la nation par droit de déshérence.

Néanmoins le Gouvernement en peut faire, au profit de la veuve, des enfans ou parens du condamné, telles dispositions que l'humanité lui suggérera, 33.

Conditions. Dans toute disposition entre-vifs ou testamentaires, les conditions impossibles, celles qui sont contraires aux lois ou aux mœurs, sont réputées non écrites, 900.

-- L'inexécution de celle sous laquelle une donation a été faite peut la faire révoquer, 953.

-- Toute disposition testamentaire faite sous une condition dépendante d'un événement incertain, et telle que, dans l'intention du testateur, cette disposition ne doive être exécutée qu'autant que l'événement arrivera ou n'arrivera pas, devient caduque, si l'héritier institué ou le légataire décède avant l'accomplissement de la condition, 1040.

-- Celle qui dans l'intention du testateur n'est que suspensive de la disposition testamentaire, n'empêche pas l'héritier institué ou le légataire d'avoir un droit acquis et transmissible à ses héritiers, 1041.

Condition potestative. Sa définition, 1170.

Condition mixte. Sa définition, 1171.

Condition. Toute condition d'une chose impossible ou contraire aux bonnes mœurs , ou prohibée par les lois , est nulle et rend nulle la convention qui en dépend , 1162.

—— Celle de ne pas faire une chose impossible ne rend pas nulle l'obligation contractée sous cette condition , 1175.

Condition potestative. Toute obligation contractée sous une condition potestative de la part de celui qui s'oblige , est nulle , 1174.

Condition. De quelle manière doit-elle être accomplie , 1175.

—— Lorsqu'une obligation est contractée sous la condition qu'un événement arrivera dans un temps fixe , cette condition est censée défaillie, lorsque le temps est expiré , sans que l'événement soit arrivé.

Quid , s'il n'y a point de temps fixe ? 1176.

—— Lorsqu'une obligation est contractée sous la condition qu'un événement n'arrivera pas dans un temps déterminé , quand est-elle accomplie ?

Quid, si le temps de l'événement n'est pas déterminé ? 1177.

—— Est censée être accomplie lorsque c'est le débiteur , obligé sous cette condition , qui en a empêché l'accomplissement , 1178.

—— Celle qui est accomplie a un effet rétroactif au jour où l'engagement a été contracté. Si le créancier est mort avant l'accomplissement de la condition, ses droits passent à son héritier , 1179.

—— Le créancier peut , avant qu'elle soit accomplie , exercer tous les actes conservatoires. de son droit , 1180.

—— Elle est suspensive lorsque l'obligation contractée dépend d'un événement futur et incertain , ou qui est actuellement arrivé , mais encore inconnu aux parties , 1181.

Condition résolutoire. Sa définition et ses effets , 1183.

—— Est toujours sous-entendue dans les contrats synallagmatiques, pour les cas où une des parties ne satisfera point à son engagement : dans ce cas, le contrat n'est point résolu de plein droit.

Quel est le droit de celui envers lequel l'engagement n'a point été exécuté ? 1184.

—— Son effet éteint l'obligation , 1234.

Condition suspensive est toujours présumée dans la vente faite à l'essai, 1588.

Condition suspensive ou résolutoire. Celui qui n'a sur un immeuble qu'un droit suspendu par une condition ou résoluble dans certains cas , ou sujet à rescision , ne peut consentir qu'une hypothèque soumise aux mêmes conditions ou à la même rescision , 2125.

Confirmation. L'exécution d'une obligation

après l'époque où elle pouvoit être valablement ratifiée ou confirmée en tient lieu.

La confirmation, la ratification ou l'exécution volontaire, dans les formes et à l'époque déterminées par la loi , emportent la renonciation aux moyens et aux exceptions que l'on pouvoit opposer contre cet acte , 1338.

—— Celle d'une donation par les héritiers ou ayant cause du donateur , après son décès , emporte leur renonciation à opposer , soit les vices de forme , soit toute autre exception , 1340.

Confusion. Pour quelle part et portion elle éteint la créance , lorsque le débiteur devient unique héritier du créancier , ou lorsque le créancier devient unique héritier du débiteur ? 1209.

—— Éteint l'obligation, 1234.

—— Quand se fait de plein droit, et quel est son effet ? 1300.

—— Celle qui s'opère dans la personne du débiteur principal, profite à ses cautions ;

Celle qui s'opère dans la personne de la caution, n'entraîne point l'extinction de l'obligation principale ;

Celle qui s'opère dans la personne du créancier , ne profite à ses codébiteurs solidaires que pour la portion dont il étoit débiteur , 1301.

—— Celle qui s'opère dans la personne du débiteur principal et de sa caution , lorsqu'ils deviennent héritiers l'un de l'autre , n'éteint point l'action du créancier contre celui qui s'est rendu caution de la caution , 2035.

Congé. Quels délais faut observer pour le donner , lorsque le bail a été fait sans écrit ? 1736.

—— N'est pas nécessaire, lorsque le bail est fait par écrit, 1737.

—— Signifié, empêche la tacite réconduction , 1739.

Congés. A quelle époque doivent être donnés ceux des maisons , des boutiques , appartements , ou des biens ruraux ? 1748.

Congé. Le bailleur qui use de la faculté qu'il s'est réservée de venir occuper la maison , est tenu de signifier d'avance un congé aux époques déterminées par les usages des lieux , 1762.

Conjoint qui prétend avoir droit à la succession de son conjoint , décédé sans laisser des parents successibles , ni des enfans naturels, est tenu de faire apposer les scellés , et de faire faire inventaire dans les formes prescrites , 769.

—— Il doit demander au tribunal de première instance, dans le ressort duquel la succession est ouverte , l'envoi en possession de celle à laquelle il prétend avoir droit.

Formalités que doit observer le tribunal avant de statuer sur cette demande ,770.

Conseil de famille. Dans quel cas peut être composé de plus de six personnes ? 408.

-- Où doit s'assembler ?

Combien de membres convoqués doivent être présens pour délibérer ? 415.

-- Qualités requises dans les étrangers appelés à défaut de parens en nombre suffisant, pour composer le conseil de famille, 409.

-- Dans le cas d'un parent absent, le juge de paix peut proroger ou ajourner l'assemblée du conseil de famille, 414.

-- Les enfants mineurs de 21 ans, qui n'ont ni père ni mère, ni aïeuls ni aïeules, ne peuvent contracter mariage sans le consentement du conseil de famille, 160.

-- Nomme un curateur au ventre, 393.

-- Dans quel cas fait le choix du tuteur entre les deux bisaïeuls de la ligne maternelle, 404.

-- Dans quel cas doit nommer un tuteur, 405.

-- Par qui doit être convoqué pour la nomination d'un tuteur ? 406.

-- Comment doit être composé ? 407.

-- Est présidé par le juge-de-paix. Il y a voix délibérative et prépondérante, en cas de partage, 416.

-- Dans quel cas doit nommer un protuteur au mineur ? 417.

-- Quelles personnes ne peuvent être membres du conseil de famille ? 442 et suivans.

-- Doit motiver ses délibérations, portant exclusion ou destitution de la tutelle ; elles ne peuvent être prises qu'après avoir entendu ou appelé le tuteur, 447.

-- Lors de l'entrée en exercice de toute tutelle, excepté de celle des père et mère, le conseil de famille règle par apperçu, la somme à laquelle pourra s'élever annuellement la dépense du mineur et celle d'administration de ses biens, 454.

-- Doit déterminer positivement la somme à laquelle commencera, pour le tuteur, l'obligation d'employer l'excédant des revenus, 455.

-- Peut seul autoriser le tuteur à emprunter pour le mineur, à aliéner ou hypothéquer ses biens.

Comment le conseil de famille peut et doit donner cette autorisation ? 457.

-- Les délibérations portant autorisation d'aliéner, d'hypothéquer les biens du mineur, ou d'emprunter pour lui, ne peuvent être exé-cutées qu'après leur homologation par le tribunal civil , 458.

-- Peut émanciper seulement à l'âge de 18 ans accomplis, le mineur resté sans père ni mère. Comment doit y procéder ? 478.

-- Doit donner son avis sur l'état de la personne dont l'interdiction est demandée.

-- Ceux qui provoquent l'interdiction, ne peuvent faire partie du conseil de famille ; néanmoins l'époux ou les enfans de celui dont on provoque l'interdiction, peuvent y être admis sans y avoir voix délibérative , 495.

-- Peut nommer la femme tutrice de son mari interdit.

Il doit régler la forme et les conditions de l'administration , 507.

-- Peut arrêter que l'interdit sera soigné dans son domicile, dans une maison de santé, même dans un hospice, 510.

-- Doit faire homologuer par le tribunal, la délibération qui règle la dot, l'avancement d'hoirie, et les conventions matrimoniales de l'enfant d'un interdit, 511.

Conseil judiciaire. Ses fonctions , 499.

-- La nomination a son effet du jour du jugement, 502.

Conseil. A qui peut être donné ? 513.

-- Par qui peut en être formée la demande ? Comment elle doit être instruite et jugée ?

La défense de procéder sans son assistance, ne peut être levée qu'en observant les mêmes formalités , 514.

Conseil de tutelle peut être nommé par le père, 392.

Consentement. Il est essentiel pour la validité d'une convention , 1108.

-- N'est point valable, s'il a été donné par erreur, ou extorqué par violence, ou surpris par dol , 1109.

Consentement (Acte de) des père, mère ou aïeuls, aïeules, ou à leur défaut, celui de la famille, au mariage, doit être en forme authentique.

Ce qu'il doit contenir, 73.

Consentement pour le mariage, quand il n'a pas été donné librement par les deux époux ou par l'un d'eux, est un moyen de nullité du mariage contracté , 180.

Consentement au mariage. Celui qui ne l'a pas donné librement, peut seul attaquer le mariage qu'il a contracté, 180.

-- S'il était nécessaire, son défaut ne peut être proposé que par ceux qui devoient le donner, ou par l'époux qui en avait besoin , 182.

résolutoire est toujours sous-entendue dans les contrats synallagmatiques, pour le cas où l'une des deux parties ne satisfera point à son engagement, 1184.

Contrat de mariage. Voyez *Associations conjugales*, 1387.

— Doit être rédigé avant le mariage, par acte devant notaire, 1394.

— Il ne peut y être fait aucun changement, après la célébration du mariage, 1395.

— Dans quelle forme doivent être faits les changemens ou les contre-lettres qu'on y veut faire avant la célébration du mariage? 1396.

Contrat de louage n'est point résolu par la mort du bailleur, ni par celle du preneur, 1742.

— Se résout par la perte de la chose louée, et par le défaut respectif du bailleur et du preneur de remplir leurs engagemens, 1741.

Contrat de vente. Dans quel cas peut avoir lieu entre époux? 1595.

— Peut être résolu par l'exercice de la faculté de rachat, et par la vilité de prix, 1658.

Contrat aléatoire. Sa définition, 1664.

Contrat d'assurance (le) est aléatoire.

Il est régi par les lois maritimes, 1664.

Contrats passés en pays étranger ne peuvent donner hypothèque sur les biens de France, 2128.

Exception.

Contraventions. Comment doivent être poursuivies et punies toutes contraventions aux formalités prescrites pour les actes de l'état civil? 50.

Contravention. Celle commise aux engagemens de faire ou de ne pas faire, peut donner lieu aux dommages et intérêts en faveur du créancier, 1142, — 1145.

Contre-lettres ne peuvent avoir d'effet qu'entre les parties contractantes. Elles n'ont point d'effet contre les tiers, 1521.

Contre-lettre faite après un contrat de mariage, n'est point valable, si elle n'est faite en la présence et du consentement de toutes les personnes qui étoient parties au contrat, 1396.

Contre-lettres doivent être rédigées à la suite de la minute du contrat de mariage.

Si elles ne sont point ainsi rédigées, elles sont sans effet vis-à-vis des tiers, quand même elles seroient faites en présence et du consentement des personnes qui étoient parties au contrat, 1597.

Contributions sont à la charge de l'usufruitier, 608.

Contribution. (Ordre de) Le prix des biens du débiteur, qui sont le gage commun des créanciers, se distribue ainsi entre eux, à moins qu'il n'y ait entre les créanciers des causes légitimes de préférence, 2093.

Contumace (Condamnations par) n'importent la mort civile qu'après les cinq années qui suivent l'exécution du jugement par effigie, pendant lesquelles le condamné peut se représenter, 27.

— (Condamné par) est privé pendant les cinq ans de tous ses droits civils; ses biens sont administrés comme ceux des absens, 28.

— Lorsqu'il se représente volontairement, ou qu'il est saisi et constitué prisonnier dans les cinq années, à compter du jour de l'exécution, le jugement est anéanti de plein droit; il rentre dans la possession de ses biens, 29.

— Celui qui ne s'est représenté ou n'a été constitué prisonnier qu'après les cinq ans, et qui depuis a été absous, ou condamné à une peine n'emportant point la mort civile, rentre dans la plénitude de ses droits pour l'avenir, à compter du jour où il a reparu en justice, 30.

— S'il meurt dans les cinq ans sans s'être constitué prisonnier, ou s'être représenté, il est réputé mort dans l'intégrité de ses droits, 31.

Conventions. Voyez *Lois*, 6.

— Quatre conditions sont essentielles pour la validité des conventions :

Le consentement de celui qui s'oblige;

Sa capacité de contracter;

Un objet certain qui forme la matière de l'engagement;

Une cause licite dans l'obligation, 1108.

Convention contractée par erreur, violence ou dol, n'est point nulle de plein droit; elle donne lieu à une action en rescision ou en nullité, 1117.

Conventions peuvent être viciées par la lésion dans certains contrats, et à l'égard de quelques personnes, 1118.

— Les personnes capables de s'engager ne peuvent faire annuller la convention, pour cause d'incapacité du mineur, de l'interdit, ou de la femme mariée, avec qui elles ont contracté, 1125.

— Il n'y a que les choses qui sont dans le commerce qui puissent être l'objet des conventions, 1128.

— L'obligation doit avoir pour objet une chose déterminée quant à son espèce.

La quotité de la chose peut être incertaine, pourvu qu'elle puisse être déterminée, 1129.

Convention. N'est pas moins valable,

quoique la cause n'en soit pas exprimée, 1132.

Conventions légalement formées tiennent lieu de loi à ceux qui les ont faites ; elles ne peuvent être révoquées que de leur consentement mutuel, ou pour les causes que la loi autorise ; elles doivent être exécutées de bonne foi, 1134.

Elles obligent non-seulement à ce qui y est exprimé, mais encore à toutes les suites que l'équité, l'usage ou la loi donnent à l'obligation, d'après sa nature, 1135.

— Le débiteur est constitué en demeure, soit par une sommation ou par autres actes équivalens, soit par l'effet de la convention, lorsqu'elle porte que, sans qu'il soit besoin d'actes et par la seule échéance du terme, le débiteur sera en demeure, 1139.

— Lorsque la convention porte que celui qui manquera de l'exécuter payera une certaine somme à titre de dommages et intérêts, il ne peut être alloué à l'autre partie une somme plus forte ni moindre, 1552.

— Peut-on stipuler les intérêts des intérêts échus des capitaux ?

Cas où cette convention est valable, 1154.

— On doit rechercher dans l'interprétation des conventions, plutôt qu'elle a été la commune intention des parties, que de s'arrêter au sens littéral des termes, 1156.

— Lorsqu'une clause est susceptible de deux sens, on doit plutôt l'entendre dans celui avec lequel elle peut avoir quelque effet, que dans le sens avec lequel elle n'en peut produire aucun, 1157.

— Les termes susceptibles de deux sens doivent être pris dans le sens qui convient le plus à la matière du contrat, 1158.

— Toutes les clauses s'interprètent les unes par les autres, en donnant à chacune le sens qui résulte de l'acte entier, 1161.

— Dans le doute, la convention s'interprète contre celui qui a stipulé, et en faveur de celui qui a contracté l'obligation, 1162.

— Quelques généraux que soient les termes dans lesquels une convention est conçue, elle ne comprend que les choses sur lesquelles il paraît que les parties se sont proposé de contracter, 1163.

Conventions n'ont d'effet qu'entre les parties contractantes ; elles ne nuisent point au tiers, et elles ne lui profitent que dans les cas prévus, 1165.

— Deviennent nulles, quand elles dépendent d'une condition impossible ou contraire aux bonnes mœurs, ou prohibée par la loi, 1172.

— Quelles sont celles qu'il est défendu aux époux de stipuler dans leur contrat de mariage ? 1388, 1389 et 1390.

— Le mineur est habile à consentir toutes celles dont le contrat de mariage est susceptible, s'il est assisté de personnes dont le consentement est requis pour la validité du mariage, 1398.

— Celle par laquelle deux époux rétabliraient leur communauté sous des conditions différentes de celles qui la réglaient antérieurement, est nulle, 1451.

— Celle par laquelle la femme, ou ses héritiers seraient privés de la faculté d'accepter la communauté, ou d'y renoncer, est nulle, 1453.

Conventions matrimoniales de l'enfant d'un interdit sont réglées par un avis du conseil de famille, homologué par le tribunal, sur les conclusions du commissaire du Gouvernement, 511.

— Doivent être rédigées avant le mariage, par acte devant notaire, 1394.

— Ne peuvent recevoir aucun changement, après la célébration du mariage, 1395.

— Les changemens qui peuvent y être faits avant la célébration du mariage, doivent être constatés par acte passé dans la même forme que le contrat de mariage.

Nul changement ou contre-lettre n'est valable sans la présence et le consentement simultané de toutes les personnes qui étaient parties au contrat de mariage, 1396.

Coobligé peut acquitter l'obligation dans laquelle il est intéressé, 1236.

Copartageans. Avant de procéder au tirage des lots, chaque copartageant est admis à proposer ses réclamations contre leur formation, 835.

— Après la vente des meubles et des immeubles, les copartageans peuvent être renvoyés devant un notaire, ou choisi par eux, ou nommé d'office pour procéder aux comptes qu'ils peuvent se devoir, à la formation de la masse générale, à la composition des lots, et aux fournissemens à faire à chacun d'eux, 828.

Copies des titres. De quoi font foi, quand le titre original subsiste ? 1334.

— Dans quel cas, et comment font foi, quand le titre original n'existe plus ?

Cas où elles sont réputées anciennes ?

Les copies des copies ne peuvent être considérées que comme renseignemens, 1335.

Corporation étrangère. L'affiliation à toute corporation étrangère, qui exige des distinctions de naissance, fait perdre la qualité de Français, 17.

Corporation militaire, étrangère. L'affiliation, sans l'autorisation du Gouvernement, à une corporation militaire, étrangère, fait perdre la qualité de Français, 21.

Corps certain et déterminé. Le débiteur d'un corps certain et déterminé est libéré par la remise de la chose en l'état où elle se trouve lors de la livraison.

Conditions, 1245.

Corps certain. Le débiteur du corps certain doit faire sommation au créancier de l'enlever, et faute par celui-ci de le faire, le débiteur peut être autorisé à déposer la chose dans un autre lieu, 1264.

— Lorsque le corps certain et déterminé qui était l'objet de l'obligation vient à périr, est mis hors du commerce, ou se perd de manière qu'on en ignore l'existence, l'obligation est-elle éteinte? 1302.

Correction. Quels sont les moyens de correction que peut employer le père qui a des sujets graves sur la conduite d'un enfant? 375 et suivans.

Cotuteur. Le second mari d'une femme conservée tutrice, devient cotuteur.

Il est responsable, avec sa femme, de la gestion postérieure au mariage, 396.

Coupes de bois tombent dans la communauté pour tout ce qui est considéré comme usufruit.

Il est dû récompense à l'époux non propriétaire, de celles qu'il pouvait faire et qu'il n'a point faites, 1413.

Cour de cassation. Les juges, procureur-général impérial et les substituts de cette cour sont dispensés de la tutelle, 427.

Coutumes. Toutes les coutumes et statuts locaux relatifs au contrat de mariage sont abrogées : les époux ne peuvent plus stipuler que leur association sera régie par l'une d'elles, 1390.

Crainte. La seule crainte révérentielle envers le père, la mère ou autre ascendant, sans qu'il y ait eu violence exercée, ne suffit point pour annuller le contrat, 1114.

Créanciers d'un héritier qui renonce au préjudice de leurs droits peuvent être autorisés à accepter la succession du chef de leur débiteur et à son lieu et place.

Quels sont les effets de l'annullation de cette renonciation? 788.

— D'une succession, peuvent demander à l'héritier bénéficiaire compte de son administration, 803.

— ont le droit d'exiger que l'héritier bénéficiaire d'une caution.

Quel est leur droit s'il ne la donne point? 807.

— Ne peuvent, s'il y a des créanciers opposans, être payés par l'héritier bénéficiaire, que dans l'ordre et de la manière réglée par le juge, 808.

— Non opposans qui ne se présentent à l'héritier bénéficiaire qu'après l'appurement du compte et le paiement du reliquat, n'ont de recours que contre les légataires.

Ce recours se prescrit par le laps de trois ans, à compter du jour de l'appurement de compte et du paiement de reliquat, 809.

— Peuvent requérir l'apposition des scellés en vertu d'un titre exécutoire ou d'une permission du juge, 820.

— Le rapport ne leur est pas dû, 857.

— Hypothécaires sur l'immeuble rapporté en nature peuvent intervenir au partage pour s'opposer à ce que le rapport ne se fasse pas en fraude de leurs droits, 865.

— Ne peuvent poursuivre contre l'héritier l'exécution des titres, qui étaient exécutoires contre le défunt, que huit jours après leur signification à l'héritier ou à son domicile, 877.

Créanciers de la succession peuvent dans tous les cas, et contre tout créancier, demander la séparation du patrimoine du défunt d'avec le patrimoine de l'héritier, 878.

— Ne peuvent demander la séparation du patrimoine de l'héritier, d'avec celui du défunt, quand il y a eu novation, par l'acceptation de l'héritier pour débiteur, 879.

— Le droit des créanciers, pour demander la séparation des patrimoines, se prescrit, relativement aux meubles, par le laps de trois ans.

Ils peuvent l'exercer à l'égard des immeubles, tant qu'ils existent dans les mains de l'héritier, 880.

Créanciers de l'héritier. Ne sont point admis à demander la séparation des patrimoines contre les créanciers de la succession, 881.

Créanciers d'un co-partageant peuvent s'opposer à ce qu'il soit procédé au partage, hors de leur présence; ils ont le droit d'y intervenir à leurs frais.

Dans quel cas peuvent attaquer un partage consommé, 882.

Créanciers ne peuvent jamais demander la réduction des dispositions entre-vifs, ni en profiter, 921.

— Le legs qui est fait à un créancier, n'est pas censé fait en compensation de sa créance, 1023.

— Peuvent opposer même aux mineurs et aux interdits le défaut de transcription de l'acte contenant la charge de restitution, 1070.

— ont le droit de demander que la chose qu'on

s'était obligé de ne pas faire et qu'on a faite par contravention à l'engagement, soit détruite, et ils peuvent se faire autoriser à la détruire aux dépens du débiteur, sans préjudice des dommages et intérêts, s'il y a lieu, 1143.

— Peuvent exercer tous les droits et actions de leur débiteur, à l'exception de ceux qui sont exclusivement attachés à sa personne, 1166.

— Ils peuvent aussi, attaquer en leur nom personnel, tous les actes faits par leur débiteur en fraude de leurs droits, 1161.

— Ils peuvent pareillement, avant que la condition soit accomplie, exercer tous les actes conservatoires de leurs droits, 1180.

Créanciers solidaires. La remise que l'un d'eux fait au débiteur ne libère celui-ci que pour la part de celui qui l'a faite, 1198.

Créancier. Les poursuites qu'il exerce contre l'un des débiteurs ne l'empêchent point d'en exercer de pareilles contre les autres, 1204.

— Lorsqu'il devient héritier unique de l'un des débiteurs, la confusion n'éteint la créance solidaire que pour la part du débiteur, 1209.

Celui qui consent à la division de la dette à l'égard de l'un des co-débiteurs conserve son action solidaire contre les autres, mais sous la déduction de la part du débiteur qu'il a déchargé de la solidarité, 1210.

Celui qui reçoit divisément la part de l'un des débiteurs solidaires, sans réserve de ses droits, est-il censé avoir renoncé à la solidarité? 1251.

— Le paiement qu'on lui fait n'est point valable, s'il était incapable de recevoir, à moins que le débiteur ne prouve que la chose payée a tourné à son profit, 1241.

Créancier opposant a le droit de contraindre au paiement celui qui a payé au préjudice d'une opposition. 1242.

Créancier. Il ne peut être contraint de recevoir une autre chose que celle qui lui est due, quand même elle serait égale ou même plus grande, 1243.

— La remise ou décharge conventionnelle au profit de l'un des co-débiteurs solidaires libère tous les autres, à moins que le créancier n'ait expressément réservé ses droits contre ces derniers.

Dans ce cas, il ne peut plus répéter la dette, que la déduction faite de la part de celui auquel il a fait la remise, 1285.

— Contre qui le créancier peut répéter des dommages et intérêts, lorsque la chose qui lui était due solidairement par plusieurs débiteurs, a péri par la faute de l'un ou de plusieurs d'entre eux ou depuis qu'ils étaient en demeure? Peut-il demander le prix de la chose due aux autres co-débiteurs? 1205.

Curateur doit être nommé au condamné mort civilement, quand il procède en justice, tant en demandant qu'en défendant.

Par qui doit être nommé? 25.

— Ne peut former opposition au mariage de l'interdit, sans y être autorisé par le conseil de famille, 175.

Curateur au ventre est nommé par le conseil de famille, lorsque la femme est enceinte, lors du décès du mari.

Devient de plein droit le subrogé tuteur, à la naissance de l'enfant, 393.

Curateur. Le compte de tutelle est rendu au mineur émancipé, en présence d'un curateur nommé par le conseil de famille, 480.

— Doit assister le mineur émancipé dans toutes les actions immobilières, et surveiller l'emploi des capitaux mobiliers reçus. 482.

Curateur à la succession vacante. Les actes faits avec lui ne peuvent être attaqués par l'héritier qui avait renoncé à la succession et qui l'accepte encore, 790.

— Comment est nommé, 812.

— Quels sont ses devoirs?

Où doit faire verser le numéraire trouvé dans la succession et les deniers provenant du prix des meubles ou immeubles?

Formalités qu'il doit observer tant pour l'inventaire que pour son compte à rendre, 813, 814.

Cuves et tonnes placées pour l'exploitation du fonds, sont immeubles par destination, 524.

D.

Date certaine. Un acte sous seing privé la reçoit par l'enregistrement ou par le décès de l'une des parties qui l'ont signé, 1410.

Débiteur. Comment est constitué en demeure, 1139.

— Son obligation se résout en dommages et intérêts, en cas d'inexécution de sa part, 1142.

— Lorsqu'il a empêché l'accomplissement d'une condition sous laquelle il est obligé, cette condition est réputée accomplie, 1178.

Débiteurs. Quand sont solidaires entre eux, 1200.

Débiteur solidaire. Quelles sont les exceptions qu'il peut ou non opposer aux poursuites exercées contre lui par le créancier? 1208.

— Lorsqu'il devient héritier unique du créancier, pour quelle part la confusion éteint-la créance? 1209.

Débiteur d'une dette solidaire, qui l'a payée en entier, ne peut répéter contre ses codébiteurs solidaires, que la part et portion de chacun d'eux, 1214.

— D'une chose qui n'est déterminée que par son espèce, n'est pas tenu, pour se libérer, de la donner de la meilleure espèce : mais il ne peut l'offrir de la plus mauvaise, 1246.

— Les frais du paiement sont à sa charge, 1248.

Débiteur principal n'est pas libéré par la remise accordée à la caution, 1287.

— Ne peut opposer la compensation de ce que le créancier doit à la caution, 1294.

Débiteur solidaire ne peut opposer au créancier qui le poursuit, le bénéfice de la division, 1203.

Débiteurs solidaires. Si l'un ou plusieurs d'eux ont laissé périr par leur faute, ou pendant qu'ils étoient en demeure, la chose due, les autres codébiteurs en sont-ils déchargés? 1205.

Débiteur solidaire. Il ne peut opposer en compensation ce que le créancier doit à un des codébiteurs, 1294.

Décès peut être prouvé, tant par les registres et papiers domestiques, que par témoins, lorsque les registres de l'état civil n'existent point, 46.

— Doit être constaté par l'officier de l'état civil, 77.

— Comment les décès doivent être constatés dans les hôpitaux militaires ou civils, ou autres maisons publiques, 80.

Décisions arbitrales n'emportent hypothèques qu'autant qu'elles sont revêtues de l'ordonnance judiciaire d'exécution, 2123.

Déclaration. Où doit se faire la déclaration du changement de domicile? 104.

Défauts cachés. Le vendeur en doit la garantie, 1641.

Défauts apparents. Le vendeur n'est pas tenu des vices apparents, et dont l'acheteur a pu se convaincre lui-même, 1642.

Défauts ou vices cachés. Le vendeur en est tenu, quand même il ne les aurait pas connus, à moins que dans ce cas il n'ait stipulé qu'il ne serait obligé à aucune garantie, 1643.

Défenseurs officieux ne peuvent devenir cessionnaires des droits litigieux, qui sont de la compétence du tribunal, dans le ressort duquel ils exercent, 1597.

Dégradations. L'usufruitier est responsable des dégradations commises par lui-même, 614.

Celles commises par l'usufruitier, peuvent faire cesser son droit, 618.

— Si l'acquéreur évincé a tiré profit de celles qui sont survenues sur l'objet vendu, le vendeur peut retenir une somme égale au profit que l'acheteur en a tiré, 1632.

— Le preneur à bail est tenu de toutes celles qui arrivent pendant sa jouissance, par son fait ou celui des personnes de sa maison, ou de ses sous-locataires, 1732, 1735,

Degrés. Leur suite forme la ligne, 736.

Degré. Chaque génération en forme un, 735.

Délai. Dans quel délai doivent comparaître les parents ou alliés, cités pour composer un conseil de famille?

Qui doit fixer le jour? 411.

— Quel est le délai accordé à l'héritier habile à succéder, pour faire inventaire et délibérer sur son acceptation ou renonciation? 795.

Délaissement par hypothèque peut être fait par tout tiers détenteur, qui n'est pas personnellement obligé, et qui a la capacité d'aliéner. Quand peut-il se faire? 2172.

— N'empêche pas que le tiers détenteur ne puisse jusqu'à l'adjudication, reprendre l'immeuble, en payant toute la dette et les frais, 2173.

Comment on procède à la vente de l'immeuble délaissé? 2174.

Délégation. Le créancier qui a déchargé le débiteur, qui lui a fait la délégation, n'a point de recours contre lui, si le délégué devient insolvable, 1276.

— Dans quel cas opère-t-elle une novation? 1275.

Délit. Le mineur n'est pas restituable contre les obligations qui en résultent, 1310.

— On peut transiger sur l'intérêt civil qui résulte d'un délit. La transaction n'empêche pas la poursuite du ministère public, 2046.

Délivrance. Sa définition, 1604.

— Comment s'opère celle des immeubles? 1605.

— Les frais qu'elle occasionne sont à la charge du vendeur ; ceux de l'enlèvement sont à celle de l'acheteur, s'il n'y a stipulation contraire, 1608.

— Où doit se faire? 1609.

— Quel est le droit de l'acquéreur, si le vendeur manque à faire la délivrance dans le temps convenu, 1610.

— Le vendeur n'est pas tenu de la faire, si l'acquéreur n'a point payé le prix convenu, 1612.

Délivrance. Le vendeur n'est point obligé à la délivrance de la chose vendue, quand même il aurait accordé un délai pour le paiement, si depuis la vente, l'acheteur est tombé en faillite.

Exception, 1613.

— Dans quel état doit être faite celle de la chose vendue? 1614.

— L'obligation de la faire, comprend les accessoires de la chose, et tout ce qui est destiné à son usage perpétuel, 1615.

— Dans le transport d'une créance ou d'un droit ou d'une action sur un tiers, elle s'opère entre le cédant et le cessionnaire, par la remise du titre, 1689.

Demandes. Toutes celles qui ne sont pas justifiées par écrit, doivent être formées par un même exploit, après lequel les autres demandes dont il n'y aura pas de preuve par écrit, ne seront pas reçues, 1346.

Démence habituelle est une cause d'interdiction, 489.

Déni de justice. Dans quel cas un juge se rend coupable de déni de justice? 4.

Denrées. Elles ne sont pas comprises dans le mot *meuble*, employé seul, 535.

— La vente qui en est faite, est résolue de plein droit au profit du vendeur et sans sommation, après l'expiration du terme convenu pour leur retirement, 1657.

— Celui qui a emprunté des denrées, doit en rendre la même quantité et qualité, quelque soit l'augmentation ou la diminution de leur prix, 1897.

Dépositaire. Quelles sont ses obligations? 1927.

— Dans quels cas les dispositions de la loi doivent être appliquées avec plus de rigueur? 1928.

— Il n'est tenu en aucun cas des accidents arrivés par force majeure.

Exception, 1929.

— Il ne peut se servir de la chose déposée, 1930.

— Il ne peut chercher à connaître quelles sont les choses qui lui ont été déposées, si elles lui ont été confiées dans un coffre fermé, ou sous une enveloppe cachetée, 1931.

— Il doit rendre identiquement la chose même qu'il a reçue;

Le dépôt des sommes monnayées, doit être rendu dans les mêmes espèces qu'il a été fait, 1932.

— Il n'est tenu de rendre la chose déposée, que dans l'état où elle se trouve.

Il n'est tenu que des détériorations qui sont survenues par son fait, 1933.

— Celui auquel le dépôt a été enlevé par force majeure, et qui a reçu un prix ou quelque chose à la place, doit restituer ce qu'il a reçu en échange, 1934.

— Quelle est l'obligation de son héritier qui a vendu de bonne foi la chose dont il ignorait le dépôt? 1935.

— Il est obligé de restituer les fruits que la chose déposée a produits et qu'il a perçus. Il ne doit aucun intérêt de l'argent déposé, si ce n'est du jour où il a été mis en demeure de faire la restitution, 1936.

— A qui doit-il restituer la chose déposée? 1937.

— Il ne peut exiger de celui qui a fait le dépôt, la preuve qu'il en était le propriétaire. S'il découvre que la chose a été volée, que doit-il faire pour être valablement déchargé? 1938.

— En cas de mort naturelle ou civile de celui qui a fait le dépôt, le dépositaire ne peut rendre la chose déposée qu'à ses héritiers.

S'il y a plusieurs héritiers, il doit rendre à chacun sa part; si la chose déposée est indivisible, les héritiers doivent s'accorder entre eux pour la recevoir, 1939.

— Le dépositaire infidèle, n'est point admis au bénéfice de cession, 1945.

— Toutes ses obligations cessent, s'il découvre et prouve qu'il en est lui-même propriétaire de la chose déposée, 1946.

— Il peut retenir le dépôt jusqu'à l'entier paiement de ce qui lui est dû à ce sujet, 1948.

— Ne prescrit jamais par quelque laps de temps révolu depuis qu'il possède le dépôt, 2236.

Exception, 2238.

Dépôt. La possession provisoire des biens d'un absent est un dépôt, 125.

Dépôts nécessaires en cas d'incendie, ruine, pillage, ou tumulte, ou naufrage; et ceux faits par les voyageurs, en logeant dans une hôtellerie peuvent être prouvés par témoins, 1348.

Dépôt. La demande en restitution qui en est faite ne peut être écartée par la compensation, 1293.

— Définition de ce contrat.

Il y en a de deux espèces.

Le dépôt proprement dit et le séquestre, 1915, 1916.

Dépôt, proprement dit, est un contrat essentiellement gratuit, 1917.
-- Il ne peut avoir pour objet que des choses mobilières, 1918.
-- Il n'est parfait que par la tradition réelle ou feinte de la chose déposée.
Dans quel cas la tradition feinte suffit? 1919.
-- Il est volontaire ou nécessaire, 1920.
Dépôt volontaire. Comment se forme, 1921.
-- Il ne peut régulièrement être fait que par le propriétaire de la chose déposée, ou de son consentement exprès ou tacite, 1922.
-- Il doit être prouvé par écrit.
La preuve testimoniale n'en est point reçue, quand il excède 150 fr., 1923.
-- Lorsqu'il n'est point prouvé par écrit, et qu'il est au-dessus de 150 fr., celui qui est attaqué comme dépositaire en est cru sur sa déclaration, 1924.
-- Ne peut avoir lieu qu'entre personnes capables de contracter, 1925.
-- S'il est fait par une personne incapable, à quoi est obligée la personne capable de contracter qui l'a reçu ? *Ibid.*
-- Quelle est l'action qu'une personne capable de faire un dépôt a contre une personne incapable de le recevoir ? 1926.
-- Si la personne qui a fait le dépôt a changé d'état, et est devenue depuis incapable de le recevoir, le dépôt ne peut être restitué qu'à celui qui a l'administration des droits et des biens du déposant, 1940.
-- Si le dépôt a été fait par un tuteur, par un mari ou par un administrateur, dans l'une de ces qualités, il ne peut être restitué qu'à la personne que ce tuteur, ce mari ou cet administrateur représentaient, si leur gestion ou leur administration est finie, 1941.
-- Si le contrat de dépôt désigne le lieu dans lequel la restitution doit en être faite, le dépositaire est tenu d'y porter la chose déposée, et les frais du transport sont à la charge du déposant, 1942.
-- Si le contrat ne désigne point le lieu de la restitution, elle doit être faite dans le lieu même du dépôt, 1943.
-- Quand le dépôt doit être rendu au déposant, 1944.
-- Celui qui a fait le dépôt est tenu de rembourser au dépositaire les dépenses qu'il a faites pour la conservation de la chose déposée, et de l'indemniser de toutes les pertes que le dépôt peut lui avoir occasionnées, 1947.
-- Le dépositaire peut retenir le dépôt jusqu'à l'entier paiement de ce qui lui est dû à raison du dépôt, 1948.

Dépôt nécessaire est celui qui a été forcé par quelque accident, tel qu'un incendie, une ruine, un pillage, un naufrage, ou autre événement imprévu, 1949.
-- La preuve par témoins peut être reçue pour le dépôt nécessaire, même quand il s'agit d'une valeur au-dessus de 150 fr. 1950.
-- Est régi par les règles du dépôt volontaire, 1951.
-- Il donne lieu à la contrainte par corps, 2060.
Descendans ne peuvent se marier avec les ascendans soit légitimes ou naturels, 161.
-- La violence est une cause de nullité du contrat, lorsqu'elle a été exercée sur la partie contractante, sur ses descendans, etc., 1113.
-- Les descendans du meurtrier du défunt qui ne l'ont pas dénoncé à la justice, ne peuvent être déclarés indignes de succéder au défunt, 728.
Déshérence. Les biens acquis par le condamné depuis la mort civile encourue, et dont il se trouvera en possession au jour de sa mort naturelle, appartiennent à la nation par droit de déshérence, 33.
Désistement. Celui du créancier requérant la mise aux enchères, ne peut empêcher l'adjudication publique. Exception, 2190.
Détention des enfans. Il ne peut y avoir, en ce cas, ni écriture, ni formalité judiciaire, si ce n'est l'ordre d'arrestation qui n'en énonce pas les motifs, 378.
Détériorations. Celles qui sont survenues à un corps certain avant que le débiteur fût en demeure de livrer la chose, et qui ne proviennent point de son fait ou de sa faute, ni de celle des personnes dont il est responsable, n'empêchent pas qu'il ne soit valablement libéré par la remise de cette chose, 1245.
-- Le mari est responsable de toutes les détériorations survenues sur les fonds dotaux par sa négligence, 1562.
Détérioration. Sur qui, du vendeur ou de l'acheteur, doit tomber la perte ou la détérioration de la chose vendue, avant la livraison ? 1624.
-- Lorsqu'à l'époque de l'éviction, la chose vendue se trouve diminuée de valeur ou considérablement détériorée, soit par la négligence de l'acheteur, soit par des accidens de force majeure, le vendeur n'en est pas moins tenu d'en restituer la totalité du prix, 1631.
Dettes actives ne sont pas comprises dans le mot *Meuble* employé seul, 533.
Dettes. L'usufruitier n'est pas tenu de celles hypothéquées sur le fonds.
Quel est son droit, s'il est forcé de les acquitter ? 611.
-- Dans quelle proportion l'usufruitier uni-

versel ou à titre universel et le propriétaire contribuent au paiement des dettes, 612.

-- Comment les héritiers sont tenus de celles de la succession, 873.

—Les cohéritiers contribuent entr'eux au paiement des dettes et charges de la succession, chacun dans la proportion de ce qu'il y prend, 870.

. *Dette solidaire.* Le codébiteur d'une dette solidaire, qui l'a payée en entier, ne peut répéter contre les autres que la part et portion de chacun d'eux. Si l'un d'eux se trouve insolvable, la perte occasionnée se répartit par contribution entre tous les autres codébiteurs solvables et celui qui a fait le paiement, 1214.

Dette hypothécaire. L'héritier qui possède le fonds hypothéqué à la dette, peut être poursuivi pour le tout, sauf son recours contre ses cohéritiers, 1221.

Dette alternative. Lorsqu'elle est au choix du créancier, et que l'une des choses dues est indivisible, les héritiers du débiteur ne peuvent la diviser ; mais celui qui paye a son recours contre ses cohéritiers, 1221.

Dette indivisible. Chacun de ceux qui ont contracté conjointement une dette indivisible, en est tenu pour le total, encore que l'obligation n'ait pas été contractée solidairement, 1222.

-- Les héritiers de celui qui a contracté une pareille obligation indivisible, sont tenus pour le total, quoique l'obligation ne soit pas solidaire, 1223.

Dette divisible. Le créancier ne peut être contraint de recevoir en partie le paiement d'une dette, même divisible.

Le juge peut accorder au débiteur des délais modérés, et surseoir à l'exécution des poursuites, 1244.

Dettes. Lorsque la quittance ne porte aucune imputation, le paiement doit être imputé sur la dette que le débiteur avait pour lors le plus d'intérêt d'acquitter entre celles échues.

La dette échue, quoique moins onéreuse, est préférée à celles qui ne le sont pas encore.

Lorsque les dettes sont d'égale nature, l'imputation se fait sur la plus ancienne. 1256.

Dette. Si quelqu'un, se croyant débiteur, a acquitté une dette, il a le droit de répétition contre le créancier. Si le créancier, par suite du paiement, a supprimé son titre, il ne doit point restituer ; mais celui qui a payé a son recours contre le véritable débiteur, 1377.

-- Si celui qui a reçu une dette qui ne lui était pas due, ou qui ne l'était pas par celui qui l'a payée, était de mauvaise foi, il est tenu de restituer tant le capital que les intérêts ou fruits, du jour du paiement, 1378.

Dettes mobilières de communauté. Toutes celles dont les époux étaient grevés au jour de la célébration de leur mariage, ou dont se trouvent chargées les successions qui leur sont échues durant le mariage, composent la communauté passive, 1409.

Toutes celles, tant en capitaux qu'arrérages ou intérêts, contractées par le mari pendant le mariage, ou par la femme du consentement du mari, sont à la charge de la communauté, sauf la récompense dans les cas où elle a lieu, 1409.

Dettes mobilières de la communauté. Dans quel cas, la communauté est tenue de celles contractées par la femme avant son mariage ? Le créancier qui a un titre n'ayant point de date certaine avant le mariage, ne peut en poursuivre contre la femme le paiement que sur la nue propriété de ses immeubles personnels, 1410.

Dettes de la communauté. Les créanciers peuvent poursuivre le paiement de celles contractées par la femme, du consentement de son mari, sur tous les biens, tant sur ceux de la communauté que sur ceux propres au mari ou à la femme, 1419.

-- Toute dette qui n'a été contractée par la femme qu'en vertu de la procuration générale ou spéciale de son mari, est à la charge de la communauté, et le créancier n'en peut poursuivre le paiement ni contre la femme ni sur ses biens personnels, 1420.

Dettes de la communauté. Les dettes de la communauté sont pour moitié à la charge de chacun des époux ou de leurs héritiers, 1482.

— La femme n'est tenue des dettes de la communauté, soit à l'égard du mari soit à l'égard des créanciers, que jusqu'à concurrence de son émolument, 1483.

-- Le mari est tenu pour la totalité des dettes de la communauté par lui contractées, sauf son recours contre la femme ou ses héritiers pour la moitié desdites dettes, 1484.

— Il n'est tenu que pour la moitié de celles personnelles à la femme, tombées à la charge de la communauté, 1485.

-- La femme peut être poursuivie pour la totalité des dettes qui procèdent de son chef, et qui étaient entrées dans la communauté, sauf son recours contre son mari ou ses héritiers pour la moitié desdites dettes, 1486.

— La femme, même personnellement obligée pour une dette de la communauté, ne peut être poursuivie pour la moitié de cette dette, à moins que l'obligation ne soit solidaire, 1487.

— Celui des deux époux qui, par l'effet de l'hypothèque exercée sur l'immeuble à lui échu en partage, se trouve poursuivi pour la totalité d'une dette de la communauté, a de droit son recours pour la moitié de cette dette contre l'autre époux ou ses héritiers, 1489.

— Les époux copartageans peuvent néanmoins stipuler que l'un d'eux sera chargé d'acquitter une quotité de dettes autre que la moitié, même de les acquitter entièrement.

Toutes les fois que l'un des copartageans a payé des dettes de la communauté au-delà de la portion dont il etait tenu, il y a lieu au recours de celui qui a trop payé contre l'autre, 1490.

— La femme renonçante est déchargée de toute contribution aux dettes de la communauté, tant à l'égard du mari qu'à l'égard des créanciers ; elle reste néanmoins tenue envers ceux-ci, lorsqu'elle s'est obligée conjointement avec son mari, ou lorsque la dette devenue dette de la communauté, provenait originairement de son chef : le tout sauf son recours contre le mari ou ses héritiers, 1494.

Dettes de la communauté. Lorsque les époux apportent dans la communauté un corps certain ou une somme certaine, un tel apport emporte la convention tacite qu'il n'est point grevé de dettes antérieures au mariage.

L'époux débiteur doit faire raison à l'autre de toutes les dettes qui diminuent l'apport promis, 1511.

— Quel est le droit du conjoint, lorsque la communauté est poursuivie pour les dettes de l'autre époux, déclaré par contrat franc et quitte de toutes dettes antérieures au mariage? 1513.

— La femme ne peut reprendre ses apports dont elle a stipulé la reprise, que sous la déduction de ses dettes personnelles, et que la communauté a acquittées, 1514.

— Le mari ou ses héritiers qui retiennent la totalité de la communauté, en vertu d'une stipulation, sont tenus d'acquitter toutes les dettes.

Les créanciers n'ont, en ce cas, aucune action contre la femme ni contre ses héritiers, 1524.

— De quel jour la femme mariée a-t-elle une hypothèque à cause de l'indemnité qui lui est due pour les dettes qu'elle a contractées avec son mari? 2135.

Dettes de succession. Les créanciers des successions, parties mobilières, parties immobilières, échues pendant le mariage, soit au mari, soit à la femme, et que celle-ci a acceptées du consentement du mari, peuvent en poursuivre leur paiement sur tous les biens de la communauté.

Quel est leur droit, si la femme n'a accepté la succession que comme autorisée en justice,

et si le mobilier a été confondu dans la communauté sans inventaire préalable? 1416.

— Si la femme n'a accepté la succession que comme autorisée en justice, sur le refus du mari, et s'il y a eu inventaire, sur quels biens les créanciers de la succession peuvent-ils poursuivre le paiement de ce qui leur est dû? 1417.

Deuil. Celui de la femme est aux frais des héritiers du mari.

La valeur en est réglée selon la fortune du mari.

Il est même dû à la femme qui renonce à la communauté, 1481.

Devis pour l'entreprise d'un ouvrage, moyennant un prix déterminé, est un louage. Ce contrat a ses règles particulières, 1711.

Devis et marché. Quelles sont les conditions qu'on peut y stipuler relativement à la fourniture du travail, de l'industrie ou de la matière? 1787.

Devoirs. Quels sont ceux des époux entre eux? 212.

Dévolution ne se fait point d'une ligne à l'autre, que lorsqu'il ne se trouve aucun ascendant ni collatéral de l'une des deux lignes, 733.

Discussion (Bénéfice de la) peut être opposé par l'acquéreur, à pacte de rachat, aux créanciers de son vendeur, 1666.

Discussion. La caution judiciaire ne peut demander la discussion du débiteur principal, 2042.

— Celui qui a simplement cautionné la caution judiciaire, ne peut demander la discussion du débiteur principal et de la caution, 2043.

Discussion. Dans quel cas son exception peut ou non être opposée par le tiers détenteur? 2170, 2171.

Discussion du mobilier doit être faite avant de pouvoir mettre en vente les biens des interdits ou des mineurs, même émancipés, 2206.

— Elle n'est pas requise avant l'expropriation des immeubles possédés par indivis entre un majeur et un mineur ou interdit, si la dette leur est commune, ni quand les poursuites ont été commencées contre un majeur avant son interdiction, 2207.

Dispense d'âge pour le mariage peut être accordée par le Gouvernement pour des motifs graves, 145.

Dispenses. Le Gouvernement peut, pour des causes graves, en accorder pour les mariages de l'oncle et de la nièce, de la tante et du neveu, 164.

Dispense. Le Gouvernement ou ceux qu'il prépose à cet effet, peuvent en accorder pour une seconde publication de mariage, 169.

sulte du dol du débiteur , quels sont les dommages et intérêts dont il est tenu ? 1151.

Dol ou surprise. Si le créancier a commis un dol ou une surprise , en donnant une quittance par laquelle il a imputé le paiement sur une dette , le débiteur a le droit de demander l'imputation de ce paiement sur une autre dette, 1255.

Dol. Le délai de dix ans pour se pourvoir en nullité contre un acte à cause de dol, ne court que du jour où il a été découvert, 1304.

— Quand les héritiers du mari ont usé de dol pour faire prendre à la femme majeure , dans un acte , la qualité de commune , la femme peut-elle encore renoncer à la communauté ? 1455.

— Lorsqu'il a eu lieu au jeu , le gagnant peut être condamné à restituer même ce qui lui a été volontairement payé par le perdant, 1967.

— Le mandataire répond de celui qu'il pratique , 1992.

— Est un moyen de rescision contre une transaction , 2053.

Domaine public. Quels sont les objets qui sont considérés comme dépendans du domaine public ? 538, 540, 541.

Domestiques, témoins en matière de divorce, ne sont point reprochables à cause de leur état, 251.

Domestique. Le legs fait à un domestique n'est pas censé fait en compensation de ses gages, 1023.

Domestiques ne peuvent engager leurs services qu'à temps, 1780.

— Le maître en est cru , sur son affirmation,
Sur la quotité des gages ;
Pour le paiement de l'année échue ;
Pour les à-comptes donnés pour l'année courante , 1781.

— L'action de ceux qui se louent à l'année se prescrit par un an pour le paiement de leurs salaires , 2272.

Domicile , quant au mariage , s'établit par six mois d'habitation constatée dans la même commune , 74.

— Celui de tout Français , quant à l'exercice des droits civils, est au lieu où il a son principal établissement , 102.

— Comment s'opère le changement de domicile ? 103.

— De quelle preuve fait-on résulter l'intention de changement de domicile? 104.

— Celui qui est appelé à une fonction temporaire ou révocable , conserve le domicile qu'il avait auparavant, s'il n'a manifesté une intention contraire , 106.

— L'acceptation des fonctions publiques , conférées pour la vie , emporte translation de domicile, 107.

— La femme mariée n'en a point d'autre que celui de son mari.

Le mineur non émancipé a le sien chez ses père ou mère , ou tuteur.

Le majeur interdit , chez son curateur , 108.

— Les majeurs qui servent ou travaillent chez autrui , ont le même domicile que la personne qu'ils servent ou chez laquelle ils travaillent , lorsqu'ils demeurent avec elle dans la même maison, 109.

— Détermine le lieu où la succession est ouverte, 110.

Domicile élu. L'élection de domicile pour l'exécution d'un acte , ailleurs qu'au domicile réel, rend valables les significations et poursuites relatives à cet acte , faites au domicile élu , 111.

Domicile. Pour faire constater l'absence , il faut procéder tant devant le tribunal du domicile de l'absent , que devant celui de sa résidence , 116.

— S'il n'est établi que par six mois de résidence, les publications doivent être faites au dernier domicile, 167.

Domicile. Le paiement d'une chose due doit être fait au domicile du débiteur.

Exception , 1247.

— Le créancier doit élire domicile par son inscription dans l'arrondissement du bureau des hypothèques, 2148.

Lui, ses représentans ou cessionnaires, ont le droit de changer ce domicile sur le registre, et d'en élire un autre dans le même arrondissement, 2152.

— Si le véritable propriétaire d'un immeuble a le sien dans le ressort du tribunal d'appel dans l'étendue duquel est situé l'immeuble acquis de bonne foi et à juste titre , la prescription est acquise par dix ans. S'il était hors du ressort , la propriété n'est prescrite que par vingt ans. Comment doit-on compter ces vingt ans , quand le véritable propriétaire a eu son domicile dans le ressort et hors du ressort ? 2265, 2266.

Dommage. Tout fait de l'homme qui en cause à autrui , oblige celui par la faute duquel il est arrivé à le réparer , 1382.

— Chacun est responsable du dommage qu'il a causé , non-seulement par son fait , mais encore par sa négligence ou par son imprudence, 1383.

— On est responsable , non-seulement du dommage que l'on cause par son fait, mais encore de celui qui est causé par les personnes dont on doit répondre, ou que l'on a sous sa garde.

Exception, 1384.

-- Le propriétaire d'un animal, ou celui qui s'en sert, est responsable du dommage que l'animal a causé, 1385.

-- Le propriétaire d'un bâtiment est responsable de celui qu'il occasionne par sa chute, lorsqu'elle est arrivée par défaut d'entretien ou par vice de construction, 1386.

Dommages-intérêts. Contre quels opposans à un mariage peuvent être prononcés? 179.

-- Peuvent être prononcés contre celui qui a fait des constructions sur fon fonds avec les matériaux d'autrui, 554.

-- Peuvent être prononcés contre celui qui a fait des ouvrages avec ses matériaux sur le fonds d'autrui, 555.

-- Ceux qui ont employé des matières appartenant à d'autres, et à leur insu, peuvent être condamnés à des dommages-intérêts, 577.

Dommages et intérêts. Les enfans naturels, l'époux survivant et l'administration des domaines, qui n'auront point rempli les formalités prescrites avant de s'immiscer dans les successions auxquelles ils prétendent droit, peuvent être condamnés aux dommages et intérêts envers les héritiers, s'ils se représentent, 772.

Dommages et intérêts. Toute obligation de faire ou de ne pas faire se résout en dommages et intérêts, en cas d'inexécution de la part du débiteur, 1142.

Dommages-intérêts sont dus par le seul fait de la contravention à l'obligation dene pas faire, 1145.

-- Ne sont dus que lorsque le débiteur est en demeure de remplir son obligation.

Exception, 1146.

-- Sont dus, soit à raison de l'inexécution de l'obligation, soit à raison du retard dans l'exécution.

Exceptions, 1147.

-- Sont dus au créancier de la perte qu'il a faite, ou du gain dont il a été privé, 1149.

-- Le débiteur n'est tenu que de ceux prévus, ou qu'on a pu prévoir lors du contrat, lorsque ce n'est point par son dol que l'obligation n'est point exécutée, 1150.

-- Quels sont ceux que peut prétendre le créancier, lorsque l'inexécution de la convention résulte du dol du débiteur? 1151.

-- Lorsque la convention fixe la somme qui sera due à cause de l'inexécution, il n'en peut être alloué une plus forte ni moindre, 1152.

-- Résultant du retard dans l'exécution d'une obligation qui se borne au paiement d'une

somme d'argent, ne consistent jamais que dans les intérêts fixés par la loi.

Exception.

Ils sont dus sans que le créancier soit tenu de justifier d'aucune perte; mais ils ne sont dus que du jour de la demande, 1153.

-- Sont dus par le vendeur, si le défaut de délivrance de la chose vendue a causé un préjudice à l'acquéreur, 1611.

-- Le vendeur est tenu envers l'acquéreur des dommages et intérêts que ce dernier a soufferts à cause de l'éviction qu'il a éprouvée, 1630.

-- Par quelles règles générales doivent être décidées les questions auxquelles les dommages et intérêts résultant de l'inexécution d'un contrat de vente, peuvent donner lieu? 1639.

Donataire, qui n'était pas héritier présomptif lors de la donation, mais qui serait succcessible au jour de l'ouverture de la succession, est tenu de rapporter, à moins que le donateur ne l'en ait dispensé, 846.

Donataire n'est pas tenu de rapporter l'immeuble qui a péri par cas fortuit et sans sa faute, 855.

-- Celui qui a aliéné l'immeuble à lui donné avant l'ouverture de la succession, ne fait le rapport qu'en moins prenant. Il ne doit que la valeur de l'immeuble au jour de l'ouverture de la succession, 860.

-- On doit tenir compte au donataire qui fait le rapport de l'immeuble, des impenses qui ont amélioré la chose, eu égard à ce dont sa valeur se trouve augmentée au temps du partage, 861.

-- On doit lui tenir compte pareillement des impenses qu'il a faites pour la conservation de la chose dont il fait le rapport, encore qu'elles n'aient point amélioré le fonds, 862.

-- Il doit tenir compte des dégradations et détériorations qui, par son fait, par sa faute et négligence, ont diminué la valeur de l'immeuble dont il fait le rapport, 863.

-- S'il a aliéné l'immeuble, les améliorations et les dégradations faites par l'acquéreur doivent être imputées au donataire, 864.

Donataire en argent, fait le rapport en moins prenant dans le numéraire de la succession.

Il peut se dispenser de rapporter du numéraire, en abandonnant jusqu'à due concurrence du mobilier, ou, à son défaut, des immeubles de la succession, 869.

Donataire. Toute disposition par laquelle le donataire serait chargé de conserver et de rendre à un tiers, est nulle, même à son égard, 896.

-- Enfant ou successible du donateur venant à sa succession, n'est pas tenu au rapport de la quotité disponible qui lui a été expressément donnée par préciput et hors part, 919.

-- Ne peut jamais demander la réduction des donations ou legs, à la quotité disponible, ui en profiter, 921.

Donataire dont la donation a été réduite, de quel jour doit-il la restitution des fruits de ce qui excède la portion disponible ? 928.

-- Est tenu de prendre, à l'expiration de l'usufruit, les effets donnés sous cette réserve, dans l'état où ils se trouvent.

Il a une action contre le donateur ou ses héritiers, pour raison des objets non-existans, 950.

Celui contre lequel la révocation a été faite de la donation pour cause d'ingratitude, doit être condamné à restituer la valeur des objets aliénés, eu égard au temps de la demande ; et les fruits, à compter du jour de la demande, 958.

Donataire, dont la donation est révoquée par la survenance d'enfant, n'est tenu de rendre les fruits par lui perçus, que du jour que la naissance de l'enfant ou sa légitimation lui ont été notifiés par un acte en bonne forme, 962.

Donataire par contrat de mariage est obligé d'accepter ou de répudier la donation, si l'état des dettes existantes à l'époque où elle a été faite, n'a pas été annexé à la minute.

S'il accepte, il prend les biens qui se trouvent exister au jour du décès, et il est soumis au paiement des dettes et charges de la succession, 1085.

Donataire ou Acquéreur, qui conserve l'immeuble mis aux enchères, en se rendant dernier enchérisseur, n'est pas tenu de faire transcrire le jugement d'adjudication, 2189.

Donataires, à cause de mort, ou dont la donation ne devait être exécutée qu'après la mort, ne peuvent exercer les droits après la déclaration d'absence du donateur, qu'à la charge de donner caution, 123.

-- De celui qui a disposé, avec la charge de restitution, ne peuvent opposer aux appelés le défaut de transcription ou d'inscription, 1072.

Donateur sous réserve d'usufruit est dispensé de donner caution, 601.

-- Ne peut jamais opposer le défaut de transcription, 941.

S'il s'est réservé la liberté de disposer d'un effet compris dans la donation, ou d'une somme fixe sur les biens donnés, et qu'il meure

sans en avoir disposé, la chose ou la somme appartient à ses héritiers, 946.

-- Il peut réserver à son profit ou à celui d'un autre, la jouissance ou l'usufruit des objets donnés, 949.

Il peut stipuler, à son profit, le droit de retour ; soit pour le cas du prédécès du donataire seul, soit pour le cas du prédécès du donataire et de ses descendans, 951.

-- Ne peut déclarer qu'il renonce à la révocation de la donation pour survenance d'enfant. Cette clause ou renonciation est nulle, 965.

Donateur par contrat de mariage. S'il n'a pas disposé de l'effet compris dans ses biens présens, ou de la somme qu'il s'était réservée, cette somme ou l'effet sont censés compris dans la donation et appartiennent au donataire, 1086.

Donation entre-vifs. Le condamné mort civilement ne peut faire de donation entre-vifs, ni en accepter une, si ce n'est pour cause d'alimens, 25.

Donation ne peut être acceptée par le tuteur qu'avec l'autorisation du conseil de famille, 463.

Donation entre-vifs ou *testamentaire*, est une des manières d'acquérir ou de transmettre la propriété des biens, 711.

La donation entre-vifs, faite par un cohéritier de ses droits successifs, emporte de sa part acceptation de la succession, 780.

-- Tout héritier, même bénéficiaire, doit rapporter à ses cohéritiers tout ce qu'il a reçu du défunt par donation directement ou indirectement, 843.

Exception.

Donation entre-vifs est un des moyens permis de disposer de ses biens à titre gratuit, 893.

-- Sa définition, 894.

-- Pour faire une donation entre-vifs, il faut être sain d'esprit, 901.

-- Toutes personnes peuvent disposer et recevoir par donation entre-vifs, excepté celles que la loi en déclare incapables, 902.

-- Ne peut être faite par la femme mariée sans le consentement spécial de son mari, ou sans y être autorisée en justice, 905.

-- Pour être capable de recevoir entre-vifs, il suffit d'être conçu au moment de la donation.

N'a d'effet qu'autant que l'enfant est né viable, 906.

-- Les enfans naturels ne peuvent, par denation entre-vifs, rien recevoir au-delà de ce que la loi leur accorde, 908.

Les dispositions entre-vifs, faites au profit des hospices, des pauvres d'une commune ou d'établissement d'utilité pubique, n'ont d'effet qu'autant qu'elles sont autorisées par un arrêté du Gouvernement, 910.

— Les libéralités faites par actes entre-vifs ne peuvent excéder la moitié des biens si, à défaut d'enfant, le défunt laisse un ou plusieurs ascendans dans chacune des lignes paternelle ou maternelle ; et les trois quarts, s'il n'y a des ascendans que dans une seule ligne, 915.

— Quelles sont les libéralités permises par acte entre-vifs, en cas d'un ou plusieurs enfans légitimes ?

— Ne peuvent être réduites qu'après avoir épuisé la valeur de tous les biens compris dans les dispositions testamentaires. On commence par la dernière donation, et ainsi de suite, en remontant des dernières aux plus anciennes, 923.

— Si la donation a été faite à l'un des successibles, et qu'elle soit réductible, quel est le droit du donataire, en ce cas ? 924.

— Tous actes portant donations entre-vifs, sont passées devant notaire, dans la forme ordinaire des contrats ; et il en reste minute, à peine de nullité, 931.

— La donation entre-vifs n'engage le donateur, et ne produit aucun effet, que du jour qu'elle est acceptée en termes exprès, 932.

— Comment doit être acceptée celle faite à un majeur ? 933.

— La femme mariée ne peut accepter une donation sans le consentement de son mari, ou, en cas de refus de sa part, sans autorisation de la justice, 934.

— Celle faite à un mineur non émancipé ou à un interdit, doit être acceptée par le tuteur. Celle faite au mineur émancipé, doit être acceptée par lui, avec l'assistance de son curateur, 935.

— Les donations faites au profit des hospices, des pauvres d'une commune, ou d'établissemens d'utilité publique, ne peuvent être acceptées par les administrateurs qu'après y avoir été duement autorisés, 957.

Donation. Quand est parfaite ? Comment la propriété des objets donnés est transférée au donataire ?. 938.

— Celle des biens susceptibles d'hypothèques doit être transcrite aux bureaux des hypothèques dans l'arrondissement desquels les biens sont situés, 939.

— A la diligence de qui doit être faite la transcription de la donation faite à la femme,

aux mineurs, aux interdits ou à des établissemens publics ? 940.

Donation entre-vifs. Ne peut comprendre que les biens présens du donateur. Si elle comprend les biens à venir, est nulle à cet égard, 943.

— Faite sous des conditions dont l'exécution dépend de la volonté du donateur, est nulle, 944.

— Est nulle, si elle est faite sous la condition d'acquitter d'autres dettes ou charges que celles qui existaient à l'époque de la donation, 945.

— D'effets mobiliers n'est valable que pour les effets dont l'état nominatif, signé du donateur et du donataire, reste annexé à la minute de la donation, 948.

— Pour quelles causes peut être révoquée, 953.

— Lorsqu'elle est révoquée pour cause d'inexécution des conditions, les biens rentrent dans les mains du donataire libres de toutes charges et hypothèques du chef du donataire ; et le donateur a contre les tiers détenteurs tous les droits qu'il a contre le donataire lui-même, 954.

— Dans quel cas la donation peut-elle être révoquée pour cause d'ingratitude ? 955.

Donation entre-vifs. La révocation pour cause d'inexécution des conditions, ou pour cause d'ingratitude, n'a jamais lieu de plein droit, 956.

— La révocation pour cause d'ingratitude ne préjudicie point aux aliénations faites par le donataire, ni aux hypothèques antérieures et autres charges réelles qui auraient été imposées avant l'inscription de la demande en révocation, 958.

Donations en faveur du mariage, ne sont point révocables pour cause d'ingratitude, 959.

— Toutes donations entre-vifs, faites par personnes qui n'avaient point d'enfans ou des descendans vivans au temps de la donation, de quelque valeur que ces donations puissent être, et à quelque titre qu'elles aient été faites, et encore qu'elles fussent mutuelles ou rémunératoires, même celles qui ont été faites en faveur de mariage, par autres que par les ascendans aux conjoints, ou par les conjoints l'un à l'autre, demeurent révoquées par la survenance d'un enfant légitime du donateur, même d'un posthume, ou par la légitimation d'un enfant naturel, par mariage subséquent, s'il est né depuis la donation, 960.

— Cette révocation a lieu, encore que l'enfant du donateur ou de la donatrice fût conçu au temps de la donation, 961.

— La donation demeure pareillement révoquée , lors même que le donataire serait entré en possession , ou qu'il y aurait été laissé depuis la survenance de l'enfant, 962.

— Les donations révoquées par la survenance d'enfant ne peuvent revivre ou avoir de nouveau leur effet , ni par la mort de l'enfant du donateur , ni par aucun acte confirmatif.

La donation ne pourra avoir lieu , en ce cas , que par une disposition nouvelle, 964.

Donations entre-vifs et testamentaires , contenant la disposition de restitution , doivent être rendues publiques ; savoir : quant aux immeubles, par la transcription de la donation sur les registres du bureau des hypothèques de leur situation ; et quant aux sommes placées avec privilége sur des immeubles, par l'inscription sur les biens affectés au privilége , 1069.

Donation entre-vifs peut contenir un partage fait par les père, mère ou autres ascendans , seulement des biens présens , 1076.

— Celle de biens présens , quoique faite par contrat de mariage aux deux époux , à l'un d'eux , sont soumises aux règles prescrites pour les donations faites à ce titre, 1081.

— Les pères , mères, les autres ascendans, les parens des époux , et même les étrangers, peuvent , par contrat de mariage, disposer de tout ou de partie des biens qu'ils laisseront au jour de leur décès, tant au profit des époux qu'au profit des enfans à naître de leur mariage, dans le cas où le donateur survivrait à l'époux donataire. Pareille donation , quoique faite seulement au profit des époux ou de l'un d'eux , est toujours dans le cas de survie du donateur , présumée faite au profit des enfans ou descendans à naître dudit mariage,1082.

— Dans quel sens cette donation est irrévocable ? 1083.

— Peut être faite cumulativement des biens présens et à venir.

Formalités nécessaires à remplir , 1084.

— Peut-elle être faite sous des conditions dont l'exécution dépendrait de la volonté du donateur ? A quoi est obligé le donataire, en ce cas ? 1086.

— Les donations entre-vifs , faites par contrat de mariage, ne peuvent être attaquées et déclarées nulles , sous prétexte de défaut d'acceptation , 1087.

— Elles deviennent caduques , si le mariage n'a pas lieu, 1088.

— Quelles sont celles qui deviennent caduques , lorsque le donateur survit au donataire et à sa postérité ? 1089.

— Toutes donations faites aux époux par leur contrat de mariage , sont , lors de l'ouverture de la succession du donateur , réductibles à la portion des biens dont la loi lui permettait de disposer , 1090.

— Toute donation entre-vifs , de biens présens, faite aux époux par contrat de mariage, n'est point censée faite sous la condition de survie du donataire, si cette condition n'est formellement exprimée. Telle donation est soumise à toutes les règles prescrites pour ces sortes d'actes , 1092.

— Celle de biens à venir ou de biens présens et à venir, faite entre époux, soit simple ou réciproque, est soumise aux règles établies articles 1082, 1083, 1084, 1085, 1086, 1087, 1088 et 1089. Elle n'est point transmissible aux enfans issus du mariage, en cas de décès de l'époux donataire avant l'époux donateur, 1093.

Donations faites entre époux pendant le mariage , quoique qualifiées entre-vifs , sont toujours révocables.

La femme peut les révoquer sans y être autorisée. Ces donations ne sont point révoquées par la survenance d'enfans , 1096.

— Les époux ne peuvent, pendant le mariage, se faire, ni par acte entre-vifs ni par testament, aucune donation mutuelle et réciproque, par un seul et même acte, 1097.

— Les époux ne peuvent se donner indirectement au-delà de ce qui leur est permis par les lois, 1099.

— Les donations déguisées ou faites à des personnes interposées , sont nulles , 1099.

— Quand sont-elles réputées faites à des personnes interposées ? 1100.

Donation entre-vifs. Le donateur ne peut réparer par aucun acte confirmatif, les vices d'une donation entre-vifs nulle dans la forme. Il faut qu'elle soit refaite en la forme légale,1339.

Donation. La confirmation , la ratification ou exécution volontaire d'une donation par les héritiers ou ayans-cause du donateur , après son décès, emporte leur renonciation à opposer , soit le vice de forme, soit toute autre exception , 1340.

— Les conventions et donations consenties ou acceptées par le mineur dans son contrat de mariage sont valables , s'il est assisté des personnes dont le consentement est nécessaire pour la validité du contrat de mariage, 1398.

Donations d'immeubles , qui ne sont faites pendant le mariage qu'à l'un des époux , ne tombent point dans la communauté , et appartiennent au donataire seul , à moins que la donation ne porte expressément que la chose donnée appartiendra à la communauté, 1405.

Donation testamentaire, faite par le mari ne peut excéder sa part dans la communauté. S'il a donné en cette forme un effet de la communauté, quel est le droit du donataire, 1423.

Donations. Celles qu'un époux a pu faire à l'autre ne s'exécutent que sur la part du donateur dans la communauté, et sur ses biens personnels, 1480.

Dons et Legs faits au fils de celui qui se trouve successible à l'époque de l'ouverture de la succession, sont toujours réputés faits avec dispense de rapport, 847.

— Faits au conjoint d'un époux successible, sont réputés faits avec dispense de rapport.

S'ils sont faits conjointement à deux époux dont l'un est successible, celui-ci en rapporte la moitié.

Si les dons sont faits à l'époux successible, il doit tout rapporter, 849.

Dot. Par qui doit être réglée la dot de l'enfant d'un interdit? 511.

— Lorsque le père et la mère ont doté conjointement l'enfant commun, sans exprimer la portion pour laquelle ils entendaient y contribuer, ils sont censés avoir doté chacun pour moitié, soit que la dot ait été fournie ou promise en effets de la communauté, soit qu'elle l'ait été en biens personnels à l'un des deux époux, 1438.

— La dot constituée par le mari seul à l'enfant commun en effets de la communauté, est à la charge de la communauté, 1439.

— La garantie de la dot par toute personne qui l'a constituée et ses intérêts courent du jour du mariage, encore qu'il y ait terme pour le paiement, s'il n'y a stipulation contraire? 1440.

— L'époux qui a tiré de la communauté les sommes qu'il a constituées en dot soit à un enfant d'un autre lit, soit pour doter personnellement l'enfant commun, en doit le rapport, 1469.

— Les immeubles constitués en dot par contrat de mariage dans lequel la non communauté est stipulée, ne sont point inaliénables. Néanmoins ils ne peuvent être aliénés sans le consentement du mari; et, à son refus, sans l'autorisation de la justice, 1535.

— La dot est le bien que la femme apporte au mari, pour supporter les charges du mariage, 1540.

Dot. (Constitution de) peut frapper tous les biens présens et à venir de la femme, ou tous ses biens présens seulement, ou une partie de ses biens présens et à venir, ou même un objet individuel.

La constitution en termes généraux de tous les biens de la femme, ne comprend pas les biens à venir, 1542.

— La dot ne peut être constituée ni même augmentée, pendant le mariage, 1543.

— Celle constituée conjointement par le père et la mère, sans distinguer la part de chacun, est censée constituée par égale portion. Si elle est constituée par le père seul pour droits paternels et maternels, la mère, quoique présente, n'est point engagée, et la dot reste en entier à la charge du père, 1544.

— Si le survivant des père ou mère constitue une dot pour biens paternels et maternels, sans spécifier les portions, comment doit-elle se prendre? 1545.

— Sur quels biens doit être prise celle constituée à la fille par ses père ou mère, quand elle a des biens propres dont ils jouissent? 1546.

— Ceux qui constituent une dot sont tenus à la garantie des objets constitués, 1547.

— Les intérêts de la dot courent de plein droit, à compter du jour du mariage, contre ceux qui l'ont promise, encore qu'il y ait terme pour le paiement, s'il n'y a stipulation contraire, 1548.

— Le mari n'est pas tenu de fournir caution pour la réception de la dot, s'il n'y est pas assujéti par le contrat de mariage, 1550.

— Si elle consiste en tout ou en partie en objets mobiliers mis à prix par le contrat, sans déclaration que l'estimation n'en fait pas vente, le mari devient propriétaire de ces objets, et il n'en doit que la valeur, 1551.

— L'estimation donnée à l'immeuble constitué en dot n'en transporte point la propriété au mari, s'il n'y en a déclaration expresse, 1552.

— Les immeubles constitués en dot ne peuvent être aliénés ou hypothéqués pendant le mariage, ni par le mari, ni par la femme, ni par les deux conjointement, 1554, 1556, 1557 et 1558. Exceptions, 1555.

— Si la dot est mise en péril, la femme peut poursuivre la séparation de biens, 1563.

— Si la dot consiste en immeubles ou en meubles non estimés par le contrat de mariage, ou bien mis à prix avec déclaration que l'estimation n'en ôte pas la propriété à la femme, le mari ou ses héritiers peuvent être contraints à la restituer sans délai, après la dissolution du mariage, 1564.

— Quel délai est accordé au mari ou à ses héritiers pour la restitution de la dot, quand elle consiste en une somme d'argent, ou en meubles mis à prix sans déclaration que leur estimation n'en rend pas le mari propriétaire? 1565.

— Si la dot comprend des obligations ou

constitutions de rente qui ont péri ou souffert des retranchemens qu'on ne puisse imputer à la négligence du mari, il n'en est point tenu, et il en est quitte en restituant les contrats, 1567.

-- Si un usufruit a été constitué en dot, le mari ou ses héritiers ne sont tenus, à la dissolution du mariage, que d'en restituer le droit d'usufruit, et non les fruits échus durant le mariage, 1568.

-- Si le mariage a duré dix ans depuis l'échéance des termes pris pour le paiement de la dot, la femme ou ses héritiers peuvent la répéter contre le mari après la dissolution du mariage, sans être tenus de prouver qu'il l'a reçue. Exception, 1569.

-- Les intérêts de la dot courent, au profit des héritiers de la femme de plein droit, depuis le jour de son décès.

Quel est le droit de la femme quand elle survit à son mari? 1570.

-- La femme ou ses héritiers n'ont point de privilége pour la répétition de la dot, sur les créanciers antérieurs à elle en hypothèques,1572.

-- La perte de la dot est entière pour la femme, lorsque le mari est devenu insolvable depuis le mariage, ou qu'il avait un art et profession qui lui tenait lieu de biens, 1573.

-- La vente faite par la femme mariée, avec exclusion de communauté, d'un immeuble au profit de son mari, en paiement de la somme qu'elle lui avait promise en dot, est-elle valable? 1595.

-- La femme a une hypothèque légale qui existe indépendamment de toute inscription sur les immeubles de son mari, à compter du jour du mariage, tant pour la répétition de sa dot, que pour ses conventions matrimoniales.

De quel jour a-t-elle hypothèque pour la restitution des sommes totales provenant des successions ou donations à elle échues depuis son mariage? 2135.

Dotal (Régime). La simple stipulation que la femme se constitue, ou qu'il lui est constitué des biens en dot, ne suffit pas pour soumettre ses biens à ce régime, 1392.

-- Tout ce que la femme se constitue, ou qui lui est donné en contrat de mariage, est dotal, s'il n'y a stipulation contraire, 1541.

-- L'immeuble acquis de deniers dotaux, ou celui donné en paiement de la dot constituée en argent, n'est pas dotal, si la condition de l'emploi n'a pas été stipulée par le contrat de mariage, 1553.

Dotaux (deniers). Les femmes de grevés de restitution ne peuvent avoir, sur les biens à rendre, de recours subsidiaire en cas d'insuf-

fisance des biens libres, que pour le capital des deniers dotaux, et dans le cas seulement où le testateur l'aurait expressément ordonné, 1054.

Droits civils. Leur exercice est indépendant de la qualité de citoyen, 7.

-- Tout français en jouit, 8.

-- Quels sont ceux dont un étranger jouit en France? 11.

-- Comment l'étranger est admis à jouir des droits civils? Comment il cesse d'en jouir, 13.

-- La perte de la qualité de français prive des droits civils, 17.

-- Ne peuvent être exercés par les français qui recouvrent leur qualité de français, qu'après avoir rempli les conditions prescrites.

Quels sont les droits qu'ils peuvent faire valoir? 20.

-- La privation des droits civils emporte la mort civile, 22.

-- La prescription de la peine ne peut, en aucun cas, réintégrer le condamné par contumace dans ses droits civils pour l'avenir, 32.

-- L'exercice des droits civils, pour tout Français, est au lieu de son domicile. Voyez *Domicile*, 102.

Droits échus à un individu ne peuvent être réclamés en son nom, qu'en prouvant son existence au jour de leur ouverture, 135.

Droits immobiliers appartenant aux mineurs, le tuteur ne peut transiger ni former en justice aucune action relative à ces droits, sans l'autorisation du conseil de famille, 464.

Droit de retour aux biens donnés par l'adoptant après le décès de l'adopté sans enfans, ou de ses enfans et descendans sans postérité, est un droit inhérent à l'adoptant, et non transmissible à ses héritiers, 352.

Droit commun. Quel est le droit commun de la France sur les associations conjugales? 1393.

Droits éventuels. On ne peut aliéner ceux qu'on peut avoir à la succession d'un homme vivant, 791.

Droits incorporels. Comment s'en fait la tradition? 1607.

Droits litigieux. Quelles sont les personnes auxquelles il est interdit de les acheter? 1597.

-- Celui contre lequel on a cédé un droit litigieux, peut s'en faire tenir quitte par le cessionnaire, en lui remboursant le prix réel de la cession, avec les frais, loyaux coûts et les intérêts, à compter du jour où le cessionnaire a payé le prix de la cession à lui faite, 1699.

-- Est réputé tel quand il y a procès et contestation sur le fonds du droit, 1700.

— Dans quel cas le cessionnaire n'est point tenu de rétrocéder son droit au débiteur sur lequel on le lui a transporté ? 1701.

E.

Eaux. Les tuyaux servant à la conduite des eaux dans une maison ou héritage, sont immeubles, et font partie du fonds auxquels ils sont attachés, 523.

— Les fonds inférieurs sont assujétis à recevoir les eaux qui découlent naturellement, et sans que l'homme y ait contribué, des fonds plus élevés.

Le propriétaire inférieur ne peut élever de digue qui empêche cet écoulement, ni le propriétaire supérieur ne peut rien faire qui aggrave la servitude du fonds inférieur, 640.

Eau. Celui qui a une source d'eau dans son fonds, peut en user à volonté, sauf le droit que le propriétaire du fonds inférieur peut avoir acquis par titre ou par prescription, 641.

— Le propriétaire de la source ne peut en changer le cours, lorsqu'elle fournit aux habitans d'une commune, village ou hameau, l'eau qui leur est nécessaire.

Droit du propriétaire, si ceux-ci n'en ont pas acquis ou prescrit l'usage, 643.

— Comment et dans quel cas celui dont la propriété est bordée ou traversée par une eau courante, peut s'en servir ou en user ? 644.

Eaux. S'il s'élève des contestations entre les propriétaires auxquels les eaux peuvent être utiles, quelles sont les considérations que doivent avoir les tribunaux, en prononçant ? 645.

Eaux pluviales. Tout propriétaire doit établir ses toits de manière que les eaux pluviales s'écoulent sur son terrein ou sur la voie publique.

Il ne peut faire verser les eaux sur le fonds de son voisin, 681.

Échange. L'immeuble dotal peut être échangé.

Conditions requises pour la validité de l'échange.

L'excédant, s'il y en a, devient dotal, et il doit en être fait emploi, 1559.

— Définition du contrat d'échange, 1702.

— Il s'opère par le seul consentement des parties, 1703.

— Si l'un des copermutans a reçu la chose à lui donnée en échange, et qu'il prouve ensuite que l'autre contractant n'est pas propriétaire de cette chose, il ne peut pas être forcé à livrer celle qu'il a promise en contre-échange, mais seulement à rendre celle qu'il a reçue, 1704.

— Le copermutant qui est évincé de la chose qu'il a reçue en échange, a le choix ou de répéter sa chose, ou de conclure à des dommages et intérêts, 1705.

— La rescision pour cause de lésion, n'a pas lieu dans ce contrat, 1706.

— On lui applique toutes les règles prescrites pour le contrat de vente, 1707.

Écriture mise de la main du créancier, à la suite, au dos ou à la marge d'un titre qui est toujours resté en sa possession, fait foi, quoique non signée ni datée par lui, lorsqu'elle tend à établir la libération du débiteur.

Il en est de même de l'écriture mise par le créancier au dos ou en marge, ou à la suite du double d'un titre ou quittance, pourvu que ce double soit entre les mains du débiteur, 1332.

Edifice. L'architecte ou l'entrepreneur qui a construit un edifice à prix fait, est responsable pendant dix ans, des vices de construction ou du sol, 1792.

Education (frais d') ne doivent pas être rapportés, 852.

Effet retroactif. La loi ne dispose que pour l'avenir : Elle n'a point d'effet rétroactif, 2.

Effets perdus. Comment sont réglés les droits sur effets dont le maître ne se représente pas ? 717.

Effets mobiliers. Ce mot comprend tout ce qui est censé meuble dans la loi, 535.

Effets divertis ou recélés. Peines prononcées contre les héritiers qui ont commis ce délit, 792.

Effigie. L'exécution par effigie emporte la mort civile, si la condamnation est contradictoire, 26.

— Les jugements par contumace n'emportent la mort civile, que du jour de l'exécution du jugement par effigie, 27.

Emancipation. Le mineur est émancipé de plein droit par le mariage, 476.

— A quel âge le père ou la mère survivant, peuvent émanciper le mineur non marié ?

Comment s'opère l'émancipation ? 477.

— Le mineur resté sans père ni mère, peut à l'âge seulement de 18 ans accomplis, être émancipé par le conseil de famille.

Forme de la délibération et de la déclaration, pour opérer l'émancipation, 478.

— Dans quel cas et comment le mineur émancipé en est privé ? 485.

— Le mineur rentre en tutelle du jour que l'émancipation est révoquée, et y reste jusques à sa majorité, 486.

Embellissements faits à la chose léguée postérieurement au legs, font partie du legs, 1091.

Emploi. Dans quel délai le grévé de restitution doit faire emploi des deniers, provenant de l'argent comptant, du prix des meubles, de ce qu'il a reçu des effets actifs et des remboursements de rentes?

Comment, et en présence de qui doit être fait ce remploi? 1065 — 1068.

— Dans quel délai le tuteur doit le faire de l'excédant des revenus du mineur? 455.

Emploi du capital mobilier. Le curateur doit surveiller l'emploi fait par le mineur émancipé, 482.

Engagement. On ne peut en prendre que pour soi-même, et en son propre nom, 1119.

Engagements. Il en est qui se forment sans qu'il intervienne aucune convention, ni de la part de celui qui s'oblige, ni de la part de celui envers lequel il est obligé.

D'où résultent ces engagemens? 1370.

Enfant doit être présenté à l'officier de l'état civil du lieu, dans les trois jours de sa naissance, 55.

Enfant-trouvé, nouveau-né. A qui et comment il doit être remis?

Ce que doit contenir le procès-verbal qui doit en être dressé? 58.

Enfant né sur mer. Par qui, dans quel délai et comment doit être dressé l'acte de naissance d'un enfant né pendant un voyage sur mer, 59.

Enfans issus d'un mariage contracté de bonne foi, mais cependant déclaré nul, en conservent les effets civils, 202.

— Les enfans n'ont point d'action contre leur père ou mère, pour un établissement par mariage ou autrement, 204.

— Ils doivent des aliments à leur père, mère, ou autres ascendants qui sont dans le besoin, 205.

— Les époux qui veulent obtenir le divorce par consentement mutuel, sont obligés de convenir par écrit, avant de former leur demande, à qui les enfans nés de leur union, doivent être confiés, soit pendant le temps des épreuves, soit après le divorce prononcé, 280.

— Quelle que soit la personne à laquelle les enfans sont confiés, à cause du divorce, les père et mère conservent le droit de surveiller leur éducation et entretien, et sont tenus d'y contribuer à proportion de leurs facultés, 302.

— Les enfans doivent être confiés à l'époux qui a obtenu le divorce.

Exception, 302.

— La dissolution du mariage par le divorce,

ne prive point les enfans des avantages qui leur étaient assurés. Leurs droits ne sont ouverts que de la même manière et dans les mêmes circonstances que s'il n'y avait pas eu de divorce, 304.

— Les enfans acquièrent la propriété de la moitié des biens appartenant à leur père et mère, qui ont fait admettre leur divorce par consentement mutuel, mais ils n'en obtiennent la jouissance qu'à leur majorité, 305.

Enfant conçu pendant le mariage, a pour père le mari, 311.

— Dans quel cas l'enfant né avant le 180e. jour du mariage, peut être désavoué par le mari, 314.

— Cas où la légitimité de l'enfant né 300 jours après la dissolution du mariage, peut être contestée, 315 et 316.

— Il faut nommer un tuteur *ad hoc*, à celui qu'on veut désavouer, et procéder en présence de la mère, 318.

— L'action en réclamation d'état, est imprescriptible à son égard, 328.

Enfans doivent à tout âge honneur et respect à leur père et mère, 371.

— Restent sous l'autorité de leur père et mère, jusques à leur majorité ou à leur émancipation, 372.

Enfant ne peut quitter la maison paternelle sans la permission de son père, si ce n'est pour enrôlement volontaire, après l'âge de 18 ans, 374.

— Au-dessous de seize années, ne peut être détenu à la réquisition de son père, que pendant un mois, 376.

— Agé de plus de 16 ans, mais non majeur, ni émancipé, peut être détenu sur la réquisition de son père, pendant six mois au plus, 377.

— Celui qui après la sortie de sa détention, tombe dans de nouveaux écarts, peut être détenu de nouveau, sur la réquisition ou l'ordre du père, 379.

— S'il a des biens personnels ou un état, ne peut, quoique âgé de moins de seize ans, être détenu que par voie de réquisition.

Il pourra adresser un mémoire au ministère public, près de la cour d'appel, pour faire modifier ou révoquer l'ordre de détention, 382.

Enfans. Le père ou la mère qui jouit des biens appartenant à ses enfans, est obligé de les nourrir, entretenir et élever, 385.

— Les enfans conservent la jouissance des biens acquis par un travail ou une industrie séparés, et celle des biens qui leur sont donnés ou légués, sous la condition expresse que les père et mère n'en jouiront pas, 387.

— Ceux qui sont morts en activité de service dans les armées, doivent être comptés pour opérer la dispense de la tutelle.

Les autres enfans morts ne sont comptés qu'autant qu'ils auraient laissé des enfans existans, 456.

— La survenance des enfans, pendant la tutelle, ne peut autoriser à l'abdiquer, 437.

Enfant. Celui qui n'était pas conçu au moment de l'ouverture de la succession, ou qui n'est pas né viable, est incapable de succéder, 725.

Enfans d'un indigne venant à la succession, de leur chef, et sans le secours de la représentation, ne sont point exclus par la faute de leur père, 730.

— Les enfans ou leurs descendans, succèdent à leurs père et mère, aïeuls ou aïeules, ou autres ascendans, sans distinction de sexe ni de primogéniture, et encore qu'ils soient issus de différens mariages. Quand succèdent-ils par tête ou par souche? 745.

— Les enfans de celui qui a renoncé, ne viennent point à la succession, par représentation de leur père.

Si tous leurs cohéritiers ont renoncé, ils viennent et succèdent par tête, 787.

— Sous le nom d'enfans sont compris les descendans, en quelque degré que ce soit, pour la fixation de la portion dont les père et mère peuvent disposer.

Comment sont comptés les descendans? 914.

Enfant auquel des biens ont été donnés par actes entre-vifs, sans charge de restitution, et qui accepte une nouvelle libéralité, faite par acte entre-vifs, ou par testament, sous la condition que les biens donnés précédemment, demeureront grevés de restitution, n'a pas la liberté de diviser les deux dispositions, et de renoncer à la seconde pour s'en tenir à la première, 1052.

Enfans issus d'un mariage précédent, et en faveur de qui il est fait une donation par l'époux avec lequel leur père ou mère contracte un nouveau mariage, sont réputés personnes interposées, 1100.

— L'existence des enfans issus d'un premier mariage, n'est point un obstacle aux dispositions relatives à la communauté légale; mais si la confusion du mobilier ou des dettes opérait au profit d'un des époux un avantage supérieur à celui qui est autorisé, lesdits enfans ont l'action en retranchement, 1496.

— Lorsqu'un des époux a des enfans d'un précédent mariage, toute convention qui tendrait dans ses effets, à donner à l'un des époux,

au-delà de la portion dont un père ou mère peut disposer, reste sans effet pour l'excédant de cette portion. Les bénéfices et les économies ne sont point un avantage, 1527.

Enfans naturels, légalement reconnus, sont obligés de faire les actes respectueux à leur père et mère, à l'effet d'obtenir leur consentement, nécessaire pour leur mariage, 158.

Enfant naturel, non reconnu, ou qui après l'avoir été, a perdu ses père et mère, ou dont les père et mère ne peuvent manifester leur volonté, ne peut, avant l'âge de 21 ans accomplis, se marier sans le consentement d'un tuteur *ad hoc*, qui lui sera nommé, 159.

Enfans naturels peuvent être légitimés par le mariage subséquent.

Ceux nés d'un commerce incestueux ou adultérin, ne peuvent être légitimés, 331.

— Les enfans légitimés par un mariage subséquent, ont les mêmes droits que s'ils étaient issus de ce mariage, 333.

Enfant naturel. La reconnaissance de l'enfant, qui n'a pas été faite par l'acte de naissance, doit être fait par un acte authentique, 334.

— L'enfant naturel reconnu par le père seul, sans indication et sans l'aveu de la mère, n'a des droits que sur les biens du père, 336.

— Quel est l'effet de la reconnaissance qui est faite pendant le mariage, par un époux, d'un enfant qu'il aurait eu avant son mariage, d'un autre que de son épouse? 337.

— L'enfant naturel qui est reconnu, ne peut réclamer les droits d'enfant légitime, 338.

Enfans naturels Les père et mère qui les ont légalement reconnus, peuvent exercer contre eux les mêmes droits et moyens de correction, que contre leurs enfans légitimes, 383.

— Ils succèdent, à défaut d'héritiers légitimes, 723.

— Les enfans naturels ne sont pas saisis de plein droit, de la succession, à défaut d'héritiers légitimes: ils sont obligés de se faire envoyer en possession, 724.

— Ils ne sont point héritiers.

Quels sont les droits que la loi leur accorde sur les biens de leur père ou mère, lorsqu'ils ont été légalement reconnus?

Ils n'en ont point sur les biens des parens de leur père ou mère, 756.

Enfant naturel. Quels sont les droits de l'enfant naturel, lorsque le père ou la mère laissent des descendans légitimes, ou qu'ils ne laissent que des ascendans, ou des frères ou des sœurs, ou ne laissent ni l'un ni l'autre? 757.

— a droit à la totalité des biens, lorsque son

père ou sa mère meurent sans laisser de parens au degré successible, 758.

Enfans naturels sont tenus d'imputer sur la portion qu'ils ont à prétendre, tout ce qu'ils ont reçu, et qui serait sujet à rapport, 760.

-- Cas où toute réclamation leur est interdite.

Dans quel cas, lorsque la réclamation de leur droit leur est interdite, peuvent-ils cependant demander un supplément nécessaire pour compléter leur droit ? 761.

-- Leur succession, quand ils décèdent sans postérité, est dévolue au père ou à la mère qui les ont reconnus, ou par moitié à tous les deux, si l'un et l'autre l'ont reconnu, 765.

-- En cas de prédécès de leur père ou mère, les biens qu'ils en avaient reçus, s'ils se trouvent en nature, ou le prix de ces biens aliénés, s'il est encore dû, ou l'action en reprise passent aux frères et sœurs légitimes. Tout le surplus passe aux frères et sœurs naturels, ou à leurs descendans, 766.

Enfant naturel qui prétend avoir droit à une succession qui doit lui être déférée à défaut de parens successibles, est tenu des mêmes devoirs et formalités que l'époux survivant et la République, 773.

Enfans naturels. Ils ne peuvent recevoir par testament ou par donation entre-vifs, au-delà de ce que la loi leur accorde, 908.

Enfant naturel né depuis la donation, et légitimé par un mariage subséquent, révoque de plein droit la donation faite par ses père ou mère, 960.

Enfant adultérin ne peut être reconnu, 335.

Enfant incestueux ne peut être reconnu, 335.

Enfans adultérins ou incestueux n'ont aucun droit sur les biens de leur père ou mère.

La loi ne leur accorde que des alimens qui sont réglés, eu égard aux facultés du père ou de la mère, et à la qualité d'héritier légitime, 762, 763.

Enfant adultérin ou incestueux, auquel le père ou la mère aura fait apprendre un art mécanique, ou lorsque l'un d'eux lui aura assuré des alimens, ne pourra élever aucune réclamation sur leur succession, 764.

Enfant posthume. Sa naissance produit la révocation de la donation, 960.

Enfants (survenance d') est une cause pour faire révoquer une donation entre-vifs, 953.

Enonciations dans les actes. Celles étrangères à la disposition, ne peuvent servir que de commencement de preuve.

Si elles ont un rapport direct à la disposition,

l'acte fait foi, même de ce qui n'y est exprimé qu'en termes énonciatifs, 1320.

Enquête admise sur une demande en divorce, doit être faite devant le tribunal, à huis clos.

Comment doivent être rédigées les dépositions des témoins ?

Les parties peuvent par elles ou par leurs conseils, faire des observations, 253 — 255.

Entrepreneur d'un édifice, à prix fait, et qui périt par un vice de construction ou du sol, en est responsable pendant dix ans, 1792.

-- Qui s'est chargé de la construction d'un bâtiment à forfait, quand peut-il demander une augmentation de prix ? 1793.

-- Il répond du fait des personnes qu'il emploie, 1797.

Entrepreneurs. Ils sont déchargés, après dix ans, de la garantie des gros ouvrages qu'ils ont faits, 2270.

Epoux. Ils contractent ensemble l'obligation de nourrir, entretenir et élever leurs enfans, 203.

Epoux. Ils se doivent mutuellement fidélité, secours et assistance, 212.

-- Un des époux ne peut se rendre tuteur officieux sans le consentement de l'autre, 362.

-- L'époux, tuteur officieux, qui veut conférer l'adoption à son pupille par un testament, n'a pas besoin du consentement de l'autre époux, 344.

.— Est recevable à requérir l'interdiction de son époux, 490.

Epoux ou Epouse du meurtrier du défunt, qui ne l'a point dénoncé à la justice, ne peut être déclaré indigne de succéder au défunt, 728.

Epoux de la personne incapable, est réputé personne interposée, 911.

-- Les époux peuvent, 911, par contrat de mariage, se faire réciproquement, ou l'un des deux à l'autre, telles donations qu'ils jugent à propos, sous les modifications exprimées par la loi, 1091.

-- Quelle est la quotité des biens dont l'époux peut disposer en faveur de l'autre époux, soit par contrat de mariage, soit pendant le mariage, dans le cas où il ne laisserait point d'enfans, ou dans le cas où il en laisserait ? 1094.

-- Les donations faites entre les époux pendant le mariage, quoique qualifiées entre-vifs, sont toujours révocables, 1096.

-- Quelle part peut donner à son nouvel époux celui qui, ayant des enfans d'un premier lit, contracte un second mariage ? 1098.

-- Les époux ne peuvent se donner indirectement au-delà de ce qui leur est permis par la loi, 1099.

— Les époux peuvent faire, dans leur association conjugale, telles conventions qu'ils jugent à propos, pourvu qu'elles ne soient pas contraires aux bonnes mœurs, et aux lois sur le mariage, 1387.

— Ils ne peuvent, par leurs conventions, déroger aux droits résultant de la puissance maritale sur la personne de la femme et des enfans, ou qui appartiennent au mari comme chef, ni aux droits conférés au survivant de l'époux, ni aux dispositions prohibitives du Code, 1388.

— Ils ne peuvent faire aucune convention ou renonciation dont l'objet serait de changer l'ordre légal des successions, 1389.

— Ils ne peuvent stipuler, d'une manière générale, que leur association sera régie par l'une des coutumes, lois ou statuts locaux qui régissoient ci-devant les diverses parties du territoire français, 1390.

— Ils peuvent déclarer, d'une manière générale, qu'ils entendent se marier sous le régime de la communauté ou sous le régime dotal, 1391.

— Divers cas où chaque époux doit récompense à l'autre, 1437.

Epoux qui a constitué un immeuble ou un effet personnel en dot à un enfant commun, doté conjointement par ses père et mère, sans déclaration de la portion pour laquelle il entendait y contribuer, a une action en indemnité pour la moitié de ladite dot, 1438.

— Le survivant des époux, qui ne fait point faire inventaire après la mort naturelle ou civile de son conjoint, perd, s'il y a des enfans mineurs, la jouissance de leurs revenus, 1442.

— Quand les époux rétablissent la communauté qui avait été dissoute par la séparation de corps ou de biens, ils sont obligés d'en passer acte authentique, de le faire publier et afficher comme l'avait été leur séparation, 1451.

— Celui des deux époux qui a diverti ou recélé des effets de la communauté, est privé de sa portion dans lesdits effets, 1477.

— Celui qui, après le partage consommé, est créancier personnel de l'autre, exerce sa créance sur la part qui est échue à celui-ci dans la communauté ou sur ses biens personnels, 1478.

— Celui des deux époux qui, par l'effet de l'hypothèque exercée sur l'immeuble à lui échu en partage, se trouve poursuivi pour la totalité d'une dette de communauté, a droit de recourir contre l'autre ou ses héritiers pour la moitié de cette dette, 1489.

— Divers cas où le contrat de vente peut avoir lieu entre les époux, 1595.

Epoux donataire qui décède avant son époux donateur, ne transmet point aux en-fans issus du mariage la donation des biens à venir ou des biens présens, faite entre époux par leur contrat de mariage, 1093.

Epoux ou Epouse. La violence est une cause de nullité d'un contrat, non-seulement lorsqu'elle a été exercée sur la partie contractante, mais encore lorsqu'elle l'a été sur son époux ou sur son épouse, sur ses descendans ou ascendans, 1113.

Epoux survivant est appelé à succéder à son conjoint qui n'a point laissé d'héritiers légitimes, ni d'enfans naturels, 723, 767.

— N'est point saisi de plein droit de la succession à défaut d'héritiers et d'enfans naturels. Il est obligé de se faire envoyer en possession, 724.

— Il est tenu de faire emploi du mobilier de la succession à laquelle il prétend avoir droit, ou de donner caution suffisante pour en assurer la restitution, au cas où il se présenterait des héritiers du défunt dans l'intervalle de trois ans, 771.

— L'époux survivant, qui n'a pas rempli les formalités qui lui sont prescrites, peut être condamné aux dommages-intérêts envers les héritiers, s'il s'en représente, 772.

Epreuve. Si les époux ne se sont pas réunis après une année d'épreuve, que doit faire le demandeur pour faire prononcer le jugement définitif qui doit admettre le divorce? 260.

Equipages ne sont pas compris dans le mot *Meuble*, employé seul, 533.

Equipement (Frais d') ne doivent pas être rapportés, 852.

Erreur dans la personne est un moyen de nullité du mariage, 180.

— Quand elle a produit le consentement, elle annule le contrat, 1109.

— N'est une cause de nullité, que lorsqu'elle tombe sur la substance même de la chose qui est l'objet de la convention.

Cas où l'erreur est ou non une cause de nullité, lorsqu'elle ne tombe que sur la personne avec laquelle on a eu intention de contracter, 1110.

— Le délai pour se pourvoir à cause de l'erreur pratiquée dans un acte, ne court que du jour où elle a été découverte, 1304.

— Lorsqu'il y a eu erreur sur la personne ou sur l'objet de la contestation, la transaction peut être rescindée, 2053.

Erreur de calcul. Celle qui s'est glissée dans une transaction doit être réparée, 2058.

Erreur de droit ne peut être admise contre les transactions, 2052.

Escroquerie. Lorsqu'elle a eu lieu au jeu, le gagnant peut être condamné à restituer ce que le perdant lui a payé , même volontairement , 1967.

Esprit de retour. Tout établissement fait en pays étranger , sans esprit de retour , fait perdre la qualité de Français , 17.

Essai. La vente faite à l'essai est présumée faite sous une condition suspensive , 1588.

Etable ne peut être construite près d'un mur mitoyen , sans laisser la distance prescrite , ou sans faire les ouvrages ordonnés par les réglemens pour éviter de nuire au voisin , 674.

Etablissemens. L'indemnité qui est due par le bailleur aux locataires expulsés par l'acquéreur des lieux et établissemens qui demandent de grandes avances, est réglée par des experts , 1747.

Voyez *Usines ou Manufactures.*

Etablissemens publics ne peuvent transiger qu'avec l'autorisation du Gouvernement, 2045.

Ils ont une hypothèque légale sur les biens de leurs receveurs et administrateurs comptables , 2121.

Etat. Nul ne peut réclamer un état contraire à celui que lui donne son titre de naissance et la possession conforme à ce titre.

Et réciproquement on ne peut contester l'état de celui qui a une possession conforme à son titre de naissance , 322.

Etat (Question d') doit être jugée avant d'intenter l'action criminelle contre le délit de suppression d'état , 527.

— L'action en réclamation d'état , est imprescriptible à l'égard de l'enfant , 328.

Etat. (Réclamation d') Cette action ne peut être intentée par les héritiers de l'enfant qui n'a point réclamé, qu'autant qu'il est décédé mineur, ou dans les cinq ans après sa majorité , 329.

Etats de situation. Le tuteur , autre que le père ou la mère , est tenu de remettre au subrogé tuteur des états de situation de sa gestion.Comment ces états doivent être rédigés,470.

Etat des lieux. S'il en a été fait un entre le bailleur et le preneur, celui - ci doit rendre la chose telle qu'il l'a reçue , suivant cet état , excepté ce qui a péri ou a été dégradé par vétusté ou force majeure , 1730.

— S'il n'a pas été fait d'état des lieux, le preneur est censé les avoir reçus en bon état de réparations locatives , et doit les rendre tels , sauf la preuve contraire, 1731.

Etat des personnes. Les lois qui concernent l'état des personnes régissent les Français , même résidant en pays étranger.

Etrangers. Les immeubles possédés par des étrangers sont régis par la loi française , 3.

Etranger. Son fils , né en France , peut , dans l'année qui suivra l'époque de sa majorité, réclamer la qualité de Français , et à quelles conditions, 9.

— L'étranger jouit, en France, des mêmes droits civils que ceux qui sont et seront accordés aux Français par les traités de la nation à laquelle l'étranger appartient , 11.

Etrangère , qui épouse un Français, suit la condition de son mari , 12.

Etranger admis par le Gouvernement à établir son domicile en France y jouit de tous les droits civils tant qu'il continue d'y résider , 13.

— L'étranger même non résidant en France, peut être cité devant les tribunaux français , tant pour l'exécution des obligations contractées en France avec un Français , que pour celles contractées envers un Français en pays étranger , 14.

— En toutes matières, autres que celles de commerce , l'étranger demandeur sera tenu de donner caution pour le paiement des frais et des dommages-intérêts résultant du procès.

Exception , 16.

— Dans quel cas et de quelle manière l'étranger est admis à succéder aux biens que son parent , étranger ou Français, possède dans le territoire de la République ? 726.

— On ne peut disposer en sa faveur que dans le cas où cet étranger pourrait disposer au profit d'un Français, 912.

Eviction. Les cohéritiers demeurent respectivement garans les uns envers les autres , des troubles et évictions seulement , qui procèdent d'une cause antérieure au partage.

Exception , 884.

Eviction. Le vendeur est tenu de droit de garantir l'acquéreur de celle qu'il éprouve,1626.

— Peut-on stipuler que le vendeur ne sera pas garant de l'éviction que l'acquéreur pourrait éprouver ? 1627.

— Quoiqu'il ait été stipulé dans le contrat que le vendeur n'en sera point garant, il est néanmoins tenu de celle qui résulte d'un fait qui lui est personnel, 1628.

— Quoiqu'il ait été stipulé que l'acquéreur n'en est point garant, dans quel cas est-il tenu de la restitution du prix ,à cause de l'éviction que l'acquéreur éprouve ? 1629.

— Si l'acquéreur l'éprouve, quels sont ses droits contre le vendeur ? 1630.

— Le vendeur est-il tenu de restituer la totalité du prix , lorsqu'à l'époque de l'éviction, la chose vendue se trouve diminuée de valeur ou détériorée ? 1631.

—Dans quel cas et devant quel tribunal peut-on poursuivre l'expropriation des immeubles situés dans différens arrondissemens ? 2210.

— Si les biens hypothéqués aux créanciers, et ceux non hypothéqués, ou les biens situés dans divers arrondissemens, font partie d'une seule et même exploitation, la vente des uns et des autres est poursuivie ensemble, si le débiteur le requiert ; et ventilation se fait du prix de l'adjudication, s'il y a lieu, 2211.

— Si le débiteur justifie, par baux authentiques, que le revenu net et libre de ses immeubles pendant une année, suffit pour le paiement de la dette, en capital, intérêts et frais, et s'il en offre la délégation au créancier, le juge peut suspendre la poursuite, sauf à la reprendre s'il survient quelque opposition ou obstacle au paiement, 2212.

— La vente forcée des immeubles ne peut être poursuivie qu'en vertu d'un titre authentique et exécutoire, pour une dette certaine et liquide.

Si la dette est en espèces non liquidées, la poursuite est valable ; mais l'adjudication ne peut être faite qu'après la liquidation, 2213.

— — Le cessionnaire d'un titre exécutoire ne peut poursuivre l'expropriation qu'après la notification du transport faite au débiteur, 2214.

— — La poursuite peut avoir lieu en vertu d'un jugement provisoire ou définitif exécutoire par provision, nonobstant l'appel ; mais l'adjudication ne peut se faire qu'après un jugement définitif en dernier ressort, ou passé en force de chose jugée. La poursuite ne peut s'exercer en vertu du jugement rendu par défaut durant le délai de l'opposition, 2215.

— La poursuite ne peut être annulée, sous prétexte que le créancier l'a commencée pour une somme plus forte que celle qui lui est due, 2216.

— Toute poursuite en expropriation d'immeubles, doit être précédée d'un commandement fait au débiteur.

Les formes de ce commandement et celles de la poursuite sur l'expropriation sont réglées par les lois sur la procédure civile.

F.

Faculté (actes de pure) ne peuvent fonder ni possession, ni prescription, 2232.

Faculté de rachat. Son exercice fait résoudre le contrat de vente, 1658.

— — Définition de la faculté de rachat, 1659.

— — Ne peut être stipulée pour un terme excédant cinq années.

Si elle a été stipulée pour un terme plus long, elle est réduite à ce terme, 1660.

— — Le terme fixé pour l'exercer est de rigueur ; il ne peut être prolongé par le juge, 1661.

— — Faute par le vendeur d'avoir exercé son action de réméré dans le terme prescrit, l'acquéreur demeure propriétaire irrévocable, 1662.

— — Le délai pour l'exercer court contre toutes personnes, même contre le mineur ; sauf, s'il y a lieu, le recours contre qui de droit, 1663.

— — Elle peut être exercée contre un second acquéreur, quand même la faculté de rachat à réméré n'aurait pas été déclarée dans le second contrat, 1664.

— — L'acquéreur qui a acquis sous cette condition, exerce tous les droits de son vendeur, 1665.

— — Celui qui a acquis à ce titre, peut opposer le bénéfice de la discussion aux créanciers de son vendeur, 1666.

— — L'acquéreur à pacte de réméré d'une partie indivise d'un héritage, qui s'est rendu adjudicataire de la totalité sur une licitation provoquée contre lui, peut obliger le vendeur à retirer le tout, lorsque celui-ci veut user du pacte, 1667.

— — Si plusieurs ont vendu conjointement et par un seul contrat, un héritage commun entre eux, chacun ne peut exercer l'action en réméré que pour la part qu'il y avait, 1668.

— — Il en est de même si celui qui a vendu seul un héritage, a laissé plusieurs héritiers : chacun de ces cohéritiers ne peut user de la faculté de rachat que pour la part qu'il prend dans la succession, 1669.

— — Lorsqu'elle est exercée par un des covendeurs, ou par un des cohéritiers, quel est le droit de l'acquéreur à ce pacte ? 1670.

— — Si la vente d'un héritage appartenant à plusieurs, n'a pas été faite conjointement et de tout l'héritage ensemble, et que chacun n'ait vendu que la portion qu'il y avait, chacun peut exercer cette action en réméré sur la portion qui lui appartenait, et l'acquéreur ne peut forcer celui qui l'exerce de cette manière à retirer le tout, 1671.

— — Comment s'exerce-t-elle lorsque l'acquéreur à ce pacte a laissé plusieurs héritiers ? 1672.

— — Quelles sont les obligations du vendeur lorsqu'il veut en user ?

Le vendeur rentre dans son héritage, exempt de toutes charges et hypothèques dont l'acquéreur l'aurait grevé. Il est tenu d'entretenir les baux faits sans fraude par l'acquéreur, 1673.

— — L'acquéreur à ce pacte ne peut user de la faculté réservée par le bail, d'expulser le locataire ou fermier, que lorsque par l'expiration du délai fixé pour le réméré, il est devenu propriétaire incommutable, 1751.

de la femme, le recours devant les tribunaux, si elle se croit lésée, 507.

— N'a pas besoin d'être autorisée pour révoquer la donation qu'elle a faite à son mari pendant le mariage, 1096.

— Si le mari est devenu seul, et en son nom personnel, acquéreur de portion ou de la totalité d'un immeuble appartenant par indivis à sa femme, celle-ci, lors de la dissolution de la communauté, a le choix, ou d'abandonner l'effet à la communauté, laquelle devient alors débitrice envers la femme de la portion appartenant à celle-ci dans le prix, ou de retirer l'immeuble en remboursant à la communauté le prix de l'acquisition, 1408.

— Quels sont les biens, contre lesquels peuvent se pourvoir les créanciers d'une succession immobilière que la femme a acceptée, soit du consentement de son mari, soit sur son refus, comme autorisée en justice? 1413.

A défaut d'inventaire, et dans tous les cas où ce défaut préjudiciera à la femme, elle ou ses héritiers, peuvent, lors de la dissolution de la communauté, demander les récompenses de droit.

Comment se fait la preuve de la consistance et valeur du mobilier non inventorié? 1415.

Cas où la femme a droit, moyennant une somme déterminée, de retenir toute la communauté, 1524.

— Il lui est dû récompense des amendes encourues par le mari, et payées par la communauté, 1424.

— Les actes faits par la femme sans le consentement de son mari, et même avec l'autorisation de la justice, n'engagent point les biens de la communauté, si ce n'est lorsqu'elle contracte comme marchande publique, et pour le fait de son commerce, 1426.

— Ne peut s'obliger, ni engager les biens de la communauté, même pour tirer son mari de prison, ou pour l'établissement de ses enfans, en cas d'absence de son mari, qu'après y avoir été autorisée par justice. 1427.

— La femme qui s'oblige solidairement avec son mari, pour les affaires de la communauté ou du mari, n'est réputée, à l'égard de celui-ci, s'être obligée que comme caution.

Elle doit être indemnisée de l'obligation qu'elle a contractée, 1431.

— Si elle n'a pas accepté formellement le remploi que son mari a fait des deniers provenant de l'immeuble qu'elle a vendu, elle a simplement droit, lors de la dissolution de la communauté, à la récompense du prix de son immeuble vendu, 1455.

— La femme qui accepte la communauté, doit supporter la moitié de la dot constituée par le mari seul, à l'enfant commun, en effets de la communauté, Exception. 1459.

— Dans quel cas peut-elle poursuivre la séparation des biens? 1443.

— Quand elle a obtenu la séparation des biens, comment doit-elle contribuer aux frais du ménage, et à ceux d'éducation des enfans? Cas où elle doit les supporter tous? 1448.

— Femme qui est séparée de corps ou de biens, reprend la libre administration de ses biens : elle peut disposer de son mobilier et l'aliéner.

Elle ne peut aliéner ses immeubles sans le consentement de son mari, ou sans être autorisée en justice, à son refus; 1449.

— Ne peut, après la dissolution de la communauté, opérée par le divorce ou les séparations de corps ou de biens, demander les droits de survie. Elle conserve la faculté de les exercer après la mort naturelle ou civile de son mari, 1452.

— Cas où la femme ne peut plus renoncer à la communauté? 1454.

— Son deuil est aux frais des héritiers du mari, 1481.

— N'est tenue des dettes de le communauté, soit à l'égard du mari, soit à l'égard des créanciers, que jusqu'à la concurrence de son émolument dans la communauté, pourvu qu'il y ait eu un bon et fidèle inventaire, 1483.

— Peut être poursuivie pour la totalité des dettes procédant de son chef, et qui étoient tombées dans la communauté, sauf son recours pour la moitié, contre son mari ou ses héritiers, 1486.

— Ne peut être poursuivie pour une dette de la communauté, que pour la moitié, quoiqu'elle soit personnellement obligée, 1487.

— N'a point de répétition contre le créancier auquel elle a payé la totalité d'une dette de la communauté. Exception, 1488.

— Ce que perd la femme qui renonce à la communauté;

Ce qu'elle peut retirer, 1492.

— Quels sont les objets qu'elle a droit de reprendre, 1495.

Femme qui renonce est déchargée de toute contribution aux dettes de la communauté.

Dans quel cas cependant, est-elle, malgré sa renonciation, tenue envers les créanciers de la communauté? 1494.

— Elle peut exercer ses actions et reprises, tant sur les biens de la communauté que sur ceux personnels du mari, 1495.

— Si, par contrat de mariage, la femme a été déclarée par ses père, mère ou ascendant ou tuteur,franche et quitte de toutes dettes,le mari poursuivi pour une des dettes de sa femme, peut même, durant la communauté, exercer la garantie qui lui est due contre les père, mère, ascendant ou tuteur, 1513.

— Ne peut dans le cas du mariage contracté avec la stipulation de non-communauté, aliéner les immeubles qu'elle a apportés en dot, sans le consentement de son mari, ou à son refus, sans l'autorisation de la justice, 1554.

— Femme mariée avec la clause de séparation de biens, conserve l'administration de tous ses biens,et en perçoit les fruits et revenus, 1536.

— Elle contribue pour le tiers de ses revenus, aux charges du mariage, à moins de convention contraire, 1537.

— La femme mariée, avec la clause de la séparation de biens, ne peut à la faveur d'aucune stipulation, aliéner ses immeubles sans le consentement spécial de son mari, ou sur son refus, sans être autorisée en justice.

L'autorisation générale donnée par le contrat de mariage ou depuis, est nulle, 1538.

— La femme mariée sous le régime dotal, peut être autorisée par son contrat de mariage à toucher annuellement sur ses seules quittances, une partie des revenus, 1549.

— Mariée sous le régime dotal, et dont la dot a été constituée en meubles, dont la propriété lui reste, est tenue de les prendre dans l'état où ils se trouvent. Le mari n'est point garant de ceux qui ont dépéri par l'usage et sans sa faute.

Elle peut néanmoins retirer les linges et hardes à son usage, sauf à précompter leur valeur, lorsque ces linges et hardes ont été constituées primitivement avec estimation, 1566.

— Comment la femme doit contribuer aux charges du mariage, lorsque les biens sont paraphernaux, 1575.

— La femme qui s'est réservée des biens paraphernaux, ne peut les aliéner sans l'autorisation de son mari, ou sur son refus, sans la permission de justice.

Elle ne peut paraître en jugement, à raison desdits biens, sans une semblable autorisation, 1576.

— Si elle a donné à son mari une procuration pour administrer ses biens paraphernaux, avec charge de lui rendre compte des fruits, il est tenu vis-à-vis d'elle comme tout mandataire, 1577.

— La femme mariée avec exclusion de communauté, peut-elle vendre à son mari un de ses immeubles, pour lui payer la dot qu'elle lui avoit promis? 1595.

Femme adultère doit être condamnée à la réclusion, par le même jugement qui admet le divorce, 298.

Femme divorcée ou séparée de corps qui, dans les trois mois et quarante jours après le divorce ou la séparation prononcée, n'accepte point la communauté, est censée y avoir renoncé.

Exception, 1463.

Femme majeure peut-elle renoncer à la communauté, quand elle a pris dans un acte la qualité de commune, même avant d'avoir fait inventaire? 1455.

Femme, marchande publique, peut sans l'autorisation de son mari, s'obliger pour ce qui regarde son négoce.

Elle oblige dans ce cas son mari, s'il y a entre eux communauté de biens.

Cas où elle est réputée marchande publique, 220.

Femme mariée ne peut accepter de donation entre-vifs, sans le consentement de son mari, ou sans y être autorisée par la justice, 934.

— Ne peut être restituée contre son défaut d'acceptation, sauf son recours contre son mari, 942.

— A son domicile chez son mari, 108.

— Ne peut donner entre-vifs sans y être autorisée par son mari ou par la justice. Elle peut disposer par testament, sans autorisation, 905.

— Ne peut accepter l'exécution testamentaire, qu'avec le consentement de son mari.

Si elle est séparée de biens, elle le peut avec le consentement de son mari, ou à son refus, étant autorisée par la justice, 1029.

— Peut requérir inscription sur les immeubles de son mari, 2139.

Femme des grevés de restitution, n'ont sur les biens à rendre de recours subsidiaire, même dans le cas d'insuffisance des biens libres, que pour le capital des deniers dotaux, et dans le cas seulement où le testateur l'aurait expressément ordonné, 1054. — Exception.

Femmes mariées ne peuvent valablement accepter une succession, sans l'autorisation de leur mari ou de la justice, 776.

— Sont dans certains cas exprimés déclarées incapables de contracter, 1124.

— Ne peuvent attaquer, pour cause d'incapacité, leurs engagemens que dans les cas prévus par la loi, 1125.

— Le délai de dix ans que la loi leur accorde pour se pourvoir contre les actes qu'elles ont passé sans y être autorisées, ne court que du jour de la dissolution du mariage, 1314.

— Peut-on leur demander le remboursement des sommes qui leur ont été payées en vertu des engagemens contre lesquels elles se sont fait restituer ? 1312.

-- Le délai pour attaquer une vente par lésion, court contre elles, 1676.

-- Peuvent être choisies pour mandataires. Quelle action le mandant a contre la femme mariée qui a accepté le mandat sans autorisation de son mari ? 1990.

-- Dans quel cas y a-t-il lieu au stellionat contre elles ? 2066.

-- Ont une hypothèque légale sur les biens de leurs maris, 2121.

-- L'hypothèque existe à leur profit sur les biens de leur mari, à compter du jour du mariage, pour raison de leur dot et des conventions matrimoniales.

De quel jour ont-elles hypothèque pour les sommes dotales qui proviennent des successions à elles échues, ou des donations à elles faites pendant le mariage, ou pour l'indemnité des dettes qu'elles ont contractées avec leur maris, ou pour le remploi de leurs propres aliénés ?

La disposition du nouveau Code ne peut préjudicier aux droits acquis à des tiers avant sa publication, 2135. ↣

Femme survivante. Dans quel délai doit-elle faire faire un inventaire fidèle et exact de tous les biens de la communauté, pour conserver le droit d'y renoncer ? 1456.

Fenêtres qui peuvent, ou non, être établies sur la propriété voisine, 675.

Sont du nombre des servitudes apparentes, 689.

Voyez *Servitudes.*

Fermages sont des fruits civils, 584.

S'acquièrent jour par jour, 586.

-- Produisent intérêt, à compter du jour de la demande ou de la convention, 1155.

Fermages des immeubles sont créances privilégiées, 2102.

Ferme (biens à). Le tuteur ne peut prendre à ferme les biens du mineur, sans l'autorisation du conseil de famille, 450.

Fermier. Par quelque laps de temps qu'il possède, il ne peut prescrire la ferme, 2236.

Mais si son titre est interverti par quelle cause que ce soit, il peut prescrire, 2238.

-- Comment doit être indemnisé le fermier qui a un bail fait pour plusieurs années, et qui, pendant sa durée, a perdu la totalité ou la moitié d'une récolte au moins, par des cas fortuits ?

Quelle est l'indemnité qui lui est due, si le bail n'est fait que pour une année ? 1769, 1770.

-- Cas où il ne peut obtenir de remise. 1771.

-- Peut, par une stipulation expresse, être chargé des cas fortuits, 1772.

--Quelles sont les obligations du fermier qui sort envers celui qui entre, et réciproquement du fermier entrant envers celui sortant, 1777.

-- Dans quel cas celui qui sort doit laisser les pailles et les engrais de l'année, ou en doit recevoir le prix suivant l'estimation ? 1778.

--Le fermier qui est expulsé de biens ruraux par le nouvel acquéreur, en vertu de la stipulation faite lors de son bail, doit recevoir, à titre d'indemnité, le tiers du prix du bail pour le temps qui en reste à courir, 1746.

-- Lorsque l'acquéreur veut user de la faculté réservée par le bail, d'expulser le fermier, il doit l'avertir au moins un an d'avance, 1748.

Fermier des biens ruraux est tenu d'engranger dans les lieux à ce destinés par le bail, 1767.

• -- Il est tenu d'avertir le propriétaire des usurpations qui peuvent être commises sur les fonds.

Dans quel délai doit être fait cet avertissement ? 1768.

-- Dans quels cas et pour quels motifs le bailleur peut demander contre lui la résiliation du bail et des dommages - intérêts ? 1766.

Fermiers peuvent être contraints par corps, pour le paiement des fermages des biens ruraux, 2062.

Fermiers ou *Locataires* ne peuvent être expulsés par l'acquéreur qu'ils ne soient payés par le bailleur ou, à son défaut, par le nouvel acquéreur, des dommages - intérêts qui leur sont dûs, 1749.

Feu du ciel est un cas fortuit ordinaire ou prévu, 1773.

Feuilles volantes. Il est défendu de s'en servir pour l'inscription des actes de l'état civil, 52.

Fidéi-commis. Voyez *Substitutions.*

Fidélité. Les époux se doivent mutuellement fidélité, 212.

Filiation. Comment se prouve celle des enfans légitimes ? 319.

-- A défaut de titres, ou si l'enfant a été inscrit sous des faux noms, ou comme né de père et mère inconnus, la preuve peut en être faite par témoins, 323.

Fille qui n'a point atteint l'âge de 21 ans accomplis, ne peut se marier sans le consentement de ses père et mère, 148.

Filles ne sont point contraignables par corps, que pour crime de stellionat, 2066.

Fils qui n'a point atteint 25 ans accomplis, ne peut contracter mariage sans le consentement de ses père et mère, 148.

—. Qui vient de son chef à la succession du donateur, ne doit jamais rapporter le don fait à son père.

Il doit rapporter, s'il vient par représentation, 848.

Fondé de pouvoir doit avoir un mandat spécial, pour assister à un conseil de famille. Il ne peut représenter qu'une seule personne, 412.

Fonds dotal. S'il est aliéné, hors les cas d'exception, par la femme ou par le mari, ou par tous les deux conjointement, la femme ou ses héritiers peuvent en faire révoquer l'aliénation après la dissolution du mariage, sans qu'on puisse leur opposer aucune prescription pendant sa durée. La femme a le même droit après la séparation de biens.

Cas et conditions sous lesquelles le mari lui-même peut faire révoquer l'aliénation pendant le mariage, 1560.

Fonds de terre sont immeubles par leur nature, 518. Voyez Sol.

Force majeure. Celui qui a été ainsi empêché de donner ou de faire, ou qui a fait ce qui lui était interdit, ne doit point de dommages et intérêts, 1148.

— Le créancier qui a perdu son titre par une force majeure, peut être admis à la preuve testimoniale, 1348.

— Le locataire n'est point tenu de réparer les vitres cassées par la grêle ou par la force majeure.

Ni des réparations locatives qu'elle a occasionnées, 1754.

— Les voituriers par terre et par eau ne sont pas tenus de la perte ou des avaries occasionnées par force majeure, 1784.

Forfait de communauté. Lorsqu'il a été stipulé en faveur d'un des époux ou de ses héritiers, ils ne peuvent prétendre que la chose convenue, et l'autre époux est obligé à la payer, soit que la communauté soit bonne ou mauvaise, suffisante ou non pour l'acquitter, 1522.

— Si la clause n'établit le forfait qu'à l'égard des héritiers de l'époux, celui-ci, dans le cas où il survit, a droit au partage légal par moitié, 1523.

Fin de non-recevoir a lieu contre le réclamant d'un droit échu à un absent, 135.

A lieu pareillement contre une demande en nullité de mariage, lorsqu'il y a eu cohabitation pendant six mois, 181.

Ne peut être opposée au demandeur en divorce, lorsque son action a été suspendue par une procédure criminelle, 235.

Dans toute action en divorce, le tribunal statue d'abord sur toutes les fins de non-recevoir proposées par le défendeur, 246.

Fin de non-recevoir qui peut résulter du défaut de réclamation du mari contre la légitimité des enfans nés dans le mariage, 316.

— L'individu nommé tuteur, qui ne propose pas de suite ses motifs de refus, est déclaré non-recevable dans toute réclamation ultérieure, 438.

Cas où la fin de non-recevoir est admise contre l'action en rescision pour fait de partage, 892. *Voyez Rescision.*

Fin de non-recevoir résultant de l'approbation donnée à un contrat qu'on voudrait faire annuller pour cause de violence, 1115.

Fin de non-recevoir, résultant de l'extinction des servitudes, 704.

Finance (compagnie de). Cas où les actions d'une compagnie de finance sont meubles, 529.

Fleuve abandonnant son lit, et se formant un nouveau cours, la propriété de l'ancien lit appartient aux propriétaires des fonds nouvellement occupés, 563.

— Est dépendant du domaine public, 538.

Effet et bénéfice du droit d'alluvion résultant des attérissemens et accroissemens aux fonds riverains d'un fleuve, 456.

Effet de l'enlèvement subit d'une portion de champ portée par un fleuve vers un champ inférieur, ou sur la rive opposée, 559.

Foi due aux actes authentiques et sous signatures privées, 1319 et suivans.

Aux registres et papiers domestiques, 1331.

Aux copies de titres, 1334.

A l'aveu des parties, 1356.

Fonctionnaires publics. Fixation de leur domicile, 106 et 107.

Quels sont ceux qui sont dispensés de la tutelle? 427.

Abus dont ils se rendent coupables. *Voyez Abus.*

Fonctions publiques chez l'étranger. Cas où leur acceptation fait perdre la qualité de français, 17 et 21.

Forge, Four ou *Fourneaux* ne peuvent être construits près d'un mur mitoyen, sans observer une certaine distance, ou sans faire les ouvrages prescrits pour garantir le mur, 674.

Forges Les ustensiles nécessaires à leur exploitation, sont immeubles, 524.

Fosse d'aisances ne peut être creusée près d'un mur mitoyen, sans observer une certaine distance, ou sans faire les ouvrages prescrits pour garantir le mur, 674.

— Le curement est la charge du bailleur, 1756.

Fossé. Quand est censé appartenir exclusivement au propriétaire de l'un des héritages. 668.

Fossé mitoyen doit être entretenu à frais communs, 669.

Fossés entre deux héritages sont présumés mitoyens, s'il n'y a titre ou marque du contraire, 666.

— Quand il y a marque de non mitoyenneté, 667.

Four, Fourneau. Obligation des personnes qui en veulent construire, 674.

Fourniture de subsistances faite au débiteur et à sa famille, pendant les six derniers mois par les marchands en détail, et pendant la dernière année par les maîtres de pension et marchands en gros, ont un privilége général sur les meubles, et s'exercent en cinquième rang, 2101.

Fourrages. Le fermier entrant doit laisser à celui qui sort, les logemens convenables pour la consommation des fourrages, 1777.

Frais faits pour la conservation d'un meuble, s'exercent par privilége sur la chose, 2102.

— Faits par l'héritier pendant qu'il délibère, sont à la charge de la succession, 797.

— Dans quel cas les frais de poursuite faits contre l'héritier, sont à la charge de la succession ou de l'héritier? 799.

— De scellés, d'inventaire et de compte sont à la charge de la succession, 810.

— De demande en délivrance de legs sont à la charge de la succession, sans néanmoins qu'il puisse en résulter une réduction de la réserve légale.

Ceux d'enregistrement sont dus par le légataire.

Le tout, s'il n'est autrement ordonné par le testament, 1016.

— Les frais faits par l'exécuteur testamentaire pour l'apposition des scellés, l'inventaire, le compte et autres relatifs à ses fonctions sont à la charge de la succession, 1034.

— De l'inventaire des biens de la succession de celui qui a disposé à charge de restitution, sont à la charge des biens grevés, 1059.

— De vente et autres accessoires, sont à la charge de l'acheteur, 1593.

— De délivrance de la chose vendue sont à la charge du vendeur. Ceux de l'enlèvement sont à la charge de l'acheteur, 1608.

— L'acquéreur a droit de demander les frais qu'il a faits sur la demande en éviction formée contre lui, 1630.

Frais de justice ont un privilége général sur les meubles, et s'exercent en premier rang, 2101.

Frais de dernière maladie sont à la charge de l'époux survivant, qui garde la jouissance des biens appartenant à ses enfans, 385.

Frais de la dernière maladie ont un privilége général sur les meubles, et s'exercent en troisième rang, 2101.

Frais funéraires sont à la charge de l'époux survivant, qui conserve la jouissance des biens de ses enfans, 385.

Ces frais ont un privilége général sur les meubles, et s'exercent en second rang, 2101.

Français résidant en pays étranger sont régis par les lois qui règlent l'état et la capacité des personnes, 5.

Français (la qualité de) se perd en prenant du service militaire chez l'étranger sans autorisation du gouvernement ou par l'affiliation à une corporation militaire étrangère, 21.

— Ceux qui recouvrent cette qualité ne peuvent l'exercer qu'après avoir rempli les conditions prescrites, et seulement pour les droits ouverts à leur profit depuis cette époque, 20.

— Comment l'individu né en France d'un étranger peut réclamer la qualité de Français. Conditions requises pour l'obtenir, 9.

Français. L'enfant né d'un Français en pays étranger est Français.

Si le père a perdu cette qualité, comment l'enfant peut la recouvrer, 10.

— Le Français a le droit de citer devant les tribunaux français l'étranger même résidant hors de France, pour les obligations contractées, soit pendant qu'il résidait en France, soit pour celles contractées en pays étranger, 14.

— Peut être traduit devant un tribunal de France pour des obligations par lui contractées en pays étranger même avec un étranger, 15.

Français (la qualité de) comment elle se perd? 17.

— Le Français qui l'a perdue peut la recouvrer.

Conditions qu'il doit remplir, 18.

Française qui épouse un étranger, suit la condition de son mari.

Devenue veuve, peut recouvrer la qualité de française.

Conditions qu'elle doit remplir, 19.

Français. Comment celui qui sans l'autorisation du Gouvernement a pris du service militaire chez l'étranger, ou s'est affilié à une corporation étrangère, peut recouvrer sa qualité de français, 21.

— Comment son mariage contracté en pays étranger est reconnu valable, 170.

— Doit faire inscrire dans les trois mois de son retour sur les registres de l'état civil, du lieu de son domicile, l'acte du mariage qu'il a contracté en pays étranger, 171.

— Il est défendu à tout Français de consentir, même en pays étranger, aucun acte dans lequel la contrainte par corps serait stipulée hors les cas déterminés par la loi, 2063.

Fraude. Si les deux époux ou l'un d'eux est mort avant d'avoir découvert la fraude pratiquée dans l'acte de célébration de leur mariage, l'action criminelle peut être intentée par le ministère public ou par ceux qui ont intérêt à faire déclarer le mariage valable, 199.

— Contre qui, comment et par qui doit être dirigée l'action, quand l'officier de l'état civil est décédé avant que la fraude n'ait été découverte ? 200.

Frère et sœur. Le mariage est prohibé entre eux, 162.

Frères germains du mineur et les maris des sœurs germaines sont exceptés de la limitation du nombre pour former un conseil de famille.

S'ils sont six ou au-delà, ils composent seuls le conseil de famille avec les veuves d'ascendans et les ascendans valablement excusés, 408.

Frères ou sœurs du meurtrier du défunt, qu'ils n'ont point dénoncé à la justice, ne peuvent être déclarés indignes de succéder au défunt, 728.

— Quelle est leur part dans la succession de leur frère ou sœur mort sans postérité, mais ayant laissé son père et sa mère, ou l'un d'eux ? Comment se fait entre eux le partage, et la division quand elle a lieu ? 748, 749, 751, 752.

— Sont appelés à la succession du frère ou de la sœur morte sans postérité dans le cas de prédécès des père et mère.

Ils succèdent de leur chef, et leurs descendans par représentation, 750.

— Quelle est la portion qu'ils recueillent dans la succession du frère ou de la sœur qui laisse des enfans naturels ? 757.

— Ont la faculté de pouvoir charger leurs héritiers de rendre à un tiers, 897.

— En cas de mort sans enfans, peuvent valablement disposer par actes entre-vifs ou testamentaires au profit d'un ou de plusieurs de leurs frères ou sœurs, de tout ou de partie des biens qui ne sont point réservés par la loi, à la charge de rendre ces biens aux enfans nés et à naître au premier degré seulement des donataires, 1049.

— Les frères ou sœurs qui ont accepté de la part d'un frère ou d'une sœur des biens donnés par acte entre-vifs sans charge de restitution, et qui acceptent une nouvelle libéralité à la charge que les biens précédemment donnés seront grevés de cette charge, ne peuvent y renoncer ni la diviser, 1052.

Fruits des arbres non encore cueillis sont immeubles, 520.

— Des arbres détachés, quoique non enlevés, sont meubles, 520.

— Naturels, industriels ou civils, appartiennent au propriétaire du fonds, par droit d'accession, 547.

— Produits par la chose, n'appartiennent au propriétaire, qu'à la charge de rembourser les frais de labour, travaux et semences faits par des tiers, 548.

— Le possesseur de bonne foi, les fait siens, 549.

— Naturels, industriels ou civils, que peut produire l'objet donné en usufruit, appartiennent à l'usufruitier, 582.

— Naturels ou industriels, pendans par les racines, au moment où l'usufruit est ouvert, appartiennent à l'usufruitier.

Ceux qui sont au même état, à l'expiration de l'usufruit, appartiennent au propriétaire, 585.

— La demande en restitution des fruits produit des intérêts, 1155.

— Le mari a le droit de percevoir les fruits des biens de sa femme, mariée sans communauté de biens. Ils sont censés lui être apportés pour soutenir les charges du mariage, 1530.

— Ceux des immeubles dotaux se partagent entre le mari ou la femme, ou leurs héritiers, à proportion du temps que le mariage a duré pendant la dernière année, 1571.

— Ceux de la chose vendue, appartiennent à l'acquéreur, du jour de la vente, 1614.

— L'acquéreur évincé, qui est tenu de rendre les fruits à celui qui l'évince, a le droit d'en demander la restitution au vendeur qui lui doit la garantie, 1630.

— Le dépositaire doit restituer les fruits qu'il a perçus de la chose déposée, 1936.

Fruits civils. Ce qu'on entend par ces mots, 584.

— L'usufruitier les acquiert jour par jour, 586.

Fruits naturels et industriels. Leur définition, 583.

Fruits et intérêts. De quel jour sont dus ceux des choses sujettes à rapport ? 856.

Fruits et revenus. La communauté se compose de tous ceux qui sont échus ou perçus pendant le mariage, soit qu'ils proviennent des biens qui appartiennent aux époux, lors de la célébration, ou de ceux qui leur sont échus pendant le mariage, 1401.

Fungibles (Choses). Quand elles sont de la même espèce, liquides et exigibles, la compensation a lieu, 1291.

Fureur habituelle, est une cause d'interdiction, 489.

G.

Gage, confère au créancier le droit de se faire payer sur la chose engagée par privilège et préférence aux autres créanciers, 2073.

— Ce privilège n'a lieu qu'autant qu'il y a un acte public ou sous seing-privé, dûment enregistré, 2074.

— Comment s'établit le privilège du gage sur les meubles incorporels ? 2075.

— Le privilège sur l'objet qui est donné en gage, ne subsiste qu'autant qu'il est resté en la possession du créancier ou du tiers convenu, 2076.

— Il peut être donné par un tiers pour le débiteur, 2077.

— Le créancier ne peut en disposer, faute de paiement.

Il doit en faire ordonner la vente.

Toute clause qui autoriserait le créancier à s'approprier le gage, ou à en disposer sans les formalités prescrites, est nul, 2078.

— Le créancier reste propriétaire du gage, jusqu'à l'expropriation du débiteur, 2079.

— Le créancier est garant de la perte ou de la détérioration du gage.

Le débiteur doit tenir compte au créancier des dépenses utiles et nécessaires qu'il a faites pour le conserver, 2080.

— S'il s'agit d'une créance donnée en gage, et qu'elle porte intérêt, comment le créancier en fait-il l'imputation ? 2081.

— Cas où le débiteur peut réclamer la restitution du gage avant le paiement;

Dans quels cas le créancier peut retenir le gage, quoiqu'il soit payé de la somme, pour sûreté de laquelle il lui a été remis ? 2082.

— Le gage est indivisible, nonobstant la divisibilité de la créance, entre les héritiers du débiteur ou ceux du créancier, 2083.

— Les dispositions du Code civil ne sont applicables ni aux matières de commerce, ni aux maisons de prêt sur gages, autorisées, 2084.

Gages des domestiques ne se compensent pas avec le tort qui leur est fait, 1023.

— Le maître est cru sur son affirmation, pour leur quotité, 1781.

Gains. Voyez *Société*.

Garantie à cause de l'insolvabilité du débiteur d'une rente, ne peut être exercée que pendant les cinq ans qui suivent le partage.

Il n'y a pas lieu à la garantie, quand le débiteur n'est devenu insolvable que depuis le partage consommé, 886.

— Quels sont les objets que le vendeur doit garantir à l'acquéreur ? 1625.

— Le vendeur est tenu de droit de la garantie de l'éviction que souffre l'acquéreur, soit de la totalité, soit de partie de l'objet vendu, 1626.

— Les parties peuvent par des conventions particulières, ajouter à cette obligation de droit, en cas d'éviction, ou en diminuer l'effet.

Elles peuvent même convenir que le vendeur ne sera soumis à aucune garantie, 1627.

— Quoique le vendeur ait été dispensé de toute garantie, en cas d'éviction, il est néanmoins tenu de celle qui résulte d'un fait qui lui est personnel : toute convention contraire est nulle, 1628.

— Lorsqu'elle a été stipulée en cas d'éviction, quels sont les droits que l'acquéreur peut exercer contre le vendeur ? 1630.

— Cas où la garantie cesse pour cause d'éviction, 1640.

— Est due par le vendeur, à raison des défauts cachés de la chose vendue, qui la rendent impropre à l'usage auquel elle est destinée, ou qui en diminuent tellement l'usage, que l'acheteur ne l'eût pas acquise, s'il les avait connus, ou qu'il n'en aurait donné qu'un moindre prix, 1641.

— Celui qui vend ou cède une créance ou tout autre droit incorporel est tenu de la garantie de son existence, au moment de la vente, quoiqu'il ne soit pas tenu de garantir le transport, 1693.

— Quelle est la garantie que doit un héritier qui a vendu une hérédité, sans en spécifier les objets en détail ? 1696.

Gardien judiciaire. (Etablissement d'un) produit entre le saisissant et le gardien, des obligations réciproques.

Le gardien doit apporter tous ses soins pour la conservation des effets saisis.

Il doit les représenter, soit au saisissant,

pour la vente, soit à la partie contre laquelle les exécutions ont été faites, en cas de mainlevée de la saisie, 1262.

—L'obligation du saisissant consiste à payer au gardien le salaire fixé par la ●, *ibid.*

Gardiens judiciaires sont contraignables par corps, pour les objets confiés à leur garde, 2060.

Gelée, est un cas fortuit ordinaire ou prévu, 1773.

Gendres doivent des alimens à leurs beaupère et belle-mère, 206.

Générations. La proximité de parenté s'établit par le nombre des générations. Chaque génération s'appelle un degré, 755.

Gens de journée et de service sont dispensés d'approuver en toutes lettres les sommes portées aux billets qu'ils souscrivent, 1326.

Gérant des affaires d'autrui. Quelles sont ses obligations? 1372 — 1374.

— Quand il a bien administré, le propriétaire doit remplir tous les engagemens que le gérant a contractés en son nom, l'indemniser de tous ceux qu'il a pris personnellement, et lui rembourser les dépenses utiles et nécessaires, 1375.

Gestion. Celui qui s'immisce dans la gestion des affaires d'autrui, se soumet à toutes les obligations qui résultent d'un mandat exprès. Il est tenu de la continuer, encore que le maître vienne à mourir avant que l'affaire soit consommée. Il est tenu d'y apporter tous les soins d'un père de famille, 1372 — 1374.

Glaces d'un appartement. Cas où elles sont meubles ou immeubles, 525.

Glaces, sont comprises dans les mots *Meubles meublans*, 534.

— Conditions sans lesquelles un usufruitier ou ses héritiers ne peuvent faire enlever les glaces qu'il aura fait placer, 599.

Gouvernement de la République française, admet l'étranger à établir son domicile en France, et lui accorde la jouissance des droits civils, 13.

— Peut autoriser un français à accepter les fonctions publiques conférées par un gouvernement étranger, 17.

— Rend la qualité de Français à l'individu qui l'a perdue, 18 et 19.

— Peut accorder des dispenses d'âge pour le mariage, 445.

— Lève les prohibitions de mariage entre oncle et nièce, tante et neveu, 664.

— Peut dispenser de la seconde publication de mariage, 169.

— Autorise les dispositions en faveur des

hospices, des pauvres et des établissemens publics, 910.

Grains coupés, sont meubles, 520.

— Cas où ils ne sont point compris dans le mot *Meubles*, 533.

— Condition sous laquelle l'usufruitier a droit de se servir des grains compris dans l'usufruit, 587.

Grains ou denrées (Prestations en) dues et non contestées, et dont le prix est réglé par les mercuriales, peuvent se compenser avec des sommes liquides et exigibles, 1291.

Grand-Juge, Ministre de la justice, rend publics les jugemens des déclarations d'absence, 118.

Greffes des tribunaux de première instance. Un des doubles registres de l'état civil, y est déposé chaque année, 43, 44 et 63.

— Les renonciations aux successions, et les déclarations relatives au bénéfice d'inventaire, doivent être inscrites au greffe, sur un registre particulier, 784 et 793.

— Il en est de même de la renonciation de la femme survivante à la communauté, 1457.

Greffiers ne peuvent devenir cessionnaires des procès de la compétence du tribunal auquel ils sont attachés, 1597.

— Il leur est défendu, à peine de nullité, dépens et dommages-intérêts, de recevoir aucun acte dans lequel la contrainte par corps serait stipulée hors les cas déterminés par la loi, 2065.

Grêle, est un cas fortuit ordinaire ou prévu, 1773.

Grevé de restitution. Comment, en cas de mort du grevé de restitution, au profit de ses enfans, ceux-ci et les descendans d'un enfant précédé, recueillent la portion de ce dernier, 1051.

Grevés de restitution. Epoque à laquelle s'ouvrent les droits des appelés.

L'abandon anticipé qu'ils pourraient faire de la jouissance au profit des appelés, ne peut préjudicier aux créanciers antérieurs à cet abandon, 1053.

Grevé de restitution est obligé de faire nommer un tuteur, dans le délai d'un mois, à compter du jour du décès du testateur, ou du jour que, depuis cette mort, l'acte contenant la disposition aura été connu, 1056.

— Qui n'a point fait nommer un tuteur à la restitution, peut être déclaré déchu de la jouissance, et le droit peut être déclaré ouvert au profit des appelés, 1057.

— Doit faire procéder à l'inventaire des

biens de la succession qu'il est chargé de rendre, 1058.

— Il est tenu de faire procéder par affiches et enchères, à la vente de tous les meubles et effets compris dans la disposition.

Exceptions, 1062—1064.

— Doit faire, dans le délai de six mois, à compter du jour de l'inventaire, un emploi des deniers comptans, du prix des meubles vendus et de ce qu'il a reçu des effets actifs.

Le délai peut être prolongé, 1065.

— Doit faire transcrire sur les registres des hypothèques du lieu où les immeubles sont situés, la disposition qui le charge de rendre ou faire inscrire le privilége accordé à cause des sommes colloquées sur des immeubles, 1069.

Grosse d'un acte, fait la même foi que l'original, 1335.

Grosse du titre. La remise volontaire qui en est faite, fait présumer la remise ou le paiement de la dette, sans préjudice de la preuve contraire, 1283.

Grossesse de la femme, connue du mari avant le mariage, ne peut autoriser le mari à désavouer l'enfant, 314.

Guerre. Ses ravages sont un cas fortuit imprévu, 1773.

H.

Habitation (droit d') s'établit et s'éteint comme celui de l'usufruit, 625.

— Celui qui a droit de l'exercer ne peut en jouir sans donner caution, et sans faire des états et inventaires, 626.

— Celui qui l'exerce doit jouir en bon père de famille, 627.

— Le droit d'habitation se règle par le titre qui l'établit.

Comment est réglé si le titre ne s'explique pas? 628, 629.

— Celui qui a un droit d'habitation dans une maison peut y demeurer avec toute sa famille et les enfans survenus depuis l'époque où ce droit est ouvert, 632.

— Le droit d'habitation se restreint à ce qui est nécessaire pour l'habitation de celui à qui ce droit est concédé et de sa famille, 633.

— Ne peut être cédé ni loué, 634.

Habitation est due à la femme survivante pendant l'année de deuil, sans imputation sur les intérêts de sa dot, 1570.

Habits de deuil. Voyez *Deuil.*

Hallage (chemin de) le long des rivières navigables ou flottables est établi pour l'utilité publique, 650.

Hardes et linge. La femme qui renonce à la communauté peut retirer les hardes et linges qui sont à son usage, 1492.

Haies. Causes, effets et dépenses de la mitoyenneté des haies de séparation entre les héritages voisins, 666 *et suivans.*

Règles sur leurs plantations, 670 *et suivans.*

Hérédité. Les actions et pétitions d'hérédité, relativement à un absent, s'éteignent par le laps de temps établi pour la prescription, 157.

— Celui qui vend une hérédité sans spécifier les objets en détail, n'est tenu de garantir que sa qualité d'héritier, 1696.

— Celui qui achète une hérédité sans spécifier les objets en détail, doit rembourser à son vendeur les dettes et charges qu'il a payées, et lui faire raison de tout ce dont il était créancier, s'il n'y a stipulation contraire, 1698.

Héritage. Tout propriétaire peut clorre le sien, excepté s'il doit un passage, 647.

Héritiers d'un absent peuvent se faire envoyer en possession provisoire : ils sont tenus de donner caution, 120.

— Cas où ils sont obligés d'attendre dix ans à compter de la disparution ou des dernières nouvelles de l'absent, pour obtenir l'envoi en possession provisoire de ses biens, 121.

— Quelle est la quotité des revenus des biens de l'absent qu'ils sont tenus de lui rendre? 127.

Héritiers du mari. Quel est le délai qui leur est accordé pour contester la légitimité de l'enfant, lorsque le mari est mort dans le délai utile pour faire sa réclamation, 317.

Héritiers du tuteur sont responsables de sa gestion; s'ils sont majeurs, ils sont tenus de la continuer jusques à la nomination d'un nouveau tuteur, 419.

Héritier condamné pour avoir donné ou tenté la mort du défunt, est déclaré indigne de lui succéder, 727.

Héritier majeur, qui étant instruit du meurtre du défunt ne l'a point dénoncé à la justice, est indigne de lui succéder, 727.

Héritier qui a porté contre le défunt une accusation jugée calomnieuse, est indigne de lui succéder, 727.

— Exclu de la succession pour cause d'indignité, est tenu de rendre tous les fruits et revenus qu'il a perçus depuis son ouverture, 729.

Héritiers. Les plus proches recueillent la moitié de la succession dévolue à leur ligne, sauf le cas de la représentation quand elle a lieu, 754.

— De celui qui n'avait point encore accepté expressément ou tacitement une succession qui lui était échue, peuvent la répudier de son chef, 781.

— S'ils ne sont pas d'accord pour accepter ou répudier une succession échue au défunt, la succession doit être acceptée de son chef sous bénéfice d'inventaire, 782.

— La part du renonçant accroît à ses co-héritiers : s'il est seul, elle est dévolue au degré subséquent, 785.

— L'héritier qui renonce est censé n'avoir jamais été héritier, 785.

— Ceux qui ont renoncé à une succession qui n'a pas été acceptée par d'autres, peuvent l'accepter encore, quand la prescription du droit d'accepter n'est pas acquise, 790.

— Les héritiers qui ont diverti, ou recelé des effets d'une succession, sont déchus de la faculté d'y renoncer; ils sont héritiers purs et simples nonobstant leur renonciation.

Peines prononcées contre eux, 792.

Héritier habile à succéder, qui prend cette qualité, a trois mois pour faire inventaire.

De quel jour courent ces trois mois?

Quel délai a-t-il pour délibérer sur son acceptation ou renonciation? 795.

— Il peut pendant le délai à lui accordé pour délibérer, se faire autoriser en justice à vendre les objets dispendieux à conserver ou susceptibles de dépérissement.

Par qui, et comment doit être faite cette vente? 796.

— Ne peut, pendant le délai accordé pour délibérer, être contraint à prendre qualité : on ne peut obtenir contre lui de condamnation.

S'il renonce lorsque les délais sont expirés ou avant, les frais par lui faits sont à la charge de la succession, 797.

— Il peut, après l'expiration des délais pour délibérer, demander un nouveau délai que le tribunal accorde ou refuse suivant les circonstances, 798.

— Cas où il est tenu des frais de poursuites, et cas où il les laisse à la charge de la succession, 799.

— Il conserve, après l'expiration des délais pour délibérer, la faculté de faire inventaire et de se porter héritier bénéficiaire, pourvu qu'il n'ait point fait acte d'héritier, 800.

Héritier. Dans quel cas est déchu du bénéfice d'inventaire? 801.

Héritier bénéficiaire. Quels sont les avantages dont il jouit? 802.

— Est chargé d'administrer les biens de la succession: il en doit rendre compte aux créanciers et légataires.

Quand, et jusques à concurrence de quelle

somme peut-il être contraint sur ses biens personnels? 803.

— N'est tenu que des fautes graves dans son administration, 804.

— Ne peut vendre les meubles de la succession que par le ministère d'un officier public aux enchères et après affiches et publications.

A quoi est tenu, s'il représente les meubles en nature? 805.

— Comment il peut vendre les immeubles, 806.

— S'il y a des créanciers opposans, il ne peut payer que dans l'ordre et de la manière réglée par le juge.

S'il n'y en a pas, il les paye à mesure qu'ils se présentent, 808.

— Est tenu de donner caution bonne et solvable de la valeur du mobilier et de la portion du prix non déléguée aux créanciers hypothécaires, si les personnes intéressées l'exigent.

Droit des créanciers s'il ne la donne point, 807.

Héritier, même bénéficiaire, doit rapporter à ses co-héritiers, 843.

— Qui vient à partage ne peut retenir les dons et legs faits même par préciput, hors part, avec dispense du rapport, que jusqu'à concurrence de la quotité disponible. L'excédant est sujet à rapport, 844.

— L'héritier qui renonce à la succession, peut retenir le don entre-vifs ou réclamer le legs à lui fait jusques à concurrence de la portion disponible, 845.

— N'est pas tenu de rapporter les profits qu'il a pu faire des conventions passées avec le défunt, à moins quelles ne présentent un avantage indirect, 853.

— N'est pas tenu de rapporter à ses cohéritiers les bénéfices qu'il a perçus, à cause des associations faites sans fraude entre lui et le défunt, lorsque les conditions en ont été réglées par acte authentique, 854.

— L'héritier de celui qui a vendu à pacte de rachat, ne peut en user que pour sa part dans la succession, 1669.

Héritier qui a vendu une hérédité sans en spécifier les objets en détail, est tenu de rembourser à l'acquéreur les fruits dont il a profité, le montant des créances qu'il a touché, ou le prix des effets vendus par lui, s'il ne les a expressément réservés lors de la vente, 1697.

— Succède aux droits du créancier qui est mort avant l'accomplissement d'une condition sous laquelle on avait stipulé en sa faveur, 1179.

— Comment l'héritier fait cesser la saisine du

mobilier donnée à l'exécuteur testamentaire ? 1027.

Héritier institué sous une condition suspensive de l'exécution du testament a un droit acquis et transmissible aux siens, 1041.

— Celui qui répudie la disposition testamentaire, ou qui est incapable de la recueillir, la rend caduque, 1043.

— Toute disposition par laquelle il serait chargé de conserver et de rendre à un tiers, est nulle, même à son égard, 896.

Héritier successible en ligne directe, est obligé d'imputer sur la portion disponible la valeur en pleine propriété des biens qui lui ont été aliénés, soit à fonds perdu, soit à charge d'une rente viagère, soit avec réserve d'usufruit.

Ceux des autres successibles qui ont consenti à ces aliénations ne peuvent demander ni l'imputation, ni le rapport, 918.

Héritiers sont tenus des dettes et charges de la succession personnellement pour leur part et portion virile, et hypothécairement pour le tout, sauf leur recours contre leurs cohéritiers et contre les légataires à titre universel, 872.

— Quel est leur droit lorsque le défunt a disposé par actes entre-vifs ou testamentaires d'un usufruit ou d'une rente viagère dont la quotité excède la portion qui est disponible ? 917.

— Sont saisis de plein droit par la mort du testateur de la quotité des biens qui leur est réservée par la loi, 1004.

— Les héritiers de celui qui a disposé avec la charge de restitution ne peuvent opposer le défaut de transcription ou d'inscription, 1072.

Héritiers du créancier et du débiteur. Effets des obligations divisibles ou indivisibles qui les concernent, 1220 et suiv.

Héritiers du débiteur. Si l'un d'eux est assigné pour la totalité de l'obligation, il peut demander un délai pour mettre en cause ses co-héritiers.

Exception, 1225.

Héritier bénéficiaire, est subrogé de plein droit pour les dettes de la succession qu'il a payées de ses deniers, 1251.

Héritiers de la veuve, qui ont diverti ou recélé quelques effets de la communauté, ne peuvent y renoncer, 1460.

— Délai qui leur est accordé pour faire ou terminer l'inventaire que la veuve n'a pu faire ou terminer avant sa mort.

Quel délai ont-ils pour délibérer sur leur acceptation ou renonciation à la communauté ?

Cas où ils sont censés avoir accepté.

Dans quelles formes ils peuvent renoncer, 1461.

Héritiers. Ceux du mari ou de la femme exercent les mêmes droits et ont les mêmes actions que le conjoint qu'ils représentent, 1491.

Héritiers de la femme peuvent, comme elle, renoncer à la communauté et exercer ses actions et reprises, tant sur les biens de la communauté que sur ceux personnels du mari, 1495.

Homologation du tribunal de première instance est prescrite pour les délibérations du conseil de famille qui prononcent l'exclusion et la destitution d'un tuteur, 448.

— Pour les délibérations qui autorisent un tuteur à emprunter, aliéner et hypothéquer les biens du mineur, 458.

— Pour toute transaction relative à l'administration des propriétés du mineur, 467.

— Pour l'autorisation d'emprunter, donnée au mineur émancipé, 483.

— Pour les conventions de mariage de l'enfant d'un interdit, 511.

Hôpitaux et hospices civils. Manière d'y constater les décès, 80.

— Celui qui veut devenir tuteur officieux d'un enfant recueilli dans un hospice, ne le peut sans le consentement des administrateurs, 361.

— Le conseil de famille délibère si un interdit sera placé dans un hospice, 510.

— Les dispositions entre-vifs et testamentaires, au profit des hospices, ne peuvent avoir leur effet sans l'autorisation du Gouvernement, 910.

Hors part. Voyez *Rapport*, 843, 844.

Hôteliers. sont responsables, comme dépositaires, des effets apportés par les voyageurs qui logent chez eux : le dépôt de ces sortes d'effets doit être regardé comme un dépôt nécessaire, 1952.

— Ils sont responsables du vol ou dommage des effets des voyageurs, soit que le vol ait été fait, ou que le dommage ait été causé par les domestiques et préposés de l'hôtellerie, ou par des étrangers allant et venant dans l'hôtellerie, 1953.

— Ils ne sont pas responsables des vols faits avec force armée ou autre force majeure, 1954.

— Leur action à raison du logement et de la nourriture fournis se prescrit par six mois, 2271.

Huile. La vente de l'huile n'est parfaite que lorsqu'elle a été goûtée et agréée, 1587.

Huissiers. Ne peuvent devenir cessionnaires des procès ou droits litigieux qui sont de la compétence du tribunal auprès duquel ils servent, 1597.

72

— Sont contraignables par corps pour la restitution des titres à eux confiés, et des deniers par eux reçus pour leurs cliens par suite de leurs fonctions, 2060.

— Leur action pour leurs salaires se prescrit par un an, 2272.

— Ils sont déchargés des pièces après deux ans , depuis l'exécution de la commission ou la signification des actes dont ils étaient chargés, 2276.

Hypothécaire (action) formée contre l'acheteur suspend le paiement, 1653.

Hypothèque. Le créancier qui a consenti que le débiteur retirât la consignation déclarée valable par un jugement ayant acquis force de chose jugée , perd l'hypothèque attachée à sa créance.

Il n'en a plus que du jour où il a fait revêtir le nouvel acte de toutes les formes requises pour emporter hypothèque , 1263.

— Le tiers ne peut conférer l'hypothèque qu'en vertu d'un mandat exprès, 1988.

— Aucune hypothèque ne peut être établie avec effet par les héritiers ou leurs représentans sur les biens du défunt pendant les six mois accordés aux créanciers et légataires pour prendre une inscription sur les immeubles de la succession, 2111.

— Définition de l'hypothèque.

Elle est de sa nature indivisible et subsiste sur tous les immeubles affectés, sur chacun et sur chaque portion de ces immeubles.

Elle les suit dans quelques mains qu'ils passent , 2114.

L'hypothèque n'a lieu que dans les cas et suivant les formes autorisées par la loi, 2115.

Elle est ou légale, ou judiciaire, ou conventionnelle , 2116.

L'hypothèque légale, est celle qui résulte de la loi.

L'hypothèque judiciaire, est celle qui résulte des jugemens ou actes judiciaires.

L'hypothèque conventionnelle, est celle qui dépend des conventions et de la forme extérieure des actes ou contrats , 2117.

— Quels sont les biens qui en sont susceptibles , 2118.

— Les meubles n'ont pas de suite par hypothèque ? 2119.

— Il n'est rien innové par le Code civil aux dispositions des lois maritimes concernant les hypothèques sur les navires et bâtimens de mer , 2120.

— L'hypothèque ne peut être consentie sur les biens des mineurs, des interdits ou des absens, que dans les formes établies par la loi et en vertu des jugemens, 2126.

Hypothèque n'a de rang que du jour de l'inscription, 2134.

— Au profit de quelles créances elle existe indépendamment de toute inscription ? 2135.

— Dans quel cas le tuteur peut demander que l'hypothèque sur ses biens soit restreinte , 2143.

— Contre qui doit-il former cette demande ?

Avec qui doivent être rendus les jugemens qui prononcent la réduction ? 2145.

— Le mari peut-il demander que l'inscription de l'hypothèque générale prise par la femme sur ses biens soit restreinte ?

Comment il doit procéder pour y parvenir, 2144.

— Avec qui doit être rendu le jugement qui prononce la réduction ? 2145.

Hypothèque légale. Quels sont les droits et les créances auxquels elle est attribuée ? 2121.

— Le créancier auquel elle appartient peut l'exercer sur tous les immeubles présens et à venir de son débiteur . 2122.

Hypothèque judiciaire. Elle résulte des jugemens soit contradictoires, soit par défaut , définitifs ou provisoires ; elle résulte aussi des reconnaissances ou vérifications faites en jugement des signatures apposées à un acte obligatoire sous seing-privé.

Comment elle peut s'exercer.

Les décisions arbitrales n'emportent hypothèque qu'autant qu'elles sont revêtues de l'ordonnance judiciaire d'exécution.

Comment l'hypothèque résulte des jugemens rendus en pays étranger. 2123.

Hypothèque conventionnelle ne peut être consentie que par ceux qui ont la capacité d'aliéner les immeubles qu'ils y soumettent, 2124.

— Ne peut être conférée que par acte passé en forme authentique devant deux notaires, ou un notaire et deux témoins, 2127.

— Les contrats passés en pays étranger ne peuvent donner hypothèque sur les biens situés en France, s'il n'y a des dispositions contraires à ce principe , dans les lois politiques ou les traités , 2128.

— Il n'y a d'hypothèque conventionnelle valable, que celle qui, soit dans le titre authentique constitutif de la créance, soit dans un acte authentique postérieur , déclare spécialement la nature et la situation de chacun des immeubles appartenant au débiteur sur lesquels il consent l'hypothèque de la créance. Les biens à venir ne peuvent pas être hypothéqués, 2729.

-- Néanmoins, si les biens présens et libres du débiteur sont insuffisans pour la sûreté de la créance, il peut consentir que les biens qu'il acquerra par la suite y demeurent affectés, 2130.

-- Dans quel cas le créancier peut-il demander le remboursement de ce qui lui est dû, ou un supplément d'hypothèque ? 2131.

-- L'hypothèque n'est valable qu'autant que la somme pour laquelle elle est consentie est certaine et déterminée par l'acte. Si la créance résultant de l'obligation est conditionnelle pour son existence, ou indéterminée dans sa valeur, le créancier ne peut requérir l'inscription que jusqu'à concurrence d'une valeur estimative, par lui déclarée expressément, 2132.

-- L'hypothèque acquise s'étend à toutes les améliorations survenues à l'immeuble hypothéqué, 2133.

— L'hypothèque conventionnelle n'est pas susceptible de l'action en réduction, 2161.

Hypothèques. Mode de purger les hypothèques, lorsqu'il n'existe pas d'inscription sur les biens des maris et des tuteurs, 2193.

-- Formalités à observer à cet effet, de la part de l'acquéreur, 2194.

-- Cas où les immeubles vendus passent à l'acquéreur, sans aucune charge, à raison des dots, reprises et conventions matrimoniales de la femme, ou de la gestion du tuteur, 2195.

-- Cas où l'acquéreur est libéré à l'égard des inscriptions du chef des femmes, mineurs ou interdits, du prix ou de la portion du prix, par lui payée aux créanciers placés en ordre utile, 2195.

-- Cas où il ne peut faire aucun paiement au préjudice de ces inscriptions, *ibid.*

-- Publicité des registres des conservateurs, 2196 et suivans.

-- Leur responsabilité, 2197 et 2198.

I.

Iles, Ilots. Cas où ils appartiennent à la nation ou aux propriétaires riverains, 560, 561.

Imbécillité habituelle, est une cause d'interdiction, 489.

Immeubles, même ceux possédés par des étrangers, sont régis par les lois françaises, 3.

— Ceux qui ont obtenu l'envoi en possession provisoire des biens d'un absent, peuvent demander à faire constater par une visite l'état des immeubles laissés par l'absent.

Les frais de la visite sont pris sur les biens de l'absent, 126.

— Les immeubles d'un absent ne peuvent être aliénés ni hypothéqués par ceux qui en ont l'administration, 128.

— Le conseil de famille seul, peut autoriser un tuteur à aliéner ou hypothéquer les immeubles du mineur, 457.

— Formalités à observer pour la vente des biens des mineurs, 459.

— Comment le mineur émancipé peut les vendre ou les aliéner, 484.

— Quels sont les objets qui sont immeubles par destination ? 524.

— Peuvent être grevés ou chargés d'usufruit, 581.

— L'usufruitier doit faire dresser un état de situation des immeubles, 600.

— Quelles sont les formalités que doit observer l'héritier bénéficiaire pour la vente des immeubles de la succession ? 806.

— Doivent être estimés avant de procéder au partage.

Devoir des experts, en procédant à leur estimation, 824.

-- Les immeubles qui ne peuvent se partager entre les héritiers, sont vendus par licitation, 827.

Immeuble, qui a péri par cas fortuit et sans la faute du donataire, n'est pas sujet au rapport, 855.

Immeubles. Cas où les cohéritiers peuvent exiger qu'ils soient rapportés en nature, 859.

Immeuble, donné et aliéné avant l'ouverture de la succession, ne doit être rapporté par le donataire qu'en moins prenant.

Comment en est fixée la valeur, 860.

— Rapporté en nature, est réuni à la masse franc et quitte de toutes charges créées par le donataire, 865.

— Lorsque le don qui en a été fait à un successible, avec dispense de rapport, excède la portion disponible, comment se fait le rapport de l'excédant ? 866.

Immeubles. Lorsque ces immeubles d'une succession sont grevés de rentes par hypothèque spéciale, chacun des cohéritiers peut exiger que les rentes soient remboursées et les immeubles rendus libres, avant qu'il soit procédé à la formation des lots. Si les cohéritiers partagent la succession dans l'état où elle se trouve, l'immeuble grevé doit être estimé au même taux que les autres immeubles. Il est fait déduction de la rente sur le prix total. L'héritier dans le lot duquel tombe cet immeuble, demeure seul chargé du service de la rente, et il doit en garantir ses cohéritiers, 872.

— Tant que les immeubles sont dans la main de l'héritier, les créanciers de la succession peuvent demander la séparation du patrimoine du défunt d'avec celui de l'héritier 880.

— Les immeubles recouvrés par l'effet de la réduction, le sont sans charge des dettes ou hypothèques créées par le donataire, 929.

Immeuble. Celui qui l'a indûment reçu est tenu de le restituer en nature, s'il existe, ou sa valeur, s'il est détérioré ou péri par sa faute; et s'il était de mauvaise foi quand il l'a reçu, il est garant de la perte arrivée par cas fortuit, 1379.

Immeubles. Tous ceux qui sont acquis pendant le mariage composent la communauté, 1401.

— Cas où ils sont réputés acquêts de la communauté, 1402.

Immeubles. Ceux possédés par les époux au jour de la célébration du mariage, et ceux qui leur sont échus pendant son cours, à titre de succession, ne tombent point dans la communauté.

L'immeuble acquis depuis le contrat de mariage, contenant stipulation de communauté, et avant la célébration du mariage, entre dans la communauté.

Exception, 1404.

— Ceux donnés pendant le mariage à l'un des époux, n'entrent point dans la communauté. Exception, 1405.

Immeuble, donné ou abandonné par le père, la mère, ou autre ascendant; pendant le mariage, à l'un des deux époux, soit pour le remplir de ce qu'il lui doit, soit à la charge de payer à des étrangers les dettes du donateur, n'entre point en communauté, 1406.

— Acquis pendant le mariage, à titre d'échange contre l'immeuble appartenant à l'un des deux époux, n'entre point en communauté, 1407.

— L'acquisition faite, pendant le mariage, à titre de licitation ou autrement, de portion de l'immeuble dont l'un des époux était propriétaire par indivis, n'est point un conquêt de communauté, 1408.

Immeubles. Les créanciers d'une succession immobilière échue au mari pendant le mariage, peuvent poursuivre le paiement de ce qui leur est dû, non-seulement sur les biens propres au mari, mais encore sur ceux de la communauté, 1412.

— Le mari ne peut disposer, à titre gratuit, des immeubles de la communauté, 1422.

— Il ne peut aliéner les immeubles personnels de sa femme, sans son consentement, 1428.

Immeuble. S'il est vendu un immeuble appartenant à l'un des époux, et dont le prix ait été versé dans la communauté sans remploi, l'époux qui en était propriétaire doit exercer un prélèvement sur la communauté, 1433.

Immeubles. La femme renonçante a le droit de reprendre,

1°. Les immeubles à elle appartenant, lorsqu'ils existent en nature, ou l'immeuble qui a été acquis en remploi;

2°. Le prix de ses immeubles aliénés, dont le remploi n'a pas été fait et accepté par elle;

3°. Toutes les indemnités qui peuvent lui être dues par la communauté, 1493.

Immeubles ameublis, sont biens de communauté.

Le mari peut en disposer, même de ceux de la femme qui ont été ameublis en totalité.

Droits du mari sur les immeubles que la femme n'a ameublis que pour une certaine somme, 1507.

— La communauté n'est point propriétaire de ceux qui sont frappés d'un ameublissement indéterminé.

Le mari, dans ce cas, ne peut vendre ceux de la femme sans son consentement, mais il peut les hypothéquer, 1508.

Immeuble. L'époux qui a ameubli un immeuble a, lors du partage, la faculté de le retenir, en précomptant sur sa part le prix qu'il vaut alors. Ses héritiers ont le même droit, 1509.

Immeubles, constitués en dot par un contrat de mariage, dans lequel la non-communauté est stipulée, ne sont point inaliénables. Néanmoins la femme ne peut les aliéner sans le consentement de son mari, ou à son refus, sans l'autorisation de la justice, 1535.

— La femme mariée avec la clause de la séparation de biens, ne peut, à la faveur d'aucune stipulation, aliéner ses immeubles sans le consentement spécial de son mari, ou à son refus, sans être autorisée de la justice, 1538.

Immeuble. L'estimation de l'immeuble constitué en dot, n'en transporte point la propriété au mari, s'il n'y en a déclaration expresse, 1552.

— Acquis des deniers dotaux, ou celui donné en paiement de la dot constituée en argent, devient-il dotal? 1553.

Immeubles, constitués en dot, ne peuvent être, pendant le mariage, aliénés ni hypothéqués, ni par le mari ni par la femme, ni par les deux conjointement.

Exceptions à cette règle ? 1554-1558.

Immeuble dotal. Peut être échangé.

Conditions requises pour la validité de l'échange.

Celui reçu en échange est dotal ; il doit être fait emploi de l'excédant du prix, qui, à ce moyen, sera aussi dotal, 1559.

Immeubles dotaux, non déclarés aliénables par le contrat de mariage, sont imprescriptibles pendant le mariage, à moins que la prescription n'ait commencé auparavant.

Ils deviennent néanmoins prescriptibles après la séparation de biens, quelle que soit l'époque à laquelle la prescription a commencé, 1561.

— A la dissolution du mariage, les fruits des immeubles dotaux, se partagent entre les époux ou leurs héritiers, à proportion du temps qu'il a duré, pendant la dernière année.

L'année commence à partir du jour où le mariage a été célébré, 1571.

Immeubles. L'obligation de les délivrer est remplie par la remise des clefs ou des titres de propriété, 1605.

— La résolution de la vente d'immeubles doit être prononcée de suite, si le vendeur est en danger de perdre la chose et le prix, 1655.

— Cas où certains immeubles du mari ou du tuteur peuvent être affranchis de l'hypothèque, tant pour la dot de la femme, ses reprises et conventions matrimoniales, que pour la gestion du tuteur, 2140, 2141.

Immixtion. Cas et effets de l'immixtion dans les biens de la communauté entre époux, 1454 et 1459.

Impenses. Il doit être tenu compte au donataire, en cas de rapport, des impenses qui ont amélioré la chose, 861 et 862.

Impossibles, (Conditions) dans une donation ou dans un testament, sont censées non écrites, 900.

— Toute condition d'une chose impossible est nulle, 1172.

Imprudence. Chacun est responsable du dommage qu'il a causé par son imprudence, 1383.

Impuissance naturelle ne peut être alléguée par le mari pour désavouer l'enfant conçu pendant le mariage, 313.

Imputation de paiement. Le débiteur d'une dette qui porte intérêt ou produit des arrérages, ne peut, sans le consentement du créancier, imputer le paiement qu'il fait sur le capital, par préférence aux arrérages ou intérêts : le paiement fait sur le capital et intérêts, mais qui n'est point intégral, s'impute d'abord sur les intérêts, 1254.

— Lorsque le débiteur de plusieurs dettes a accepté une quittance par laquelle le créancier a imputé ce qu'il a reçu sur une de ces dettes spécialement, le débiteur ne peut plus demander l'imputation sur une dette différente, à moins qu'il n'y ait eu dol ou surprise de la part du créancier, 1255.

— Lorsque la quittance ne porte aucune imputation, comment doit être imputé le paiement qui a été fait ? 1256.

Imputation. Comment elle se fait, lorsque l'associé a reçu le paiement d'une personne débitrice envers lui particulièrement, et envers la société, des sommes également exigibles ? 1848.

Incapable. Toute disposition au profit d'un incapable est nulle, soit qu'on la déguise sous la forme d'un contrat onéreux, soit qu'on la fasse sous le nom de personnes interposées.

Sont réputées personnes interposées les pères et mères, les enfans et descendans, et l'époux de la personne incapable, 911.

— Une disposition testamentaire est caduque, lorsque l'héritier institué ou le légataire se trouve incapable de la recueillir, 1043.

Incapables. Quelles sont les personnes déclarées incapables par la loi ? 1124.

— Ne peuvent contracter une société universelle, ni se donner ou recevoir l'un de l'autre, 1840.

Incapacité. Le mineur, l'interdit et la femme mariée ne peuvent attaquer, pour cause d'incapacité, leurs engagemens, que dans les cas prévus par la loi.

Les personnes capables de s'engager ne peuvent opposer l'incapacité du mineur, de l'interdit ou de la femme mariée avec qui elles ont contracté, 1125.

Incapacité (Effets de l') de l'officier public sur l'acte qu'il a reçu, 1318.

Incendie. Le preneur à bail en répond.

Exception, 1733, 1734.

— Les dépôts nécessaires faits en pareil cas peuvent être prouvés par témoins, 1347.

Incestueux (Enfans) ne peuvent être légitimés ni même reconnus, 331.

Incident (Faux) Voyez *Faux*.

Incompétence (Effet de l') de l'officier public sur l'acte qu'il a reçu, 1318.

Inconduite d'un fils de famille. Moyens de répression que la loi accorde aux pères, mères et tuteurs, 375 et 468.

— L'inconduite notoire d'un parent est un motif d'exclusion de la tutelle, 444.

Inconnus, (L'enfant inscrit comme né de père et mère) peut faire preuve de filiation par témoins, 323.

jour que le délit aura pu être connu par le donateur

Par qui et contre qui la révocation peut être demandée ? 957.

Inhumation ne peut être faite sans une autorisation sur papier libre, et sans frais, de l'officier de l'état civil.

Ne peut être faite que vingt - quatre heures après le décès, 77.

— Ne peut être faite, s'il y a des signes ou des indications de mort violente, qu'après qu'un officier de police, assisté d'un docteur en médecine ou en chirurgie, aura dressé son procès-verbal de l'état du cadavre, 81.

Injures graves entre époux, donnent lieu à la demande en divorce, 251.

— Celles envers un donateur sont un motif de révocation de la donation, entre-vifs et testamentaires, 955, 1046 *et suiv.*

Inondation, est un cas fortuit imprévu, à moins que le pays n'y soit ordinairement sujet, 1773.

Inscription sur les registres. Comment se fait, sur les registres de l'état civil, celle de la naissance des enfans nés pendant un voyage sur mer, 60.

— Comment se fait sur les registres de l'état civil celle des décès arrivés dans les hôpitaux civils militaires ou autres maisons publiques, 80.

— Comment se fait sur les registres de l'état civil celle des décès arrivés dans les prisons, maisons de réclusion, ou dans les cas de mort violente, ou d'exécution à mort ? 85.

— Comment se fait sur les registres de l'état civil celle des décès arrivés pendant un voyage sur mer ? 86.

— Comment se fait sur les registres celle des actes civils, concernant les militaires hors le territoire français ? 95, 96 et 97.

— Lorsque la preuve d'une célébration légale du mariage se trouve acquise par le résultat d'une procédure criminelle, l'inscription du jugement sur les registres de l'état civil assure au mariage, à compter du jour de la célébration, tous les effets civils, tant à l'égard des époux, qu'à l'égard des enfans issus de ce mariage, 198.

Inscription privilégiée ou *hypothécaire*, conserve les privilèges et hypothèques : où doit-elle se faire ? 2106.

Quelles sont les créances exceptées de la formalité de l'inscription, 2107.

Inscription doit être prise par le cohéritier ou copartageant dans les soixante jours de la date de l'acte de partage ou d'adjudication par licitation, 2109.

— Comment le privilége des maçons, architectes, entrepreneurs et des autres ouvriers employés aux bâtimens, est conservé par l'inscription, 2110.

— Celle prise par le créancier fixe le rang de l'hypothèque, 2134.

Au profit de quelles créances l'hypothèque existe, indépendamment de toute inscription ? 2135.

— Doit être requise par les maris et tuteurs, à leur défaut par les subrogés tuteurs, et à leur défaut par les procureurs impériaux près les tribunaux civils du domicile des maris et tuteurs, ou de la situation des biens.

Elle peut être requise par les parens de la femme et du mineur ou par ses amis, ou par la femme et le mineur, 2136, 2137, 2138 et 2139.

— Il ne peut être convenu dans le contrat de mariage, qu'il ne sera pris aucune inscription sur les biens du mari, 2140.

Il en est de même à l'égard du tuteur, 2141.

— Lorsque, par le contrat de mariage, les parties majeures sont convenues qu'il ne serait pris inscription que sur un ou certains immeubles du mari ; lorsque les parens en conseil de famille ont été d'avis qu'il n'en serait pris que sur certains immeubles du tuteur ; dans ces deux cas, le mari, le tuteur ou le subrogé tuteur, n'est tenu de la requérir que sur les immeubles désignés, 2142.

— Bureaux où les inscriptions doivent être formées.

Elles ne produisent aucun effet, si elles sont prises dans le délai pendant lequel les actes faits avant l'ouverture des faillites sont déclarés nuls.

Il en est de même entre les créanciers d'une succession, si l'inscription n'a été faite que depuis son ouverture, et dans le cas où la succession n'est acceptée que sous bénéfice d'inventaire, 2146.

— Tous les créanciers inscrits le même jour, exercent leur hypothèque de la même date, 2147.

Formalités que doit remplir le créancier pour opérer l'inscription, 2148.

Inscriptions sur les biens d'une personne décédée, peuvent être faites sous la simple désignation du défunt, 2149.

— Formalités que doit observer le conservateur en les délivrant, 2150.

— Que est le droit du créancier qui a pris une inscription valable ? 2151.

Le créancier, ainsi que ses représentans ou cessionnaires, ont le droit de changer sur le registre le domicile par lui élu, et d'en indiquer un autre dans le même arrondissement, 2152.

— Formalités à observer à l'égard des inscriptions requises pour les hypothèques légales de la nation, des communes, des établissemens publics, sur les receveurs et administrateurs comptables, des mineurs ou interdits, sur les biens des tuteurs, des femmes mariées, sur les biens de leurs maris, 2153.

— Les inscriptions conservent les priviléges et hypothèques pendant dix ans, à compter de leur date. Leur effet cesse, si elles ne sont renouvelées avant l'expiration de ce délai, 2154.

— Les frais de l'inscription sont à la charge du débiteur. L'avance en est faite par l'inscrivant, excepté pour l'hypothèque légale, pour l'inscription de laquelle le conservateur a son recours contre le débiteur, 2155.

— Où doivent être intentées les actions qui en résultent? 2156.

Inscriptions, sont rayées du consentement des parties intéressées ou ayant capacité à cet effet, ou en vertu d'un jugement en dernier ressort, ou passé en force de chose jugée, 2157.

Quand sont-elles réputées excessives? 2162 et 2163.

Comment leur excès est arbitré par les juges? 2164.

Quelles règles de comparaison doit-on suivre pour fixer la valeur des immeubles affectés des hypothèques dont on demande la réduction? 2165.

— Quel est leur effet contre le tiers détenteur? 2167.

— S'il a été pris inscription sur les biens du mari ou du tuteur, du chef des mineurs ou des interdits ou des femmes, et qu'il existe des créanciers antérieurs qui absorbent le prix en totalité ou en partie, l'acquéreur des biens est libéré du prix par lui payé aux créanciers venus en ordre utile, et les inscriptions du chef des femmes ou des mineurs doivent être rayées jusqu'à due concurrence. Mais si celles-ci sont les plus anciennes, comment l'acquéreur peut-il les payer? 2195.

Inscription de faux. Voyez *Faux.*

Insolvabilité. Effets de l'insolvabilité d'un des cohéritiers ou successeurs à titre universels, 876, 885 et 886.

Des grevés de restitution et des tuteurs, 1070 et suiv.

Par qui doit être payée la somme due par le codébiteur solidaire devenu insolvable? 1214.

— Comment se répart, entre les codébiteurs solidaires, la portion de ceux devenus insolvables, lorsque le créancier a renoncé à la solidarité envers l'un des débiteurs 1215.

— Cas où l'insolvabilité du délégué donne lieu à un recours de la part du créancier contre le débiteur qui a consenti la délégation, 1276.

Effet de l'insolvabilité du mari sur le rapport à la succession du père de sa femme, de la dot constituée à cette dernière, 1573.

Instituteurs sont responsables des dommages causés par leurs élèves pendant le temps qu'ils sont sous leur surveillance, 1384.

Leur action, pour le paiement des leçons qu'ils donnent, se prescrit par six mois; 2261.

Instrumens des sciences, arts ou métiers, ne sont pas compris dans le mot *meuble* employé seul, 533.

Intention (commune). On doit la rechercher dans l'interprétation, plutôt que le sens littéral des termes, 1135.

Interdiction. Par qui peut être requise, 492.

— La demande doit en être portée devant le tribunal de première instance, 492.

— Ceux qui poursuivent l'interdiction, doivent présenter les témoins et les pièces, et articuler les faits par écrit, 493.

— Ceux qui provoquent l'interdiction, ne peuvent faire partie du conseil de famille.

L'époux ou les enfans de celui dont l'interdiction est demandée, peuvent y être admis sans avoir voix délibérative, 495.

— Formes pour y procéder, 496, 498 et 500.

— Dans quel cas le tribunal peut commettre un administrateur provisoire, pour prendre soin de la personne et des biens de celui contre lequel elle est provoquée? 497.

— Lorsqu'elle est rejetée, le tribunal peut nommer un conseil au défenseur, 498.

— A son effet du jour du jugement, 502. Tous actes passés postérieurement par l'interdit, ou sans l'assistance d'un conseil, sont nuls de droit.

— Quand elle a été prononcée par un jugement rendu en première instance, ou confirmée sur l'appel, il faut nommer un tuteur et un subrogé tuteur à l'interdit, 505.

— Cesse avec les causes qui l'ont déterminée : néanmoins la main-levée ne sera prononcée que sur l'avis du conseil de famille, 512.

Interdiction ou *déconfiture* de l'un des associés fait finir la société, 1865.

Interdiction du mandant ou du mandataire, fait finir le mandat, 2003.

Interdits, ne peuvent être tuteurs, ni membres des conseils de famille, 442.

Interdit, est assimilé au mineur, pour sa personne et ses biens.

Les lois sur la tutelle des mineurs s'appliquent à l'interdit, 509.

— Quel est l'emploi que l'on doit faire de ses revenus ? 510.

— Par qui doivent être réglés la dot, l'avancement d'hoirie, les conventions matrimoniales de l'enfant d'un interdit ? 511.

— Ne reprend l'exercice de ses droits qu'après le jugement qui fait main-levée de son interdiction, 512.

— Par qui et comment peuvent être acceptées les successions qui lui sont échues ? 776.

— Les donations entre-vifs à lui faites doivent être acceptées par son tuteur, 935.

— Ne peut être restitué contre son défaut d'acceptation, sauf son recours contre son tuteur, 942.

Interdits sont déclarés par la loi incapables de contracter, 1124.

— Ne peuvent attaquer, pour cause d'incapacité, leurs engagemens que dans le cas prévu par la loi, 1125.

— Le délai de dix ans que la loi leur accorde pour se pourvoir contre les actes qu'ils ont faits, ne court que du jour que leur interdiction est levée. 1304.

— Le délai pour attaquer une vente, pour cause de lésion, court contre eux, 1676.

— Ont une hypothèque légale sur les biens de leurs tuteurs, 2121.

Intérêts sont dus par le tuteur de toute somme, quelque modique qu'elle soit, dont il n'a pas fait emploi, 456.

— Courent contre le tuteur, du montant du reliquat qu'il doit, du jour de la clôture du compte.

Ne courent contre le mineur, des sommes dont il est débiteur par le résultat du compte, que du jour de la sommation de payer, qui lui aura été faite après la clôture du compte, 474.

— Des sommes exigibles sont des frais civils, 584.

— Sont dus par le débiteur d'une somme d'argent.

Ils tiennent lieu de dommages et intérêts ; ils sont dus sans que le créancier soit tenu de justifier d'aucune perte.

Ils sont dus à compter du jour de la demande, 1153.

— Dans quel cas les intérêts échus des capitaux, peuvent-ils produire des intérêts ? 1154.

— Les revenus échus, tels que fermages, loyers, arrérages des rentes perpétuelles ou viagères, produisent des intérêts du jour de la demande ou de la convention ; la même règle s'applique aux restitutions de fruits et aux intérêts payés par un tiers au créancier en acquit du débiteur, 1155.

— La demande qui en est faite contre un des débiteurs solidaires, les fait courir contre tous, 1207.

Intérêts et Arrérages. Le créancier qui reçoit divisément et sans réserve, la portion de l'un des codébiteurs, sans arrérages ou intérêts de la dette, ne perd la solidarité que pour les arrérages ou intérêts échus, et non pour ceux à échoir, ni pour le capital, Exception. 1212.

— Des capitaux qui appartenaient aux époux lors de la célébration du mariage, ou de ceux qui leur sont échus pendant le mariage, tombent dans la communauté, 1401.

Intérêts. Ceux de la dot courent du jour de la célébration du mariage, encore qu'il y ait terme pour le paiement, à moins de stipulation contraire, 1440 et 1548.

— Sont dus de plein droit du jour de la dissolution de la communauté, des remplois et récompenses qui sont dus à la communauté ou par elle, 1473.

— Les intérêts des créances personnelles que les époux ont à exercer l'un contre l'autre, ne courent que du jour de la demande, 1479.

Intérêts ou *Arrérages.* La clause de séparation de dettes n'empêche pas que la communauté ne soit chargée de payer ceux qui ont couru depuis le mariage, 1512.

Intérêts de la dot sont dus aux héritiers de la femme, à compter du jour de son décès.

La femme survivante n'impute point ceux qui lui sont dus sur les loyers de l'habitation et les frais de la nourriture pendant l'année de deuil, 1570.

— Dans quel cas ceux du prix de la vente sont-ils dus ? 1652.

— Lorsque l'acquéreur contre lequel l'action en rescision est admise pour cause de lésion, préfère garder la chose, en fournissant le supplément réglé, il doit l'intérêt du supplément. S'il préfère rendre la chose, il rend les fruits, du jour de la demande. L'intérêt du prix qu'il a payé, lui est aussi compté du jour de la même demande, ou du jour du paiement, s'il n'a touché aucuns fruits, 1682.

— Les intérêts sont dus de la chose prêtée, à compter du jour de la demande, lorsque l'emprunteur ne la rend pas, ou sa valeur, au terme convenu, 1904.

— Il est permis de les stipuler pour simple prêt d'argent , de denrées ou autres choses mobilières , 1905.

— L'emprunteur qui a payé des intérêts qui n'étaient pas stipulés , ne peut ni les répéter , ni les imputer sur le capital, 1906.

— *Intérêt* (L') est légal ou conventionnel. Le premier est fixé par la loi.

Celui qui est conventionnel, peut excéder celui de la loi , toutes les fois que la loi ne le prohibe pas.

Le taux de l'intérêt conventionnel doit être fixé par écrit, 1907.

— La quittance du capital donnée sans réserve des intérêts, en fait présumer le paiement, 1908.

Intérêt peut être stipulé pour un capital que le prêteur s'interdit d'exiger.

Ce prêt s'appelle *constitution de rente*, 1909.

Intérêts. Le dépositaire ne doit pas ceux de l'argent déposé.

Cas où il en est tenu , 1936.

— Les intérêts sont dus au mandataire pour les avances qu'il a faites pour le mandant, à compter du jour qu'elles sont constatées, 2001.

— S'il a été donné en gage une créance portant intérêts , comment le créancier en fait-il l'imputation ? 2081.

Les intérêts des sommes prêtées, et généralement de tout ce qui est payable par année ou à des termes périodiques , se prescrivent par cinq années, 2277.

Interpellation. Dans quels cas elle interrompt la prescription ? 2249.

Celle faite au débiteur principal , l'interrompt contre la caution , 2250.

Interposées (personnes). Toute donation faite à des personnes interposées , est nulle, 1099 et 1100.

Ce qu'on entend par personnes interposées, *ibid.*

Interprétation. Règles pour l'interprétation des conventions , 1156 — 1164.

Inventaire. Comment y sont représentés les absens ? 113.

— Par qui et comment doit être procédé à l'inventaire des meubles et titres de l'absent? 126.

— Doit être fait avec prisée , lors de la levée des scellés apposés à la requisition de la femme pendant la poursuite en divorce , à la charge par le mari de représenter les choses inventoriées , ou de répondre de leur valeur comme caution judiciaire , 270.

— Dans quel délai et en présence de qui le tuteur doit faire procéder à l'inventaire.

Il doit y déclarer , à peine de déchéance , s'il lui est dû quelque chose par le mineur , 451.

— L'usufruitier doit en faire un des meubles , 600.

— Ceux qui prétendent droit à une succession , à défaut de parens au degré successible , sont tenus de faire faire inventaire.

Peines qui peuvent être prononcées contre ceux qui négligent de le faire , 769.

— Celui qui prend la qualité d'héritier sous bénéfice d'inventaire , doit en faire un fidèle et exact , 794.

— Peut être fait après l'expiration des délais pour délibérer.

Quel peut en être l'effet? 800.

— L'héritier qui omet sciemment et de mauvaise foi d'y comprendre des effets de la succession , est déchu du bénéfice d'inventaire , 801.

— Dans quel délai , dans quelles formes , et à la requête de qui doit-il être fait , des biens composant la succession de celui qui a disposé, à la charge de restitution ? 1058. — 1061.

— Le mari doit faire procéder à l'inventaire des successions échues pendant le mariage , soit de son chef, quand il est héritier , soit comme dirigeant et autorisant sa femme , si la succession est échue à cette dernière.

L'inventaire sert à régler la portion contributoire de la communauté, dans les dettes de successions mobilières et immobilières , 1414.

— Quel est le droit de la femme ou de ses héritiers , lors de la dissolution de la communauté , lorsque le mari n'a point fait faire un inventaire des biens échus à la femme , pendant le mariage ? 1415.

— Le défaut d'inventaire , après la mort naturelle ou civile , ne donne pas lieu à la continuation de la communauté.

Quelle est la peine contre l'époux survivant qui n'a point fait d'inventaire ? Quelle est celle contre le subrogé tuteur qui n'a point obligé l'époux survivant à le faire? 1442.

Inventaire. Dans quel délai la femme qui veut se conserver le droit de renoncer à la communauté, doit-elle faire procéder à celui des biens qui la composent ?

En présence de qui doit être fait ?

Elle est tenue de l'affirmer sincère et véritable devant l'officier public qui l'a reçu , 1456.

Inventaire (clôture d') Dans quel délai la veuve doit la faire ? 1456.

Les frais d'inventaire font partie des dettes de la communauté , 1482.

Le mobilier qui échoit à chacun des époux , pendant le mariage, doit être constaté par un inventaire.

A défaut d'inventaire du mobilier échu au mari , ou d'un titre propre à justifier de sa consistance et valeur , déduction faite des dettes , le mari ne peut en exercer la reprise.

Quid? si le défaut d'inventaire porte sur un mobilier échu à la femme, 1504.

J.

Jeu et pari, sont des contrats aléatoires,1964.

Jeu La loi n'accorde aucune action pour une dette qui en provient, 1965.

Jeux. Quels sont ceux à raison desquels la loi accorde une action pour obtenir le paiement des sommes dues ?

Si la somme paraît excessive au tribunal , il peut rejeter la demande , 1966.

Jeu. Le perdant ne peut , dans aucun cas , répéter ce qu'il a volontairement payé, à moins qu'il n'y ait eu de la part du gagnant , dol , supercherie , ou escroquerie , 1967.

Jouissance des biens. Le père , durant le mariage , ou le survivant des père et mère , ont la jouissance des biens de leurs enfans , jusqu'à l'âge de 18 ans, ou jusqu'à leur émancipation, 384.

— Cette jouissance ne leur est accordée qu'à la charge de nourrir , entretenir et faire élever leurs enfans , de payer les arrérages ou intérêts des capitaux , les frais funéraires , et ceux de dernière maladie , et d'acquitter les charges auxquelles sont assujettis les usufruitiers, 385.

— N'a point lieu au profit de celui des père et mère contre lequel le divorce a été prononcé , 586.

— La jouissance des biens des enfans jusqu'à 18 ans, ou jusqu'à leur émancipation accordée au père ou à la mère , ne s'étend point à ceux acquis par un travail ou une industrie séparés, ni à ceux donnés ou légués sous la condition expresse que les père et mère n'en jouiront point , 387.

Juge. Ne peut refuser de juger , sous prétexte du silence , de l'obscurité ou de l'insuffisance de la loi , sans s'exposer à être poursuivi , comme coupable de déni de justice , 4.

Juges. Ne peuvent prononcer par voie de disposition générale et réglementaire sur les causes qui leur sont soumises , 5.

Juge du domicile élu pour l'exécution d'un acte , est compétent pour connaître des contestations relatives à cet acte , 111.

— Le juge , en statuant sur la demande en déclaration d'absence , doit avoir égard aux motifs de l'absence et aux causes qui empêchent de recevoir des nouvelles de l'absent, 117.

— Peut modifier la peine stipulée , lorsque l'obligation a été exécutée en partie , 1231.

Juges peuvent accorder des délais pour le paiement des dettes , 1244.

— Ne peuvent , ainsi que leurs suppléans , acheter les droits litigieux qui sont de la compétence du tribunal où ils siègent , 1597.

— Ne peuvent prononcer la contrainte par corps , que dans les cas déterminés par la loi , 2063.

— Sont déchargés des pièces , cinq ans après le jugement des procès , 2276.

Juge de paix du domicile de l'adoptant, doit recevoir l'acte de son consentement , et de celui de l'adopté, 354.

— Du domicile du mineur , peut d'office convoquer le conseil de famille pour la nomination d'un tuteur , 406.

— C'est devant le juge de la commune où la tutelle est ouverte , que doit être assemblé le conseil de famille , 407.

— Qui doit-il appeler au conseil de famille , lorsqu'il n'existe point de parens , ni des alliés en nombre suffisant pour le composer?409.

— Cas où il peut permettre de citer des parens ou alliés domiciliés au-delà de la distance fixée ? 410

— Doit régler le jour fixé pour comparaître et former le conseil de famille , 411.

— Doit prononcer sans appel l'amende encourue par le parent allié ou ami , qui ne comparaît point au conseil de famille , 413.

— Dans quel cas peut-il proroger ou ajourner l'assemblée du conseil de famille ? 414.

— L'assemblée du conseil de famille se tient de plein droit chez lui ou dans le local qu'il est le maître de désigner , 415.

— Préside le conseil de famille. Il y a voix délibérative et prépondérante , 416.

— Est obligé de convoquer d'office le conseil de famille pour prononcer sur la destitution d'un tuteur.

Cas où il ne peut refuser la convocation, 446.

— Reçoit , assisté de son greffier , la déclaration du père ou de la mère pour opérer l'émancipation du mineur non marié , 477.

— Doit , comme président du conseil de famille , faire la déclaration que le mineur est émancipé , 478.

— Est tenu de déférer , à la réquisition qui lui est faite par des parens ou alliés du mineur , de convoquer un conseil de famille pour délibérer sur l'émancipation du mineur , 479.

Jugemens contradictoires n'emportent la mort civile qu'à compter du jour de leur exécution , 26.

— Le rapport ne leur est pas dû , 857.

Légataire à titre universel, contribue aux dettes et charges de la succession, au prorata de son émolument, 871.

Légataire particulier , n'est pas tenu des dettes et charges de la succession, sauf l'action hypothécaire sur l'immeuble légué, 871.

— Qui acquitte la dette dont l'immeuble légué étoit grevé , est subrogé de plein droit aux droits des créanciers, contre les héritiers et successeurs à titre universel , 874.

Légataire. Toute disposition par laquelle il seroit chargé de conserver et de rendre à un tiers, est nulle , même à son égard , 896.

— Enfant ou successible du donateur , venant à la succession , n'est pas tenu au rapport de la quotité disponible qui lui a été léguée expressément par préciput et hors part , 919.

— Ne peut jamais demander la réduction des donations , ou legs à la quotité disponible , ni en profiter , 921.

Légataire universel , est tenu de demander la délivrance du legs, lorsqu'il y a des héritiers auxquels une quotité des biens est réservée , 1004.

— Lorsqu'au décès du testateur il y a des héritiers auxquels une quotité de ses biens est réservée , le légataire a la jouissance des biens légués, à compter du jour du décès , si la délivrance est demandée dans l'année, ou du jour de la demande formée en justice, ou du jour que la délivrance a été volontairement consentie , 1005.

— Dans quel cas est saisi de plein droit par la mort du testateur ? 1006.

— Le légataire institué par un testament olographe et mystique , d'une personne qui ne laisse point d'héritiers auxquels la loi réserve une quotité de biens , est tenu de se faire envoyer en possession par une ordonnance mise au bas de l'acte de dépôt , 1008.

— Le légataire qui est en concours avec un héritier auquel la loi réserve une quotité des biens , est tenu des dettes et charges de la succession du testateur , personnellement pour sa part , et hypothécairement pour le tout.

Il est tenu d'acquitter les legs , sauf le cas de réduction , 1009.

Légataires à titre universel, sont tenus de demander la délivrance , soit aux héritiers auxquels une quotité de biens est réservée, soit aux légataires universels, soit aux héritiers appelés à recueillir la succession , 1011.

Légataire à titre universel, est tenu , comme le légataire universel , des dettes et charges de

la succession , personnellement pour sa part, et hypothécairement pour le tout , 1012.

— Est tenu d'acquitter les legs particuliers par contribution , avec les héritiers naturels , lorsque le testateur n'a disposé que d'une quotité de la portion disponible, 1013.

Légataire particulier , ne peut se mettre en possession de la chose léguée , ni en prétendre les fruits ou intérêts , qu'à compter du jour de sa demande en délivrance, ou du jour que cette délivrance lui a été consentie volontairement , 1014.

— Dans quel cas les intérêts on les fruits de la chose léguée courent à son profit , dès le jour du décès , sans qu'il ait formé sa demande en justice ? 1015.

— Doit les frais de l'enregistrement de son legs , à moins qu'il n'en ait été autrement ordonné par le testament , 1016.

Légataire particulier. La chose léguée doit lui être délivrée avec les accessoires , et dans l'état où elle se trouve au jour du décès du testateur , 1018.

— N'est point tenu des dettes de la succession , sauf la réduction du legs dans les cas prévus , et sauf l'action hypothécaire du créancier , 1024.

Légataire institué sous une condition suspensive de l'exécution du testament, a un droit acquis et transmissible à ses héritiers , 1041.

— Qui répudie la disposition testamentaire, ou qui est incapable de la recueillir , la rend caduque , 1043.

Légataires, quand il y a lieu à accroissement à leur profit , 1044.

— De celui qui a disposé avec la charge de restitution, ne peuvent opposer aux appelés le défaut de transcription ou d'inscription, 1072.

Légitimation. Peut avoir lieu en faveur des enfans décédés, qui ont laissé des descendans. Elle profite aux descendans , 332.

Légitimité des enfans, se prouve par une possession d'état non contredite par leur acte de naissance, 197.

Légitimité d'un enfant né 300 jours après la dissolution du mariage , peut être contestée, 315.

— Quel est le délai accordé aux héritiers du mari pour contester la légitimité de l'enfant , lorsque le mari est mort dans le délai utile pour faire sa réclamation ? 317.

Legs d'une rente viagère , ou pension alimentaire , doit être acquitté par le légataire universel de l'usufruit , et par le légataire à titre universel de l'usufruit , dans la proportion de sa jouissance, sans répétition de sa part, 610.

— Dans quel cas est sujet au rapport par l'héritier, même bénéficiaire ? 843.

Si le testateur a expressément déclaré qu'il entend que tel legs soit acquitté de préférence aux autres, cette préférence doit avoir lieu, 927.

Legs universel. Sa définition, 1003.

Legs à titre universel. Sa définition.

Différence entre le legs universel et celui à titre particulier, 1010.

Legs pur et simple donne au légataire, à compter du jour du décès du testateur, droit à la chose léguée. Ce droit est transmissible à ses héritiers, ou ayant cause, 1014.

Legs particulier. Chaque legs particulier peut être enregistré séparément, sans que cet enregistrement puisse profiter à aucun autre qu'au légataire ou à ses ayant cause, 1016.

Legs particulier. Chacun des héritiers du testateur ou des débiteurs d'un legs, sont tenus personnellement d'acquitter le legs particulier, au prorata de la portion dont ils profitent dans la succession, et hypothécairement pour le tout, jusqu'à concurrence de la valeur des immeubles de la succession dont ils sont détenteurs, 1017.

Legs. Lorsque celui qui a légué la propriété d'un immeuble, l'a ensuite augmentée par des acquisitions, ces acquisitions, même contiguës, ne sont pas censées, sans une nouvelle disposition, faire partie du legs.

Il en est autrement des embellissemens ou des constructions nouvelles, faites sur le fonds légué, ou d'un enclos dont le testateur aurait augmenté l'enceinte, 1019.

— Si avant le testament, ou depuis, la chose léguée a été hypothéquée pour une dette de la succession, ou pour celle d'un tiers ou grevée d'un usufruit, dans quel cas celui qui doit acquitter le legs doit la dégager ? 1020.

— De la chose d'autrui, est toujours nul, 1021.

— Si le legs est d'une chose indéterminée, l'héritier n'est pas tenu de la donner de la meilleure qualité; il ne peut l'offrir de la plus mauvaise, 1022.

— Fait au créancier; n'est pas censé fait en compensation de sa dette, ni celui fait au domestique, en compensation de ses gages, 1023.

— Dans quel cas devient caduc ? 1042.

— Il y a lieu à accroissement, au profit des légataires, quand le legs est fait à plusieurs, conjointement, 1044 et 1045.

Lésion. Dans quel cas elle peut être opposée par l'héritier majeur, pour faire annuller l'acceptation d'une succession ? 783,

— De plus du quart, peut donner à un cohéritier un moyen de rescision, 887.

— Pour juger s'il y a eu lésion, on estime les objets suivant leur valeur, au temps du partage, 890.

— De plus du quart, suffit pour faire annuller le partage fait par un ascendant, 1079.

— Ne vicie les conventions que dans certains contrats, et à l'égard de quelques personnes, 1118.

— Donne lieu à la rescision en faveur du mineur non émancipé, contre toutes sortes de conventions; et en faveur du mineur émancipé, contre les conventions qui excèdent les bornes de sa capacité, 1305.

— Le mineur n'est pas restituable pour cause de lésion, lorsqu'elle résulte d'un événement casuel et imprévu, 1306.

— Le mineur ne peut la proposer et se faire restituer contre les conventions portées en son contrat de mariage, lorsqu'elles ont été faites avec le consentement et l'assistance de ceux dont le consentement était requis pour la validité de son mariage, 1309.

— Dans quel cas est-elle un moyen de restitution en faveur des majeurs ? 1313.

— Quand il y a lieu à déclarer qu'elle existe, elle donne lieu à la rescision du contrat, lors même que le vendeur y aurait expressément renoncé par le contrat, et qu'il aurait déclaré donner la plus value, 1674.

— Pour savoir si elle existe de plus de sept douzièmes, il faut procéder à l'estimation de l'immeuble, suivant son état et sa valeur, au moment de la vente, 1675.

— La demande en rescision, pour cause de lésion, n'est plus recevable après l'expiration de deux années, à compter du jour de la vente.

Ce délai court contre les femmes mariées, les absens, les interdits, les mineurs venant du chef du majeur qui a vendu : il court aussi pendant la durée du temps stipulé pour le reméré, 1676.

— Quand et comment peut-on admettre la preuve de la lésion ? 1677.

— Comment se fait la preuve ? 1678.

— Lorsqu'elle est prouvée, et que la rescision est admise, quel est le droit de l'acquéreur ?

Le tiers possesseur jouit du même droit, sauf sa garantie contre son vendeur, 1681.

— Obligations de l'acquéreur, dans le cas où il garde la chose, et ce qu'il a droit d'exiger s'il la rend, 1682.

La lésion n'est pas admise en faveur de l'acheteur, 1685.

cune garantie pour le trouble que des tiers apportent à sa jouissance, par des voies de fait, sans prétendre aucun droit à la chose louée, 1725.

Locataire ou fermier. S'il est troublé dans sa jouissance, par suite d'une action concernant le fonds, a-t-il droit à une diminution du prix de son bail ? 1726.

Locataires ou fermiers. Quand le bailleur vend la chose louée, l'acquéreur ne peut expulser les locataires ou fermiers, s'ils ont un bail authentique, ou dont la date est certaine, à moins que le bailleur ne se soit réservé ce droit par le bail, 1743.

Locataire ou fermier. Quelle est l'indemnité qui leur est due, et par qui doit-elle être payée, lorsqu'ils sont expulsés de la chose louée par le nouvel acquéreur, en vertu de la stipulation faite lors du bail ? 1744.

Locataire. Quelle est l'indemnité que le bailleur doit lui payer, lorsqu'il est expulsé d'une maison, boutique, ou appartement, par l'acquéreur, en vertu de la stipulation faite lors du bail ? 1745.

-- Lorsque l'acquéreur veut user de la faculté réservée par le bail, d'expulser le locataire, il doit l'avertir au temps d'avance usité dans les lieux pour les congés, 1748.

Locataire ou fermier de choses vendues à pacte de rachat, ne peuvent être expulsés par l'acquéreur à ce pacte, en vertu de la réserve faite dans le bail, que lorsqu'il est devenu propriétaire incommutable, 1751.

Locataire peut être expulsé, s'il ne garnit pas les lieux de meubles suffisans pour répondre du loyer.

Exception, 1752.

-- À quoi est tenu celui contre lequel la résiliation du bail a été prononcée ? 1760.

-- Ne peut être expulsé par le bailleur qui déclarerait vouloir occuper par lui-même, 1761.

Logement, nourriture. Temps pendant lequel la communauté doit un logement et nourriture à la veuve, 1465.

-- Le fermier sortant doit laisser à son successeur un logement convenable pour la culture, 1777.

Lois. A compter de quel jour elles sont exécutoires dans tout le territoire français ? 1.

Loi ne dispose que pour l'avenir; elle n'a point d'effet rétroactif, 2.

Lois de police et de sûreté obligent tous ceux qui habitent le territoire, 3.

-- Concernant l'état et la capacité des personnes, régissent les Français même résidant en pays étranger, 3.

-- Leur silence, leur obscurité ou leur insuffisance ne peuvent empêcher le juge de juger, 4.

-- On ne peut déroger par des conventions particulières à celles qui intéressent l'ordre public et les bonnes mœurs, 6.

Loi. Ce qu'elle prohibe est une cause illicite, 1133.

-- Toute condition prohibée par la loi est nulle, 1172.

Lois. (Composition des) Règles à suivre à ce sujet, 831 et 832.

Lois. Leur inégalité se compense par un retour, soit en rente, soit en argent, 833.

-- Par qui sont faits ?

Sont tirés au sort, 834.

Louage. (Contrat de) Il y en a de deux sortes.

Celui des choses et celui d'ouvrage, 1708.

-- Définition du louage des choses, 1709.

-- Définition du louage d'ouvrage, 1710.

-- Subdivision de ces deux genres de louage, 1711.

Louage. On peut louer toute sorte de biens meubles ou immeubles, 1713.

Louage (Contrat de) peut être fait par écrit ou verbalement, 1714.

Louage d'ouvrage ou d'industrie. Il y en a de trois espèces principales ;

Celui des gens de travail qui s'engagent au service de quelqu'un ;

Celui des voituriers, tant par eau que par terre, qui se chargent du transport des personnes ou des marchandises ;

Celui des entrepreneurs d'ouvrages, par suite des devis ou marchés, 1779.

-- Le maître en est crû sur son affirmation pour la quotité des gages des domestiques ;

Pour le paiement du salaire de l'année échue;

Et pour les à-comptes donnés pour l'année courante, 1781.

Louage d'ouvrage. Ce contrat est dissous par la mort de l'ouvrier, de l'architecte ou de l'entrepreneur, 1795.

-- Lorsque ce contrat est dissous par la mort de l'ouvrier, de l'architecte ou de l'entrepreneur, que doit payer le propriétaire? 1796.

Loyaux coûts. Le vendeur qui use du pacte de rachat, ne peut rentrer en possession qu'après avoir payé les loyaux coûts du contrat, 1673.

Loyers des maisons sont des fruits civils, 584.

-- Ils s'acquièrent jour par jour, 586.

-- Intérêts auxquels ils donnent lieu, 1155.

-- Temps pendant lequel la veuve ne doit point de loyer à la communauté, 1465.

Loyer, est le louage du travail ou des services, 1711.

Loyers et fermages, conservent un privilége sur les fruits de la récolte de l'année, et sur le prix de tout ce qui garnit la maison louée ou affermée.

Pour quel temps ils conservent ce privilége ? 2102.

Loyers des maisons et des biens ruraux se prescrivent par cinq ans, 2277.

M.

Maçons qui ont été employés à la construction d'ouvrages faits à l'entreprise, ont une action contre celui pour lequel ces ouvrages ont été faits. Ils sont considérés comme entrepreneurs, quand ils ont des marchés à prix faits; 1798, 1799.

-- Ont un privilége sur les maisons, canaux et autres ouvrages qu'ils ont construits ou réparés.

Ce qu'ils doivent faire pour l'acquérir.

Ceux qui ont prêté les deniers pour payer ou rembourser les ouvriers, jouissent du même privilége, en remplissant les formalités prescrites, 2103. Voyez *Architectes.*

Main d'œuvre. Le propriétaire qui conserve les constructions et plantations faites par un tiers sur son fonds, est tenu du remboursement de la main d'œuvre, 555.

-- Lorsqu'elle surpasse de beaucoup la valeur de la matière employée, elle donne à l'ouvrier le droit de la retenir par droit d'accession, 571.

Main-levée des oppositions au mariage. Règles et formalités de ces main-levées, 174, 177 et 512.

Maires des communes, doivent surveiller la remise aux archives de la commune du double des registres de l'état civil, 43.

Ils visent et certifient les affiches de vente des biens des mineurs, 459.

Maison meublée. Ce que comprend la vente d'une maison meublée, et celle d'une maison avec tout ce qui s'y trouve 535.

Maison. Comment se regle l'indemnité en faveur du locataire, lorsqu'il est expulsé par l'acquéreur, en vertu de la clause du bail? 1745.

Maîtres. Le majeur qui sert ou travaille habituellement chez un maître, a son domicile dans sa maison, 109.

Les maîtres sont responsables du dommage causé par leurs domestiques, 1584.

Maîtres de pension, ont un privilége sur la généralité des meubles, pour le paiement de la pension fournie, soit au débiteur ou à sa famille, pendant la dernière année, 2101.

--Leur action pour le prix de la pension de leurs élèves, se prescrit par un an, 2272.

Maîtres de sciences et arts. Leur action se prescrit par six mois, pour les leçons qu'ils donnent au mois, 2271.

Majeur. Les témoins produits aux actes de l'état civil, doivent être majeurs 36.

L'acte de mariage doit énoncer si les époux sont majeurs ou mineurs, 63 et 76.

Majeur interdit, a son domicile chez son curateur, 108.

Majeur. Avant de contracter mariage, l'enfant de famille majeur est tenu de demander, par un acte respectueux et formel, le conseil de ses père, mère ou aïeuls, 151.

La demande en divorce, par consentement mutuel, n'est point admissible si les époux ne sont pas majeurs, 275.

Majeurs. Lorsque tous les héritiers d'une succession sont présens et majeurs, l'apposition des scellés n'est pas nécessaire, 819.

Ils peuvent régler le mode de partage, *ibid.*

-- L'adoption pour cause d'un service qui a sauvé la vie, ne peut avoir lieu si l'adoptant n'est pas majeur, 345.

-- Pour quelles causes un majeur peut être interdit? 489.

-- Cas où les majeurs peuvent se faire restituer, contre l'acceptation qu'ils ont faite d'une succession, 785.

--Forme d'acceptation d'une donation pour un donataire majeur, 933.

Les témoins appelés pour être présens à un testament, doivent être majeurs, 980.

Cas où les majeurs sont restitués pour cause de lésion, 1313.

-- Ils ne sont restituables pour cause de lésion, que dans le cas et sous les conditions exprimées par la loi, 1313.

Majorité affranchit de la puissance paternelle, 372 et 377.

Elle est fixée à vingt-un ans. A cet âge on est capable de tous les actes de la vie civile, excepté pour le mariage, 488.

-- La déclaration de majorité du mineur, ne fait point obstacle à sa restitution, 1307.

Effets de la ratification du mineur en majorité, 1311.

Maladies contagieuses. Forme et effets des testamens dans les pays où règnent des maladies contagieuses, 985.

Marchandises. La vente de celles faites au poids, au compte ou à la mesure, n'est parfaite que lorsqu'elles ont été pesées, comptées ou mesurées, 1585.

— La vente de celles vendues en bloc, est parfaite, quoiqu'elles n'aient pas encore été pesées, comptées ou mesurées, 1586.

Marchands, ne sont pas tenus d'approuver en toutes lettres, la somme portée aux billets qu'ils souscrivent, 1326.

Preuves résultantes de leurs registres, livres et papiers, 1329 *et suiv.*

— La séparation des biens de la femme dont le mari est marchand, doit, avant son exécution, être rendue publique par l'affiche sur un tableau à ce destiné dans la principale salle du tribunal de première instance; et de plus, dans celle du tribunal de commerce du lieu de son domicile; et ce, à peine de nullité de l'exécution, 1445.

Marchands en gros, ont un privilége général sur les meubles de leur débiteur, pour la fourniture des subsistances faites pendant la dernière année, 2101.

Marchands en détail, ont un privilége général sur les meubles de leur débiteur, pour les fournitures des subsistances faites pendant les derniers six mois, 2101.

Marchands. Leur action pour les marchandises vendues à des particuliers non marchands, se prescrit par un an, 2272.

Marché. Celui par lequel on se charge de faire un ouvrage, est un louage. Ce contrat a ses règles particulières, 1711.

Marché à forfait, peut être résilié par la seule volonté du maître, quoique l'ouvrage soit déjà commencé, en dédommageant l'entrepreneur de toutes ses dépenses, travaux et gains qu'il aurait pu faire dans l'entreprise, 1794.

Mari doit protection à sa femme, 213.

— Doit fournir à sa femme tout ce qui est nécessaire pour les besoins de la vie, selon ses facultés et son état, 214.

— Est obligé par l'obligation contractée sans son autorisation par la femme marchande publique, s'il y a communauté entre eux, 220.

Mari mineur, doit faire autoriser sa femme par le juge, pour ester en jugement ou pour contracter, 224.

Mari peut opposer la nullité résultante de défaut d'autorisation, 225.

— Demandeur ou défendeur en matière de divorce pour cause déterminée, doit-il conserver provisoirement l'administration des enfans? 267.

— Est obligé de payer une pension alimentaire à sa femme, pendant la durée de l'action en divorce pour cause déterminée, 268.

— Peut refuser la pension alimentaire à sa femme, lorsqu'elle ne justifie pas de sa résidence, pendant l'action en divorce, dans la maison indiquée, et la faire déclarer non-recevable, si elle est demanderesse, 269.

— Est tenu de se charger des effets mobiliers inventoriés, après la levée des scellés apposés à la réquisition de la femme pendant l'action en divorce.

Il est tenu de les représenter ou de répondre de leur valeur, comme caution judiciaire, 270.

Mari, qui a moins de vingt-cinq ans, ne peut être admis à demander le divorce pour consentement mutuel, 275.

— Divorcé pour cause déterminée, ne peut contracter un nouveau mariage que trois ans après la prononciation du divorce, 297.

— Est le père de l'enfant conçu pendant le mariage. Dans quel cas peut-il le désavouer? 312.

— Ne peut désavouer l'enfant conçu pendant le mariage, même pour cause d'impuissance naturelle.

Peut-il le désavouer pour cause d'adultère? 313.

— Dans quel cas il peut ou non désavouer l'enfant né avant le 180.e jour du mariage? 314.

— Dans quel délai il doit désavouer l'enfant né pendant le mariage? 316.

— Est de droit tuteur de sa femme interdite, 506.

— De quels meubles ou immeubles peut-il demander le partage, sans le concours de sa femme?

Quand et de quels objets il peut demander le partage provisoirement? 818.

— Est responsable du défaut d'acceptation de la donation faite à sa femme. Son insolvabilité ne donne pas lieu à la restitution contre le défaut d'acceptation, 942.

— *Mari*, qui prétend avoir acquitté une dette contractée par sa femme avant le mariage, et dont le titre n'aurait pas une date certaine avant le mariage, n'en peut demander la récompense, ni à sa femme ni à ses héritiers, 1410.

— Le mari qui n'a point fait faire inventaire des successions à lui échues pendant le mariage, ne peut être admis à prouver par témoins la consistance et la valeur du mobilier, 1415.

— Il administre seul les biens de la communauté. Il peut les vendre, aliéner, hypothéquer sans le consentement de sa femme, 1421.

— Ne peut disposer entre-vifs , à titre gratuit, des immeubles de la communauté , ni d'une quotité ou de l'universalité du mobilier, si ce n'est pour l'établissement des enfans communs. Il peut disposer des effets mobiliers , à titre gratuit et particulier , au profit de toutes personnes, pourvu qu'il ne s'en réserve pas l'usufruit, 1422.

— Ne peut, par une donation testamentaire , disposer au-delà de sa part dans la communauté. S'il a donné en cette forme un effet de la communauté, le donataire ne peut le réclamer en nature, 1423.

— Les amendes encourues par le mari pour crime n'emportant pas mort civile, sont à la charge de la communauté, 1424.

Quels sont les droits qu'il exerce sur les biens personnels de la femme, sous le régime de la communauté légale ?

De quels dépérissemens il est responsable ? 1428.

—Le mari qui garantit la vente que sa femme a faite d'un immeuble qui lui est personnel , a recours contre elle, s'il est inquiété par l'acquéreur , 1432.

— Dans quel cas le mari est ou non garant du défaut d'emploi ou de remploi du prix de l'immeuble aliéné par sa femme sous l'autorisation de la justice ?

Il ne l'est point de l'utilité du remploi. Exception , 1450.

— Si les héritiers de la femme sont divisés, en sorte que l'un ait accepté la communauté à laquelle l'autre a renoncé, celui qui a accepté ne peut prendre que sa portion virile et héréditaire dans les biens qui échoient au lot de la femme.

Le surplus reste au mari , qui demeure chargé envers l'héritier renonçant, des droits que la femme aurait pu exercer en cas de renonciation ; mais jusqu'à concurrence seulement de la portion virile et héréditaire du renonçant , 1475.

Mari qui n'a point fait faire inventaire du mobilier à lui échu pendant le mariage contracté avec la clause qui exclut de la communauté le mobilier en tout ou partie, ne peut en exercer la reprise , 1504.

— Il a le droit d'administrer les biens , meubles et immeubles de sa femme mariée sans communauté , et de percevoir tout le mobilier qu'elle apporte en dot et celui qui lui échoit pendant le mariage , sauf la restitution qu'il en doit faire à la dissolution du mariage,

ou après la séparation de biens qui serait prononcée par justice , 1531.

— Lorsque la femme séparée a laissé la jouissance de ses biens à son mari, celui-ci n'est tenu , soit sur la demande que sa femme pourrait lui en faire , soit à la dissolution du mariage , qu'à la représentation des fruits existans, et il n'est point comptable de ceux qui ont été consommés jusqu'alors, 1539.

— Il peut même , pendant le mariage , demander la révocation de l'aliénation du fonds dotal. S'il n'a pas déclaré dans le contrat que le fonds était dotal , il est sujet aux dommages et intérêts de l'acheteur, 1560.

— N'est pas tenu des pertes ou retranchemens qu'ont souffert les obligations ou constitutions de rentes constituées en dot, 1567.

— *Mari* qui a joui des biens paraphernaux sans opposition de la part de la femme, n'est tenu qu'à la représentation des fruits existans. Il n'est pas comptable de ceux consommés, 1578.

— S'il a joui des biens paraphernaux malgré l'opposition constatée de sa femme, il est comptable envers elle de tous les fruits, tant existans que consommés, 1579.

— Le mari qui jouit des biens paraphernaux, est tenu de toutes les obligations de l'usufruitier , 1580.

Maris, sont tenus de rendre publiques les hypothèques dont leurs biens sont grevés, et , à cet effet, de requérir eux-mêmes, sans aucun délai , inscription aux bureaux à ce établis , sur les immeubles à eux appartenant , et sur ceux qui pourront leur appartenir par la suite.

Les maris qui , ayant manqué de requérir et de faire faire les inscriptions ordonnées , auraient consenti ou laissé prendre des privilèges ou hypothèques sur leurs immeubles , sans déclarer expressément que lesdits immeubles sont affectés à l'hypothèque légale des femmes , sont réputés stellionataires , et comme tels contraignables par corps , 2136.

Mariage. Le condamné mort civilement , est incapable de contracter un mariage qui produise aucun effet civil.

Celui contracté précédemment par lui , est dissous, quant à tous effets civils , 25.

— Comment se prouve un mariage , à défaut des registres de l'état civil , 46.

— Par qui et comment doivent être faites les publications de mariage ? Leur délai , et forme du registre où elles sont inscrites, 63 et 64.

— Formalités prescrites pour la célébration du mariage , dans le cas où elle n'a pas eu lieu dans l'année des publications , 65.

Quel est l'effet du jugement rendu par une cour criminelle ? 198.

Mariage. (validité du) Ceux qui ont un intérêt à la faire déclarer, peuvent, lorsque les deux époux, ou un seul sont morts, avant d'avoir découvert la fraude, intenter une action criminelle, 199.

Mariage déclaré nul, produit néanmoins les effets civils, tant à l'égard des époux que des enfans, lorsqu'il a été contracté de bonne foi, 201.

— Contracté de bonne foi par un des époux, produit, quoique déclaré nul, les effets civils en faveur de cet époux, et des enfans issus du mariage, 202.

— Les époux contractent ensemble, par le fait seul du mariage, l'obligation de nourrir, entretenir et élever leurs enfans, 203.

— Comment le mariage se dissout, 227.

Mariage. (second) La femme ne peut contracter un second mariage, que dix mois après la dissolution du premier, 228.

Mariage subséquent, légitime les enfans nés hors mariage, excepté les adultérins et les incestueux, 331.

— Les enfans légitimés par le mariage subséquent, ont les mêmes droits que s'ils étaient nés de ce mariage, 333.

— Est prohibé entre l'adoptant et l'adopté, et ses descendans ;
Entre les enfans adoptifs du même individu ;
Entre l'adopté et les enfans qui pourraient survenir à l'adoptant ;
Entre l'adopté et le conjoint de l'adoptant ; entre l'adoptant et le conjoint de l'adopté, 348.

— Le mariage émancipe de plein droit le mineur, 476.

Mariage. (second) Quelle part peut donner à son nouvel époux celui qui, ayant des enfans d'un premier lit, convole à de secondes noces ? 1098.

Masse. Comment se fait le rapport à la masse, en matière de succession, 829 *et suiv.*
Voyez *Partages*, *Rapports et Successions.*

Matériaux provenant de la démolition d'une maison ; et ceux assemblés pour construire un édifice sont meubles.
Temps jusqu'auquel ils sont meubles, 532.

— Obligations du propriétaire du sol, qui a fait des ouvrages avec des matériaux qui ne lui appartenaient pas, 554.

— Droit que le propriétaire a d'obliger celui qui a fait des constructions et plantations avec ses matériaux, de les enlever ou de les conserver, *ibid.*

— Ceux au remboursement desquels est tenu le propriétaire sur le fonds duquel il a été fait des constructions, plantations, etc. 555.

— Cas où l'usufruitier a ou non le droit de jouir des matériaux résultant de la destruction par suite d'accidens de bâtimens sujets à l'usufruit, 624.

Matières. Droit de celui qui a procuré des matières pour la formation d'une chose composée de plusieurs autres, 570 *et suiv.*

— Droit qu'a le propriétaire de matières employées à son insu, de réclamer, ou les matières, ou la valeur, et des dommages-intérêts, sans préjudice de la poursuite extraordinaire, 576 et 577.

Mauvais traitemens. Voyez, *Délits*, *Excès*, *Sévices.*

Mauvaise foi. L'héritier qui a omis par mauvaise foi de comprendre dans l'inventaire des effets de la succession, est déchu du bénéfice d'inventaire, 810.

— Effet de la mauvaise foi, relativement à la restitution des choses indûment reçues, 1378 et 1379.

— L'exception déduite de la mauvaise foi, ne peut être opposée à celui qui a prescrit par trente ans une action réelle ou personnelle, 2262.

Médecins. L'action pour le paiement de leurs visites, se prescrit par un an.
Leurs honoraires sont créances privilégiées, 2272.

Médicamens. Voyez *Apothicaires.*

Mélange. Effet du droit d'accession, relativement à la formation d'une chose, par le mélange de diverses matières, 573.

Ménage. (frais du) Proportion dans laquelle la femme qui a obtenu sa séparation de biens, doit y contribuer, 1448.

Mer. Les droits sur les effets qu'on y a jetés, ou qu'elle rejette, ainsi que sur les plantes et herbages qui croissent sur son rivage, sont réglés par des lois particulières, 717.

Mère. Si le mari est mort, ou dans l'impossibilité de manifester sa volonté, le consentement de la mère est nécessaire pour le mariage de ses enfans, lorsqu'ils n'ont point atteint l'âge fixé par la loi, 149.

A défaut du père, la mère peut former opposition au mariage de son enfant, 173.

— La mère d'un enfant né pendant le mariage, doit être présente à l'action dirigée contre lui pour lui contester sa légitimité, 318.

Mère non remariée, ne peut faire détenir son enfant, qu'avec le concours des deux plus proches parens paternels, et par voie de réquisition, 381.

— Le propriétaire d'une maison ou ferme, conserve son privilége sur les meubles qui ont été déplacés, et il peut les faire saisir.

Quel est le délai qui lui est accordé pour en faire la revendication? 2102.

— En fait de meubles, la possession vaut titre.

Néanmoins celui qui a perdu, ou auquel il a été volé une chose, peut la revendiquer pendant trois ans, à compter du jour de la perte ou du vol, contre celui dans les mains duquel il la trouve : sauf le recours de celui-ci contre la personne de laquelle il la tient, 2279.

Meurtrier d'un défunt est indigne de lui succéder, 727.

Militaire. (Service) Tout Français qui, sans la permission du Gouvernement, prend un service militaire chez l'étranger, perd sa qualité de Français, 21.

Militaires. Actes de l'état civil des militaires, 88 à 97.

— En activité de service, sont dispensés de la tutelle, 428.

Mines. Il est permis à tout propriétaire du sol de les fouiller et d'en extraire les produits, en se conformant aux lois et réglemens relatifs aux mines, et aux lois et réglemens de police, 552.

Mines et Carrières. L'usufruitier jouit de la même manière que le propriétaire des mines et carrières qui sont en exploitation à l'ouverture de l'usufruit.

Il n'a aucun droit à celles non ouvertes, 598.

Mines. Produits des mines qui entrent dans la communauté entre époux, 1403.

Mineur non émancipé a son domicile chez ses père, mère ou tuteur, 108.

Mineurs, laissés par un père qui a disparu, passent sous la surveillance de la mère, qui exerce tous les droits du mari, 141.

— A qui leur surveillance est-elle confiée, lorsque le père a disparu, et que la mère est décédée avant le père, ou avant d'avoir fait déclarer l'absence? 142.

— A qui doivent être confiés les enfans mineurs d'un époux disparu, et issus d'un mariage précédent? 143.

— Les mineurs qui n'ont ni père, ni mère, ni ascendans, ne peuvent contracter mariage avant l'âge de vingt-un ans, sans le consentement du conseil de famille, 160.

Mineur. Dans quel cas le conseil de famille doit lui nommer un protuteur? 417.

Mineurs. Excepté le père ou la mère, les mineurs ne peuvent être tuteurs ou membres du conseil de famille, 442.

Mineur. Sous quelles conditions le mineur devenu majeur, peut accepter une succession déjà répudiée en son nom, pendant sa minorité? 462.

— Qui donne des sujets graves de plaintes à son tuteur, peut, en vertu de l'autorisation du conseil de famille, être condamné à la réclusion, 468.

— N'est tenu des intérêts de ce qu'il doit au tuteur, que du jour de la sommation de payer, qui suit la clôture du compte, 474.

— Toute action du mineur contre son tuteur, relativement aux frais de la tutelle, se prescrit par dix ans, à compter de la majorité, 475.

— Est émancipé de plein droit par le mariage, 476.

— Non marié, peut être émancipé par ses père et mère, ou par la mère survivante, à l'âge de quinze ans révolus, 477.

— Resté sans père ni mère, peut être émancipé seulement à l'âge de dix-huit ans, si le conseil de famille l'en juge capable, 478.

Mineur émancipé. Quels sont les actes d'administration qu'il peut faire?

Il n'est restituable contre ceux qu'il peut faire, que dans les cas où le majeur le serait par lui-même, 481.

— Ne peut intenter aucune action mobilière, ni y défendre, ni recevoir, ni donner décharge d'aucun capital mobilier, sans l'assistance de son curateur, 482.

— Sous quelles conditions peut emprunter? 483.

— Ne peut vendre ni aliéner ses immeubles, ni faire aucun acte autre que ceux de pure administration, sans observer les formes prescrites au mineur émancipé, 484.

— Les obligations qu'il a souscrites par voie d'achat ou autrement, sont réductibles en cas d'excès.

Que doivent faire les tribunaux à ce sujet? 484.

— Le mineur émancipé, dont les engagemens ont été réduits, peut être privé du bénéfice de l'émancipation, 485.

— Celui qui fait un commerce, est réputé majeur pour les faits relatifs à ce commerce, 487.

Mineur. La prescription ne court point contre lui : il conserve à ses copropriétaires le droit de servitude, 710.

Mineurs. Par qui et comment peuvent être

tion, si le donateur n'a exprimé le contraire, composent l'actif de la communauté, 1401.

— Mode de constater la valeur du mobilier échu des successions aux époux en communauté, 1415.

— Le mari ne peut disposer à titre gratuit, de l'universalité ou d'une quotité du mobilier, si ce n'est pour l'établissement des enfans communs.

Comment peut disposer des effets mobiliers, à titre gratuit et particulier, au profit de toutes personnes, 1422.

— La femme séparée de corps et de biens peut disposer de son mobilier, 1449.

— Cas où, lors du partage de la communauté entre époux, les prélèvemens s'exercent sur le mobilier, 1471.

— La femme qui a renoncé à la communauté, perd son droit sur le mobilier qui y est entré de son chef, 1462.

— Stipulation des époux que le mobilier n'entrera point en communauté, ou n'y entrera qu'en partie, 1497.

— Effet de cette stipulation, 1500.

— Le mobilier présent et futur des époux est exclu de la communauté réduite aux acquêts.

Effet de cette exclusion, 1498.

— Cas où le mobilier des époux est réputé acquêt de communauté, 1499.

— Lorsque l'époux a limité la valeur de celui qu'il apporte, il est obligé de justifier de cet apport, 1501.

— L'apport du mobilier du mari est justifié par la déclaration portée au contrat de mariage, que son mobilier est de cette valeur.

Celui de la femme par la quittance du mari, 1502.

— Chaque époux a le droit de prendre et de prélever, lors de la dissolution de la communauté, la valeur de ce dont le mobilier qu'il a apporté lors du mariage, ou qui lui est échu depuis, excédait sa mise en communauté, 1503.

— Le mobilier qui échoit à chacun des époux pendant le mariage, doit être constaté par un inventaire.

A défaut d'inventaire du mobilier échu au mari, ou d'un titre propre à justifier sa consistance et sa valeur, déduction faite des dettes, le mari ne peut en exercer la reprise.

Si le défaut d'inventaire porte sur un mobilier échu à la femme, celle-ci ou ses héritiers sont admis à faire preuve, soit par titre, soit par témoins, soit même par commune renommée de la valeur de ce mobilier, 1504.

— Quand le contrat de mariage contient la clause de séparation de dettes, quel est le droit des créanciers, lorsque le mobilier apporté par les époux en mariage, ou celui qui leur est échu pendant la communauté, n'a pas été constaté par un inventaire ou état authentique? 1510.

— Effet de la faculté accordée à la femme et aux enfans, de reprendre le mobilier apporté en communauté, 1514.

— Effet, à l'égard du mobilier des époux, de la clause portant qu'ils se marient sans communauté, 1531 et suivans.

— Effet du régime dotal relativement au mobilier, 551.

Mobiliers. (Effets) Comment s'opère leur délivrance? 1606.

— En matière de vente d'effets mobiliers, la résolution de la vente a lieu de plein droit et sans sommation, au profit du vendeur, après l'expiration du terme convenu pour le retirement, 1657.

Mœurs. On ne peut déroger par des conventions particulières aux lois qui les intéressent, 6.

— Toutes dispositions entre-vifs et testamentaires qui leur sont contraires, sont réputées non écrites, 900.

Voyez *Bonnes mœurs.*

Moins prenant. Le rapport se fait en nature ou en moins prenant, 858, 860 et 868.

Monnaie. Quelle est l'obligation de celui qui a emprunté une somme d'argent, lorsque depuis l'époque du prêt il y a eu augmentation ou diminution d'espèces? 1895.

Mort. Voyez *Décès.*

Mort civile. Les condamnations à des peines dont l'effet est de priver celui qui est condamné, de toute participation aux droits civils, emportent la mort civile, 22.

Mort naturelle. La condamnation à la mort naturelle, emporte la mort civile, 23.

Mort civile. Les peines afflictives n'emportent la mort civile qu'autant que la loi y a attaché cet effet, 24.

— Droits, actions et prérogatives que fait perdre la mort civile, 25 et 227.

— A qui passent ces droits et ces actions? 25, 590, 718 et 719.

— Les condamnations contradictoires n'emportent la mort civile qu'à compter du jour de leur exécution, soit réelle, soit par effigie, 26.

— Les condamnations par contumace n'emportent la mort civile qu'après les cinq années qui suivent l'exécution du jugement par effi-

Murs. Propriétaires à la charge desquels sont les gros murs d'une maison à divers étages, et appartenans à différentes personnes, 664.

— Ouvrages intermédiaires requis pour certaines circonstances, près de contre un mur, 674.

— Ceux dans lesquels on peut ou non pratiquer des fenêtres et ouvertures, 675 et suiv.

Mystique. (Testament) Sa forme, 976. Voyez *Testamens.*

N.

Naissance, peut être prouvée, tant par les registres et papiers du père ou de la mère, que par témoins, lorsqu'il n'y a pas eu de registres de l'état civil, ou qu'ils sont perdus, 46.

— Dans quel délai et par qui doivent être faites les déclarations de naissance, et leur forme, 55 et suiv.

Obligation de celui qui trouve un enfant nouveau né, 58.

— Forme de l'acte de naissance d'un enfant né pendant un voyage de mer, 59 et suiv.

— La représentation de l'acte de naissance est nécessaire aux époux pour la célébration du mariage.

Manière d'y suppléer, quand on est dans l'impossibilité de se les procurer, 70.

— Même obligation de la part des époux qui demandent divorce par consentement mutuel, 285.

— Les déclarations de naissance, à l'armée, doivent être faites dans les dix jours de l'accouchement, 92.

Nantissement. Celui qui ne peut trouver une caution, est reçu à donner un nantissement à la place, 2041.

— La remise de la chose donnée en nantissement, ne fait point présumer la remise de la dette, 1286.

Définition du nantissement, et ses diverses espèces, 2071 et 2072.

Nation. Iles, îlots et atterrissemens qui lui appartiennent.

Autres biens qui dépendent du domaine public, 560.

Voyez *Domaines nationaux.*

— Elle a une hypothèque légale sur les biens des receveurs et administrateurs comptables.

Est soumise à la prescription; et peut l'opposer, 2121.

Voyez *Prescription.*

Naturalisation en pays étranger, fait perdre la qualité de français, 17.

Nature. Les ascendans succèdent aux choses par eux données à leurs descendans, lorsque les objets se retrouvent en nature, 747.

— Chacun des cohéritiers peut demander sa part en nature des meubles et immeubles d'une succession, 826.

Le rapport dans une succession, se fait en nature ou en moins prenant, 858.

— Obligation d'exécuter les dispositions, à charge de rendre en nature les objets donnés ou légués, 1063.

Naufrage Les dépôts nécessaires faits dans ce cas, peuvent être prouvés par témoins, 1348.

Navires, sont meubles.

Forme de leur saisie, 531.

Négligence. L'héritier bénéficiaire et le donataire doivent compte des détériorations que les meubles et immeubles ont éprouvées par leur négligence, 805 et 863.

Comment le gérant des affaires d'autrui peut être tenu des dommages et intérêts résultant de sa négligence, 1374.

— Responsabilité à laquelle la négligence donne lieu, 1383.

Cas où le mari est responsable de sa négligence, 1562 et 1567.

Neveu et nièce. Le mariage est prohibé entre l'oncle et la nièce, la tante et le neveu, 193.

Le Gouvernement peut lever cette prohibition, 164.

Neveux et nièces du meurtrier d'un défunt, auquel ils succèdent, ne sont point tenus de le dénoncer, 728.

L'oncle et le neveu sont parens au troisième degré, 738.

— Représentation qu'ils exercent dans les successions auxquelles ils sont appelés, 742 et suiv.

Dispositions, à la charge de restitution, permises en leur faveur, 1049.

Noces (frais et présens de), ne doivent pas être rapportés, 852.

Dans quel délai la femme peut convoler en secondes noces ? 228.

Voyez *Mariage.*

Nom du père porté par un enfant, établit la possession d'état, 321.

Noms. Si un enfant a été inscrit sous de faux noms, la filiation peut se prouver par témoins, 323.

L'adoption confère le nom de l'adoptant à l'adopté, en l'ajoutant au sien, 347.

Notaires, sont commis par le tribunal , à la requête de la partie la plus diligente , pour représenter les présumés absents dans les partages , comptes et liquidations où ils sont intéressés, 113.

-- Ils assistent les époux demandant le divorce par consentement mutuel, 281.

Fonctions des notaires dans cette circonstance , 285 *et suiv.*

-- Ils reçoivent les déclarations pour la nomination du conseil spécial , donné par le père à la mère survivante et tutrice, 392.

Pour le choix d'un tuteur , *ibid.*

-- Ils reçoivent les enchères pour la vente des meubles d'un mineur , 397.

-- Dans les partages qui intéressent les mineurs , les lots peuvent être tirés au sort en leur présence , 466.

-- Les jugemens portant interdiction ou nomination d'un conseil , sont affichés dans leurs études , 501.

-- La vente des meubles licités se fait devant eux , 827.

-- Après la vente des biens , le notaire procède aux comptes entre les parties, à la formation de la masse générale et à la formation des lots , 828.

-- Si, dans le cours des opérations , il s'élève des contestations , le notaire dresse procès-verbal des dires des parties , et les renvoie devant le juge commissaire chargé du partage , 837.

-- Tous actes contenant donation entre-vifs, sont passés devant notaires dans la forme des contrats , et il doit en rester minute, sous peine de nullité, 931 et 932.

Le testament authentique , ou par acte public, est reçu par deux notaires en présence de deux témoins , ou par un notaire en présence de quatre témoins : les clercs des notaires qui reçoivent les actes , ne peuvent servir de témoins , 971 et 976.

-- L'ouverture des testamens olographes et mystiques, doit se faire en présence d'un notaire, 1007.

-- La révocation d'un testament ne peut se faire que par un testament postérieur , ou par un acte devant notaire , 1035.

-- Actes d'emprunt et quittances qui doivent être passés devant notaires, 1250.

Foi due aux copies qu'ils délivrent , 1335.

Choses dont il doit être passé acte devant notaires , et effets de ces actes , 1341.

-- Les conventions matrimoniales doivent être rédigées par acte devant notaires , 1394.

Ce qui leur est prescrit relativement aux changemens et contre-lettres faites à l'occasion d'un contrat de mariage , 1397.

-- Ils ne peuvent, sous peine des dommages et intérêts des parties , et sous plus grande peine, s'il y a lieu, délivrer ni grosse ni expédition du contrat de mariage , sans transcrire à la suite le changement ou la contre-lettre , 1397.

-- Le rétablissement de communauté entre époux séparés , ne peut se faire que par acte devant notaire , 1451.

-- Les notaires ne peuvent devenir cessionnaires des procès de la compétence du tribunal dans l'arrondissement duquel ils exercent leurs fonctions , 1597.

-- Sont contraignables par corps pour la restitution des titres à eux confiés , et pour celle des deniers qu'ils ont reçus pour leurs cliens , par suite de leurs fonctions, 2060.

-- Il leur est défendu , à peine de nullité, dépens et dommages et intérêts , de stipuler dans aucun acte la contrainte par corps, hors les cas déterminés par la loi, 2065.

Notoriété (Acte de). Voyez *Actes.*

Nourriture (Frais de), ne sont point sujets à rapport , 852.

Temps pendant lequel la veuve peut prendre sa nourriture et celle de ses domestiques aux frais de la communauté, 1465.

Voyez *Alimens.*

Novation, qui a eu lieu dans la créance par l'acceptation de l'héritier pour débiteur , empêche que le créancier ne puisse demander la séparation du patrimoine du défunt d'avec le patrimoine de l'héritier, 879.

-- Elle éteint l'obligation, 1234.

Elle s'opère de plusieurs manières , 1271.

-- Ne peut s'opérer qu'entre personnes capables de contracter , 1272.

-- Ne se présume point. Il faut que la volonté de l'opérer résulte clairement de l'acte , 1273.

-- N'est point opérée par une délégation par laquelle un débiteur donne au créancier un autre débiteur, si le créancier n'a déclaré qu'il entendait décharger le débiteur qui a fait la délégation , 1274.

-- N'est point opérée par la simple indication faite par le débiteur d'une personne qui doit payer à sa place , ni par l'indication faite par le créancier d'une personne qui doit recevoir pour lui, 1277.

-- Ne fait point passer les privilège et hypothèque de l'ancienne créance à celle qui lui est substituée, à moins que le créancier ne les ait expressément réservés, 1278.

-- Lorsque la novation s'opère par la substitution d'un nouveau débiteur, les priviléges et hypothèques de la créance primitive, ne peuvent point passer sur les biens du nouveau débiteur, 1279.

-- Lorsqu'elle a lieu entre le créancier et l'un des débiteurs solidaires, les priviléges et hypothèques de l'ancienne créance ne peuvent être réservés que sur les biens de celui qui contracte la nouvelle dette, 1280.

-- La novation faite entre le créancier et l'un des débiteurs solidaires libère les codébiteurs. Celle opérée à l'égard du débiteur principal, libère les cautions. Exception.

Nue propriété. Cas où le créancier d'une femme mariée, ou d'une succession qui lui est échue, ne peut obtenir son paiement que sur la nue-propriété des immeubles personnels de la femme, 1410, 1413 et 1417.

-- Les amendes encourues par la femme en communauté, ne peuvent se poursuivre que sur la nue-propriété de ses biens personnels, 1424.

Nullité de mariage. Par qui peut être proposée celle résultant du défaut de consentement libre de la part des deux époux ou d'un seul, ou lorsqu'il y a eu erreur dans la personne? 180.

-- Résultant du défaut de consentement libre de la part des époux, ou de l'erreur dans la personne, ne peut plus être proposée, quand il y a eu cohabitation continuée pendant six mois depuis l'erreur reconnue par l'époux, ou qu'il a acquis sa pleine liberté, 181.

-- Par qui peut être attaqué le mariage contracté sans le consentement prescrit par la loi? 182.

Cas où l'action en nullité ne peut être intentée, ni par les époux, ni par les parens, 183.

-- Peut être proposée, soit par les époux eux-mêmes, soit par ceux qui y ont intérêt, soit par le ministère public, 184 et 191.

Exception, 185.

-- Dans aucun cas la famille ne peut demander la nullité du mariage auquel elle a consenti, 186.

Nullité de mariage (Action en) ne peut être intentée par les parens collatéraux, ou par les enfans nés d'un autre mariage, du vivant des deux époux, mais lorsqu'ils y ont un intérêt né et actuel 187.

Nullité de mariage. Comment l'époux, au préjudice duquel a été contracté un second mariage, peut en demander la nullité, 188.

-- Lorsque les nouveaux époux, dont le mariage est attaqué par un époux qui se dit engagé avec l'un d'eux, opposent la nullité du premier, cette nullité doit être jugée préalablement, 189.

Nullité de mariage. Dans quel cas et sous quelles modifications le commissaire du gouvernement peut et doit demander la nullité du mariage? 189.

-- Amende encourue par l'officier public, par les parties contractantes, et par ceux sous la puissance desquels elles ont agi, dans le cas où le mariage n'a pas été précédé des formalités voulues par la loi, 192 et 193.

O.

Obéissance. La femme doit obéissance à son mari, 213.

Obligations. Les tribunaux connaissent des obligations contractées par des étrangers envers des Français, et réciproquement de celles contractées par des Français envers des étrangers, 14 et 15.

-- Entre époux, et qui résultent du fait seul du mariage, 205.

Voyez Mariage.

-- Quelles sont les obligations réciproques entre les père, mère ou ascendans, et leurs enfans, leurs gendres et belles-filles? 206.

-- La femme mariée n'en peut contracter aucune sans l'autorisation de son mari ou du juge, 217, 219 et 221.

-- Nullités de celles contractées à la charge de la communauté par le mari, pendant la demande en divorce, 271.

-- Celles contractées par le mineur émancipé sont réductibles en cas d'excès.

Quelles sont les considérations que les tribunaux doivent prendre en prononçant? 484.

-- Les obligations qui ont pour objet des sommes exigibles ou des effets mobiliers, sont meubles, 529.

-- Quelles sont les obligations de l'usufruitier? 600.

-- Comment sont réglées celles établies par la loi sur les propriétaires, à l'égard l'un de l'autre, 652.

-- La propriété des biens s'acquiert et se transmet par l'effet des obligations.

Obligation de donner, de faire ou de ne pas faire, est l'objet et la matière de tout contrat, 1126.

-- Les choses futures peuvent en être l'objet; on ne peut renoncer à une succession non ouverte, ni faire aucune stipulation sur une pareille succession, même du consentement exprès de celui de la succession duquel il s'agit, 1130.

Obligation sans cause, ou sur une fausse cause, ou sur une cause illicite, ne peut avoir aucun effet, 1131.

— L'obligation de donner emporte celle de livrer la chose et de la conserver jusqu'à la livraison, à peine de tous dommages-intérêts envers le créancier, 1136.

— A quoi soumet l'obligation de veiller à la conservation d'une chose, soit que la convention n'ait pour objet que l'utilité de l'une des parties, soit qu'elle ait pour objet leur utilité commune ? 1137.

Celle de livrer la chose est parfaite par le seul consentement des parties contractantes.

Dans quel cas l'obligation rend le créancier propriétaire, et met la chose à ses risques ?

Cas où elle reste aux risques du débiteur, 1138.

Comment le débiteur est constitué en demeure de livrer la chose ? 1139.

— Quels sont les effets de l'obligation de donner ou livrer un immeuble? 1140.

— Celle de faire, ou de ne pas faire, se résout en dommages-intérêts, en cas d'inexécution de la part du débiteur, 1142.

— Celui qui s'est obligé de ne pas faire, peut être contraint à détruire tout ce qu'il a fait par contravention à son engagement, et son créancier peut être autorisé à le détruire, aux dépens du débiteur, sans préjudice des dommages-intérêts, s'il y a lieu, 1143.

— En cas d'inexécution de celle de faire faire, le créancier peut être autorisé à faire exécuter lui-même, aux dépens du débiteur, 1144.

— Celui qui a contracté l'obligation de ne pas faire, et qui y contrevient, doit les dommages-intérêts, par le seul fait de la contravention, 1145.

— Celui qui est en demeure de remplir son obligation, ne doit les dommages-intérêts, que lorsqu'il y a été constitué, 1146.

Exception.

— L'inexécution de l'obligation, ou le retard à l'exécuter, peuvent également faire condamner le débiteur aux dommages-intérêts, à moins qu'il ne justifie que l'inexécution provient d'une cause étrangère qui ne peut lui être imputée, et qu'il n'y a aucune mauvaise foi de sa part, 1147.

— Celui qui a été empêché de remplir l'obligation qu'il avait faite de donner ou de faire, ou qui a fait ce qui lui était interdit, par suite d'une force majeure, ou d'un cas fortuit, ne doit point des dommages-intérêts, 1148.

Obligation conditionnelle. Sa définition, 1168.

Obligation casuelle. Sa définition, 1169.

Obligation qui est contractée sous la condition de ne pas faire une chose impossible, n'est pas nulle, 1175.

— Celle contractée sous une condition potestative, de la part de celui qui s'oblige, est nulle, 1174.

— Quand elle est contractée, sous la condition qu'un événement arrivera dans un temps fixe, cette condition est censée défaillie, lorsque le temps est expiré, sans que l'événement soit arrivé, 1176.

— Lorsque l'obligation est contractée sous la condition qu'un événement n'arrivera pas dans un temps fixé, cette condition est accomplie lorsque le temps est expiré, sans que l'événement soit arrivé; elle l'est également, si avant le terme, il est certain que l'événement n'arrivera pas; s'il n'y a pas de temps déterminé, elle n'est accomplie que lorsqu'il est certain que l'événement n'arrivera pas, 1177.

— Quand est-elle contractée sous une condition suspensive ?

Quand doit-elle être exécutée ?

De quel jour elle a son effet ? 1181.

— Lorsqu'elle a été contractée sous une condition suspensive, aux risques de qui tombe la chose, qui fait la matière de la convention ?

Si la chose est détériorée sans la faute, ou par la faute du débiteur, que peut exiger le créancier ?

. Si la chose est entièrement périe sans la faute du débiteur, l'obligation est éteinte, 1182.

— L'obligation est révoquée par l'accomplissement de la condition résolutoire.

Son exécution n'est point suspendue jusqu'à l'événement prévu par la condition, 1183.

Obligations à terme. L'engagement qu'elles contiennent, n'est point suspendu; mais leur exécution est retardée, 1185.

Obligation alternative. Le débiteur d'une telle obligation est libéré, quand il a fait la délivrance de l'une des choses qui y étaient comprises, 1189.

— Le choix de la chose à délivrer appartient au débiteur, s'il n'a pas été expressément accordé au créancier, 1190.

— Le débiteur peut se libérer en délivrant l'une des deux choses promises; mais il ne peut forcer le créancier à accepter partie de l'une et partie de l'autre, 1191.

-- Quand devient-elle pure et simple ? 1192 *et suiv.* Exemples.

-- Si les deux choses sont péries sans la faute du débiteur, et avant qu'il soit en demeure, l'obligation est éteinte, 1195.

-- Les mêmes principes s'appliquent aux cas où il y a plus de deux choses comprises dans l'obligation alternative, 1196.

Obligation. Quand est-elle solidaire entre plusieurs créanciers ? 1197.

-- Le débiteur a le choix de payer à l'un ou à l'autre des créanciers solidaires, tant qu'il n'a pas été prévenu par les poursuites de l'un d'eux, 1198. Exception.

-- L'obligation peut être solidaire, quoique l'un des débiteurs soit obligé différemment de l'autre, au paiement de la même chose, 1201. Exemple.

Obligation solidaire. Le créancier d'une obligation contractée solidairement, peut s'adresser à celui des débiteurs qu'il veut choisir, sans que celui-ci puisse lui opposer le bénéfice de division, 1203.

Obligation. Celle contractée solidairement envers le créancier, se divise de plein droit entre les débiteurs, qui n'en sont tenus entre eux, que chacun pour sa part et portion, 1213.

-- Quand est-elle divisible, ou indivisible ? 1217.

-- Elle est indivisible, quoique la chose ou le fait qui en est l'objet soit divisible par sa nature, si le rapport sous lequel elle est considérée dans l'obligation ne la rend pas susceptible d'exécution partielle, 1218.

-- Celle qui est susceptible de division doit être exécutée entre le créancier et le débiteur, comme si elle était indivisible.

Quels sont les effets de la divisibilité ? 1220, 1221.

-- Si un des héritiers est chargé seul par le titre, de son exécution, il ne peut demander que la dette soit divisée ; mais s'il paie, il a son recours contre ses cohéritiers, 1221.

-- Chacun de ceux qui ont contracté conjointement une dette indivisible, en est tenu pour le tout, encore que l'obligation n'ait pas été contractée solidairement, 1222.

-- La contravention qui est faite par l'un des héritiers du débiteur, ne fait encourir la peine que par celui qui a contrevenu, et pour la part dont il est tenu dans l'obligation principale, 1235. Exception.

Obligation indivisible. Ses effets, 1222, 1225.

Obligation indivisible. Chaque héritier du créancier peut exiger en totalité l'exécution de l'obligation indivisible; mais il ne peut seul faire la remise de la totalité de la dette ; il ne peut recevoir seul le prix au lieu de la chose, 1224.

Obligation avec clause pénale. Sa définition.

La nullité de l'obligation principale entraîne celle de la clause pénale. La nullité de celle-ci n'entraîne point celle de l'obligation principale, 1227.

-- Soit que l'obligation contienne, ou ne contienne pas de terme, la peine n'est encourue que lorsque le débiteur est en demeure, 1230.

Obligation indivisible. La contravention d'un seul des héritiers du débiteur, fait encourir la peine stipulée.

Quel est le droit du créancier ? 1232.

Obligations. Comment elles s'éteignent, 1234.

Obligations naturelles. On ne peut répéter ce qu'on a payé volontairement à cause d'elles, 1235.

Obligation, peut être acquittée par toute personne qui y est intéressée, tel qu'un co-obligé ou une caution. L'obligation peut même être acquittée par un tiers qui n'y est point intéressé, pourvu que ce tiers agisse au nom et en l'acquit du débiteur. S'il agit en son nom propre, il ne peut être subrogé aux droits du créancier, 1236.

-- L'obligation de faire ne peut être acquittée par un tiers contre le gré du créancier, lorsque ce dernier a intérêt qu'elle soit remplie par le débiteur lui-même, 1237.

-- Si le corps certain est péri par un cas fortuit, l'obligation est éteinte, quoique le débiteur fût en demeure, 1302.

Obligations. Le mineur n'est pas restituable contre celles résultantes de son délit ou son quasi-délit, 1310.

Obligation. Celui qui réclame l'exécution d'une obligation, doit la prouver, 1315.

-- Son exécution volontaire, après l'époque à laquelle elle pouvait être ratifiée, tient lieu de confirmation ou de ratification, 1338.

Obligations contractées dans les cas imprévus où il est difficile de se procurer des actes par écrit, peuvent être prouvées par témoins, 1348.

-- La preuve testimoniale peut être admise contre celles des obligations qui naissent des délits ou des quasi-délits, 1348.

Obligations qui naissent des engagemens sans convention, 1370.

-- Autres qui résultent des délits et quasi-délits, 1382.

-- Nature et effet des obligations permises ou défendues à la femme mariée vivant communauté, 1431.

-- Cas où le mari n'est point tenu des retra

chemens et dépérissemens des obligations comprises dans la dot, dont la restitution est demandée, 1567.

— Le cautionnement ne peut exister que sur une obligation valable. *Voyez* Cautionnement.

— Quelles sont les obligations que contracte tout vendeur? 1603.

Obligation. Celui qui la contracte personnellement, est tenu de remplir son engagement sur tous ses biens mobiliers ou immobiliers, présens et à venir, 2092.

Obscurité des lois. N'est point un prétexte pour les juges de ne point juger, 4.

Officiers de l'état civil, rédigent tous les actes de l'état civil, et ne peuvent rien insérer dans les actes qu'ils reçoivent, soit par note, soit par énonciation quelconque, que ce qui doit être déclaré par les comparans, 35.

— Ils donnent lecture des actes aux parties, ou aux fondés de pouvoir et aux témoins, et les signent, 38.

— Ils déposent au greffe du tribunal le double des registres, 43.

— Sont obligés, sous peine d'amende, de donner avis au commissaire du Gouvernement de la mention d'un acte relatif qu'ils ont faite en marge d'un acte déjà inscrit, 49.

— Sont responsables des altérations et faux, et ne doivent faire aucune inscription sur feuilles volantes, 51 et 52.

— Ils reçoivent les déclarations de naissance, et en rédigent de suite l'acte, 55 et 56.

— Celui qui trouve un enfant nouveau-né, le remet à l'officier de l'état civil, qui en dresse un procès-verbal, et l'inscrit sur les registres, 58.

— Ils doivent inscrire sur les registres de l'état civil les copies à eux adressées, contenant l'acte de naissance d'un enfant né pendant un voyage sur mer, 61.

— Sont chargés de faire les publications et affiches des actes de mariage, 63.

— Ils mettent leur *visa* sur l'original des oppositions au mariage, 66.

— Ils doivent faire mention sommaire des oppositions sur le registre des publications, et des jugemens et actes de main-levée, 67.

— Ne doivent pas, en cas d'opposition, célébrer le mariage, avant qu'on ne leur ait remis la main-levée, sous peine de 300 francs d'amende, et de dommages-intérêts, 68.

— Ils se font remettre les actes de naissance ou de notoriété, les actes de consentement ou respectueux prescrits par la loi, et procèdent à la célébration du mariage, dont ils dressent acte sur-le-champ, 70.

— Ils sont tenus de se transporter auprès de la personne décédée, pour s'assurer du décès, et aucune inhumation ne se fait sans leur autorisation, 77.

— Ils rédigent et inscrivent sur les registres tous les actes de décès, même ceux arrivés dans les hôpitaux militaires, dans les prisons et maisons de réclusion, ainsi que par suite d'exécution à mort, 78.

— Les officiers de l'état civil du domicile des parties, auxquels il est envoyé de l'armée, l'expédition d'un acte de l'état civil, sont tenus de l'inscrire de suite sur les registres, 98.

— Ils inscrivent aussi sur les registres les jugemens de rectification des actes de l'état civil, 101.

— Peines prononcées contre eux, lorsqu'ils ont procédé à la célébration des mariages des enfans de famille qui n'ont pas atteint l'âge fixé, sans les consentemens requis.

Par qui ils peuvent être poursuivis?

Quel est le tribunal qui peut prononcer les peines? 156.

— Peines prononcées contre eux, lorsqu'ils célèbrent un mariage qui n'a pas été précédé des actes respectueux dans les cas requis, 157.

— Quelle est l'amende prononcée contre eux, s'ils célèbrent un mariage sans publications, ou sans qu'on ait obtenu les dispenses permises par la loi, ou s'ils n'ont point observé les intervalles prescrits dans les publications? 192.

— L'action civile, en cas de fraude dans un acte de l'état civil, est dirigée même contre leurs héritiers, 200.

— Les officiers de l'état civil prononcent le divorce sur le vu du jugement définitif qui l'admet, 258, 266, 290 et 294.

Officiers ministériels, qui dans la rédaction d'un acte d'opposition au mariage, n'ont pas rempli les formalités prescrites par la loi, encourent la peine d'interdiction, 176.

— Les offres réelles doivent se faire par les officiers ministériels, ayant pour ce caractère, 1258.

Officiers municipaux, peuvent recevoir un testament dans les endroits avec lesquels toute communication est interceptée à cause de la peste, 985.

Officiers de police, constatent les indices de mort violente, en dressent procès-verbal, et l'envoient à l'officier de l'état civil, 81 et 82.

Officiers publics. Nature et effets des actes qu'ils reçoivent, 1317.

— Foi due aux copies des actes qu'ils délivrent, 1335.

— Ils ne peuvent se rendre adjudicataires à peine de nullité, ni par eux-mêmes, ni par per-

matériaux, le propriétaire du fonds a droit de les retenir, ou d'obliger ce tiers à les enlever, 555.

Ouvriers travaillant chez leurs maîtres, y ont leur domicile, 109.

-- Ils ne peuvent engager leurs services que pour une entreprise déterminée, 1780.

-- Le maître en est cru sur son affirmation, pour la quotité des gages, pour le paiement de l'année échue, et pour les à-comptes donnés pour l'année courante, 1781.

-- On peut convenir dans le devis ou marché, que l'ouvrier fournira son travail ou son industrie, ou bien qu'il fournira aussi la matière, 1787.

-- Lorsque l'ouvrier fournit la matière, si la chose vient à périr de quelque manière que ce soit avant d'être livrée, la perte est pour lui, 1788. Exception.

- Dans le cas où l'ouvrier fournit seulement son travail ou son industrie, si la chose périt, il n'est tenu que de sa faute, 1789.

-- Dans quels cas, lorsque la chose est périe sans sa faute, n'a-t-il point de salaire à réclamer? 1790.

-- S'il s'agit d'un ouvrage à plusieurs pièces ou à la mesure, il peut faire vérifier les parties faites.

Si le maître paie l'ouvrier en proportion de l'ouvrage fait, la vérification est censée faite pour tout ce qui est payé, 1791.

- Quelle action ont les ouvriers qui sont employés à la construction d'ouvrages à l'entreprise, contre celui pour lequel ces ouvrages ont été faits? Quand ils font directement des marchés à prix fait, ils sont considérés comme entrepreneurs, 1798 et 1799.

-- Les ouvriers employés pour édifier, reconstruire ou réparer des ouvrages quelconques, ont un privilége sur les bâtimens ou canaux. Ce qu'ils doivent faire pour acquérir ce privilége.

Cas où ceux qui les ont remboursés jouissent du même privilége, 2103.

Ordre (l') et la distribution du prix des immeubles, et la manière d'y procéder, sont réglés par les lois sur la procédure, 2218.

Ouvriers et gens de travail. Leur action pour le paiement de leurs journées, fournitures et salaires, se prescrit par six mois, 2271.

P.

Pacage (Droit de) est du nombre des servitudes discontinues, 688.

Pacte obscur ou ambigu dans une vente, s'interprète contre le vendeur, 1603.

Paiement. Règles du paiement en général, 1234 et suiv.

-- Le paiement fait par le débiteur à son créancier, au préjudice d'une saisie ou d'une opposition, n'est pas valable à l'égard du créancier saisissant ou opposant, 1242.

-- Comment peut être fait celui d'une chose qui n'est déterminée que par son espèce? 1246.

-- Où ce paiement doit-il être fait?

Dans quel cas il doit être fait au domicile du débiteur, 1247.

-- Les frais qu'il occasionne sont à la charge du débiteur, 1248.

-- Effets du paiement avec subrogation, 1249.

-- Le débiteur de plusieurs dettes, a le droit, en faisant le paiement, de déclarer celle qu'il entend acquitter, 1252.

-- Le paiement qui est fait sur le capital et sur les intérêts, mais qui n'est point intégral, s'impute d'abord sur les intérêts, 1254.

-- Des offres de paiement et de la consignation, 1257.

-- Le débiteur qui se prétend libéré, doit justifier le paiement qui a produit l'extinction de son obligation, 1315.

-- Ce paiement peut être établi par l'écriture mise par le créancier, à la suite, au dos, ou à la marge du titre qui est toujours resté en sa possession, quoique non signée ni datée par lui.

Il en est de même de l'écriture mise par le créancier au dos ou en marge du double d'un titre ou d'une quittance, pourvu que ce double soit entre les mains du débiteur, 1332.

-- Dans quel cas l'acquéreur peut suspendre le paiement, ou peut être contraint de l'effectuer? 1653.

-- L'acheteur est obligé de le faire au jour et au lieu réglés par le contrat, 1650.

-- Où, et à quel jour l'acheteur doit faire le paiement, quand ni le jour, ni le lieu, ne sont pas réglés par le contrat, 1651.

-- Cas où le vendeur peut demander la résolution de la vente à défaut de paiement, 1654.

-- S'il a été stipulé lors de la vente d'un immeuble, que faute de paiement du prix, au terme convenu, la vente serait résolue de plein droit, l'acquéreur peut néanmoins payer après l'expiration du délai, tant qu'il n'a pas été mis en demeure par une sommation: mais après cette sommation, le juge ne peut pas lui accorder de délai, 1656.

Paiemens. Le sous-locataire ne peut opposer au propriétaire ceux qu'il a faits par anticipation, 1755.

Pailles. Cas où elles sont immeubles, 524.

Pailles et engrais. Le fermier sortant doit laisser ceux de l'année, s'il les a reçus lors d...

-- Formalités prescrites pour la subdivision entre les souches copartageantes, 856.

-- Ce que doit faire le notaire devant qui les opérations sont renvoyées, 857.

-- Comment doit être fait le partage, dans le cas où tous les cohéritiers ne sont pas présens, ou s'il y a parmi eux des interdits ou des mineurs, même émancipés ? 858.

— Comment se fait la licitation, dans le cas où elle a lieu, 859.

Partages, faits conformément aux règles prescrites, sont définitifs.

Ils ne sont que provisionnels, si ces règles n'ont pas été observées, 840.

-- Personnes qui peuvent être écartées du partage. Moyen que l'on peut employer à cet effet, 841.

Partage. A quelles personnes doivent être remis les titres particuliers; ceux d'une propriété divisée, et ceux communs à toute la succession ? 842.

-- Les créanciers d'un copartageant, pour éviter que le partage ne soit fait en fraude de leurs droits, peuvent s'opposer à ce qu'il y soit procédé hors de leur présence : ils ont le droit d'y intervenir à leurs frais; mais ils ne peuvent attaquer un partage consommé, à moins toutefois qu'il n'y ait été procédé sans eux, et au préjudice d'une opposition qu'ils auraient formée, 882.

-- Le partage peut être rescindé pour cause de violence ou de dol, 887.

-- Comment les père et mère et autres ascendans peuvent faire le partage de leurs biens entre leurs enfans et descendans, 1075 et 1076.

-- Ce partage ne peut avoir d'effet que pour les biens présens.

Comment se partagent les biens non compris dans le partage au jour du décès de l'ascendant, 1076 et 1077.

-- Si tous les biens que l'ascendant a laissé n'y ont pas été compris, ceux de ces biens qui n'ont pas été compris dans le partage, sont partagés conformément à la loi, 1077.

-- Cas où ce partage est nul, et où il en doit être provoqué un nouveau dans la forme légale, 1078.

-- Causes pour lesquelles le partage fait par un ascendant peut être attaqué, 1079.

-- L'enfant qui attaque celui fait par l'ascendant, soit à cause de la lésion ou d'un plus grand avantage, doit faire l'avance des frais de l'estimation, et il les supporte en définitif, ainsi que les dépens de la contestation, si sa réclamation n'est pas fondée, 1080.

-- Effets des conventions des mineurs et des interdits, relativement aux partages, 1314.

Partage de communauté. Mode et effets du partage de la communauté entre époux, 1467 et 1468.

-- Après que tous les prélèvemens des deux époux ont été faits sur la masse, le surplus se partage par moitié entre les époux ou ceux qui les représentent, 1474.

-- Comment procèdent les héritiers de la femme entre eux, lorsque les uns ont renoncé à la communauté, et que les autres l'ont acceptée ? 1475.

Partage de la communauté, est soumis, en tout ce qui concerne ses formes et ses effets, à toutes les règles établies pour les partages des successions, 1476.

Partage. Faculté qu'a l'époux qui a ameubli un héritage, de le retenir lors du partage, en le précomptant sur sa part, 1509.

-- Nature et effets des clauses par lesquelles on assigne des parts inégales dans la communauté, 1520.

-- Mode de partage des fruits et immeubles dotaux, après la dissolution du mariage, 1571.

Partage de société. Les règles concernant le partage des successions, la forme de ce partage et les obligations qui en résultent entre les cohéritiers, s'appliquent au partage entre associés, 1872.

Partie civile, conserve son action par la voie civile contre les héritiers du condamné par contumace, mort dans les cinq ans, sans s'être représenté ou sans avoir été constitué prisonnier, 31.

Passage (Droit de), dont l'usufruitier a droit de jouir, 597.

Cas où on peut avoir droit de passage sur l'héritage voisin, 682.

-- Le passage doit régulièrement être pris du côté où le trajet est le plus court, du fonds enclavé à la voie publique, 683.

-- Il doit néanmoins être fixé dans l'endroit le moins dommageable à celui sur le fonds duquel il est accordé, 684.

-- L'action en indemnité due à ce sujet est prescriptible; et le passage doit être continué, quoique l'action en indemnité ne soit plus recevable, 685.

Passage, est du nombre des servitudes discontinues, 688.

Le droit de puiser l'eau à la fontaine d'autrui, emporte celui de passage, 696.

-- Si l'héritage pour lequel la servitude a été établie vient à être divisé, les copropriétaires sont obligés d'exercer le droit de passage par le même endroit, 700.

pourvu qu'il ne soit ni majeur, ni émancipé, 577.

— Le père qui requiert la détention de son enfant, est obligé de souscrire l'obligation de payer tous les frais, et de lui fournir des alimens convenables, 378.

— Il est toujours le maître d'abréger la durée de la détention par lui ordonnée ou requise : si, après sa sortie, l'enfant tombe dans de nouveaux écarts, la détention pourra être de nouveau ordonnée de la manière conforme aux lois, 579.

Père remarié. ne peut faire détenir son fils du premier lit, même âgé de moins de seize ans, que par voie de requisition, 580.

Père et mère des enfans naturels légalement reconnus, ont sur eux les mêmes moyens de correction que sur les enfans légitimes, 383.

Père, (Le) durant le mariage, et, après la dissolution du mariage, le survivant des père et mère ont la jouissance des biens de leurs enfans jusqu'à l'âge de dix-huit ans accomplis, ou jusqu'à l'émancipation qui peut avoir lieu avant l'âge de dix huit ans, 384.

— Est, durant le mariage, administrateur des biens personnels de ses enfans mineurs.

Il est comptable, quant à la propriété et aux revenus, des biens dont il n'a pas la jouissance; et quant à la propriété seulement, de ceux des biens dont la loi lui donne l'usufruit, 389.

Père et mère. Après la dissolution du mariage, le survivant est de plein droit tuteur de ses enfans mineurs et non émancipés, 390.

Père. Il peut nommer à la mère survivante et tutrice un conseil spécial, sans l'avis duquel elle ne peut faire aucun acte relatif à la tutelle, 391.

Père ou mère survivant a le droit individuel de choisir un tuteur parent, ou même étranger, 397.

— Dans quelles formes le survivant des père et mère peut exercer le droit de nommer un tuteur? 398.

— Les père et mère, tant qu'ils ont la jouissance propre et légale des biens du mineur, sont dispensés de vendre les meubles, s'ils préfèrent les garder pour les rendre en nature. Formalités qu'ils doivent observer en ce cas, 455.

— Les père et mère, quoique mineurs, peuvent être membres du conseil de famille, 442.

— Ils sont dispensés, pendant la tutelle, de remettre au subrogé tuteur les états de situation de leur gestion, 470.

— Ils peuvent émanciper le mineur non marié, qui a atteint l'âge de 15 ans révolus.

Leur seule déclaration, reçue par le juge de paix, suffit pour opérer l'émancipation de leur enfant mineur, 477.

— Les père et mère ayant l'usufruit légal des biens de leurs enfans, sont dispensés de donner caution, 601.

— Ceux qui sont exclus pour cause d'indignité, d'une succession à laquelle leurs enfans viennent de leur chef, et sans le secours de la représentation, ne peuvent réclamer l'usufruit sur les biens de cette succession, 730.

— Les père et mère ont droit à la succession de leurs enfans, morts sans postérité, 746.

— Parts qu'ils prennent dans la succession de leurs enfans, 748, 749 et 751.

— Ils peuvent réduire le droit de leur enfant naturel, à la portion qu'ils lui assignent. Conditions requises pour rendre cette réduction valable. Dans quel cas l'enfant naturel peut réclamer contre cette réduction, 761.

— Ils succèdent à leurs enfans naturels, décédés sans postérité, si tous les deux les ont reconnus, ou seulement celui qui les a reconnus, 765.

Père, venant à la succession du donateur, n'est pas tenu de rapporter les dons et legs faits à son fils, 847.

Pères et mères ont la faculté de pouvoir obliger leurs héritiers à conserver et à rendre à un tiers, 897.

Père et mère de la personne déclarée incapable, sont réputés personnes interposées, 911.

— La quotité des biens dont ils peuvent disposer, est fixée par le nombre des enfans légitimes qu'ils laissent à leur décès. Règles, 913.

— Les père et mère du mineur, même émancipé, peuvent accepter pour lui les donations qui lui sont faites, 935.

— Ils peuvent donner les biens dont ils ont la faculté de disposer, à un ou plusieurs de leurs enfans, par actes entre-vifs ou testamentaires, à la charge de rendre ces biens aux enfans nés ou à naître, au premier degré seulement des donataires, 1048.

— Ils peuvent, par acte entre-vifs ou testamentaire, faire entre leurs enfans ou descendans, la distribution et le partage de leurs biens, 1075.

— Ils ont le droit, par contrat de mariage, de donner tout ou partie des biens qu'ils laisseront au jour de leur décès, tant au profit des époux, que de leurs enfans, 1082.

— Cas où la seule crainte révérentielle en-

aux lois qui ordonnent la contrainte par corps, en matière de police, 2070.

Porcelaines. Dans quel cas elles sont comprises ou non sous la dénomination de *Meubles meublans?* 534.

Portion, part des enfans légitimes et naturels, dans les biens de leurs pères et mères et des héritiers, dans les successions, 761, 845, 875 et 928.

Voyez *Successions et Partages.*

Ports, rades et hâvres sont du domaine public, 538.

Possesseur ne fait les fruits siens que lorsqu'il possède de bonne foi. Dans le cas contraire, il est tenu de rendre les produits avec la chose au propriétaire qui la revendique, 549.

-- Est de bonne foi, quand il possède comme propriétaire, en vertu d'un titre translatif de propriété, dont il ignore les vices.

Il cesse d'être de bonne foi du moment où ces vices lui sont connus, 530.

-- Le possesseur actuel qui prouve avoir possédé anciennement, est présumé avoir possédé dans le temps intermédiaire, sauf la preuve contraire, 2234.

Possession (Envoi en) des biens d'un absent, 120.

Possession provisoire des biens d'un absent, n'est qu'un dépôt qui rend ceux qui l'obtiennent comptables de l'administration envers l'absent, s'il revient, ou s'il donne de ses nouvelles, 125.

-- Peut être demandée par le conjoint de l'époux absent, qui n'a point laissé de parens habiles à lui succéder, 140.

Possession de trente ans, est nécessaire pour acquérir les servitudes continues et apparentes, 690.

-- Immémoriale ne suffit point pour acquérir les servitudes continues non apparentes, et celles discontinues apparentes ou non apparentes, 691.

Possession (Envoi en). Par qui doit être demandée? 724.

Possession. Le cohéritier qui fait le rapport d'un immeuble, peut en retenir la possession jusqu'au remboursement de ce qui lui est dû, 887.

-- Le légataire universel se fait envoyer en possession, par une ordonnance du président du tribunal, 1008.

-- La possession d'une chose peut être, comme la chose même, l'objet d'un contrat, 1127.

-- Si la chose qu'on s'est obligé de donner

ou de livrer à deux personnes successivement est purement mobilière, celle des deux qui en a été mise en possession réelle est préférée et en demeure propriétaire, encore que son titre soit postérieur en date, pourvu toutefois que la possession soit de bonne foi, 1141.

-- Effets de la possession appuyée d'actes récognitifs et confirmatifs, 1337.

Il s'opère un nouveau bail, quand, à l'expiration du premier, le preneur reste et est laissé en possession, 1738.

-- Le privilège sur le gage ne subsiste que tant que le créancier a le gage en sa possession, 2076.

-- Définition de la possession, 2228.

Quelles qualités doit avoir la possession pour pouvoir prescrire? 2229.

-- On est toujours présumé posséder pour soi, et à titre de propriétaire, s'il n'est prouvé qu'on a commencé à posséder pour un autre, 2230.

-- Quand on a commencé de posséder pour autrui, on est toujours présumé posséder au même titre, s'il n'y a preuve du contraire, 2231.

Possession ou *prescription.* Les actes de pure faculté, ou ceux de pure tolérance, ne peuvent fonder ni possession ni prescription, 2232.

Les actes de violence ne peuvent fonder non plus une possession capable d'opérer la prescription. La possession utile ne commence que lorsque la violence a cessé, 2233.

Possession. En fait de meubles, la possession vaut titre, 2279.

-- Si le possesseur actuel de la chose volée ou perdue, l'a achetée dans une foire, ou dans un marché, ou vente publique, ou d'un marchand vendant des choses pareilles, celui qui la revendique ne peut se la faire rendre qu'en en remboursant au possesseur le prix qu'elle lui a coûté, 2280.

Possession d'état, ne peut dispenser les époux qui l'invoquent respectivement, de représenter l'acte de célébration du mariage devant l'officier de l'état civil, 195.

-- Lorsqu'il y a possession d'état, et que l'acte de célébration du mariage devant l'officier de l'état civil, est représenté, les époux ne peuvent demander la nullité de l'acte de mariage, 196.

-- La possession d'état qui n'est point contredite par l'acte de naissance, dispense les enfans de ceux qui ont vécu comme mari et femme, de représenter l'acte de célébration de mariage de leurs père et mère, 197.

-- Celle d'enfant légitime, suffit pour prou-

bâtiment d'autrui , ou de toute autre partie du bâtiment ? 555.

— Celui qui a une source d'eau dans son fonds, peut en user à sa volonté, sauf le droit que le propriétaire du fonds inférieur pourrait avoir acquis par titre ou par prescription, 641.

— Si la prescription n'a pu courir contre un des copropriétaires, le droit de tous les autres est conservé , 710.

— La prescription est un moyen d'acquérir la propriété, 712.

— Elle est empêchée par la jouissance de la servitude par un des copropriétaires par indivis du fonds, auquel elle est due, 709.

— La faculté d'accepter ou de répudier une succession se prescrit par le laps de temps requis pour la prescription la plus longue des droits immobiliers, 789.

— Quelle est la prescription que le donataire, ses héritiers ou ayant-cause, ou autres détenteurs des choses données, peuvent opposer pour faire valoir la donation révoquée par la survenance d'enfant ?

Depuis quel jour elle commence à courir, 966.

— Tout acte fait par un des créanciers solidaires pour interrompre la prescription, profite à tous les autres, 1199.

— Elle est interrompue, à l'égard de tous les débiteurs solidaires, par les poursuites faites contre l'un d'eux, 1206.

— La prescription éteint l'obligation, 1254.

— Elle n'a pas lieu pour les immeubles dotaux déclarés inaliénables par le contrat de mariage, à moins qu'elle n'ait commencé auparavant.

Ils deviennent prescriptibles après la séparation de biens, quelle que soit l'époque à laquelle la prescription a commencé, 1561.

— Le mari est responsable de toutes prescriptions acquises, par sa négligence, sur les fonds dotaux, 1562.

— Par quel laps de temps se prescrit l'action en supplément de prix de la part du vendeur, et celle en diminution de prix de la part de l'acheteur ? 1622.

— Par quel temps la prescription est acquise contre la demande en résolution de la vente d'un immeuble pour cause de lésion ?

A qui peut-elle être opposée ? 1776.

— La prescription éteint les priviléges et hypothèques. Pour quel temps elle est acquise au débiteur, quant aux biens qui sont dans ses mains, et quant à ceux qui sont dans celles d'un tiers détenteur ?

Elle n'est pas interrompue par les inscriptions prises par le créancier, 2180.

— Définition de la prescription , 2219.

— On ne peut y renoncer d'avance , 2220.

— On peut renoncer à celle acquise.

La renonciation est expresse ou tacite.

La renonciation tacite résulte d'un fait qui suppose l'abandon du droit acquis, 2221.

— Celui qui ne peut aliéner , ne peut renoncer à la prescription acquise , 2222.

— Les juges ne peuvent point suppléer d'office les moyens résultant de la prescription , 2223.

— Elle peut être opposée en tout état de cause, même devant la cour d'appel , à moins que la partie qui n'aurait pas opposé le moyen de la prescription , ne doive , par les circonstances , être présumée y avoir renoncé , 2224.

— Les créanciers , ou toute autre personne ayant intérêt à ce que la prescription soit acquise , peuvent l'opposer , encore que le débiteur ou le propriétaire y renonce , 2225.

— On ne peut prescrire le domaine des choses qui ne sont point dans le commerce , 2226.

— La nation, les établissemens publics et les communes, sont soumis aux mêmes prescriptions que les particuliers, et peuvent également les opposer , 2227.

— Pour compléter la prescription, on peut joindre à sa possession celle de son auteur , de quelque manière qu'on lui ait succédé , soit à titre universel ou particulier, soit à titre lucratif ou onéreux , 2235.

— Ceux qui possèdent pour autrui, ne peuvent l'acquérir par quelque laps de temps que ce soit , 2236.

Exemple.

— La possession ne peut être acquise par les héritiers de ceux qui tenaient précairement la chose du propriétaire , à moins que leur titre ne soit interverti, 2237 et 2238.

— Elle peut être acquise par ceux à qui les fermiers , dépositaires , et autres détenteurs précaires , ont transmis la chose par un titre translatif de propriété, 2239.

— Dans quel sens on peut ou non acquérir la prescription contre son titre ? 2240 et 2241.

— Elle peut être interrompue ou naturellement ou civilement , 2242.

— Cas où elle est interrompue naturellement, 2243.

— Elle est interrompue civilement par une citation en justice, par un commandement ou une saisie signifiée à celui qu'on veut empêcher de prescrire , 2244.

— Dans quel cas elle est interrompue par la

citation en conciliation devant un bureau de paix? 2245.

— La citation donnée en justice, même devant un juge incompétent, interrompt la prescription, 2246.

— Dans quel cas l'interruption est-elle regardée comme non avenue? 2247.

— Elle est interrompue, par la reconnaissance que le débiteur ou le possesseur fait du droit de celui contre lequel on prescrivait, 2248.

— L'interpellation faite à l'un des débiteurs solidaires, ou sa reconnaissance, interrompt la prescription contre les autres, même contre leurs héritiers, 2249.

— L'interpellation faite au débiteur principal, ou sa reconnaissance, interrompt la prescription contre la caution, 2250.

— La prescription court contre toutes personnes, à moins qu'elles ne soient dans quelque exception établie par une loi, 2251.

— Elle ne court pas contre les mineurs et les interdits, 2252.

— Elle ne court pas entre époux, 2253.

— Elle court contre la femme mariée, quoiqu'elle ne soit point séparée de biens par contrat de mariage, ou en justice, à l'égard des biens dont le mari a l'administration, sauf son recours contre son mari, 2254.

— Elle ne court point pendant le mariage, à l'égard de l'aliénation d'un fonds constitué, selon le régime dotal, 2255.

Voyez l'art. 1561.

— Dans quel cas elle est suspendue pendant le mariage? 2256.

— A l'égard de quelles créances elle ne court point? 2257.

— Elle ne court point contre l'héritier bénéficiaire, à l'égard des créances qu'il a contre la succession.

Elle court contre une succession vacante, quoique non pourvue de curateur, 2258.

— Elle court pendant les trois mois pour faire inventaire, et les quarante jours pour délibérer, 2259.

— La prescription se compte par jour et non par heure.

Elle est acquise, lorsque le dernier jour du terme est accompli, 2260.

Prescriptions. Dans celles qui s'accomplissent dans un certain nombre de jours, les jours complémentaires sont comptés.

Dans celles qui s'accomplissent par mois, celui de fructidor comprend les jours complémentaires, 2261.

Prescription trentenaire. Elle est acquise par trente ans dans toutes les actions réelles ou personnelles, sans que celui qui l'allègue soit obligé d'en rapporter le titre, ou qu'on puisse lui opposer l'exception déduite de la mauvaise foi, 2262.

Prescription. Celui qui acquiert de bonne foi, et par juste titre, un immeuble, en prescrit la propriété par dix ans, si le véritable propriétaire habite dans le ressort du tribunal d'appel, dans l'étendue duquel l'immeuble est situé, et par vingt ans, s'il est domicilié hors dudit ressort, 2265.

— Si le véritable propriétaire a eu son domicile en différens temps, dans le ressort, et hors du ressort, il faut pour compléter la prescription, ajouter à ce qui manque aux dix ans de présence, un nombre d'années d'absence, double de celui qui manque pour compléter les dix ans de présence, 2265.

— Le titre nul, par défaut de forme, ne peut servir de base à la prescription de dix et vingt ans, 2267.

— La bonne foi est toujours présumée, et c'est à celui qui allègue la mauvaise foi à la prouver, 2268.

— Il suffit que la bonne foi ait existé au moment de l'acquisition, 2269.

— Quelles sont les actions qui se prescrivent par six mois? 2271.

— Quelles sont celles qui se prescrivent par un an? 2272.

— Comment l'action des avoués, pour le paiement de leurs frais et salaires, se prescrit par deux ans, 2273.

— Celles de six mois, un an, ou deux ans, ont lieu, quoiqu'il y ait eu continuation de fournitures, livraisons, services et travaux. Elles ne cessent que lorsqu'il y a compte arrêté, cédule, obligation ou citation en justice non périmée.

Prescriptions. Les personnes auxquelles les différentes prescriptions sont opposées, peuvent déférer le serment à ceux qui les opposent, sur la question de savoir si la chose a été réellement payée.

Le serment peut être déféré aux veuves et héritiers, ou aux tuteurs de ces derniers, s'ils sont mineurs, afin qu'ils aient à déclarer s'ils ne savent pas que la chose soit due, 2275.

— Celles de six mois, un an, deux ans et cinq ans, courent contre les mineurs et les interdits, sauf leur recours contre leur tuteur, 2278.

— Celles commencées à l'époque de la publication de la loi sur les prescriptions, seront réglées conformément aux lois anciennes.

Néanmoins, celles alors commencées, et

pour lesquelles il faudroit, suivant les anciennes lois, plus de trente ans, à compter de la même époque, seront accomplies par ce laps de trente ans, 2281.

Présens de noces ne sont pas sujets au rapport, dans une succession, 852.

Président du tribunal civil. C'est à lui ou au juge qui le remplace, que l'époux demandeur en divorce, pour cause déterminée, remet sa demande détaillée, avec les pièces à l'appui, 236.

— Il dresse procès-verbal de la remise de la demande en divorce et des pièces, après les avoir paraphées, et avoir fait au demandeur les observations qu'il juge convenables, 237.

— Il ordonne au bas du procès-verbal de remise, la comparution en personne, devant lui, de toutes les parties, au jour et à l'heure qu'il indique.

Il fait adresser copie de cette ordonnance au défendeur, 238.

— Doit faire aux époux qui comparaissent, les représentations propres à opérer un rapprochement, et s'il ne peut y parvenir, il dresse un procès-verbal dont il ordonne la communication, ainsi que des pièces au ministère public, 239.

— Il est tenu de délivrer au père qui le lui demande, l'ordre d'arrestation de son fils, âgé de moins de seize ans, 376.

— Il doit, après en avoir conféré avec le ministère public, délivrer au père, sur sa réquisition, l'ordre de détention de son fils.

Il peut en abréger le temps, 377.

— Il doit dresser procès-verbal de la présentation, de l'état et de l'ouverture des testamens olographes, et en ordonner le dépôt chez le notaire par lui commis.

Comment il doit procéder, si le testament est dans la forme mystique, 1007.

Présomptions. Cas où elles servent à admettre la preuve de filiation, 323.

— La présomption de survie est déterminée par les circonstances du fait, et à leur défaut, par la force de l'âge et du sexe, 720.

— Le dol ne se présume pas : il doit être prouvé, 1116.

Présomption légale. Sa définition.

Quels sont les actes et les faits auxquels la loi attache la présomption légale? 1349.

— Elle dispense celui au profit duquel elle existe, de toute preuve.

Nulle preuve n'est admise contre elle, 1352.

Présomptions. Nature et effets des présomptions établies ou non établies par la loi.

Celles qui ne sont point établies par la loi, sont abandonnées aux lumières et à la prudence du magistrat.

Règles qu'il doit suivre, 1353.

Pressoirs. Cas où ils sont immeubles, 524.

Prestations en grains ou *denrées*, peuvent se compenser avec des sommes liquides et exigibles, 1291.

Prêt à usage. Il n'y a pas lieu à compensation sur la demande en restitution d'un dépôt ou du prêt à usage, 1293.

Prêt. Il y a deux sortes de prêt :

Celui des choses dont on peut user sans les détruire, et que l'on appelle *prêt à usage* ou *commodat* ;

Et celui des choses qui se consomment par l'usage que l'on en fait, et qui s'appelle *prêt de consommation*, ou simplement *prêt*, 1874.

Prêt à usage. Définition de ce contrat, 1875.

Ce prêt est essentiellement gratuit, 1876.

Le prêteur demeure propriétaire de la chose prêtée, 1877.

— Tout ce qui est dans le commerce, qui ne se consomme pas par l'usage, peut être l'objet de cette convention, 1878.

— Les engagemens qui sont la suite de ce contrat, passent aux héritiers de celui qui prête, et aux héritiers de celui qui emprunte ; mais si l'on n'a prêté qu'en considération de l'emprunteur et à lui personnellement, alors ses héritiers ne peuvent continuer de jouir de la chose prêtée, 1879.

— Quelles sont les obligations de l'emprunteur? 1880.

— Si l'emprunteur emploie la chose prêtée à un autre usage, ou pour un temps plus long qu'il ne le devait, il est tenu de la perte arrivée, même par cas fortuit, 1881.

— Dans quels cas l'emprunteur est tenu de la perte de la chose qui a péri par cas fortuit? 1882.

Si la chose a été estimée en la prêtant, la perte qui arrive, même par cas fortuit, est pour le compte de l'emprunteur, 1883.

— Si la chose se détériore par le seul effet de l'usage pour lequel elle a été empruntée, l'emprunteur n'est pas tenu de la détérioration, 1884.

— L'emprunteur ne peut retenir la chose empruntée, par compensation de ce que le prêteur lui doit, 1885.

Si, pour user de la chose, l'emprunteur, fait quelque dépense, il ne peut la répéter, 1886.

— Si plusieurs ont emprunté conjointement la même chose , ils en sont solidairement
responsables envers le prêteur , 1887.

— Quels sont les engagemens de celui qui
prête ? 1888 — 1891.

Prêt de consommation. **Définition** de ce
contrat , 1892.

Il transfère à l'emprunteur la propriété de
la chose prêtée ; et c'est pour lui qu'elle périt ,
de quelque manière que cette perte arrive ,
1893.

— On ne peut donner à ce titre des animaux ;
pourquoi ?

Ce prêt d'animaux est un prêt à usage, 1894.

Prêt en argent. L'obligation qui résulte de
ce prêt , n'est toujours que de la somme numérique énoncée au contrat.

S'il y a eu augmentation ou diminution
d'espèces , avant l'époque du paiement, le débiteur doit rendre la somme numérique prêtée , et ne doit rendre que cette somme dans
les espèces ayant cours au moment du paiement , 1895.

Prêt en lingots ou *denrées.* Si ce sont des
lingots ou denrées qui ont été prêtés , quelque
soit l'augmentation ou la diminution de leur
prix , le débiteur doit rendre la même quantité et qualité, et ne doit rendre que cela ,
1897.

Prêt de consommation. Quelles sont les
obligations du prêteur ? 1898 et 1899

— S'il n'a pas été fixé de délai pour la restitution de la chose prêtée, le juge peut accorder un délai à l'emprunteur, 1900.

— Si l'emprunteur est convenu qu'il paye-
rait quand il pourrait , le juge peut lui fixer
un terme de paiement , 1901.

— L'emprunteur est tenu de rendre les
choses prêtées en même quantité , qualité et
au terme convenu , 1902.

— Si l'emprunteur est dans l'impossibilité
de rendre les choses prêtées, comment doit-il
en payer la valeur ? 1903.

— Si l'emprunteur ne rend pas les choses
prêtées , ou leur valeur au terme convenu , il
en doit l'intérêt du jour de la demande, 1904.

Prêt à grosse aventure , est un contrat aléatoire.

Il est réglé par les lois maritimes , 1964.

Preuve Cas où on est admis à prouver par
témoins les naissances , mariages ou décès, 46.

— Moyen de faire valoir la preuve résultant
de l'intention de changer de domicile, 104.

— A défaut de déclaration expresse faite
devant la municipalité du lieu que l'on quitte,
et à celle du lieu où on transfère son domicile,

quelle est la preuve de l'intention de changer
son domicile ? 105.

— Si le demandeur en divorce nie qu'il y a
eu réconciliation, le défendeur est tenu d'en
faire preuve , soit par écrit , soit par témoins ,
274.

— Nature des preuves qui établissent la
filiation d'enfant légitime et de possession
d'état , 319 , 323 et 324.

Preuve par écrit (Commencement de). De
quels actes et de quels titres elle résulte? 324.

Preuve contraire. Peut se faire par tous les
moyens propres à établir que le réclamant
n'est pas fondé à se dire fils de celui ou de
celle qu'il prétend avoir pour père et pour
mère , 325.

Preuve par écrit. Celui qui réclame sa mère,
doit en rapporter un commencement de preuve
par écrit , 341.

Preuve testimoniale , n'est point admise
contre et outre le contenu aux actes, ni sur
ce qui est allégué avoir été dit avant, lors ou depuis les actes, encore qu'il s'agisse d'une somme
ou valeur moindre de 150 fr.

— Peut être admise en matière de commerce , 1341.

— Ne peut être admise lorsque la demande
du capital et des intérêts réunis excède 150
1342.

— Ne peut être admise , quand même le demandeur voudrait restreindre sa demande primitive, 1343.

— Ne peut être admise lorsque la somme
déclarée, quoique moindre de 150 francs , est
le restant ou fait partie d'une créance qui n'est
point prouvée par écrit , 1344.

— Ne peut être admise lorsque dans la même
instance il a été fait plusieurs demandes dont il
n'y a point de titre par écrit , et que jointes ensemble elles excèdent 150 francs , quoiqu'elles
proviennent de différentes causes ou qu'elles se
soient formées en différens temps.

Exception , 1345.

— Peut être admise quand il y a un commencement de preuve par écrit , 1347.

Preuve par écrit (commencement de) est
tout acte par écrit émané de celui contre lequel
la demande est formée , ou de celui qu'il représente , 1547.

Preuve testimoniale, peut être admise quand
il n'a pas été possible au créancier de se procurer la preuve littérale de l'obligation, 1348.

— Ne peut être admise pour prouver un
bail fait sans écrit , quelque modique que
soit la somme , 1715.

78

l'époque des inscriptions qui auront dû être faites , 2113.

Priviléges et hypothèques. Les inscriptions conservent les hypothèques et les priviléges pendant dix années, à compter du jour de leur date : leur effet cesse, si ces inscriptions n'ont été rénouvelées avant l'expiration de ce délai, 2154.

— Les créanciers ayant privilége ou hypothèque sur un immeuble le suivent en quelques mains qu'il passe pour être colloqués et payés suivant l'ordre de leurs créances ou inscriptions , 2166.

— Comment les priviléges et hypothèques s'éteignent , 2180.

— L'acquéreur qui a fait transcrire son contrat d'acquisition peut être libéré de tous priviléges et hypothèques en payant le prix de l'immeuble aux créanciers qui sont en ordre de recevoir, ou en le consignant , 2186.

Prix, pour lequel la vente est faite , doit être désigné et déterminé par les parties , 1591.

— Celui moyennant lequel la vente est faite peut être laissé à l'arbitrage d'un tiers ; si le tiers ne veut point faire d'estimation , il n'y a point de vente , 1592.

— La principale obligation de l'acheteur est de payer le prix au jour et au lieu réglés par la vente , 1650.

— S'il n'a rien été réglé à cet égard lors de la vente, l'acheteur doit payer au lieu et dans le temps où doit se faire la délivrance,1651.

— Le vendeur qui use du pacte de rachat ne peut entrer en possession , qu'après avoir payé le prix principal de la vente , 1673.

Prix fait. Marché ou prix fait pour l'entreprise d'un ouvrage moyennant un prix déterminé , est un louage , lorsque la matière est fournie par celui pour qui l'ouvrage se fait , 1711.

Procès-verbaux. Ce que doivent contenir ceux dressés sur une demande en divorce , 237 , 238 . 239 et 244.

— Ce que doivent contenir ceux de consignation et de dépôt , 1328.

Procuration, doit être spéciale et authentique pour représenter en cas d'absence les parties intéressées obligées de comparaître aux actes de l'état civil , 36.

— Les procurations et autres pièces qui doivent demeurer annexées aux actes de l'état civil , sont déposées après qu'elles ont été paraphées par la personne qui les a produites , 44.

— Les actes d'opposition au mariage sont signés sur l'original et sur la copie par les fondés de procuration spéciale et authentique des opposans. Ils sont signifiés avec la copie de la pro-

curation , à la personne ou au domicile des parties et à l'officier de l'état civil qui met son *visa* sur l'original , 66.

Procuration laissée par un individu absent , empêche que ses héritiers présomptifs ne puissent poursuivre la déclaration d'absence et l'envoi en possession provisoire , qu'après dix ans de sa disparution ou depuis ses dernières nouvelles , 121.

— Comment faut-il pourvoir à l'administration des biens d'un absent, quand sa procuration vient à cesser ? 122.

— Celle à l'effet d'accepter une donation entre-vifs doit être expresse et passée devant notaire. L'expédition doit être annexée à la minute de la donation ou de l'acceptation, si elle est faite par un acte séparé , 933.

— Les dettes contractées par la femme , en vertu de la procuration de son mari, sont à la charge de la communauté et dues par elle, 1420.

— Le mandataire est tenu de faire raison au mandant de tout ce qu'il a reçu en vertu de sa procuration, 1993.

— Le mandant peut la révoquer à sa volonté , 2004.

Procureurs impériaux, ne peuvent, ainsi que leurs substituts, acheter les droits litigieux qui sont de la compétence du tribunal auprès duquel ils exercent leurs fonctions , 1597.

— A défaut par les maris , tuteurs , subrogés tuteurs , de faire faire les inscriptions ordonnées à l'égard des maris et des tuteurs , elles doivent être requises par le commissaire du Gouvernement près le tribunal civil du domicile des maris et tuteurs , ou du lieu de la situation des biens , 2158.

Prodigues. Il leur est nommé un conseil judiciaire sans l'assistance duquel il leur est défendu de faire certains actes , 513.

Profits que l'héritier a pu retirer des conventions passées avec le défunt, ne doivent pas être rapportés, si ces conventions ne présentaient aucun avantage indirect , lorsqu'elles ont été faites , 855.

— On peut donner à cheptel toutes sortes d'animaux susceptibles de profit , 1825.

— L'estimation donnée au cheptel dans le bail , a pour objet la fixation du profit, 1805.

Prohibition du mariage entre frère et sœur , oncle . tante , nièce et neveu , 161 et 164.

— Entre l'adoptant et l'adopté , 348.

Promesse de vente, vaut vente, lorsqu'il y a consentement réciproque de deux parties sur la chose et sur le prix , 1589.

— Si elle a été faite avec des arrhes, chacun

des contractans est maitre de s'en départir,
1590.

Promulgation. Comment la promulgation
des lois faite par l'empereur est réputée connue,
tant dans le département où siége le Gouvernement, que dans les autres, 1er.

Propriétaire. Les fruits produits par la chose
ne lui appartiennent qu'à la charge de rembourser les frais de labours, travaux et semences
faits par des tiers, 548.

— Peut revendiquer les fruits avec la chose
contre celui qui ne possède pas de bonne foi,
549.

— Tout ce qui s'unit et s'incorpore à la
chose lui appartient, 551.

— La propriété du sol, emporte la propriété
du dessus et du dessous.

Le propriétaire peut faire au-dessus toutes
les plantations qu'il juge à propos, et au-dessous toutes les constructions et fouilles qu'il
juge convenables, et tirer de ces fouilles tous
les produits qu'elles peuvent fournir, 552.

— Le propriétaire du sol, est présumé avoir
fait à ses frais les constructions, plantations et
ouvrages qui sont sur le terrain, si le contraire
n'est prouvé, 553.

Exception, 553.

— Le propriétaire du sol qui a fait des ouvrages avec des matériaux qui ne lui appartenaient pas, en doit la valeur, 554.

— Le propriétaire d'une matière employée à
son insu à former une chose d'une autre espèce,
peut réclamer la chose ou la restitution de sa
matière en même nature, quantité, poids,
mesure et bonté, ou sa valeur, 576.

— Celui à qui appartient un édifice donné
en usufruit n'est point tenu de le rebâtir, lorsqu'il est tombé de vétusté ou par cas fortuit, 607.

— Comment le propriétaire d'un héritage
donné en usufruit, doit contribuer aux charges
imposées sur la propriété pendant la durée de
l'usufruit, 609.

— Quels sont les droits des propriétaires sur
les eaux qui prennent leur source dans leurs
propriétés, qui bordent ou traversent leurs
héritages? 641 — 644.

— Chaque propriétaire peut clorre son héritage, sauf l'exception portée par la loi, 647.

— Celui qui veut se clorre perd son droit au
parcours et vaine pâture, 648.

— Droit du propriétaire sur un trésor découvert dans sa propriété, 716.

— L'obligation de livrer la chose, en rend le
créancier propriétaire et la met à ses risques,
1138.

— Le propriétaire est responsable du dom-

mage causé par ses animaux, ou la ruine de
ses bâtimens, 1385 et 1386.

Propriété. Le condamné perd, par la mort
civile, la propriété de tous les biens qu'il possédait, et sa succession est ouverte au profit de
ses héritiers, 25.

— Les biens qui ne sont pas susceptibles
d'une propriété privée, sont des dépendances
du domaine public, 537.

— On peut avoir ou prétendre un droit de
propriété sur les biens, 543.

— Définition de la propriété. Ses règles et
ses effets, 544 *et suiv.*

— Nul ne peut être contraint de céder sa
propriété, si ce n'est pour cause d'utilité publique, et moyennant une juste et préalable
indemnité, 545.

— La propriété du sol, emporte celle du dessus et du dessous, 552.

— Si une rivière ou un fleuve, en se formant un bras nouveau, embrasse le champ
d'un propriétaire riverain, et en fait une île,
ce propriétaire conserve la propriété de son
champ, encore que l'île se soit formée dans un
fleuve ou dans une rivière navigable ou flottable, 562.

— Règles du droit de propriété d'une chose
formée par l'union de plusieurs, 566 *et suiv.*

— La propriété s'acquiert et se transmet
par succession, par donation entre-vifs ou testamentaire, ou par l'effet des obligations, 711.

— Elle s'acquiert par accession ou incorporation, et par la prescription, 712.

— A qui appartient la propriété d'un trésor
trouvé? 716.

— Celle des effets jetés à la mer, ou que la
mer rejette, de quelque nature qu'ils puissent
être, les plantes, les herbages qui croissent sur
son rivage, est réglée par des lois particulières.
Il en est de même des effets perdus, dont le
maître ne se représente pas, 717.

— Celle d'une chose mobilière qu'on s'est
obligé de donner, ou de livrer à deux personnes
successivement, doit demeurer à celui qui en
a été mis en possession réelle, ou de bonne foi,
quoique son titre soit postérieur en date, 1141.

— Effet de la cession des biens du débiteur
sur la propriété de ses biens, à l'égard de ses
créanciers, 1269.

— Effet de la présomption légale, à l'égard
de la propriété, 1350.

— Diverses manières d'acquérir la propriété, 1370.

— Le mandat doit être exprès pour un acte
de propriété, 1988.

Propriété. (Nue) Le don de la nue propriété à une personne , et celui de l'usufruit à une autre, n'est point regardé comme une substitution, 899.

— Le créancier de la femme en vertu d'un acte n'ayant pas de date certaine avant le mariage , ne peut en poursuivre contre elle le paiement, que sur la nue propriété de ses immeubles personnels , 1410.

— Si une succession purement immobilière est échue à la femme, et que celle-ci l'ait acceptée du consentement de son mari, les créanciers de la succession peuvent poursuivre leur paiement sur tous les biens personnels de la femme : mais si la succession n'a été acceptée par la femme que comme autorisée en justice, au refus du mari , les créanciers, en cas d'insuffisance des immeubles de la succession , ne peuvent se pourvoir que sur la nue propriété des autres biens personnels de la femme , 1413.

Prorogation du délai que la femme peut demander pour faire sa renonciation à la communauté.

Celle accordée par le créancier au débiteur , ne décharge pas la caution , 1458.

Voyez *Caution.*

— La prorogation d'une société à temps limité, doit être prouvée par un acte revêtu des mêmes formes que le contrat de société , 1866.

Protection. Le mari doit protection à sa femme , 213.

— *Protuteur* , est nommé au mineur domicilié en France , qui a des biens dans les Colonies , et réciproquement, 417.

Provision alimentaire. Voyez *Pension.*

Provisionnel. (Partage) Voyez *Partages.*

Provisoire. (Jugement) La poursuite en expropriation peut avoir lieu en vertu d'un jugement provisoire , 2215.

Publications de mariage. Formalités de ces publications , 63.

— Doivent être faites de nouveau, si le mariage n'a pas été célébré dans l'année , à compter de la dernière publication , 65.

Publications. Si elles ont été faites dans plusieurs communes , les parties doivent remettre un certificat délivré par l'officier de l'état civil de chaque commune, constatant qu'il n'existe point d'opposition, 69.

Publications de mariage des militaires et employés à la suite des armées, sont faites avant la célébration du mariage, à l'ordre du jour du corps, ou à celui de l'armée, 94.

Publications , doivent être faites à la municipalité du lieu où chacune des parties a son domicile , 166.

— Dans quel cas elles doivent être faites à la municipalité du dernier domicile, 167.

— Elles doivent être faites au domicile de ceux sous la puissance desquels les parties se trouvent , 168.

— Le Gouvernement, ou ceux préposés à cet effet , peuvent, pour des causes graves , dispenser de la seconde publication , 169.

Publications de mariage. Le défaut de publications requises, sans la dispense permise, ou sans avoir observé les intervalles prescrits , est puni contre l'officier public d'une amende qui ne peut excéder trois cents francs , et contre les parties contractantes, d'une amende proportionnée à leur fortune , 192.

Publications ou Affiches, doivent être faites avant la vente des meubles du mineur , 452.

Puissance maritale. Les époux ne peuvent , par leur contrat de mariage , déroger aux droits résultant de la puissance maritale , 1388.

Puissance paternelle. Les enfans , à tout âge , doivent honneur et respect à leurs pères et mères , 371.

— Jusqu'à quelle époque les enfans restent sous leur autorité ? 372.

— Le père seul exerce cette autorité pendant le mariage , 373.

— Cas où l'enfant peut quitter la maison paternelle , sans la permission de son père , 374.

— Moyens de correction que le père peut employer, lorsqu'il a des sujets de mécontentement très-graves sur la conduite d'un enfant , 375 - 381.

— Jusqu'à quelle époque les père et mère ont la jouissance des biens de leurs enfans ? 384.

— Charges et conditions de cette jouissance , 385.

— Cas où cette jouissance n'a pas lieu , et biens auxquels elle ne s'étend pas , 386 et 387.

— Les époux ne peuvent, par leur contrat de mariage , déroger aux droits qui résultent de la puissance paternelle sur la personne des enfans , 1388.

Puits , ne peut être creusé près d'un mur mitoyen , sans observer une certaine distance , ou sans faire les ouvrages prescrits par les réglemens pour conserver le mur , 674.

— Le curement des puits des maisons données à bail , est à la charge du bailleur , 1756.

Q.

Qualité d'héritier. Le titre ou la qualité d'héritier pris dans un acte authentique ou privé, emporte acceptation d'une succession.

Voyez *Bénéfice d'inventaire*, *Héritier et Successions.*

Quasi-contrat. Sa définition.

Effet d'un commencement de preuve, à l'égard des obligations qui naissent des quasi-contrats.

Nature et leurs effets, 1371.

Voyez *Contrats.*

— A quoi le quasi-contrat oblige celui qui gère volontairement l'affaire d'autrui, soit au su, soit à l'insu du propriétaire? 1372.

— Peut-il être considéré comme ayant un mandat exprès? *ibid.*

Quasi-délit. Le mineur n'est pas restituable contre les obligations qui résultent du quasi-délit, 1310.

— Nature et effets des quasi-délits, 1382.

Quittance. Le créancier qui reçoit divisément la part de l'un des débiteurs, sans réserver dans la quittance la solidarité ou ses droits en général, ne renonce à la solidarité qu'à l'égard de ce débiteur.

Le créancier n'est pas censé remettre la solidarité au débiteur, lorsqu'il reçoit de lui une somme égale à la portion dont il est tenu, si la quittance ne porte pas que c'est pour sa part.

Effet des quittances données sans réserves de la solidarité, 1211 *et suiv.*

Quittances. Les frais de quittance sont à la charge du débiteur, 1248.

— Forme de la quittance donnée au débiteur qui a employé l'emprunt pour se libérer, 1250.

— Effet de l'imputation dans les quittances de paiement, 1255 et 1256.

— Quelles sont les écritures au dos des quittances qui peuvent opérer la libération du débiteur? 1332.

— Cas où la femme peut toucher ses revenus sur ses simples quittances, 1534.

— Causes pour lesquelles la femme peut être autorisée à toucher portion de ses revenus sur ses quittances, 1550.

Quotité disponible. Quelle est sa fixation? 913 et 915.

— Les dispositions, soit entre-vifs, soit à cause de mort, qui excèdent la quotité disponible, sont réductibles à cette quotité lors de l'ouverture de la succession, 920.

— La réduction des dispositions entre-vifs ne peut être demandée que par ceux au profit desquels la loi fait la réserve, par leurs héritiers ou ayant-cause: les donataires, légataires, ni les créanciers du défunt, ne peuvent demander cette réduction, ni en profiter, 921.

Quotité. Celle de la chose promise peut être incertaine, pourvu qu'elle puisse être déterminée, 1129.

R.

Rachat de rente perpétuelle. Toute rente établie pour le prix de la vente d'un immeuble est essentiellement rachetable.

Il est néanmoins permis au créancier de régler les clauses et conditions du rachat, 530.

Rachat de rente, peut toujours être fait par le débiteur. Les parties peuvent stipuler qu'il ne sera fait que dans un délai, ou après un avertissement, au terme d'avance convenu. Ce délai ne peut excéder dix ans, 1911.

Rachat à réméré. Ce que c'est que la faculté de rachat ou de réméré, 1659.

Voyez *Faculté de rachat.*

Racines. Les récoltes pendantes par les racines et les fruits des arbres non encore recueillis, sont immeubles, 520.

— Le propriétaire d'un héritage sur lequel s'étendent les racines, a le droit de les couper, 672.

Radiation en matière d'hypothèques. Le débiteur qui la demande ou qui l'a obtenu, dépose au bureau du conservateur l'expédition de l'acte authentique portant consentement, ou celle du jugement, 2158.

Radiation. Dans quel tribunal doit être portée la demande de la radiation qui n'est pas consentie? 2159.

— Cas où elle doit être ordonnée, 2160.

Rapport dans les successions. Ce qui y est sujet, doit être imputé, par les enfans naturels, sur la portion qu'ils ont à prétendre sur la succession de leurs père ou mère, 760.

Rapport. Ce que chaque cohéritier doit rapporter à la masse, 829.

— Doit être fait en nature.

Droit des cohéritiers à qui il est dû, s'il n'est pas fait en nature, 830.

— Cas où il est dû par l'héritier même bénéficiaire, 843.

— Dans quel cas et jusqu'à quelle concurrence l'héritier peut retenir les dons et legs qui lui ont été faits? 844.

— Ce que peut retenir l'héritier qui renonce à la succession, 845.

Le rapport est dû par le donataire qui n'était pas héritier présomptif lors de la donation, mais qui se trouve successible au jour de l'ouverture de la succession.

Exception, 846.

— Les dons et legs faits au fils de celui qui

Récoltes, pendantes par les racines, sont immeubles, 520.

-- Coupées, quoique non enlevées, sont meubles.

Si une partie est coupée, cette partie seule est meuble, 520.

-- Les frais de récolte sont créances privilégiées, 2102.

Récompense. Cas où elle n'a pas lieu entre l'usufruitier et le propriétaire, 585.

-- Différens cas où il est dû récompense à l'un des époux en communauté, 1403, 1406 *et suiv.*, 1455 *et suiv.*

-- Celle due au légataire, d'un effet mobilier qui lui est donné par le mari en communauté, 1423.

-- Celle due à la femme, pour les amendes encourues par son mari et acquittées des deniers de la communauté, 1424.

--- Rapport des récompenses au partage de l'actif de la communauté entre époux, 1468 *et suiv.* Voyez *Reprises.*

Réconciliation entre époux, survenue, soit depuis les faits qui autorisoient l'action en divorce, soit depuis la demande, éteint l'action en divorce, 272.

Réconciliation. Dans ce cas, le demandeur en divorce doit être déclaré non recevable, 273.

-- Si le demandeur en divorce nie la réconciliation, la preuve doit en être admise.

Comment s'en fait la preuve ? 274.

Reconnaissance d'un enfant naturel (acte de) doit être inscrit sur les registres à sa date, et il en est fait mention en marge de l'acte de naissance, s'il en existe un, 62.

-- Celle des enfans naturels, légitimés par le mariage subséquent, 331.

-- La reconnaissance d'un enfant naturel, se fait par un acte authentique, quand elle n'a pas été faite dans l'acte de naissance, 334.

-- Cette reconnaissance ne peut avoir lieu au profit des enfans nés d'un commerce incestueux ou adultérin, 335.

-- Celle de la part du père, sans l'indication et l'aveu de la mère, n'a d'effet qu'à l'égard du père, 336.

-- La reconnaissance faite pendant le mariage par l'un des époux, au profit d'un enfant naturel qu'il aurait eu, avant son mariage, d'un autre que de son époux, ne peut nuire à celui-ci, ni aux enfans nés de ce mariage. Néanmoins, elle produira son effet après la dissolution de ce mariage, s'il n'en reste pas d'enfans, 337.

-- Toute reconnaissance d'un enfant naturel, faite par le père ou la mère, peut être

contestée par tous ceux qui y ont intérêt, 339.

-- Actes de reconnaissance, qui dispensent un créancier de représenter le titre primordial, 1337.

-- L'hypothèque judiciaire résulte des reconnaissances ou vérifications faites en jugement des signatures apposées à un acte obligatoire sous seing-privé, 2123.

-- La reconnaissance faite par le débiteur ou le possesseur du droit de celui contre lequel il prescrivait, interrompt la prescription, 2248.

-- Celle faite par l'un des débiteurs solidaires, interrompt la prescription contre les autres, 2249.

-- Celle faite par le débiteur principal, interrompt la prescription contre la caution 2250.

Reconstructions, auxquelles ne sont point tenus le propriétaire ni l'usufruitier, 607.

Recours, des créanciers non opposans qui ne se présentent à l'héritier bénéficiaire qu'après l'apurement du compte.

Comment se prescrit l'action de ce recours, 809.

-- Recours du successeur à titre universel, qui a payé au-delà de sa part de la dette commune, contre les autres cohéritiers, 875.

--- Celui des mineurs, des interdits et des femmes mariées, contre leurs tuteurs ou maris, 942.

--- Celui des appelés à la restitution contre le grevé et le tuteur, pour l'exécution des dispositions entre vifs ou testamentaires, 1070.

-- Celui résultant des obligations solidaires, 1214 *et suiv.*

-- Effet du recours à l'égard des obligations divisibles et indivisibles, 1221 et 1225.

-- Cas où l'effet de la clause pénale donne lieu au recours contre l'héritier qui a fait encourir la peine, 1232 et 1233.

--- Recours auquel donne lieu le paiement fait au préjudice d'une saisie ou opposition, 1242.

-- Celui auquel donne lieu la délégation, 1276.

-- Cas où celui qui a payé ce qui était dû par un autre, n'a de recours que contre le véritable débiteur, 1377.

--- Quel est le recours que le mari a droit d'exercer contre sa femme, relativement à la garantie qu'il a donnée à la vente faite par la femme d'un immeuble qui lui est personnel, 1452.

-- Effet du recours réservé à celui des deux époux qui acquitte la totalité des dettes de la communauté, ou celles personnelles à l'un d'eux, 1484 *et suiv.*

-- Recours que la femme qui renonce à la communauté a droit d'exercer contre son mari, 1494 et 1495.

Celui qui veut en tirer avantage ne peut les diviser, en ce qu'ils contiennent de contraire à sa prétention, 1350.

Registres publics. Conditions prescrites pour obtenir un commencement de preuve de la transcription d'un acte sur ces registres, 1336.

Réintégrande. La contrainte par corps a lieu dans ce cas, 2060.

Relais de la mer, dépendent du domaine public, 538.

— Le droit d'alluvion accordé aux propriétaires voisins des fleuves et rivières, n'a pas lieu à l'égard des relais de la mer, 557.

Reliquat de compte, po te intérêt du jour de la clôture du compte, 474.

Remboursement. Délai dans lequel le créancier peut stipuler que la rente ne pourra lui être remboursée, 530.

— Remboursement des dépenses dont est tenu le propriétaire qui conserve les constructions et plantations faites sur son fonds par un tiers, 555.

— Cas où le propriétaire est tenu au remboursement des matériaux, et main-d'œuvre des constructions et plantations faites sur son fonds, *ibid.*

— Effet du remboursement des services fonciers, dus à des héritages propres à l'un des époux en communauté, 1433.

— L'acquéreur ou adjudicataire a son recours contre le vendeur, pour le remboursement de ce qui excède le prix stipulé par son titre, 2191.

Réméré. Voyez *Faculté de rachat.*

Remise d'une dette solidaire, faite par l'un des créanciers solidaires, ne libère le débiteur que pour la part de ce créancier, 1199.

— Celle que ne peut faire l'héritier du créancier d'une obligation indivisible, 1224.

— Effet de la remise de la dette, 1234 à 1282.

Remise volontaire, éteint l'obligation, 1234.

Remise du titre original. La remise volontaire du titre original sous signature privée, fait preuve de la libération, 1282.

Remise de la dette. La remise de la grosse du titre, faite volontairement, fait présumer la remise de la dette ou le paiement, sans préjudice de la preuve contraire, 1283.

Remise du titre. Celle du titre original sous signature privée, ou de la grosse faite à l'un des débiteurs solidaires, profite à ses codébiteurs, 1284.

— La remise ou décharge conventionnelle,

au profit de l'un des codébiteurs solidaires, libère tous les autres.

Exception, 1285.

Remise de la chose donnée en nantissement, ne suffit point pour faire présumer la remise de la dette, 1286.

Remise ou décharge. Celle accordée au débiteur principal, libère les cautions.

Celle accordée à la caution, ne libère pas le débiteur principal.

Celle accordée à l'une des cautions, ne libère pas les autres, 1287.

Remplacement (le) du tuteur d'un interdit, peut se demander et s'obtenir au bout de dix ans, 508.

Remploi. Causes, forme et effets du remploi, au profit de l'un des époux en communauté, 1433 et 1434.

— Celui qui est fait des deniers provenant de la vente d'un immeuble de la femme, doit être accepté par elle formellement.

La déclaration du mari ne suffit pas, si elle ne l'a pas accepté; elle a droit, lors de la dissolution de la communauté, à la récompense du prix de son immeuble vendu, 1435.

— Le mari n'est point garant du défaut d'emploi du prix de l'immeuble que la femme a aliéné sous l'autorisation de la justice.

Exception, 1450.

— Prélèvement qui a lieu lors du partage de la communauté entre époux, des biens acquis en remploi ou du prix de ceux aliénés, et dont il n'a point été fait de remploi, 1470.

Remplois, soit qu'ils soient dus à la communauté, ou qu'elle les doive, ils emportent intérêt, du jour de la dissolution de la communauté, 1473.

Remploi. La femme qui renonce à la communauté, reprend l'immeuble qui lui a été acquis en remploi, et le prix de ceux aliénés, et dont le remploi n'a pas été effectué, 1493.

— La vente peut avoir lieu entre époux, quand la cession que fait le mari à la femme, même non séparée, a pour cause un remploi, 1595.

— La femme mariée, n'a d'hypothèque sur les immeubles de son mari, pour l'indemnité des dettes qu'elle a contractées avec lui, et pour le remploi de ses propres aliénés, que du jour de l'acte de l'obligation ou de la vente, 2135.

Rémunératoires (Dispositions) faites à titre particulier, aux docteurs en médecine ou chirurgie, aux officiers de santé, aux pharmaciens et aux ministres du culte, sont valables, 909.

pour servir aux dépenses nécessaires pour faire les grosses réparations, 1558.

Réparations utiles. Le vendeur est tenu de rembourser ou de faire rembourser à l'acquéreur, par celui qui l'évince, toutes les réparations et améliorations utiles qu'il a faites au fonds, 1634.

Réparations. Lorsque le vendeur a vendu de mauvaise foi le fonds d'autrui, il est obligé de rembourser à l'acquéreur toutes les dépenses, mêmes voluptuaires ou d'agrément que celui-ci a faites au fonds, 1635.

-- Le bailleur est tenu de faire, pendant la durée du bail, toutes les réparations qui peuvent devenir nécessaires, autres que les locatives, 1720.

-- Le preneur est tenu de souffrir celles dites urgentes.

Quel est son droit, si elles durent plus de quarante jours? 1724.

Réparations locatives. Quelles sont celles dont le locataire est tenu? 1754.

-- Les locataires ne sont point tenus de celles occasionnées par la force majeure ou par vétusté, 1755.

-- Les réparations locatives sont créances privilégiées sur les fruits des fermes, loyers des maisons, et sur le prix de tout ce qui garnit la maison ou la ferme, 2102.

Repétition. Ce qui a été payé sans être dû, y est sujet.

Elle n'est point admise à l'égard des obligations naturelles qui ont été volontairement acquittées, 1235.

Représentans. Voyez Héritiers.

Representation dans les successions, 739.

Sa définition et ses effets.

-- Elle a lieu à l'infini dans la ligne directe descendante.

Elle est admise dans tous les cas, 740.

-- Elle n'a pas lieu en faveur des ascendans. Le plus proche dans chaque ligne exclut toujours le plus éloigné, 741.

-- La représentation est admise dans tous les cas en ligne collatérale, en faveur des enfans ou descendans des frères ou sœurs du défunt, 742.

-- Dans le cas où la représentation est admise, le partage de la succession s'opère par souche. Si une même souche a produit plusieurs branches, la subdivision se fait aussi par souche dans chaque branche. Les membres de la même branche partagent entre eux par tête, 743.

-- Quelles sont les personnes que l'on peut ou non représenter? 744.

-- On ne vient jamais par représentation d'un héritier qui a renoncé, 787.

-- Ce que doit rapporter le fils qui ne vient que par représentation à la succession du donateur, 848.

-- La représentation a lieu en faveur des descendans d'un enfant décédé avant son père, qui était grevé de restitution au profit de ses enfans, 1051.

Reprises. Le mari ne peut exercer ses reprises que sur les biens de la communauté.

La femme ou ses héritiers peuvent, en cas d'insuffisance des biens de la communauté, les exercer sur les biens personnels du mari, 1472.

-- Nature des reprises que la femme qui renonce peut exercer, 1493.

-- Cas où le mari ne peut exercer la reprise du mobilier qui lui est échu pendant le mariage, 1504.

-- Les apports mobiliers de la femme ne peuvent être repris, que déduction faite de ses dettes personnelles, 1514.

-- La reprise des apports peut avoir lieu lorsqu'il est stipulé entre époux que la totalité de la communauté appartiendra au survivant, 1525.

République. Droits de la république sur les successions au partage desquelles il n'y a point d'héritiers appelés, 723, 767.

-- N'est point saisie de plein droit des successions à défaut d'héritiers légitimes, d'enfans naturels ou d'époux survivant, 724.

-- Que doit faire l'administration des domaines, lorsque la république prétend avoir droit à une succession? 769, 770.

Répudiation, faite par l'héritier institué, ou par le légataire, d'une disposition testamentaire, la rend caduque, 1043.

Rescision de partage. (action en) A quel tribunal est soumise cette action? 821.

Rescision (action en) est admise contre tout acte qui fait cesser l'indivision entre cohéritiers, de quelque nom qu'il soit qualifié.

N'est point admise contre la transaction faite après le partage, sur les difficultés réelles que présentait cet acte, 888.

-- N'est pas admise contre la vente des droits successifs, faite sans fraude à l'un des cohéritiers, à ses risques et périls, 889.

-- Comment le défendeur à cette action, peut en arrêter le cours, et empêcher un nouveau partage, 891.

Rescision. Elle éteint l'obligation, 1234.

-- Celle pour lésion n'est pas admise en faveur de l'acheteur, 1683.

-- Celui qui n'a sur un immeuble qu'un droit sujet à rescision, ne peut consentir qu'une hypothèque soumise à la même rescision, 2125.

Sain d'esprit. Il faut être sain d'esprit pour faire une donation entre-vifs ou un testament, 901.

Saisie. Effets des paiemens faits au préjudice d'une saisie.

Cas où la saisie empêche la compensation, 1298.

— Signifiée à celui qu'on veut empêcher de prescrire, interrompt la prescription, 2244

Saisie-arrêt sur une chose déposée.

Quel est son effet ? 1944.

Saisine des héritiers. Voyez *Successions.*

Saisine. Le testateur peut donner la saisine de tout son mobilier, ou d'une partie, à l'exécuteur testamentaire.

Elle ne peut durer au-delà d'une année, à compter du jour du décès du testateur, 1026.

— Comment l'héritier peut faire cesser la saisine du mobilier donné à l'exécuteur testamentaire, 1027.

Salaire. Le maître est cru sur son affirmation, pour le paiement du salaire de l'année échue des domestiques et ouvriers, 1781.

— Dans quels cas l'ouvrier ne peut réclamer son salaire pour une chose périe, même sans sa faute ? 1792.

— Salaire dû au mandataire, 1999.

— Celui des gens de service, pour l'année échue et l'année courante, a un privilége général sur les meubles, et s'exerce en quatrième lieu, 2101.

Scellés. Leur apposition sur les effets mobiliers de la communauté peut être requise par la femme commune en biens, demanderesse ou défenderesse en divorce, 270.

— Ils ne peuvent être levés qu'en faisant inventaire des meubles avec prisée, 270.

Le tuteur, dans les dix jours qui suivent celui de sa nomination, requiert la levée des scellés, 451.

— Le conjoint survivant et l'administration des domaines qui prétendent droit à une succession, sont tenus de les faire apposer.

Peines prononcées contre eux, s'ils négligent de remplir cette formalité, 769.

— Les frais de scellés sont à la charge de la succession, 810.

— Dans quel cas leur apposition n'est pas nécessaire ? 819.

— Les créanciers d'une succession peuvent aussi requérir l'apposition des scellés, 820.

Ils peuvent former opposition à leur levée, 821.

— Les exécuteurs testamentaires doivent les

faire apposer, s'il y a des héritiers mineurs, interdits ou absens, 1051.

— Les frais pour les faire apposer et lever, sont dettes de la communauté, 1482.

Second mariage. La femme ne peut le contracter qu'après dix mois révolus depuis la dissolution de son premier mariage, 228.

L'époux de la femme tutrice qui se remarie, devient cotuteur, 596.

Si les époux ont des enfans d'un autre lit, ils ne peuvent se donner qu'une part d'enfant légitime moins prenant, 1098.

Secondes noces. Voyez *Mariage.*

Secours. Les époux se doivent mutuellement secours, 212.

Ceux fournis à un individu dans sa minorité, ou pendant six ans au moins, donnent droit d'exercer envers lui l'adoption, 345.

Secret sur la naissance d'un enfant, est un motif pour le mari de le désavouer, 313.

Exception à cet égard, 314.

Sel (Magasin de) de matières corrosives, ne peut être placé près d'un mur mitoyen, sans laisser la distance prescrite, ou sans faire les ouvrages prescrits pour éviter de nuire au voisin, 674.

Semences, données aux fermiers ou colons partiaires, sont immeubles par destination, 524.

Celles que doit rembourser celui qui veut jouir des fruits qu'elles ont produits ? 548.

Celles dont ne doit pas compte le propriétaire au moment où l'usufruit cesse, 585.

— Les fermiers sont contraignables par corps, pour la représentation des semences à la fin du bail, 2062.

Les semences sont créances privilégiées, 2102.

Sénat-Conservateur. Les membres sont exempts de tutelle, 427.

Séparation de biens judiciaire, dissout la communauté, 1441.

Séparation de biens. La déclaration faite par les époux dans leur contrat de mariage, qu'ils seront séparés de biens, ne prouve point qu'ils sont assujétis au régime dotal, 1392.

— Dans quel cas et comment la femme peut poursuivre la séparation de biens ? 1443.

— Quoique prononcée en justice est nulle, si elle n'est pas exécutée par le paiement réel des droits et reprises de la femme, effectué par un acte authentique, jusqu'à concurrence des biens du mari, ou au moins par des poursuites encommencées dans la quinzaine du jour qui a suivi le jugement, et non interrompues depuis, 1444.

gard de celles qui ne peuvent s'acquérir par la
prescription , ne peut être remplacé que par un
titre récognitif de la servitude , et émané du
propriétaire du fonds asservi , 695.

-- Celui qui établit une servitude, est censé
accorder tout ce qui est nécessaire pour en user.
Exemple , 696.

-- Droits de celui auquel la servitude est
due , 697.

-- Causes et effets de l'extinction des servitudes , 703. Dans quel cas elles revivent, 704.

-- Elle est éteinte lorsque le fonds auquel elle
est due , et celui qui la doit , sont réunis dans
la même main , 705.

-- La servitude est éteinte par le non usage
pendant trente ans, 706.

-- De quel jour commencent à courir les
trente ans requis pour la faire cesser ? 707.

-- Le mode de la servitude peut se prescrire
comme la servitude même , et de la même manière, 708.

-- Si l'héritage en faveur duquel la servitude est établie , appartient à plusieurs par indivis, la jouissance de l'un empêche la prescription à l'égard de tous, 709.

-- Lorsque l'héritage vendu est grevé, sans
qu'il en ait été fait de déclaration, de servitudes
non apparentes , et qu'elles sont de telle importance, qu'il y ait lieu de présumer que l'acquéreur n'aurait pas acheté , s'il en avait été
instruit , il peut demander la résiliation du
contrat , si mieux il n'aime se contenter d'une
indemnité , 1638.

Sévices sont une cause de divorce, 231.

-- Lorsque la demande en divorce est formée pour cause de sévices, les juges peuvent
ne pas admettre immédiatement le divorce.

Dans ce cas, avant de faire droit , ils autorisent la femme à quitter la compagnie de son
mari, sans être tenue de le recevoir, si elle ne
le juge à propos, 259.

-- Les sévices donnent lieu à la révocation
des donations entre-vifs et des dispositions testamentaires , 955 *et suiv.*, 1046.

Sexe de l'enfant nouveau né, doit être indiqué
dans son acte de naissance , 57 et 58.

-- Le sexe détermine la présomption de survie
entre plusieurs individus appelés à la succession l'un de l'autre et qui périssent dans un
même événement , 720 , 722.

-- Les enfans ou leurs descendans succèdent
sans distinction de sexe , 745.

-- Influence du sexe pour déterminer la violence envers les contractans , 1112.

Sièges sont compris dans les mots *meubles
meublans*, 534.

Signatures des testamens , 973 et 974.
Voyez Testamens.

-- Signes de mort violente. *V.* Etat civil.

Significations,relatives à un acte pour l'exécution duquel on a fait une élection de domicile , sont valables quand elles sont faites au
domicile élu, 111.

-- Cas où la signification du transport doit
être faite au débiteur , 1690.

Silence de la loi. Voyez Lois et Juges.

*Situation des immeubles en matière d'hypo-
thèque. Voyez* immeubles.

Société. Les actions ou intérêts dans les compagnies de finance, de commerce ou d'industrie
où il existe des immeubles dépendans de ces
entreprises, sont réputées meubles à l'égard de
chaque associé seulement , tant que dure la
société , 529.

-- Définition du contrat de société , 1832.

-- Toute société doit avoir un objet licite ,
et être contractée pour l'intérêt commun des
parties.

Chaque associé doit y apporter de l'argent ,
ou d'autres biens, ou son industrie, 1833.

Sociétés. Elles doivent être rédigées par écrit,
lorsque leur objet est d'une valeur au-dessus de
150 fr.

La preuve testimoniale n'est point admise
contre et outre le contenu en l'acte de société ,
1834.

-- Elles sont universelles ou particulières,1835.

Sociétés universelles , sont de deux sortes ,
celle de tous biens présens,et celle de tous gains,1836.

-- Définition de celle de tous biens présens.

Ce qu'elle peut comprendre ou ne pas comprendre , 1837.

-- Définition de la société universelle de gains.

Quels sont les objets quelle comprend et ceux
quelle ne peut comprendre ? 1838.

Société. La simple convention de société universelle , faite sans autre explication , n'emporte que la société universelle de gains, 1839.

Société universelle Entre quelles personnes
elle peut avoir lieu ? 1840.

Société particulière. Sa définition , 1841.

-- Le contrat par lequel plusieurs personnes
s'associent pour une entreprise désignée,ou pour
l'exercice d'un métier ou profession , est aussi
une société particulière , 1842.

Société. Elle commence à l'instant même
du contrat , s'il ne désigne une autre époque,
1843.

-- S'il n'y a pas de convention sur sa
durée , pour quel temps est-elle censée contractée ?

S'il s'agit d'une affaire dont la durée est limitée, elle existe pour tout le temps que cette affaire doit durer, 1844.

— Lorsque la société a éprouvé l'éviction du corps certain dont un associé avait fait l'apport, elle peut exercer contre lui une garantie, comme l'acquéreur envers son vendeur, 1845.

—- Dans les sociétés, autres que celles de commerce, les associés ne sont pas tenus solidairement des dettes sociales, et l'un des associés ne peut obliger les autres, si ceux-ci ne lui en ont conféré le pouvoir, 1862.

—- Cas où l'associé contractant est seul lié, par la stipulation que l'obligation est contractée pour le compte de la société, 1864.

—- Différentes manières dont finit la société, 1865.

— La prorogation d'une société à temps limité ne peut être prouvée que par un écrit revêtu des mêmes formes que le contrat de société, 1866.

— La société est dissoute dans tous les cas, par la perte de la chose, lorsque la jouissance a été mise en commun, et que la propriété en est restée dans la main de l'associé. Mais la société n'est pas rompue par la perte de la chose, dont la propriété a déjà été apportée à la société, 1867.

—- Quel est le droit de l'héritier d'un des associés, lorsque la société n'est pas continuée avec lui ? 1868.

— La dissolution de la société par la volonté de l'une des parties, ne s'applique qu'aux sociétés dont la durée est illimitée.

Comment s'opère cette dissolution, 1869.

— La dissolution des sociétés à terme, ne peut être demandée par l'un des associés avant le terme convenu.

Quels doivent être les motifs de cette dissolution ? 1871.

—- Comment on procède aux partages entre associés, 1872.

— Les règles établies par le Code civil ne s'appliquent aux sociétés de commerce que dans les points qui n'ont rien de contraire aux lois et usages du commerce, 1873.

Sol (la propriété du) emporte celle du dessus et du dessous, 552 *et suiv.*

—- Cas où l'usufruitier a ou n'a pas droit de jouir du sol sur lequel existaient des bâtimens détruits par suite de vétusté ou accidens, 624.

Soles. Le bail de terres labourables divisées par soles, est censé fait pour autant d'années qu'il y a de soles, 1774.

Solidarité. Nature et effets de la solidarité, 1197 *et suiv.*

—- Elle existe entre les débiteurs, lorsqu'ils sont obligés à une même chose, 1200.

—- Elle ne se présume pas ; il faut qu'elle soit expressément stipulée.

Exception, 1202.

—- Le créancier qui consent à la division de la dette à l'égard de l'un des codébiteurs, conserve son action solidaire contre les autres, mais sous la déduction de la part du débiteur qu'il a déchargé de la solidarité, 1210.

— Dans quel cas le créancier est censé avoir renoncé à la solidarité, ou en avoir fait remise à l'un des co-débiteurs solidaires ? 1211.

—- Dans quel cas est-elle conservée ou remise, lorsque le créancier reçoit divisément de l'un des co-débiteurs sa portion dans les arrérages, ou intérêts échus de la dette ? 1212.

—- La solidarité stipulée ne donne point à l'obligation le caractère d'indivisibilité, 1219.

Solives, peuvent être placées dans l'épaisseur du mur mitoyen, 657.

Solvabilité. Le cédant n'est garant de celle du débiteur que lorsqu'il s'y est engagé, et jusqu'à concurrence du prix qu'il en a retiré ; et lorsqu'il la garantit, cette promesse ne s'entend que de la solvabilité du débiteur au jour du transport, 1694, 1695.

Solvabilité d'une caution. Comment elle s'estime. *Voyez* Caution.

—- Dans quel cas le vendeur d'une créance répond de la solvabilité du débiteur.

Voyez Transport.

Sommation. Les intérêts de ce qui est dû au tuteur par le mineur, ne courent que du jour de la sommation de payer, 474.

·— Cas où le débiteur est constitué en demeure par une sommation, 1139.

— Sommation qui doit précéder la consignation et le dépôt, 1159 et 1264.

—- Sommations respectueuses.

Voyez Actes respectueux.

Sort. (tirage au) Dans les partages des biens de successions, les lots doivent être tirés au sort, 466 et 854.

Souche (en matière de succession.) Dans tous les cas où la représentation est admise, le partage des biens s'opère par souche, 743.

—- Les enfans du défunt ou leurs descendans succèdent par souche, 745.

— Les mêmes règles établies pour la division des masses à partager, sont également observées dans la subdivision à faire entre les souches coparageantes, 856.

Soulte. Voyez Retour.

Source. Voyez Eaux.

Sous-locataire. Il n'est tenu envers le propriétaire que jusques à concurrence du prix de sa sous-location dont il peut être débiteur au moment de la saisie.

Peut-il opposer des paiemens faits par anticipation ? Ceux faits par le sous-locataire, en vertu de la stipulation portée en son bail, ou en conséquence de l'usage des lieux, ne sont point réputés faits par anticipation, 1753.

Sourd-muet, peut, s'il sait écrire, accepter une donation entre-vifs par lui ou par un fondé de pouvoir ; s'il ne sait point écrire, l'acceptation doit être faite par un curateur nommé à cet effet, 936.

Statues. Cas où elles sont meubles ou immeubles, 525.

— Celles qui font partie du meuble d'un appartement, sont comprises sous le mot *meubles meublans*, 534.

Statuts locaux. L'association conjugale ne peut plus y être soumise.

Abrogation de ces statuts, 1590.

Stellionat. Cas où il y a stellionat.

Il donne lieu à la contrainte par corps, 2059.

— Dans quel cas, il a lieu contre les femmes mariées, 2066.

Stipulation, par laquelle l'époque de remboursement d'une rente établie à perpétuité est portée au-delà de trente ans, est nulle, 530.

— En général, on ne peut stipuler qu'en son propre nom, et pour soi-même, 1119.

— On peut stipuler pour un tiers, en se portant fort pour lui, et en promettant son fait.

A quoi est tenu celui qui a stipulé pour un tiers, si celui-ci refuse de tenir l'engagement ou de le ratifier ? 1120.

— On peut pareillement stipuler au profit d'un tiers, lorsque telle est la condition de la stipulation que l'on fait pour soi-même, ou d'une donation que l'on fait à un autre.

Celui qui a fait cette stipulation ne peut plus la révoquer, si le tiers a déclaré vouloir en profiter, 1121.

— On est censé avoir stipulé pour soi, pour ses héritiers et ayant cause, à moins que le contraire ne soit exprimé ou ne résulte de la nature de la convention, 1122.

Subdivision des lots. Règles à suivre pour la subdivision entre les souches copartageantes, 836.

Subrogation, est acquise de plein droit au légataire particulier qui a acquitté la dette dont l'immeuble légué était grevé, 874.

— Une obligation peut être acquittée par toute personne qui y est intéressée, telle qu'un coobligé ou une caution.

— L'obligation peut même être acquittée par un tiers qui n'y est point intéressé, pourvu que ce tiers agisse au nom et en l'acquit du débiteur, ou que s'il agit en son nom propre, il ne soit pas subrogé aux droits du créancier, 1236.

— La subrogation est conventionnelle ou légale, 1249.

— Elle est conventionnelle, 1°. lorsque le créancier recevant son paiement d'une tierce personne, la subroge dans ses droits, actions, priviléges ou hypothèques contre le débiteur ; 2°. lorsque le débiteur emprunte une somme à l'effet de payer sa dette, et de subroger le prêteur dans les droits du créancier.

Conditions essentielles pour la validité de ces deux subrogations, 1250.

— Cas où la subrogation a lieu de plein droit, 1251.

— Elle a lieu tant contre les cautions que contre les débiteurs : elle ne peut nuire au créancier, lorsqu'il n'a été payé qu'en partie, 1252.

— L'immeuble échangé contre celui de l'époux en communauté, est subrogé au lieu et place de ce dernier immeuble, 1407.

— La caution qui a payé la dette, est subrogée à tous les droits qu'avait le créancier contre le débiteur, 2029.

— La caution est déchargée, lorsque la subrogation aux droits privilégés et hypothèques du créancier, ne peut plus, par le fait de ce créancier, s'opérer en faveur de la caution, 2037.

Subrogé tuteur. Le curateur au ventre, devient le subrogé tuteur de l'enfant, au moment de sa naissance, 393.

— Dans toute tutelle, il doit être nommé un subrogé tuteur par le conseil de famille. Quelles sont les fonctions du subrogé tuteur ? 420.

— Ce que doit faire le tuteur, avant d'entrer en fonctions, 421.

— Le subrogé tuteur doit être nommé dans les tutelles datives, immédiatement après le tuteur, 422.

— Il doit être pris, hors le cas de frères germains, dans celle des deux lignes à laquelle le tuteur n'appartient point, 423.

— Le subrogé tuteur ne remplace pas de plein droit le tuteur, lorsque la tutelle devient vacante ou qu'elle est abandonnée par absence; mais il doit, en ce cas, sous peine des dommages-intérêts qui pourraient résulter pour le mineur, provoquer la nomination d'un autre tuteur, 424.

— Ses fonctions cessent à la même époque que la tutelle, 425.

— En quoi elles consistent, 446 *et suiv.*

— Les dispositions de la loi concernant les tuteurs, sont applicables au subrogé tuteur. 426.

— Il doit poursuivre l'homologation de la

les fruits et les revenus dont il a eu la jouissance depuis l'ouverture de la succession, 729.

— Dans quel ordre et suivant quelles règles les successions sont déférées aux enfans et descendans du défunt, à ses ascendans et à ses parens collatéraux ? 731.

— La loi ne considère ni l'origine, ni la nature des biens, pour en régler la succession, 732.

— Toute succession échue à des ascendans ou à des collatéraux se divise en deux parties égales : l'une pour les parens de la ligne maternelle ; l'autre pour les parens de la ligne paternelle, 733.

— Quand la division a été opérée entre les lignes paternelle et maternelle, il ne se fait plus de division entre les diverses branches ; mais la moitié dévolue à chaque ligne appartient à l'héritier ou aux héritiers les plus proches en degrés, sauf le cas de la représentation, 734.

— De la représentation dans les successions. Ses effets, 759 et suiv.

— Comment s'opère le partage des successions dans lesquelles la représentation est admise ? 743.

— Successions déférées aux descendans, 345.

— Successions déférées aux ascendans. Comment se divisent entre eux ? 346 et suiv.

— Comment se partage la succession d'une personne morte sans postérité, mais ayant laissé ses père et mère ou l'un d'eux, et des frères ou des sœurs, ou des descendans d'eux ? 748 — 751.

— A défaut de frères ou sœurs, ou des descendans d'eux, et d'ascendans dans l'une ou l'autre ligne, la succession est déférée pour moitié aux ascendans survivans, et pour l'autre moitié aux parens collatéraux, les plus proches de l'autre ligne : s'il y a concours entre les collatéraux au même degré, ils partagent par tête, 753.

— A défaut de parens au degré successible, les parens de l'autre ligne succèdent en tout, 755.

Successions. Droits des enfans naturels sur les biens de leurs père ou mère, et de la succession des enfans naturels décédés sans postérité, 756 à 766.

Succession de l'époux décédé sans parens, ou sans enfans naturels, appartient à son conjoint survivant non divorcé, 767.

— Droits du conjoint survivant et de la République, 767 à 773.

— La succession peut être acceptée purement ou simplement, ou sous bénéfice d'inventaire, 774.

— Nul n'est tenu d'accepter une succession qui lui est échue, 775.

— Les femmes mariées ne peuvent pas valablement accepter une succession sans l'autorisation de leur mari, ou de la justice, 776.

— Lorsque celui à qui une succession est échue, est décédé sans l'avoir répudiée, ou sans l'avoir acceptée expressément ou tacitement, ses héritiers peuvent l'accepter ou la répudier de son chef, 781.

— On ne vient jamais à une succession par représentation de l'héritier qui a renoncé. Si le renonçant est seul héritier de son degré, ou si tous ses cohéritiers renoncent, les enfans viennent de leur chef, et succèdent par tête, 787.

— Par quel temps se prescrit la faculté d'accepter ou de répudier une succession ? 789.

— On ne peut, même par contrat de mariage, renoncer à la succession d'un homme vivant, ni aliéner les droits éventuels qu'on peut avoir à cette succession, 791.

— Cas où une succession est réputée vacante, 811.

— Les frais de demande en délivrance des legs particuliers, sont à la charge de la succession, à moins qu'il n'en ait été autrement ordonné par le testament, 1016.

— On ne peut renoncer à une succession non ouverte, ni faire aucune stipulation sur une pareille succession, même avec le consentement de celui de la succession duquel il s'agit, 1130.

Successions. Les époux ne peuvent faire aucune convention ou renonciation dont l'objet serait de changer l'ordre légal des successions, soit par rapport à eux-mêmes dans la succession de leurs enfans ou descendans, soit par rapport à leurs enfans entre eux, 1389.

Successions mobilières. Les dettes des successions purement mobilières, qui sont échues aux époux pendant le mariage, sont pour le tout à la charge de la communauté, 1411.

Succession immobilière. Les dettes d'une succession purement immobilière, échue à l'un des époux pendant le mariage, ne sont point à la charge de la communauté, sauf le droit qu'ont les créanciers de poursuivre leur paiement sur les immeubles de la succession.

Néanmoins, si la succession est échue au mari, les créanciers de la succession peuvent poursuivre leur paiement, soit sur tous les biens propres au mari, soit même sur ceux de la communauté ; sauf, dans ce second cas, la récompense due à la femme ou à ses héritiers, 1412.

— Si la succession immobilière est échue à la femme, et que celle-ci l'ait acceptée du consentement de son mari, ou sur son refus, étant autorisée en justice, sur quels biens les créanciers de cette succession peuvent poursuivre leur paiement ? 1413.

Succession. La fille dont le mari était insolvable à l'époque de son mariage, et n'avoit ni art, ni profession, n'est tenue de rapporter à la succession de ses père ou mère qui l'ont dotée, que l'action qu'elle a contre la succession de son mari, 1575.

Exception.

— On ne peut vendre la succession d'une personne vivante, même de son consentement, 1600.

Supercherie, (Dol, Escroquerie,) Lorsqu'elle a eu lieu au jeu, le gagnant peut être condamné à restituer ce qui lui a été même volontairement payé par le perdant, 1967.

Supplément à l'acte de partage. Cas où on peut le demander, 887.

Suppression d'état. L'action criminelle, contre un délit de suppression d'état, ne peut commencer qu'après le jugement définitif sur la question d'état, 327.

Surenchère. Tout créancier, dont le titre est inscrit, peut former une surenchère, et requérir la mise de l'immeuble vendu volontairement aux enchères et adjudications publiques.

Conditions et formalités qu'il doit remplir à peine de nullité, 2185.

— Dans quelles formes doit avoir lieu la revente qui est faite dans ce cas? Par qui elle peut être poursuivie, et que doivent énoncer les affiches pour y parvenir? 2187.

Supplément de prix d'un objet vendu.

Voyez Délivrance.

Supplément d'hypothèque. Cas où le créancier peut le demander.

Voyez Hypothèques.

Sursis. Cas où les juges peuvent surseoir à l'exécution des poursuites contre le débiteur, 1244.

Surprise. Causes et effets de la surprise, sur le consentement donné aux conventions et obligations, 1109 *et suiv.*

Surveillance des enfans des absens, et des époux divorcés.

Voyez Absens et Divorce.

Survenance d'enfans, ne révoque point les donations faites entre époux pendant le mariage, 1096.

Survie. Si plusieurs personnes périssent dans un même événement, la présomption de survie se détermine par les circonstances du fait, ou par la force de l'âge ou du sexe, 720.

Voyez Succession.

— Cas où toute donation entre-vifs des biens

présens, faits entre époux par contrat de mariage, n'est point censée faite sous la condition de survie du donataire, 1092.

— Cas où la femme peut ou non exercer ses droits de survie, 1452.

Survivant des époux. On ne peut, par contrat de mariage, déroger aux droits conférés au survivant des époux, 1388.

Suscription (l'acte de) est celui par lequel un testateur déclare que son testament est de lui.

Cet acte doit être dressé par un notaire, 976.

Suspension. Effet de la condition résolutoire, relativement à la suspension de l'exécution de l'obligation, 1183.

— Le terme ne suspend point l'engagement; il n'en retarde que l'exécution, 1186.

— Cas de suspension de l'exécution des actes, 1319.

Synallagmatique. (Contrat) Ce qui le constitue, 1102.

— Cas où la condition résolutoire est sous-entendue dans un contrat synallagmatique, 1184.

— Formes et effets des actes sous signatures privées, contenant des conventions synallagmatiques, 1325.

T.

Tableaux Cas où ils sont meubles ou immeubles, 525.

— Ceux qui font partie du meuble d'un appartement, sont compris sous les mots *meubles meublans* ; mais non les collections de tableaux, 534.

— Conditions sous lesquelles l'usufruitier ou ses héritiers peuvent faire enlever les tableaux qu'il a fait placer, 599.

Tacite réconduction. Elle s'opère, lorsqu'à l'expiration des baux écrits, le preneur reste en la possession de la chose louée.

Son effet est réglé par la loi relative aux baux faits sans écrit, 1738.

La tacite reconduction ne peut être invoquée par le preneur quoiqu'il ait continué sa jouissance, s'il y a un congé signifié, 1739.

— La caution donnée pour le bail ne s'étend pas aux obligations résultantes de la prolongation, 1740.

— Pour quelle durée la tacite reconduction est censée faite, lorsque le locataire d'une maison ou d'un appartement, après l'expiration d'un bail écrit, continue la jouissance sans opposition de la part du bailleur? 1759.

Tailles, corrélatives à leurs échantillons,

— On peut par testament constituer une rente viagère à titre gratuit, 1969.

Tête. (partage par) Les membres de la même branche partagent entre eux par tête, 745.

— Les enfans ou leurs descendans succèdent par égales portions et par tête quand ils sont tous au premier degré et appelés de leur chef ; ils succèdent par souche, lorsqu'ils viennent tous ou en partie par représentation, 745.

— Les ascendans au même degré succèdent par tête, 746.

— S'il y a concours de parens collatéraux au même degré, ils partagent par tête, 753.

Testateur, peut nommer un ou plusieurs exécuteurs testamentaires, 1025.

— Il peut donner aux exécuteurs testamentaires la saisine de tout, ou de partie de son mobilier : elle ne peut durer au delà de l'an et jour, à compter de son décès, 1026.

— Celui qui grève ses héritiers de restitution, peut, par le même acte, nommer un tuteur pour l'exécution de cette disposition, 1055.

Tiers détenteur. Quels sont les droits que le donateur peut exercer contre les tiers détenteurs ? 954.

— Si le tiers détenteur ne remplit pas les formalités établies pour purger sa propriété, il demeure, par l'effet seul des inscriptions, obligé, comme détenteur, à toutes les dettes hypothécaires, et jouit des termes et délais accordés au débiteur originaire, 2167.

— Le tiers détenteur est tenu, dans le même cas, ou de payer tous les intérêts et capitaux exigibles, à quelque somme qu'ils puissent monter, ou de délaisser l'immeuble hypothéqué sans aucune réserve, 2168.

— Faute par lui de satisfaire pleinement à l'une de ces obligations, quel est le droit des créanciers inscrits ? 2169.

— Le tiers détenteur qui n'est pas personnellement obligé à la dette, peut s'opposer à la vente de l'héritage hypothéqué, s'il est demeuré d'autres immeubles hypothéqués à la même dette, dans la possession du principal ou des principaux obligés, et en requer r la discussion préalable, 2170.

— Il est tenu des détériorations qui procèdent de son fait ou de sa négligence.

Il ne peut répéter les impenses et améliorations, que jusqu'à concurrence de la plus value, 2175.

— Depuis quelle époque il doit restituer les fruits de l'immeuble hypothéqué ? 2176.

— Les servitudes et droits réels que le tiers détenteur avait sur l'immeuble avant sa possession, renaissent après le délaissement, ou après l'adjudication faite sur lui. Ses créanciers personnels, après tous ceux inscrits sur les précédens propriétaires, exercent leur hypothèque à leur rang, sur le bien délaissé ou adjugé, 2177.

— Le tiers détenteur qui a payé la dette hypothécaire, ou délaissé l'immeuble, ou subi l'expropriation de cet immeuble, a le recours en garantie contre le débiteur principal, 2178.

— Formalités et conditions prescrites aux tiers détenteurs, pour purger les biens par eux acquis de tous privilèges et hypothèques, 2179 et 2181.

Tiers possesseur. Droits du tiers possesseur dans le cas où l'action en rescision est admise, 1682.

Voyez Rescision.

Tiers privilégiés. De quelle époque date l'hypothèque à leur égard ? 2113.

Tirage au sort. En matière de succession, les lots sont tirés au sort.

Titres. Quels sont les titres relatifs à la possession d'état ? 522 *et suiv.*

— Les servitudes continues et apparentes s'acquièrent par titre, ou par la possession de 30 ans, 690.

— Effets de ces titres, 698 *et suiv.*

— La remise volontaire du titre original, sous signature privée, par le créancier au débiteur, fait preuve de la libération, 1282.

Titres. Quelles sont les notes au dos des titres qui peuvent justifier la libération du débiteur ? 1332.

— Foi due aux titres, et preuves qui en résultent, 1334 *et suiv.*

Titre. Quand le créancier a perdu le sien par cas fortuit imprévu ou force majeure, il peut être admis à la preuve testimoniale de l'obligation qui y était contenue, 1348.

Titres. Cas où ils peuvent suppléer l'inventaire que le mari est tenu de faire faire des successions échues aux époux en communauté, 1415.

— La remise des titres opère la tradition des droits incorporels, 1607.

— Les titres découverts depuis la transaction, ne sont pas une cause de rescision, 2057.

— Celui qui oppose la prescription trentenaire, contre une action réelle ou personnelle, n'est point obligé d'en rapporter un titre, 2262.

Titre authentique. Nature, forme et effet d'un titre authentique, 1317.

— La vente forcée d'un immeuble ne peut

être poursuivie qu'en vertu d'un titre authentique et exécutoire, 2213.

Titres exécutoires contre le défunt, le sont pareillement contre l'héritier, 877.

Titre nouvel. Peut être exigé par le créancier ou ses ayants-cause, du débiteur d'une rente, après 28 ans de la date du dernier titre, 2263.

Titre primordial. Les actes récognitifs ne dispensent point le créancier de le représenter, 1337.

Exception.

Titres de propriété. A qui ils doivent être remis après le partage ? 842.

La remise des titres de propriété opère la délivrance de l'immeuble vendu.

Voyez Délivrance.

Toits. Forme de leurs égoûts, 681.

Tolérance (actes de simple) ne peuvent fonder ni possession, ni prescription, 2232.

Tonnes. Cas où elles sont immeubles, 524.

Tradition réelle, opère la délivrance des objets mobiliers, 1608.

Tradition. Comment se fait celle des droits incorporels ? 1607.

Tradition réelle ou feinte. Le dépôt n'est fait que par la tradition réelle ou feinte de l'objet déposé, 1919.

Traité. Tout traité qui peut intervenir entre le tuteur et le mineur devenu majeur, est nul, s'il n'a été précédé d'un compte de tutelle détaillé, 472.

Traiteurs. Leur action à cause de la nourriture fournie, se prescrit par six mois, 2271.

Transactions. Quelles sont celles permises aux époux qni divorcent par consentement mutuel? 279.

-- Le tuteur ne peut transiger, au nom du mineur, qu'en vertu de l'autorisation du conseil de famille, homologuée par le tribunal civil, 467.

Transaction. Le pouvoir d'y consentir n'emporte pas celui de compromettre, 1989.

-- Définition de la transaction, 2044.

Elle doit être rédigée par écrit.

-- Les communes et établissemens publics ne peuvent transiger qu'avec l'autorisation du Gouvernement, 2045.

-- Il faut avoir la capacité de disposer des objets qui y sont compris, 2045.

-- On peut transiger sur l'intérêt civil, qui résulte d'un délit. La transaction n'empêche pas la ponrsuite du ministère public, 2046.

-- On peut ajouter à une transaction la stipulation d'une peine contre celui qui manquera de l'exécuter, 2047.

-- Les transactions ne règlent que les différens qui y sont exprimés, 2049.

-- Celui qui a transigé sur un droit qui lui appartient de son chef, n'est point lié quant aux droits par lui acquis postérieurement à la transaction, 2050.

-- La transaction qui est faite par un des intéressés, ne lie pas les autres intéressés, 2051.

-- Elle a entre les parties l'autorité de la chose jugée en dernier ressort.

Elle ne peut être attaquée pour cause d'erreur de droit, ni de lésion. 2052.

-- Elle peut être rescindée, lossqu'il y a erreur sur la personne ou sur l'objet de la contestation, et lorsqu'il y a eu dol ou violence, 2053.

-- Il y a également lieu à l'action en rescision contre une transaction qui a été faite en exécution d'un titre nul, à moins que les parties n'aient expressément transigé sur la nullité, 2054.

-- Divers cas où la transaction est nulle, 2055, 2056 et 2057.

Exceptions à ces dispositions, 2056.

-- L'erreur de calcul dans une transaction doit être réparée, 2058.

Transcription des actes contenant donation de biens susceptibles d'hypothèques, doit être faite au bureau des hypothèques, 939.

-- Cette transcription doit être faite à la diligence du mari, lorsque les biens sont donnés à la femme, et à la diligence du tuteur, lorsqu'ils sont donnés au mineur, 940.

Transcription, (défaut de) peut être opposé par toutes personnes qui y ont intérêt, 941.

Les mineurs, les interdits, les femmes mariées ne sont pas restitués contre le défaut de transcription des donations, 942.

-- Les dispositions par actes entre-vifs ou testamentaires, sont rendues publiques par la transcription, 1069.

-- Le défaut de transcription peut être opposé par les créanciers, et par les tiers acquéreurs des biens grevés de restitution, 1070.

-- Ce défaut ne peut jamais être suppléé, ni regardé comme couvert par la connaissance que les créanciers ou les tiers acquéreurs peuvent avoir eu de la disposition, par d'autres voies que par celle de la transcription, 1071.

-- Par qui ce défaut ne peut être jamais opposé aux appelés, 1072.

-- Les donataires ou légataires ne peuvent opposer aux appelés à recueillir le défaut de transcription, 1072.

-- La transcription conserve le privilége du vendeur.

— Ses héritiers sont responsables de sa gestion, et s'ils sont majeurs, ils sont tenus de la continuer jusques à la nomination d'un nouveau tuteur, 419.

— Lorsque le père, la mère ou autre ascendant sont tuteurs de droit, ou lorsque le père ou la mère en a nommé un, le tuteur doit, avant d'entrer en fonctions, faire convoquer le conseil de famille pour nommer un subrogé tuteur.

Peines prononcées contre le tuteur qui s'est ingéré dans la gestion avant d'avoir rempli cette formalité, 421.

— Le tuteur ne peut voter pour la nomination du subrogé tuteur, 423.

— Il ne peut ni provoquer la destitution du subrogé tuteur, ni voter dans les conseils de famille convoqués à cet effet, 426.

— Le tuteur nommé en remplacement d'un individu que ses fonctions publiques conférées depuis sa nomination à la charge de tuteur, peut réclamer sa décharge, si l'ancien tuteur cesse ses fonctions, 431.

— Tout individu âgé de soixante-cinq ans accomplis peut refuser d'être tuteur, 433.

Celui qui aura été nommé avant cet âge peut à soixante - dix ans, se faire décharger de la tutelle, 433.

— Le tuteur présent à sa nomination doit sur-le-champ proposer ses excuses, 438.

— Dans quel délai le tuteur qui n'était pas présent à la délibération qui l'a nommé doit-il proposer ses excuses ?

À qui il doit les proposer ? 439.

— Où doit-il se pourvoir, si ses excuses sont rejetées ? 440.

— S'il parvient à se faire exempter de la tutelle, ceux qui ont rejeté son excuse peuvent être condamnés aux frais de l'instance.

S'il succombe, il y sera condamné lui-même, 441.

— Quels sont ceux qui ne peuvent être tuteurs ? 442, 443, 444.

— Par qui doit-être prononcé la destitution du tuteur ? 448.

— Il doit être entendu ou appelé par le conseil de famille avant la délibération qui doit prononcer sur son exclusion ou destitution, 447.

— Si le tuteur adhère à la délibération qui le destitue ou l'exclut, il en sera fait mention, et le nouveau tuteur entrera de suite en fonctions.

S'il y a réclamation, le subrogé tuteur doit poursuivre l'homologation de la délibération devant le tribunal de première instance, qui prononcera sauf l'appel.

Le tuteur exclu ou destitué peut lui-même, en ce cas, assigner le subrogé tuteur pour se faire déclarer maintenu en la tutelle, 448.

— Le tuteur prend soin de la personne du mineur, et le représente dans tous les actes civils.

Il administre ses biens en bon père de famille, et répond des dommages - intérêts qui peuvent résulter d'une mauvaise gestion.

Il ne peut ni acheter les biens des mineurs, ni les prendre à ferme, à moins que le conseil de famille n'ait autorisé le subrogé tuteur à lui en passer bail, ni accepter la cession d'aucun droit ou créance contre son pupille, 450.

— Dans quel délai doit-il requérir la levée des scellés s'ils ont été apposés, et faire procéder à l'inventaire ?

Le tuteur doit déclarer dans l'inventaire s'il ui est dû quelque chose par le mineur, 451.

— Dans le mois qui suivra la clôture de l'inventaire, il doit, en présence du subrogé tuteur, faire procéder à la vente du mobilier, 452.

— Il doit dans le délai de six mois faire emploi de l'excédant des revenus, 455.

— Après le délai de six mois, il doit les intérêts de toute somme non employée, quelque modique qu'elle soit, 456.

— Le tuteur, même le père ou la mère, ne peut emprunter pour le mineur, ni aliéner, ou hypothéquer ses biens immeubles, sans y être autorisé par le conseil de famille, 457.

— Il ne peut accepter ni répudier une succession échue au mineur sans une autorisation préalable du conseil de famille.

L'acceptation n'aura lieu que sous bénéfice d'inventaire, 461.

— Il peut, du consentement du conseil de famille, accepter une succession déjà répudiée au nom du mineur, pourvu qu'elle n'ait point été acceptée par un autre, 462.

— La donation faite au mineur ne peut être acceptée par le tuteur sans l'autorisation du conseil de famille, 463.

— Il ne peut, sans l'autorisation du conseil de famille, introduire en justice une action relative aux droits immobiliers du mineur, ni acquiescer à une demande relative aux mêmes droits, 464.

— Le tuteur ne peut provoquer le partage des biens des mineurs, sans l'autorisation du conseil de famille ; mais il peut, sans cette autorisation, répondre à une demande en partage dirigée contre le mineur, 465.

— Il ne peut transiger au nom du mineur, qu'après y avoir été autorisé par le conseil de famille, et de l'avis de trois jurisconsultes

restituer le droit d'usufruit composant la dot,
1568.

— La disposition par laquelle l'usufruit est
donné à l'un, et la nue propriété à l'autre, est
valable, et n'est point regardée comme une
substitution, 899.

— Le père ou la mère survivant à un enfant
mort sans laisser de frères ou de sœurs, ou de
descendans d'eux, a l'usufruit du tiers des
biens auquel il ne succède pas en propriété,
754.

— Le débiteur peut être exproprié de l'usufruit de ses immeubles, 2204.

Usufruitier. Le père jouissant des biens de
ses enfans, est tenu des mêmes charges que
l'usufruitier, 385.

— L'usufruitier a le droit de jouir de toute
espèce de fruits naturels, industriels ou civils,
que peut produire l'objet dont il a l'usufruit,
582.

— Les fruits naturels et industriels pendans
par branches ou par racines, au moment où
l'usufruit est ouvert, appartiennent à l'usufruitier.

Ceux qui sont dans le même état au moment
où l'usufruit finit, appartiennent au propriétaire, 585.

— L'usufruitier acquiert jour par jour les
fruits civils, à proportion de la durée de son
usufruit, 586.

— Il a le droit de se servir des choses dont
on ne peut faire usage sans les consommer, à la
charge d'en rendre de pareille quantité, qualité et valeur, ou leur estimation, à la fin de
l'usufruit, 587.

— Il a le droit de percevoir les arrérages
d'une rente viagère, sans être tenu à restitution, 588.

— L'usufruitier a le droit de se servir des
choses qui, sans se consommer de suite, se détériorent par l'usage.

Il n'est tenu de les rendre que dans l'état où
elles se trouvent.

Exception. Si elles sont détériorées par son
dol ou sa faute, 589.

— L'usufruitier a droit aux coupes des bois
taillis, en observant l'ordre et la quotité des
coupes, conformément à l'aménagement et à
l'usage constant des propriétaires.

Lui, ni ses héritiers, ne peuvent réclamer à la
la fin de l'usufruit aucune indemnité pour les
coupes qu'il n'aurait point faites pendant sa
jouissance, 590.

— L'usufruitier profite encore des parties de
bois de haute futaie, mises en coupes réglées,
périodiquement, soit que ces coupes se fassent sur

une certaine étendue du terrain, soit qu'elles se
fassent d'une quantité d'arbres, pris indistinctement sur toute la surface du domaine, 591.

— Dans tous les cas, l'usufruitier ne peut
toucher aux arbres de haute futaie qui ne sont
point en coupes réglées.

Il peut seulement employer, pour faire
les réparations dont il est tenu, les arbres arrachés ou brisés.

Il peut même en faire abattre pour cet objet,
après en avoir fait constater la nécessité avec le
propriétaire, 592.

— Il peut prendre dans les bois des échalas
pour les vignes, ainsi que le produit annuel ou
périodique des arbres 593.

— Il a le droit de disposer des arbres fruitiers qui meurent ou qui sont arrachés ou brisés
par accident, à la charge de les remplacer par
d'autres, 594.

— Il peut jouir par lui-même, donner à
ferme à un autre, ou même vendre ou céder son
droit à titre gratuit, 595.

— L'usufruitier jouit de l'augmentation
survenue par l'alluvion à l'objet dont il a l'usufruit, 596.

— Il jouit des droits de servitude, de passage, et généralement de tous les droits dont le
propriétaire peut jouir, et il en jouit comme le
propriétaire lui-même, 597.

— Comment et de quelle manière l'usufruitier jouit des mines et carrières qui sont en exploitation à l'ouverture de l'usufruit?

Dans quel cas il est obligé d'obtenir une permission du *Gouvernement* pour faire cette
exploitation.

Il n'a aucun droit aux mines et carrières non
encore ouvertes, ni au trésor qui peut être découvert pendant la durée de son usufruit, 598.

— L'usufruitier ne peut, à la cessation de
l'usufruit, réclamer aucune indemnité pour
les améliorations faites, encore que la valeur
de la chose en soit augmentée.

Il peut cependant, ou ses héritiers, enlever
les glaces, tableaux et autres ornemens qu'il a
fait placer, à la charge de rétablir les lieux
dans leur premier état, 599.

— L'usufruitier prend les choses dans l'état
où elles se trouvent; mais il ne peut entrer en
jouissance qu'après avoir fait dresser, en présence du propriétaire, ou lui dûment appelé,
un inventaire des meubles, et un état des immeubles sujets à l'usufruit, 600.

— L'usufruitier est tenu de donner caution,
de jouir en bon père de famille, s'il n'en est
dispensé par l'acte constitutif de l'usufruit,
601.

— Comment on doit agir vis-à-vis de l'usufruitier qui ne trouve pas de caution, 602.

— A défaut d'une caution de la part de l'u-
sufruitier, le propriétaire peut exiger la vente
des meubles qui dépérissent par l'usage, pour
le prix en être placé et l'intérêt perçu par l'usufruitier. Cependant l'usufruitier peut demander, et les juges peuvent ordonner, suivant les
circonstances, qu'une partie des meubles nécessaires pour son usage lui soit délaissée, sous
sa simple caution juratoire, et à la charge de
les représenter à l'extinction de l'usufruit, 6o3.

— L'usufruitier en retard de donner caution
n'est point privé des fruits auxquels il peut
avoir droit, 6o3.

— Il n'est tenu que des réparations d'entretien. Il est pareillement tenu des grosses réparations, lorsqu'elles ont été occasionnées par
le défaut des réparations d'entretien, 6o5.

— L'usufruitier n'est point tenu de rebâtir
ce qui est tombé de vétusté, ou ce qui a été
détruit par cas fortuit, 6o7.

— Il est tenu, pendant sa jouissance, de
toutes les charges annuelles de l'héritage, 6o8.

— Comment l'usufruitier et le propriétaire
contribuent aux charges qui peuvent être imposées sur la propriété pendant la durée de
l'usufruit, 609.

— L'usufruitier légataire universel de l'u-
sufruit doit acquitter, dans son intégrité, le
legs de la rente viagère ou pension alimentaire.

L'usufruitier légataire à titre universel de
l'usufruit, doit acquitter le legs dans la proportion de sa jouissance, 610.

— L'usufruitier à titre particulier n'est pas
tenu des dettes auxquelles le fonds est hypothéqué.

S'il est forcé de les payer, il a son recours
contre le propriétaire, 611.

— Dans quelle proportion l'usufruitier universel ou à titre universel doit contribuer avec
le propriétaire au paiement des dettes ? 612.

— L'usufruitier n'est tenu que des frais des
procès qui concernent la jouissance, et des autres
condamnations auxquelles ces procès peuvent
donner lieu, 6i3.

— Il est tenu de dénoncer au propriétaire les
usurpations faites sur le fonds, à peine d'en être
responsable, 614.

— Si l'usufruit porte sur un animal qui vient
à périr sans la faute de l'usufruitier, celui-ci
n'est pas tenu d'en rendre un autre, ni d'en
payer l'estimation, 6i5.

— Si le troupeau sujet à l'usufruit périt entièrement par accident ou par maladie, et sans
la faute de l'usufruitier, celui-ci n'est tenu
de rendre compte au propriétaire que des cuirs

ou de leur valeur. *Quid*, si le troupeau ne périt
pas entièrement ? 616.

— Quels sont les droits des créanciers de l'u-
sufruitier, lorsque le propriétaire demande que
l'usufruit cesse, à cause de l'abus qu'il a fait de
sa jouissance, ou parce qu'il laisse dépérir le
fonds faute de faire les réparations nécessaires ?
618.

— La vente de la chose sujette à l'usufruit
ne fait aucun changement dans le droit de l'u-
sufruitier : il continue de jouir de son usufruit, s'il n'y a pas formellement renoncé, 621.

— Les créanciers de l'usufruitier peuvent
faire annuller la renonciation qu'il aurait faite
à leur préjudice, 622.

— Le mari est tenu de toutes les charges de
l'usufruit, 1533.

— Le mari qui jouit des biens paraphernaux
de sa femme, est tenu des obligations de l'usufruitier, 1580.

— Par quelque laps de temps que l'usufruitier jouisse de l'usufruit, il ne peut prescrire, à
moins que son titre ne soit interverti, 2236,
2238.

Usurpations, dont est responsable l'usufruitier, s'il ne les dénonce pas au propriétaire du
fonds, 614.

— Le fermier est tenu d'avertir le propriétaire des usurpations qui sont commises sur le
fonds, dans le même délai que celui qui est réglé en cas d'assignation, 1768.

V.

Vaine pâture. Comment ce droit se perd,
648.

Vendeur, sous réserve d'usufruit, est dispensé de donner caution, 601.

— Il est tenu d'expliquer clairement ce à
quoi il s'oblige.

Tout pacte obscur ou ambigu s'explique
contre lui, 1602.

— Le vendeur contracte deux obligations
principales ; celle de délivrer, et celle de garantir la chose qu'il vend, 1603.

— Quel est le droit de l'acquéreur, si le
vendeur manque à faire délivrance de la chose
vendue dans le temps convenu ? 1610.

— Le vendeur est tenu de délivrer la contenance, telle qu'elle est portée au contrat de
vente, 1616.

— Celui qui a vendu de mauvaise foi le fonds
d'autrui, est obligé de rembourser à l'acquéreur
toutes les dépenses, même voluptuaires ou
d'agrément, que celui-ci aura faites au fonds,
1635.

— Dans quel cas le vendeur doit la garantie,
à raison des défauts cachés ? 1641.

— Il n'est pas tenu des vices apparens,

et dont l'acheteur a pu se convaincre lui-même, 1642.

— Lorsque la chose vendue a des vices cachés, le vendeur est obligé ou d'en restituer le prix, ou d'en souffrir une diminution, au choix de l'acheteur, 1644.

— Si le vendeur connaissait les vices de la chose, il est tenu, outre la restitution du prix qu'il en a reçu, de tous les dommages et intérêts envers l'acheteur ; si le vendeur ignorait les vices de la chose, il n'est tenu qu'à la restitution du prix, et à rembourser les frais occasionnés par la vente, 1645, 1646.

— Si la chose qui avoit des vices a péri par suite de sa mauvaise qualité, la perte est pour le vendeur, qui est tenu envers l'acheteur à la restitution du prix et aux autres dédommagemens.

Mais la perte arrivée par cas fortuit, est pour le compte de l'acheteur, 1647.

— Le privilége du vendeur d'effets mobiliers ne s'exerce qu'après celui du propriétaire de la maison ou de la ferme donnée à bail, 2102.

— Le vendeur est créancier privilégié sur l'immeuble vendu, 2103.

Vente des meubles appartenant au mineur, doit être faite par le tuteur, en présence du subrogé tuteur, aux enchères reçues par un officier civil, après des affiches et publications, 452.

— Les père et mère, tant qu'ils ont la jouissance des biens du mineur, sont dispensés de vendre les meubles qui lui appartiennent, 453.

— Formalités à observer pour la vente des immeubles appartenant aux mineurs, 459.

— Le mineur émancipé ne peut vendre ses immeubles, sans observer les formes prescrites pour la vente des immeubles du mineur non émancipé, 484.

Vente ou *Don* d'une maison meublée, ne comprend que les meubles meublans, 535.

— Celle d'une maison meublée avec tout ce qui s'y trouve, ne comprend ni l'argent comptant, ni les dettes actives, et autres droits dont les titres peuvent être déposés dans la maison. Elle comprend tous les effets mobiliers, 535.

Vente. Objets qui peuvent être vendus, et le prix de la vente placé, lorsque l'usufruitier ne fournit pas caution, 603.

— Celle de la chose sujette à l'usufruit, ne fait aucun changement dans le droit et la jouissance de l'usufruitier, 621.

— Celle que fait un cohéritier de ses droits successifs, emporte de sa part l'acceptation de la succession, 780.

— Formalités prescrites pour la vente des effets, meubles et immeubles d'une succession, 796, 805, 806, 826, 827 et 1031.

Ventes, qui peuvent donner lieu à l'action en rescision, 888 et 889.

— Ventes auxquelles doivent faire procéder les grevés de restitution. 1062.

— Celles que les créanciers peuvent faire des biens abandonnés par leurs débiteurs, 1269. et

Vente. Effets de la bonne foi, relativement à la vente d'une chose reçue et qui n'était pas due, 1380.

— Effets des ventes d'immeubles des époux, faites par eux ou par l'un d'eux, 1432 et 1433.

— Les frais de vente du mobilier, sont dettes de la communauté, 1481.

— Définition de la vente.

Elle peut être faite par acte authentique ou sous seing-privé, 1582.

— La vente est parfaite entre les parties, et la propriété est acquise de droit à l'acheteur à l'égard du vendeur, dès qu'on est convenu de la chose et du prix, quoique la chose n'ait pas encore été livrée, ni le prix payé, 1583.

— La vente peut être faite purement et simplement, ou sous une condition, soit suspensive ou résolutoire.

Elle peut avoir pour objet deux ou plusieurs choses alternatives.

Dans ces cas, son effet est réglé par les principes généraux des conventions, 1584.

Vente des marchandises. Celle des objets vendus au poids, au compte ou à la mesure, n'est parfaite que lorsqu'ils ont été pesés, comptés ou mesurés.

Les marchandises restent jusqu'alors aux risques du vendeur. L'acheteur peut en demander la délivrance, ou des dommages-intérêts, s'il y a lieu, en cas d'inexécution de la convention, 1585.

Vente. Cas où la vente des marchandises vendues en bloc est parfaite, 1586.

— Celle du vin et de l'huile, et des autres choses que l'on est dans l'usage de goûter avant d'en faire l'achat, n'est parfaite que lorsque l'acheteur les a goûtées et agréées, 1587.

— La vente faite à l'essai, est toujours présumée faite sous une condition suspensive, 1588.

— La promesse de vente vaut vente, lorsqu'il y a consentement réciproque des deux parties sur la chose et sur le prix, 1589.

— Si la promesse de vente a été faite avec des arrhes, chacun des contractans est maître de s'en départir, celui qui les a données, en les perdant, et celui qui les a reçues, en restituant le double, 1590.

— Le prix de la vente doit être désigné et déterminé par les parties, 1591.

— Le prix peut cependant être laissé à l'arbitrage d'un tiers. Si le tiers ne veut ou ne peut faire l'estimation, il n'y a point de vente, 1592.

— Les frais d'actes et autres accessoires à la vente sont à la charge de l'acheteur, 1593.

— Quelles sont les personnes qui peuvent acheter ou vendre? 1694.

— Cas où la vente entre époux est valable, 1595.

— Quels sont ceux qui ne peuvent, à peine de nullité, se rendre adjudicataires, ni par eux-mêmes, ni par personnes interposées? 1596.

— Quelles sont les personnes qui ne peuvent devenir cessionnaires des procès, droits et actions litigieux? 1597.

— Tout ce qui est dans le commerce peut être vendu, lorsque des lois particulières n'en ont pas prohibé l'aliénation, 1598.

— La vente de la chose d'autrui est nulle.

— Elle peut donner lieu à des dommages-intérêts, lorsque l'acheteur a ignoré que la chose appartenait à autrui, 1599.

— On ne peut vendre la succession d'une personne vivante, même de son consentement, 1600.

— Si au moment de la vente, la chose vendue était périe en totalité, la vente est nulle.

— Si une partie seulement de la chose est périe, il est au choix de l'acquéreur d'abandonner la vente, ou de demander la partie conservée, en faisant déterminer le prix par la ventilation, 1601.

— Si le vendeur manque à faire la délivrance dans le temps convenu entre les parties, l'acquéreur peut, à son choix, demander la résolution de la vente, ou sa mise en possession, si le retard ne vient que du fait du vendeur, 1610.

— Soit que la vente soit faite d'un corps certain et limité, soit qu'elle ait pour objet des fonds distincts et séparés, soit qu'elle commence par la mesure ou par la désignation de l'objet vendu, suivie de la mesure, l'expression de cette mesure ne donne lieu à aucun supplément de prix, en faveur du vendeur, pour l'excédant de mesure, ni en faveur de l'acquéreur, à aucune diminution du prix pour moindre mesure, qu'autant que la différence de la mesure réelle à celle exprimée au contrat est d'un vingtième en plus ou en moins, eu égard à la valeur de la totalité des objets vendus, s'il n'y a stipulation contraire, 1619.

Vente. (Contrat de) Dans tous les cas où l'acquéreur a le droit de se désister du contrat, le vendeur est tenu de lui restituer, outre le prix, s'il l'a reçu, les frais de ce contrat, 1621.

Ventes. Celles faites par autorité de justice, ne donnent pas lieu à l'action résultant des vices rédhibitoires, 1649.

Vente. (Résolution de la) Le vendeur peut demander la résolution de la vente, si l'acheteur ne paie pas le prix, 1654.

— La résolution de la vente d'immeubles est prononcée de suite, si le vendeur est en danger de perdre la chose et le prix. Si ce danger n'existe pas, le juge peut accorder à l'acquéreur un délai plus ou moins long, suivant les circonstances. Ce délai passé, sans que l'acquéreur ait payé, la résolution de la vente doit être prononcée, 1655.

— S'il a été stipulé, lors de la vente d'immeubles, que faute du paiement du prix dans le temps convenu, la vente serait résolue de plein droit, l'acquéreur peut néanmoins payer après l'expiration du délai, tant qu'il n'a pas été mis en demeure par une sommation; mais, après cette sommation, le juge ne peut pas lui accorder de délai, 1656.

— En matière de vente de denrées et effets mobiliers, la résolution de la vente a lieu de plein droit, et sans sommation, au profit du vendeur, après l'expiration du terme convenu pour le retirement, 1657.

— La résolution du contrat de vente peut encore avoir lieu par l'exercice de la faculté de rachat, et par la vilité du prix, 1658.

— On ne peut admettre l'action en rescision pour lésion contre les ventes qui ne peuvent être faites que d'autorité de justice, 1684.

Vente d'hérédité. Celui qui vend une hérédité sans en spécifier les objets en détail, n'est tenu de garantir que sa qualité d'héritier, 1696.

Ventilation. Cas où il y a lieu de faire celle du prix de l'adjudication? 2211.

Vérification d'écritures. Cas où elle est ordonnée, 1324.

Veuve, peut obtenir un nouveau délai pour faire sa renonciation à la communauté, 1458.

— La veuve qui ne s'est pas immiscée dans les biens de la communauté, et qui a fait inventaire, peut encore renoncer à la communauté, après le délai que la loi lui accorde.

Elle peut, jusqu'à la renonciation, être poursuivie comme commune; elle doit, jusqu'à cette époque, les frais faits contre elle, 1459.

— La veuve qui a diverti ou recelé quelques effets de la communauté, est déclarée commune, nonobstant sa renonciation, 1460.

— Quels sont les droits dont elle jouit pendant le délai que la loi lui accorde pour faire inventaire et pour délibérer? 1465.

Vices. Effet de la possession de bonne foi, à l'égard de celui qui jouit en vertu d'un titre dont il ignore les vices, 550.

— Actes contre lesquels on ne peut opposer les vices de forme, 1338.

Vice. Quel est le dommage auquel donne

FIN DE LA TABLE DES MATIERES.

OUVRAGES NOUVEAUX,

Qui se trouvent pareillement chez J. A. COMMAILLE, ancien Jurisconsulte, rue Bailleul-Saint-Honoré, n°. 5, A PARIS.

NOUVEAU TRAITÉ DES OBLIGATIONS,
SUIVANT LES PRINCIPES DU CODE CIVIL;

AVEC des Définitions exactes et des Explications très - étendues, 1°. sur la matière des diverses Conventions ou Obligations; 2°. sur les Engagemens qui se forment sans Convention; 5°. sur le Cautionnement; 4°. sur les différentes espèces de Prescriptions; 5°. sur la Contrainte par Corps en matière civile et de Commerce; 6°. sur la Cession de Biens;

Ouvrage utile à un grand nombre de Personnes; aux Juges, Jurisconsultes, Avocats, Notaires, Avoués, et à tous ceux qui se livrent à l'Etude du Droit.

Prix : 5 fr., et 6 fr. 5o cent. franc de port, rendu par la Poste.

LE Code Civil apporte à l'ancien Droit des changemens sur lesquels chacun a besoin de s'instruire. Il falloit sur la matière des Obligations rectifier en plusieurs endroits les principes de M. Pothier, qui se trouve maintenant enseigner le contraire de ce que la Loi nouvelle prescrit et ordonne. Le Code Civil décide pareillement diverses questions sur lesquelles cet Auteur est resté en suspens; et, à l'égard de quelques autres, la Loi adopte un sentiment contraire au sien.

Ces changemens seuls méritoient que l'on fît un *Nouveau Traité*, dans lequel ils se trouvassent marqués, afin que l'Ouvrage de M. Pothier n'induisît point en erreur.

D'un autre côté, cet habile Jurisconsulte ayant traité la matière des Obligations sous les deux aspects du for intérieur et du for extérieur, on ne peut disconvenir que c'étoit un service à rendre, et surtout aux Jeunes-Gens qui veulent devenir Juristes et non Casuistes, de retrancher tout ce qui a trait au for intérieur, pour ne leur présenter que les principes tels qu'ils doivent être envisagés sous le rapport du for extérieur, mis à exécution et appliqués aux Affaires.

Le *Traité des Obligations* de M. Pothier est fait, plutôt pour les Maîtres et pour les Professeurs, que pour les Etudians. Il faut être déjà initié dans l'Etude et la langue du Droit, ou bon Jurisconsulte, pour l'entendre et le lire avec fruit. Dans plusieurs endroits, l'Auteur semble se contredire, et ne prendre pas même la peine d'avertir que l'opposition n'est qu'apparente, parce qu'il suppose que l'on a déjà les connoissances acquises pour saisir les raisons des différences qui rendent ses décisions, quoique contradictoires au premier coup d'œil, également justes.

L'Auteur a donc pensé qu'il seroit avantageux d'offrir aux Etudians, ainsi qu'aux jeunes Jurisconsultes, qui remplissent aujourd'hui presque tous les Barreaux des Tribunaux de l'Empire, un Ouvrage élémentaire, moins abstrait, et rédigé sous un jour plus clair que celui de M. Pothier, sur une matière importante et d'un usage aussi fréquent que celle des Obligations. En effet, il n'y a pas de circonstances où l'on ne soit obligé d'en appliquer les principes. Il faut, pour ainsi dire, les avoir perpétuellement à la main. C'est la première chose dont on doit faire usage, avant d'entreprendre une Affaire, de traiter une Question, de donner un Avis, ou de rendre un Jugement..... Ce sont ces principes qu'il faut consulter, afin de juger et de décider sûrement. Il importe donc de les bien connoître et d'en être pénétré. Sans cette connoissance, il est impossible d'avoir une parfaite intelligence des dispositions du Code Civil à cet égard, ni d'espérer de devenir bon Juge, bon Jurisconsulte, bon Notaire, ou bon Praticien.

TRAITÉ DU CONTRAT DE MARIAGE,
SUIVANT LES PRINCIPES DU CODE CIVIL;

Avec une infinité de Modèles et Formules de Contrats de Mariage, Inventaires, Liquidations et Partages, suivant le Régime en Communauté et suivant le Régime dotal.

Deux Volumes *in-8°.*, imprimés sur beau papier et avec soin.

Prix : 10 fr., et 13 fr. franc de port.

CET Ouvrage, qui diffère essentiellement de la composition de plusieurs autres Ouvrages déjà publiés sur le même sujet, n'est point un simple Commentaire de la Loi, ni composé d'extraits, morceaux ou coupures des Discours des Orateurs du Gouvernement; c'est un Traité complet, où les principes de l'ancien Droit et du nouveau sont rapprochés, comparés et développés avec ordre et avec clarté, et où les Questions les plus importantes et les plus difficiles qui naissent, à chaque pas, des dispositions du Code Civil, sont présentées, discutées et décidées, d'après les principes et suivant les règles de notre Législation actuelle.

NOUVEAU TRAITÉ DES DONATIONS ENTRE - VIFS,
TESTAMENTAIRES ET DES SUCCESSIONS,
SUIVANT LES PRINCIPES DU CODE CIVIL,

Avec des Modèles et Formules de divers Actes des Donations entre vifs, Testamens, Inventaires, Liquidations et Partages de Successions, rédigés d'après les Formes nouvelles.

Prix du Ier. Volume, contenant tout ce qui a rapport aux *Donations entre-vifs et Testamens*, 5 fr., et 6 fr. 50 cent. franc de port.

Prix du IIe. Volume, contenant tout ce qui a rapport aux *Successions*, et nombre de *Tableaux*, 5 fr. 50 cent., et 7 fr. franc de port.

LE Code Civil, en abolissant, à l'égard des Successions, Donations

entre-vifs et Testamentaires, le droit établi par la Loi du 17 nivôse
an 2, et par celle du 4 germinal an 8, concernant la faculté de disposer, a changé beaucoup de choses aux principes reçus auparavant,
et surtout en Pays Coutumiers. Dans ces Pays, la matière est absolument neuve; et dans les Pays de Droit Ecrit, elle n'est pas telle qu'elle
étoit autrefois : en sorte que chacun a besoin de faire une nouvelle
étude de cette matière, la plus difficile et la plus importante de notre
Législation actuelle.

Le but de l'Ouvrage annoncé a été de faciliter cette étude, et le plan de
joindre, aux préceptes de la Loi, les règles des Lois Romaines qui s'y
rapportent, et les principes de notre ancienne Jurisprudence, que le
Code Civil laisse subsister, ou qu'il confirme expressément.

On sait que, dans cette matière délicate, les moindres fautes sont
presque toujours irréparables. C'est pour faciliter les moyens de les
prévenir et de les éviter, que l'on a joint des *Modèles* des différens
actes de *Donations entre-vifs*, *Testamens*, *Inventaires*, *Liquidations*
et *Partages*, d'après lesquels il sera facile à toutes personnes d'opérer
sûrement.

NOUVEAU STYLE DES NOTAIRES DE PARIS,

CONTENANT, 1°. une Explication des CONVENTIONS en général ;
2°. Des Notions simples et faciles sur les RÉGLES et PRINCIPES des
ENGAGEMENS PARTICULIERS qui se contractent dans la Société, et sur
leurs suites ;
3°. Enfin, les MODÈLES et FORMULES les plus usités des différens
ACTES DU NOTARIAT.

Ouvrage utile à un grand nombre de personnes; aux *Notaires*,
Hommes de Loi, *Avoués*, *Gens d'affaires*; et aux *Jeunes-Gens* qui se
livrent à l'étude du NOTARIAT, ou à celle de la PRATIQUE.
CINQ VOLUMES *in-*8°. — Prix de chaque Volume, 4 *fr.* 50 *cent.*,
et 6 *fr.* franc de port.
Les IV°. et V°. Volumes, contenant les grands Travaux du NOTA-
RIAT, se vendent ensemble ou séparément, si on le désire.

Nota. Il y a un sixième Volume de Supplément. Prix, 5 fr., et 6 fr. 50 cent.
franc de port.

LES PANDECTES FRANÇAISES,

CONTENANT le Texte des différentes Lois, avec une explication très-
étendue de chaque disposition du CODE CIVIL;
Par plusieurs anciens Avocats et Jurisconsultes de Paris.
Treize gros Volumes *in-* 8°. Le quatorzième est sous presse, et le
quinzième et dernier paroîtra au mois de janvier 1806. Tous ces volumes
imprimés sur beau papier et avec soin. — Prix de chaque vol., 5 *fr.*,
et 6 *fr.* 50 *cent.* franc de port.
L'utilité de cet important Ouvrage, dont le plan et la rédaction ont

mérité les éloges les plus flatteurs, tant de la part des Rédacteurs du CODE CIVIL, que des Membres du Tribunat, est suffisamment reconnue, pour n'avoir pas besoin ici d'être démontrée.

OUVRAGE SOUS PRESSE.

NOUVEAU TRAITÉ DES PRIVILÉGES ET HYPOTHÈQUES, SUIVANT LES PRINCIPES DU CODE CIVIL.

Gros Volume in - 8°. — Prix : 5 fr., et 6 f. 5o cent. franc de port.

BUT ET UTILITÉ DE L'OUVRAGE ANNONCÉ.

CET Ouvrage sera divisé en deux parties.

La première contiendra l'exposé de tous les anciens principes des Hypothèques, telles qu'elles existoient et étoient établies par les Lois Romaines, ou par notre ancienne Législation, sans y rien changer. Il importe en effet de bien connoître ces anciens principes. On y trouve un grand nombre de ces règles primitives d'équité, que les Jurisconsultes Romains ont connues avec un discernement exquis, dont aucune Législation ne peut s'écarter, et auxquelles la raison humaine ne peut refuser sa soumission et son respect.

La seconde partie présentera les Hypothèques telles qu'elles existent aujourd'hui, et qu'elles sont établies par le CODE CIVIL. On y verra en quoi et jusqu'à quel point ses dispositions s'écartent des anciens principes reçus, et en quelles occasions elles s'en rapprochent. Dans les cas où les préceptes paroîtront obscurs, ou donner lieu à des difficultés pour leur application, on tirera les raisons de décider de la conférence et de la comparaison des anciennes règles avec les nouvelles.

De cette manière, on espère parvenir à répandre la plus grande clarté sur un grand nombre de questions difficiles qui se sont élevées, et ne laisser aucun objet de doute et d'incertitude sur cette matière importante.

Les Personnes qui désirent s'inscrire ne paieront qu'en recevant l'Ouvrage.

Nota. ON NE RECEVRA AUCUNE LETTRE NI ARGENT PAR LA POSTE, SANS ÊTRE AFFRANCHIS.

De l'Imprimerie d'A. EGRON, rue des Noyers, n°. 49.